KB189074

선의 매혹적인 힘

그리스도교 윤리학의 이론과 실제

선의 매혹적인 힘-그리스도교 윤리학의 이론과 실제

초판1쇄 발행 2016년 10월 25일
초판2쇄 발행 2020년 3월 20일

지은이 빌프리트 헤를레 I **옮긴이** 김형민 I **펴낸이** 이찬규 I **펴낸곳** 북코리아
등록번호 제03-01240호 I **전화** 02-704-7840 I **팩스** 02-704-7848
이메일 sunhaksa@korea.com I **홈페이지** www.북코리아.kr
주소 13209 경기도 성남시 중원구 사기막골로 45번길 14
     우림 2차 A동 1007호
ISBN 978-89-6324-507-2(93230)

값 29,000원

선의 매혹적인 힘

그리스도교 윤리학의 이론과 실제

빌프리트 헤를레 지음 | 김형민 옮김

북코리아

한국어판 서문

이 책의 저자인 나는 그리스도교에 속한 복음주의 신학자입니다(특별한 언급이 없는 한 이 책에서 말하는 '복음주의'[evangelisch]는 프로테스탄트의 전통을 따르는 교회와 신학을 뜻한다-옮긴이). 자연히 이 책도 그리스도교적 윤리학 혹은 복음주의적 윤리학으로 기획되었습니다. 그렇다고 (복음주의에 속한) 그리스도인들만을 위한 책이라는 말은 아닙니다. 단지 그리스도교적 혹은 복음주의적 관점에 근거해 집필하였다는 뜻입니다. 그러므로 이 『윤리학』은, 저자가 그리스도교적 신앙론에서 전개한 『교의학』[1]과 내용적으로 긴밀하게 연결되어 있습니다. 감사하게도 최근 『교의학』의 영어판이 출간되어서 독일어를 알지 못하는 독자들도 쉽사리 접할 수 있게 되었습니다.[2]

나는 윤리학을 위해 중요한 의미를 지닌 그리스도교 신앙론의 가장 핵심적 요소들을 이 책 4장과 5장에 요약하였습니다. 그 첫째는 예수 그리스도의 복음입니다. 예수 그리스도의 복음은 그리스도교적 주장의 요약입니다. 둘째는 인간에 대한 이해입니다. 셋째는 하나님에 대한 그리스도교적 이해입니다. 넷째는 수용할 만한 가치가 있을 뿐만 아니라 포기할 수 없는, 규범적이고 성서적이며 또한 종교개혁적인 윤리학의 기초입니다.

이 모든 내용을 요약해 다음과 같이 말할 수 있습니다. 하나님은 예수 그리스도 안에서 자신을 사랑으로 계시하셨으며(요일 4:8, 16), 이는 가장 높고도 고귀한 그리스도적 계명인 **사랑의 이중계명**(마 22:35-40; 막 12:28-34;

---

1 W. Härle, *Dogmatik*, Berlin/New York(1995) 2014⁴.

2 W. Härle, *Outline of Christian Doctrine: An Evangelical Dogmatics*, Grand Rapids(Michigan)/Cambridge, U.K., 2015.

눅 10:25:28)과 일치하는 믿음의 원천입니다. 우리 그리스도인들은 이와 같은 하나님의 사랑을 우리의 삶과 행동과 말로 증언해야 합니다. 이는 나이, 종교적이며 국가적 특징, 사회적 지위와 삶의 형편이 서로 다를지라도 예수 그리스도의 복음으로 모든 사람들과 상통하기 위한 것입니다. 더욱이 우리는 우리의 삶과 행동과 말을 통해 그 누구도 그리스도인으로 만들 수 없습니다. 오직 하나님께서 성령을 통해서 이를 행하십니다. 하지만 우리는 그와 같은 믿음이 시작되도록, 복음을 아주 알기 쉽고 분명하고 진실하게 선포할 수 있으며 또한 해야만 합니다.

이 책에서 주장하고 전개하는 윤리적 구상을 나는 "모범윤리학"[3]이라고 부릅니다. 이 말은 결코 관습적인 표현이 아닙니다. 그런즉 이 표현은 설명이 필요합니다. "모범윤리학"이라는 개념은 다음과 같은 확신을 드러냅니다. 예수 그리스도의 복음과 일치하는 그리스도교 윤리학은 과도하게 요구하거나 위협하지 않습니다. 그 대신 인간의 공동체와 각 개인을 위해 선한 행위를 자극하고 북돋으며 선한 삶의 모범을 구상하도록 인도함으로써 선하게 행동하는 사람들을 얻으려는 데 있습니다.

요한복음 6:44에서 예수는 "나를 보내신 아버지께서 이끌지 아니하시면 아무도 내게 올 수 없다"라고 말씀하셨습니다. 마르틴 루터는 이 본문에 대한 설교에서 다음과 같이 물었습니다. 그러면 어떻게 하나님께서 인간을 이끌어내실 수 있으실까? 루터는 대답합니다. 하나님은 결코 인간을 마치 형리가 사형선고를 받은 자를 교수대로 끌고 가듯이 이끄시지 않습니다. 오히려 그분은 다정하게 사람들이 기꺼이 그분에게 다가오도록 이끌어 얻기를 원하십니다. 혹은 향기로운 건초를 양들의 코앞에 갖다 대는 목자와 같이 자신의 양들이 우리 안으로 들어오도록 유인하십니다.[4] 그리스도교 윤리학에서도 사람들을 초대하고 유인하는 선으로의 끌어당김이 인간들을 협박하는 냉혹한 여러 도덕적 요구와 계명을 대신해야만 합니

---

3 이 책의 제1부 5.4.
4 *WA* 33, 130, 39-131, 7.

다. 내가 한 권의 윤리학을 이러한 정신으로 집필하는 데 성공하기를 소원합니다.

그렇다면 이와 같이 끌어당기는 선이란 무엇일까요? 무엇보다 먼저 그것은 하나님 자신이십니다. 그분은 "최고선"이시며 시간과 영원에서 모든 인간들과 함께하는 공동체를 찾으십니다. 왜냐하면 하나님은 "모든 사람들이 구원을 받으며 진리를 아는 데에 이르기를 원하시기"(딤전 2:4상) 때문입니다. 그러므로 하나님은 "그의 형상에 따라" 사람을 남자와 여자로, 다시 말해 그의 대상자요 언약의 동지[5]로 창조하시고(창 1:26f.), 창조된 세계를 하나님 앞에서 책임적으로 통치하고 가꾸고 보존하도록(창 1:28; 2:15) 사람들에게 위대한 사명을 주셨습니다. 이와 같은 "인간의 규정"[6]은 인간을 강요하거나 협박하는 결정의 성격이 아니라 인간이 추구해야 할 목적을 제시하는 **사명**의 성격을 갖습니다. 그러나 인간은 이러한 목적을 이루지 못할 수도 있습니다.

"하나님의 형상"이라는 성서적 개념은 고대 이래로 철학의 역사에서 주장되었던 "인간존엄성" 개념과 상응합니다. 스토아 철학자 키케로(기원전 106-143)[7]가 "인간존엄성"이라는 개념을 철학적으로 해석하였습니다. 철학적 이해는 "하나님의 형상"이라는 개념과 비교해 부족한 점도 있고 과한 점도 있습니다. 먼저 하나님과의 연합을 명확하게 포괄하지 **않는다**는 점에서 부족하다면, 종교적 관점이나 입장과 무관하게 각 사람의 상실할 수 없는 청구권을 인정한다는 점에서 **과한** 것일 수도 있습니다.

그러므로 나는 이 윤리학에서 "인간존엄성"의 개념을 윤리학의 이론적

---

5 이는 칼 바르트가 즐겨 사용하는 표현입니다. 바르트는 이 표현으로 인간의 하나님의 형상성을 적절하게 이해시키는데 본질적으로 기여하였습니다(K. Barth, *Kirchliche Dogmatik*, III/2, § 45).

6 이 표현은 맨 먼저 계몽신학자 요한 슈팔딩이 1784년 자신의 작은 책자의 제목으로 사용한 것으로, 그 후 250년 동안 인간학과 윤리학을 안내하는데(칸트, 헤르더, 피히테, 라인홀드 니버, 바르트, 판넨베르크, 헤름스 외 많은 다른 사람들에게) 결정적인 역할을 했습니다.

7 M. T. Cicero, *De Officiis*, 44 v. Chr., 90f. 최소한 암브로시우스(339-397경) 이후로 "인간존엄성"이란 개념이 그리스도교 신학에서 사용되었습니다. 그의 주장은 인간존엄성에 대한 그리스도교적 이해의 출발점이며, 그리스도교의 역사 속에서 이 개념은 긍정적인 역할을 해왔습니다.

기초(제1부)와 실제(제2부)를 연결하는 "돌쩌귀"로 사용하기로 했습니다. 여러 가지 윤리적 행위영역들(건강과 질병, 섹슈얼리티, 사랑과 삶의 양식, 경제와 법적 생활에서의 정의, 민족 간의 전쟁과 평화, 일반적 소통수단으로서의 언어)이 윤리학의 실제적 문제에서 다루어집니다. 이 영역들은 **모든 사람들**이 생활하고 바른 판단을 내려야 하는 삶의 공간이며, 그렇기에 **모든 사회와 국가**는 이러한 요청에 직면해 윤리적 방향을 **찾고** 정치적이며 법적인 방향을 **제시**해야 합니다.

지난 18세기부터 보편적 인권을 인정해야 한다는 사상과 요구가 점차적으로 관철되기 시작하였는데, 이는 근대사회의 역사적 성과라고 하겠습니다.[8] 독일에서 시작된 히틀러의 국가사회주의는 전 세계를 불법과 고난의 장소로 만들었습니다. 제2차 세계대전이 끝난 후 그간 알려지지 않은 불법행위들이 곳곳에서 밝혀지면서 불가침의 인간존엄성의 원리가 자유주의적이며 법치국가적 정치체제를 갖춘 여러 국가의 헌법 안에서 인정되었습니다. 바로 이 원리가 독일과 대한민국의 헌법은 물론 2009년 유럽연합기본권헌장도 서로 연결시킵니다. 이의 핵심적 주장은 "인간의 존엄성은 침해될 수 없다"는 것입니다.

여기서 공표된 청구권은 불가침의 인권존엄성을 효과적으로 존중하고 보호해야 할 모든 국가의 의무를 포함하고 있습니다. 전 세계에 퍼져 있는 교회들도 이러한 과제에 동참하고 있습니다. 더욱이 오고 있는 세대를 위해서는 물론이고 이론적으로나 실제적으로 인간의 존엄성을 인정하지 않는 여러 국가에서도 이의 기본적 의미가 보증될 수 있도록 노력해야 할 책임이 있습니다. 바로 이것이 오늘과 내일 대한민국과 독일의 지역과 교회가 (또한 지역적 한계를 뛰어넘어) 서로 함께 짊어져야 할 윤리적 과제라고 하겠습니다.

마지막으로 김형민 교수님께 진심으로 감사드립니다. 보시는 것처럼

---

8 하지만 유감스럽게도 인권에 대한 이론적인 인정이 점진적이고 보편적인 인권의 실현으로 옮겨 갔다는 뜻은 아닙니다.

이는 매우 방대한 저작입니다. 그는 특별하고도 어려운 번역 작업을 떠맡아 아름답게 끝을 맺었습니다. 우리들이 살고 있는 삶의 세계를 이해하고, 이를 위한 그리스도교적 기초를 세우며, 구체적인 관련성을 찾아보려는 그의 수고를 통해, 이 책이 여러분들이 계신 그곳에서도 사람들과 교회들을 윤리적으로 안내하는 데 기여할 수 있기를 간절히 소망해봅니다.

2016년 8월 23일
하이델베르크에서
빌프리트 헤를레

저자 서문

    나의 『교의학』[1]이 빛을 본 지 15년 만에 같은 출판사에서 『윤리학』을 출간하게 되었다. 두 책은 그 내용과 개념이 밀접하게 연관되어 있다. 그리스도교 윤리학의 특별한 전제와 규범적 기초를 다룬 『교의학』의 4장과 5장만이 아니라 『윤리학』 전체를 조망해보아도 이러한 연관성이 드러난다. 슐라이어마허가 교의학과 윤리학을 조직신학의 두 분과로 규정한 바 있지만, 나도 교의학 1장에서 "교의학과 윤리학의 관계"[2]라는 제목으로 이 둘의 관계에 대한 개인적 견해를 제시하였다. 슐라이어마허의 표현을 우리에게 익숙한 말로 바꾸어본다면 다음과 같이 말할 수 있겠다.

> 교의학적 과제는 그 형식상 다음에 대해 묻는다. 그리스도교적 신앙이 존재한다면 그것은 무엇이어야(sein) 하는가? 윤리학적 과제는 그 형식상 다음에 대해 묻는다. 그리스도교적 신앙이 존재한다면 무엇이 되어야(werden) 하는가? 두 학과는 결국 같은 것을 말하면서도 서로 다른 측면에서 고찰한다.[3]

    이에 따르면 교의학은 있는 그대로의 현실성을 적합하고도 진실하게 이해하려는 노력으로, 그리스도교적 신앙의 내용을 재구성하고 전개해나간다. 윤리학은 이러한 현실이해에 근거해서 어떤 행위가 좋은 결과를 도

---

[1] W. Härle, *Dogmatik*, Berlin/New York(1995) 2007³. 2012년 이 책의 개정 4판이 출간되었다– 옮긴이.

[2] A.a.O, 38f.

[3] F. Schleiermacher, *Die christliche Sitte nach den Grundsätzen der evangelischen Kirche im Zusammenhange dargestellt*, Hg. L. Jonas, Berlin 1884², 23.

출하는지를 이끌어낸다. 그런즉 교의학과 윤리학은 항상 서로 의지한다. 왜냐하면 이 둘은 동일한 것, 말하자면 그리스도교 신앙을 각각 서로 다른 면에서 고찰하기 때문이다.

그런즉 이 책은 종교적–세계관적 전제에서 독립된 윤리학이란 없으며 오히려 모든 윤리학은 현실성, 특히 인간과 그의 본질에 대한 종교적 혹은 세계관적 이해에 기초하고 있음을 전제한다. 윤리학은 이러한 현실이해와 인간이해를 우리가 인간으로 끊임없이 도전받고 있는 구체적 행위 가운데서 전개하고 또한 이와의 적합성을 고려하여 반성하고 검토한다.

이와 같은 윤리학은 누구보다도 내적으로 자신을 그리스도교 신앙에 속한 자라고 느끼며 자신을 위해서는 물론 그리스도교 신앙을 가진 자로서 어떻게 행해야 좋을지(혹은 행위의 한계는 무엇인지)를 분명히 알고 싶은 사람들을 위한 것이다. 이 책은 목회자나 종교교사가 되려는 신학생처럼 윤리학에 관심을 두고 있는 그리스도인뿐만 아니라 직업상 교회나 학교에서 그리스도교 신앙의 윤리적 의미와 문제를 숙고하고 전달해야 하는 모든 사람을 고려해서 집필했다.

이 책은 이웃 종교의 신자들과, 종교공동체에는 소속되어 있지 않지만 그리스도교 윤리학이 수긍하고 받아들일 만한 주장인지 혹은 그들의 근본적 확신에 동의할 수 있는지를 알아보고자 하는 사람들도 고려하고 있다.

그렇다고 "윤리학"(Ethik)이라는 표제하에서 과거와 현재의 모든 윤리적 이론에 대한 개관을 이 책에서 제공하려는 뜻은 없으며, 다만 독자들을 윤리적 숙고와 판단으로 안내하고자 한다. 이 목적을 위해 나의 삶의 여정에서 연구해왔던 철학적이며 신학적 또는 그리스도적이며 비그리스도교적 윤리학 중에서 수긍하고 견지할 만하다고 생각되는 것들을 이 책에 포함시킬 것이다. 그러기 위해선 자연히 많은 윤리이론들을—동의하고 제한하는 가운데—언급하고, 서로 다른 견해들을 소개하겠지만 나는 이 같은 주장들을 단지 지식의 재료로 사용하는 데 그치지 않고 비판적으로 검토한 후 유용하다고 판단되는 사고와 방향을 수용할 것이다. "범사에 헤아려 좋은 것을 취하라"(살전 5:21)는 바울의 격언은 모든 삶에 들어맞지만, 특히 윤리학에 적합한 말이다.

이 책의 목적은 누구나 수긍할 만한 의무규범을 제시하는 데 있지 않고 잘 논증된 자기 자신의 고유한 윤리적 판단을 형성하도록 돕는 데 있다. 이를 위해 매우 다양한 개념과 주장을 소개하고 비판적으로 논의할 것이다. 이 책의 저자인 내가 어떤 입장을 특별히 수용하는지 (혹은 특별히 문제시하는지) 분명하게 제시할 것이다. 하지만 이는 윤리적 처방을 해보겠다는 뜻이 아니라 고유한 윤리적 숙고와 결단을 자극하겠다는 말이다. 타인의 윤리적 결단을 줄여주는 것이 윤리학의 목적은 아니다. 오히려 윤리학의 목적은 그들을 자극하고 도와서 그들 나름으로 확신하고 납득할 수 있는 대답을 얻도록 하는 데 있다.

이를 위해 가능한 한 이해하기 쉬운 말로 기술하고 여러 사례를 통해 이론적 연관성을 제시하려고 노력할 것이다. 사례설명은 윤리학이 삶의 세계와 맺고 있는 관계성을 상실하지 않도록 도와줄 것이다.

이 책은 세미나, 훈련이나 시험 준비는 물론 개인이나 소그룹으로 자습하려는 이들이 참고할 수 있는 교과서로 사용되기를 바라며 저술되었다. 목사후보생이나 종교교사 지원자들이 시험 준비를 위해 이 책을 사용한다면 제2부까지 공부할 필요는 없다. 그래도 윤리학의 구체적 문제점들을 알기 원한다면 제2부에서 한두 주제를 택하여 읽으면 된다. 제2부의 각 주제는 독립적으로 기술되었다. 중요한 내용들이 관련된 곳에선 윤리적 주제가 서로 교차한다는 것을 알게 될 것이다. 제3부는 짧지만 간결하고도 요약된 형태로 사회윤리적 주제를 개괄하였다.

이 책의 각 장은 대학 강의, 세미나, 그리고 실습시간에 제시했던 것이며 그것을 토대로 형성되었다. 청강자들의 질문, 제안, 그리고 비판은 글을 더욱 분명하고도 명료하게 표현하도록 도와주었고 나의 생각을 교정하도록 자극했다. 이에 대해 나는 모든 분들에게, 특히 하이델베르크 대학교에서 가르치는 동안 이러한 자극을 풍부하게 제공해준 모든 이들에게 감사를 드린다.

집필과 교정만이 아니라 색인을 만드느라 수고해주신 프랑크-마르틴 브룬 박사(Dr. Frank-Martin Brunn), 아스트리트 펠링(Astrid Faehling), 게르트라우트 크라머(Gertraud Kramer), 기젤라 라밍-로이폴트(Gesela Ramming-Leupold)에게 진심으로 감사한다. 나는 이분들의 헌신적인 도움으로 큰 유익을 얻었다.

토마스 푹스 교수(Prof. Dr. Dr. Thomas Fuchs)에게 특별히 감사한다. 그는 하이델베르크 대학교 마르실리우스 연구소(Marsiliuskolleg)가 이 책의 출판을 위해 연구조교들을 재정적으로 지원하도록 도와주었다.

마지막으로 발터 데 그뤼터(Walter de Gruyter) 출판사에 감사한다. 신학 출판책임자인 클라우스-위르겐 토른톤 박사(Dr. Claus-Jürgen Thornton)와 알브레흐트 되네르트 박사(Dr. Albrecht Döhnert)에게 감사한다. 두 사람은 큰 관심과 탁월한 학문적 능력과 인내로 책이 출판되는 동안 시종일관 함께했다.

나의 『윤리학』을 나와 깊은 친분 속에 있는 모든 분들에게 호의와 감사의 마음을 담아 헌정한다.

2010년 1월 27일
하이델베르크에서
빌프리트 헤를레

역자 서문

　현대사회가 도덕적 자기이해를 상실함으로 윤리적 위기의식은 더욱 고조되고 있다. 한때 사람들은 과학과 경제가 발달하고 인간의 지식이 축척되면 더욱 합리적으로 사고하고 판단할 것이고, 결국 도덕성의 문제도 자동적으로 해결될 것으로 낙관했다. 하지만 오늘의 세계는 그와는 다른 모습을 보여준다. 인간의 지적 능력이 발달할수록 윤리적 담론은 더욱 깊은 바빌론의 언어적 혼란 속으로 빠져들고 있다. 더욱이 현대인들은 더 이상 도덕이나 윤리라는 말을 신뢰하거나 귀담아 들으려고 하지 않는다. 오직 자신이 옳다고 생각하는 대로 살아가기를 원한다.

　그렇다고 사람들이 도덕의 필요성을 부인하는 것은 아니다. 다만 바른 삶에 대한 생각이 저마다 다르다. 실제로 인간사회에 수많은 도덕적 현상들이 존재하며, 윤리의 대상영역도 무한정 확대되어서 각 사람이 책임져야 할 도덕적 한계선이 어디인지 가늠하기조차 힘들다. 인간의 도덕적 사고는 시대와 장소의 영향을 받아 왔기에 윤리적 주장 뒤에는 한 개인이나 공동체의 독특한 역사적 경험과 확신이 존재한다. 그런 만큼 어느 시대에나 통용되고 소통 가능한 학문으로서의 윤리학을 가정하기란 쉽지 않다. 그런 이유로 사람들은 "윤리의 위기"를 말한다. 하지만 도덕적이며 윤리적인 행위에 대한 보편타당한 합의를 찾지 못하고 방황하는 오늘의 세계에서 오히려 우리는 "위기의 윤리"를 말하는 것이 옳은지도 모르겠다.

　그렇다면 교회와 신학의 윤리적 현실은 다른가? 결코 그렇지 않은 것 같다. 교회는 세속주의와 경제제일주의의 도전 앞에서 무방비한 상태이며, 교회 안에 사회적 문제에 대한 신학적이며 윤리적 합의도 거의 존재하지 않는다. 어떤 이들은 이러한 시대적 변화에 맞서기 위해 "절대적 윤리"를 회복해야 한다고 주장한다. 외적 변화(사회 환경)와 내적 동요(마음의 불안)에 시달리는 도덕적 혼돈에서 벗어나려면 전통적인 절대적 가치를 다시 회복하고 붙잡아야 한다는 말이다. 그러나 절대성을 강조하는 도덕적 교리주의는 "은혜에서 온 자유"와 "인간의 도덕적 역량"을 근원적으로 부인하는 깊은 윤리적 회의를 은폐하고 있다.

이러한 사회적 현상을 반영하듯 세계의 신학계가 그 어느 때보다 많은 윤리학적 연구와 교재를 쏟아놓고 있다. 독일의 신학계도 예외는 아니다. 이는 교회와 신학이 윤리적 도전 앞에 서 있으며, 끊임없이 변화하는 시간 속에서 그 어느 때보다 시급하게 해결해야 할 윤리적 과제들이 많다는 것을 의미한다. 과거에는 교회와 신학이 주로 교리적 문제로 갈등하며 갈라섰다면 오늘날은 동성애, 안락사, 핵무기, 인공지능 등 윤리적 문제로 심하게 충돌하고 있다. 그런 의미에서 현대의 사회와 교회가 실로 "윤리학의 시대"에 돌입했다고 말해도 과언이 아닐 것이다. 옮긴이는 독자들의 이해를 돕기 위해서 전문적인 연구를 제외한, 지난 몇 년 동안 독일어권에서 출간된 윤리학 교과서들을 소개해본다.

지난 10여 년간 출간된 책으로는 안셀름과 쾨르트너가 편집한 『복음주의 윤리학의 요약-기본개념에 대한 기초지식』(2015)[4], 에임즈베리가 편집한 『신학적 윤리란 무엇인가?』(2015)[5], 후버와 마이라이스와 로이터가 공

---

4 R. Anselm/U. H. J. Körtner(Hg.), *Evangelische Ethik kompakt: Basiswissen in Grundbegriffen*, Gütersloh 2015. 여러 학자들이 "복음주의윤리학학술지"(ZEE)에 기고한 윤리학의 중요개념들을 한 권의 책으로 모아 출간한 것이다.

5 R. Amesbury, *Was ist theologische Ethik?: Beiträge zu ihrem Selbstverständnis und Profil*, Zürich 2015. 취리히대학 "사회윤리연구소"(Instituts für Sozialethik) 소장인 에임즈베리가 연구소 창립 50주년 기념강연을 한 권으로 묶어 출판한 책이다. 여러 학자들의 글 가운데서도 "신학적 윤리학을 신학적으로 만드는 것은 무엇이냐?"는 후버의 글이 매우 흥미롭다. 후버는 신학적 윤리학을 "통합적 책임윤리학"으로 이해한다. "사회윤리연구소"는 1964년 아루투어 리히(Arthur Rich)가 설립하였다. 리히의 사회윤리에 관해서는 여러 연구와 번역서가 있다. 특히 A. 리히(강원돈 옮김), 『경제윤리 1/2』, 한국신학연구소 1995. 최근 에임즈베리의 인권신학이 우리말로 번역되었다. R. Amesbury/G. M. Newlands, *Faith and Human Rights. Christianity*

동으로 편집한, 『복음주의 윤리학 핸드북』(2015)[6], 프라이의 『복음주의 윤리학으로의 길』(2014)[7], 후버의 『윤리학-탄생에서 죽음까지 우리의 삶의 기본적 질문』(2014)[8], 뮐링의 『조직신학/윤리학-탁월한 행위의 그리스도교적 이론』(2012)[9], 헤를레의 『윤리학』(2011)[10], 스톡의 『조직신학입문』(2011)[11], 렌토르프의 『윤리학』(2011)[12], 몰트만의 『희망의 윤리』(2010)[13], 호

and the Global Struggle for Human Dignity, Fortress Press 2008. R. 에임즈베리/G. 뉴랜즈 (곽호철 옮김), 『신앙과 인권. 그리스도교와 인간 존엄성을 위한 지구적 운동』, 대한기독교서회 2014. 에임즈베리는 인권을 단지 신의 명령으로 이해하게 될 때 인권은 인간의 권리가 아니라 오직 그의 일방적인 의무로 변질될 위험성이 있음을 경고한다.

6 W. Huber/T. Meireis/H.-R. Reuter/R. Anselm/P. Bahr, *Handbuch der Evangelischen Ethik*, München 2015. 이 책의 편집자들은 1978년 신구교의 윤리학자들이 3권으로 출판한 『그리스도교 윤리학 핸드북』과는 달리 집필진을 프로테스탄트 신학자들로 제한하였다. A. Hertz/W. Korff/T. Rendtorff/H. Ringeling(Hg.), *Handbuch der christlichen Ethik 3 Bände*, Gütersloh 1978, 1993².

7 Ch. Frey, *Wege zu einer evangelischen Ethik: Eine Grundlegung*, Gütersloh 2014. 프라이는 이미 1990년에도 『신학적 윤리학』을 출간하였다. Ch. Frey, Theologische Ethik, Neukirchen-Vluyn 1990. 그런 점에서 2014년의 저서는 두 번째 윤리학 교과서이다.

8 W. Huber, *Ethik. Die Grundfragen unseres Lebens von der Geburt bis zum Tod*, München 2013. 이 책은 시디(compact disc)로도 출간되었다.

9 M. Mühling, *Systematische Theologie: Ethik: Eine christliche Theorie vorzuziehenden Handelns*, Göttingen 2012. 책 제목과 같이 뮐링은 윤리학을 단순히 행위이론이 아니라 "뛰어난 행위이론"으로 이해한다. 저자는 "뛰어난"이란 개념을 통해 "선"이라는 개념의 추상성과 단편성을 극복해보고자 시도한다.

10 W. Härle, *Ethik*, Berlin/New York 2011. 본 번역서이다. 헤를레는 자신의 성공적인 저서인 『교의학』(Dogmaik)과 상관적 관계를 고려해 책의 제목을 간단히 『윤리학』이라고 붙였다. 하지만 교의학과 윤리학의 관계를 충분히 인식하지 못한 한국의 일반 독자들은 제목만보고 이 책을 철학적 윤리학 교과서로 오해할 수도 있다. 그러므로 옮긴이는 헤를레 교수의 동의를 얻어 책의 제목을 『선의 매혹적인 힘. 그리스도교 윤리학의 이론과 실제』(Die Gewinnende Kraft des Guten. Grundlegung und Konkretisierungen der christlichen Ethik)로 바꾸었다. 헤를레의 『교의학』은 영어로 『그리스도교 교의학 개요』로 번역되었다(W. Härle, *Outline of Christian Doctrine: An Evangelical Dogmatics*, Michigan/Cambridge 2015).

11 K. Stock, *Einleitung in die Systematische Theologie*, Berlin/New York 2011. 이 책은 크게 "조직신학개관"과 "신학적 윤리학개관"의 두 파트로 구성되어 있다. 저자는 이 책을 공공신학적 관심에서 저술했음을 밝히고 있으며, 공공신학의 신학적 기초로 "만인사제직"을 제시한다.

12 T. Rendtorff, *Ethik. Grundelemente, Methodologie und Konkretionen einer ethischen Theologie*, Tübingen 2011³. 이 책은 1980년(제1판)과 1990년(제2판)에 렌토르프가 두 권으로 출간한 책을 그의 제자 안셀름(R. Anselm)과 슐라이싱(S. Schleissing)이 한 권으로 재편집한 것으로 1990년의 출간된 2판과 내용적 차이는 없다.

13 J. Moltmann, *Ethik der Hoffnung*, Gütersloh 2010. 우리말로는 J. 몰트만(곽혜원 옮김), 『희망의 윤리』, 대한기독교서회 2012가 있다. 최근 서울신학대학교출판부가 출간한 몰트만의 사회윤리학 저서도 여기서 함께 소개하는 것이 유익할 것 같다. J. 몰트만(김균진, 손규태 옮김),

네커의 『구별의 윤리학으로서의 복음주의윤리학』(2010)[14], 뉘셀이 편집한 『현대신학윤리–중심적 주장과 주제에 관한 전망』(2009)[15], 리네만의 『신학적 윤리학의 기본정보』(2008)[16], 한스 울리히의 『피조물들의 삶의 방식–복음주의 윤리학 윤곽』(2007)[17], 피셔의 『윤리학의 기본과정–철학적이며 신학적 윤리학의 기본개념』(2007)[18], 판넨베르크의 『기독교윤리의 기초』

『디트리히 본회퍼의 사회윤리』, 서울신학대학교출판부 2016.

14 M. Honecker, *Evangelische Ethik als Ethik der Unterscheidung*, Münster 2010. 호네커는 규범의 이성적 논증을 강조하고 신학만의 고유한 윤리적 입장을 거부하는 전통적인 루터 신학자이다. 책의 제목에서 드러난 것과 같이, 그는 그리스도교적 윤리학의 특징을 율법과 복음, 신학적 윤리와 철학적 윤리, 신앙과 행위, 하나님의 나라와 인간의 나라, 의인과 죄인과 같이 "구별의 기술"로 보고 있다. 호네커는 이미 1990년대 두 권의 중요한 윤리학 교과서를 출간하였으며(『신학적 윤리입문』, 『사회윤리기초』), 정년 후에는 교회법 연구에 매진하고 있는데, 최근 교회법과 관련해 두 권의 책을 출간하였다(『복음의 교회 안에 있는 법』, 『복음주의 교회법』).

15 F. Nüssel(Hg.), *Theologische Ethik der Gegenwart. Ein Überblick über zentrale Ansätze und Themen*, Tübingen 2009. 2009/10년 겨울학기 하이델베르크대학교 신학부가 "신학적 입장에서 본 현대의 윤리적 문제들"이라는 주제로 실행한 공개강좌의 내용을 묶은 것이다. 특히 에큐메니칼 윤리학에 관해 가톨릭의 쇼켄호프(E. Schockenhoff)와 프로테스탄트의 쾨르트너(U. H. J. Körtner)가 각각 기술하였다.

16 W. Lienemann, *Grundinformation Theologische Ethik*, Göttingen 2008. 대표적인 개혁교회 신학자 리네만은 칼 바르트의 입장에서 그리스도교 윤리학을 논증하였다. 그는 신학적 윤리학의 기초를 예수 그리스도 안에 계신 하나님의 형상(59ff.)에 근거해 전개하고, 그리스도교 윤리학의 성서적 이해(177ff.)와 교회윤리적인 특징(225ff.)을 다룬다. 저자는 교회를 윤리의 중재자로, 신학을 교회의 기능으로 보면서 교회와 윤리의 연관성을 주장한다. 그렇지만 저자는 현대의 다원주의적 사회 속에서 평화와 공존을 위해 호네커와 마찬가지로 구별의 필요성을 강조하고, 이를 가리켜 "사회적 의사소통의 실용주의적 모델"(318)이라고 부르고 담론윤리의 방법론에 따라 연구한다. …

17 H. G. Ulrich, *Wie Geschöpfe Leben – Konturen evangelischer Ethik*, Münster 2007. 저자는 복음주의 윤리학의 특징을 하나님의 창조에 근거해 자기 자신은 물론 하나님의 다른 피조물을 어떻게 인식하고 윤리적으로 대응할 것인지를 연구하는 학문으로 이해한다. 한 마디로, 윤리학은 "창조적 삶에 대한 탐구적 해명"(explorative Rechenschaft vom geschöpflichen Leben)이다(40).

18 J. Fischer/S. Grunden/E. Imhof/J.-D. Strub, *Grundkurs Ethik. Grundbegriffe philosophischer und theologischer Ethik*, Stuttgart 2007. 이 책은 에임즈베리의 선임자인 취리히 대학의 피셔가 2006/7년 겨울학기 "사회윤리연구소"의 전임연구원들과 함께 설강했던 윤리학 세미나의 내용을 정리해 한 권의 책으로 묶은 것이다. 이 책은 철학적 윤리학(1장에서 7장)과 신학적 윤리학(8장에서 14장)을 상관적 관계에서 기술하였다. 그러나 그 내용이나 방법론에서 저자가 신학적 윤리학보다는 철학적 윤리학을 더욱 중시했다는 인상을 받는다. 피셔는 신학을 크게 "신앙의 신학"과 "학문적 신학"으로 구분한 후, 이에 따라 그리스도교 윤리학을 다음과 같이 구별한다. "그리스도교 윤리학"(Christliche Ethik)은 신학의 분과에서 연구하는 모든 윤리적 숙고를 포괄하는 대개념으로서, 신앙의 신학과 학문적 신학의 영역에서 발생하는 모든 윤리적 반성을 주제로 삼는다. "복음주의 윤리학"(Evangelische Ethik)은 그리스도교 윤

(2003)[19], 피셔의 『신학적 윤리학』[20], 랑에의 『복음주의적 관점에서 본 윤리학』(2002)[21] 등이 있다.

그러면 어째서 이렇게 많은 저서들 가운데서도 옮긴이가 헤를레의 윤리학을 번역하게 되었는지 설명이 필요할 것 같다.

첫째, 독일의 대표적인 조직신학자인 헤를레는 자신의 윤리적 주장들을 풍부한 교의학적 지식에 기초해 세심하게 표현하고, 독자들을 윤리적 대화의 자리로 초대한다.[22] 그뿐만 아니라 독자들은 신학, 철학, 사회학, 심

리학의 특별한 특징 중 하나를 나타낸다. 다시 말해 오직 종교개혁신학에 근거한 윤리학적 반성을 말한다. "신학적 윤리학"(Theologische Ethik)은 주로 학문적인 신학의 영역에서 추구하는 신학적 반성이다(244).

19 W. Pannenberg, *Grundlagen der Ethik. Philosophisch-theologische Perspektiven*, 2003. 우리말로는 W. 판넨베르크(오성현 옮김), 『기독교윤리의 기초』, 한들출판사 2008. 판넨베르크가 같은 해 자신의 중요한 윤리학 논문을 모아 출간한 『윤리학의 논문집』(*Beiträge zur Ethik*, Göttingen 2003)도 언급할 필요가 있다.

20 J. Fischer, *Theologische Ethik: Grundwissen und Orientierung*, Stuttgart 2002. 저자 피셔는 해석학적 관점에서 신학적 윤리학을 기술하였다. "신학적 윤리학은 해석학적 성향을 가지고 있다. 여기서는 규범적 논증의 제시가 아니라 방향을 지시하는 이해가 중요하다."(152)

21 D. Lange, *Ethik in evangelischer Perspektive. Grundfragen christlicher Lebenspraxis*, Göttingen 2002^2. 이 책의 첫판은 1992년에 출간되었다. 독일어권에서는 드물게 북유럽과 영미의 윤리학적 논의를 수용하고, 책 뒤에 영어요약본을 첨부하였다.

22 헤를레의 대표적인 저작은 다음과 같다. W. Härle, *Die Theologie des 'frühen' Karl Barth in ihrem Verhältnis zu der Theologie Martin Luthers*, Bochum 1969; ders., *Testfall Kirche*, Stuttgart 1973; ders., *Schrift und Offenbarung*, Stuttgart 1974; ders., *Sein und Gnade – Die Ontologie in Karl Barths Kirchlicher Dogmatik*, Berlin/New York 1975; ders., *Die Frage nach Gott*, Tübingen 1978; ders., *Rechtfertigung – Das Wirklichkeitsverständnis des christlichen Glaubens*(zus. mit E. Herms), Göttingen 1980; ders., *Systematische Philosophie. Eine Einführung für Theologiestudenten*, München/Mainz 1982, 1987^2; ders., *Ausstieg aus der Kernenergie? Einstieg in die Verantwortung!*, Neukirchen-Vluyn 1986; ders., *Zum Beispiel Golfkrieg. Der Dienst der Kirche in Krisensituationen in unserer säkularen Gesellschaft*, Hannover 1991; 1992^2; ders., *Dogmatik*, de Gruyter Lehrbuch. Berlin/New York, ab der 4. Auflage: Berlin/Boston; 1995, 2000^2, 2007^3, 2012^4; ders., *Woran Du Dein Herz hängst* ···, Hannover, 1996; ders., *Menschsein in Beziehungen. Studien zur Rechtfertigungslehre und Anthropologie*, Tübingen 2005; ders., *Grundtexte der neueren evangelischen Theologie*, Leipzig 2007, 2012^2; ders., *Christlicher Glaube in unserer Lebenswelt. Studien zur Ekklesiologie und Ethik*, Leipzig 2007; ders., *Wachsen gegen den Trend. Analysen von Gemeinden, mit denen es aufwärts geht*(zus. mit Jörg Augenstein, Sibylle Rolf, Anja Siebert), Leipzig 2008, 2012^4; ders., *Spurensuche nach Gott. Studien zur Fundamentaltheologie und Gotteslehre*, Berlin/New York 2008; ders., *Würde. Groß vom Menschen denken*, München 2010; ders., Ethik, Berlin/New York 2011; ders., *Warum Gott? Für Menschen, die mehr wissen wollen*, Leipzig 2013; ders., *Mit dem Herzen sehen: Predigten für das ganze Kirchenjahr*. Mit einer kurzen Anleitung

리학, 법학, 경제학, 생물학, 의학의 경계를 넘나드는 저자의 해박한 지식의 세계를 책에서 경험할 수 있다.

둘째, 헤를레는 신학과 교회의 세계만이 아니라 독일사회 전반에서 큰 영향력을 행사하는 학자이다. 그는 마르부르크 대학교과 하이델베르크 대학교 신학부 교수로 봉직하면서 12년 동안이나 독일복음주의교회의 "백서"(Denkschrift)를 작성하는 "공공책임위원회"(Kammer für Öffentliche Verantwortung der EKD)의 위원장을 맡았다. "백서"는 새로운 사회적 문제가 발생할 때마다 독일교회의 신학적 입장을 알리는 사회적 지침서로서 실제 독일사회와 정치 전반에 지대한 영향을 미치고 있다. "백서"를 독일어로 "메모란둠"(Memorandum)이라고도 하는데 "반드시 기억해야 할 것"이라는 의미를 담고 있다. "백서"는 독일사회가 다시 어두웠던 과거의 역사로 회기하지 못하도록 막는 빛과 소금의 역할을 하고 있다고 해도 과언이 아니다. 그런 점에서 저자는 통일 이후 독일사회의 윤리적 방향을 제시하는 데 크게 기여해왔다고 하겠다. 그 외에도 헤를레는 3년 동안 "현대의료의 윤리와 법을 위한 독일국회 전문조사위원회"(Enquetekommission des Deutschen Bundestages für Ethik und Recht der modernen Medizin)의 회원으로 활동하면서 복음적 입장에서 의료와 생명윤리에 대한 정책과 지침을 제시하는 데 기여해온 실천적 신학자이다.

셋째, 헤를레는 자신의 윤리학을 "신학적 인간학"에 근거해 전개한다. 특히 그는 그리스도교의 인간이해를 "관계구조"에서 파악한다. 인간은 하나님, 이웃과 이웃 피조물 그리고 자기 자신과 관계를 맺고 사는 사회적 존재이며 이는 인간의 현존의 본질적인 특징이다. 헤를레는 여러 관계 가운데서도 특히 윤리적 관점에서 "자기관계"를 중요시한다. 인간은 자기 자신을 대상화하여 대화의 상대로 삼는 자기반성의 능력을 소유하고 있다. 이것이 동물과 다른 인간의 위대함이다. 그뿐만 아니라 인간은 종교적 반성

---

zur Erarbeitung von Predigten über biblische Texte(zus. mit Ilze Ķezbere-Härle), Leipzig 2016².

을 통해 자기관계를 초월해 근원적 관계에 대해 묻는다. 나는 무엇을 소망할 수 있으며, 신뢰할 수 있으며, 나의 현존의 의미는 무엇인지 묻는다. 여기서 한 걸음 더 나아가 헤를레는 주체적 존재인 인간은 "모범윤리로의 길"을 걸어야 한다고 말한다(제1부 5.4). 그는 한국어판 서문에서도 다시 한번 이점을 강조하고 있다. 저자는 그동안 지난 세기를 주도해왔던 세 가지 윤리(계명윤리, 재화윤리, 책임윤리)가 통일성을 이루지 못한 채 분절되어 있었음을 비판하고 자신의 정체성을 신율에 근거해 규정하는 새로운 덕윤리를 제안한다.

넷째, 번역자가 헤를레의 윤리학에 관심을 갖게 된 가장 중요한 계기가 있다면 "인간존엄성"에 관한 그의 깊은 신학적 숙고와 입장 때문이다. 이미 그는 2010년 『존엄-인간의 위대함을 생각하다』라는 제목의 단행본을 출간한 바 있지만[23], 이 책의 제2부의 첫 장을 "인간존엄성"의 신학적이며 사회윤리적 중요성을 역설하는 데 할애하였다. 헤를레는 인간존엄성을 "인간이 인간으로 존중받을 청구권"이라고 정의하고, 자신의 신학윤리의 기초를 철저하게 이 가치 위에 둔 채 자신의 입장을 개진해간다. 제2부에 제시된 주제들(의료, 섹슈얼리티, 정의, 평화, 언어)이 독립적으로 기술된 것은 사실이지만 그 전체를 조망해보면 이 모든 주제가 인간존엄성의 원칙에 근거하고 있다는 사실을 확인할 수 있다. 책의 서론에서도 저자가 강조한 바와 같이, 이 책에서 인간존엄성은 "윤리학의 이론적 기초와 실제를 연결하는 돌쩌귀"의 역할을 한다.

다섯째, 헤를레는 교회의 신학자이다. 그는 그동안 여러 글과 강연을 통해 교회가 교회 밖에서도 선한 영향력을 행사하는 온전한 신앙의 가치와 정체성을 재확인하고 실현해야 함을 강조해왔다. 그런 이유로 독일복음주의교회 총감독이었던 헤르만 바르트(Hermann Barth)는 헤를레를 가리켜 "교회의 신학자"라고 평가한 바 있다. 헤를레는 독일에서는 보기 드물게

---

23 W. Härle, *Würde. Groß vom Menschen denken.*

교회성장에 관해서도 깊은 관심을 가지고 연구하는 학자이다.[24] 그는 2006
년부터 독일복음교회협의회의 지원을 받아 "추세를 거스르며 성장하는 교
회"라는 프로젝트를 진행하고 긍정적 성과를 내기도 했다.[25]

여섯째, 헤를레는 생명의료적 입장에서는 합리적 보수주의의 입장을
취한다. 그는 독일통일 이후 독일사회에서 행해지는 수많은 낙태에 대해
신랄하게 비판한다. 낙태를 조장하는 침습적 산전진단을 포기할 것을 요
구한다. 질병이나 장애를 가질 것으로 예상되는 배아를 낙태하는 것조차
허락되어서는 안 된다고 주장한다. 이러한 행동은 장애를 가진 사람의 생
명은 살 가치가 없다고 선언하는 것과 다르지 않다는 것이다. 심각한 질병
을 가진 아동을 수용하겠다는 결심이 부모에게는 커다란 짐과 도전이 되
리라는 것을 짐작할 수 있다. 그러나 국가사회가 그런 아동을 부모와 함께
공동으로 수용하는 곳에서만이 인간의 존엄성은 존중된다고 주장한다. 동
성애에 관련해서는 2001년 독일에서 제정된 "삶의 동반자 법"(LPartG)을
수용한다. 성서에 기록된 동성애적 행위에 대한 비판들은 결국 동성애자
뿐만 아니라 이성애자에게도 동일하게 적용되는 원칙이라고 말한다.

책을 번역하면서 여러 번역판 성서들을 참조했으며 저자가 책에서 인
용한 루터의 독일어 성서본문이 우리 말 성서와 의미가 다를 때는 이 책에
나오는 본문에 따라 사역하였다.

번역서를 출간하면서 감사해야 할 사람들이 너무 많다. 무엇보다 오랫
동안 기다려준 북코리아 이찬규 사장님께 미안한 마음을 금할 길 없다. 여
러 가지 변명이 가능하겠으나 번역자의 게으름을 책하는 것 외에 어떤 것
도 불필요하다. 만약 이번에 연구학기를 갖지 못했더라면 이 책의 번역은
또 뒤로 미루어질 수밖에 없었을 것이다. 번역에 전념할 수 있도록 연구학
기를 허락해주신 호남신학대학교 노영상 총장님과 연구위원들에게 감사

---

24 W. Härle, "Ist Wachstum ein theologisch legitimes Ziel für Kirchengemeinden?", in:
    http://www.w-haerle.de/aktuell.htm.
25 W. Härle, *Wachsen gegen den Trend*.

드린다. 출판사에 번역저작권을 지원해주신 문시영 교수님(남서울대학교 교목실장, 새세대교회윤리연구소 소장)께도 감사드린다.

책을 번역하는 동안 그간 사랑을 받았던 많은 분들을 생각하는 기회가 되었다. 언제나 호신의 큰 울타리가 되어주시는 존경하는 황승룡 교수님(호남신학대학교 명예총장), 은사 맹용길 교수님(전 장로회신학대학교 학장)과 칼 빌헬름 담 교수님(독일 뮌스터 대학교 명예교수), 일찍부터 우리 신학계에 독일의 사회윤리학을 소개해주시고 가르침을 주셨던 손규태 교수님(성공회대학교 명예교수), 사회정의와 평화의 가치를 강조해주신 유석성 교수님(서울신학대학교 총장)과 박충구 교수님(감리교신학대학교 교수)께 감사드린다. 그동안 많은 사랑을 주신 한국기독교윤리학회(회장 유경동 교수)와 한국기독교사회윤리학회(회장 강원돈 교수)의 임원들과 회원들에게도 감사의 인사를 드린다.

각 장의 주제와 관련된 전문적인 내용들에 대해 여러 학자들에게 자문을 구하고 싶었으나 시간적 제약으로 부족한 번역을 그대로 내놓게 된 것이 못내 아쉽고 부끄럽다. 잘못된 곳을 지적해주시면 반드시 다음 기회에 바꿀 것을 약속드린다. 바쁜 일정 가운데서도 초역을 읽어주신 조일훈 목사님(호신대 박사과정)과 이현주 선생님(복음과상황), 언제나 복잡한 도표를 멋지게 그려주시는 권오인 선생님(청라달튼외국인학교), 호남신학대학교의 사랑하는 교직원들과 학생들, 숭실교회(담임목사 김현수 박사)의 성도님들, 그리고 사랑하는 식구들에게 감사한다.

2016년 8월 25일
양림동 선지동산에서
김형민

목차

약어표

A.a.O.	바로 앞서 인용한 문헌(Am angegebenen Ort, d.h. in der zuletzt zitierten Quelle)
Abt.	부분(Abteilung)
Art.	항(Artikel)
BSLK	복음주의-루터교회 신앙고백서(Bekenntnisschriften der evangelisch-lutherischen Kirche)
BVerfGE	독일연방재판소의 판결
CA	아우구스부르크 신앙고백(Confessio Augustana)
DBK	독일가톨릭주교회의(Deutsche Katholische Bischofskonferenz)
ders.,	동일저자(derselbe)
DH	로마가톨릭 신학적 관점에서 덴징어-휘너만이 편집한 신앙과 도덕에 관한 교회문헌(Enchiridion Symbolorum, definitionum et declarationum)
Ebd.	바로 앞서 인용한 곳(Ebenda, d.h. an der zuletzt zitiertern Stelle)
EKD	독일복음주의교회협의회(Evangelische Kirche in Deutschland)
EschG	배아보호법(Embryonenschutzgesetz)
EvTh	복음주의신학(Evangelische Theologie)-신학학술지
f.	다음 페이지(folgende Seite)
ff.	다음 페이지 이하(folgende Seiten)
GG	독일기본법(Grundgesetz)

GW	전집(Gesammelte Werke)
HWP	철학역사사전(Historisches Wörterbuch der Philosophie)
KGA	비평전집(Kritische Gesamtausgabe)
LDStA	마르틴 루터 라틴어 – 독일어 교재용 선집(Martin Luther Lateinisch-deutsche Studienausgabe)
Lit.	문헌자료(Literaturangaben)
MJTh	마르부르크신학연감(Marburger Jahrbuch Theologie) – 신학학술지
MThSt	마르부르크신학연구(Marburger Theologische Studien) – 신학학술지
NZSTh	조직신학을 위한 새 잡지(Neue Zeitschrift für Systematische Theologie) – 신학학술지
par.	대조할 수 있는 하나의 비교내용(Dazu gibt es eine [synoptische] Parallenstellen)
parr.	대조할 수 있는 여러 비교내용들(Dazu gibt es mehrere [synoptische] Parallelstellen)
PGD/PID	착상 전 진단(Präimplantationsdiagnostik)
PL	라틴교부학(Patrologia Latina)
PND	산전진단(Pränataldiagnostik)
Rdnr.	여백번호(Randnummer)
RGG	역사와 현대 속의 종교(Religion in Geschichte und Gegenwart) – 신학사전
SchKG	인공유산조정법(Schwangerschaftskonfliktgesetz)
SD	신뢰할 수 있는 설명(Solida declaratio: 1580년 루터교신앙고백서 2부의 제목)
StGB	독일형법(Strafgesetzbuch)
TRE	신학전문사전(Theologische Realenzyklopädie)

VELKD	독일복음주의-루터교회연합회(Vereinigte evangelisch-lutherische Kirche Deutschlands)
vs.	반대(versus)
WA Br	바이마르판 루터서신들(Weimarer Ausgabe, Briefe)
WA DB	바이마르판 독일성서(Weimarer Ausgabe, Deutsche Bibel)
WA	바이마르판 루터전집(Weimarer Ausgabe)
ZEE	복음주의윤리학학술지(Zeitschrift für evangelische Ethik)-신학학술지
ZerKR	복음주의교회법(Zeitschrift für evangelisches Kirchenrecht)-신학학술지
ZsTh	조직신학(Zeitschrift für Systematische Theologie)-신학학술지
ZThK	신학과 교회(Zeitschrift für Theologie und Kirche)-신학학술지

서론

　이 책은 다음과 같이 구성되어 있다. 제1부는 윤리학의 기본적 문제들을 다룬다. 그중 첫 세 장은, 철학적이든 신학적이든 아니면 종교적이든 세속적이든 간에 모든 윤리학이 관심을 두는 일반적 문제로 시작한다. 먼저 제1부 첫 단락(1)은 윤리학의 주제와 관계된 문제를 다룬다. 윤리학의 주제와 관련된 개념설명, 윤리적 분과와 관점에 대한 이해, 윤리적 규범, 개념적 선결사항과 그 경계에 대해 좀 더 구체적으로 설명한다. 다시 말해 이 책을 위해 필요한 윤리적 개념을 설명하고자 한다. 다음 단락(2)에서는 윤리학의 사회학적이며 윤리학적 전제를 조망한다. 사회에서 윤리가 필요하게 된 이유와 각 사람을 윤리적으로 교육할 수 있는지 알아본다. 그 후(3) 윤리학의 구성적 요소들을 제시하고 논의할 텐데, 윤리학의 대상, 내용, 형식, 주체, 규범적 권위, 그리고 맥락이 이에 해당한다.

　다음의 두 단락(4, 5)에서는 앞의 두 단락(2, 3)에서 논의한 내용을 전제하면서 그리스도교적-신학적 윤리학을 다룬다. 그중 첫 단락(4)은 그리스도교 윤리학의 특별한 전제를 주제로 삼았는데, 이는 그리스도교적 현실이해라고 요약할 수 있다. 즉 하나님, 세계, 그리고 인간에 대한 특별한 이해를 다룬다. 이어지는 단락(5)에서는 그리스도교 윤리학의 내용적 중심점을 다루는데, 그리스도교 윤리학의 규범적 기초만이 아니라 그 한계성이 주제이다. 좀 더 구체적으로 말하자면 성서적 전승에서 가장 잘 알려진 윤리적 규범들(예컨대, 십계명, 황금률, 사랑의 계명)이 논의된다.

　윤리학의 기초를 다룬 제1장의 마지막 단락(6)은 윤리판단형성의 이론을 다룬다. 이는 이제까지의 논의에서 도출된 윤리적 기본관점들이 체계화된 사고와 판단과정을 통해 윤리적 질문과 문제를 해결하는 데 응용될 수 있는지 검토해나간다.

이어서 제2부에서는 윤리적인 실제적 문제들을 두 가지 목적하에 구체적으로 다룬다. 먼저 앞 장의 연구에서 도출된 것들을 어떻게 실현해야 할지 알아보고, 다음으로 앞서 구체적 설명을 위해 사례로 들었던 윤리적 행위영역들을 체계적으로 고찰한다. 이러한 구체화는 자연스럽게 윤리학에 관심을 두고 연구하는 사람들의 관심사를 우선적으로 겨냥한다. 그렇지만 이 문제들은 임신중절에 대한 찬반결정, 이혼에 대한 찬반, 군복무과 대체복무에 대한 이견 등과 같이 누구나 자신의 일상에서 맞부딪치게 되는 윤리적 질문과 도전들이다. 윤리적 구체화를 위해서는 여기서 다룬 여섯 개의 행위영역만으로 제한하는 것은 분명 충분치 못하며, 오히려 확대되어야 할 것이다. 우리가 생각해볼 수 있는 윤리적 갈등상황과 결단상황은 이러한 문제가 발생하는 삶의 현실만큼이나 포괄적이기 때문이다. 윤리학은 윤리학적 해답을 내리기 위해 여러 측면을 동시에 고려해야만 한다. 이러한 문제점을 다음과 같이 질문해볼 수 있다. 구체적으로 요청된 윤리적 질문에 대해 원칙적으로 충분한 대답을 제시하려면 이 책은 어떤 형식을 취해야만 할까? 이를 공간적, 시간적, 그리고 학문적 측면에서 제시할 수 있다.

- 공간적 질문: 한 권의 윤리학 책에서 윤리적 문제에 대한 구체적 해답을 성취하기 위해 함축적으로 드러낼 수 있는 방식만이 아니라, 책의 저자와 이러한 입장을 받아들이는 자들이 이를 어떻게 이해하는지 묻는다.

- 시간적 질문: 구체적인 윤리적 해답이 요청되는 영역에서 지속적으로 변화들이 일어나는데, 어떻게 (인쇄된) 한 권의 윤리학에서 이러한 변화들을 고려할 수 있는지 묻는다.[1]

---

1 다음은 이의 명료화를 위한 한 예이다. 1998년 독일에선 총 2,500쪽이 넘은 세 권으로 된 『생명

• 학문이론적 질문: 이와 같은 윤리학에 관심을 가지고 있는 저자가 모든 윤리의 영역에서 문제를 이해하고 결단하기 위해 필요한 지식을 어떻게 습득하고 지속적으로 실현해야 할지 묻는다.

이 셋 중에서 그 어느 것도 배제하거나 멀리 피해 돌아갈 수 없다. 이는 반드시 고려되어야 하며, 특히 구체적으로 다룰 윤리적 주제들을 엄격하게 제한할 수밖에 없다. 여기서 선택한 주제들이 윤리학의 대표적인 문제라고 생각하지는 않는다. 구체적인 실제문제들은 내버려두고 윤리학의 기초가 되는 것들이나 다루면 어떨까 하는 생각도 든다. 하지만 내 생각으로는 그럴 경우에 너무 큰 것을 잃게 된다. 우리의 역사적이며 사회적인 상황을 '후기 전통적'이라고 불러도 틀린 말은 아닐 것이다. 우리의 상황을 둘러보건대 오랜 세월 동안 사람들의 행동에 영향을 미쳤던 수많은 전통들이 사라졌을 뿐만 아니라 의문시되고 있다. 이로 인해 개인과 집단은 결단의 상황에 봉착할 때마나 지속적으로 충돌하고 있으며, 이러한 상황에선 그들 역시 이전부터 보존된 채 전승되어 온 모범적 행위나 이의 도덕적 논증을 더 이상 의지할 수 없게 되었다. 그러나 사회적 상황이 아무리 급변했다고 할지라도 윤리적 문제의 구체적 해답을 찾아보려는 노력을 포기해야할 어떤 정당성도 없다는 것이 나의 생각이다. 나로선 윤리적 구체화를 통해 얻게 될 결과를 겸손한 마음으로 기대하고 실제적으로 그 기대감을 낮게 갖는 것이 적합하다는 생각이 든다. 그러므로 나는 제2부에서 다양한 윤리적 분야들(의료생명윤리, 성윤리, 법윤리, 경제윤리, 생태윤리, 정치윤리, 문화윤리 등)에 대한 포괄적이며 개괄적인 소개를 그만두었다. 그 대신 실제적인 윤리적 논의에서 중요한 역할을 하며 독자들의 구체적 삶의 상황에서 필요하다고 생각되는 몇 가지 기본적 주제들(성의 특징, 사랑과 생활양식, 건강과 병,

---

윤리학사전』(*Lexikon der Bioethik*)이 출간된 바 있다. 이 사전에는 "줄기세포" 또는 "줄기세포 연구"에 대한 항목이 없었다. 같은 해 11월 처음으로 줄기세포들이 소위 "여분으로 남은" 인간 배아에서 얻어졌다. 이로 인해 배아를 이용한 줄기세포연구가 급작스럽게 생명윤리학의 가장 큰 이슈가 되었고 이에 대한 논의가 몇 년간 계속되었다. 『생명윤리학사전』의 편집자들이 예상치 못한 일이었다. 얼마 지나지 않아 『생명윤리학사전』의 가치는 현저하게 떨어졌다.

언어)과 개념들(인간존엄성, 정의와 평화)을 택하였다. 엄선해서 주제를 선택했지만, 현재의 윤리적 논의와 연관해 필자의 부족한 지식으로 단편적으로 논의되었다는 것을 말하지 않을 수 없다.

제2부는 체계적인 원칙에 따라 배열한 것이 아니라 서로 관련된 문제에 따라 구성하였다. 나는 윤리적 문제를 구체적으로 논의하는 제2부를 "인간존엄성"(1)이라는 주제로 시작하는 것이 중요하다고 생각한다. 인간존엄성은 이미 윤리학의 논의에서 중요한 역할을 하고 있을 뿐만 아니라 윤리학의 이론적 기초와 실제를 연결하는 돌쩌귀로도 적합하다.

인간존엄성이라는 주제는 인간생명의 시작과 마지막을 연구하는 생명윤리적 논의에서 탁월한 역할을 하고 있기에 "건강과 질병"(2)을 다루는 단락도 인간존엄성에 빗대어 설명하였다.

인간의 육체에 대한 확실한 안내는 "성, 사랑, 삶의 양식"(3)에 대한 주제로 인도하는데, 이 단락은 윤리학의 구체화를 다룬 제2장에서 분량이 가장 많은 부분으로 이 세 주제가 서로 밀접한 연속성 안에 있다.

삶의 양식에서 "평화"의 주제로 넘어가는 것이 자연스럽다는 생각이 든다. 하지만 평화에 대한 논의를 살펴볼 때 "정당한 평화"라는 평화의 이상이 이미 "정의"라는 주제를 전제하고 있다는 사실로 인해 "정의"(4) 후에 "평화"(5)를 다루도록 글의 순서를 재구성하였다.

제2부의 마지막은 "때에 맞는 바른 말"(6)이라는 표제하에 윤리학 교과서에서는 거의 다루지 않는 언어의 윤리학을 주제로 삼았다. 언어는 윤리학의 매개체이기에 언어문제로 제2부를 시작하는 것도 의미 있을 것 같았다. 하지만 내가 이러한 가능성을 선택하지 않은 것은 매우 우연이다. 2008년 10월 하이델베르크 대학교 신학부에서 언어에 대한 주제로 강연하면서 나는 교수직을 공적으로 마감하였다. 그러므로 나로서는 제2부를 언어에 대한 주제로 마치는 것이 뜻깊다.

윤리학의 내용적 종결부분인 제3부는 요약된 형태로 "복음주의적 사회윤리학에 대한 개관"을 제공한다. 이 책 마지막에서 제시된 복음주의적 사회윤리학의 기본입장에 대한 개괄은 다음 세 가지 기능을 충족한다.

- "사회윤리"라는 표제어는 일반적으로 함께 고려하면서도 늘 주제로 삼을 수 없었던 윤리학의 한 분과를 다룬다.
- "복음주의적"이라는 표제어는 통상 존재하지만 그 가치를 함축적으로 주장할 수 없는 교파적 특징을 가리킨다.
- "기본입장"이라는 표제어는 글의 마지막에 위치한 요약문과 같은 것이지만, 전주곡과 같은 것을 제공한다.

이러한 전제하에 짧게 요약된 사회윤리학의 기본적 관점은 다음과 같이 구성되었다. 먼저(1) 규범적 근거라는 뜻에서 복음주의적 윤리학의 출처가 되는 문헌을 탐구하고, 다음으로(2) 개념이라는 주제하에 이제까지 복음주의 사회윤리학의 역사에서 주도적 역할을 해온 여러 주장들을 살핀 후, 마지막으로(3) 내용이라는 표제하에 복음주의적 사회윤리학이 자신만의 특별한 신학적 특징을 인식하도록 돕는 핵심적 주장들을 살펴보았다.

마지막으로 색인은 성서, 인물, 그리고 개념, 이 세 가지 주제로 구성되었다. 이 책에서 다루는 주제에 대한 문헌들은 통례적으로 각 장의 첫 번째 각주에 제시하였다.

제 1 부

그리스도교 윤리학의 기초

1. 윤리학의 개념[1]

1.1 개념설명

사람들은 대부분 "윤리", "에토스", "윤리적" 또는 "도덕적", "도덕론", "도덕신학", "도덕철학", "도덕적" 또는 "관습론", "관습", "관습적"과 같은 개념들을 잘 알고 있고 신뢰하기도 한다. 그러나 이 개념들을 명확히 정의하고 상관적 관계에서 설명하기란 쉽지 않다. 개념적 해명은 내용의 관점에 따라 늘 다를 수밖에 없지만, 윤리학이 발전해가면서 점차 밝혀지고 있다. 그렇지만 윤리학 교과서를 집필하면서 잠정적으로나마 윤리학적 개념들을 이해하고 정의해볼 필요가 있다. 그러면 우리는 어디서 개념적 이해를 얻을 수 있을까?

가장 손쉽고 편리한 방법은 사전을 들추어보는 것이다.[2] 거기서도 분명하고 만족할 만한 안내를 얻지 못하거나, 실제 의미하는 바가 무엇인지 스스로 검토하거나 연구해보려면 두 가지 방법이 있다. 하나는 어원적, 곧 통시적 방법이고 다른 하나는 개념적 정의를 시도하는, 곧 공시적 방식이다.
어원적 방법은 개념의 역사를 연구하고 개념의 뿌리와 변화과정을 살피며 그 의미의 발자취를 따라간다. 어원사전들이 도움이 된다. 그러나 이러한 방식에 대한 이의가 제기될 수 있다. 하나의 또는 동일한 동의어들이 여러 언어에서 전혀 다른 역사적 발전을 이루어왔고, 언어의 역사 속에서 상당한 의미변화를 일으켜왔으니 어원학에서 전혀 신뢰할 만한 것을 얻을 수 없다는 지적이다. 실제로 이런 경우들을 만나게 된다. 비교설명하자면, 독일의 9년

---

1 이에 대해선 W. Lienemann, *Grundinformation Theologische Ethik*, Göttingen 2008, 11-49 참조하시오.

2 가장 자세하고도 신뢰할 만한 정보는 *Historisches Wörterbuch der Philosophie(HWP)* Bd. 1-12(Darmstadt 1971-2004)에서 얻을 수 있다. 일차적인 정보를 얻기 위해선 다음을 참고하시오. O. Höffe(Hg.), *Lexikon der Ethik*, München 1977, 2002⁶. O. 회페(임홍빈 외 옮김), 『윤리학사전』, 예경 1998. 이외에도 여러 철학적이며 신학적인 참고서적들을 부분적으로 참고할 수 있다.

제 교육과정을 뜻하는 김나지움(Gymnasium)이라는 단어가 원래 "벌거벗은"이라는 뜻을 가진 그리스어 "귐노스"(γυμνός)에서 연원했다. 그러나 이런 설명이 이 단어의 의미를 인식하는 데 얼마나 도움이 되겠는가. 물론 어원적인 정보가 한 단어의 변화과정을 알게 함으로써 단어의 형성과정을 해명하는 데 도움이 된다는 사실에는 논쟁의 여지가 없다.

어원학이 풍부한 성과를 얻을 때나 얻는 곳에선 이 단어들이 더욱 분명히 이해되고 공감될 수 있는 장점이 있다. 곧 살펴보겠지만, 우리가 연구하는 이론적 개념들의 어근들은 종종 어떤 구체적이면서도 분명하고 쉽사리 상상할 수 있는 것을 제시할 뿐만 아니라, 개념을 이해하는 데도 도움이 된다.

이에 반해 개념의 **정의와 관련되어 있는** 공시적 방식은 역사보다는 단어의 현재적 의미를 밝히는 데 중점을 둔다. 서로 엇비슷한 개념들과 비교함으로 어떤 연관성과 차이가 있으며 정의되는지를 살피고, 이를 통해 개념들을 해석하고 파악하고 규정한다. 이러한 방법론이 밝히려는 주된 관심은, 만약 이 개념들이 없었더라면 어떤 현상이 언급되지 못한 채 남겨져 있을까를 묻는 데 있다. 공시적인 방법론은 현상들을 집중적으로 연구하고 사실적으로 성취된 결과들을 밝혀낼 수 있다는 장점이 있다. 하지만 큰 결점은, 이 질문을 합리적 논증을 통해 응답하기 위해선 문제가 되는 개념에 대한 비교적 분명한 전이해가 요구된다는 점이다. 이 방법론이 많은 성과를 내고 있지만 사전적 혹은 언어학적 정보와 같은 다른 내용들을 이미 전제하고 있다.

여러 학자들이 이 두 가지 방법론을 양자택일의 문제로 파악하는 대신 서로 함축적으로 결합시켰는데, 이 책에서도 그런 방법을 추천한다.

철학사전[3]을 보면, 서구사회나 인도게르만의 언어와 문화영역에서 윤리를 뜻하는 가장 오래된 명사는 그리스어 "에토스"(Ethos)와 인도게르만어 "수에트"(sueth-)이다. 에토스라는 개념은 특이하게도 두 가지 서로 다르면서 엇비슷한 그리스어에 기원을 두고 있다.

- "애토스"(το ἦθος)는 습관적 거주 지역, 주거지, 마구간, 집을 가리킨다. 여기서 관습, 양식, 풍습이라는 뜻이 유래하였다.

---

3 각주 2에서 언급한 HWP에 나오는 "Ethos"(G. Funke und H. Reiner, *HWP* 2/1972, 812-815)와 "Sitte"(W. Kersting, *HWP* 9/1995, 897-907)에 관한 항목을 참고하였다.

- "에토스"(τὸ ἔθος)는 습관, 익숙함을 가리킨다. "길들이다"는 뜻의 그리스어 동사 "에티제인"(ἐθίζειν)에서 유래하였으며 "연습하다" 또는 "습관적으로 행하다"라는 뜻이다.

본성, 습관, 관습, 그리고 고향을 뜻하는 "지테"(Sitte)라는 독일어는 인도게르만어에 뿌리를 둔 "수에트"(고대인도어에서는 "svdha-")에서 왔다.

이 모든 어근은, 규칙적인 실천이든 집중적인 훈련이든 간에 기본적으로 습관적이며 신뢰한다는 의미를 담고 있다. 에토스와 관습은 어떤 특정 행위를 자신의 거주지로 삼거나 습관화하는 노력과 관련이 있다. 이 개념이 함축하고 있는 부정적 측면은 부동성, 무감동, 고집과 같은 이념들이다.

"윤리학"이라는 개념을 최초로 "윤리적 이론"(ἠθικὴ θεωρία)의 형식으로 만들어낸 사람은 아리스토텔레스였다.[4] 윤리학은 인간의 일상적 습관에 대해 비판적으로 성찰한다는 점에서 관습과 구별된다. 다시 말해 윤리학은 습관적으로 신뢰하는 일상적인 태도가 올바르고 선하며 인간으로 마땅히 행해야 할 태도인지를 묻는다.

사회사적으로는 그리스의 폴리스가 점차 해체되기 시작했던 기원전 4, 5세기경 윤리학에 대한 논의가 시작되었다. 높은 사회적 결합과 통제로 견고했던 삶의 관계가 해체되어가는 상황 속에서 그간 전승되어온 에토스에 대한 비판적 질문이 제기된 것은 놀랄 만한 일도 아니다. 이러한 과도기에 사람들은 자신들이 항상 행해야 할, 실제적으로 옳고 선한 것이 무엇인지 묻곤 했다. 이러한 사상은 헤라클리트(Heraklit: 기원전 535-475)에게서도 발견된다.[5] 결과적으로 각 개인의 윤리적 반성과 관점이 고상한, 말하자면 근본적인 의미를 얻게 된 것이다.

"윤리적"(ethica 혹은 ethice)이라고 쓰이는 라틴어 형용사와 부사는 그리

---

4 아리스토텔레스는 이와 관련해 소크라테스나 플라톤이 자기보다 앞서 윤리적인 것을 이론적으로 숙고하고 논의했다는 사실을 언급하였다(*Metaphysik* 987b).
5 "사람들은 자기 부모의 자녀 된 입장에서 행동하거나 말해서는 안 되네. 간단히 말해, 우리가 전승받은 그대로 해서는 안 된다는 말일세"(Fragmente, in: W. Nestle(Hg.), *Die Vorsokratiker*, Wiesbaden 1956, 104, Nr.11).

스어에서 빌려온 개념으로 키케로가 처음으로 "도덕적"(moralis)이라는 형용사로 번역하였다. 이 말은 "관습"(mos)이라는 라틴어 명사에서 파생된 단어로 풍습, 관습 혹은 성격을 뜻한다.

특히 18-19세기 독일어권에서는 "관습"(Sitte), "관습성"(Sittlichkeit)이라는 개념이 큰 구별 없이 사용되어오다가 "에토스", "도덕", "윤리"라는 개념 때문에 점차 뒤로 밀려나 결국에는 다른 의미로 사용되었다.[6] "관습"은 풍습, 습관 혹은 교양 있는 몸가짐을 의미했고, "관습성"이라는 단어는 일상의 언어에서 큰 역할을 하지 못하게 되었다.[7]

"도덕"(Moral)과 "에토스"(Ethos)라는 개념(혹은 '도덕적' 그리고 '윤리적')은 교회 간의 **신학적 차이**에 따라 달리 사용되기도 했다. "도덕신학"(Moraltheologie)이라는 개념은 단지 로마가톨릭의 영역에서, "윤리학"(Ethik)이라는 개념은 종교개혁을 따르는 교회에서 통상적으로 사용하였다. 이 둘 사이에 내용적 차이가 있느냐고 묻는다면 다음과 같이 말할 수 있다. "도덕"과 "도덕론"이라는 개념이 주로 행해야 하거나 해서는 안 되는 행위의 내적 특성을 지향한다면, "에토스"(Ethos)와 "윤리학"(Ethik)은 행하는 자의 **인격**에 주목하고 그의 정직성을 지향한다.[8]

나는 "에토스"와 "도덕"을 기본적으로 **동일한 의미**로 사용한다. 다시 말해 이 개념들은 선하거나 올바른 행위에 대해 질문하는 각 개인이나 집단들로 하여금 그렇게 행동하도록 설득하는 규칙 혹은 규범을 의미한다. "윤리학"은 "에토스" 혹은 "도덕"에 대한 이론적 반성이라는 뜻으로 사용한다. 윤리학이 이러한 반성의 산출물이라는 뜻에서 이 책의 형식 또한 마찬

---

6 이의 유명한 전거는 칸트와 슐라이어마허의 대작을 참조하시오. I. Kant, *Grundlegung zur Metaphysik der Sitten*(1785, 1786²); ders., *Metaphysik der Sitten*(1785, 1786²); F. Schleiermacher, *Die christliche Sitte*(1843).

7 이에 대해선 K. Stock, Art, Sitte/Sittlichkeit, in: *TRE* 31(2000), 318-333을 보시오. 일상적인 언어에서 이 개념은 성적인 이탈행위와 연관시켜 "비관습성"(Unsittlichkeit) 혹은 "관습에서 벗어난"(unsittlich)과 같이 대부분 부정적 형태로 쓰인다.

8 J. Fischer, *Handeln als Grundbegriff christlicher Ethik. Zur Differenz von Ethik und Moral*, Zürich 1983, 19-21.

가지이다. 나는 "윤리적" 그리고 "도덕적"이라는 형용사를 엄격하게 구분해 사용하지는 않지만, "윤리적"이라는 말은 반성하며 행동하는 **인격체**를, 이에 반해 "도덕적"이라는 말은 우리가 공동으로 지켜야 할 **행위규범**을 나타내기에 적합한 개념으로 본다.

1.2 윤리적 분과[9]

참과 거짓, 선과 악, 명령과 허락과 금지와 같이 행동을 유발하는 확신, 다시 말해 윤리적이며 도덕적인 규범의 도움을 받아 세 가지 서로 다른 관점에서 윤리학을 연구할 수 있다. 세 가지 윤리적 관점에 대한 연구는 중요할뿐더러 학적으로 필연적이라는 점에서, 없어서는 안 되는 윤리학의 한 분과들이다.

① 서술적 윤리학

서술적 윤리는 윤리적 혹은 도덕적 규범이 어떤 모습으로 실재하며, 어떻게 고려되고 있으며, 이를 반성하는 유형에는 어떤 것들이 있는지를 핵심질문으로 삼아 연구한다. 다시 말해 서술적 윤리는 현재 실재하는 **에토스** 혹은 실제로 현존하고 실천되고 있는 도덕에 관해 연구하되, 역사적 발전, 문화적 차이, 사회적 계층과 환경 또는 도덕적 의사와 도덕적 삶의 실천 사이의 관계[10]를 연구 주제로 삼는다. 그 외에도 독특한 방식, 말하자면 윤리적 이론형성의 역사나 현재적 상황을 연구하거나 다양한 윤리적 이론들의 관계를 주제로 삼아 **윤리학**을 연구하는 특별한 유형의 서술적 윤리

---

9 이를 위해선 F. von Kutschera, *Grundlagen der Ethik*, Berlin/New York 1982, 39-46을 참조하시오.

10 제2차 세계대전이 끝난 후 킨제이가 조사하여 발표한 남성과 여성의 성적 태도에 관한 보고서가 서술적 윤리학의 영역에 속한다. 이 보고서는 먼저 진술된 도덕적 확신과 실제적 태도의 차이가 얼마나 클 수 있는지 보여주었다. 특히 이러한 차이를 알고 의식하게 됨으로써 도덕적 확신이 어떤 영향을 받게 되는지를 연구하였다. 동시에 거기서 나타난 첫 번째 특징적 관점은 -이 경우에는 기술적이며 규범적 -윤리학의 분과들 사이에는 경계선만이 아니라 횡단통로도 존재한다는 사실이다.

학도 있다. 이러한 영역은 윤리학의 여러 문헌[11]과 대학에서 사용하는 강의용 교과서에서 "윤리학의 역사"라는 형태로 특별히 중요한 역할을 한다.

② 규범적 윤리학

서술적 윤리학이 윤리학에는 어떤 종류의 윤리적 혹은 도덕적 규범과 행위방식과 이론들이 존재하는지를 서술했다면, 규범적 윤리학은 어떤 것들이 존재해야 하는지를 묻는다. 다시 말해 어떤 도덕적 규범들이 유효한 것이며 어떤 윤리적 이론들이 동의를 받을 만한지 연구한다. 당연히 규범적 윤리학은 서술적 윤리학보다 각 저자의 입장과 개인적 확신을 중요시한다. 이와 같은 시도는 왜곡된 확신을 정당하게 평가하고 판단하도록 강요하고, 주창자들의 입장에 대한 참여와 일치를 우선적으로 강요한다는 점에서 불리하게 작용할 수도 있다. 앞선 개념설명에서도 규범적 윤리학의 이 같은 과제는 분명 모든 윤리학의 핵심에 속한다. 규범윤리학은 서술윤리학과, 좀 더 명확히 말하자면 윤리학의 서술적 요소들과 기능들과 엄격하게 분리되지 않는다. 여러 윤리적 주장들은 본질적으로 서술적인, 다시 말해 사실을 보여줄 수 있는 능력 위에 기초하고 있다. 그런즉 "서술적"이라는 형용사는 위의 ①에서 말한 것과는 다른 의미로 이해되며, 다만 서술적 윤리학을 서술적인 것에 기초하고 있는 규범적 윤리학과 구별하는 것이 중요하다.[12]

---

11 가스(W. Gass)가 1881년부터 1887년 여러 권으로 출간한 『그리스도교 윤리학의 역사』를 대표적인 예로 제시할 수 있겠다. W. Gass, Geschichte der christlichen Ethik, Berlin, 1881-1887. 그 외에도 Ch. Frey, *Die Ethik des Protestantismus von der Reformation bis zur Gegenwart*, Gütersloh, 1989와 놀라울 정도로 철저하면서도 자세한 J. Rohls, *Geschichte der Ethik*, Tübingen, 1991과 F. Nüssel(hg.), *Theologische Ethik der Gegenwart*, Tübingen, 2009가 있다

12 헤름스는 "윤리학의 규범적 기능(규범의 비판과 논증)은 서술적인 것에 기초하며 이를 포함하고 있음"을 특별히 강조한다. E. Herms, Art. "Ethik I", in: *RGG*⁴ 2(1999), 1598-1601. E. Herms, "Ethik V", a.a.O, 1611-1624도 참조하시오.

③ 메타윤리학

메타윤리학의 과제는 윤리학, 특별히 규범적 윤리학에서 연구된 개념들, 여러 방법론, 그리고 논증형식들을 해명하는 것이다. 20세기에 와서야 메타윤리학은 하나의 독립된 연구 분과가 되었다. 이에 기초가 되는 작품은 무어(G. E. Moore: 1873-1958)가 쓴 『윤리학의 원칙』으로 영어판은 1903년에, 독일어 번역본은 1970년에 출간되었다. 하지만 무어는 자신의 저서에서 "메타윤리학"이라는 개념을 사용하지는 않았다. 내가 알기론 그로부터 약 20년 후 프란츠 로젠츠바이크(F. Rosenzweig)[13]가 한스 에렌베르크(H. Ehrenberg)의 '메타논리적'(Metalogischen)이란 개념을 유추해 처음으로 이 개념을 사용하였다. 그렇지만 그는 메타윤리학을 윤리학의 개념, 방법론, 그리고 논증형식이 아니라 존재론적이며 형이상학적 근본질문에 대한 연구로 제시하였다. "메타윤리학"이란 개념은 20세기 중반에 이르러서야 비로소 여기서 설명한 의미로 사용되기 시작하였고 매우 빠른 속도로 자신의 지반을 확장해갔다. 메타윤리학의 과제에서 살펴볼 때, 이는 형식주의와 추상성의 경향을 가지고 있으며 이런 점에서 서술적 윤리학과 규범적 윤리학과 구별된다. 그러나 메타윤리학은 두 가지 윤리학이 자신의 학문적 본질을 해명하고 검증하는 데 도움을 준다.[14]

1.3 윤리학의 다양한 측면[15]

여기서 윤리학의 다양한 측면이라고 말할 때 성윤리, 건강과 질병, 정치, 법, 기술 등과 같은 윤리적 행위와 응용분야를 뜻하는 것은 아니다. 이

---

13 F. Rosenzweig, *Der Stern der Erlösung*, Frankfurt a. M. 1972, 16f.와 82ff.

14 특히 윤리학의 영역에서 중요한 의무론적 논리학에 대한 질문은 지면상 여기서 다루지 못한다. 그러나 의무론적 논리학을 대표하는 몇 가지 기본적이고 개론적인 저서들을 제시해 보자면 다음과 같다. G. Kalinowski, *Einführung in die Normenlogik*, Frankfurt a. M. 1973; H. Lenk(Hg.), *Normenlogik. Grundprobleme der deontischen Logik*, Pullach bei München 1974, G. H. von Wright, *Handlung, Norm und Intention. Untersuchungen zur deontischen Logik*, Berlin/New York 1977.

에 대해선 윤리학의 실제적 문제를 다루는 이 책 제2부에서 언급할 것이다. 그 대신 여기선 인간의 모든 행위영역에 실재할뿐더러 또한 그렇게 살아야만 하기에 윤리적 질문이 제기될 수밖에 없는 다양하고도 기본적인 차원들을 살펴본다. 무엇보다도 두 가지 질문을 구별하는 것이 중요하다. 첫째는 개인윤리의 주제이다. "나는 (바로 이 순간 주어진 상황 속에서) 무엇을 해야만 하는가?" 둘째는 주로 사회윤리의 주제이다. "주어진 상황을 지금 또는 미래에 변혁하려면 나는 어떤 기여를 해야만 하는가?" 여러 관점에서 이러한 구별은 중요하다.

- 먼저 이 두 질문은 행위의 서로 다른 대안과 목적을 문제로 삼는다.

- 다음으로, 자신이 어떤 결단상황에 봉착했을 때 개인적으로 나를 위해서 나-교사, 목사, 국회위원, 판사와 같은-직무와 사회적 기능상 선택해야만 하는 경우와 현재하는 구조와 질서를 보존하거나 변경해야 할 책임을 인지해야만 할 경우에 동일한 결론에 이를 수 없기 때문이다.

이러한 구별이 가능할 뿐만 아니라 의미 있고 필연적이라는 사실을 다음의 두 경우에서 확인하게 된다. 먼저 사회에서는 어떤 법적 규정들과 제도적 조건들이 유효해야만 하며 그중 실제적으로 각 개인에게 요구될 수 있는 것은 무엇이냐는 윤리적 질문이 중요시되는 경우이다. 다음으로 특별한 상황에서 제정된 법률적 규정들을 범하는 행위가 윤리적으로 정당화될 수 있느냐는 앞의 것과 반대되는 질문이 제기되는 경우이다.

법적 규정들과 제도적 조건들이 오해를 피하기 위해선 윤리적인 논증과 검증을 필요로 할 뿐만 아니라 그 자체로는-중·장기간-한 사회에서 윤리학에 상당한 영향을 미친다는 사실을 언급하지 않을 수 없다. 형사상 처벌할 수 없는 것은 많은 이에게 이미 윤리적으로도 문제가 되지 않는다.

---

15 이에 대한 개괄적 숙고를 위해서는 A. Rich, *Wirtschaftsethik Bd. I*, Gütersloh 1984, 41-67. A. 리히(강원돈 옮김), 『경제윤리 1』, 한국신학연구소 2002.

그러나 특정영역들에서는[16] –실제적으로나 감정적으로– 법적 개연성을 사용해야 하지 않겠느냐는 부담감이 생겨나기도 한다.

그러므로 모든 윤리적 문제와 주제에서 개인윤리적 측면과 사회윤리적 측면을 구별하는 것은 중요하다. 그렇지만 윤리학을 개인윤리와 사회윤리로 분할하는 것은 의미가 없을뿐더러 오히려 문제가 된다. 왜냐하면 이로 인해 이 두 측면의 상관성과 상호영향력이 경시될 수 있기 때문이다.[17] 윤리학을 개인윤리(자기 자신에 대한 의무), 인격윤리(인간 상호 간의 의무), 사회윤리(사회에 대한 의무)와 환경윤리(자연에 대한 의무)로 분할하거나 나누는 것은 쉽사리 여기서 언급한 두 가지 측면을 여러 다양한 행위분야와 혼동하게 하거나, 한 사람의 인격 안에서 통합되어야 할 윤리학을 이질적이며 분할된 것으로 만들 위험성을 내포하고 있다.

1.4 윤리적 규범에 대한 더 상세한 규정

나는 위의 개념설명(1.1)에서 "에토스"나 "도덕"을 잠정적으로 정의하였다. 이는 선하고 정당한 의무론적 행위가 무엇이냐는 질문에 직면한 인간들을 이에 합당하게 행동하도록 돕는 확신들이다. 나는 이렇게 행동하도록 인도하는 확신들을 "윤리적 규범들"이라는 개념으로 요약한다. 여기서 말하는 규범이란 이에 빗대어 무언가를 측정할 수 있는 척도라는 뜻이다.

그렇다면 여기서 발생하는 질문은 무엇일까? 선하고, 정당하거나, 의무론적 행위를 위해 규범이 문제가 되는 곳에서 우리는 항상 윤리적 규범과 관련을 맺어야 하는가? 사악하고, 비난받을 만하고, 잘못되고, 전도되거나 금지된 행위에 저항하려는 경우에도 동일하게 질문할 수 있다. 옳거나 그

---

16 나는 여기서 특별히 독일에서의 산전 진단(PND)의 확대가능성과 네덜란드에서의 적극적 안락사의 가능성을 생각하고 있다.

17 이와 마찬가지로 이 책의 제3부(그리스도교 사회윤리학 개관)는 윤리학을 이렇게 분할하여 개별적으로 숙고하는 대신 모든 윤리학에 함께 포함되어 있는 사회윤리적 측면들을 종합적으로 기술한다.

른, 명령된, 허락되거나 금지된 것과 관련된 또 다른 행위규범들이 존재하는가? 사실 우리는 역사와 현대의 사회적 생활 속에서 최소한 이러한 요구와 관련된 일련의 규범들을 알고 있다. 이러한 요구 중 몇 가지만 언급하자면 관습과 양식, 종교, 법 혹은 정치규범들이다. 이런 여러 규범들의 특징은 무엇이며 윤리적 규범과는 어떤 관계 속에 있는지를 알기 위해선 이 두 가지 규범의 차이와 귀속을 허락하는 기준들이 필요하다. 이를 위해 다음 네 가지 기준이 매우 적합하고 또한 충분해보인다.

- 유효한 영역: 누구를 위해 유효한 규범인가?
- 유효한 근거: 무엇에 근거해 유효한 규범인가?
- 기능: 무엇을 위해 규범들은 자신의 유효성을 필요로 하는가?
- 제재: 무엇을 통해 한 규범의 유효성이 지지되거나 실현되는가?

이 기준들을 위에서 예시적으로 언급한 행위규범에 응용해보면 다음과 같은 결론을 얻게 된다.

a) 형법과 같은 법적 규범들은 특정 국가영역의 거주자를 위해 유효하다. 이의 유효근거는 책임 있는 제도를 통해서 법적 절차를 거쳐 제정된 과정이다. 법적 규범들의 기능은 시민의 생활공간과 공존의 안전을 도모하는 데 있다. 생각할 수 있는 제재수단은 자유의 박탈, 사회봉사의 수행, 운전금지, 그리고 벌금형이 있다.

b) 개인의 의지적 결심은 단지 몇 사람에게만 유효하다. 이것이 유효한 유일한 근거는 자신의 의지적 결심이다. 이는 더 나은, 다시 말해 진지하면서도 훈련된 삶을 형성하도록 돕는다. 어느 때에는 자신이 스스로 제정한 징계나 칭찬이 자기한탄과 비난이라는 형태로 자신을 제어하기도 한다.

c) 가정, 이념적 단체, 사이비 종교단체나 독재국가에서 흔히 나타날 수 있는 권력에 의해 지지되는 임의의 규칙들이다. 이는 지배자들의 강제력

에 종속되어 있는 사람들에게 유효하다. 지배자들의 권력과 의지가 이의 유효성을 판단하는 유일한 근거이다. 이는 통치자들의 권력을 고착화하도록 돕고, 종속된 자들의 자유와 육체와 생명을 억압하는 상상불허의 제재를 가한다.

d) 관습과 풍습의 규범들은 지역적으로 어떤 특정 환경이나 그 사회전체에서 유효하다. 이 규범이 유효한 근거는 보편적으로 인정되고 실행되는 습관이기 때문이다. 이는 사람들이 기대하는 바를 보장하고 마찰 없는 사회적 환경을 촉진하며 "부드러운" 제재수단이 되기도 한다. 가령 관습과 풍습을 대하는 태도에 따라 존중 또는 경멸을 받게 되거나 사회적 생활에 참여 또는 배제되는 제재를 받는다.

e) 예배참석과 종교적 예식의 집행을 규정하는 종교적 규범들은 자연스럽게 각 종교공동체에 속한 자들에게만 유효하다. 이의 유효한 근거는 최고의 종교적 권위의 의지(신성, 성경, 제사제도)에서 찾을 수 있다. 이의 기능은 종교적 모독행위의 금지와 질서 있는 종교적 삶의 성취이다. 종교공동체는 잠정적으로나 지속적인 출교를 명하거나 구원의 상실을 선포함으로 제재를 가할 수 있다.

f) 에토스 혹은 도덕의 규범들과 관련해서는 다음과 같은 결론을 얻을 수 있다.

- 이의 유효한 영역은 지역적으로나 종파에 따라 제한되지 않고 근본적으로 모든 행동과 책임능력을 가진 자들을 포괄한다.
- 이의 유효한 근거는 이러한 규범의 타당성을 인정하고 행동하는 자의 개인적인 관점이다.
- 이는 일차적으로 개인적 정체성과 사람들 사이의 유익한 공존을 보장하도록 돕는다.
- 이는 제재를 통해 강요되지 않으며 강요될 수도 없다.
- 그러나 이는 자기존중의 보존과 철회를 동반할 수 있다.

역설적이지만 결국 보편적 유효성의 **요구**와 동시에 단지 개인이 생각하는 유효성의 근거, 다시 말해 개인적 관점이 에토스 혹은 도덕적 규범들의 특징이라는 결론에 이르게 된다. 첫 번째 경우에서는 (적절한 방식으로) 윤리적 규범에 관한 보편적 담론이 존재하지만, 두 번째 경우에는 이러한 담론들 가운데 그 어떠한 논의수단도 허락되지 않는다.[18]

1.5 윤리를 위한 개념적 전제

이 장에서 나는 두 가지 개념적 대안들을 주제로 삼아 간략하게 논의하려고 한다. 이는 모든 윤리학의 주제이기도 하고 어느 입장을 선호하느냐에 따라 그 중요성이 달라진다. 첫째는 (개별적, 상대주의적 윤리학에 대한) 보편주의적 윤리학의 선호성이고①, 둘째는 (비인지주의적 혹은 구성주의적 윤리학에 대한) 인지주의적 혹은 실재주의적 윤리학의 선호성②이다.

① 보편주의적 윤리학 대 개별적이며 상대주의적 윤리학[19]

바로 앞 장(1.4)에서 윤리적 규범들은 근본적으로 보편적 유효성을 요구한다고 전제한 바 있다. 그러나 상대주의는 이러한 요구를 충족시키는 윤리적 규범들이 있을 수 있다는 주장을 거부한다. 이러한 거부에 근거해 여러 주장들과 결론들이 도출될 수 있다.

---

18 "인간의 능력이 아닌 오직 하나님의 말씀을 통해서만"(sine vi humana, sed verbo, Confessio Augustana Art. 28, *BSLK* 124, 9, Zeile 4f.)이라는 규칙은 종교와 신앙만이 아니라 윤리에도 적용된다. 로마가톨릭교회는 제2차 바티칸공의회동안 이 주장을 "인간의 존엄"(Dignitatis humanae)이라는 종교자유에 관한 선언에서 수용하였다(이에 대해선 *LThK*² 13(1967), 712-748, 특히 714-717을 참조하시오). 이슬람의 관점에서는 흔히 코란의 주장(Sure 2,256)이 인용된다. "신앙에는 강요가 없다." Sure 10:99와 비교하시오("너의 주가 원했을지도").

19 이에 관해선 R. B. Brandt(Hg.), *Value and Obligation*, New York 1961, 433-440; H. Schnädelbach, Art. "Relativismus", in: J. Speck(Hg.), *Handbuch wissenschaftstheoretischer Begriffe(Bd. 3)*, Göttingen 1980, 556-560; A. Pieper, *Ethik und Moral*, München 1985, 35-38; G. König, Art. "Relativismus", in: *HWP* 8(1992), 613-622와 H. J. Wendel/ W. Wolbert, Art. "Relativismus", in: *TRE* 28(1997), 497-504.

- 보편주의에 대한 첫 번째 이의는 모두가 유효하다고 인정하는 윤리적 규범들은 존재하지 않는다는 주장에 기초하고 있다. 나는 이러한 주장이 가능하다고 생각한다. 그러나 이 주장은 상대주의와는 관련이 없다. 왜냐하면 상대주의는 윤리적 규범들의 인정이 아니라 이것이 제한 없이 영향을 미치는 반경에 주목하기 때문이다. 다시 말해 윤리적 규범들이 모든 사람에게 인정될 **수 있겠냐**는 질문을 다룬다.

- 보편주의에 대한 다른 이의는 다음과 같이 말할 수 있다. 인류의 모든 역사를 초월해 모든 문화 가운데 유효한 것으로 주장되거나 옹호되는 윤리적 규범이란 존재하지 않는다. 이 역시 가능한 주장이다. 하지만 이것도 상대주의와 상관이 없는 주장이다. 왜냐하면 상대주의가 문제시하는 보편주의는 보편 가능한, 곧 만인에게 유효한 윤리적 규범이 **실재한다**거나 유효한 것으로 **옹호**될 수 있다는 주장이 아니다. 그보다는 윤리적 규범들이 모든 시대와 문화의 사람들에게 유효할 **수 있다**는 것을 말할 뿐이다.

- 보편주의에 대한 세 번째 이의는, 다양한 사람들에 의해 (자신들을 위한) 다양한 윤리적 규범들만이 개진될 **수 있다**는 주장에 기초하고 있다. 사람들 사이에 존재하는 차이는 만인에게 유효한 윤리적 규범들이 존재할 **수 없**을 정도로 근본적인 것이라는 주장이다. 이러한 견해가 옳은지 틀린지는 상대주의를 주장하는 대표자들이 어떤 차이를 주시하는지 살펴보면 알게 된다. 그들은 사람들의 나이, 문화적 특징, 소질, 사회적 지위에서 발생하는 **차이 또는** 이러한 차이로 인해 발생하는 **차이**를 주목한다. 먼저 언급한 차이들은 당연히 구체적인 윤리적 판단형성에서 유의해야 할 뿐만 아니라 나이, 성, 환경 등을 무시한 채 성급히 모든 사람이 가지고 있는 관심을 동일한 것으로 판단해서는 안 되는 그런 차이들이다. 하지만 여기서 정의한 의미로 본다면 이는 상대주의가 아니다. 사람들 사이에는 그런 종류의 폐기할 수 없는-도덕적 상관성을 갖는-차이가 존재하며, 그런즉 보편적 유효성의 요구를 제시할 수 있는 단지 **하나**의 윤리적 규범의 기술이 불가능하다고 주장하는 것이야말로 **참된** 상대주의가 아니겠는가.

이러한 주장을 펼치는 자는 여기서 정의된 의미의 윤리적 규범이란 존재하지 않으며, 존재할 수도 없다고 말한다. 윤리적 규범들은 특정 지역이나 집단에서만 유효성을 갖는 단지 관습과 풍속과 관련된 규범이라고 주장한다. 마찬가지로 윤리적 규범들이 어떤 고유한 영역이나 종교를 초월해 타인에게도 유효한 것으로 설득될 수 없다고 말한다. 그러나 이 같은 주장은 결국 다른 종족과 문화와 사회적 집단 혹은 개인이 저지르는 고문, 성폭력, 종족살해, 아동의 경멸이나 학대가 그곳에서는 인정되거나 용인되고 있는 삶의 방식이니 이에 대한 어떤 저항도 객관적 정당성이 없다고 부인하는 결과를 낳고 말 것이다. 이런 결론은 양식과 도덕의 차이를 (여전히) 전혀 파악하거나 이해하지 못하고 있다는 점에서 잘못된 것이다.

상대주의자들의 반대는 진정 하나의 느낌일 뿐이다. 그들에게 동의할 수 있을까? 보편주의적 입장을 주장하는 자들은 기본적으로 윤리적 규범의 유효한 근거와 유효한 영역을 구별한다. 어떤 윤리적 규범이 그 근거를 개인적 성격, 곧 개인적 관점에 두었다고 해서 이의 유효성도 그가 있는 지역과 영역으로 제한해서는 안 된다. 이 두 번째 질문의 핵심은 결국 하나의 윤리적 규범이 모순 없이 보편적, 곧 만인에게 유효한 것으로 주장될 수 있느냐에 달려 있다.[20] 보편주의와 상대주의 사이의 논쟁은 다음과 같이 정리해볼 수 있다. 보편주의적 입장의 옹호자가 보편화의 요구를—모순 없이—만족시킬 수 있는 윤리적 규범들을 찾아 제시해야 할 과제와 요구를 충족해야 한다면, 상대주의적 입장을 지지하는 자는 보편주의자들이 말하는 그 같은 윤리적 규범들을 모순 없이 보편화하는 것은 불가능하다는 것을 증명해보여야 할 것이다. 그렇게 될 때 별 성과를 내지 못하는 원리적 논쟁이 윤리적 담론을 촉진하는 유익한 논쟁으로 바뀔 수 있을 것이다.

보편주의적 입장을 선호하는 나로서는 모순 없이 보편화될 수 있는, 다시 말해 만인에게 유효한 윤리적 규범들을 제시해야 할 과제를 안게 되었다. 짐작건대 그와 같이 보편적으로 유효한 윤리적 규범을 보여주는 여러 후보들이 존재한다. 예를 들어보자.

---

20 우리는 후에 다시 한 번 칸트의 정언명법과 관련해 "보편화"에 관한 주제를 다루게 될 것이다. 거기서 보편가능성이 도덕적 규범을 위해 충분하지는 않지만 필연적인 기준이라는 것을 제시할 것이다.

- 모든 인간의 존엄성은 보호되어야만 한다!

- 살인해서는 안 된다!

- 남에게 대접을 받고자 하는 대로 너희도 남을 대접하라!

상대주의적 입장을 옹호하는 자는 이러한 윤리적 규범들이 어떤 특정한 사람들에게는 유효하지 않다는 것을 증명해보여야 할 책임이 있다고 하겠다. 그렇게 하지 못할 때 스스로 자기모순에 휘말릴 수밖에 없다.

② 인지주의적 윤리학 대 비인지주의적 윤리학[21]

"비인지주의"라는 개념은 통상 스티븐슨(Ch. L. Stevenson: 1908-1979)[22]과 에이어(A. J. Ayer: 1910-1989)[23]로 대표되는 정의주의(Emotivismus)의 특징을 가리킨다. 정의주의는 오스틴(J. L. Austin: 1911-1960)[24]과 설(J. R. Searle: 1932)[25]이 발전시킨 "화행이론"(Theorie der Sprechakte)에 근거하고 있다. 정의주의 옹호자들은, 사람들이 도덕적 진술들과 규범들을 흔히 확정된 주장("이러한 행위는 도덕적으로 옳다")이라고 생각하지만 실은 전혀 다른, 다시말해 주관적 감정이나 도덕적 견해에 대한 표현일 뿐이라고 주장한다. 사

21 이에 대해선 다음을 참조하시오. G. Grewendorf/G. Meggle, *Seminar: Sprache und Ethik*, Frankfurt a. M. 1974; F. von Kutschera, *Grundlagen der Ethik*, Berlin/New York 1982, 특히 39-106; S. J. Schmidt(Hg.), *Der Diskurs des Radikalen Konstruktivimus*, Frankfurt a. M. 1987; D. Hartmann/P. Janich(Hg.), *Methodischer Kulturalismus. Zwischen Naturalismus und Postmoderne*, Frankfurt a. M. 1996; P. Schaber, *Moralischer Realismus*, Freiburg/München 1997; Ph. Foot, *Die Natur des Guten*(2001), dt. Frankfurt a. M. 2004; J. Fischer/S. Grotefeld/P. Schaber(Hg.), *Moralischer Realismus*, Stuttgart 2004.

22 Ch. L. Stevenson, *Ethics and Language*, New Haven/London 1968. 이에 대해선 A. MacIntyre, *Der Verlust der Tugend*(1981), dt. Frankfurt a. M. 1995, 19-56. A. 매킨타이어(김민철 옮김), 『윤리의 역사 도덕의 이론』, 철학과현실사 2004.

23 A. J. Ayer, *Sprache, Wahrheit und Logik*, Stuttgart 1970. A. J. 에이어(송하석 옮김), 『언어 논리 진리』, 나남 2010.

24 J. L. Austin, *Zur Theorie der Sprechakte*(How to do things with Words), Oxford 1962, dt. Stuttgart 1972. J. L. 오스틴(김영진 옮김), 『말과 행위: 오스틴의 언어철학 의미론 화용론』, 서광사 1992.

25 J. R. Searle, *Sprechakte*, Cambridge 1969, dt. Frankfurt a. M. 1971.

실 도덕적 진술들이 도덕적 감정과 주관적 견해에 대한 표현일 수 있다는 것에 이의를 제기하는 자는 없을 것이라고 생각한다. 그러나 도덕적 진술들이 오직 그런 것뿐이냐는 질문이 제기된다. 정의주의자들은 그렇다고 말하고, 도덕적 진술들의 옳고 그름은 판단될 수 없을 뿐만 아니라 기껏해야 어떤 감정적 상태나 한 견해가 적합한지 아닌지를 나타낼 뿐이라고 주장한다. 나의 생각으로는 정의주의의 핵심은 도덕적 진술의 진실능력을 부인하고 그와 동시에 모든 형태의 도덕적 실재론을 거부하는 것이다. 그러나 도덕적 실재론은 도덕적 진술들을 사실성에—현상과 경험—견주어 검증할 수 있으며, 경우에 따라서는 반드시 그렇게 해야만 하다고 주장한다. 이런 점에서 도덕적 진술들을 의지적 결단과 규정으로 환원하는 주의주의(Voluntarismus)와 구성주의(Konstruktivismus)는 물론, 담론을 통해 성취한 합의까지도 도덕적 진술의 유효성을 나타내기에 **충분한** 기준으로 판단하는 담론이론도 광의의 의미에서 비인지주의의 한 유형이라고 말할 수 있다. 이 모든 주장은, 도덕적 규범들이 현실인식의 행위를 통해 실현되지 않으며, 이에 빗대어 그 유효성을 검증할 수도 없다고 부정한다. 또한 도덕적 규범들은 결국 진리를 드러낼 능력이 없고 단지 도덕적 감정이나 충격, 의지적 결단의 결과 혹은 가능한 한 적합한, 예를 들어 통제받지 않은 채 의사소통을 이룬 결과일 뿐이라고 판단한다.[26]

더 나아가 이러한 해석은 반드시 감정, 의지의 결단이나 합의과정을 참조할 의무를 지우지도 않는다. 감정, 의지실행이나 이해과정은 우리를—아마도 매우 적절히—현실의 문으로 인도하고 도덕적 규범과 관련을 맺고 있는 바로 그런 것이라고 주장할 수도 있겠다. 그렇다면 감정주의적, 주의주의적, 그리고 구성주의적 이론은 비인지주의적 이론이 아니라 인지주의적 이론의 특별한 양식이라고 할 수 있다. 이는 통상 (그리고 정당하게) 직관주의[27]를 인지주의적 이론의 하나로 간주하는 것과 같은 것이다. 비인지주

---

26 적절한 의사소통적 조건에 의지하면서 이러한 의사소통의 조건에서는 이물(異物)과 같은 인지주의적이며 실재적인 요소가 이러한 이론 안으로 흡수된다.

이론의 몇 가지 연주법을 살펴보면서, 어째서 인간의 감정이 선과 악을 파악하거나 감지할 수 없어야만 하는지 묻지 않을 수 없다. 감정이 도덕적 규범들을 감지하는 **확실한** 나침반이라고까지는 주장하고 싶지 않지만, 많은 것들이 감정이–공감이나 감정이입의 능력으로–도덕적 규범을 형성하고 검증하는 중요한 **요소**라는 것을 보여준다.

주의주의를 살펴볼 때, 의지의 결단에 도움이 되는 명시적이고 검증할 수 있는 **선한 근거**들이 존재하지 않느냐고 묻고 싶다. 또는 주사위를 던지거나 추첨을 하듯 주의주의가 선한 근거들을 마치 완전히 임의적인 결단을 통해 구하려는 것 같다는 의심도 든다. 오로지 후자만이 결과적으로 비인지주의적 이론이라고 말할 수 있을지 모르겠으나 결코 분명치 않다.

합의이론은 결과론적 비인지주의이론이다. 특히 합의이론이, 자유로운 담론이 사실논증과 현실인식을 위한 좋은 기회를 제공한다는 확신 대신 이를 부정하고 합의를 오직 집단역학적 결과로만 규정하려고 할 때 그렇게 된다. 이 말이 맞는다면 술 취해 떠들며 만들어낸 한 집단의 합의가 윤리위원회가 목적으로 하는 합의와 동일한 윤리적 유효성과 진술능력을 갖게 되지 않겠는가. 이와 같은 확신에 동의할 사람은 거의 없다. 그 외에도 합의이론은 유효한 새로운 관점들이–윤리학의 영역에서도 그렇지만–현재하는 합의에 의문을 제기하고 이를 위해 이제까지 충분히 인식하거나 수용하지 않았던 경험이나 논증을 제시하는 사람들에 의해서만 발견될 수 있다는 사실을 인정하기가 쉽지 않다. 이러한 새로운 관점들의 보편적 인정과 관철을 위해서는 합의형성이 필요하다는 합의이론의 주장은 옳다. 이는 분명 매우 다른 주제이며 어느 누구도 이의를 제기하지 않을 것이다.

그렇다면 존재하는 것에 대한 수많은 진술에서 존재해야 할 것이 도출

---

27 직관주의는, 도덕적 진술들이 기본적 원칙에서 유추되거나 논의를 통해 논증될 수 없거나 또한 그래야만 한다고 주장하며, 그 대신 도덕적 진술들은 진리가 분명하게 "보이는" 직접적인 인식에서 도출된다는 이론이다. 비유적으로 말하자면, 직관주의는 윤리적 문제점과 해결이 한 번의 통찰을 통해 파악될 수 있다는 사실에서 출발한다. 이에 대해선 제1부 3.6.3④를 참조하시오.

될 수 없다는 흄(D. Hume: 1711-1776)의 주장은 옳지 않은가?[28] 존재에 대한 진술에서 당위에 대한 진술을 추론할 수 없다는 흄의 비판을 통상 "자연주의적 오류"라고 부른다.[29] 오랫동안 "자연주의적 오류"라는 진단은 중대한 논증적 실수를 보여주는 증거로 간주되었다. 한 가지 관점, 즉 그와 같은 존재진술에서 실제적으로 당위진술(연역의 의미로)이 도출될 수 없다는 점에서 오류이다. 당위진술은—존재진술도 마찬가지이지만—절대적으로 최종논증의 의미로 추론할 수는 없고 오직 귀추법[30]에 따라 발견하고, 표현하고, 정당화하고, 검증할 수는 있다. 이 모든 논증에서 존재진술과 당위진술 사이에는 뗄 수 없는 연관성이 존재하는데, 그중 세 가지 중요한 점을 열거해보고자 한다.

- "자신의 능력을 넘어서는 일에 대해선 그 누구도 의무를 지지 않는다" (Ultra possse nemo obligatur)라는 이미 고대사회에서 형성된 기초윤리적 기본주장은 "의무는 능력을 포괄한다"(Ought implies can)는 근대의 규칙으로 다시 회귀하면서 당위와 능력의 필연적 연관성이 주장되었다. 여기서 능력은 분명 존재에 속한다.[31] (말의 의미를 엄격하게 살펴볼 때) 사람들이 행할

---

28 D. Hume, *Ein Traktat über die menschliche Natur*, 3. Buch, 1. Teil, 1. Abschn.(PhBM 286b), 211f.

29 그렇지만 "자연주의적 오류"(Naturalistic Fallacy)라는 술어는 무어에게 유래하였으며, "선"이라는 도덕적 개념은 다른, 말하자면 비도덕적인 개념들과 특성들을 통해 정의될 수 없음을 전제한다. 이에 대해 G. E. Moore, *Principia Ethica*(1903), dt. Stuttgart 1970, 41을 참조하시오. 기타 A. MacIntyre, *Der Verlust der Tugend*(위의 각주 22), 199ff. A. 매킨타이어(이진우 옮김), 『덕의 상실』, 문예출판사 1997.

30 귀추법(Abduktion)은 연역법과 귀납법 외의 제3의 논리적 추론양식이다. 아리스토텔레스는 이러한 추론형태를 '아나고게'(ἀναγωγή)라는 개념으로 제시하였다. 그러나 귀추법을 처음으로 제시한 사람은 미국의 철학자 퍼스(Ch. S. Peirce: 1839-1914)이다. 연역법이 어느 한 규칙과 상황에 미루어 어떤 결과를 추론하고, 귀납법이 상황과 결과에서 규칙들을 추론해 낸다면, 귀추법은 결과와 규칙에 미루어 상황을 추론한다. 귀추법은 우리의 지식을 오직 양적 관점에서 확장하고 더욱이 가설적으로 실행하기 때문에 오류에 빠지기 쉽다. 귀추법은 매우 드물게 보게 되는 추론형식이 아니라 일상에서 의사의 진단, 입안결정이나 동일한 것의 확정과 같은 형태로 흔히 등장하는 형식이다. 흔히 우리가 가장 가까이 있는 것을 보지 못하고 마지막에 가서나 발견할 때가 있다. 바로 이러한 것은 어째서 귀추법의 추론이 그렇게 오랫동안 눈에 띄지 않은 채 숨겨져 있을 수밖에 없었느냐에 대한 한 설명이 될 수 있겠다. 철학사전(*HWP*, 1971, 3f.)에 기고한 헤데(R. Heede)의 설명은 짧지만 쉽고도 믿을 만한 정보를 제공한다.

31 나는 이와 같은 연관성을 "너희들은 자연을 배우지 않을 것인가? 우리가 자연으로부터 무

수 없는 것은 행해야 할 것에 대한 진술이 될 수 없다. 그런 점에서 당위는 능력에 달려 있으며 능력은 존재의 한 측면이다.

- 모든 당위진술이 진리에 정합하려면 당위의 의지를 전제해야 한다. 다시 말해 진술하는 각자가 논의의 대상이 되는 행동을 당위적인 것으로 의지 해야 한다. 이런 관점에서 당위와 의지 사이에는 뗄 수 없는 연계성이 존 재한다. 누군가 원치 않는 것은 당위적이지 않다. 이런 점에서 당위는 의 지에 달려 있고, 의지 역시 존재의 한 측면이다.[32]

- 어느 한 행위를 선하거나 옳다고 또는 더 좋다거나 나쁘다고 평가하는 모 든 판단이 반드시 당위진술에서 도출되어야만 하는 것은 아니지만, 최소 한 당위진술을 통해 논증될 수는 있어야 한다. 역으로 내용상 논증된 (말 하자면 단순히 권위적 규정이나 명령에 기초하고 있는) 모든 당위진술은 긍정적인 판단을 전제한다. 긍정적으로 판단되지 않는 것 역시 당위적인 것이 아니 다. 그런 점에서 당위는 긍정적 판단을 전제한다. 이러한 판단을 위해 전 제해야 할 기준은 순환논법에 빠지지 않은 채 존재에 대한 진술을 포괄하 는 것이다("그것이 좋아", "그것은 유용해", "그것은 인간의 행복을 위해 필요하지"와 같은 진술처럼). 결국 판단 역시 존재의 한 요소이거나 측면이다.

일반적으로 다음과 같이 말할 수 있다. 우리가 도덕적 규범이나 행위를 정당화하려면 당연히 사실이나 경험에 근거해 이를 제시해야 한다. 그런 즉 어떤 특정한 논증에서는 자연주의적 오류가 문제가 된다는 이의제기를 너무 강조하지 않는 것이 유용하다.[33]

결론: 내가 여기서 말하고자 하는 윤리학은 모든 사람에게 유효할 수 있 는 도덕적 규범을 발견하려고 노력한다. 물론 이러한 도덕적 규범은 맞을

엇을 배울 수 있는가(혹은 없는가)?"라는 강연에서 자세히 설명하였다. in: *Wider die Natur*(Studium Generale der Rurecht Karls Universität Heidelberg im Wintersemester 2001/2002), Heidelberg 2003, 70f.

32 헤름스는 자신의 논문에서 이러한 연관성을 자세하게 서술하였다. E. Herms, "Sein und Sollen bei Hume, Kant und Schleiermacher", in: *MJTh* XIII(2001), 39-59, 특히 49f.

33 한 걸음 더 나아가 심슨은 도덕적 혹은 윤리적 논증에서 생물학적 태도결정의 무지를 주시하 면서 "반자연주의적 궤변"에 관해 언급한다. G. G. Simpson, *Biologie und Mensch*, Frankfurt a, M. 1972, 176.

수도 있지만 틀릴 수도 있다. 왜냐하면 이는 적절하게, 말하자면 정확히 파악되기도 하지만 그릇된 하나의 현실성과 관련될 수도 있기 때문이다. 따라서 나는 보편주의적, 인식론적, 그리고 사실주의적 윤리학의 발자취를 따르며, 그런 점에서 서술주의적 윤리학에 기초하고 있는 **규범주의적** 윤리학을 따른다.

1.6 신학의 분과로서의 윤리학

윤리학은 신학의 분과로서만이 아니라 "윤리학" 혹은 "도덕철학"이라는 이름으로 철학적 분과로서도 존재한다. 이는 그 나름 유익하다. 그렇다면 이 둘의 차이점과 공통점은 무엇인가?

철학은 이성을, 신학은 신앙을 지향하지만 이 둘이 서로 다른 것은 **아니다.** 이성과 신앙은 대립하지 않으며-다양한 유형으로-밀접하게, 어떤 경우에도 분리되지 않은 채 연결되어 있다. 이성은 방법론적이며 내용적 전제들에 힘입어 존재한다. 이 전제들은 이성을 자신의 편에서 어떤 전제도 없이 스스로 습득하지 못하며 그 대신 철학적 작업을 통해 이성의 신뢰성을 점검하기 위해 주어지고, 명백하거나 확증된 것을 수용할 수 있을 뿐이다. 합리적 논증의 신뢰성을 신뢰함이 없이는-일반적으로 감성적인 인식의 지속적 신뢰성도 그렇지만-철학적 작업이란 불가능하다고 하겠다. 역으로 현존과 모든 학문적 작업의 전제인 신뢰가 눈먼 신뢰가 아니라 분명하게 볼 수 있는 신뢰가 되기 위해서는 점검, 검증, 방법론적 조사가 필요하다.[34] 신앙과 이성의 적절한 관계규정은 철학적 윤리학과 신학적 윤리학에서 여러 형태와 특징으로 제시되었지만, 이는 차이가 아니라 공동의 시작점과 과제에 대한 인식을 드러낸다.

철학적 윤리학과 신학적 윤리학의 차이는, 철학적 윤리학이 **전제 없이**

---

[34] 이는 안셀름(Anselm von Canterbury)이 말한 두 가지 형식을 말한다. 즉 "지식을 추구하는 신앙"(Fiedes quaerens intellectum)과 "알기 위해 믿는다"(Credo, ut intelligam)는 표현으로, 꽤 오랫동안 신학에서 적극적으로 동의와 인정을 받아왔다.

연구하고 신학적 윤리학이 **전제에** 매여 연구하는 데 있는 것이 아니다. 앞 장에서도 암시했듯이 전제 없는 학문이란 존재하지 않고 존재할 수도 없 다. 철학도 마찬가지이다. 이러한 관점은 점점 더 보편적으로 인정되고 있 다. 좋은 철학과 좋은 신학이 전제 없는 유토피아적 노력에서 입증되는 것 은 아니다. 오히려 이는 각 (고유하고도 생소한) 전제들을 가능한 한 매우 정 확하고도 포괄적으로 고양하고, 지정하고, 이의 생산력을 검증하려는 노 력에서 입증된다. 각 전제들을 명명할 때 실제적으로 존재하는 철학적 윤 리학과 신학적 윤리학의 차이가 드러난다.

철학적 윤리학과 신학적 윤리학의 차이는 다음과 같다. 철학적 윤리학 은 **규정된** 현실성 이해, 말하자면 인간과 세계와 하나님에 대한 어떤 정 해진 이념 혹은 교리 혹은 이론에 대한 의무를 알지 **못한다.** 그 대신 이러 한 전제들을 가능한 한 매우 형식적이며 보편적으로 기술하려고 노력하 거나 이에 대한 책임을 각 철학자들에게 맡긴다. 이에 반해 신학적 윤리학 은 신학의 교과목으로서 현실성에 대한 이해를 **규정하고,** 더욱이 그리스 도교 신학으로서 현실성에 대해 **그리스도교적으로** 이해해야 할 의무가 있 다. 이것이 의미하는 바와 이것이 어떤 영향력을 미치는지에 관해선 특별 히 제1부 4와 5의 주제로 삼을 것이다.

2. 윤리학의 사회학적이며 인간학적 전제

앞 장에서 밝힌 바와 같이 단순히 관습을 수용하고 따른다고 윤리학에 관해 말하는 것은 아니다. 윤리학은 자신이 어떻게 행동할지를 "선과 악" 혹은 "옳고 그름"의 기준에 따라 반성하는 것이다. 언어의 역사에서 보면, "윤리"라는 개념은 기원전 4세기 이후 아리스토텔레스 때부터 사용되기 시작하였다. 그렇다고 그 이전에는 윤리학이나 도덕이 없었다고 주장하는 것은 아니다.[1]

인간의 역사 속에서 도덕과 윤리가 언제부터 시작되었느냐는 질문은 인류초기역사의 어둠 속에 묻혀 있다. 이는 아동들이 언제부터 도덕과 윤리를 인지하는지 명확히 알기 어려운 것과 같다. 우리가 알고 있는 오래된 문화들은 사회적 질서, 엄격한 규칙, 그리고 종교적 규정(예를 들면 장례식)에 관한 흔적들을 보여준다. 이는 인간존재의 시발점이 윤리의 출발점과 하나로 통해 있음을 추측게 한다. 아리스토텔레스가 제시한 바와 같이 철학적으로 인간은 (본성상) 공동체 안에 존재하면서 공동체를 지향하는 존재(ζῶον πολιτικόν)인 동시에 이성적이고 언어를 구사하는 존재(ζῶον λόγον ἔχον)이다.[2]

전자는 인간만의 특별한 것은 아니지만 인간의 본질적 **사회성**을, 후자는 인간의 본질적이면서도 특별한 **합리성**을 보여준다. 다음에선 (상호 종속된) 이 두 가지 관점에 대해 논하고자 한다. 왜냐하면 이 두 요소가 윤리학

---

1 표현이야 어쨌든 인류는 고대로부터 도덕에 관해 알고 있었다. 이러한 (윤리적으로도 관련이 있는) 현상을 보여주는 실례가 양심(συνείδησις)이라는 개념이다. 가령 구약성서가 "양심"이라는 개념을 갖고 있지 않았으나 그런 현상을 알고 있었고 자책하는 마음(삼하 24:10)이라는 비유적인 말로 이를 표현하였다. 유사하게 고대 그리스의 비극은 못된 양심을 "복수의 신들"(Erynnien)의 행동에 비유해 제시하였다.

2 Aristoteles, *Politikon* 1253 a 3f.를 보시오. 두 번째 정의는 알크마이온(Alkmaion)에게서도 찾아볼 수 있다. 이에 대해선 W. Nestle, *Die Vorsokratiker*, Wiesbaden 1956, 97과 Ch. Grawe/A. Hügli, Art. "Mensch", in: *HWP* 5(1980), 1071을 참조하시오.

의 전제를 이루기 때문이다.

2.1 도덕과 윤리에 의존하고 있는 사회

흔히 "사회"라는 개념을 사용하지만 이를 이해하고 정의하기란 쉽지 않다. 그 까닭은 한편 "사회"라는 개념이 너무 포괄적이며, 다른 한편 우리가 "사회"를 우리의 환경 속에서 거리를 두고 관찰하고 분석할 수 있는 어떤 한 대상이나 현상으로 만날 수 없기 때문이다. 우리는 "사회 안에" 존재하며 사회에 대해 말하면서 다양한 모습으로 이에 참여할 뿐이다.[3] 사회를 향한 통로는 인간이 선택한 결과가 아니라 단지 현존하는 인간에게 주어진 것에 참여할 때 밝혀진다. 여기서 우리는 사회라는 개념이 갖는 첫 번째 요소를 밝힐 수 있다. 인간이 존재하는 곳에 "사회"가 존재하며 인간을 통해 사회는 형성된다.[4] 인간 그 자체가 사회는 아니다. 사회는 다음과 같이 두 가지 특징을 가지고 있다.

- 사회는 사람들 사이에서 발생하는 상호작용이다. 사람들은 서로 교환하고 행동하고 태도를 표명하며 이를 통해 모든 (다른) 사람들과 어떤 형태로든 만나 영향을 주고받는다.

- 사회는 사람들 사이에서 발생하는 상호작용을 규칙화한다. 이에 근거할 때만이 교육과정, 상대적인 기대감의 충족, 그리고 이를 통해 이루어지는 신뢰할 만한 의사소통과 상호작용이 가능하다. 이러한 규칙화는 한편 (일차적으로) **습관성**(말하자면, 특정 태도를 습관화하도록 교육)의 형태와 다른 한편 (이차적으로) **제도성**(말하자면, 인간들이 서로 교류하고 상호작용하기 위해 필요한 규칙체제를 합의하고 검토하도록 교육)의 형태로 존재한다.

우리는 규칙에 따라 움직이고 성취해가는 모든 것, 다시 말해 규칙에 따

---

3 이 두 요소는 "세계"라는 개념에도 해당된다. 그러나−우주여행 시대에−"땅"이라는 개념에도 반드시 해당되는 것은 아니다.

4 동물의 세계에도 사회(혹은 사회적 분화체제)와 비유되는 동료적 유형들(무리, 떼, 왕국)이 존재하지만, 단지 보이는 그대로 비유적인 것이다.

라 움직이는 인간의 상호작용을 통틀어 "사회"라고 부른다. 지구적(세계사회)이든 지역적(한 민족과 국가의 사회)이든 결국 "사회"란 모든 사회적 흐름을 포괄하는 체계이다. 사회적 상호작용의 흐름과 성취에 참여함이란 소위 우리에게 명령되고 또한 우리가 수용하는(수용해야 하는) "사회적 역할들"을 규칙에 따라 수행하는 것이다.[5]

> 이러한 역할에 관한 몇 가지 실례를 들자면, 학생과 교수, 임대인(임차인), 운전자, 아이와 부모, 시민, 교회의 신자, 친구와 부부, 협동조합의 구성원 등이다. 이러한 역할을 통해 한 사람의 (이름, 태어난 장소와 시간 등을 통해 결정되는 개인적 정체성과 구별되는) 사회적 정체성이 구성된다. 그러나 한 사람의 구체적인 삶의 역사에서 자신의 개인적이며 사회적인 정체성은 분리되지 않은 채 통일성을 이루고 있다.

충분하지는 않지만 위의 설명을 통해 규칙들이 사회와 사회적 공존을 위해 어떤 역할을 하는지 분명하게 드러났을 것이다. 그러나 윤리적 규칙들이 존재해야만 하는가? 동식물과 무생물의 세계에서 유효한 자연법적 규칙들뿐만 아니라 행위의 선택을 위해 필요한 의무론적 규칙들[6]이 존재하는가? 당연히 우리 인간들은 자연법적 규칙들에 순응하고 이를 사회적 상호작용의 필연적 전제로 삼는다. 사회적 상호작용은 호소의 성격을 가진 규칙을 따른다. 그러나 이러한 규칙은 윤리적 규칙과 상반될 수도 있다.

앞에서도 언급했지만(제1부 1.4), 호소의 성격의 의무론적 규칙들의 영역에는 윤리적 규칙과는 다른 규칙이 존재한다. 가령 힘을 가진 집단이-큰 손해를 감수하게 될 것이라고 위협하거나 죽음의 공포를 조장하면서-전횡적으로 다른 집단에게 강요하는 규칙들이 존재한다. 이는 사회적 상호

---

5 이에 관해선 E. Goffmann, *Sigma. Über Techniken der Bewältigung beschädigter Identität*, (1963) dt. 1975를 참조하시오.

6 "의무적/의무론적"(deontisch 그리고 deontologisch)이란 개념은 "존재해야 할 것"(το δέον)이라는 단어에서 "존재적/존재론적"(ontisch 그리고 ontologisch)이라는 개념은 "존재하는 것"(το όv)이라는 단어에서 유래하였다. 이 둘은 서로 평행을 이루는 개념들이다. 후자는 존재하는 것에 관한 이론이라면 전자는 존재해야 할 것에 관한 이론이다.

작용에서 갈등관계가 전적으로 처벌 혹은 처벌에 대한 위협이나 이에 대한 종속과 순종을 통해 결정되는 상황이다. 여기서는 규칙에 대한 어떤 논의나 소통과 합의도출을 위한 협의와 인정과 중재를 위한 노력도 존재하지 않는다.

그와 같은 규칙에 근거한 사회체제는 자유를 박탈하고 착취하는 억압기제에 근거하고 있기에 매우 불안정할 수밖에 없다. 이로 인해 억압받던 개인이나 집단이 억압을 뒤엎거나 스스로 우월한 지배의 자리를 차지하려고 노력하는 상황이 발생한다. 혼돈의 상황(예를 들어 전염병이 발생하거나 시민전쟁과 같은 상황이 발생하는 경우)에서는 필연적으로 정부 편에서 강제조치를 취하고 자유를 제한하는 것이 필요할지도 모르겠다. 그렇지만 이러한 예외상황도 단지 제한적이면서도 윤리적으로 정당해야 한다. 다시 말해 이역시 만인의 복지와 미래적 삶의 가능성을 위해 봉사해야 하며 긴급한 상황이 종료되면 가능한 한 빨리 예외상황을 해제해야 한다.

이러한 예외상황이 존재할 수 있음을 인정할지라도, 도덕적으로나 윤리적으로 볼 때 오직 폭력에 기초하고 있는 독재사회를 지지하는, 진실하고 실행 가능한 논증이나 가능성이란 존재하지 않는다. 오히려 이러한 사회는—아래서 보든(저항을 통해) 위에서 보든(혁명이나 지도층의 전환을 통해)—의문시된다.

그 자체로 윤리적인 규칙들은 아니지만 사회적 상호교류를 가능케 하는 또 다른 규칙들이 있다. 바로 법적 규칙들로, 실현을 위한 규칙들을 포괄하고 있다. 여러 기본적인 법적 규칙들(예를 들어 헌법이나 법률)은 윤리적 숙고와 결단에 기초하고 있다. 그러나 이것이 모든 법적 규칙에 해당하지는 않는다. 그 자체로 유효한 규칙들이 있다. 그런 점에서 이는 윤리적 규칙들이 아니다. 그럼에도 불구하고 다음 네 가지를 언급할 수 있다.

- 모든 사회가 법적 규칙들을 필요로 한다는 사실이 윤리적 숙고를 통해 밝혀진다.

- 사회를 위해 **기본이 되는** 법적 규칙들은 그 자체로 윤리적 반성에 근거하고 있으며, 결국 윤리를 전제한다. 기본권 조항은 응용윤리이다.[7]

- 법의 규칙들은 가능한 한 제한되어야 한다는 사실이 윤리적 숙고를 통해 밝혀진다.

- 한 사회에서 법적 규칙들이 주요하고도 균형 있게 준수되는 것이 (형사) 법적 규칙을 통해 강요될 수 없다. 그 대신 일반적인 경우 "법준수의 윤리"(Ethos der Rechtsbefolgung)를 전제한다. 그렇게 되지 않는다면 법치국가가 전체주의적 경찰국가나 감시국가가 될 수 있다.

법적 규칙으로 통합된 사회는 다수가 원하든 혹은 정상적인 상황이든 어떠한 범법행위도 수용하지 않으며, 오직 이를 제재를 통해 경고해야 할 예외적 경우로 보고 처벌할 수 있다.[8] 더욱이 어느 사회에서는 법을 보호하고 실행해야 할 책임을 진 기구들이 범법행위를 저지르며 자신의 행위를 절대적 예외로 삼는다.[9] 사회가 자신의 상호작용을 위해 (원칙적으로 만인을 위해 유효한) 법적 규칙들을 요구한다는 사실에 근거해볼 때, 이러한 범법행위는 사회가 법적 규정과 준수의 전제가 되는 윤리와 도덕에 의지하고 있음을 보여준다.[10]

그렇지만 법에 기초한 사회에서도 (인간의 삶을 보호하기 위해) 사회적 상호작용이 이루어지는 영역 가운데 매우 제한된 영역만을 법적으로 규정할 수 있다(법적 제한). 예를 들면, 사람들이 누구와 그리고 무엇에 관해 교류하

---

7 이것이 헤를레와 포겔이 편집한 『우리와 함께 태어난 권리에 관해』의 기본주장이다. W. Härle/ B. Vogel(Hg.), *"Vom Rechte, das mit uns geboren ist" Aktuelle Probleme des Naturrechts,* Freiburg, Basel, Wien 2007. 그 때문에 "자연법"에 대한 전통적인 의미를 배제하지 않으면서도 이 개념이 가지고 있는 문제점을 수용하지 않게 되었다. 이에 관해서 제1부 3.6.3①를 참조하시오.

8 이에 대해선 소위 무임승차자 문제에 관한 롤스의 지적을 참고하시오. J. Rawls, *Eine Theorie der Gerechtigkeit*(1971) dt. Frankfurt a. M. 1975, 300. 존 롤즈(황경식 옮김), 『정의론』, 이학사 2003.

9 부패한 경찰과 사법기관은 사회적 기능의 가능성을 근본적으로 불신하게 만드는 경우이다.

10 오직 폭력에 근거하고 있는 사회에서는 도덕과 윤리가 하나의 위험이 된다. 왜냐하면 도덕과 윤리는 폭력에 근거한 사회구조를 극복하기 위해 필요한 기초이기 때문이다.

느지, 촉진하거나 중지해야 할 관계는 무엇인지, 자신의 시간과 삶을 어떻게 보내야 할지, 누구와 결혼하고 어떤 직업을 선택해야 할지 등을 법적으로 규정할 수는 없다. 더구나 이 영역에서 발생하는 그 어떤 것도 윤리적으로 중립적이거나 사소한 것이란 없다. 왜냐하면 이 모든 영역에서 우리는 서로를 향한 기대가 충족될 것을 확신하며 교류하고 협조하기 때문이다. 말하자면 우리의 출발점은 타인이, 어쩌면 우리가 전혀 알지 못할 수도 있는 그들이 우리에게 기대하는 삶의 태도를 충족하고 또한 그럴 수 있어야만 한다는 데 두고 있기 때문이다. 나를 향한 그들의 기대와 그들을 향한 나의 기대는 피차 부담을 덜고 안정감을 일정하게 유지하는 중요한 기능을 발휘한다. 자신이 전혀 경험하지 못한 생소한 환경과 마주칠 때 사람들은 이러한 행동규칙이 필요함을 느끼게 된다. 바로 이 부분에서 전혀 기대하지 않았던 타인의 행동방식에 대해 좀 더 적극적으로 관찰해보아야 할 것 같다. 각 사회에는 규칙들이 존재하고, 그 규칙들이 유효한 것으로 지속될 때 존재할 수 있다. 이러한 규칙들이 법적 제재를 통해 보호되지 않을지라도 사회적 소통과 협력을 위해 필요한 것이다.[11] 이러한 영역에서는 전통적으로 윤리와 도덕 외에 관습이 공동체 안에서 습관화된(윤리적으로 허락된) 태도로 중요한 역할을 한다. 결국 사회는 최소 세 가지 관점에서 도덕과 윤리에 의지한다.

- 순전히 강요에 기초한 사회적 구조를 예방, 비판, 그리고 극복하기 위해, 특히 이러한 사회구조가 인간의 존엄성과 인권을 침해할 때.

- 책임 있는 법제정과 법준수의 전제로서, 혹시 어떠한 규제와 강요가 지배

---

11 경우에 따라 이런 견해가 거부되기도 한다. 말하자면 "선"과 "악" 혹은 "옳음"과 "거짓"이라는 규칙이나 이런 기준의 안내와 사용은 이미 그 자체가 부정적 판단일 뿐만 아니라 다른 가능성을 차단하고 제어하는 것이라는 주장이 가능하다. 그러나 이에 대해 다음과 같이 말할 수 있다. 그렇다고 문제가 없어지는 것은 아니며 단지 다른 영역으로 옮겨갈 뿐이다. 그와 같은 규칙이나 기준을 제시하고 사용하는 일을 중단하고 저지하라는 요구 그 자체가─다른 차원에서─이미 이러한 규칙이나 기준의 제시와 사용하려는 (규범적인) 시도일 뿐이다. 그들의 말대로라면 모든 규범을 포기하고 모든 것을 다 허락하는 수밖에 없다. 그러나 모든 규범의 포기를 그들도 원치는 않을 것이다.

하지 않은(지배할 수 없는) 영역에서.

- 법적으로 규정되어 있지 않은 상호작용의 가능성과 필요성을 자유롭고 독립적이며 책임적으로 형성하기 위해.

2.2 윤리적 안내의 필요성과 인간의 학습능력[12]

고등동물은 한편으로 본능, 말하자면 자극에 대한 태생적 행동양식에 따라 반응한다. 다른 한편 동물에게도 (일반적인 학습경험 혹은 특별한 훈련을 통해 취득했던) 자신이 습득한 다양한 행위양식이 존재한다. 이 두 가지 길을 통해 규칙을 따르는 행동과 또한 자신의 환경, 다른 고등 동물들, 그리고 인간과 소통하고 통합할 수 있는 능력이 생겨난다. 그렇지만 동물들이 자기 스스로 이러한 선택의 근거까지 인식하여 그와 같은 행동양식을 선택했다는 주장을 수용할 수는 없다.

인간은 전혀 다르다. 규범에 매여 있기 때문에 순전히 본능적으로 행동하는 경우가 적다.[13] 반사적으로 젖을 찾고 위험을 피하면서 본능적으로 반응하는 몇 경우들이 있지만, 이는 생존을 위해 필요한 행동인 만큼 매우 중요하다. 많은 것들이 경험을 통해(훈련을 통한 것이 아니기를 바라지만) 습득되고, 지나간 것들은 처음이나 나중에 숙고와 선택을 통해 교정되거나 의식적으로 원하게 된다.

이와 같은 인간의 비결정성과 개방성은 많은 장점과 단점을 가지고 있다. 이는 인간의 환경에서 드러나는 위대한 변용성과 적응력뿐만 아니라

---

[12] 다음의 내용에 대해선 Ch. Wulf(Hg.), *Vom Menschen. Handbuch Historische Anthropologie*, Weinheim und Basel 1997; F. Schrenk, *Die Frühzeit des Menschen. Der Weg zum Homo sapiens*, München(1992) 2003⁴; T. Koch/W. Hirsch, "Menschen IX und X" in: *TRE* 22(1992), 548-577을 비교하시오.

[13] 그런 까닭에 니체는 인간을 "확정되지 않은 동물"이라고 불렀다. 플레스너와 쉘러와 겔렌의 인간학적인 연구결과도 동일한 것을 보여준다. H. Plessner, *Die Stufen des Organischen und der Mensch. Einleitung in die philosophische Anthropologie*, Berlin/Leipzig 1928. M/Scheler, *Die Stellung des Menschen im Kosmos*, Darmstadt 1930; A. Gehlen, *Der Mensch. Seine Natur und seine Stellung in der Welt*, Bonn(1940) 1950⁵. 쉘러는 자신의 주장을 인간의 "세계개방성"이라는 명제로 요약하였다.

자신의 환경에 개입하여 자신의 능력과 필요에 따라 변용하는 능력을 의미한다. 또한 이는 인간의 놀라운 학습능력을 보여준다. 물론 이는 학습필요성을 뜻하기도 한다. "결핍된 존재"인 인간은 다른 동물과 비교해 오랫동안 유아기를 보내는 유소성의 동물이다. 그러나 인간은 학습을 통해 자신의 태도를 선택하고, 조정하고, 또한 이에 대한 책임을 진다.

본질적으로 인간의 행동은 어떤 목적과 근거에 의지하고 있다. 이러한 근거는 무엇 때문에 한 사람이 특정행위를 다른 행위보다 더 좋아하고 선호하는지를 보여준다. 그렇다면 어째서 어떤 근거를 (필연적으로) 다른 근거들보다 선호할 가치가 있다고 생각하는지 물어보지 않을 수 없다. 그러나 삶의 의미를 물을 때와 같이[14] 이 물음은 질문과 대답 사이를 오가며 해답을 찾지 못한다. 왜냐하면 이 질문은 자기목적의 성격을 가지고 있는 것을 만나야만 비로소 해결할 수 있기 때문이다. 윤리학에서는 이것을 최고선(summum bonum)이라고 부른다. 여기서 최고를 능가할 수 없는 것(das Unüberbietbare)으로 이해해서는 안 된다. 이는 능가되지 않은 것(das Unüberbotene), 곧 그 자체의 중요성 때문에 추구할 수 있고 또한 추구해야 할 것이다. 이 질문에 긍정적이며 단정적으로 대답할 수 있는지는 차치하더라도 각각의 경우 윤리적 질문은 제기된다. 여기서 "각각의 경우"란 누군가 분명한 근거들을 가지고 선택하라는 인간학적인 도전에 직면할 때 이러한 질문이 나타날 수 있다는 것을 의미한다. 그렇다면 (더 이상) 근거들을 선택하지 않고선 결단할 수 없는 것일까? 오히려 우연이나 환경의 자극이나 타인의 요구에 맞추어 어떻게 행동해야 할지를 결단할 수는 없을까? 그러나 이를 통해서도 선택과 책임을 피해갈 수는 없다. 그 까닭은 (더 이상) 선택하지 않으려는 한 사람의 결단도 자신의 선택을 통해 행하고 응답한 결단이기 때문이다. 이러한 결단은 자신이 의도하지 않았던 (아마도 실제

---

14 이에 대해선 W. Weischedel, *Der Gott der Philosophen. Grundlegung einer philosophischen Theologen im Zeitalter des Nihilismus, 2. Bd. Abgrenzung und Grundlegung*, Darmstadt, 1972, 165-172를 보시오.

적으로는 무의식적으로 선택한) 결과를 가져올 수 있다. 누구나 지속적으로 선택해야 할 필연성을 감안해볼 때 윤리적 안내를 받기 위해 필요한 목적, 규범, 그리고 기본적 입장에 대한 질문은 피해갈 수 없다. 어느 때는 사소한 결단상황에서도 근본적으로 현존재의 의미와 목적을 **최종적으로** 묻는 결단의 물세례를 당하는 상황이 발생하기도 한다.

> 학교선택을 예로 들어보자. 우리의 문화권에서 부모라면 누구나 한 번 (혹은 여러 번) 자녀들을 위해 또는 자녀들과 함께 이 문제에 마주치게 된다. 우선 그 학교가 아이들이 좋은 성적으로 학업을 마치고 적절한 직업선택의 기회를 제공받을 수 있는 최적의 지원프로그램을 가지고 있는지 묻는다. 그러나 동시에 두 가지 목적을 놓고 갈등을 빚기도 한다. (직업선택의 기회를 포함해) 최적의 지원을 우선할 것인가, 아니면 아동의 심리적 발전과 안정성을 위해 과중한 수업부담을 줄여야 할 것인가? 이어서 학교가 지향하는 정책 중 어떤 것을 지원해야 할 것이지를 묻게 된다. 마지막으로 구체적 결단상황에서 이 세 가지 영역의 관계를 어떻게 적절하게 고려할 것인지 묻게 된다. 이러한 결단상황에서 아동들을 마음으로 이해하려는 노력과 학교의 교육능력에 대한 믿을 만한 정보 외에 인간의 삶(개인이든 단체든)을 위한 학교교육의 의미와 목적에 관한 분명한 생각이 중요한 역할을 하게 된다. 이는 인간존재와 인간적인 삶을 안내하는 윤리적 기능에 대한 중심질문이기도 하다.

아마도 많은 사람들이 윤리적 지침이나 이념적 이상이 없어도 결단할 수 있을 것이라고 말할 것이다. 그러나 이러한 주장은, 자신이 의식하지 못할지라도 인간의 살과 피 속에는 자신을 "인간의 규정"[15]으로 안내하는 그런 것이 존재하며 영향을 준다는 사실을 간과하고 있음을 의미할 뿐이다. 잘못된 윤리적 안내나 이상을 받아들이게 되면 당연히 잘못된 판단을 내릴 수밖에 없다. 이러한 사실을 깨닫게 하고 자신의 내면에 숨겨진 윤리적 안내와 이상을 밝히며 보게 하는 것이 윤리학의 중요한 기능 중 하나이다.

앞에서 짧게 언급했지만, 사람들은 자신의 고유한 윤리적 지침이나 이

---

15 1748년 슈팔딩(J. J. Spalding)에 의해 만들어진 이 중요한 (윤리학을 위해서도 중요한) 용어에 관해선 다음의 제1부 4, 각주 17을 참조하시오.

상을 개발하지도 않고 추구하거나 갖지도 않은 채 살아간다. 결단의 상황에 봉착하면 그럭저럭 자신의 주위환경에 맞추어 살아가는 찰나적 경향을 보인다. 다른 사회단체들의 결정에 저항해야 할 권리조차 포기하고 살아간다. 그러나 이 모든 경우는 윤리적 지침과 이상에 기초해 우리들이 책임져야 할 결단상황이다. 성장하고 성숙한 대부분의 사람들은 자신이 의식하지 못한 채 행할지라도 자신이 책임져야 할 윤리적 원칙을 따른다.

분명 자신의 **정당한** 결단적 행위는 윤리적 이상 없이는 불가능하다. 이러한 이상은 선이란 무엇이며 인간이 추구해야 할 가치가 있는 삶이란 어떤 것인지를 묻는 곳에서 전망할 수 있고, 또한 전망된다. 그렇기에 각 개인은 윤리적 안내를 필요로 한다고 말할 수 있고, 말해야만 한다.

동시에 자신의 삶을 자기 스스로 결정하지 않고 타인이 이를 대신하도록 결단하는 사람에게는 윤리적 안내의 필요성이 성립하지도 않고 존재하지도 않는다. 그런 사람은 자신의 모든 삶을 타자의 규정에 내맡기게 된다. 윤리교육을 통한 인간의 정체성(정체성발견)의 중요성이 여기서 넌지시 암시된다.

그러나 인간을 통찰해볼 때(사회에 대한 통찰도 마찬가지이지만) 도덕과 윤리에 대한 필요성이 실제 윤리적으로 합당한 행위를 할 수 있는 **역량**과 일치해야만 하는지를 묻게 된다. 다시 말해, 인간은 윤리적 학습능력이 있는가? 아니면 이는 오직 환상이나 가상인가?

2.2.1 인간의 윤리적 교육능력에 대한 가설

모든 규범주의적 윤리학이 (윤리적 주체로서) 인간의 윤리적 학습능력을 전제하고 있다는 사실은 너무 진부하게 보인다. 만약 선하고 정당하고 당위적인 행위가 실제 삶의 태도에 영향을 주지 못한다면 이런 것들에 대한 숙고가 무슨 의미를 가질까? 여기서 "영향"이라는 말은 매우 다양한 관점에서 생각하고 실현될 수 있을 것 같다.

- (논증을 통한) 확신

- (수사학적 기술을 통한) 설득

- (칭찬이나 징벌을 통한) 훈육

- (최면이나 이와 유사한 수단을 통한) 전환[16]

자신이 선택하고 책임져야 할 근거와 목적에 따라 이루어진 어떤 선택이나 행동이 도덕과 윤리에서 문제가 된다면, 위에서 언급한 네 가지 작용 모두가 도덕과 윤리의 본질과 합치된다고 말할 수는 없다. 오직 첫 번째 것만 합치한다. 왜냐하면 확신은, 교육받아야 할 인간이 자율적이며 책임적으로 선택하고 행동하도록 인도하기 때문이다. 다른 세 가지 경우는 선택과 행동이 모든 각 사람에게 영향을 주는 근거와 목적에 기초하고 있다. 각 사람은 (설득, 훈육, 또는 최면을 통해) 자기 확신에 대해 숙고하고 의심해볼 기회를 갖지도 못한 채 자신의 고유한 근거와 목적을 타인에게 넘기고 만다.[17]

실제로 이는 생명의 초기나 초기유아기와 같은 정상적인 윤리교육의 상황이 아니며 (윤리적으로) 사고하고 판단할 수 있는 역량을 가질 만큼 성숙하지 않은 아이와 다를 바 없다면서, 이 주장에 이의를 제기할 수도 있겠다.[18] 전통적으로 이러한 역량이 시작되는 완벽한 나이(perfecta aetas)를 7세로 잡고 있다. 대부분의 윤리교육전문가들이 왜 도덕과 윤리교육을 취학

---

16 여기선 행동에 영향을 주거나 조정하기 위해 마약을 사용하는 행동을 가정해볼 수 있겠다.

17 그럼에도 한 사람이-이러한 영향력을 거부한 채-윤리적 교육과 윤리적 행위를 할 수 있다는 것은 옳다. 그러나 그런 행동은 어떤 영향력에 힘입어 되는 것이 아니라 이에 저항할 때 가능하다.

18 이에 대해선 고전적이면서도 표준적인 작품인 피아제와 콜버그의 책을 참조하시오. J. Piaget, *Das moralische Urteil beim Kinder*(1932), dt. Stuttgart 1983. J. 삐아제(송명자 외 옮김), 『아동의 도덕판단』, 울산대출판부 2000; L. Kohlberg, *Die Psychologie der Moralentwicklung*, Frankfurt a. M.(1995) 1997², dt Frankfurt a. M(1966). 콜버그(문용린 옮김), 『도덕성 발달 이론』, 아카넷 2000. 에릭슨의 작품도 참고하라. E. H. Erikson, *Identität und Lebenszylus*(1959), dt. Frankfurt a. M,(1980) 1998⁴. 이 주제에 대한 최근의 신학적 작업에 관해서는 방대한 닙코프의 저작을 참고하시오. K. E. Nipkow, *Bildung in einer pluralen Welt, Bd. 1: Moralpädagogik im Pluralismus*, Gütersloh 1998.

연령(초등시절) 때부터 시작해야 한다고 말하게 되었는지 알게 된다. 그렇다고 아주 어릴 때는 도덕이나 윤리교육이 불필요하다는 말은 아니다.

이 시기에는 아직 논쟁을 통해 얻은 확신을 방편으로 교육하지 않는다. 그 대신 여기서는 윤리적이며 도덕적 교육의 두 가지 초기형태가 매우 결정적인 역할을 한다. 이는 깊은 감명과 인상을 심어주는 모범[19]과 행해야 할 것과 말아야 할 것에 대한 지도이다. 이는 위험한 경우에는 엄격한 명령이나 금지와 강제적인 개입과 간섭의 성격을 가질 수 있고, 경우에 따라선 그래야만 한다.[20]

그러나 이러한 개입도 명령이나 금지와 같이 (가능한 한 공감할 수 있는) 논증을 통해 그 근거를 제시해야 할 것이다. 아동들이 이러한 논증을 이해할 수 있을는지 또는 어느 정도까지 이해할는지 불분명하고 의심스러워도 이의 근거를 밝혀야 한다. 그렇지만 초기의 윤리적 혹은 도덕적 교육이 논쟁이 아니라 삶의 모범과 태도에 근거해서 진행되어야 한다는 것만은 변함이 없다. 두 가지 태도모형은 이에 대한 이해만이 아니라 이를 본받으며 자신과 동일화시키기 위한 능력을 갖추고 준비하라고 호소한다. 모방과 동일화는 인간이 자신의 정체성을 발견해가는 과정에서 중요한 기능을 발휘한다. 이 자체가 목적은 아니지만 도덕적이며 윤리적 교육의 방법론이요 필요한 조처이며 수단이다. 이러한 방법으로 자신만의 고유하고도 책임적인 결단을 위해 필요한 활동공간이 생겨난다. 가능한 한 일찍부터 아이들이 자신의 소원과 주도권을 실현하고 그와 동시에 그런 것들을 경험하는 기회를 갖게 된다면 환영할 일이다.[21] 이러한 방식을 통해 윤리교육은 처

---

19 케스트너(Erich Kästner)는 이러한 관점을 다음과 같은 재담으로 풀어놓았다. "너희들은 너희 아이들을 절대 교육할 필요가 없지. 어쨌든 간에 아이들은 당신들을 따라하게 되어 있으니까."

20 자신의 행동을 통해 자신이나 타인에게 위험이나 해를 가하려는 아이들의 개별적 상황을 위에서 언급한 긴급한 사회적 위기상황과 비교해볼 수 있다. 초법적인 위기상황이 발생했을 때 이를 방지하고 제거하기 위해선 사회의 정상적인 법적 유연성이 경우에 따라 (잠정적이며 가능한 단기간) 침해될 수 있다. 초기아동의 도덕적 교육과 관련해서도 아이들을 보호하거나 구제하기 위한 간섭이 비상조치로 허락될 수 있다. 그러나 이러한 조처는 가능한 한 제한적이어야 한다.

21 "당신의 아이는 당신에게 길을 제시합니다"라는 제목으로 엠미 피클러(Emmi Pikler)가 제시

음부터 두 종류의 것을 자체의 고유한 목적으로 삼는다. 첫째는 자신은 물론 이웃의 행복을 위해 헌신하는 자세에 대한 훈련이다. 둘째는 자신만의 고유하고도 책임질 줄 아는 행동과 자세의 훈련이다. 이 두 가지 지향점은 떨어져 있는 것이 아니라 밀접하게 서로를 추구한다. 윤리학에서는 행위자의 고유한 확신과 관점에 근거한 선하고 의로운 행위가 중시된다.

2.2.2 기본적 이의와의 대결

이러한 주장과 목표설정에 반대하여 (과거나 현재나) 세 가지 이의를 제기한다. 반대주장들은 모두 한목소리로 이와 같은 목표설정을 꿈같은 소리로 간주한다. 왜냐하면 실제 이런 목적에 도달할 것 같지 않기 때문이다. 다시 말해 여기서 기술되고 정의된 의미에서의 윤리적이며 도덕적 교육은 존재하지 않는다는 것이다. 이를 받아들이고 주장하거나 실험적으로 실현하려는 노력은 착각일 뿐이라고 주장한다. 다음에서는 이 같은 이의를 제기하는 세 가지 이론을 제시하고, 각 이론이 주장하는 논거를 살펴보자.

- 심리학적 이기주의
- 진화생물학적 결정주의
- 인간의 뇌활동의 결정론적 해석

① 심리학적 이기주의

심리학적 이기주의 이론은 토마스 홉스(Thomas Hobbes: 1588-1679)[22]로 거슬러 올라간다. 홉스의 주장에 따르면, 인간은 행위를 통해 자신의 소원을 충족하고 타인의 공격에 맞서 자신을 방어하는 목적을 추구한다. 말하

한 교육학 개념이 기초로 삼고 있는 프로그램이다. 이는 게르버의 책을 통해 널리 알려지게 되었다. M. Gerber, *Dein Baby zeigt Dir den Weg, Mit-Kindern-wachsen*, Freimat 2000.

22 그의 주저인 Th. Hobbes, *Leviathan*(1651), dt. Neuwied/Berlin 1966, 94-102와 ders., *Vom Menschen - Vom Bürger*(1658), dt. Hamburg 1959, 24-35를 보시오.

자면 모든 행위자들은 언제나 궁극적으로 자기의 이익을 추구한다. 심리학적 근거에서 우리는 온 세상에 만연해 있는 이기주의를 받아들여야만 하고, 인간들은 체질상 이기적으로 행동할 수밖에 없다는 것이다. 공존을 위해 법과 처벌을 수단으로 각 사람이 끝없이 추구하는 소원을 오직 외부에서 힘으로 맞설 때에만 이를 제어(또한 변화)할 수 있다고 한다.

자신의 소원을 만족시키거나 외부의 입법을 통해 강요받지 않은 인간적 행위가 분명 존재한다. 심리학적 이기주의 이론에서 이를 설명하려면 인간은 다양한 근거, 관심, 그리고 소원을 가질 수 있다는 사실을 받아들여야만 한다. 그러므로 한 사람이 국가헌법을 통해 강요받지 않아도 자신의 자산의 일부를 어려움에 빠진 이웃을 위해 희생할 수 있다고 하겠다. 심리학적 이기주의를 주장하는 자들도 이를 부정하지는 않겠지만, 이런-이기주의적이거나 최소한 이기적으로 영향을 미치는-행위 뒤에 감춰진 근거, 관심, 그리고 소원에 대해 묻고, 이를 가령 사회적 인정이나 죽은 후 보상을 받고자 하는 것에서 찾을 것이다. 좀 더 나아가 "선행"을 아무도 모르게 베풀거나(그러므로 사회적 인정을 받지 못하고) 행위자가 선행을 보상해주는 저 세상을 전혀 믿지 않으면서도 자신의 소원을 만족시키기 위한 목적이 아니라 이웃의 행복을 위해 그런 행위가 가능하다는 것을 수용할 수 있겠다(또는 최소한 한 사례로 가정할 수 있겠다). 이는 심리학적 이기주의에 대한 반박이 될 수 있지 않을까?

이 이론의 주장자는 다음과 같은 논리로 이를 부정할 수 있을 것이다. 사람이 어떤 행위를 하려면 소원이나 관심을 가져야 한다. 그러므로 그렇게 행동하는 것이다. 모든 행동 뒤에는 이를 행함으로 자신의 만족을 채우려는 행위자의 고유한 관심이 존재한다. 그런즉-이것이 심리학적 이기주의의 반박인데-이기적으로 행동하는 것 외에 다른 행위는 불가능하다.

이 이론을 잠시 훑어보면, 심리학적 이기주의는 자신의 이기적 관심을 따르는 것이 도덕적으로 옳다고 주장하는 윤리적 이기주의[23]와는 달리 규범적 윤리학과 일치하지 않는다는 것을 알게 된다. 심리학적 이기주의는 인간이 이기적으로 행동해야 한다고 말하지는 않지만 이기적으로 행동하는 것 외에 어떤 다른 행동의 **가능**성이 없다고 말한다. 인간의 행동은 인간의 체질과 행동의 구조에서 발생하기 때문이다. 심리학적 이기주의는 윤리적이며 도덕적 교육을 위한 노력을 무의미하고 망상에 불과하다고 생각하는 심리학적 **결정주의**를 대변한다. 이러한 이론이 옳다면 규범주의적 윤리학이 지향해온 논증을 통한 윤리적 변화와 윤리적 학습의 가능성에 대한 질문은 더 이상 필요 없게 된다. 왜냐하면 이기주의가 심리적 기제로서 윤리적 숙고와 결단의 자리를 대신하고 이보다 앞서 예단하기 때문이다.

18세기 초 영국 종교철학자 버틀러 주교(1692-1752)는 자신의 설교[24]에서 심리주의적 이기주의와 논쟁을 펼쳤다. 그의 논쟁은 매우 성공적이었다. 버틀러는 다음과 같이 주장하였다. 홉스는 두 가지 것을 혼동하고 있다(혹은 구별해야 할 두 가지를 소홀히 다루었다). 그것은 **자신의 고유한**(eigen) 관심과 **자신만을 위한**(eigensüchtig) 관심, 곧 이기적 관심이다. 우리가 행동하기 위하여 자기만의 고유한 관심, 다시 말해 자신만의 특별한 것을 가져야 하는 것은 옳다. 그러나 이러한 고유한 관심 속에 이기적, 이타적, 사회적, 그리고 반사회적 관심이 존재할 수 있다. 그러므로 사람들은 자신의 소유, 시간, 능력, 인내, 그리고 재능을 이 땅에서의 인정이나 하늘에서의 상급을 기대해서가 아니라 오직 윤리적으로 옳고 선한 책임을 다하기 위해 타인이나 사회적 책무를 위해 내어놓을 수 있다.

내 생각으로 매우 설득력 있는 버틀러의 주장에 반대하는 심리학적 이의제기가 있을 수 있다. 이러한 이의는 논박할 수 없는 비방의 성격을 가지게 된다. 말하자면 **결국** 인간은 모든 것을 행할 때에 이기주의적, 곧 자신만을 위한 관심을 추구한다는 주장이다. 그런 만큼 도덕적 행위도 결국은 선을 행함으로 얻게 되는 내적 만족을 추구하는 행위이다. 이러한 이의

---

23 이에 대해선 다음의 제1부 3.6.2①를 참조하시오.

24 J. Butler, *Fifteen Sermons*(1726), hg. von T. A. Roberts, London 1970, 특별히 서언(12-15)
과 설교 11(100-107)을 참조하시오.

는 타인이나 자신을 위해 선을 행하는 것이 인간적으로 불가능함을 전제한다. 모든 행위는 오직 자신의 고유한 만족, 즉 이기적 관심에서 행한다는 주장이다. 이는 논박할 수 없도록 구상된 주장이다. 왜냐하면 이러한 주장은 그 무엇으로도 정당화되거나 논증되지 않기 때문이다. 이러한 이론을 주장하는 사람들에게 한 번 물어볼 수 있다. 자신의 주장에 대해 거부나 반증 또는 최소한 반대하는 주장으로 수용할 수 있는 그런 이론이 있느냐고. 그들은 전혀 없다고 말할 수밖에 없을 것이다. 이것은 그들의 주장이 순전히 관념적인 주장이라는 것을 의미한다.

심리학적 이기주의의 첨예화는 적어도 비판적 자기검증을 위한 유익한 경고나 동기의 성격을 가지고 있다고 말할 수 있지 않을까? 나는 단지 특정한 상황과 몇 가지 행위에 관련해서 그렇다고 동의할 수 있겠다. 이의 유용성은 사람들이 어떤 관심이나 동기에서 행동하는지 반복해서 검증하는 데 있다고 하겠다. 그러나 만약 이 질문을 당연한 것으로 수용하고 자신과 이웃의 모든 윤리적 행위를 의심하게 한다면, 이는 성격상 파멸을 불러오는 자기회의로 귀결하고 말 것이다. 이는 마치 사랑하는 사람들이 주고받는 치명적 질문과 비교할 수 있다. "당신은 나를 정말로 사랑하고 나는 당신을 정말 사랑하나요? 아니면 우리 두 사람은 각자 우리 스스로를 사랑하나요?" 이러한 치명적 자기회의가 깊이 둥지를 틀 때, 여기서 벗어나기 위해선 이에 대한 응답을 인간의 마음을 알고 있는 양심의 법정에 넘겨줄 수밖에 없다.[25]

결론: 심리주의적 이기주의는 불충분한 자기논증으로 인해 유효한 '이론'으로 인정될 수 없다. 이는 (경계 안 그리고 경계 옆에 서서 외치는) 항의로 경청할 만하다.

---

25 그러므로 본회퍼는 "나는 누구인가?"라는 인상 깊은 자신의 시 끝 단락에서 이렇게 썼다. "나는 누구인가? 고독한 물음이 나를 비웃는다. 내가 어떤 사람이든 오 하나님, 당신은 나를 아십니다. 나는 당신의 것입니다." D. Bonhoeffer, *Widerstand und Ergebung. Briefe und Aufzeichnungen aus der Haft*, hg. von E. Bethge(NA 1970), München 1985³, 382. D. 본회퍼(손규태/정지련 옮김), 『저항과 복종. 옥중서간』, 대한기독교서회 2010.

② 진화생물학적 이기주의

동물학적-사회학적 실험을 통해 동물과 인간 모두에게 유효한 행동의 법칙을 발견해보려는 첫 번째 시도가 1948년 미국에서 있었다. 이는 큰 성과 없이 끝났다. 실제적으로 사회생물학의 시작은 70년대 개미연구가 에드워드 윌슨(Edward O. Wilson)의 연구에서 유래했다.[26] 그 배경에는 살아 있는 유전세포와 행동을 조정하는 요소로서 자기복제를 추구하는 유전자를 발견하는 데 있다. 오늘날의 연구에 따르면 인간의 각 세포핵은 대략 5만 개의 유전자를 가지고 있으며, 이에 기대어 유전자 해독과 지도에 관한 연구가 집중적으로 시도되고 있다. 윌슨은 다음과 같은 세 가지 기본가정에서 출발한다.

- (동물과 마찬가지로) 인간의 행동과 행동가능성은 유전자에 의해 결정된다. 말하자면 완벽하게 결정되어 있거나 끊임없이 함께 결정해간다.

- 유전자의 본질과 "의도"는 자기복제에 있으며 이를 통해 유전자는 자신을 보존한다. 유전자는 이런 점에서 그 구성상 "이기적"이다.[27]

- 진화론적 분화과정에서 유전적 동일성(동등이라는 뜻에서)이 감소된다. 완전한 유전적 동일성(가령 아메바와 같은)이 "1"의 가치를 가진다면 곤충의 경우 0.75, 척추동물(인간을 포함한)의 경우는 최대 0.5에 달한다. 결국 진화

---

26 E. O. Wilson, *Sociobiology: The New Synthesis*. Cambridge/Mass. 1975. E. 윌슨(이병훈/박시룡 옮김),『사회생물학』, 민음사 1994; ders., *On Human Nature*(1978), dt. *Biologie als Schicksal. Die soziobiologischen Grundlagen menschlichen Verhaltens*, Frankfurt a. M., Berlin, Wien 1980. E. 윌슨(이한음 옮김),『인간본성에 대하여』, 사이언스북스 2000. 이에 대한 논의를 위해선 다음을 참조하시오. R. D. Alexander, *The Biology of Moral Systems*, New York 1987; A. Knapp, *Soziobiologie und Moraltheologie. Kritik der ethischen Folgerungen moderner Biologie*, Weinheim 1989; M. Vogt, *Sozialdarwinismus. Wissenschaftstheorie, politische und theologisch-ethische Aspekte der Evolutionstheorie*, Freiburg, Basel, Wien 1997; Ph. Kitcher, *Genetik und Ethik. Die Revolution der Humangenetik und ihre Folgen*, München 1998; W. Härle, "Die ethische Relevanz der Soziobiologie und Evolutionstheorie"(2004), in: ders., *Christlicher Glaube in unserer Lebenswelt. Studien zur Ekklesiologie und Ethik*, Leipzig 2007, 184-209.

27 이러한 성격은 누구보다 도킨스를 통해 일반화되었다. R. Dawkins, *Das egoistische Gen*(1976), dt. Berlin, Heidelberg, New York 1978. R. 도킨스(홍영남/이상임 옮김),『이기적 유전자』, 을유문화사 2010.

론적으로 볼 때, 실제로는 자기 "복제"를 위한 사랑이라고 할 수 있는 "이 타주의"[28]는 쇠퇴하기 마련이다.

윌슨에 따르면, 인간은 이타주의에 대한 기대 이상의 절제를 보여준다. 이타주의는 방금 언급한 전제에 근거해 설명될 수 있다. 그 첫 번째 전제는 완벽한 규정이 아니라 예외 없는 공동결정이라는 의미로 이해된다. 사실 윌슨은 유전적 재생산의 현상을 도구로 사용해 이것을 설명할 수 있다고 생각하지는 않았다. 그 까닭은 유전적 제약을 받는 친족의 한계를 뛰어넘는 다양한 형태의 이타주의가 존재하기 때문이다. 이를 차치하더라도 다른 근본적인 문제가 있다. 가령 개인들이 자신의 유전자를 근거로 다른 개인들을 자신과 유전적 친족관계에 있는지 어떻게 인식할 수 있느냐는 질문이다. 이는 착각으로 영아가 뒤바뀔 수 있는 상황을 가정해볼 때 매우 중요하다. 사회적으로 중재된 지식이나 의사소통을 통해 얻어진 추정을 뛰어넘는 해명은 더 이상 유전적 해명이 아니다. 윤리적이거나 도덕적인 학습의 가능성에 반대하는 주장 역시 그렇지 않겠는가. 역으로 이에 대한 확인이라고 하겠다. 그럼에도 불구하고 많은 사회생물학자들은 인간의 태도는 완전히 유전적으로 결정되어 있다고 확고히 주장한다.[29]

두 번째로 다음과 같은 근본적인 이의가 제기될 수 있다. 유전자는 자신을 스스로 재생산하는 것 외에는 다른 어떤 것도 할 수 없다(그 어떤 것도 아니다). 이러한 사실은 결단코 여기서 생성되고 형성된 생명체가 자신의 후손과 충분히 이타적이라고 말할 수 있는 특별히 감성적이거나 윤리적

---

28 사회생물학에서 "이타주의"라는 개념은 폭넓게 사용될뿐더러 그 의미도 분명치 않다. 이는 먼저 전적으로나 원칙적으로 타인의 행복을 추구하는 태도방식만을 의미하지 않는다. 그뿐만 아니라 (오직) 이와 같은 긍정적인 결과를 위해 경우에 따라선 자기 스스로 손해를 감수하는(개인적 적응도를 위해) 그런 태도를 말한다. 그러므로 이 개념의 사용방식은 순전히 결과지향적이다. 이에 대해선 D. P. Barash, *Soziobiologie und Verhalten*, Berlin/Hamburg 1980, 83.

29 예를 들어 E. Voland, *Die Natur des Menschen. Grundkurs Soziobiologie*, München 2007, 특히 11-17과 150-156을 참조하시오. 볼란트가 반복해(가령 116, 143, 그리고 156) "생물학적 명령"에 관해 말하고 있지만, 그가 인간이 따르거나 거절할 수 있는 당위에 대한 요구를 문제 삼고 있다고 이해되지는 않는다. 볼란트의 의미에서 볼 때, "생물학적 당위"는 오히려 아무것도 그리고 그 누구도 벗어날 수 없도록 진화론적으로 조정된 필연성을 말한다.

인 관계를 가진다는 것을 의미하지 않는다. 윌슨은 물론 도킨스도 일방적인 유전학적 설명을 그만두고, 유전학적 요소를 단지 한 가지 특성으로만 평가하였다. 이러한 요소 외에 문화적 요소들(교육, 양육, 의사소통), 소위 밈(Meme)이 결정적 역할을 한다.[30] 그러므로 도킨스는 다음과 같이 결론지었다. "우리는 유전기계로 지어지고 밈 기계로 양육된다. 그러나 우리는 우리의 창조자를 대적할 힘을 가지고 있다. 우리는 이기주의적 복제자의 폭정에 대항하며 반항하는 이 땅에서 사는 유일한 생명체이다."[31] 이는-사회생물학적 근거에서-인간의 윤리적 학습능력에 대한 명백한 고백이다. 그렇다면 사회생물학도 논증을 통한 윤리적 의사소통을 무의미하다고 거부하지 않는다.

사회생물학 초기에 집단선택이나 친족선택의 이론을 가지고 유전적이고 문화적인 특징을 연결해서 설명해보려는 시도가 있었다.[32] 이 두 항목은 중요한 특징을 가지고 있다. 왜냐하면 이 둘은 소집단, 가정, 종족에서의 특별한 결속과 친밀함의 원인을 설명해주기 때문이다. 그러나 이러한 긴장과 친밀함이 미움, 공격, 폭력을 강화하는 데 영향을 줄 수 있다는 것을 염두에 두어야 할 것이다. 이런 점에서 여기서 사회생물학이 "이타주의"의 발전에 어떤 기여를 하였는지에 대한 설명은 줄인다. 더욱이 특별한 집단이나 친족에 속하지 않은 개인의 "이타주의적" 행동에 대해 사회생물학이 밝혀낸 성과는 전무하다시피하다.

이타주의가 예상치도 않게 사람들의 높은 삶의 기준이 된 원인에 관해서는 그 누구보다 로버트 트리버스(Robert L. Trivers)에 의해 본격적으로 논의되었다. 그는 (이미 1971년부터) "호혜적 이타주의"[33]에 대한 이론을 토론의 장으로 끌어들였다. 한 사회체제에서 남에게 도움을 제공하거나 포기

---

30 이에 대해선 R. Dawkins, *Das egoistische Gen* (위의 각주 27), 304-322를 참조하시오.
31 A.a.O. 322.
32 이에 대해선 D. P. Barash, *Soziobiologie und Verhalten* (위의 각주 28), 80-100.
33 R. L. Trivers, "The Evolution of Reciprocal Altruism", in: *Quarterly Review of Biology*, 46(1971), 35-57.

하는 이타적 행동을 하는 사람들이 (우선적으로는) 손해를 보지만 전체적으로 볼 때는 이익을 얻게 된다. 왜냐하면 이렇게 도움을 제공할 때 이에 상응하는 대응행동이 기대되기 때문이다. 이러한 행동은 호혜적 성격을 갖는다. 여기선 제공된 행위와 이에 대한 기대행위 사이에 시간적 차이만이 아니라 질적 또는 양적인 차이가 있을 수 있다는 것이 결정적인 문제이다.[34] 흥미롭게도 바라쉬(David P. Barash)는 이와 같은 호혜적 이타주의를 "생물학의 황금률의 한 유형"이라고 부르고, 아주 오래전부터 호모 사피엔스에게 중요했던 것이라고 덧붙였다. 여기서 그는 호모 사피엔스를 "거의 알려지지 않고 다소 비정상적 영장류"라고 비꼬았다.[35]

무엇이 그들을 비정상적으로 만들었을까? 생물학적으로 표현하면 이렇게 말할 수 있겠다. 매우 기이하고도 탁월하게 사실상 인간은 자신의 행위를 유전적 요소에 종속시키지 않았으며 오히려 문화적 학습능력을 가지고 있었다. 내 관찰이 옳다면, 다양하게 사고하는 대부분의 사회생물학자들이 인간의 문화적 참여를 인정하고 있으며 더욱더 강력하게 중시하고 강조한다. 이로 인해 인간행동의 유전적 영향력은 더욱더 그 의미를 잃게 된다. 그런 점에서 앞에서 언급한 심리적 이기주의의 기본주장은 더욱 강력하게 상대화되고 제한되어야만 한다. 그렇다고 윤리적 행위와 윤리적 학습이 어느 정도 유전적 영향을 받느냐는 질문에 대한 해답이 완전히 해소된 것은 아니다. 이에 대해서는 다음 두 가지 이유가 있다.

- 윤리적 학습을 위해 사람들이 어떤 윤리 친화적이며 윤리 적대적 동력들을 가지고 있는지를 아는 것이 중요하다. 아군들은 어디 있으며, 적군들은 어디에 있는가? 이는 심리학적(소질, 능력), 내용적(규범들), 그리고 구조적(윤리적 교육환경) 관점에서 중요하다.

---

34 우리에겐 오래전부터 법률에 따라 제정되고 규정되어 있는, 연금제도에서 발생하는 세대 간 계약의 문제가 호혜적 이타주의의 한(특별) 사례이다. 현재 "선행"에 참여하는 자들이 후에 이에 상응하는 대응행위를 기대할 수 없을 때 이와 같은 특별한 경우에 문제가 발생하게 된다. 현재 적용되는 동일한 원칙이 미래세대에게도 기대될 수 있어야만 한다.

35 D. P. Barash, *Soziobiologie und Verhalten*(위의 각주 28), 99f.

- 윤리적 행동을 위해 다음을 인식하는 것이 중요하다. 윤리적 학습이 행동 구조와 성향의 깊은 곳까지 영향을 미칠 때 파괴적인 세력들은 억제될 수 있다. 그렇게 되지 못한다면 생명을 위협하는 긴급한 갈등이 발생할 때 근본적 해결책을 제시하지 못하고 오직 그 위에 두껍게 니스 칠이나 하고 말 것이다.[36]

"진화론적 윤리학"[37]에 관한 주장은 자신이 주장하는 바를 기술하기에는 오해를 주기도 하고 그 추세로 보아 과장된 명칭으로 보인다. 프란츠 부케티츠(Franz M. Wuketits)는 "유기체적 진화의 원리를 수용해 하나의 윤리학을 논증하려는" 시도에 대해 경고하였다. 그가 (실제로) 말하고자 하는 기본주장은, "도덕적 행위는 생물학적, 계통발생학적 기초를 가지고 있다"는 것이다.[38]

윤리적 교육은 어떤 조건하에서 행동의 구조와 성향의 깊은 곳까지 도달할 기회를 갖게 될까? 가능한 한 이러한 교육을 **일찍** 시작한다면 초기 아동기에 이의 기초를 다지게 될 것이다. 그러나 이는 도덕적 조련이 아니라 자기 스스로 결단할 줄 아는 교육을 목적으로 한다.[39] 실제적으로 이러한 깊이는 종교적이거나 **세계관적**, 현존재 전체를 포괄하는 통찰 및 경험

---

36 특별히 닙코프가 (제시된 문헌을 살펴볼 때) 이 두 측면에 대해 집중적으로 연구하였다. K. E. Nipkow, *Bildung in einer pluralen Welt*. Bd. 1(위의 각주 18).

37 F. M. Wuketits, *Verdammt zur Unmoral*, München 1993, 177ff; ders., *Gene, Kultur und Moral. Soziobiologie pro und contra*, Darmstadt 1990. F. 부케티츠(김영철 옮김), 『사회생물학 논쟁』, 사이언스북스 1999; K. E. Nipkow, a.a.O., 219f.

38 F. M. Wuketits, *Verdammt zur Unmoral*(위의 각주 37), 78f. 이러한 근거 위에서 부케티츠는 다음과 같은 결론에 이르렀다(a.a.O., 203): "진화론적 윤리학이 무엇을 할 수 있을까? 모든 생명체의 삶과 같이 인간의 사회적 삶도 갈등의 부담을 지고 있다. 우리는 인간이 본성상 평화로운 존재가 아니라 먼저 자신의 고유한(개인적인) 이득을 생각하는 존재라는 것을 생각해야만 한다. 즉 인간은 자기 종과 다른 종에 소속된 모든 것에게 보호의 손길을 내밀도록 지음을 받지 않았다. 인간은 한눈에 알아볼 수 있는 소규모 집단 안에서 자신의 삶에 집중하며 살기 때문에 모든 이방인을 의심의 눈으로 바라보며 만난다. 역사의 모든 단계에서 확실하게 증명하고 있듯이 여러 경우에 이러한 의심은 이방인에 대한 혐오로 발전해간다. 오늘날 모든 인류가족이―그리고 그들과 함께하는 각자가!―사라질 위기에 있다는 통찰은 생물학적으로 협력하며 살도록 정해진 인간의 경향에 기초하여, 이웃 사랑까지는 아닐지라도 우리의 생존을 위해 지혜로운 도덕을 따르기로 결심하게 한다. 물론 이러한 도덕이 모든 시대에 보장될 수는 없어도 우리가 생존하도록 돕는다."

39 이에 대해선 위의 책 39f.를 참조하시오.

과 짝을 이룰 때 가장 잘(또는 그럴 때만이?) 도달된다. 흥미롭게도 이는 이미 사회생물학에서도 일찍부터 등장한 인식이다. 윌슨은 자기 책『운명으로서의 생물학』의 마지막 두 장을 "종교"와 "희망"이라는 주제에 할당했다. 여기서 그는 다음과 같은 말로 시작한다. "종교적 신앙의 소인(素因)은 인간정신의 가장 복잡하고도 강력한 힘이고 십중팔구 인간본성에서 떼어낼 수 없는 본질적 부분이다."[40] 그는 이의 의미를, 종교가 인간을 생각할 수 없는 방식으로 "자신의 이익을 집단의 이익 아래 종속시키도록"[41] 만드는 곳에서 찾았다. 윌슨의 생각에 따르면, 자연과학이 종교를 "전적으로 물질적 현상으로 설명하는 데" 성공한다면 종교의 이러한 역량과 힘은 중지되거나 전적으로 상실될 수 있다. 그러나 윌슨은 이러한 개연성이 주어져 있다고 생각하지 않았다. 그 까닭은 과학적 자연주의가 종교와 같은 "그와 같은 근원적인 힘의 원천"을 가지고 있지 않기 때문이며, 지금도 여전히 가지고 있지 않다.[42]

③ 인간의 뇌활동에 관한 결정론적 해석

논증을 통한 인간의 윤리교육 가능성을 거부하는 세 가지 이론 중 신경심리학적 뇌 연구를 의지하는 반대 논거가 가장 강력하다. 왜냐하면 경험적 연구결과를 의지하는 이러한 논거는 매우 근본적으로 자유롭게 자기 스스로를 책임지려는 인간의 결단가능성(각각의 다른 생명체도 마찬가지이지만)을 거부하기 때문이다. 행위의 자유와 책임성에 대한 수용은 단지 초기 아동단계에서 교육되고, 사회적으로는 전적으로 유익할 것이라고 가정된 환상에 불구하다고 일축한다. 이른바 인간의 결단가능성에 대한 주장이 경험론적인 과학적 실험을 버텨낼 수 없다는 것이다.[43]

이러한 논거를 지지하고 있는 경험론적 기초는 두 가지 요소로 구성되

---

40 E. O. Wilson, *Biologie als Schicksal*(위의 각주 26), 160.

41 A.a.O., 166.

42 A.a.O., 181.

어 있다. 첫째는 코른후버(H. H. Kornhuber)가 발견한 "준비전위"(readiness potential)이고, 둘째는 "리벳 실험"(Libet Experiment)이다.

1965년 생리학자 코른후버는 "준비전위"를 발견하였다.[44] "어떤 행위를 하겠다는 의지를 갖기도 전에 이미 전두피질과 두정피질에서 이에 대한 움직임이 시작된다. 그러므로 자유의지로 실행된 운동의 '기획' 또는 '계획'은 대뇌피질의 활동에 따른 것으로 보인다. 준비전위는 누군가 자기 스스로 행동(가령 손가락의 움직임과 같은)하기 약 1초 전에 측정되었다."[45]

코른후버가 발견한 준비전위와 연계해 미국의 신경학자인 벤자민 리벳(Benjamin Libet)은 80년대에 일련의 실험을 수행하였다. 이 실험의 결과는 인간의 자유의지 그리고 인간의 의식과 뇌가 서로 어떤 관계 속에서 움직이느냐는 질문에 대한 새로운 논의를 일으켰다.[46] 리벳은 이 실험을 통해 피험자의 의식적이며 의지적 결단이 준비전위보다 앞서는지를 밝혀내려고 했다. 여기서 그는 다음과 같은 결론에 이르렀다. 결단은 준비전위의 시작을 위한 원인이 된다.

---

43 이 주장은 이와 매우 흡사한 논증을 펼치는 여러 과학자들에 의해 주장된다. 그중에서도 로트(G. Roth)와 싱어(W. Singer)가 여러 논문, 인터뷰, 그리고 토론을 통해 대단한 공적 영향력을 발휘하였다. G. Roth, *Das Gehirn und seine Wirklichkeit. Kognitive Neurobiologie und ihre philosophischen Konsequenzen*, Frankfurt a. M. 1994. 이 주제에 대한 뛰어난 안내로는 A. Draguhn, "Willensfreiheit und Gehirn", in: Marburger Jahrbuch Thologie XVI(2004), 79-110을 참조하시오. 기타 W. Härle, "Der (un-)freie Wille aus reformatorischer und neurobiologischer Sicht", in: ders., *Menschsein in Beziehungen. Studien zur Rechtfertigungslehre und Anthropologie*, Tübingen 2005, 253-303; E. Herms., "'Das Gehirn und seine Wirklichkeit', Hirnphysiologie als Theologie bei Gerhard Roth"(2006), in: ders., *Zusammenleben im Widerstreit der Weltanschauungen*, Tübingen 2007, 90-101; G. Keil, *Willensfreiheit*, Berlin/New York 2007; W. Lienemann, *Grundinformation Theologische Ethik*(앞에 제1부 1, 각주 1), 76-100. 기타 이의 기본적 저작으로는 Th. Fuchs, *Das Gehirn - ein Beziehungsorgan. Eine phänomenologisch-ökologische Konzeption*, Stuttgart 2008.

44 H. H. Kornhuber,/L. Deecke, "Hirnpotentialänderungen bei Willkürbewegungen und passiven Bewegungen des Menschen. Bereitschaftspotential und reafferente Potentiale", in: *Pflügers Archiv für die gesamte Physiologie des Menschen und der Tiere*, Bd. 284(1965), 1-17.

45 A. Draguhn, *Willensfreiheit und Gehirn*(위의 각주 43), 84.

46 B. Libet/C. A. Gleanson/E. W. Wright/D. K. Pearl, "Time of conscious Intension to act in relation to Onset of Cerebral Activity(Readyness-potential)", in: *Brain* 106(1983), 623-642; B. Libet, "Unconscious Cerebral Initiative and the Role of Conscious will in Voluntary

그는 다음과 같은 실험규칙을 따라 이를 수행하였다. 피험자에게 자신이 선택한 시점에 자신의 손가락이나 손을 움직이도록 지시하였다. 그러나 피험자들이 이러한 운동을 의식적으로 계획한 것은 아니며, 움직이고 싶은 충동(urge)이 생기거나 움직임에 대한 필요성이 감지될 때까지 기다려야만 했다.[47] 피험자들이 이런 충동을 의식하게 된 시점을 빠른 회전시계로 읽고 인지해야만 했다. 동시에 뇌전도(EEG)에서 준비전위의 시작이 측정되고 역시 시간적으로 배열되었다. 이러한 실험은 여러 피험자들과 여러 방식으로 반복적으로 수행되었다.

이러한 실험결과, 준비전위의 측정가능한 시작과 마음에 충동이 왔을 때 이를 수행한 손의 움직임 사이에는 0.35-0.40초의 차이가 있다는 것을 알게 되었다. 이에 따르면 준비전위가 행위의 결단보다 앞서 움직이지 결코 뒤따르지 않았다. 리벳 실험의 또 다른 중요한 결과는, 피험자들이 손가락이나 손을 움직이기 전에 이미 행동하려는 마음의 충동을 정지할 수 있었다는 점이다. 리벳의 말로 하자면 거부할 수 있었다.[48] 여기서는 분명 준비전위에 대한 의식적이며 의지적 결단이 모든 것을 지배한다. 결국 준비전위가 앞서거나 상위에 위치한다. 그러므로 리벳 스스로 자신의 실험결과를 결정론적으로 해석하는 것을 강하게 거부하였다. "결정론과 자유의지'"에 대해 그는 다음과 같이 기술하였다. "의지의 자유가 결정되어 있다고 생각하지 않는 나의 주장은, 자유의지의 실재가 최소한 결정론적 이론을 부정하는 하나의 위대한, 다시 말해 이보다 더 좋은 과학적 이론이란 없다는 입장에 근거하고 있다."[49] 그는 이 장을 아이작 바셰비스 싱거(Isaac Bashevis Singer)의 말을 인용하며 마친다. "인류의 가장 위대한 선물은 자유

Acton", in: The Behavioral and Brain Sciences 8(1985), 529-566.

47 이러한 실험과 측정이 어떤 동기를 갖는지에 관해선 리벳 실험에 대한 논의에서 전적으로 무시되었다. 그 대신 피험자들이 임의적으로 움직임을 위한 특정 시간을 선택하고 그 시간을 (시계를 보면서) 확인해달라고 부탁했다고 한다. 그러나 이는 옳지 않다(아래 각주 51).

48 B. Libet, "Timing of Conscious Experience. Reply to the 2002 Commentaries on Libet's Finding", in: Consciousness and Cognition 12(2003), 321-331; ders., Mind Time. Wie das Gehirn Bewusstsein produziert(2004), dt. Frankfurt a.M. 2005, 177-179.

로운 선택이다. 우리가 이러한 자유로운 선택을 사용할 때 제한을 받는 것은 옳다. 그러나 우리가 가지고 있는 자유의지가 그리 많지 않을지라도 이는 위대한 선물이며, 바로 이에 근거해 살아갈 만큼이나 가치 있다."[50]

이 이론을 흥미롭게 여기는 공적이며 전문적인 토론에서 리벳 실험의 결과는 일반적으로 이것과는 매우 다른 증거로 해석되고 있다. (무의식적으로 생성된) 준비전위가 피험자의 (의식적으로 실행된) 결단보다 앞서고 이를 결정하며, 그런즉 자유의지로 결단했다는 생각은 오해나 착각에 근거하고 있다는 것이다. 결과가 아니라 먼저 실험이 지시한 바에 주목했던 리벳의 의도에서 본다면 이는 명백히 잘못된 해석이다. 이러한 점에서 리벳이 행동의 결단 이전에 시간적으로 준비전위를 앞에 둔 것이 그리 놀랄 만한 일이 되지 않도록 실험의 규칙을 정해놓았다는 점이 눈에 띈다. 리벳은 피험자가 어떤 시점에 임의적으로 손을 움직이고 이러한 결정을 내릴지 기억하라고 요구하지 않았다. 오히려 역으로 행동을 의식적으로 계획하거나 임의적으로 실행하는 대신 움직여야겠다는 어떤 "충동"이 의식될 때까지 기다리고 요구하였다.[51] 그는 자기 스스로 이러한 충동이 생성되고 의식될 수 있기에 적합한 실험규칙에 근거해 다음과 같은 결론을 내렸다. 준비전위라는 형태로 손을 움직이려는 필요성이 행동을 결정하는 것보다 아주 작은 시공간(약 0.3-0.4초) 동안 먼저 일어났는데, 이는 놀랄 만하다.

리벳의 실험이 특별한 설득력을 가지고 있지는 않지만 우리의 행동결정에는 무의식적이며 감정적인 영향과 행동준비가 전제되어 있음을 알려

---

49 B. Libet, *Mind Time*, a.a.O., 198.

50 B. Libet, *Mind Time*의 199에서 인용하였다.

51 실험규칙에 대한 리벳의 설명은 다음과 같다. "이 주제는 언제 행동할 것인지에 대한 사전 계획이나 생각 없이 언제든지 자신이 행동하고자 하는 충동을 따르도록 지시되었다. 말하자면 각 행위를 시행할 때 자발적으로 결정하도록 했다"(a.a.O., 625). 리벳은 서언에서 다음과 같이 말한다. "본 연구에서는 제일 먼저 움직이라는 충동을 인지하게 되는 시간의 경험이 빛의 한 점이 순환하며 회전하는 시점에 대한 관찰에 대한 문제와 관련되어 있다"(a.a.O., 624). "충동"에 대한 말은 리벳에게 매우 결정적인 것이다. (계획되거나 임의적으로 내린 결정이 아니라) 감정적으로 충동은 전적으로 이러한 행동이 자발적인 것으로 불릴 수 있는지에 달려 있다.

준다. 이러한 사실은 우리가 우리 집, 즉 우리 삶의 주인이라는 생각이 착각이라는 것을 보여준다. 하지만 마치 뇌 혹은 이의 부분들이나 변역계(Limbic system)가 인간의 행동을 지시하거나 결정하여 독립적으로 행동하는 주체와 같이 다루려는 여러 신경학적 연구자와 이론가들의 주장이 얼마나 위험한 것인지를 여기서 경고하지 않을 수 없다.[52] 그러한 사고방식과 주장은, 인간의 자유의지만이 아니라 행동의 자유와 책임까지도 거부해야만 하는 가공적 경향을 받아들이는 결정론으로 인도한다.

앞에서 기술한 경험론적 결과에 근거해볼 때, 이러한 결정론적인 해석과 이론은 자신의 근거를 논증할 수 없다. 리벳 실험은 준비전위의 형태로 측정할 수 있는 행위동기와 행위결정 사이에 하나의-매우 작지만 실재하는-창문이 있다는 것을 입증했다고 하겠다. 이 창문에서 인간은 그러한 행위동기에 대해 (효과적으로) 거부할 수 있다. 윤리적인 이유로 이러한 거부가 요구되거나 제안된 곳에서 이를 지지하고자 준비하고 마음먹는 것이 윤리적 반성과 학습의 중요한 기능이다. 거부를 위한(약 0.1초) 시간의 창문이 너무 작아서 눈앞에 봉착한 행동에 대해 윤리적으로 반성할 충분한 공간이 부족하다. 이러한 반성은 가능한 한 점차적으로 시작되고 있는 행위를 거부할 만한 힘과 결연함을 자유롭게 표출할 수 있을 때 이루어져야만 한다. 이 말이 맞다면 윤리적 교육, 양육, 그리고 반성은-어떤 자세로 살아야 하는지를 교육받고 덕성을 함양해야 하는 아동과 청소년기에-특별히 중요한 의미를 갖게 된다.[53]

---

52 푹스(Th. Fuchs)는 충분히 숙고되지 않은 이러한 주장의 위험성에 대해 지적한다. 이와 관련된 글과 저서로는 Th. Fuchs, *Leib und Lebenswelt. Neue philosophisch-psychiartische Essays*, Kusterdingen 2008, 306-375; Th. Fuchs, *Das Gehirn - ein Beziehungsorgen. Eine phänomenologisch-ökologische Konzeption*, Stuttgart 2008.

53 이에 대해선 A. MacIntyre, *Der Verlust der Tugend*(위의 제1부 1, 각주 22), 163-350과 다음의 제1부 3.4③를 참조하시오.

①-③ 결론

세 가지 반대주장을 살펴보면서, 이 중에서 어떤 이론도 논쟁을 통해 다루어지는 윤리적 학습의 가능성과 의미를 근본적으로 의문시하거나 불가능한 것으로 입증하지 못한다는 결론에 이르렀다. 이는 윤리적 안내의 필요성만이 아니라 인간이 자율적으로 자신이 윤리적 방향을 설정하도록 도움을 주는 윤리적 학습의 가능성이 존재함을 직관과 경험을 통해 확신하게 한다. 동시에 이러한 반대논거는, 윤리적 학습은 물론 윤리적 행동에 영향을 미치고 그의 특성상 제한된 요소들이 무엇인지 가르쳐준다. 조건 없는 윤리적 교육이나 행동의 자유란 존재하지 않는다. 윤리학에서도 (삶에서도 마찬가지이지만) 역시 이를 유념하고 있다.

2.3 개인적이며 사회적인 윤리적 안내의 필요성

위의 2.1(도덕과 윤리에 의존하고 있는 사회)과 2.2(윤리적 안내의 필요성과 인간의 학습능력)에서 제시한 요소들은 서로 어떤 관계 속에 있을까? 이를 다음 세 가지 모형에 근거해 명확히 제시하고 논의하고자 한다.

2.3.1 플라톤 모형

플라톤은-특히 자신의 『국가론』에서-다음과 같은 논제를 제시하였다. 다양한 인간의 영적인 힘(자주 "영혼능력"이라고 칭했다)과 사회의 구조 사이에는 하나의 정확한 상응성이 존재한다. 또한 덕성(결국 윤리의 인간학적 응용과 실천의 한 형태)의 훈육은, 앞에서 말한 인간의 내적 일치와 사회의 외적 일치를 통해 자신만이 아니라 서로의 조화로운 삶을 추구하는 포용성을 만들어낸다.

플라톤은 『국가론』에서 죽은 이후의 운명[54]과 이상적 공동체(도시나 국

---

54 Platon, *Politeia. Der Staat*(bearb von D. Kurz, griech. Text von E. Chambry dt. Übers. von F. Schleiermacher, in: Platon, *Werke in acht Bänden, 4. Bd*. Darmstadt(1971)1992²), 330d. 각주는 쿠르츠(Kurz)가 출간한 문헌에 따른다.

가로 이해되는 폴리스)의 설립과 특징을 위해 정의가 의미하는 바가 무엇이냐는 질문을 자신의 출발점으로 삼았다. 여기서 폴리스에서의 공존이 매우 공정하고도 실제적으로 논증되었다. 이는 마치 노동 분업과 필요욕구의 공동체적 충족과 같이 만인을 위해 만들어졌다는 장점이 있다.[55] 더욱이 맨 먼저 기본적 욕구(영양, 거주, 의복)의 충족이 중요하다. 이를 위해 소위 생산계급이 필요하다. 연극, 시, 음악, 춤 등을 통해 문화적 "영양"을 공급하는 사람도 여기에 속한다. 플라톤은 "농부와 수공업자"(369b-374d)도 이 계급에 속한 자라고 말하였다. 이들의 존재와 생산과 함께 외부로부터의 적대적 공격에 대한 안전과 내적 안전을 위해 필요한 강제적 질서에 대한 질문은 설명되지 않았다. 이를 위해 두 번째 계급이 필요한데, 이들은 "파수꾼과 공무원"과 같은 소위 **방어**계급이다(374d-412b). 마지막으로 공익을 보호하고 지키는 지배자 계급(412b-e)이 필요하다. 이를 위해 플라톤은 철학자 혹은 철인정치를 계획하였다. 이들은 **도제계급**으로 공동체를 지도하였다.

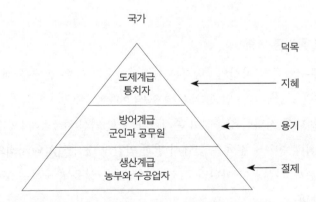

---

55 최근의 사회학에서 본 이에 대한 주제화를 위해선 E. Durkheim, Über soziale Arbeitsteilung. Studie über die Organisation höherer Gesellschaften(1893, 1930), dt. Frankfruat a. M.(1977) 1996². E. 뒤르케임(민문홍 옮김), 『사회분업론』, 아카넷 2012.

이러한 각 계급에 속한 자들이 자신의 기능에 상응하는 덕성을 함양하게 될 때, 폴리스의 평안을 위해 해야 할 과제를 성취할 수 있고 또한 성취하게 된다. 이를 위해 방어를 책임 맡은 자에게는 용기(429a)가, 농부와 수공업자에게는 욕망을 절제하는 신중함(430e)이 필요하고 철학자들에게는 지혜(428b)가 필요하다. (84쪽 하단 도표 참조)

그렇다면 정의(δικαιοσύνη)란 무엇인가? 이는 공동체 전체를 위해서 또한 공동체의 각 부분들이 서로 조화를 이루기 위해서 필요한 덕이다. 철학에서는 플라톤 전후(그보다 앞서 시모니데스가, 그보다 늦게 아리스토텔레스와 울피아누스가 주장)로 정의가 "각자에게 각자의 몫"(suum cuique)[56]을 **나누어주**는 덕으로 정의되었다. 그러나 플라톤은 정의가 각자 자신의 고유한 것을 **행하는** 데(τὸ τὰ αὑτοῦ πράττειν) 있다고 말한다(433af). 플라톤은 여기서 '자신의 고유한 것'이 무엇인지 암시적으로 언급하였다. 이는 '자신의 본성에 (φύσις) 가장 적합한' 것이다(433a). 플라톤은 행복한 질서란 무엇이며 여기서 정의가 어떤 역할을 하는지를 설명하기 위해 의도적으로 폴리스의 모형을 선택하였다. 그 까닭은 한편 플라톤의 정치윤리가 인간의 심리적 구조와 인간사회의 구조 사이에는 상응 내지 유사성이 존재한다는 사실에서 출발했기 때문이다(435a-436a). 다른 한편 사람들이 영혼(ψυχή)처럼 사소한 것에서보다는 폴리스(πόλις) 같은 중대한 것에서 소여(所與)와 관계를 더 잘 읽어낼 수 있다고 보았기 때문이다(368d-369b).

플라톤이 제시한 세 가지 사회계급과 상응의 관계에 있는 영혼의 능력으로는 (아래에서 위로 살펴보자면) 그 첫째는 욕망(ἐπιθυμητικόν)이다. "욕망으로 인해 영혼은 사랑에 빠지고 배고프고 목마르며 또 다른 욕망에 의해 밀려난다"(459d). 다음은 기개와 성취(θυμοειδές)이다. 그리고 마지막으로 이성 혹은 이성능력(λογιστικόν)이다.

---

56 이에 대해선 W. Härle, "Suum cuique" - Gerechtigkeit als sozialethischer und theologischer Grundbegriff(1997), in: ders., *Christlicher Glaube in unserer Lebenswelt*(제2부 4. 각주 18), 282-293.

위에서 언급한 네 가지 기본덕목이 자연히 세 가지 영혼의 능력과 이의 조화로운 화합을 위해 필요한 덕과 일치한다. 아래와 같이 그 개요를 그려 볼 수 있다.

공동체	정의	영혼
통치자(철학자)	지혜	이성능력
군인과 공무원	용기	성취
농부와 수공업자	절제	욕망

여기서 제시된 것은 인간학적 소우주(영혼)와 사회적 대우주(사회공동체)의 인과관계를 강조하는 결합(일치)모형으로, 이러한 조화는 분명 자연에서 생성된 것이 아닌 윤리적 훈육을 통해 이루어질 수 있는 것이다. 그리고 이러한 훈육은 정의의 교육(습관, 발전)에서 절정에 이른다. 여기서 정의란 각 영혼능력과 사회의 각 구성원들이 자신의 것, 즉 본성상 가장 적절한 것을 행하는 능력과 준비성이다. 다만 아직 해결되지 않은 문제는 이를 결정할 자가 누구이며, 개인이든 통치자든 그러한 것을 가장 적합하다고 보는 이유는 무엇이냐는 질문이다. 첫째와 둘째 계급의 관점에서 볼 때 이 모형은 매우 매력적으로 작용한다. 플라톤이 디오니소스와 디온이 통치하던 시칠리아에서 이를 정치적으로 실현해보려고 시도하다 결국은 실패하여 노예로 팔려가게 된 것도 사실이지만, 그렇다고 이 모형의 성취능력을 과소평가할 수는 없다.

플라톤이 후기에 자신의 정치철학을 새롭게, 다소 소박하게 구상하였으나,[57] 사실상 이를 실현하지 못했다는 사실에 대해 조심스럽게 동의한다. 그렇지만 나의 생각으로는 플라톤이 자신의 교육과 훈련프로그램을 실현 가능한 것으로 만들기 위해 제시한 정치학 모형(πολιτεία-Modell)을 살펴보면 이에 대해 결정적으로 반대하고 이의를 제기할 수 있는 논거를 발견하게 된다. 이 프로그램은 국가가 생식과 임신의 파트너 또한 생식의 시간을 결정하면서 시작된다. 교육에서 가정은 배제되고 국가가 주관하는 교육과 훈련프로그램에서 교육은 정점에 이른다. 이 프로그램은 4세에서 20세까지 진행되며, 지적으로 우수한 자는 30세까지 교육되는 매우 엄격하게 단련하고 훈련하며 선택해가는 교육시스템이다. 이러한 프로그램이 전제하고 있는 인간과 사회에 대한 이상은 플라톤의 모형이 전체주의적 과정을 따르며 전적으로 국가에 의해 구상되었다는 것을 보여준다. 여기서 개인은 국가에 종속되거나 편입된 존재이다. 이런 국가에서 개인재산이 존재하지 않는 것은 자명하다. 플라톤은 그의 『법률』(Nomoi)에서 이를 마치 가족의 삶과 같은 것으로 인정하였다. 그러나 그는 개인재산을 스파르타의 모범에 따라 주도면밀하게 통제하고 감시해야 할 것으로 보려고 했다.

2.3.2 슐라이어마허 모형[58]

프리드리히 슐라이어마허는 탁월한 플라톤 전문가일 뿐만 아니라 오늘날까지 최고의 플라톤 번역자이다. 그는 플라톤의 영혼론과 사회론에 의해 자극을 받아 이를 인간학적이며 사회학적 구조와 상호 연결시키는 행위이론의 한 형태를 발전시켰다. 그는 모든 행위개념에 고정되어 있으며 또한 이러한 개념을 구체화하는 (상관적으로 대립하는[59]) 세 가지의 것을 구별한 후, 이 세 가지 차이를 서로 교차시키고 상호 연결하였다.

- 그는 "영향력 있는" 혹은 "조직화된 행동"과 "서술하고, 인식하고 혹은 상

---

57 Platon, *Nomoi. Gesetze* (bearb. von K. Schöpsdau, hg. und überarbeitet von G. Eigler), in: Platon, *Werke in acht Bänden, Bd. 8/1 und 2*, Darmstadt (1977)2005⁴.

58 F. D. E. Schleiermacher, *Ethik* (1812/13), hg. und eingeleitet von H. J. Birkner, Hamburg 1981; E. Herms, "Reich Gottes und menschliches Handeln"(1985), in: ders., *Menschsein im Werden. Studien zu Schleiermacher*, Tübingen 2003, 101-124.

59 (상관적) 대립을 슐라이어마허는 서로 대립한 상태로 폐쇄된 것이 아니라 서로의 축을 중심으로 상호 귀속된 것으로 이해하였다. 다른 것 안에 자신의 것이 참여하여 포함된 상태이다. 그에게 절대적 대립(가령 절대적 건강과 절대적 질병 사이에서의 대립)이란 우리의 인식영역 밖에 놓여 있는 한계가치이다. 우리는 오직 우리가 접근할 수 있는 현실 속에서 상관적 대립과 마주친다.

징화된 행동"을 구별한다.[60]

- 그는 한편으로 더 나아가 동일한 것이 우위를 차지하는, 말하자면 모두에게 근본적으로 같은 방식으로 행하는 행위와 다른 한편 개인이 우위를 차지하는, 말하자면 각 사람이 단호하게 무엇과도 바꿀 수 없는 자신만의 고유한 것(특성)을 보여주려는 행위를 구별한다.

- 마지막으로 그는 개인에게 도움이 되는 행위와 공동체의 형성에 도움이 되는 행위를 구별한다.

첫 번째 구별은 행위의 종류와 두 번째는 행위의 수단과 그리고 세 번째는 행위의 목적과 관련되어 있다. 이러한 세 가지 분할의 원리를 서로 교차시켜보면 주사위 형태로 표현할 수 있는 8면체가 만들어진다. (아래의 도표 참조.)

플라톤과는 달리 슐라이어마허는 자신의 이론을 최상으로 기능하는 공동체에 대한 질문에 기초해 개진하지 않았다. 거기서 개인은 공동체에 소

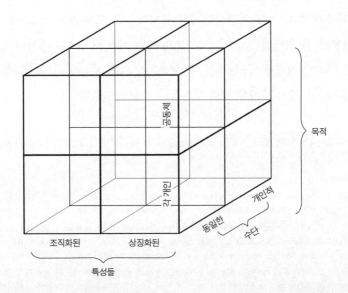

---

60 Schleiermacher, *Ethik*(위의 각주 58), 19f.와 35f. 슐라이어마허는 행위 대신 "이성의 주기능들" 혹은 단순히 "기능들"에 관해 말한다(a.a.O., 19와 35).

속되거나 종속되어 있을 뿐이다. 그 대신 유한한 인간(개인)의 행위 혹은 행위필요성에서 출발한다. 개인은 예외 없이 상호 인격적, 사회적, 그리고 자연에 얽매인 상태로 존재한다. 따라서 매우 많은 인식과 서술의 다양성, 다시 말해 인간과 사회에 대한 서로 다른 다양한 주장들이 성립한다. 동시에 플라톤에게서 보였던 전체주의적인 경향은 사라지고, 인간학적 소우주와 사회적 대우주의 차이도 사라진다. 그럼에도 불구하고 이러한 차이는 슐라이어마허에게 다시 나타난다. 이러한 차이는 한편으로는 개인을 서로 구별하는 "개인적인 것"과 개인을 서로 연결시키는 "동일한 것"의 차이 가운데 감추어져 있으며, 다른 한편 개인이나 공동체를 겨냥하는 다양한 행위목적의 형태로 공개적으로 드러난다.

슐라이어마허는 이런 다양한 행위의 측면들을 다양한 기능과 사회적 영역에 따라 배열하였다.[61] 그와 동시에 그는 국가(국민 포함), 과학, 자유로운 사회, 종교를 구별하였다. 여기서 자유로운 사회는 경제에서 흔히 나타나는 것과 같이 무엇보다 교환과 사회적 교류를 수용하고 종교에 예술을 편입시켰다. 그는 행위의 여러 측면들이 이러한 기능과 영역에서 서로 가깝고 유사함을 인식해야 한다고 말한다. 그러므로 과학은 분명하고도 검증될 수 있는 언어로 자신의 방향을 동일한 것에 맞추어야 하고, 예술과 종교는 개인적인 것을 표현방식으로 사용하고 촉진한다. 과학과 종교나 예술도 일차적으로 "조직화된" 행동이 아니라 "상징적인" 행위로 이를 행해야만 한다. 이는 국가(법률을 통한 동일성을 지향)와 사회(자유로운 사회를 통한 개체성을 지향)에서도 마찬가지이다. 그러나 슐라이어마허에게는 다음과 같은 관점이 중요하다. "가정은 모든 네 가지 상대적 공간의 꽃봉오리며, 여기서 모든 것이 더욱 넓게 흩어져나간다."[62] 다시 말해 가정에서 정치적, 과학적, 동지적, 그리고 교회적−종교적 측면들이 근원적인 방식으로 현재하고 서로 함께 연결되어 있다. 바로 어린이들이 가정에서 공존의 규칙을 알

---

61 A.a.O., 특히 33을 보시오.

62 Ebd.

게 되고(정치적 측면), 지식을 습득하며(학문적 측면), 동무로서 교류하며(사교적 측면), 그리고 종교적 지도를 받는다(종교적 측면). 사회의 모든 발전과 더불어 이러한 기능들이 서로 분화되지만-전체(개인과 사회)를 위해-서로를 의지한다. 이러한 사회적 기능이 먼저 개인에게 의미하는 바는, 내면적으로 논증된 노련한 자기운동은 사회적으로 분화된 영역의 내부와 그 중간에서 이러한 관계가-상호 관련된 관계로서-결정적으로는 어린 시절 체험한 것과 성장해가는 세대에게 체험될 수 있느냐에 달려 있다는 것이다. 그렇지 않으면 인간의 인격성이 내적으로 파멸되고 자신의 삶의 형성이 실패할 위험성이 있을 뿐만 아니라, 결국 이것이 두 번째 관점이지만, 사회가 고립되거나 경쟁하면서 공익을 위한 의무를 더 이상 느끼지 못하고 오히려 이를 파괴하는 분할된 사회가 될 위험성이 있다.

슐라이어마허가 여기서 제시한 분류는 부분적으로는 이미 그의 시대에 더 이상 여러 관점에서-특히 개인과 관련해서-설득력을 갖지 못했다. 경제단일성(가령 가사와 사업과 같은)은-종교와 예술도 마찬가지이나-단순히 개인적인 것이 아니라 대단히 일반적인(동일한) 성격을 받아들인다. "동일한"과 "개인적"의 구별은 상관적 대립을 모든 것에서 나타나는 두 측면보다는 더 작은 것으로 서술한다. 이런 점에서 슐라이어마허의 모형은 매우 고무적이지만 이론적으로나 실천적으로 만족스럽지 않다.

2.3.3 헤름스 모형[63]

지난 20세기 말부터 독일의 개신교신학에서 헤름스(Eilert Herms)는 슐라이어마허를 실마리 삼아 사회 안에서 인간에 대한 매우 풍부한 이론적 연구를 내어놓았다. 헤름스는 슐라이어마허, 특히 가정에 대한 그의 관점과 연계해 질문한다. 인간적인 삶이 가능하려면 사회 안에서 어떤 기능들이 반드시 성취되어야만 하는가? 말하자면 그는 총체적으로 인간이라는 종의 보존을 위해 도움이 되는 중심질문에 대해 묻는다. 그는 이를 자기경험에 맞추어 설명하면서, 현존의 보존을 위해 본질적인 네 가지 기본기능 혹은 "성과를 이루는 방식"[64]을 제시한다.

- 공격적 자세를 줄이고 평화를 보존하는 기능과 성과로, 이는 무엇보다 법과 정치를 통해 실현된다.

- 물질을 생산하고 분배하며 생명을 보존하는 기능과 성과로, 이는 무엇보다 경제를 통해 실현된다.

- 지식을 생산하며 중재하는 기능과 성과로, 이는 무엇보다 과학(학문)을 통해 실현된다.

- 윤리적으로 지향된 기능과 성과로, 이는 무엇보다 세계관과 종교를 통해 실현된다.

서로를 의지하고 있는 다양한 기능영역들은 스스로 다양한 (서로 경쟁하거나 협력하는) 조직체를 만들어낸다. 조직체는 (경쟁하며) 자신의 최대한의 지분을 얻으려고 투쟁하거나 (협력하며) 서로를 도우며, 동시에 네 영역들 간에 주도권을 잡으려는 싸움이 일어난다.[65] 이 모든 구조들은 마치 각 부분의 영역에서 발생하는 방식처럼 기술과 관련된 지식만이 아니라 이를 위해 전제된 윤리와 관련된 지식도 사용되는 것을 볼 수 있다. 사회 안에서 서로 다른 성취영역이 자신의 특별한 기능과 충분하게 협력할 때 그 가운데 공공의 복지, 다시 말해 "복지질서"가 촉진된다. 이러한 강조점이 헤름

---

63 이에 대해선 E. Herms, *Gesellschaft gestalten. Beiträge zur evangelischen Sozialethik*, Tübingen 1991, 특히 56-94와 380-398; ders., *Kirche für die Welt. Lage und Aufgabe der evangelischen Kirchen im vereinigten Deutschland*, Tübingen 1995, 특히 195-197과 210-230을 참조하시오.

64 E. Herms, *Kirche für die Welt*(a.a.O.), 195-197.

65 이는 역사에서 항상 문제가 되었고 오늘날도 강조되어야만 한다. 콘스탄티누스적 전환을 이룬 4세기 초부터 17세기 중반까지 "종교"라는 기능영역이 지배하였다. 그 후 30년 전쟁이 끝난 후 "정치"라는 기능영역이 지배하다가 19세기에 이르러 "경제"라는 기능영역으로 지배권이 넘어가기 시작하였다. 이러한 지배가 2008년 재정과 경제위기 이후에도 계속될지는 기다려봐야 한다. 사회시스템의 발전에 대한 역사적 고찰에 관해선 E. Herms, "Die ökumenische Bewegung und das Friedensproblem der Neuzeit", in: ders., *Von der Glaubenseinheit zur Kirchengemeinschaft. Plädoyer für eine realistische Ökumene*, Marburg 1989, 216-243, 특히 224-237을 참조하시오.

스의 주장이 가지고 있는 특징과 강점이다. 이를 헤름스 자신이 다음과 같이 도식화하였다.[66]

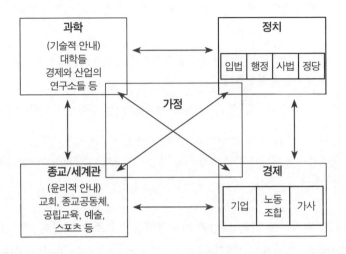

연결과 상호교환은 모든 사회조직체(공동사회든 이익사회든)만이 아니라 행동하는 개인을 위해서도 필요하다. 전체의 부분으로서 각 개인이 무엇에 따라 또는 무엇을 통해 자신의 태도를 결정할 것인지를 스스로 결정하게 되어 있다. 각 개인과 사회가 총체적으로 상호작용을 통해 이 물음에 대답하도록 위임되었다. 이러한 질문을 제기하고 동시에 이론과 실천을 통한 윤리적 판단능력을 촉진하는 사회의 (조직체를 통해 개조되고 발전된) 부분 영역들이 존재할 때만이 이에 대해 명확히 대답할 수 있다.

2.1-3 결론

사회에서는 물론 개인적으로도 불가피하게 윤리적 지침이 필요한 경우

66 　나는 여기서 헤름스가 시도한 여러 도식들 중에서 가장 명확하다고 생각하는 것을 선택해 인용한다. 헤름스의 방대한 논문에서 이를 발견할 수 있다. E. Herms, "Erneuerung durch die Bibel. Über den Realismus unserer Erwartungen für die Kirche", in: ders., *Kirche für die Welt*(위의 각주 63), 196f.

가 있다. 이와 마찬가지로 인간은 윤리적 학습능력을 가지고 있다. 그러나 이는 자연적으로 성장하거나 자동적으로 작동하지 않는다. 아주 어려서부터 특정한 목표를 향한 도덕형성과 현실화가 필요하다. 교육의 과제가 잊힐수록 또는 개인적 혹은 사회적 측면이 편파적으로 판단되면 될수록, 개인주의적이든 전체주의적 관점에서든 위험은 더 커질 수밖에 없다. 어떤 경우에서든지 가정은 포기할 수 없는 기초기능을 한다. 윤리학의 사회학적이며 인간학적 전제에 대해선 이만 마무리한다.

3. 윤리학의 구성요소

3.1 언어분석적 접근

규범적 윤리학이 대답하려는 기본적 질문을 칸트는 간략하고도 적절하게 한마디로 요약하였다. "나는 무엇을 해야 하는가?"[1] 이를 다른 말로 질문해볼 수도 있겠다. "우리는 어떤 자세로 살아가야 하는가?", "어떤 작위와 부작위가 옳거나 잘못인가?", "선과 악이란 무엇인가?", "나는 어떤 규범에 따라 살아야 하는가?", "어떤 가치를 실현해야만 하는가?" 혹은 "나의 삶을 향한 하나님의 뜻은 무엇인가?" 이와 같은 (그리고 동일한 의미를 가진 여러) 유형의 질문들을 숙고해보면 즉시 다음과 같은 공동의 요소들을 발견하게 된다.

a) "나는", "우리는", "나의"와 같은 인칭대명사와 소유대명사는 그렇게 질문하는 윤리적 **주체**를 가리킨다.
b) "행동", "태도", "작위", "방향", "삶"과 같은 단어들은 윤리적 기본질문이 목표로 하는 윤리적 **대상**을 가리킨다.
c) "옳은", "잘못된", "선한", "악한"이라는 표현들은 이러한 대상이 가지고 있는 긍정적이거나 부정적인 윤리적 **내용**에 관한 표현들이다.

---

1 칸트는 1793년 5월 4일 슈토이들린(C. F. Stäudlin)에게 보낸 편지에서 이렇게 기술하였다. 당시 그는 이 질문을 특정한 학문영역(말하자면 도덕철학)에 귀속시켰고, 순수한 철학의 과제영역에서 제기되는 세 가지 질문의 하나로 보면서 다음과 같이 말하였다. "내가 전념하고 있는 순순한 철학적 영역에 대한 작업과 이에 대한 나의 오랜 계획에 따라 나는 다음의 세 가지 과제를 해결하려고 한다. 1) 나는 무엇을 알 수 있는가?(형이상학) 2) 나는 무엇을 해야만 하는가?(도덕) 3) 나는 무엇을 희망하는가?(종교). 그리고 마지막 네 번째는 인간이란 무엇인가?(인간학)이다."(I. Kant, *Briefe*, hg. und eingeleitet von J. Zehbe, Göttingen 1970, 216) 형이상학에 관한 강의에서 칸트는 이를 거의 비슷한 말로 표현하였다(*Akademie-Ausgabe* Bd. 28, 533f.). 그러나 거기서 칸트는 자신의 질문을 보충해 더욱 분명하게 만들었다. 즉 칸트는 "인간이란 무엇인가?"라는 질문을 다른 세 질문과 관련해 이해시키기를 원했다. 칸트는 이렇게 말한다. "모든 것은 인간학이라고 부를 수 있겠다. 왜냐하면 먼저 제시했던 세 가지 질문이 마지막 질문과 관련되어 있기 때문이다." 다시 말해, "인간이 무엇이냐?"는 질문은 세 가지 다른 질문들의 부록이 아니라 이의 요약이라는 말이다.

d) "당위", "규범", "가치"와 같은 표현은 윤리적 내용이 이를 통해 말하고자 하는 형식이다.

결국 위의 질문유형들은 명백하지는 않지만 더욱 포괄적인 두 가지 요소를 함축하고 있다.

a) 먼저 수취인에 대한 질문이다. 이 질문은 수취인에 관심을 가지며, 또한 수취인들에 의해서 이러한 질문이 가능하다면-규범적 권위로서-구속력 있게 응답되기를 기대하거나 소망한다.
b) 다음은 상황이나 콘텍스트에 대한 질문이다. 이러한 질문은 콘텍스트 안에서 제기되고, 이에 대한 대답이 시도된다.

이 장에서 나는 이상의 윤리적 기본질문에 관한 6가지 요소들을 집중적으로 논의할 것이다. 그러나 이러한 본질적인 요소를 다루면서 위에서 열거한 것과는 다른 순서를 따르려고 한다. 우리가 먼저 어떤 것이 이 『윤리학』에서 다루어져야 할 적절한 대상과 내용과 형식인지를 알게 되면, 이러한 주제와 내용과 형식에 접근하거나 접근할 수 있는 윤리적 주체에 대해 질문하는 것이 훨씬 쉬워진다. 경우에 따라선 규범적인 권위에 대한 문제가 ("대상"과 "내용" 사이에서) 먼저 다루어질 수도 있겠다. 하지만 이 문제는 주체에 대한 이해를 전제하고 있다. 왜냐하면 윤리적 질문은 반성적 질문으로 이해될 수 있기 때문이다. 그러므로 이를 주체 다음에 위치시키는 것이 더욱 적절하다. 실제적으로 모든 질문은 서로 의존하고 있으며, 이러한 순서는 실용적으로 논증되어야 한다. 이러한 실용적 이유에서 나는 이 장을 대상, 내용, 형식, 주체, 규범적 권위, 그리고 맥락의 순서로 서술하겠다.

3.2 윤리적 반성의 대상

윤리학이 **추구하는** 것은 무엇이며, 추구하지 **않는** 것은 무엇인가? 원칙적으로 모든 것을 윤리적 반성의 대상으로 삼을 수는 없지 않은가? 당연히 오직 특정한 관점, 말하자면 그 스스로 "행동"의 성격을 가지고 있거나 이의 전제, 요소나 결과로서 행동에 소속된 것만이 그 대상이 된다. 이는 이미 "에토스"와 "윤리" 혹은 "도덕"에 대한 개념을 반성하면서 이에 대해 암시적으로 설명한 바 있다(1). 그러므로 우리의 논의에서 "행하다", "태도를 취하다", "행동하다"와 같은 동사가 등장하는데, 이들은 우선 동의어로 볼 수 있고 "행동"[2]이라는 연구개념 아래 종합할 수 있다. 아리스토텔레스부터(πρᾶξις) 오늘날까지 윤리학의 대상에 대한 이론적 반성은 대부분 이 개념 아래서 이루어졌다. 그러므로 이 단어를 선택할 경우 여러 장점이 있다.

원칙적으로 모든 것이 윤리적 반성의 대상이 될 수 있다. 그러나 그것이 어느 한 행위의 조건과 요소나 결과를 형성할 때만이 윤리적 반성의 대상이 된다. 이것이 윤리적 반성의 대상을 제한하게 되는 첫 번째 이유이다. 이러한 조건과 요소나 결과는 경우에 따라 사물(자동차, 무기, 계약 등)이나 상태(소질, 삶의 역사에서 나타난 특징, 시공간적 정세 등) 혹은 사건(대화, 연쇄반응, 인간의 삶의 역사 등)과 같은 행위와는 다른 것일 수 있다. 그런 사물, 상태 혹은 사건은 어째서 (유한한 주체들의) 행위가 아닌가? 그 까닭은 성격상 하나의 선택을 통해 성취된 사건이 아니기 때문이다. 잠정적으로 행위를 다음과 같이 정의할 수 있다. 개연성(A와 B 또는 A와 A아닌 것) 사이에서 선택된 사건만이 행위이다. 누군가 비틀거리다 넘어졌다면 (일반적으로 말해) 행동한 것이 아니다. 그러나 연극배우가 자신이 맡은 배역을 하던 중에 비틀거리다 넘어졌다면 행동한 것이다. 왜냐하면 그는 이러한 비틀거리다 넘어

---

2 Art. "Handlung" in: *Lexikon der Ethik*, hg. von O. Höffe, München 1992[4], 112-114; R. Bubner, *Handlung, Sprache und Vernunft*, Frankfurt a. M. 1976; W. Härle, Art. "Handlung/Handlungstheorie", in: Evangelisches Soziallexikon, Stuttgart, Berlin 1980[7], 568f.; H. Lenk(Hg.), *Handlungstheorien interdisziplinär*(bes. Bd. II und IV), München 1977-1981; H. Werbik, *Handlungstheorien*, Stuttgart 1978; J. Habermas, *Theorie des kommunikativen Handelns, Bd. 1 und 2*, Frankfurt a. M. 1981; ders., *Vorstudien und Ergänzungen zur Theorie des kommunikativen Handelns*, Frankfurt a. M. 1995; "Handeln Gottes", *MJTh* I, Marburg 1987; J. Fischer, *Handeln als Grundbegriff christlicher Ethik*, Zürich 1983; D. Davidson, *Handlung und Ereignis*, Frankfurt a. M. 1990; E. Runggaldier, Was sind Handlungen? Eine philosophische Auseinandersetzung mit dem Naturalismus, Stuttgart 1996; E. Herms, Art. "Handlungsarten", in: *RGG*[4] 3(2000). 142f.

지는 것을 선택했기 때문이다(그리고 짐작건대 이를 연습했을 것이다).

행위는 결국 선택을 전제하며 이런 점에서 **의도된** 성격을 갖는다. 이는 목적과 목표를 가지고 시도된 것이고 이와 더불어 (의식적 혹은 무의식적) 자신이 의도한 것을 실현한다.

누군가 최면상태에서 반응했다면 이것도 스스로 한 행동이라고 할 수 있는지 논쟁거리가 될 수 있다. 최면상태에서 타인의 의지에 따라 조정된 어떤 의도적인 선택이 있었다면 이것 역시 행동이라고 동의할 수 있겠다. 하지만 이는 최면에 빠진 자의 선택이 아니고 최면을 건 자의 선택이다. 결국 최면을 건 사람이 행동하고 최면에 빠진 자를 마치 도구나 수단으로 이용한 것이다. 그렇지만 자신이 스스로 최면을 걸 수 있다는 것도 생각해보면 이것 역시 (일반적으로 말해) 행동이라는 것을 부인할 수는 없다. 이런 점에서 그리고 바로 그 시점에서 최면에 걸린 자의 행동도 하나의 행동으로 고려될 수 있다. 결국 행동은 항상 한 인격의 고유한 행동으로 이해되어야만 한다는 것을 보여준다. 어느 누구도 타인의 행위를 대신해 성취할 수 없다.

한 사건이 행동인지 알아볼 수 있는 방법을 다음과 같은 질문으로 바꿔 표현해볼 수 있다. 행동하는 개인이 자신에게 주어진 상황 속에서 **선택할 수 있는 대안**을 가지고 있는가? 여기서 이러한 선택이 주체적으로 중요하지만 행동의 성격상 이러한 선택이 어떤 대가를 치르게 되는지는 결정되어 있지 않다. 죽음의 위협을 받아 할 수 없이 행동한 사람은 "선택의 여지가 없었기에" 자신의 행동에 대해 책임이 없는 것처럼 주장되지만, 이는 윤리적(그리고 행위론적으로)으로 옳지 않다. 짐작건대 누군가 죽음의 위협이 없었다면 절대로 하지 않았을 일을 했다고 해서 행동의 성격이 달라지지 않는다는 것을 이해하게 될 것이다. 다시 말해 이 역시 책임을 져야 할 행동일 뿐이다.

행위를 의도적, 말하자면 특정한 목적에 따라 선택하는 행위로 보는 주장은 "행동"이라는 단어가 가지고 있는 **언어적 뿌리**를 현저하게 확장시킨다. 언어사적으로 "행동"(Handeln)이라는 독일어 단어는 "손"(Hand)에서 유래하였다. 그러므로 "행동"은 기원상 "무언가를 손으로 붙잡고 작업하는 것"을 의미한다.[3] 그러나 이렇게 제한적으로 이해된 행동의 의미는 행동의 윤리적 의미를 드러내기에는 너무 협소하다. 이 개념은 언어, 몸짓, 그리고 표정까지 포괄하지는 못한다. 이와 같은 문제점을 받아들이면서 다음과 같이 주장할 수 있겠다. 행동은 그 개념상 여러 가능성 가운데 의도를 가지고 선택한 모든 육체적 활동을 대상으로 삼는다. 행동의 영역에서 이른바 정신적 행동과 부작위를 배제하는 것은 행동에 대한 너무 협소한 이해라고 하겠다.

① 상징화된 행동

내가 방금 언급한 "정신적 행동"을 설명하기 위해 슐라이어마허가 말한 "상징화된 행동"(조직화된 행동과 구별되는)으로 소급해간다.[4] 이미 언급한 바와 같이, 사람들은 슐라이어마허가 행동을 정신적 행동과 육체적 행동이라는 두 등급으로 구분한 것은 아니었냐고 오해한다. 오히려 윤리적으로 숙고해보면 이런 구분은 모든 행동에 적용된다. "조직화된 행동"이란 이성이 자연에게 어떤 영향을 끼쳤는지를 나타내고, "상징화된 행동"이란 행위자는 물론 다른 사람들이 이러한 영향력을 인식할 수 있는 이성적이며 반성적 성격을 나타낸다. 달리 표현하자면, 조직화된 행동에 관한 윤리적 반성은 자연스럽게 윤리적인 문제와 관련된(의도적인 선택과 관련된) 사건이다. 이를 윤리적으로 살펴보면, 우리가 자신의 행동을 윤리적으로 반성하든 아니든 모든 다른 것에도 동일하게 적용된다. 하지만 이러한 반성은 그 성격상 자연을 (새롭게) 조직화하려는 것이 아니고 (오직) 단어, 개념, 논의, 주장과 같은 기호와 상징을 통해 이를 설명하고 해석하려는 것이다. 이와 같

---

3 표준적인 (어원학) 독일어 사전으로는 그림(Grimm), 클루게(Kluge), 파이퍼(Pfeifer) 등이 편찬한 사전을 참고하시오.

4 F. Schleiermacher, *Ethik*(제1부 2, 각주 58), 20, Nr. 12. 이에 대해선 위의 제1부 2.3.2를 비교하시오.

이 기호를 통해 중재된 의미 그 자체가 바로 윤리적 상관성을 가지는 행동이다. 그러므로 이러한 행동은 인간의 육체적 상태에 얽매여 있지 않으며 오히려 이를 통해 중재된다.

② 행동으로서의 불이행

일상 언어에서 "행동"은 가끔 "불이행"("작위와 부작위"의 형식과 같이)의 반대개념으로 사용된다. 그러나 수행되지 않은 행동이란 단지 선택('행위')될 수 있었지만 선택하지 않은 경우에만 불이행이 된다. 좀 더 명확히 말해, 할 수 있는 행동을 하지 않기로 선택한 것이다. 이러한 행동은 칭찬 또는 비난을 받기도 하지만, 어쨌든 윤리적 상관성을 가진 행동이다. 불이행을 윤리적 반성에서 제외한다면 분명히 매우 끔찍한 결과를 빚게 될 것이다.

몇 가지 예를 들어보자. 긴급구조를 거부하는 행위는 윤리적으로 빗나간 태도이고 경우에 따라선 범죄행위로 처벌된다(독일형법 제323조c). 세계 심판에 대한 비유(마 25:41-45)에서 유죄판결을 받은 사람이 저지른 과실은 그가 무언가를 하지 아니한 데 있다. "이 지극히 작은 자 하나에게 하지 아니한 것이 곧 내게 하지 아니한 것이니라." 야고보서 4:17도 이러한 관점을 하나의 일반적 규칙의 형식으로 강조한다. "선을 행해야 할 줄 알고도 행하지 아니하면 죄니라."

이런 유의 숱하게 많은 사례들은 "불이행"의 범주가 윤리적 반성의 중심문제라는 것을 보여준다. 이러한 예들은 여기서 제안한 행동개념(의도적으로 어떤 행동을 선택할 수 있는 가능성)을 포함하고 있기 때문에 문제가 없으나, 이를 명확하게 인식하는 것이 좋다.

③ 행동의 형태와 양식

선택하였다고 무조건 행동이라고 말할 수는 없다. 이를 어떻게 실행했느냐는 방법론이 문제가 된다. 이를 행동의 **형태** 혹은 **양식**이라고 부를 수 있다. 이러한 행동이 직접 한 행동의 성격을 규정할 정도로 어느 행동의 윤리적 판단을 위해(가령 경례나 긴급구조와 같이) 큰 의미를 갖는다.

④ 행동의 동기

동기, 좀 더 정확히 말하자면 개인으로 하여금 그와 같은 행동을 하게끔 움직이는 동인 역시 행동에 속한다. 하나의 행동을 보고 사람들이 공식적으로 그와 같은 행동을 하게 된 동기를 알아채거나 최소한 이것이 무엇을 뜻하는 것인지 알게 된다. 동기나 여러 동기의 혼작(混作)이 행위자는 물론 그의 적대자에게도 알려지지 않은 채 감추어질 수 있다.

⑤ 등급과 규칙의 특수한 경우로서의 행동

"행동"이라는 개념에 대한 또 다른 규정이 있다. 이는 과학적 분석에서 일종의 일반화로 경험된다. 여기서 각 행동은 하나의 등급과 규칙의 특수한 경우로 이해될 수 있어야 한다.[5] 하나의 행동이 하나의 특정한 행위와 동일화되려면 (가령 비판적 논객이나 타인의 재산 몰수 혹은 자기희생의 행위와 같이) 필연적으로 이런 행동이 일반적인 경우(그리고 하나의 등급과 규칙의 경우)로 이해될 수 있어야 한다. 그러므로 이런 경우는 대단히 많은 특성들을 통해 유일한 행동으로 표시될 수 있어야 한다("그날 그 자리에서 이 사람에 의해 이행된 한 여성이 소유하고 있는 핸드백의 절도"). 그러나 이 경우에도 이러한 행위에 관한 말들("절도", "여성", "날", "장소", "사람")은 이미 이러한 특징들을 통해—혹은 이에 대한 윤리적 반성을 통해—항상(함축적으로) 행동의 등급과 이러한 행위에 속한 규칙에 대한 한 가지 판단이나 여러 판단들을 포괄하고 있다.[6]

---

5 쇼켄호프(E. Schockenhoff)는 이를 다른 용어로 사용해 다음과 같이 표현하였다. "도덕적 규범은 개인적 행위가 아니라 일반화된 행위모형을 기술한다. 이러한 행위모형은 도덕적으로 상관적 관계를 맺고 있는 자신의 특징들과 일치하고 또한 그렇기에 행위유형으로 요약된다." E. Schockenhoff, *Grundlegung der Ethik. Ein theologischer Entwurf*, Freiburg, Basel, Wien 2007, 470.

6 이러한 주장은 다음과 같은 프랑케나(W. K. Frankena)의 주장 속에 내포되어 있다(W. K. Frankena, *Analytische Ethik. Eine Einführung*(1963), dt. München 1972, 45. W. K. 프랑케

20세기 60, 70년대에 세상을 떠들썩하게 했던 상황윤리는 윤리라는 개념을 말하면서도 행동이 갖는 이와 같은 특징들을 피하거나 거절하였다.[7] 그러한 상황윤리는 먼저 "전통적 규범"을 이미 낡고 더 이상 시대에 맞지 않는 것으로 거절하고, 다음으로는 보편적 규범을 대체적으로 의문시한다. 그렇다면 당연히 질문하지 않을 수 없다. 도대체 상황윤리가 무엇을 통해 자신을 윤리로 입증할 것이며, 자신을 임의적인 윤리이론과 구별할 수 있겠는가? 사실 상황윤리 역시 규범 없이 태어나지 않았다. 대부분 상황윤리는, 행위주체가 자신이 봉착한 상황에서 스스로 책임지고 사용할 수 있는 매우 보편적이고 특별하지 않은 규칙들(가령 자신과 타인의 행복의 촉진)을 중시한다. 그러므로 디츠 랑에(Dietz Lange)는 상황윤리의 성격을—반어적이지만 적절하게—"윤리적 반성의 재고 정리"라고 말하였다.[8] 그러나 그의 비판은, 윤리에서 구체적 행동상황이 고려되는 것을 비판하려는 것이 아니라 이러한 주장이 구속력을 가지고 있는 윤리적 규범을 파괴하는 도구로 사용되는 것을 거부하는 데 있다.

①-⑤) 결론

행동은 결국 한 가지 가능성을 의도나 목적에 따라 선택하려는 것으로, 동기와 규칙에 따라 움직이는 선택행위이다(이러한 선택행위는 특정한 형태와 양식을 통해 적극적 행동이나 불이행, 조직화된 행동 그리고/또는 상징화된 행동으로 실

나(황경식 옮김), 『윤리학』, 철학과현실사 2003). "어떤 구체적 상황에 맞추어 도덕적 판단을 하는 자는, 시간이나 장소나 행동의 주체가 동일하지 않을지라도 이와 비교될 수 있는 상황에 다시 봉착하며 동일한 판단을 하게 되리라는 것이 사실이다." 여기서 윤리학에서는 처음으로 윤리적으로 매우 중요하게 보이는 일반성 혹은 보편성의 원칙이 등장한다. 이러한 생각에 전적으로 동의한다면 프랑케나가 소개한 행위이론과 규칙이론 사이의 구별을 새롭게 표현해보아야 한다(a.a.O., 43-49와 57-61). 각 행동은, 그 행동이 언어적으로 표현될 수 있는 한에서 규칙의 경우로 이해되어야 한다. 행위이론이 각 사람의 행동과 관련을 맺고 규칙이론이 규칙과 관계를 맺는다고 해서 이 두 이론이 구별되는 것은 아니다. 그 대신 행위이론이 윤리적 반성과 판단형성을 포함하고 있는 규칙에 따른 행위가 발생하는 (가능한 모든) 구체적 상황과 관계를 맺는다면(논리적으로 각 경우를 우선함), 소위 규칙이론은 이러한 구체적 상황을 윤리적으로 반성할 때 의도적으로 가능한 한 고려하지 않는다(논리적으로 규칙을 우선함). 결국 이와 더불어 행위이론과 규칙이론 사이에 질적 차이가 일반화의 정도에 대한 관심을 고려하면서 양적 차이로 변하게 된다.

7 그리스도교적 상황에서 이를 대표한 사람은 요셉 플레처(Joseph Fletcher)이다. J. Fletcher, *Moral ohne Normen?*, Gütersloh 1969. J. 플레처(이희숙 옮김), 『상황윤리: 새로운 도덕』, 종로서적 1989; ders., *Leben ohne Moral?*, Gütersloh 1969.

8 D. Lang, *Ethik in evangelischer Perspektive. Grundfragen christlicher Lebenspraxis*, Göttingen(1992) 2002², 210.

행된다). 정확히 말하자면, 윤리적 반성이 집중하는 바는 각 행위가 아니라 행위를 위한 등급과 규칙, 경우에 따라선 **규칙에 따라 움직이는 선택행위**, 그리고 이것의 전제와 결과, 다시 말해 규칙에 따라 움직이는 선택행위의 전제와 결과이다.

각 개인의 구체적인 윤리적 반성, 다시 말해 특정한 행위가능성을 선택하거나 이미 수행된 행위를 살펴보면 각 행위가 가지고 있는 특별한 특성이 전면에 드러난다(말하자면 이러한 손지갑에 소유자의 한 달 수입이 들어 있었다든가 혹은 짧은 시간 내에 그런 약탈을 반복해 당했다든가 혹은 심각한 육체적 피해를 당했다는 사실과 같이). 그러나 **논증된**(직관적인 것만이 아니라) 윤리적 판단형성을 위해서는 비교가능한 상황과 사건에서 유효한(유효할 수 있는) 규칙을 따르는 것이 필요하다.

나는 이러한 상세한 설명을 통해 개론적 안내에 필요한 윤리적 반성의 **대상**에 대하여 정확하고도 구체적으로 설명하였다. 규범적-윤리적 반성의 대상을 다음과 같이 요약해볼 수 있다.

- 행동이 행동의 결과와 전제인 한, 규범적-윤리적 반성의 대상은 **행동과 행동의 결과와 전제**이다.

- 행동은 가능성 사이에서의 **선택행위**이다. 이는 조직화된 행위와 상징화된 행위, 행동과 불이행을 포함한다.

- 행동은 의도적인, 다시 말해 목적지향적 혹은 동기화된(순전히 우연에 따라 조정된 행동과는 다른) **선택행위**이다. 여기서 의도적이란 말은 반드시 의식적이란 말과 동일한 것은 아니다.[9]
- 행동은 자기 스스로 결정한 **개인적인** 선택행위이다. 즉 이는 이러한 행동을 한 사람이 책임을 질 수 있는 선택행위이다.

- 윤리학의 대상은 단수의 고립된 사건이 아니라 행동의 **등급**이고 행동과 관련된 **규칙**들이다. 이는 행동의 칭호를 위해서도 마찬가지이다. 행동에 대한 윤리적 평가와 판단을 위해서는 매한가지다.

---

9 가령 몸짓을 자신의 뜻을 표명하는 것과 같이 무의식적으로 의도된 행위들이 존재한다.

3.3 윤리적인 것의 내용

행동 혹은 행동의 등급이 각각의 모든 관점에서 또한 어떤 임의적 관점(예컨대 생리학적이거나 물리적이거나 미학적)에서 윤리의 주제가 되는 것은 아니다. 행동은 이 장에서 논의하려는 윤리적 내용과 관련해 고찰할 때 윤리의 주제가 된다. 고대 그리스와 로마시대부터 이러한 내용을 "선"[10](그리스어: "το ἀγαθόν"[11], 라틴어: "bonum")이라고 불렀다. 그렇다면 선이란 무엇을 의미하는가?[12]

모든 윤리학이 자신의 기본적 원칙으로 요구하는 고전적 표현을 토마스 아퀴나스의 『신학대전』(Summa theologiae)에서 발견하게 된다. "선을 행하고 따르며 악을 멀리하는 것이 율법의 최고 훈령이다."[13] 선이란 단어가 의미하는 바가 무엇이며(3.3.1) 선은 어디에 있느냐(3.3.2)고 질문해보기 전에 매우 진부하게 들리는 아퀴나스의 주장에 대해 먼저 반성해보아야 할 것 같다(3.3.3).

3.3.1 선을 행해야 하는가?

"선을 행하고 악을 멀리하라"는 기본원칙은 사람들이 이를 단순히 가정

---

10 때에 따라 "선"이라는 개념은 "옳음"이라는 개념 때문에 윤리적 내용으로 볼 수 있느냐는 문제가 제기되기도 한다(예를 들어 A. Gewirth, *Reason and Morality*, Chicago 1978와 *The Community of Rights*, Chicago 1996). 선과 옳음 중 어떤 것이 먼저냐는 질문이 종종 제기된다.

11 언어학적으로 선(το ἀγαθόν)이라는 그리스어 명사는 "놀라다", "감탄하다"라는 뜻을 가진 그리스 동사(ἄγαμαι)에서 유래하였다.

12 Aristoteles, *Nikomachische Ethik* 1096 a-b; G. E. Moore, *Principia ethica*(1903), dt. Stuttgart 1970; H. Reiner/R. Spaemann u.a., Art. "Gut etc.", in: *HWP* 3(1974), 937-976; M. Riedinger, *Das Wort gut in der angelsächsischen Metaethik*, Freiburg/München 1984; A. Piper, *Ethik und Moral*, München 1985, 98-102; M. Nussbaum, *The Fragility of Goodness*, Cambridge 1986; G. Bader, Art. "Böse, das VI", in: *RGG*⁴ 1(1998), 1708f.; B. Himmelmann/N. Slenczka/E. Herms, Art. "Gut/Güter" in: *RGG*⁴ Bd. 3(2000), 1336-1339; Ph. Foot, *Die Natur des Guten*(2001), dt. Frankfurt a. M. 2004; I. U. Dalferth, *Leiden und Böses. Vom schwierigen Umgang mit Widersinnigem*, Leipzig 2006.

13 Thomas von Aquin, *Summa theolgiae II* q94, a2: "Hoc est ergo primum praeceptum legis, quod bonum est faciendum et prosequendum, et malum vitandum." T. 아퀴나스(정의채 옮김), 『신학대전 제2권』, 바오로딸 1993.

할 수 있을 만큼 명백한 것도 아니고 그렇다고 그렇게 진부한 것도 아니다. 분명한 점은, 이를 무의미하거나 잘못된 것이라고 보는 해석이 존재한다는 것이다. 결국 그러한 주장을 살펴보면 모든 윤리학의 기본문제가 제시될 수 있다.

한 여대생이 다가오는 주말을 준비하다가 매우 어려운 결단을 해야 하는 상황에 처했다고 가정해보자. 자신의 인생에서 너무나 중요한 분인 할머니가 죽음을 얼마 남겨놓지 않은 채 집에 누워 있다는 연락을 받았다. 게다가 곧 있을 세미나 준비를 위해 학교 도서관에 앉아 리포트를 준비해야만 했다. 그 외에도 자신이 속해 있는 작은 합창단이 예배 중 찬양을 하게 되어 있는데, 자신이 빠지면 안 될 만큼 그 합창단에서 그녀의 위치가 중요했다. 무엇을 해야 할지, 특히 무엇이 선한 것인지(해야 하는지) 또한 무엇이 부덕하고 악한 것인지(허락되는지) 고민하며 해답을 찾으려고 노력하였다. 그녀는 매우 분명한 확신을 가지고 다음과 같이 결론지었다. 이 모든 세 가지 가능성은 선한 것이며 그 어떤 것도 나쁜 것은 없다. 그러므로 어떤 형태로든 이 세 가지를 모두 실현할 수 있는 절충안을 만들 생각을 하였다. 그러나 (뒤돌아보니) 실제로는 이 세 가지 행위의 가능성 중 그 어느 것에도 공정할 수 없었던 경험이었다.

무언가가 선한 것이라고 반드시 그것을 행해야 된다는 것은 아니다! 최소한 여기에 두 가지 것이 추가되어야 한다.

- 행동은 다른 행위가능성과 비교해 더 하찮은 선으로 표현되거나 실현되어서는 안 된다.
- 행동하는 사람에게는 이러한 선을 실제적으로 행하는 것이 가능해야만 한다.

가능하다면, 각 상황에 적합한 가장 선한 것을 행하고 모든 다른 것들을 피하라는 계명이 유효한가? 그러나 이에 반대하는 두 가지 주장을 생각해볼 수 있다.

- 이 계명은 자신이 증명하려는 것을 전제하고 있는 허위논증(petitio principio)이다. 누군가 우리와 적대하며 이 계명을 옹호한다면 우리는 되묻게 된다. 어째서 우리는 가장 가능한 것을 행해야만 하는가? 그러면 대화상대는 이렇게 말할 수 있을 것이다.

  ― 왜냐하면 다른 모든 것은 나쁘기 때문에,
  ― 왜냐하면 그것이 할 수 있는 최상의 것이기 때문에,
  ― 왜냐하면 사람들이 각 경우에서 최상의 것을 행해야만 하기 때문에.

  이 세 가지 대답의 개연성은 순전히 (종합적이며 인식을 확장하는 것이 아니라) 분석적 성격을 갖는다. 말하자면 이는 단지 개념들을 설명할 뿐 새로운 지식을 산출하지 않는다. 이는 "율법의 최고 훈령"을 증거나 논쟁으로 이해하는 것이 오해임을 보여준다. 정확히 말하자면, 사실 이는 하나의 원칙(principium)을 요구나 계명의 형태로 표현한 허위논증들에 불과하다.

- 두 번째 이의는 다른 종류의 것인데, 한 가지 예를 들어 설명하는 것이 가장 좋을 것 같다:

  한 여성이 모든 생각해볼 수 있는 덕목들을 자신의 생활 속에서 통합적으로 실천하였다. 그녀는 강제가 아니라 자발적으로 이를 기꺼이 행하였다. 아무것도 자랑하지 않고 언제나 겸손한 자기성찰의 삶을 살았다. 세상 사람들이 정숙한 여성의 모습으로 상기하는 모든 것을 그녀의 삶에서 실현하였다. 그러나 어느 날(아마도 60세 생일 때, 최악의 경우는 죽어가는 침대에서) 남편과 자녀들이 그녀에게 말하였다. "우리가 당신의 선한 삶 때문에 얼마나 고통을 당했는지 알고 있어? 뭔가 모자라서가 아니라 모자란 것이 없어서야. 당신이 한 것은 당신이 할 수 있는 최선의 것이었어. 그러나 이는 우리를 심각하게 압박했어. 이것은 우리가 여기에 절대 도달할 수 없으며 더욱이 그 어떤 점에서도 능가할 수 없다는 것을 깨닫게 했을 뿐이야." 아마도 그 여성은 이 말을 듣고 깜짝 놀라고, 왜 그것이 남편과 아이에게 문제가 되는지 이해하지 못했을 것이라고 상상해본다. 오히려 그런 삶이 얼마나 좋으냐고 생각하며 스스로 묻게 될 것이다. "그렇다면 내가 가끔 부덕한 행동을 보여야 한다는 것인가? 항상 선을 행하고 악을 피하는 것이 옳지 않은가? 오히려 악을 행하고 선을 피하라는 것인가?" 그러나 어째서 이러한 주장에 따라 선을 피하라고 명령할 수 있겠는가? 분명 이는 (그녀의 식구들에게도) 좋은 혹은 더 좋은 것임이 분명하다.

이러한 반대사례가 제시한 논증은 분명 요컨대 토마스 아퀴나스가 말한 최고훈령을 논박하지는 못한다. 왜냐하면 이 사례에서 (선을 반대하는 것 같지만) 궁극적으로는 선을 논증했기 때문이다. 그럼에도 불구하고 나의 생각으로는, 이 사례에서 이러한 논증은 몇 가지 의미를 암시하고 있다. 첫째로 "선"이라는 개념은 서로 구별되어야 할 여러 측면과 층을 내포하고 있음을 보여준다. 둘째로 이러한 논증은, 윤리적인 것이 자기이해와 삶의 의미의 최종적이며 가장 포괄적인 전망일 때 반대되는 것으로 변한다는 것을 가르쳐준다. 그런즉 이는 결국 윤리학에서 인간은 오직 행동하고, 선택하고, 스스로 결정하는 존재라는 관점에서 고찰된다.

윤리적 행위자로서 인간을 통찰해보면 허위논증을 의문시할 만한 충분한 근거가 존재하지 않는다. "(각각 할 수 있는 최선의 것이라는 의미에서) 선을 행해야 하고 악을 멀리해야 한다."

3.3.2 "선"이란 무엇인가?

"선"이란 단어는-위에서 암시한 바와 같이-하나의 의미 그 이상이다. 이러한 의미들을 여러 분야로 정렬할 수 있겠지만 여기서는 최소한 두 영역[14]에 귀속시킨다.

① 도구적 선

"선"(좋음)은 도구적 의미에서 "무엇을 위한 선", "무엇 때문에 좋음"과 같은 것이다. 말하자면, 그것이 정해져 있거나 자신을 위해 필요한 목적을 성취할 때 "선한" 것이다. 그러므로 "좋은" 자동차는 좋은 기능만이 아니라 사용자의 관심에 따라선 빠른, 편안한, 안전한, 연비가 뛰어난, 시야가 좋

---

14 나는 여기서 분명히 구별되는 두 영역만으로 제한한다. 그러나 무어(G. E. Moore, *Grundproblme* 146)는 세 번째, 중간 영역을 수용한다. 이는 "그 자체로 선한 통일성의 많은 가치를 확대해가는" 바로 그런 것이다. 그러나 이는 설득력이 없다. 오히려 짐작건대, 그가 중간영역에 정착시킨 것은 그 내경(內徑)에서 보면 다음에 언급할 두 영역 중 하나에 속해 있다고 할 수 있겠다.

은, 아름답거나 수명이 긴, 또는 수리할 필요가 없는 자동차일 수 있다. 마찬가지로 "좋은 의사"란 의료능력을 갖추고, 자신의 환자에게 관심을 두고, 환자들을 위해 시간을 내거나 진단과 치료에서 우수한 의사이다. 그러나 우리가 이 의사를 가리켜 그는 '좋은 사람'이라고 말할 때에는 앞에서 말한 것과는 다른 의미이다. 여기선 어떤 목적을 진술하는 것이 아니라 어떤 특정한 성질을 말하는 것이다. 이러한 특징은 "무엇을 위한 선"이라는 표제 아래 파악될 수 없는 오히려 다른 의미영역에 속한 것이다.

② 선 그 자체

"선"이라는 단어가 가지고 있는 다른 의미영역은 전통적으로 "그 자체로 선한"이라는 어법으로 사용되었다. 이것은 (오직) 어떤 목적을 위한 수단으로 좋다는 의미가 아니라 그 스스로 칭찬을 받을 만하거나 추구할 가치라는 말이다.

> 사람들이 고통을 당할 때 이 고통이 마치 악과 같다고 말할 수 있다. 그러나 가끔 혹은 어떤 분명한 관점에서 "무엇 때문에 좋다고 말할 때"(gut zu)도 그렇게 표현된다(요컨대 화상의 위험이나 맹장염을 앓게 되었을 때와 같이). 아마도 피학대 음란증에 시달리는 사람은 고통은 그 자체로 좋다고 말할 수 있겠다.

무어는 자신의 저서 『윤리학의 원칙』(Principia ethica)[15]에서 "선"이란 단어를 "그 자체로 선함"이라는 의미로 정의할 수 있는지를 논구한 후에, 이를 명확하게 부정하였다. "그 자체로 선함"이라는 말이 갖고 있는 의미가 그 어떤 다른 것으로부터 추론될 수 없다는 것이다. 이는 설득력이 있는 주장이다. 그럼에도 불구하고 "그 자체로 선함"이 무엇을 의미하는지를 완곡한 어법이나 사례를 들어 보여줄 수 있다고 생각한다. 나는 그와 같은 표현을 "그 자신을 위해 칭찬받을 만하고 추구할 가치가 있는"이라는 형식을

---

15 위의 각주 12를 보시오.

통해 이미 사용하였다. 짐작건대 많은 사람들이 가령 예술적이며 종교적 체험이나 만족스러운 육체적·성적 경험을 할 때와 같이 확고한 윤리적 행위를 관찰하게 될 때 이런 표현을 사용한다. 이러한 행동은 "무엇을 위해 좋다"라는 뜻에서-마치 휴식이나 교육을 위해 좋다는 표현같이-사용될 뿐더러 그 자체로 좋은 것이다. 이는 더 이상의 논증이나 해명을 필요로 하지 않는다. 아니, 더 이상의 논증이나 해명을 허락하지 않는다고 말하는 편이 좋을 것 같다. 왜냐하면 그것을 허락할 경우 이의 본질이 오해되거나 위조될 수 있기 때문이다.

윤리에는 두 가지 선, 말하자면 도구적 선과 그 자체로 선한, 이른바 선한 수단과 목적을 가진 선이 존재함을 보았다. 동시에 윤리적 의미에서 그 자체로 좋은 것은 도구적으로도 선한 것이 될 수 있다는 것이 윤리(기술과 다른 점으로)의 특징이라는 것을 제시하였다. 목적 그 자체가 "신성"(heilig) 하다면 이러한 목적이 윤리적 관점에서 그 수단을 정당화한다.[16] 윤리적으로 볼 때 사악한 목적은 이를 성취하기 위해 적합한 수단을 정당화한다기보다 오히려 윤리적 관점을 변질시킨다. 윤리적으로 사악한 수단은 그 어떤 목적을 통해서도 정당화될 수 없다.

3.3.3 선 혹은 그 자체로 선한 것은 어디에 존재하는가?

선이 무엇인지 그 내용에 대해 질문했던 철학자들은 그리스의 철학자, 특히 소크라테스, 플라톤, 그리고 아리스토텔레스였다.[17] 그들은 서로 충돌할 수 있는 선의 종류를 열거하는 것만으로 이에 대한 만족할 만한 해답을 얻지 못한다는 것을 쉽사리 깨닫고, 결국 실제적으로 존재하는 선에 대해 새롭게 질문하게 되었다. 특별히 선은 결국 하나라는 사상이 일찍부터

---

16 그러나 여기서 "신성한" 목적이 모든 수단을 정당화한다는 뜻은 아니다.

17 그러나-부분적으로는-많은 비판을 받았던 소피스트가 이러한 질문을 제기하였다. 이는 오늘날까지 (내용적 대답이 없이) 계속되고 있다. 예를 들어 F. Savater, *Tu, was du willst. Ethik für Erwachsene von morgen*(1991), dt. Frankfurt a.M.(1993) 2007⁹. F. 사바테르(안성찬 옮김), 『이야기 윤리학』(웅진지식하우스, 2005).

생성되었다. 이 하나의 선을 다른 선들과 구별하기 위해 아리스토텔레스는 자기 자신을 위해 선택되어야 할 선, 곧 최고선("ἀκρότατον ἀγαθόν" 혹은 "ἄγαστόν"[18], 라틴어로는 "summum bonum")에 대해 말하였다.

그리스의 철학은 일찍부터 서구윤리의 역사에서 중요한 위치를 점유하고 있는 또 다른 주장을 제기하였다. 즉 "최고선"은 주체적인 것이 아니라 관계적으로 규정되어 있다는 것이다. "최고선"은 사람들이 경모하고 추구하는 것이요 또한 이러한 열망을 성취하는 것이다.

이러한 관계론적인 주장은 선은 하나라는 첫 번째 관점과 거의 일치하지 않는 것처럼 보인다. 그렇다면 사람들이 자신의 최고의 목적과 행복으로 매우 다양한 것들을 추구하지 않는다는 말인가? 하지만 모든 사람은 (자신의 방식대로) 행복을 추구한다는 관점이 플라톤과 아리스토텔레스에게는 최고선을 규정하는 열쇠이다. "최고선"은 열망하는 행복(εὐδαιμονία) 그 자체이다. 마찬가지로 선들은 참된 행복의 상태로 인도하는 것이다.

"참된 행복"이라는 표현에서 또 다른 문제를 인식하게 된다. 즉 분명 행복을 제시하고 이에 속한 것이긴 하지만 오직 가현적이고 일시적으로 행복으로 인도하는 선들이 존재한다는 것이다. 그런 점에서 선에 대한 윤리적 숙고가 선의 통일성과 관계성을 확정했다고 끝나는 것은 아니라는 것을 알게 된다. 여기서 새로운 핵심질문이 등장한다. 그렇다면 도대체 인간의 참 행복은 어디에 있는가? 인류의 역사에는 이에 대답하려는 다양하고도 서로 다른 노력들이 오늘날까지 존재해왔다. 육체적이든 영적이든 정신적이든 어떻게 해석하든지 간에 쾌락 가운데 존재하는가? 아니면 진리에 대한 인식 곧 하나님에 대한 인식을 통해 얻어지는가? 아니면 자연과의 합치된 삶으로 이해할 수 있는 덕스러운 생활을 통해 성취되는가? 이에 대한 많은 주장이 있을 것이다.

18, 19 그리고 20세기 철학과 신학의 역사에서 이에 대답하려는 세 가지 중요한 정의가 시도되었다. 이를 시도한 철학자들은 바로 칸트, 슐라이

---

18 Aristotels, *Nikomachische Ethik* 1094a.

어마허, 그리고 블로흐이다.

- 칸트는 추구될 수 있고 덕 가운데 자리 잡고 있는 최상선(oberstes Gut)과 세계의 이상적 상태로서의 최고선(höchstes Gut)을 구별한다. 이러한 이상 적 상태는 희망되거나 요청될 수 있고, 행복 즉 아주 정확하게 도덕성과 의 균형을 맞추어 분배된 상태로 존재한다.[19] 달리 말해, 최고선이란 정 의, 특히 각 사람에게 그의 도덕성에 알맞은 것을 나누어주는 공평의 정의이다.[20]

- 슐라이어마허는 자신의 입장에 근거해 최고선은 "이성과 자연의 통일성" 이라는 테제를 제시하였다. 이는 "모든 인류종족 안에서" 볼 수 있다.[21] 최 고선에 대한 이런 정의는, 인간의 특징을 이성을 수단으로 삼아 자연으로 침투해 들어가 이성과 자연의 조화를 이루어내는 데서 본 슐라이어마허 의 인간학적 기본주장에서 도출되었다. 자연히 이는 각 개인의 삶이 아니 라 오직 종족적 존재인 인류를 통해 성취될 수 있다.

- 마지막으로 블로흐는 최고선이 발생하고 변화하는 하나의 발전의 역사 를 밝혀내었다. 먼저 "하나님", 다음으로 "하나님 나라", 종국적으로는 앞 선 주장과 더불어 본질적으로 주장되었던 "자유의 나라"이다.[22] 더욱이 여 기서-슐라이어마허에서와 같이-최고선은 하나의 역사적 현실성으로 생 각되었다. 즉 최고선은 점차적으로 실현될 뿐만 아니라 역사의 발전과 함 께 변화한다.

이 세 가지 새로운 주장은 주목할 만한 가치가 있다. 왜냐하면 세 가

---

19 I. Kant, *Kritik der praktischen Vernunft*, Akademie Ausgabe Bd. 5, 109.

20 그러므로 쇼펜하우어는 이런 주장을 펼치면서 행복주의를 은밀하게 윤리학 안으로 끌어들였 다고 칸트를 힐난하였다.

21 F. Schleiermacher, *Ethik*, in: ders., Werks, Bd. 2, Leipzig 1910, 509. 이에 대해선 ders., Über den Begriff des höchsten Gutes(1830), in: ders., *Kritische Gesamtausgabe*(KGA), Abt. 1 Bd. 11, Berlin/New York 2002, 537-553.

22 E. Bloch, *Das Prinzip Hoffnung*, Bd. 1-3(1938-1947), Frankfurt a. M. 1959, 1566. E. 블로 흐(박설호 옮김),『희망의 원리』, 열린책들 2004. "최고선이라고 사고된 것이 초기에는 하나님 이라고 불렸고, 그 다음에는 하나님의 나라로, 그리고 종국적으로는 이는 자유의 나라이다. 최 고선은 인류역사가 목적으로 하는 이상일 뿐만 아니라 자연 속에 잠재되어 있는 형이상학적 문제이다."

지 모두, 근본적으로 행복이 최고선이라는 테제를 완전하게 확신할 수 없음을 보여주기 때문이다. 여기에서 사람들이 흔히 겪는 경험이 드러난다. 일반적으로 열망된 행복은 자신이 생각하고 희망한 만큼 절대적으로 충족되거나 성취되지 않는다. 그러므로 (레싱의 표현을 자유롭게 풀어) 한 번 질문해볼 수 있다. 행복에 대한 열망(상대적 선)이 행복에 도달하는 것(최고의 선)보다 더한 만족은 아닐까? 그러나 그렇지 않다. 행복을 얻으려는 열망 속에 성취에 대한 소망이 없다면 그러한 열망은 단지 시시포스의 노동(Sisyphus-Arbeit) 곧 헛수고일 뿐이다.[23]

윤리적 목적이념인 최고선에 대한 그리스도교만의 특별한 입장은 이와는 다르다. 최고선은 행위 그 자체가 열망하는 행복에서 출발하지 않고 이의 실현을 타인에게 맞춘다. 그러나 여기서 몇 가지 질문이 제기된다. 먼저 타인의 행복에서 최고선을 찾고 발견하려는 동기에 대한 질문이다. 그럴 때 이웃의 행복이 단지 자신의 행복을 성취하기 위한 수단이 될 위험성을 피해갈 수 있을까? 말하자면 이웃의 행복을 추구하는 것 자체가 최고의 선이 아니라 이를 위한 수단이 되는 것은 아닌가? 다음과 같이 질문해볼 수 있다. 타인을 행복하게 만드는 것이 자기 스스로 행복하게 되는 것만큼이나, 아니 행복하게 되는 것보다 더 어렵지 않은가? 의식적으로 이웃이나 자신의 행복을 추구할 때, 이의 성취가 가장 어렵다는 것이 사람들이 일반적으로 경험하는 바가 아닌가? 행복은 의도하지 않았던 상황에서 저절로 생겨날 수 있고, 후에 지난날을 되돌아볼 때 비로소 행복을 인식하게 되는 것은 아닌가?

이런 단순한 추측은 "최고선"이라는 주제에 대한 중요한 암시를 준다.[24]

---

23 까뮈가 "만들어낸" 시시포스의 모습은 본질적으로 까뮈가 자신의 책에서 주장하는 생각과 일치한다. "우리는 *시시포스*를 행복한 사람으로 생각해야만 한다"(A. Camus, *Der Mythos von Sisyphos. Ein Versuch über das Absurde*(1942), dt. Düsseldorf 1956, 101). 까뮈가 준 대답과 그가 약속한 행복은 어째든 간에 허무주의의 전망에서, 특히 영웅적 허무주의의 하나로 표현될 수 있는 것이다.

24 이에 대해선 R. Spaemann, *Glück und Wohlwollen. Versuch über Ethik*, Stuttgart(1989) 2009⁵, 특히 85-95("행복의 이율배반")를 비교하시오.

어쩌면 우리는 최고선이라고 생각하며 추구하고, 소망하거나 열망하는 것에 대한 모습과 생각과 이념들을 가지고 있다. 동시에 우리는 행복을 추구함으로써 최고선의 성취를 가능하게 만들기보다 오히려 위험하게 한다는 사실도 경험한다. 우리가 자신이나 타인을 위해 추구하는 선(또는 행복)은 자신이 경험했던 행복이나 고통의 경험에서 얻게 된 행복에 관한 생각과 필연적으로 연계되어 있다. 다시 말해, 이제까지의 삶의 역사가 그 가운데 열망하는 행복이나 소망하는 최고선이 움직이는 전망을 열어준다. 그러나 이는 문젯거리가 되는 경계이다. 미지의 사람과 이방인이나 새로운 사람과의 만남, 이제까지 체험해보지 못한 것의 경험, 놀라운 만남, 이제까지의 체험을 뛰어넘는 엑스터시와 같은 이 모든 것이, 우리가 추구하는 최고선과 우리가 발견하고 실현해야만 하는 행복이 문제가 될 때 보이지 않거나 불확실하게 사라져버린다. 계획할 수도 만들 수도 없는 요소들이 진정한 행복의 실현에 속해 있다. 그러므로 최고선이 우리가 행복으로 추구하는 것과 무관하게 기대하거나 계획하지도 않은 것을 향해 문을 연다면, 바로 그때 행복은 최고선과 동의어가 될 수 있다. 이와 더불어 실망의 위험성, 말하자면 상처와 거절의 위험성이 발생할 수 있다. 최고선을 가지지 않는 것이 더욱 적절하고, 그래야만 한다.

3.4 윤리적인 것의 형태[25]

이 장에서는 먼저 윤리적 내용으로서의 선을 다양한 형식으로 기술할 것이며, 이와 함께 행위의 다양한 관점들을 확정할 것이다. 여기서 두 가지 구조가 나란히 나타나는데, 이는 부분적으로 서로 구별하고 분류할 수 있다. 먼저는 재화윤리론, 의무윤리론, 그리고 덕윤리론이고, 다음으론 의무

---

25 이에 대해선 D. Lange, *Ethik in evangelischer Perspektive*(위의 각주 8을 보시오), 258-272; W. Härle, "Die gewinnende Kraft des Guten. Ansatz einer evangelischen Ethik"(2003), in: ders., *Menschsein in Beziehungen. Studien zur Rechtfertigungslehre und Anthropologie*, Tübingen 2005, 347-361. 쇼켄호프(위의 각주 5를 보시오)의 윤리학에서는 덕론과 규범론의 구별이 이러한 윤리학의 구성과 개념을 총체적으로 규정하고 있다.

론적 윤리이론과 목적론적[26] 윤리이론이다. 어렵지 않게 의무론적 이론은 의무윤리와, 목적론적 이론은 재화윤리와 한데 묶어 분류할 수 있다. 결국 여기서 세 가지 입장이 성립한다. ① 재화윤리학/목적론적 이론, ② 의무 윤리학/의무론적 이론, ③ 덕윤리학. 먼저 이상의 다양한 입장들을 개관한 후 이들을 상호비교하며 윤리적 대화를 진행시키겠다.

① 재화윤리학[27] / 목적론적 이론

재화윤리학은, 한 행위가 무언가 선한 영향을 미치거나 산출해낸다면 선하다고 말한다. 이 이론에 따르면, 한 행동이 갖는 도덕적 가치는 (행동이 추구하는) 목적 그리고/혹은 (도달된) 결과(τέλος)에 견주어 산출된다. 이는 결과윤리학의 표현방식이고 결과를 통해 직접 깨우친다. 왜냐하면 자신이나 타인의 행위 혹은 행위가능성을 윤리적으로 검토할 때 선한 동기에서 거의 자동적으로 그 결과에 대해 묻기 때문이다. 즉 의도했던 결과만이 아니라 의도하지도 않고 원치도 않았던 부차적 결과[28]에 대해 묻는다. 인간은 자신의 행동에 책임을 져야 한다는 사실에서 숙고해볼 때 이러한 주장은 매우 합당하다. 우리는 (의식적으로나 무의식적으로) 우리가 소원할 만한 가치가 있고 책임질 수 있다고 생각하는 것을 선택한다.

그러나 위에서 언급한 바와 같이 "한 행동이 무언가 선한 영향을 미치거나 산출해낸다면 선하다"는 말을 듣는 순간, 한 가지 문제점[29]을 인지하게 된다. "선"이라는 단어가 여기서 두 번 등장한다. 한 번은 행위를 평가

---

26 이에 대해선 W. K. Frankena, *Analytische Ethik*(위의 각주 6), 32-37을 보시오.

27 재화윤리학은 역시 쉘러가-칸트와 대립하여-주장했던 가치윤리학의 하나로 분류될 수 있다. M. Scheler, *Der Formalismus in der Ethik und die materiale Wertethik*, Halle(1916)1921². 이에 대한 근본적 연구로는 H. Joas, *Die Entstehung der Werte*, Frankfurt a. M. 1997.

28 여기서 언급된 "행위의 이중영향"의 문제에 관해서는 E. Schockenhoff, *Grundlegung der Ethik*(위의 각주 5), 462-464를 참조하시오.

29 이와 관련해 숙고해야 할 또 다른 문제점을 다음과 같이 질문해볼 수 있다. 한 행동이 가져올-직접적이든 간접적이든-미래의 결과가 이러한 판단과 함께 고려될 수 있고 또한 있어야 하는가? 인간행위의 책임지평은 제한되어 있는가 아니면 무제한적인가?

하기 위한 것이고, 다른 한 번은 이러한 행위가 영향을 미친 그 결과의 상태를 평가하기 위한 것이다. 여기서 다음과 같은 양자택일의 상황이 등장한다. 이 두 경우에서 "선"이라는 단어는 동일한 의미를 갖는가? 만약 그렇다면 이 주장을 통해 문제는 단지 미루어진다(경우에 따라선 순환 속에 빠진다). 아니면 두 번째 경우에서 "선"이란 단어는 다른 것, 말하자면 윤리외적인 것[30]으로 이해되어야 하는가? 만약 그렇다면 윤리가 윤리외적인 것에 종속되어서 윤리가 자신의 독특성을 상실하지 않겠느냐는 질문이 제기된다.[31]

목적론적 이론도, 한 행동의 가치는 그의 결과와 귀결 혹은 성과에 견주어 평가되어야 한다고 확신한다. 그러나 이는 반드시 실제적인 결과이어야 하는 것이 아니라 의도된 혹은 예상할 수 있는 결과일 수도 있다. 행위를 도덕적으로 평가하는 기준이 가치의 목적론적 관점 혹은 그런 결과가 소원될 수 있느냐는 것이다. 프랑케나는 이를 다음과 같이 요약한다. "목적론자들은 도덕적 올바름을 평가하는 하나의 그리고 단지 하나의 기본적이거나 최종적 기준이 존재한다고 주장한다. 말하자면 비교할 수 있는 (윤리외적) 가치가 존재한다는 말인데 이러한 가치는 사실상 개연적으로나 그 의도에 따라 성립된 것이다."[32] 그렇지만 이는 다음 세 가지 질문에 대답해야 한다.

- 결과의 가치가 존재하는 곳은 어디이며, 결과의 가치를 평가하기 위해 어떤 기준에 따라 그 결과를 심사할 것인가? 그 결과를 통해 얻게 된 쾌감, 행복, 건강, 생명보존, 삶의 질 향상, 지식과 인식의 증가 등인가?

- 이와 같은 긍정적인 형태들이 누구에게(행위자 스스로, 가능한 한 많은 사람들, 인류, 모든 생명체) 나타날까? 허치슨(F. Hutcheson: 1694-1747)은 행복주의와

---

30 "윤리외적"(außerethisch)이란 표현은 여기서는 물론 다음의 서술에서도 "비윤리적", 다시 말해 윤리적으로 비난받거나 사악한 것을 의미하지 않는다. "윤리외적"이란 미학적 혹은 법적 관찰방식과 같이 윤리적인 것과 다른 관찰방식을 뜻한다.

31 무엇보다 칸트의 도덕철학은 윤리학을 윤리외적인 것에 종속시키거나 귀속시키는 시도를 강하게 거부한다.

32 W. K. Frankena, *Anaytische Ethik*(위의 각주 6), 34.

공리주의가 표준적 형식으로 삼고 있는 "최대다수의 최대행복"[33]이라는 고전적인(동시에 첫 번째) 대답을 제시하였다. 그러나 이러한 형식은 결과적으로 두 가지 문제점을 노정하고 있다. 첫째, 최대의 행복은 최대다수와 어떤 관계 속에 있는가? 갈등상황에서는 둘 중 어떤 것이 더 중요한가? 둘째, 이익을 얻은 자들(beneficiary)은 이러한 행복을 어떻게 나누어야 하는가? 평등하게 또는 차별적으로 나누어야 하는가?

- 어떻게 이 이론이 실제적으로 적용되거나 검토될 수 있을까? 한 행동을 평가하기 위해선, 거기서 직접 그리고 명백하게 밝혀진 결론을 평가하는 것만으론 불충분하고 모든 결과가 중요하다. 여기에 부차적 결과, 감추어진 결과, 그리고 장기적 영향력이 함께 포함되어야 한다. 사람들이 그때그때 과거를 회고하며 결과에 대한 분명한 전망을 얻으려고 하지만 결과에 대한 (잠정적) 인식은 행동을 결단하는 순간에는 대단히 제한되어 있을 수밖에 없으며, 이를 판단할 수 있는 좀 더 확실한 기준도 주어지지 않는다.

② 의무윤리학/의무론적[34] 이론

의무윤리학에 따르면, 유효한 윤리적 규범에 상응하는 행위는 선하다. 바로 이것이 칸트라는 이름과 그리스도교적 계명윤리학과 결합되어 있는 규범윤리학 혹은 의무윤리학의 특징이다. 의무윤리학과 규범윤리학은 명령 혹은 금지 혹은 허락(경우에 따라선 금지)이란 관점에서 행위를 분류하여 숙고한다.

규범논리 또는 의무론적 논리[35]는 "명령된", "허락된", 그리고 "금지된" 또는 "당위", "허락" 그리고 "금지"라는 개념들이 서로 어떤 관계 속에 있는지 근본적으로 탐구한다. 이 중에서 각각의 중간개념(말하자면 "허락된", "허락)은 두 가지 의미로 바꾸어 사용할 수 있다. 하나의 변형에 따르면, 명령되었든 금지되었든 간에 모든 것이 허락된다는 의미이다. 이 둘 사이에 존재하는 중간

---

33 F. Hutcheson, *An Inquiry into the Original of Our Ideas of Beauty und Virtue*(dt. Eine *Untersuchung des Ursprungs unserer Vorstellungen von Schönheit und Tugend*), London 1725, The Second Treatise, III, 8.

34 "의무적" 혹은 "의무론적"이라는 개념에 대해서는 위의 제1부 2, 각주 6을 보시오.

35 이에 대해선 제1부 1, 각주 14를 보시오.

개념은 가치중립적인 것, 소위 "아디아포론"(Adiaphoron)을 드러낸다. 그러나 또한 "허락된" 것을 "금지된" 것의 반대개념으로 사용해도 틀리지 않다. 그러니까 금지되지 않은 모든 것, 말하자면 명령된 것은 허락된다. 마찬가지로 이러한 변형에 따르면 사람들이 해야 할 모든 것은 역시 허락되고 그 반대도 마찬가지이다. 슐라이어마허는 학술원강연[36]에서 허락된 것이라는 개념을 비판적으로 다루었다. 이는 한편 "도처에서 금지될 수 없는 것에 대한 의무를 져야 할 것과 공유하고, 다른 한편 요구될 수 없는 것을 의무가 아닌 것과 공유하려고 한다."[37] 엄밀하게 숙고해보면, 허락된 것이라는 개념은 윤리학에서 지켜질 수 없다는 것이 슐라이어마허의 주장이다.

"규범주의적 윤리학"은 의무나 규범을 권고하거나 직접적으로 강요하는 것같이 보인다. 이러한 규범주의적 윤리학은 한 가지 문제를 함축하고 있다. 우리는 어디서 유효한 윤리적 규범을 얻을 것인가? 더 정확히 질문하자면 하나의 규범을 행위를 시험하고 측정할 수 있는 유효한 윤리적 규범으로 만드는 것은 누구이며 무엇인가? 칸트는 정언명령[38]의 논증과 추론을 통해 이 질문에 대한 훌륭한 대답을 시도하였다. 그의 대답은-이 대답이 요구하는 바에 따르면-그 내용상 인간학적이며 우주론적인 발언이 아니라 오직 윤리적 규범(칸트는 이를 "도덕법칙"이라고 불렀는데)의 개념에서 다음과 같이 추론되었다. "너의 의지의 준칙이 항상 동시에 보편적 법칙 수립의 원리로서 헌신할 수 있도록 행동하라."[39] 그러나 이렇게 표현된 (형식

---

36 F. Schleiermacher, Über den Begriff des Erlaubten(1826), in: ders., KGA, Abt.1, Bd. 11, Berlin/New York 2002, 493-513.

37 A.a.O., 493.

38 이에 대해선 다음을 참조하시오. H. J. Paton, Der kategorische Imperativ. Eine Untersuchung über Kants Moralphilosophie, Berlin 1962; W. Härle, "Die weltanschaulichen Voraussetzungen jeder normativen Ethik"(2001), in: ders., Christlicher Glaube in unserer Lebenswelt. Studien zur Ekklesiologie und Ethik, Leipzig 2007, 210-237.

39 I. Kant, Kritik der praktischen Vernunft, A 54. 앞의 각주 38에서 언급한 논문에서(220 이하) 하나의 정언명령에 대한 12가지 다른 표현들이 칸트에게서 발견된다는 것을 증빙문헌을 제시하며 작성한 바 있다. 여기서 인용한 표현도 220쪽에서 발견할 수 있는데 이는 정언명령이 준 영향의 역사에서 살펴볼 때 특별히 의미 있는 표현이다. 칸트는 이를 '실천명령'이라고 불렀다. "너는 인류를 너의 인격과 타인의 인격 가운데 언제나 동시에 목적으로 사용하고 결코 단순히 수단으로 사용하지 않도록 행동하라"(a.a.O., 221j). 칸트가 말한 정언명령에 대한 대부분의 여러 표현들은 그의『윤리형이상학정초』에서 발견된다. 윤리적 교육을 위해 최소한 여기서 인용

적) 보편규칙이 실제 행위에서 응용될 때 유효한 규칙으로 인정될 수 있을지 모르겠으나 실현되기에는 아직 그 길이 요원하다. 이는 필연적인 조건을 제시하지만 충분하지는 않다. 왜냐하면 준칙, 말하자면 개인의 행위목적이 보편적 입법을 위한 기초가 될 수 있다는 사실은 다만 보편적 입법이 이론의 여지없이 모든 사람의 의무가 될 수 있음을 가정한다는 의미이기 때문이다. 이는 마치 도덕적 구속력 없는 임의의 난센스 규칙과 같다. 말하자면, 정언명령이 윤리적으로 수용할 수 없는 행동을 방해할 수 있을지는 모르나 윤리적 규범을 긍정적으로 논증하기에는 불충분하다.

의무윤리학 또는 규범윤리학과 매우 가까운 의무론적 관점을 목적론적 이론과 구별해 살펴보면 가장 잘 이해할 수 있다.[40] 목적론적 윤리학이 행위의 윤리적 가치를 (윤리외적) 결과에 따라 판단하려는 것과는 달리, 의무론적 이론의 주창자들은 "이러한 기준이 어떤 역할을 한다는 것을 부정하거나 도덕적 정당성을 판단할 수 있는것 외에 다른 기본적 혹은 최종적 기준들이 존재한다고 주장한다."[41] 이와 더불어 의무론자들은 어떤 다른 기준들이 존재하는지 또는 존재할 수 있는지에 대한 대답을 제시해야 한다. 좀 더 명확히 살펴보면, 이는 이중질문이다.

- 이를 위해 어떤 다른 기준들이 고려되는가? 가령 약속한 것을 지키고, 인간의 생명을 보호하거나 박해받는 무죄한 자를 보호하는 것과 같이, 이것이 한 행위의 고유한 도덕적 특징이 될 수 있을까? 이러한 행위규칙은 그 자체로 선한 것인가? 그렇기에 어떤 긍정적 결과를 얻기 위해 이러한 규칙을 위반하는 것은 윤리적으로 비난해야 할 일인가? 혹은 이런 기준들이

한 정언명령의 두 표현을 암기할 것을 간곡하게 권한다.

40 테오도르 슈토름(Theodor Storm)은 이를 다음의 경구로 간략하게 표현하였다. "한 사람은 그 다음에 무엇이 오느냐고 묻는다. 다른 사람은 오직 그것이 옳으냐고 묻는다. 결국 주인은 종과 구별된다"(Th. Storm, *Ges. Werke in sechs Bänden*, Bd. 1, Frankfurt a. M. 1983, 81). 이 경구의 원문에서 슈토름의 관점에 따르면 누가 주인이고 종인지를 분명하게 밝혀낼 수 없다. 목적론적 윤리이론과 의무론적 윤리이론 중 슈토름이 어느 것에 호감을 가지고 있었는지 여기서 비로소 밝혀진다.

41 W. K. Frankena, *Analytische Ethik*(위의 각주 6), 34.

최대다수의 최대행복을 촉진하기에 선한 것이라고 판단되어야 하는가?

• 누가 이러한 기준들을 판단할 것이며, 이를 무엇에 근거해 도출할 것인 가? 이는 직관, 양심, 이성, 도덕법칙이나 하나님과 같은 규범적 심급에서 도출되는가?

의무론적 이론이 "다른", 다시 말해 비목적론적 요소를 제시하고 납득 시키기란 쉽지 않다. 한눈에 보기에도 목적론적 이론은 오히려 더 명확하 고 수긍할 만하다는 느낌도 받는다. 그러나 목적론적 이론도, 가령 사회의 안전을 위해 필요하다며 죄 없는 자에게 형사상의 판결을 내리거나 심각 한 장애에 시달리는 사람들을 죽일 때와 같이, 그 자체로 경악스러운 결과 를 가져올 수 있다. 이러한 결과는 최대다수의 최대행복이 촉진되었다고 주장할 때 드러난다. 여기서 일반적으로 결과와 이익을 고려해야 한다는 주장과 인간존엄성과 인권을 고려해야 한다는 주장이 충돌하게 된다.

물론 목적론적으로도 인간존엄성을 논증할 수 있다.[42] 그러나 그럴 때 이의 의미와 기본적 주장을 놓치지 않겠는가? 이는 이러한 논증이 어떤 모 습을 보여주느냐에 달려 있다. 독일기본법 제1조를 다음같이 생각하는 사 람들이 있다. "인간의 존엄은 침해될 수 없다. 이의 침해가 인류 모두에게 더 많은 긍정적 결과를 가져오지 않는다면." 이렇게 이해하게 될 때 법적 이며 윤리적 기본의미가 완전히 전도되고 만다. 혹은 사람들은 다음과 같 이 주장할 수도 있겠다. 각 사람의 존엄과 인권의 존중이 침해할 수 없을 정도로 유효한 규범이다. **왜냐하면** 이의 존중은 인류의 행복을 증대시키 는 반면, 이의 침해가 인류나 개인에게 부정적 결과를 가져다주기 때문이 다. 이러한 주장은 분명 목적론적이며 의무론적인 이론 사이에 다리를 놓 는다. 왜냐하면 이는 **각 개인의 행위**[43]의 (긍정적이거나 부정적인) 결과가 아니 라 행위규칙을 지키거나 범했을 때 발생하는 결과에 관심을 두고 있기 때

---

42 '인간존엄성'에 대해선 제2부 1을 보시오.
43 위에서 언급한 바와 같이(각주 5) 이는 행위에 대한 적절치 않은 추상적인 고찰과 서술이다.

문이다. 최소한 이러한 규칙–목적론적 이론은 행위–목적론적 이론과 같은 정도로 비난을 받지는 않는다. 행위–목적론적 이론에서는 목적이 모든 수단을 정당화한다.

③ 덕윤리학

덕윤리학에 따르면, 한 행위가 윤리적으로 책임적인 태도(그리스어: ἕξις, 라틴어: habitus)나 행동성향[44]을 나타낼 때 선하다. 이 경우에서 행동성향이란 능력만이 아니라 자기 앞에 주어진 상황 속에서 윤리적이면서도 책임적인 방식으로 행동하려고 준비하는 마음이다. 거짓말하지 않는 것을 자신의 삶의 기초로 삼거나 습관화하는 사람은 진정성의 행동성향을 가진 자이다. 이러한 행위가 윤리적 관점에서 긍정적으로 판단될 수 있을 때 이를 덕(그리스어: ἀρετή, 라틴어: virtus)이라고 부른다. 분명 존재할 수 있는, 윤리적으로 부정적인 행동성향을 습득하는 것을 가리켜 부덕(그리스어: κακία, 라틴어: vitium)이라고 부른다.

덕윤리학 역시 순환론적인 문제를 가지고 있다. 어떤 태도나 행동성향을 선하다고 말할 때 무엇에 따라 그 선함이 측정되는가? 덕윤리학은 먼저 재화윤리학이나 목적론적 이론을 따르며 덕의 긍정적 결과를 따를 수 있다. 또는 의무윤리학이나 의무론적 이론을 따르며 덕의 내적인 윤리적 특성을 따를 수도 있다. 하지만 이를 위해 규칙–목적론적 주장이 소통 가능한 다리를 제공한다.

선을 인간의 태도성향 안에 두어야 한다는 주장을 처음 들었을 때 다른 두 입장에서는 동의하기 어려웠을 것이다.[45] 그러나 거기에 중요한 인식이 숨겨져 있다.

---

44 기질(Disposition)이라는 개념에 대해선 굿맨(N. Goodman)의 숙고를 참고하시오. N. Goodman, *Tatsache, Fiktion, Voraussage* (1955), dt. Frankfurt a. M. (1975) 2006², 58-70.

45 바로 그것이 성서시대와 헬라시대부터 근대에 이르기까지 윤리학에서 중심적 역할을 했던 덕론이 "근대의" 목적론적이며 의무론적인 두 이론에서 주목되지 않은 이유라고 하겠다.

한 사람이 이따금 혹은 자주 윤리적으로 책임 있게 행동한다고 가정해 보자. 물론 이와 반대되는 가능성도 고려해볼 수 있겠다(사실 일반적으로 그런 경우가 있지만). 하지만 이는 윤리적으로 매우 부족한 것이다. 이러한 태도는 사람들 사이에 윤리적으로 기대하는 확신을 근본적으로 약화시키고 의문시하게 만든다. 좀 더 강하게 표현해보자. 누군가 윤리적이며 책임적으로 행동하지만 내적 확신도 없이 남에게 잘 보이거나 장삿속으로 그렇게 한다면 이는 윤리적 불능이며, 이로 인해 윤리적 불확실성이 더욱 분명해진다. 결국 비도덕적인 행위가 효과적인 제재로 억압되고 있는 사회에서 이러한 불확실성은 증가한다. 이런 사회를 도덕적으로 부패한 사회라고 말할 수 있다.[46] 덕윤리학이 이러한 현상과 위험성을 지각하고 있으며 인간의 심정 또는 인간의 마음속에 있는 윤리적 선의 신뢰할 만한 뿌리에 대해 묻는다.

①-③ 세 가지 입장의 비교

이 세 가지 입장은 윤리역사의 초기부터 나타나 (서로 다른 강조점과 중요성을 부각하며) 항상 다시금 논의의 주제가 되었던 (추구할 만한 가치가 있는, 당위적인, 태도를 규정하는) 선에 대한 기본 형태를 보여준다. 이를 형식적인 이론으로 작업해낸 첫 번째 사람은 슐라이어마허였다.[47] 그는 재화윤리학, 덕윤리학, 그리고 의무윤리학을 서로 구별하면서도 이를 함께 묶어 하나의 (완전한) 윤리학으로 만들었다. "모든 재화가 주어졌다면 모든 덕과 모든 의무도 함께 제정되어야 하고, 모든 덕이 주어졌다면 모든 재화와 의무가 제

---

46 제1부 5에서 논의할 내용을 미리 언급하자면, 그리스도교적 관점에서 살펴볼 때(물론 이런 관점에서만 반드시 그런 것은 아니겠지만) 윤리학에서 문제가 되는 선의 본질은 내적 관점과 입장, 즉 한 인격의 본질을 드러내는 것일 때만이(단지 행동만이 아니라) 비로소 이해될 수 있다고 말할 수 있고, 또한 그렇게 말해야 한다. 나무와 열매에 대한 비유(마 7:17ff; 12:33; 눅 6:43)와 행위와의 관계 속에 있는 사랑의 의미를 강조한 바울의 언급(고전 13:1-3)과 같은 성서의 중심적 본문들 역시 이러한 방향을 보여준다.

47 F. Schleiermacher, *Ethik* 1812/13(위의 제1부 2, 각주 58), Einleitung der letzten Bearbeitung von 1816/17, 218-225.

정되어야 하고, 모든 의무가 주어졌다면 모든 덕과 재화가 제정되어야 한다."[48] 재화윤리학에 근거해 세 가지 윤리이론을 종합하고 재화윤리학을 전면에 내세운 것이 슐라이어마허의 주장이 갖는 특징이다. 그러므로 그는 윤리학을 총체적으로 최고선의 실현에 대한 이론으로 이해하였다.

이러한 서로 다른 형태의 필연적인 연관성을 다음의 숙고를 통해(수사적 질문의 형태로) 명확히 설명할 수 있다.

- 덕의 교육과 의무의 성취는 그 자체가 추구되고 실현되어야 할 선이 아닌가?

- 신실하게 의무를 성취하고 재화를 목적 지향적으로 실현하는 능력과 마음가짐 자체가 덕이 아닌가?

- 재화를 실현하고 덕을 교육하는 것 자체가 윤리적 의무가 아닌가?

나는 단지 세 번 다 "그렇다"고 대답할 수 있다. 바로 그것이다. 그러나 세 가지 기본형태의 구별이 의미가 없다는 말이 아니라 이들은 서로 분명히 구분되면서도 나뉠 수는 없다는 뜻이다. 이는 윤리학의 세 가지 다양한 측면이며, 회전하고 있는 화려한 입체적 예술품처럼 서로를 감수하며 다른 관점에서 긴밀하게 결합되어 있다. 어떤 관점이 지배하느냐가 한 윤리학의 입장을 결정한다. 다시 말해, 윤리학은 재화와 가치, 의무과 규범, 덕과 목적이라는 중심적 관점하에서 논의됨으로써 다양한 색조 또는 다양한 성격을 얻게 된다. 이를 다음과 같이 구체적으로 설명할 수 있다.

- 덕에 대한 관심(이와 더불어 플라톤과 아리스토텔레스로부터 서구의 철학적 윤리학이 시작함)을 가짐으로 (의무론적 그리고/또는 목적론적으로) 윤리적 우선순위를 행동하는 인격성에 두는 경향성이 발생한다. 덕윤리학은 자신의 관심의 중심을 행동하는 주체와 그의 능력에 두었다. 분명히 인간은 그런 식으로

---

48 A.a.O, 221.

자기 자신에게 집중한다. 외부세계가 인간에게 도달될 수 없으며 무엇보다 자기 스스로 윤리적으로 교육하며 스스로 정체성을 갖는다는 것이 거의 맞는 말이다. 자기 자신에게 몰두하는 경향은 (자기 주위를 돌며) 스스로 구부러진 인간(incurvatio in seipsum[49])의 자세를 생각하게 한다. 이러한 위험이 덕윤리학의 내용을 통해 조정되거나 극복될 수 있다.

- 의무에 관해 고찰할 때 타율, 아마도 윤리의 법률화의 경향성이 발생한다. 윤리적인 것이 법의 논증, 제한, 그리고 순응에 봉사하기에[50] 포기할 수 없다면, 이는 윤리적인 것과 일치하지 않는다. 윤리학에서 사람들이 스스로 선으로 인식한 바를 행하는 것이 문제가 될 때, 윤리학은 법과는 생소한 독립성이란 의미의 자율의 경향성을 갖게 된다.[51] (법적으로 지지된) 도덕에서 도덕성으로 넘어가는 길은 타율에서 벗어나는 길이다. 이 모든 것은 (그리스도교) 윤리학을 의무나 계명의 개념에서 구상하는 것을 반대한다. 그렇지만 윤리적인 것의 구속성을 상실하지 않기 위해선 윤리학에서 의무의 사상이 고려되어야만 한다.

- 재화/가치에 관심을 갖게 됨으로 인간이 추구하는 (최고)선을 독자적으로 선택하는 경향성을 갖게 된다.[52] 윤리학이란 인간을 설득하고, 얻고, 자기편으로 만듦으로 구속력을 갖게 된다. 이를 통해 윤리학은 인간의 경험세계와 가까이 연결되어 있다. 더 나아가 이로 인해 윤리외적 "생명의 비전"[53]의 예속성에 대한 칸트적 문제가 등장한다.[54] 모든 것을 도덕성 위에 구축한 칸트에게 중요한 문제가 된다. 그러나 그리스도교적 현실이해에서는 윤리학은 첫 번째 말도 마지막 말도 아니다. 이는 인간에 대한 관점 아래 자리 잡고 있다. 여기서 인간은 근본적으로 (처음이요 마지막) 수령자

---

49 이 표현을 아우구스티누스는 죄의 모습으로 그렸다. 그에 따르면 하나님을 피하고 지상을 향하는 인간은 아래를 향해 "구부러져"(curvatio) 있다. 이런 안내를 제공한 뷔르츠부르크 대학 아우구스티누스 연구소 크리스토프 뮐러 박사(Dr. Christof Müller)에게 감사한다.

50 이에 대해선 위의 제1부 2.1을 보시오.

51 칸트적 윤리의 독특성과 기여는 윤리의 의무성격을 자율의 사상과 접목시킨 것이다. 칸트는 의무와 자율을 "도덕적 법칙을 위한 존중"이라고 이해하였다(I. Kant, *Kritik der praktischen Vernuft*, A 139).

52 비슷한 방식으로 덕윤리학도 사회적으로 소원된, 왜냐하면 요청되었기에 중요한 행동성향을 지향한다.

53 이에 대해선 E. Herms, "Grundlinien einer ethischen Theorie der Bildung von ethischen Vorzüglichkeitsurteilen", in: ders., *Gesellschaft gestalten*, Tübingen 1991, 48-52.

54 이에 대해선 위의 제1부 4를 보시오.

이다. 행위는-외적이든 내적이든-주어진 가능성과의 사귐이며 주어진 가능성의 공간 안에서 내리는 선택이다.

인간의 관점에 대한 마지막 지적은, 각 윤리학의 **인간이해**에 따라 재화, 의무, 덕의 요소가 강조되고 있다는 것을 보여준다.

- **재화**윤리적 입장에서 인간은 미래를 지향하며 소망에 의지하는 결핍된 존재이다. 그는 성취를 향해 가는 도상의 존재이며 열망된 선이 여전히 그에게 배분되어야 할 존재이다.
- **의무**윤리적 입장에서 인간은 자신에게 주어진 요구와 요청에 직면해 있다. 인간은 이러한 요구의 권한을 통찰함으로 확신을 가지고 이를 따를 수 있다는 점에서 다른 모든 존재와 구별된다.
- **덕**윤리적 입장에서 인간은 학습능력을 갖춘, 그러나 교육을 필요로 하는 존재로 인식된다. 인간은 자신의 자연적 체질, 본능, 충동을 넘어설 수 있으며 또한 넘어서야만 한다.

이 모든 세 가지 요소는 정당한 것들이며 인간은 또한 이런 규정하에 서 있다고 본다. 그러나 이러한 규정은-아마도 인간학적 이유로-다양하게 강조된다. 이러한 짐작이 옳다면 이러한 구별은 하찮은 것도 불필요한 것도 아니다. 그렇다면 우리는 윤리학을 위해 인간이해가 주는 의미를 묻는 곳에서 이러한 문제와 다시 마주치게 될 것이다.

3.5 윤리적인 것의 주체[55]

윤리적 관점과 기준의 대상, 내용, 그리고 형태에 관한 이제까지의 설명에 근거해 윤리적 주체가 누구냐는 질문에 대답하기 위해, 나는 의도적으로 도덕과 윤리의 주체에 대한 질문을 네 번째 순서로 미루었다. 이제껏 말

---

55 이에 대해선 T. Koch/W. Hirsch, Art. "Mensch IX und X", in: *TRE* 22(1992), 548-577과 P. Andreas, *Von Affen und Menschen. Verhaltensbiologie der Primaten*, Darmstadt 1998.

한 바와 같이 인간은 어떤 경우에서도 윤리적 주체를 가진 부류에 속해 있다는 사실에서 출발한다. 이에 대해 두 가지 공개적 질문이 제기된다. 오직 인간만이 이에 속하는가, 아니면 우리가 윤리적인 것의 주체로 설명하거나 인정해야 하는 다른 존재들이 있는가? 그리고 모든 인간이 이러한 윤리적 주체에 속하는가, 아니면 단지 몇 사람만이 이에 속하는가?[56]

먼저 윤리적인 것의 대상, 내용 그리고 형태에 대한 이제까지의 숙고를 통해 도출된 기준들을 제시할 것이다(3.5.1). 다음으로 윤리적인 것에 소속된 것으로 볼 수 있는 다른 주체들에 대해 묻고(3.5.2), 마지막으로 모든 인간이 윤리적 주체인지 물을 것이다(3.5.3).

3.5.1 윤리적 주체를 규정하기 위한 기준들

만약 윤리학의 대상이 행동들 혹은 행동들의 부류라면 또한 행동들이 윤리학에서 그 자체로 선하다(In-sich-Gutsein)는 관점 아래 관찰된다면, 윤리적 주체를 규정하는 첫 번째 기준은 행위의 능력이다. 행위를 개인적이며 의도적인 선택행위로 정의한 바에 따라,[57] 행동능력을 두 부류로 나누어 설명한다.

(1) 행동능력이란 **선택능력**이다. 이는 하나의 혹은 여럿 중 하나로 주어진 가능성을 자신(그리고 타인)을 위해 다음과 같이 작용하게 하는 능력이다. 즉 이 능력은 선택하는 주체에게 책임을 지우며 자신의 고유한 현존재를 지체 없이 함께 규정한다. 혹은 이러한 가능성이 작용하지 않도록 한다.

(2) 행동능력이란 **의도성**이다. 이는 선택행위를 선택을 통해 성취되어야 할 목적 혹은 선택을 통해 표현되어야 할 동기에 종속시키는 능력이다.

---

56 여기서 다음과 같은 질문이 제기될 수 있다. 우리가 특정한 인간이나 인간집단을 향해 그들은 윤리적 주체가 아니라고 말해야만 한다면, 이런 판단을 결정하는 기준은 무엇이며 또한 이는 어떤 의미를 갖는다고 하겠는가?

57 위의 3.2을 보시오.

이와 관련된 논의에서(3.3과 3.4)−윤리학에서 행위의 관점에서 고려되어야 할−내용은 자기 자신을 위해 추구되거나 실현되는 선이라는 사실을 인식할 수 있었다. 이러한 선은 재화와 가치의 형태로 존재하고, 규범, 계명, 그리고 의무를 성취하는 것이며, 윤리적 심정, 성격 혹은 신뢰할 만하고 덕이라는 칭호를 받을 만한 행동성향이다. 여기로부터 세 번째 기준이 도출된다.

> (3) 행동능력이란 윤리적 판단능력이다. 이는 윤리적 성격에 근거해 행위능력을 검증하고, 선택하고, 그리고 책임지는 능력이다. 이러한 윤리적 판단능력은 다음의 세 가지 지식을 포괄하고 있다. 자신의 고유한(말하자면, 자기 의식적) 행위에 대한 지식, 당위적(즉, 규범 의식적) 선에 대한 지식, 그리고 자신의 고유한 행위와 선으로 인식된 행위의 관계성에 관한 지식이다.[58]

그렇지만 세 번째 기준을 제시했다고 모든 것이 끝난 것은 아니다. 윤리적 대상(행위)과 윤리적 내용(선)을 연결시킬 때 밝혀지는 네 번째 기준이 따라온다. 행위가 윤리적으로 선함의 관점에서 윤리의 대상이 된다면 이는 곧 선이 행위를 통해 잘못될 수도 있다는 것을 의미한다. 이는 행위가 그 성격상 의도적 선택행위라는 사실에서 밝혀진다. 의도적 선택행위는 다양하며 윤리적으로 긍정적인 성격을 가진 행위가능성 사이에서 선택할 뿐만 아니라 긍정적으로 평가된 특성의 (비)선택, 부정적으로 평가된 것의 선택이나 잘못 추정된 선의 (잘못된) 선택도 가능하다. 항상 필연적으로 선을 선택하고 행하려는 한 주체는 (규범적인) 윤리학이 필요하지 않다. 왜냐하면 선에 대한 질문은 언제나 긍정적으로 대답될 수 있기 때문이다. 그러므로 다음의 것도 윤리적 주체의 성격이다.

(4) 행위능력이란 **오류가능성**이다. 이는 선을 잘못 판단하거나(눈이 가려

---

58   이 기준은 "양심"이라는 개념과 동일하다는 것을 다음에서(3.5.2 b) 제시할 것이다.

져), 전도되고 적합하지 않은 수단(오류와 같은)을 선택하거나, 윤리적으로 비난받아야 할 목적 그리고/또는 수단(악과 같은)을 선택함으로 선을 놓칠 수 있는 가능성이다.

이 네 가지 **기준**(선택가능성, 의도성, 윤리적 판단능력, 그리고 오류가능성)은 한 존재가 윤리적 존재로 인정될 수 있는지 판단하기 위해 필요한 필연적인, 이 모든 요소가 고려될 때만이 (비로소) **충분하다**고 말하게 되는 기준이다. 이러한 기준을 근거로 먼저 누가−인간 이외에−윤리적 주체인지 묻고, 다음으로 모든 사람이 윤리적 주체인지 질문한다.

3.5.2 인간으로서의 다른 윤리적 주체의 가능성

다른 윤리적 주체로 가정해볼 수 있는 자가 누구인지 숙고해보니 갑자기 다음과 같은 것들이 떠오른다. 집단들(그룹, 제도, 조직, 법인체), 가상적인 외계적 존재, 컴퓨터/인공지능, 고등동물, 천사/사탄, 하나님. 나는 여기서 역순으로 살펴보고자 한다.

① 하나님

가장 간단한 것은 의도성의 기준을 하나님과 연결시켜보는 것이다. 하지만 선택능력은 이와 어울리지 않는다. 왜냐하면 하나님에게는 그분보다 앞선 선택가능성이란 존재하지 않으며 오직 그분에 의해 창조한 선택의 가능성만이 존재하기 때문이다. 하나님이라는 개념을 도덕의식, 양심이나 오류가능성과 함께 사용하는 것도 전혀 불가능하다. 이와 관련해 신정론의 문제가 생각나는 사람들도 있을 것이다. 그러나 그들도, 신정론이 하나님의 윤리(혹은 도덕)의 문제가 아니라 하나님의 현실성("실존"), 하나님의 본질적 특징, 하나님에 대한 믿음, 그리고 하나님에 대한 적절한 주장이라는 것을 인정할 것이다.[59] 하나님이 이따금 신정론의 문제로 다루어질지라

---

59 이에 대해선 W. Härle, *Dogmatik*, Berlin/New York(1995) 2007³, 439-455를 보시오.

도 하나님은 결코 개연성 있는 윤리적 주체가 아니다.[60]

② 천사/사탄

성서의 정경은 천사가 에덴동산에서 시작해 선조들의 이야기를 넘어 예수 그리스도의 탄생과 부활에 이르기까지 또한 초대교회의 대변자로서 적잖은 영향력을 발휘했다고 말한다. 이에 근거해 천사를 윤리적 주체로 볼 수 있다는 여러 주장들이 가능할 수도 있겠다. 이런 주장의 근거로는 한편 창세기 6:2-4와 유다서 1:6에 등장하는 타락한 천사에 대한 이론, 다른 한편 고린도전서 6:3과 11:10에 나오는 천사에게 내릴 심판과 여성을 통해 유혹을 받은 천사에 대한 심판의 말씀을 언급할 수 있다. 사실상 이러한 본문에서 천사의 윤리적 과실이 언급되었고, 그 결과로 천사들이 타락하고 심판을 받게 되었다고 말한다. 만약 이것이 성서가 증언하는 천사론에 대한 믿을 만한 표현이라면 우리는 천사와 사탄을 윤리적 주체로 인정할 수도 있겠다. 왜냐하면 이들 모두 네 가지 기준을 충족하기 때문이다. 그러나 모든 성서적 증언에서 볼 때 여기서 전제된 천사의 본질에 대한 이해는 잘못된 것이라고 말할 수밖에 없다.[61] 여기서 천사는 일종의 하나님의 초자연적인 피조물일 뿐이다. 그러나 성서의 창조이야기는 그와 같은 초지상적 존재를 전혀 알지 못한다. 이들의 실존을 받아들여야 할 특별한 동기도 없다. "천사"라는 개념은 피조물이 자신의 모든 현존과 함께 하나님의 사자가 되는 비밀스러운 사건을 가리킨다. 자신의 책임을 완수함으로 천사로서의 그의 실존은 끝난다.[62] 특정한 상황에서 인간은 선한 길을 인도하는 지도자가 되거나 악한 길로 인도하는 유혹자로 등장할 수도 있다. 이

---

60 이것은 하나님을 우리 인간은 물론 그리스 판테온신전의 신들과도 구별한다. 뿐만 아니라 익히 알려진 바와 같이 이 신들을 윤리적으로 판단할 때 무엇보다도 자신에게 유리한 대로 구별한다.

61 이에 대해선 W. Härle, *Dogmatik*(위의 각주 59), 296-300과 489-492를 보시오.

62 이에 대해선 C. Westermann, *Gottes Engel brauchen keine Flügel*(1957), München/Hamburg 1965, 7. 그리스도교 신앙에서 "마귀", "사탄", "악마"와 같은 개념은 악의 권력이 갖는 성격을 가리킨다.

런 상황과 기능에서 인간은 윤리적 주체이다. 그러나 인간적인 피조물로서의 주체이지 천사, 사탄이나 악마로서의 주체가 아니다. 천사와 사탄이나 악마는 우리가 알고 또한 말할 수 있는 그런 윤리적 주체가 아니다.

③ 고등포유동물

인간 외에 윤리적 주체로 불릴 수 있는 자가 누구냐고 질문해본다면 고등포유동물, 특히 상당한 지적 능력을 발휘하는 유인원과 돌고래를 생각해볼 수 있다. 만약 우리가 이에 대해 긍정적으로 동의해야만 한다면, 이러한 경계를 다른 (포유)동물(개, 고양이, 말)과 비교해 그 차이가 얼마나 되는지 묻지 않을 수 없다. 일반적으로 우리는 동물의 태도를 내성이 아니라 오직 외적 관찰을 통해서만 기술하고 판단할 수 있을 뿐이다. 그러므로 동물의 태도에 대한 우리의 해석은 제한적일 수밖에 없다. 그런 한계 안에서 인식하고 판단할 수 있다.

그렇다면 고등동물들은 우리가 제시한 기준 중 어떤 것을 만족할까? 그들은 선택의 능력을 가지고 있다. 서로 질이 다른 여러 형태의 양식을 제공했을 때 이들은 선택의 능력을 보여준다. 그들은 또한 의도성을 가지고 있다. 그들은 목적을 추구하고 자신이 사용할 수 있는 도구를 선택한다.[63] 그들은 자신의 태도를 통해 동기(감사함과 같은)를 표현할 수 있다. 어떤 행동이 칭찬을 받고 어떤 행동이 징계를 받는지를 배울 수 있다는 점에서 그들은 규범을 의식하고 있다. 그러나 이러한 규범의식은 외관상 유쾌함(혹은 불쾌함)이라는 의미에서의 오직 도덕 외적인 선만을 지향한다. 그리고 동물의 태도에서 "양심의 가책"을 상기시키는 행동들을 관찰하기도 한다. 그렇지만 특정한 행동을 했을 때 받게 되는 처벌과 또한 이런 경험을 통해 습득하게 되는 지식을 그들에게서 관찰할 수 없다.

자기 자신을 위해 선을 인식하는 윤리적 차원이―우리가 인식할 수 있

---

63 침팬지가 서로 맞는 두 개의 막대기의 부분들을 맞추거나 그들이 원하는 바나나를 얻기 위해 상자를 적절한 위치로 밀어낼 줄 아는 능력을 가지고 있다는 것은 잘 알려져 있다.

는 한-동물에게는 결여되어 있다. 동물들은 자기 고유한 가치를 소유하고 있으며 존중받을 만한 피조물이다. 그렇기에 그들도 윤리학의 주제와 대상이 된다. 그러나 그들은-우리가 아는 한-윤리적 주체는 아니다. 그뿐만 아니라 우리에게는 동물들과 윤리적 문제에 대해 서로 소통할 수 있는 언어도 없다.

④ 컴퓨터/인공지능

컴퓨터와 인공지능의 여러 형태들은 부분적으로 사람이 할 수 있는 것 이상의 성과를 낸다.

그러나 그것들은 인간이 만들고 조작하고 책임져야 할 도구와 공구이며 동시에 그러한 것으로 머물 때만이 자신의 고유한 능력을 최대화하고 그 결과를 예상할 수 없는 새로운 과제에 "창조적"으로 반응할 수 있다. 그들이 자신의 프로그램을 독자적으로 발휘할 수 있을지라도 이는 결국 인간의 행동이고 이것을 생산하고 조작하고 설치한 인간이 책임져야 할 행동일 뿐이다. 어느 컴퓨터가 공격을 시도한다면 우리는 (짐작건대) 그것을 파괴하고 가능한 한 피해를 줄이려고 노력할 것이다. 그러나 이 일의 책임은 컴퓨터가 아니라 이를 조작하는 컴퓨터 프로그래머에게 지울 것이고 윤리적 그리고(혹은 또는) 형사법적 책임도 그가 지게 될 것이다. 왜냐하면 컴퓨터는 진정한 자기의식도 가지고 있지 않고 자신의 고유한 관심을 추구하지도 않기 때문이다. 결국 컴퓨터는 인간적 행위의 수단이요 도구이다. 이는 윤리의 주체가 아니며 존중받아야 할 독자적이며 창조적인 가치를 갖지 않는다.

⑤ 외계적 존재(E.T.)

여섯 개의 가능성 가운데 이 문제를 가장 쉽게 대답할 수 있다. 즉 이의 존재를 가정해 긍정적으로 대답할 수 있다. 앞에서 언급한 네 가지 기준을 충족하고 그러므로 인격체로 불리고 다룰 수 있는 외계적 생명체가 정말 존재한다면 이들도 윤리적 주체이다. 우리가 어느 날 그런 존재에 대한 인식을 갖게 될 수 있다는 것을 단호하게 배제하지는 못할지라도, 현재로서는 우주계에 그런 인격적 존재가 존재한다는 것을 고려해야 할 중대한 근거가 없다. 제일 먼저 문제가 될 이들과의 소통의 문제는 아마도 일시적인 문제가 될 것이고 그들을 윤리적 주체로 인정하는 것 역시 배제하지 않게 될 것이다.

⑥ 집단

예컨대 가정, 민족, 의회, 기업, 동우회, 교회도 윤리적 주체인가? 이는 여기서 결정되어야 할 질문 중에서 가장 어려운 질문이다. 이 문제는 가령 집단양심 혹은 집단범죄가 존재하느냐에 달려 있다.

집단이-다수결이나 만장일치로-특정한 목적과 의도를 가지고 선택하거나 결정할 수 있다. 나는 잠시 만장일치의 경우를 고려하지 않는다. 왜냐하면 결정을 내린 모든 개인이 윤리적 주체인지 혹은 집단이 그러한 윤리적 주체인지 여기서 결정할 수 없기 때문이다.[64] 그러나 다수가 결정했을 때는 어떤가? 이러한 결정에 참여한 다수만이 책임을 지는가 아니면 이와 다른 입장을 가지고 있는 소수도 책임을 져야 하는가? 집단이 독립적인 윤리적 주체라고 생각하는 후자의 입장에 동의한다면 다음과 같이 주장할 것이다. 의견을 달리한 자들, 말하자면 결정할 때 굴복한 소수가 자신들의 주장을 더욱 노련하고 분명한 목표를 제시하며 일관성 있게 관철했더라면 집단은 아마도 다른 결정을 내렸을 것이다. 만약 이를 할 수 없다면 소수는 집단에 굴복해야만 하지 않겠는가. 말하자면 소수가 자신들이 동의하지 않지만 저지하지 못한 다수의 결정에 공동책임을 져야 한다.[65] 이것이 어

---

64 루소의 주장을 빌려 사람들은 이를 "만인의 의지"(volonté de tous)와 "일반의지"(Volonté générale)로 구별해 표현한다.

65 독일의 나치 치하에서 내적으로 저항했던 많은 사람들에게 이는 매우 고통스러운 질문이었다. 당시 집단을 포기하는 일이 많은 경우 기껏해야 일시적으로만 가능했고 외적으로는 매우 어려운 조건 아래 놓여 있었다.

쩌면 옳다고 하겠지만, 적합한 질문은 아니다. 각 사람이 비록 그가 그것을 할 수 있었음에도 불구하고 저지하지 못한 것에 대한 윤리적 책임을 져야 한다는 것은 윤리적 주체로서의 집단의 문제와는 완전히 다른 주제이다. 이러한 결단을 저지하거나 집단을 포기할 수 없었음에도 불구하고 여기 선 윤리적 공동책임이 문제가 된다. 집단이 윤리적 주체라는 주장을 옹호 하기 위해서는 다음과 같이 말할 수 있어야 한다. 즉 집단과 집단이 내리는 결단에서는 절대로 단지 사회적으로 통합된 개인만이 아니라 예컨대 법 이나 경제의 구조, 규칙, 제도가 언제나 문제가 된다. 이 말은 옳다. 그러한 구조가 본질적으로 결단을 함께 규정한다. 그러나 다음 역시 옳다. 즉 이는 다른 문제이다. 말하자면 구조가 윤리적으로 관련되어 있는 결단을 위해 어떤 의미를 가지며, 경우에 따라 누가 이러한 구조, 규칙 혹은 제도의 보 존과 변경을 위해 책임을 져야 하는지는 다른 질문이다. 위에서 집단적 결 정과 관련해 제기한 질문이 여기서 같은 방식으로 제기된다.

모든 가능성을 고려하면서 다음과 같이 말할 수 있을 것이다. 윤리적으 로 상관적인 결정은 집단의 상황에 따라 다르게 내려진다. 그러나 윤리적 주체는 항상 의도와 윤리적 책임을 지는 각 개인일 뿐이다. 그러므로 집단 적 양심과 집단적 범죄란 있을 수 없다. 그러나 집단적 치욕은 존재한다. 왜냐하면 우리가 책임을 져야 할 일에 어떤 형태로든 참여하지 않았어도 자신이 속한 집단에서 일어났거나 일어나고 있는 것에 대해 당연히 부끄 러워할 수 있기 때문이다. 이런 의미에서 집단은 여러 관점에서 어느 행위 의 결과를 위해 책임을 지게 된다.

- **법적 책임**: 신체, 연합체, 협동체, 그리고 다른 조직체 등의 책임이 존재 하기 때문이다.

- **역사적 책임**: 우리는 그 원인을 제공하지 않았을지라도 선하든 악하든 우 리의 역사가 가져온 결과를 함께 짊어져야 한다.

- **정치적 책임**: 우리는 과거의 잘못에 대한 구조적 원인과 범죄를 가능한

한 제거해야 할 책임이 있다.

이상으로 우리는 집단들이 고려해야 할 책임에 대해 논할 수 있었다.

①-⑥ 결론

윤리적 주체는 오직 사람이다. 사람은 인격적 존재로서 윤리적 주체성이라는 관점에서 결정적으로 동일하다. 결국 사람은 윤리적 주체로서 앞에서 언급한 기준들을 성취한다. 간략하게 말하자면, 윤리적 주체란 단지 우리와 같은 인간과 우리와 동일한 자이다.

3.5.3 모든 인간이 윤리적 주체인가?

이 질문에 대한 대답은 "아니요"이다. 결코 모든 인간이 윤리적 주체는 아니다. 진정 이를 뒤집어 말할 수 있다. 모든 인간은 자신의 삶의 특정한 시기에는 윤리적 주체가 아니다. 결국 항상 윤리적 주체인 자는 없다. 그러므로 배아, 태아, 유아 그리고 어린이는 인간이지만 윤리적 주체는 아니다. 왜냐하면 그들에게는 자기 자신을 위해 윤리적으로 선한 것을 추구하는 길이, 우리가 아는 한 (실제적으로) 닫혀 있기 때문이다. 그러나 인간인 그들에게 이는 잠재적으로 닫혀 있다. 그들은 인류에 속한 자들(genus humanum)로서 그와 같이 존재하도록 정해져 있고 또한 앞 장에서 언급한 것과 같이 이것이 동물이나 인공지능의 체제들과의 근본적인 차이를 형성한다. 사람은 어떤 제한도 받지 않는다. 그러나 많은 사람들이 다소간 제한을 받는 윤리적 주체로서 삶을 마감한다. 윤리적 주체존재의 제한적 형태가 실제적으로 현재하기 때문에 더 많은 관심으로 인식하고 고려하게 된다.[66] 결국 특정한 정도에 머물러 있는 영적인 인간, 더 정확히 말하자면 지

---

66 이에 대해선 G. Heuft/A. Kruse/H. Radebold, *Lehrbuch der Gerontopsychosomatik und Alterspsychotherapie*, München/Basel 2006²와 A. Kruse, *Das letzte Lebensjahr. Zur körperlichen, psychischen und sozialen Situation des alten Menschen am Ende seines Lebens*, Stuttgart 2007.

적장애가 있는 인간이 존재한다. 다만 우리가 아는 한, 윤리적 주체로 불릴 수 없는, 즉 책임을 인지하지 못하고 과실에 대한 능력도 소유하지 않은 존재가 있다. 그렇다면 이러한 사실에서 무엇이 도출될 수 있는가? 이것이 여기서 다루려는 중요한 질문이다.

a) 인간 ≠ 윤리적 주체

누군가 윤리적 주체가 아니라는 사실에서 그가 인간이 아니라거나 생명권이 없다는 결과가 도출될 수 없고 도출되어서도 안 된다. 인간존재가 어떤 관점에서도 윤리적 주체존재가 아니라 종국적으로 인류가족의 소속, 즉 혈통관계에 달려 있다.[67]

b) 윤리적 주체 ≠ 인권과 인간존엄의 담지자

인간은 윤리적 주체가 아니라 이미 인간으로서 인간존엄성과 인권을 소유하고 있다. 인간이 존엄한지 논쟁할 수 있을지언정 빼앗을 수는 없다. 그러므로 또한 그런 한에서 독일기본법 제1조(1)에서 말한 바와 같이 인간의 존엄은 실제적으로 "침해될 수 없다."[68]

c) 위에서 말한 두 주장이 옳다면 윤리적 주체성, 에토스, 윤리는 인간존재의 궁극적이며 결정적인 차원이나 층이 아니라 단지 궁극이전의 것이다. 왜냐하면 인간은 한 인간이기 때문이다. 인간은 인간존엄성을 자신이

---

67 이미 아리스토텔레스는 이를 다음과 같은 말로 표현하였다. "말하자면 한 사람이 한 사람을 낳는다"(*Metaphysik* 1032a). 같은 의도를 가지고 본회퍼는 다음과 같이 표현하였다. "태생적으로 저능아의 경우에도 인간적 생명이 문제가 되느냐는 질문은, 대답이 필요하지 않을 정도로 천박하다. 이는 인간으로 태어나 병든 인생이다. 이는 너무 불행한 인간적 생명 외에 그 어떤 다른 것일 수 없다"(D. Bonhoeffer, Ethik, München 1992, 190). 특히 슈페만은 이와 동일한 문제를 정확하게 기술하였다. "호모 사피엔스 사피엔스(homo sapiens sapiens) 종에 속한 자들은 한 종의 표본일 뿐만 아니라 서로간의 이웃이기에 처음부터 인격적 관계 속에서 마주보고 서 있다. "인류"는 "동물의 세계"와 같이 한 종을 지칭하는 추상적 개념만이 아니라 동시에 구체적 인격공동체의 이름이다. 각 사람이 사실적으로 확인 가능한 특징을 근거해 이 공동체에 소속되지 않고 "인류가족"과의 기원론적인 관계에 근거해 소속되어 있다"(R. Spaemann, *Personen. Versuche über den Unterschied zwischen "etwas" und "jemand"*, Stuttgart(1996) 2006,3 256).

68 이에 대해선 B. Vogel(Hg.), *Im Zentrum: Menschenwürde*, Berlin 2006, 특히 20-22와 여기 제2부 1.2.1-6, 242-245.

행한 것이나 허락된 것 또는 자신이 행하거나 허락할 수 있는 것을 통해 얻지 않으며 오직 존재함을 통해 얻게 된다. 인간존엄은 인간에게 수여된 것이다.

그렇지만 이와 같은 중요한 관점은, 윤리적 주체인 인간이 이러한 기준들을 어느 정도 성취한다는 것을 배제하지 않는다고 하는데, 이 역시 사실이다. 이러한 능력을 가진 인간이 이를 피하며 거부할 수 없다. 왜냐하면 거부 역시-제1부 2에서 보았듯-윤리적으로 고려될 수 있는 결단이기 때문이다. 이러한 능력이 주어져 있는 정도에 따라 "윤리적 요청"[69]을 하는지 그리고 이를 어떻게 하는지는 정체성을 발견하기 위한 질문이거나 자기소외의 질문이다. 여기서 윤리적 책임을 인식하기 위해서 다음의 사실을 아는 것이 중요하다. 인간의 (여전히 한 인간으로서) 인간존재나 인간존엄성은 자신의 윤리적 가능성과 성과를 통해 고안되는 것이 아니라 오직 무언가 그에게 주어진 것만 요청될 수 있고 또한 그래야 한다는 것이다. 모든 윤리학이 초월하는 것에 대해 아는 것이 윤리적으로 중대하다.

3.6 규범적이며 윤리적 권위[70]

3.6.1 규범적 권위의 분류를 위한 사전숙고

여기서 "규범적이고 윤리적인 권위"라는 말은 의무윤리나 계명윤리의 개념을 확정해 말하는 것이 아니라 이 책에서 다루는 "규범주의적 윤리학"을 넓은 의미에서 일컫는 말이다. 이는 **계명**을 공포하는 권위만이 아니라 재화와 가치란 무엇이며 덕이나 선한 심정이 무엇인지를 결정하는 권위이다.

---

69 나는 이 표현을 룅스트룹에게 빌려왔다. K. E. Løgstrup, *Die ethische Forderung*(1958⁴), dt. Tübingen 1968².

70 이에 대해선 P. Tillich, "Der religiöse Ursprung der moralischen Gebote"(1959), in: Gesammelte Werke 3, Stuttgart 1965, 27-40; A. Auer, *Autonome Moral und christlicher Glaube*, Düsseldorf(1971) 1989; *Handbuch der christlichen Ethik*, Freiburg u.a. Bd. 1, 1978, 46-167과 243-339; A. Pieper, *Ethik und Moral*, München 1985, 108-139와 E. Schockenhoff, *Grundlegung der Ethik*(위의 각주 5), 357-544를 비교하시오.

여기서 우리는 분명 가능성의 홍수 앞에 서 있다. 규범적이고 윤리적 권위라고 인정된 모든 것이 이러한 권위를 얻을 수는 없지 않겠는가? 예를 들면, 행복으로 이해된 이기심, 사회화의 일차적 권위로서의 가정, 특히 부모와 다른 모범들, 국가, 민족, 정당, "지도자", 사회, 신앙고백과 교리로 무장한 교회, 교황청, 하나님(야웨, 알라), 예수 그리스도, 토라, 성서 혹은 성서 부분(가령 십계명과 산상설교), 코란, 실천이성, 자연, 자연법, 양심, 도덕법칙, 도덕적 직관, 도덕 감정이나 상식. 어떻게 거기서 질서를 만들어낼 것인가?

철학적 전통은 단순하면서 상대적으로 분명한 분할도구를 우리의 손에 쥐어준다. 이를 응용할 때 종종 문제가 생기기도 하지만, 최소한 칸트 이후로 이러한 전통은 **타율적**(타인 규정적) 윤리와 **자율적**(자기 규정적) 윤리, 다시 말해 규범적 권위를 윤리적 주체 **밖에** 놓여 있는 윤리와 그 **안에** 놓여 있는 윤리로 구별한다. 어렵지 않게 몇 가지 사례를 열거해볼 수 있다. "정당"과 "지도자"는 타율적 권위이다. 정당에 가입하지 않았어도, 자기 자신이 지도자일 경우에도 마찬가지이다. "교회"와 "교회의 신앙고백"도 이에 소속되지 않은 사람에게 타율적 권위이다. 다른 한편 "자기관심", "양심", "도덕 감정", "직관" 그리고 "실천이성"은 간단히 자율적 유형에 귀속시킬 수 있다.

하지만 많은 것들이 그대로 남아 있다. 왜냐하면 "안"과 "밖"이라는 이중성이 모든 곳에서 분명하게 사용될 수는 없기 때문이다. 자신이 속한 가정, 국가, 민족, 사회, 교회, 그리고 신앙고백을 관찰하거나 상식적으로 생각하며 질문해보자. 이것들이 우리와 통일체를 이루는 윤리적 주체라는 점에서 타율적 권위가 아닌가? 아니면 우리가 전체의 한 부분이라는 점에서 자율적 권위에 속하지는 않는가?

그럼에도 불구하고 이 문제를 조금만 숙고해보면 이에 대한 해답을 찾기란 그리 어렵지 않다. 규범적 권위의 기능과 관련해 생각해보자. 언제 혹은 어떻게 우리의 고유한 윤리적 방향이 가정, 국가, 교회 등이 우리에게 규범으로 부여한 것과 명확하고도 매끄럽게 일치하게 될지 분명하게 결정할 수 없다. 그러나 이 질문은 갈등상황에서 결정될 수 있다. 왜냐하면 여기서는 양자택일의 문제가 제기되기 때문이다. 나의 "내면의 소리"에 귀를 기울일 것인가, 아니면-이에서 벗어나-가정, 국가, 교회 등 나에게 제시하고 제정한 것을 따를 것인가? 후자를 따른 사람에게는 사회적 통일성이 규범적 권위이며 타율적 권위일 것이다. 이에 반해 자신의 고유한 윤리적 지침을 따르는 자에게 타율적 권위는 규범적 권위로서의 기능을 (더 이상) 하지 않거나 갈등상황에서 다른 권위에 종속된 단지 허약한 규범적 권위일 뿐이다.

그렇다면 "하나님", "예수 그리스도", "성서", "코란"은 "자율"과 "타율"의 이중성 가운데 어디에 속한 것일까? 아마도 많은 사람들은 즉각 타율적이며 규범적 권위에 배열시킬 것이다. 그러나 좀 더 깊이 숙고해본다면 최소한 하나님, 또한 예수 그리스도는 인간(그리고 세계) "밖에" 있는 현실성이라고 말할 수 없음을 깨닫게 된다. 왜냐하면 이는 측정할 수 없는 하나님의 경계를 포괄하고 있다고 할 수 있기 때문이다. 그렇다고 "내면"에 있다는 대안도 그렇게 어울리지 않는다. 이는-예수 그리스도의 인격이든 성서나 코란의 본문이든-하나님의 계시에서도 마찬가지이다. 이 모든 위대함, 즉 신성과 하나님의 계시를 위해 "안"과 "밖"이라는 이중성은 적합하지 않다. 그러므로 여기서 제3의 표제가 발견되어야만 한다. 그러나 이는 예부터 존재해왔다. 바로 **신율적**이며 규범적인 권위이다. 다시 말해 이는 하나님 안에 또는 각각의 신성 안에 그 중심을 두는 규범적이며 윤리적인 권위이다.

그러나 아직 한 분야가 남아 있다. 즉 "자연", "자연법", "도덕법"이 바로 그것이다. 이를 어떻게 배열할 것이냐는 질문은 매우 어려운 과제이다. 왜냐하면 이의 등급이 비교적 규정되어 있지 않기 때문이다. 다시 말해, 이는 여러 사상가들에 의해 다양하게 주장되고, 해석되고, 이해되었다. 그럼에도 불구하고 기본적인 경향성이 존재한다. 자연, 자연법, 도덕법은 일반적으로 현실성 속에 통전적으로-말하자면 대우주(우주)와 소우주(인간)

로-심겨진 규범적이며 윤리적인 구조로서 모든 것이 이에 참여한다. 이성적 능력을 가진 존재가 역사적 조건 아래서 이를 인식할 수 있다. 여기서는 가정, 국민, 사회 등이 나란히 주제가 된 것같이 보일 수 있다. 왜냐하면 양쪽의 경우 하나의 더 큰 전체로의 참여가 문제가 되기 때문이다. 그러나 결정적인 차이가 존재한다. 자연/자연법의 규범적 구조는 우주와 같이 각 인간에게도 현재한다. 그러므로 자연, 자연법 혹은 도덕법을 따른다고 할 때 개인은 **타인**의 의지에 굴복한다는 의미가 아니다. 다른 한편 자율성 사상은 자연, 자연법, 그리고 도덕법에는 어울리지 않는다. 왜냐하면 각 인간은 자기 스스로 규범적 권위가 아니기 때문이다. 단순히 그가 이런 권위 안에 존재하는 것이 아니라 하나의 보편적이고 포괄적인 현실성으로 여기에 참여하는 것이다. 자연, 자연법, 그리고 도덕법이 신율적 입장에 포함된다는 생각이 든다. 이를 위해 다음의 문제에 대해 숙고해보고자 한다. 이러한 권세가 모든 우주를 통치하는 규범적 구조라면 최소한 이것은 절대적인 의지, 곧 "창조"의 과정에서 신성에 의해 세상에 함께 주어진 것이라고 짐작해볼 수 있다. 이는 이러한 입장을 따르는 거의 모든 주장자들의 관점으로, 지금은 약화되었지만 하나님을 도덕법의 원인자로 생각할 수 있다는 칸트의 입장과 같다.

이제까지 우리는 타율, 자율, 신율(엄격하게 구별하는 것은 불가능하지만) 셋으로 나눈 모든 요소를 살펴보았다. 그러면 이 세 그룹을 하나씩 살펴보자.

3.6.2 타율 규범적 권위[71]

"타율"(heteronom)이라는 개념은 좋지 않은 어감을 갖고 있고, 거의 자동적으로 부정적인 것들을 연상케 하고 감정적 거부감을 일으킨다. 타인의 규정에 자기 자신을 내맡기고 자신이 하고자 하는 행동규범을 다른 권위

---

71 나는 이에 속한 것으로 3.6.1에서 제시했던 것을 생각하고 있다. 가정/부모, 종족/민족, 국가/정당/지도자. 교회, 사회, 상식이다. 이것은 윤리적 갈등상황에서 "내적 음성"보다 우선권을 갖는다.

에 굴복시키려는 사람이 있겠는가? 자율과 타율 사이에서 선택해보라면 짐작건대 대부분의 사람들이 지체 없이 자율을 택할 것이다. 그러나 더 오래 숙고해보지 않더라도 이걸 선택하든 저걸 선택하든 불확실한 것은 매한가지이다. 왜냐하면 타율은 크게 부담을 덜어줄 것이기 때문이다. 내가 윤리적 주체로서 결정하지 않아도 된다면, 무엇에 따라 행동할지, 어디서 행위의 기준을 구할지, 무엇을 하거나 또는 하지 말아야 할지에 대한 책임을 지지 않게 된다. 다만 이러한 책임은 내 자신 밖에 놓여 있는 규범적 권위를 통해 경감된다.

그러나 누군가 이러한 관점이 주는 유혹에 넘어가지 않을지도 모르겠으나 타율적 관점은 처음 보는 것보다는 더욱 진지한 것을 보여준다. 우리가 궁극으로 더욱 공감하고 사랑하는 것이 무엇이냐는 질문이 아니라 어떤 주장이 인간의 본질과 윤리적인 것의 본질과 일치하고 적합한지를 묻는다. 여기서 다음과 같이 타율적이며 규범적인 권위에 대해 논의할 수 있다. 즉 규범적 권위가 윤리적 주체가 자신의 행동을 결정할 때 참작할 수 있는 중요한 것이라면, 이는 도덕적 방향을 찾고 있는 주체와 스스로 동일한 것이 될 수 없다. 그 대신 규범적 권위는 다른 곳으로부터 와야만 한다. 즉 진정 서로 대립된 것이어야 한다. 규범적 기능을 성취하려면 분명 낯설고 외부에서 온 규정(ἕτερος νόμος)이 중요하다. 그렇지 않을 경우 윤리적 주체가 단지 표면적으로 규범적 권위에 의지할 뿐 실제로는 자신의 고유한 소원과 기호와 관심을 따를 위험성(이를 피할 수 없을지도 모르겠지만)이 존재한다. 말하자면 타율적이거나 자율적이거나 신율적인 것이 아니라 단순히 반도덕적으로 행동할 위험성이 있다.

사람들은 먼저 결단의 자리에서 이러한 주장에 동의해야 한다. 어느 형태로든 윤리적 주체와 규범적이며 윤리적인 권위 사이에 존재하는 차이를 인지하지 못한다면 규범적 권위는 총체적으로 자신의 규범적 기능은 물론 윤리적 영향력을 상실하게 된다고 하겠다. 즉 자신의 규범적 권위를 포기

하게 된다는 말이다.[72]

그러나 역시 하나의 결정적 반대논증을 생각해보아야 하는데, 이는 다시 한 번 이 책의 처음으로 돌아가게 한다.[73] 나는 책의 첫머리에서 윤리학(ἠθική θεωρία)은 역사적으로 그리스의 폴리스의 발흥과 기원전 5/4세기 고대 그리스에서의 폴리스를 위해 제정된 법규에서 시작되었다고 말한 바 있다. 무엇보다 선에 대한 질문을 자신의 책임으로 수용하고 대답해야 하기에 윤리학은 반드시 필요하다. 그렇지만 타율적이며 윤리적인 규범에 대한 지침도 결국 설득력 있게 논증되지 않았다. 그렇다면 타율적 권위는 무엇을 통해 자신의 규범적 권위를 논증할 수 있는가?

- 타율적 권위가 처벌의 경고와 보상의 약속을 통해 실현되도록 시도하는 것이 가능한가? 그러나 이는 윤리적 규범이 아니라 법적 혹은 정치적 규범이다.

- 타율적 권위가 자신의 규범적 권위를 다른 권위로부터 도출하는 것이 가능한가? 왜냐하면 **다른 권위**가 궁극적으로 규범적 권위이기 때문이다.

- 타율적 권위가 윤리적 주체를 이에 동의하고 또한 이해하도록 내용적으로 설득하는 것이 가능한가? 그러나 이러한 권위는 도덕적 가치에서 볼 때 더 이상 **타율적 권위**가 아니다.

- 이러한 권위가 논증되지는 않아도 단지 요구하고 주장하는 것만으로 가능한가? 여기에는 각 논증이 결여되어 있다. 무엇이 이러한 요구와 주장을 정당한 것이라고 규정하는지 대답해야만 한다.

칸트가 옳다. 윤리학은 타율적인 윤리적 권위를 수단으로 삼아 최종적으로 논증할 수 없다. 왜냐하면 거기에는 결정적인 동기가 결여되어 있기 때문이다. 여기서 동기란 그 스스로 선한 것에 대한 고유한 통찰에 근거한 판단과 행위이다.

---

72 우리는 이러한 관점을 자율적 이론과의 논쟁을 통해 확인해야만 한다.
73 위의 제1부 1을 보시오.

날카로운 논증이 계속되어야 한다. 즉 윤리적으로 행동함으로써 한 사람의 개인적 정체성이 위험에 처하게 될 때, 자신의 개인적 정체성을 육성하기 위해 동일화의 가능성과 제안이 (더욱) 필요하다는 말이 옳다. 그러나 이는 동일화를 발견하기 위해 도움을 주려는 수단이어야지 이를 대신하는 것이 되어서는 안 된다.[74] 그러나 타율적인 규범적 권위는 이러한 역할(도움의 수단으로)에 만족하지 않고 전적인, 아마도 더욱이 조건 없는 인정을 요구한다. 그렇지 않을 경우 마치 이것이 규범적 권위가 아닌 것처럼 생각할 수 있기 때문이다. 그러나 이러한 요구는 윤리적 이유에서 거부되어야만 한다.

게다가 사람들이 타율적이며 규범적인 권위로서 논의될 수 있다는 후보군들을 각 개인별로 살펴보면, 그것들은 예외 없이 규범적이며 윤리적 권위에 의지하고 있으며 자기 스스로 그런 권위로서 문제가 되지 않는다는 것을 보여준다. 그 때문에 어떤 종류의 타율적인 권위가 규범적이며 윤리적인 권위로 논의되는 것에 반대하려는 많은 근거들이 제시된다. 다만 윤리적 주체와 규범적 권위 사이에는 진리에 대한 동기가 서로 다르다는 것을 확정할 수 있다.

3.6.3 자율 규범적 권위[75]

자율적 권위에 속한 것으로 이기심이 등장한 것을 보고, 어떻게 이기심을 규범적이며 윤리적 권위로 인정할 수 있는지 이해할 수 없는 사람들이 많을 것이다. 일반적으로 분명히 이기심은 윤리학을 통해―다른 규범적이며 윤리적인 권위에 의해―교정하거나 극복해야 할 것이다. 이기심에 대한 부정적 평가는 좋은 의미에서 문제가 되어야 한다. 먼저 나는 이 문제에 집중할 것이다①. 이어서 자율적이며 규범적인 권위로 양심②, 도덕감각③,

---

74 이를 위해 쥘레의 책은 여전히―교육학적 관점에서도―배울 거리가 풍부하다. D. Sölle, *Stellvertretung. Ein Kapitel Theologie nach dem 'Tode Gottes'*, Stuttgart/Berlin 1965.

75 여기서는 이기심, 양심, 도덕 감정, 윤리적 직관, 그리고 실천이성을 그 사례로 다룬다.

직관④, 그리고 실천이성⑤을 다룰 것이다.

① **이기심**(윤리적 이기주의)

인간학적 이론인 심리학적이며 생물학적인 이기주의[76]와는 달리 윤리적 이기주의는 사실상 규범적인 윤리이론이다. 이에 대한 다양한 주장들이 존재하는데 이를 좀 더 자세히 살펴보면, 이 이론은 문제점이 많으며 부분적으로 자기 모순적이라는 사실을 발견한다.

행동하는 개인, 다시 말해 윤리적 주체의 이기심을 규범적 경우로 설명하는 윤리적 이론은 다음 세 가지 질문에 대답해야만 한다.

- 이기심을 어떻게 이해하는가?
- 이기심과 일반적 관심은 서로 어떤 관계를 맺고 있는가?
- 어느 정도까지 이 이론은 보편화의 능력을 가지고 있는가?[77]

a) 이기심

"이기심"은 몹시 애매한 개념이다. 학문적인 노력을 통해 이 개념이 가지고 있는 매우 형식적인 정의를 극복한다고 그 의미가 명확히 규정되는 것은 아니며, 단지 이를 구별할 수 있을 뿐이다. 말하자면 윤리적 주체가 가지고 있는 각자의 이기심을 구별하여 주제로 삼을 수 있을 뿐이다. 이는 매우 다양한 내용과 형식으로 나타나는데, 다음과 같이 분류해볼 수 있다.

- 표면적 이기심과 사실적 이기심
- 비반성적 이기심과 계몽된 이기심

---

76 이에 대해선 위의 제1부 2.2.2①와 ②를 보시오.
77 이 질문은 반드시 필요한 조건으로서 이미 이 책 첫 장 마지막에서 말했던 보편주의적 요구에서 밝혀진다(이에 대해선 위의 제1부 1.5①를 보시오).

• 단기적 이기심과 장기적 이기심

이 모든 세 가지 차이들은 동일한 기본적 유형을 가지고 있다. 이것이
보여주려는 것은 표면적, 비반성적 혹은 단기적 이기심의 충족은 한 사람
의 사실적, 계몽적 그리고 장기적 관심과 모순될 수 있다는 것과 그런즉 많
은 애착과 소원의 충족을-최소한 잠정적으로나 임시로-포기하는 것이
사실적, 계몽적 그리고 장기적 이기심과 일치할 수 있다는 것이다.

2008년부터 시작된 세계적 재정위기와 경제위기를 돌아보면, 이 위기
가 경제의 패러다임을 절약경제에서 외상경제로 전환한 1960년대부터 시
작된 사회적 변화가 가져온 결과가 아닌지 논의해볼 수 있다.[78] 이러한 변
화의 결정적인 요점은, 과거에는 충분한 재정적 수단이 마련될 때까지 소
비욕구를 연기하는 것이 일반적이었지만, 원칙적으로 장기상환의무를 따
르는 신용카드가 등장하면서 신속한 소비욕구의 충족이 가능하게 되었다
는 사실이다. 재정적 수단이 마련되어야 할 긴 시간을 기다리지 않고 마구
사들이다가 적절히 상쇄할 수 있는 자금을 마련하지 못한 채 그간 미뤄왔
던 신용카드 비용을 상환해야 할 날을 맞이하게 된다.

계몽된 윤리적 이기주의자는 매우 금욕적인 인격을 갖춘 자로, 일반적
으로 깊이 숙고하고 앞을 내다보며 산다. 이러한 마음이 그의 이기심 안에
있거나 혹은 있는 한, 이기심을 통해 타인에 대한 의무를 다하기 위해 진정
그는 강력한 사회적이며 이타적인 성향을 발전시킬 수 있다.

b) 이기심과 일반적 관심

원래 이기주의적 이론인지, 아니면 공리주의적 이론인지 쉽사리 결정
할 수 없는, 흥미로운 윤리적인 "이기주의적" 이론이 있다. 이 이론은 이기
주의를 자신의 사회적 유용성을 통해 논증한다. 부분적으로는 이미 요셉

---

78 이에 대해선 R. Dahrendorf, "Vom Sparkapitalismus zum Pumpkapitalismus", in: *Cicero.*
Magazin für politische Kultur, 2009, Heft 8, 38-41.

버틀러(Joseph Butler)[79]가 윤리적 이기주의의 규범적 이론의 하나인 홉스의 심리적 이기주의 이론의 국부적 타당성을 주장하면서 이에 대해 논구하였다. 가장 흥미롭고 유쾌한-전례 없는(prima vista)-공리주의적으로 논증된 이기주의적 이론의 형태를 만데빌레(Bernard de Mandeville: 1670-1733)[80]가 제시하였다. 만데빌레는 1705년 처음으로 시의 형식을 빌려 자신의 사회 비판적 윤리적 개념을 발표하였는데, 그것이 바로 『불평하는 꿀벌 떼』(The Grumbling Hive)이다. 1714년 그는 『꿀벌의 우화』(The Fable of the Bees)[81]에서 자신의 생각을 계속 발전시켰는데, 이 책은 시적으로 풀어쓴 논평이며 "개인의 악덕, 사회의 이익"이라는 부제에서 저자의 의도를 읽어볼 수 있다.[82]

만데빌레의 기본주장은 다음과 같다. 사회의 여러 곳에 만연한 인간의 악덕(금전욕, 향락욕, 충동, 불화/전쟁, 착취)과 덕성(겸손, 진정성, 평화를 위한 노력)의 부족으로 고통을 호소하는 소리를 듣는다. 그러나 이러한 호소를 진지하게 받아들이고 이 문제를 해결하려고 한다면 오히려 모두의 행복을 심각하게 훼손하게 된다. 왜냐하면 악습을 축소하고 철저하게 덕에 따라 살게 되면 사회 전반에서 경제적, 사회적 그리고 정치적 와해가 이루어질 것이기 때문이다. 만데빌레는 이런 주장을 자신의 시와 동화에서 벌집을 사례로 제시하였다. 꿀벌이 자기의 벌집을 만들려는 이기적 욕구에서 꽃에서 꿀을 따 가지만 꿀벌의 도움으로 꽃도 열매를 맺게 되니 꿀벌과 꽃 모두에게 이득이 된다는 주장이다.[83] 그러나 이러한 주장이 담고 있는 특징

---

79 위의 제1부 2.2.2①를 보시오.

80 만데빌레는 1572년 이후(바르톨로메오의 밤) 프랑스를 떠나 네덜란드에서 피난처를 찾았던 위그노파 가정에서 태어났다. 후에 그는 영국으로 이주하여 의사와 작가로 활동하면서 가정을 이루고 죽기까지 거기서 살았다.

81 Dt.: B. Mandeville, *Die Bienenfabel*, Frankfurt a. M. 1980.

82 이에 대해선 E. Herms, "Private Vices, Publick Benefits? Eine alte These im Lichte der Neuen Institutionen-Ökonomik", in: ders., *Die Wirtschaft des Menschen. Beiträge zur Wirtschaftsethik*, Tübingen 2004, 178-197과 A. Dietz, *Der homo oeconomicus. Theologische und wirtschaftsethische Perspektiven auf ein ökonomisches Modell*, Gütersloh 2005.

83 B. Mandeville, *Die Bienenfabel*(위의 각주 81), 88-92.

과 문제점을 다음 두 가지 비판적 관점에서 제시할 수 있다.

- 윤리적 판단이 기능상 **경제적** 판단에 완전히 종속된다. 여기서 18세기 중반부터 오늘날까지 -영국에서 시작된-발전현상이 더욱 뚜렷해진다. 즉 경제가 사회전반을 -윤리까지도-지배하는 힘이 되고 있다. 이로 인해 윤리학은 원칙적으로 자신의 자주성과 경제적이며 사회적인 기능과 의미를 상실한다.

- 윤리적 판단이 다수의 행복을 지향한다. 필자만이 아니라 이 책을 읽을 독자들도 마찬가지일 것이다. 개인의 존엄이 아니라 가능하다면 다수의 "행복"[84]을 위해 이익이 되는 것을 추구한다. 이럴 경우 불의, 특히 개인이 받는 불의는 감수해야 하고 또한 그럴 수 있어야 한다.

꿀벌 우화는 마치 이런 것이 (하나님이 주신?) 세상의 지혜로운 관습이나 되는 것처럼 생각하게 하며 또한 개인의 관심을 적당히 제한하고 전체의 관심을 최대한으로 촉진하는 것을 -헤겔의 표현의 빌리자면-"이성의 간교"[85]로 이해하게 한다. 이러한 생각은 국부론의 창설자인 애덤 스미스 (1723-1790)를 통해 수용되었고 "보이지 않는 손"이라는 생생하고도 획기적인 말로 표현되었다.[86] 스미스에 따르면, 장사를 하면 "자기의 고유한 이익을 추구하는" 인간은 "보이지 않는 손에 이끌려, 자신이 의지를 가지고 행동했을 때보다 훨씬 더 사회적 이익을 지속적으로 촉진하게 된다". 하지만 특별한 경우 제한적으로 이런 주장은 옳다고 하겠다. 하지만 두 가지 관점에서 이는 매우 제한된 주장이다. 먼저 당연히 기회의 평등이 전제되어야 하지만 많은 영역에서 기회의 평등이 주어져 있지 않다. 다른 한편 이기심은 내적으로나 -스미스는 모든 사람에게 주어진 연민과 동정심을 수

---

84 이를 위해선 앞의 각주 33에서 언급한 허치슨의 표현을 참조하시오.

85 G. W. F. Hegel, *Wissenschaft der Logik* (1816), in: ders., *Werke in zwanzig Bänden* Bd. 6, Frankfurt a. M. 1969, 452.

86 A. Smith, *The Wealth of Nations*, London(1776) 1981 Bd. 1, S. 400, dt.: *Der Wohlstand der Nationen*, München 1974, 371.

용하면서-외적으로(가령 법률이나 정치적 통제를 통해) 제한되어야만 하기 때문이다. 이기심의 촉진이 경제의 역동성을 자극하는 요소이긴 하지만 최종적으로 규범적이며 윤리적인 권위가 될 수 없고, 되어서도 안 된다. 이는 진정 긴급하게 윤리적 통제와 전환과 제한이 필요하다.[87]

c) 윤리적 이기주의의 보편화능력

만약 사람들이 당연하고도 신뢰할 만한 사회적 이익을 낳는 개인적 악덕이나 이기주 뒤편에서 활동하는 보이지 않는 손에서 출발하지 않는다면, 그로 인해 날카롭고도 첨예화된 질문이 제기된다. 도대체 궁극적으로 **누구의** 이기심이 여기서 문제가 된다는 말인가?

만데빌레와 스미스의 이론은 많은 혹은 모든 사람이 이기주의로 꽁꽁 얼어 있어도 모든 것이 잘될 것이라고 위로하지만, 그럴 때에도 과연 누가 이익을 챙기게 되고 손해를 보게 되는지는 증명되지 않는다. 사회 전체적으로 이득을 얻은 자도 있겠지만 손해를 보는 사람이 더 많거나 적을 수 있다. 그렇지만 윤리적 이기주의가 치료의 능력이 있는 대용품이라고 말하는 사람도 있을 것이다. 왜냐하면 윤리적 이기주의는 모든 자들이 할 수 있는 한 열정을 다해 자신의 이기심을 추구하도록 윤리적으로 부추기고 합리화하기 때문이다. 그러나 이러한 결론 속에 윤리적 이기주의가 피할 수 없는 커다란 윤리적 난제를 담고 있다.

윤리적 이기주의를 변호하는 윤리학자라면 자신이 어떤 형태의 이기주의를 실제로 보편성의 능력을 가진 윤리적 이론이라고 주장할 수 있는지 스스로 한번 물어야 한다. 여기서 그는 다음과 같은 딜레마에 빠지고 만다. 먼저 그는, 각 사람들이 결단상황에서 자신의 고유한, 다시 말해 행동하는 자가 자신의 이익을 추구하는 것이 윤리학자의 관심 속에 놓여 있다는 것을 보여줄 수 있어야만 한다. 그러나 어떤 경우에서든 타인의 이기적 행동

---

87 이에 대해선 A. Dietz, *Der homo oeconomicus*(각주 82)를 비교하시오.

이 윤리학자의 행복에 도움을 주리라는 것을 어떻게 보여줄 수 있겠는가? 확실히 이를 보여줄 수 없다. 다음으로 그는 각 사람의 관심 속에는 모든 결단상황에서 이러한 윤리학자의 관심과 행복을 따르겠다는 관심이 있다는 것을 보여주어야 할 것이다. 그러나 그는 이것을 거의 보여줄 수 없다. 말하자면, 윤리를 위해서 포기할 수 없는 보편가능성의 원칙이 윤리적 이기주의자에게는 풀기 힘든 하나의 난제이다. 이러한 난제는 모든 행동하는 주체들이 이기적으로 행동할 때 모두에게 최고이며 자신의 행복에 기여한다는 주장을 통해서만 해결될 수 있을 것같이 보인다. 그러나 이러한 논제나 논증을 주장하는 자는 사실상 더 이상 이기주의자가 아니라 공리주의자이다. 정확히 말해, 그는 윤리적 이기주의를 공리주의 안에 내려놓는다. 왜냐하면 그는 결정적으로 자신의 이기심이 아니라 만인의 최대행복에 근거해 변론하기 때문이다.

결국 윤리적 이기주의는 윤리적 입장으로 자신을 제시하는 데 실패하였다. 왜냐하면 이는 그 본질상 완전하고도 지속적인 기회균등을 수용할 때만이 보편화의 능력을 가진다고 말할 수 있기 때문이다. 이러한 수용이 쉽사리 위조될 수 있기 때문에 윤리적 이기주의자는 자신이 계속 윤리학자로 머물러 있기를 원하든지 아니면 이기주의자가 되든지 양자택일의 선택 앞에 서게 된다. 그러므로 비른바허(D. Birnbacher)는 이에 대해 적절하게 기술하였다. "이기주의자가-'실천적' 의미에서-선하게 행동하는 것은, 도덕적 원칙에 대한 논의에 관여하지 않는 것이 아니라 그냥 가장 비도덕적인 삶을 사는 것이다. 그런 삶을 사는 자에게 자신의 행동이 도덕적으로 논증될 수 있느냐는 질문은 별로 중요하지 않다."[88]

a-c의 결론) 지금까지 언급한 바와 같이 이기심은 경험론적으로 볼 때 중대하고도 큰 영향을 미치며, 그러므로 숙고되고 부분적으로는 긍정적으

---

88   D. Birnbacher/N. Hoerster(Hg.), *Texte zur Ethik*, München 1976, 167f.

로 평가되어야 할 윤리적 요소이다. 그러나 윤리적 이기주의가 규범적 권위를 갖게 될 때 윤리학은 종말을 고하거나 포기된다.[89]

② 양심[90]

양심은 우리의 문화영역에서 넓게 인정된 규범적 권위이다. 독일기본법은 양심의 자유를 누구도 제한할 수 없는 기본권에 포함시켰다(제4조 1항). 다음과 같은 전제 혹은 관점이 계속적으로 인정될 수 있다.

- 누구에게도 자신의 양심을 거슬러 행동하도록 부추겨서는 안 된다.
- 양심이 잘못된 판단을 내릴 수 있지만 그렇다고 이의 도덕적 구속력이 사라지는 것은 아니다.
- 각 윤리적 주체는 호소든 책망이든, 거절이든 요구든 자신의 양심이 자신에게 말하는 것을 인식하고 판단할 수 있다.

이 세 가지 관점은 쉽사리 서로 결합될 수 없다. 그러므로 당연히 질문해보아야 한다. 어째서 양심이 잘못된 판단을 내릴 수 있을 때도 양심을 거슬러 행동하도록 부추겨서는 안 되는가? 어째서 행위자가 자기 스스로 양심적으로 행동하지 못할 때도 양심은 타인에 의해 존중되어야만 하는가? 권위와 높은 지위를 양심에 부여한 것은 무엇을 뜻하는가?

---

89 윤리적 이기주의는 자기 사랑과 구별해야 한다. 이에 대해선 제1부 5에서 언급하게 될 것이다.

90 이에 대해선 I. Kant, *Die Religion innerhalb der Grenzen der bloβen Vernunft*(1793), 4. Stück, §4; ders., *Die Metaphysik der Sitten*(1797), A 37f. 그리고 A 99ff.; S. Freud, *Das Unbehagen in der Kultur*(1930), in: ders., *GW* Bd. IV, London 1948, 419-506, 특히 482-495; H. Reiner, Art. "Gewissen", HWP Bd. 3(1974), 574-592(문헌 참조); R. Preul, *Religion-Bildung-Sozialisation*, Gütersloh 1980, 187-214; H. J. Eckstein, *Der Begriff Syneidesis bei Paulus*, 1983; G. Ebeling/T. Koch, *Was ist das Gewissen?*, Hannover 1984(EKD-Texte 8); A. Freund, *Gewissensverständnis in der evangelischen Dogmatik und Ethik im 20. Jahrhundert*, Berlin/New York 1994; *Gewissensentscheidung und Rechtsordnung. Eine Themenreihe der KÖV 1997*(EKD-Texte 61); W. Härle, Art. "Gewissen", *RGG*[4] 3(2000), 902-906; J. Römelt, *Christliche Ethik in moderner Gesellschaft. Bd. 1, Grundlagen*, Freiburg/Basel/Wien 2008, 76-112.

양심이라는 개념과 함께 역사적으로 오늘날까지 따라다니며 흘러오는 근본적인 오해가 풀리지 않고서는 이 질문에 대한 만족스러운 대답을 내릴 수 없다.[91] 여기서 말하는 근본적인 오해란, 양심이 한 인간의 규범적-윤리적 확신을 총괄하는 개념이라는 점에서 규범적 권위라는 주장이다. 이러한 오해는 신율, 자율, 타율의 성격에 따라 여러 유형으로 나타난다.

- 신율: 양심이 신율이라는 확신은 알렉산드리아의 필론(주전 25-주후 50)과 중세의 스콜라철학[92] 그리고 피히테(1762-1814)[93]에게 나타난다. 여기서 양심은 인간 내면에 있는 진실하고도 복종해야 할 하나님의 음성으로 이해된다. 그러나 이에 대한 반론은, 양심에 대한 인간의 판단은 서로 뒤섞여, 말하자면 자기 자신의 삶의 역사에 따라 어긋날 수 있다는 점이다.

- 자율: 양심이 국가와 사회의 객체적 확신과 대결하는-헤겔(1770-1831)의 생각처럼-주체적으로 습득된 윤리적 확신으로 인정받는 모든 곳에서, 양심은 자율로 이해된다. 그러나 이에 대한 반론으로, 주체적으로 습득된 윤리적 확신에 영향을 주고 이를 변경하려는 시도가 가능하지 않을까?

- 타율: 양심이 -스펜서(1820-1903), 니체(1844-1900), 그리고 프로이트(1856-1939)의 생각처럼-역사적이며 사회적인 교육과 영향의 결과로 이해되고, 인간을 통해 스스로 도덕적으로 감시되고, 그 결과 경우에 따라 종속되고 병들거나 파괴되는 모든 곳에서, 양심은 타율로 이해된다. 그러나 이는 어떤 경우에도 규범적이고 윤리적으로 유효한 권위가 될 수 없다.

칸트는 이런 점을 매우 강조하면서, 양심은 행동이나 행동규칙이 윤리

---

91 이런 오해에 빠지지 않았던 소수의 사람들로는 루터와 홉스가 있다. "양심은 (선의) 작용이 아니라 이러한 작용을 판단하는 능력에 대한 판단이다"(M. Luther, *WA* 8, 606, 32-34). "한 사람의 양심은 자신에 대한 판단이다"(Th. Hobbes, *Leviathan*, Hamburg 1996, 274).

92 양심(Synteresis 혹은 Synderesis)이라는 표현을 통해 이에 대한 이론을 제시하였다. 이는 아마도 히에로니무스가 잘못 옮겨 쓰면서 발생한 문제라고 생각된다. 이 주장이 의미하는 바는, 하나님은 인간에게 천부적으로 선과 악에 대한 지식과 이 지식을 선하게 행할 수 있는 능력을 주셨다는 것이다. 이에 대해선 K. Hilpert, Art. "Gewissen II", in: *LThK*³, Bd. 4, 1995, 622f.

93 J. G. Fichte, *Die Bestimmung des Menschen*(1800), in: ders., *Sämtliche Werke*, Bd. 2, (1845) 1965, 298.

적으로 올바른지 질문할 결정권을 가지고 있지 않다고 주장한다. 이것이 실천이성의 과제일지라도 마찬가지이다. 양심이 중시하는 것은 내가 나의 행위를 "판단을 위한 목적(Behuf)으로 나의 실천적 …이성"과 비교했었는 지 묻는 것이다. 그리고 여기서 "나는 실천적 이성에 속하지 않는다. 왜냐 하면 나는 결국 실천적으로 전혀 판단하지 않았어야만 했기 때문이다."[94] 칸트가 이렇게 주장하면서 다른 방향을 향해 발걸음을 옮긴다. 즉 단지 양 심이 판단하는 것은, 행동의 내적 실험이 실천이성의 규범의식의 도움을 받아 이루어졌는지 그리고 이러한 판단이 근본적으로, 다시 말해 "전적으 로 목적성"을 가지고 시도되었는지를 묻는 것이라고 칸트는 생각한 것 같 다.[95] 그러나 만약 그가 옳다면, 부정적 결과를 가져왔을지라도 조심스럽게 우리의 행동을 자신의 윤리적 선함에 근거해 검토했다면, 우리는 선한 양 심을 가지고 있다고 말할 수 있을 것 같다. 그러나 이는 옳지 않다. 양심은 사실성과 조심스러운 검토만이 아니라 그 결과와 관계를 맺고 있다. 그렇 다면 양심이란 무엇일까?

여기서—아주 자주—양심이라는 단어가 가지고 있는 언어학적 뿌리가 중요한 단서를 제공한다. 양심이라는 단어(헬라어: συν-είδησις, 라틴어: con-scientia, 독일어: Ge-wissen)는 동일한 구조를 가지고 있다. 양심이라는 그리 스어와 라틴어는 함께 공유하고 있는(συν/con) 지식을 문제 삼고 있음을 보여준다. 그러나 이는—이것이 양심의 특징이라고 하겠지만—자기 스스 로 가지고 있는 공유—지식이다. "나는 양심을 가지고 있다"라는 말은 "나 는 나 스스로를 함께 아는 자(Mit-Wisser)"라는 의미이다. 그러나 이는 너무 자세한 설명 없이 말한 것이다. 양심에서 인간은 세 가지 방식으로 자기 자 신을 함께 아는 자이다.

- 그는 자기 스스로 특정한 행위를 할 수도 있고 안 할 수도 있으며, 또한

---

94 I. Kant, *Metaphysik der Sitten*, *Tugendlehre A*, 38.
95 I. Kant, *Die Religion innerhalb der Grenzen der bloßen Vernunft*, Königsberg 1793, A 288.

그런 의지를 가질 수 있다. 즉 그는 자신의 고유한 행동을 안다. 이것이 행동과 연관된 자기의식이다.

- 그는 특정한 행동의 이행이나 불이행을 선 혹은 악, 옳거나 그릇된 것이라고 판단한다. 즉 그는 자신만의 고유한 윤리적 확신을 알고 있다.[96] 이것이 규범과 연관된 자기의식이다.[97]

- 그는 자신이 계획하고 실행한 행동[98]과 자신의 윤리적 확신 사이에 일치나 모순이 존재한다는 것을 안다. 즉 그는 행동과 관련된 의식과 규범과 관련된 의식의 관계에 대해 안다. 이 후자가 바로 "양심의 소리"이다. 이는 일반적으로 자신의 고유한 행동이 자신이 윤리적으로 선하고, 옳고, 요구된 것으로 생각하는 것과 모순된다고 느끼거나 알게 되었을 때 표출된다. 물론 자신이 윤리적으로 비난을 받고, 잘못되었거나 금지되었다고 생각하는 것과 일치할 때도 마찬가지이다.

칸트의 영감을 받은 양심이해와 양심에 대한 "전통적인 오해" 사이에 존재하는 차이가 어디에 있으며 또한 그 차이가 어떤 의미를 갖는지 이로써 분명해진다.

- 양심은 행위의 윤리적인 질 그 자체를 판단하지 않는다. 그 대신 양심은 자신의 고유한 윤리적 규범의식과 일치(불일치)하는 기준에 근거해 행위의 윤리적 질을 판단한다.

- 다른 사람의 윤리적 의식이 잘못되었다고 판단해서, 논증을 통해 그 사람에게 영향을 주려고 시도하면서 한 사람의 윤리적 확신과 관련되어 있는 양심판단을 무시하고, 은폐하고, 생각을 바꾸려고 시도해서는 안 된다. 왜냐하면 그렇게 될 경우 그 자신이 옳다고 생각하는 것과 충돌하게 만들기 때문이다. 즉 자신이 생각하는 확신과 다르게 행동하게 된다. 첫 번째 경우에서 사람들은 자신이 생각하는 윤리적 확신을 실효성과 유효성에 맞추어 검증하게 된다. 이것은 비판적 확인의 행동이다. 이에 반해 다른 경

---

96 이는 불명료함, 불확실성, 애매성을 제외하지 않는다.
97 이는—위에서 제시한 바와 같이—종종 양심과 혼동되거나 동일시된다.
98 양심이 계획된 행동과 관련될 때 "선결적 양심"(conscientia antecedens)이라고 부르고, 이미 벌어진 행동과 관련될 때 "후속적 양심"(conscientia consequens)이라고 부른다.

우는 내적인 모순, 말하자면 정체성의 갈등에 빠지게 된다.

- 결국 양심은 각 개인이 자신의 구체적인 결단과 행위의 상황에서 행한 것이 자기 스스로 윤리적으로 옳다거나 잘못이라고 생각하는 것과 일치 혹은 모순되는지를 검토한다.

양심
자기검증과 자기평가

윤리적 반성, 논증, 판단형성 →　　윤리적 규범의식　　행위의식　　← 자기인지, 자기경험 등

한 가지 더 설명하고 확인해야 할 중요한 것이 있다. 일반적으로 어떤 사람이 선한 양심에 따라 행동했다고 사람들에게 알리거나 신고하지 않는다. 그 이유를 다음과 같이 설명할 수 있겠다. 우리가 행동한 것과 우리가 윤리적으로 옳다고 생각하는 것 사이에서의 일치는 특별한 것도, 높은 관심이 필요한 것도 아니기 때문이다. 이에 반해 내적 분열과 대립의 신호를 보내는 양심의 가책은 대부분 자기 스스로 알리거나 온몸에 넓게 퍼지는 증상들(빠른 심장박동, 홍조, 말더듬, 축축한 손, 발한, 불면증, 식욕저하 혹은 심각한 신체적 질병에서 마비증상에 이르기까지 자율신경계에 미치는 영향이나 방해)을 드러낸다. 사람들은 자신의 내면에서 들려오는 경고와 호소를 장기간 무시하면서 자신의 양심에 대해 (거의) 침묵할 수 있다. 반대로 생각해서 사람들이 양심을 깨우고, 자극하거나 교육하거나 교화할 수 있는 것과 같다. 후자의 것은 교회적이며 교육적인 중요한 과제이다. 이 과제가 목적으로 하는 바는 많은 사람이 행동 중에 가능하다면 양심의 가책을 받도록 만드는 데 있는 것이 **아니라** 자신의 윤리적 확신을 가지고 정중하면서도 책임적인 관련을 맺도록 하는 데 있다.

그런즉 양심은 윤리적인 검토를 위해 필요한 권위요 경고음으로 매우 중요하다. 그런 만큼 이는 그 스스로 규범적 권위가 아니라 스스로 이러한 규범적 권위에 의지하고 이를 참조하도록 지시한다. 이는 마치 인간의 도덕적 감정이나 직관 혹은 실천이성과 같이 자동적인 규범적 권위같이 보인다. 자동적인 규범적 권위에 속한 '후보군'을 검토해보자.

③ 도덕 감정[99]

샤프츠버리 경(Lord Shaftesbury: 1671-1731)은 "도덕 감정", 즉 감정적인 윤리적 판단능력이라는 개념을 계몽윤리학에 수용하고 이론적으로 정리하였다. 그의 주장에 따르면 "도덕 감정"이란 인간이 날 때부터 갖고 태어난 "선악"에 대한 특별한 감정이다. 스미스(A. Smith: 1723-1790)와 흄(D. Hume: 1711-1776)도 도덕적 판단들은 인간이 이성이 아니라 감정 안에 뿌리를 두고 있다고 보았다. 그러나 이의 기원은 하나의 특별한 도덕적 감정이 아니라 동정심과 같은 보편적 감정이라고 주장하였다. 두 입장 모두 감정의 확신을, 그것이 선과 악, 법과 불법을 위해 특별한 의미를 갖든 아니면 윤리적 안내능력으로 이해되든지 간에, 인간 안에 있는 규범적이며 윤리적인 권위라고 생각한다. 여기서 동정과 불의에 대한 분노가 표출된다. 윤리적 선과 의가 도덕적 감정을 통해 추론되기 때문에 윤리학은 여기서 감정의 사건이 된다.

이러한 이론이 미친 영향력을 생각해보면 도덕 감정 혹은 동정심에 대한 수많은 사례가 떠오른다. 그러나 그중 여러 사례는, 이러한 이론들이 다양한 사람들 사이에서 다양하게 발전해왔다는, 다시 말해 이에 대한 다양한 반응을 보여왔다는 것을 보여준다. 그러므로 인간은 그 본성상 공감, 동정, 정의감과 같은 윤리적으로 중요한 감정들을 소유하고 있다고 하겠다. 그러나 자신의 마음을 감추지 못하는 어린아이들에게 분명하게 관찰할

---

99 이에 대해선 A. A. C. Shaftesbury(Third Earl of), *A. Letter concerning Enthusiasm to My Lord Somers*, London 1708; ders., *The Moralists. A. Philosophical Rhapsody*, London 1709; dt. *Ein Brief über den Enthusiasmus. Die Moralisten*, Hamburg 1980²; A. Smith, *The Theory of Moral Sentiments*, London 1759; dt.: *Theorie der ethischen Gefühle*, (1770) Hamburg 1977; J. Rohls, *Geschichte der Ethik*, Tübingen 1991, 258-267.

수 있듯, 마찬가지로 인간은 시기, 질투, 남의 불행에 기뻐하는 마음, 고통을 주며 쾌감을 느끼는 것과 같은 부정적 감정을 가질 수도 있다는 것에도 동의하게 된다. 그렇기에 다음과 같은 질문이 제기된다. 사실상 도덕 감정을-그것이 어떤 모습이든지 간에-규범적인 윤리적 권위로 보는 것은 문제가 되지 않을까?

실제로 이러한 윤리적으로 부정적인 감정의 활동들은 도덕 감정을 다른 영역에 위치시키는 그런 이론과 통합될 수 있다. 그러므로 도덕 감정은 심판관의 일종이며 비판적으로 그런 감정에 관여할 수 있다. 그럼에도 불구하고 도덕 감정은 신뢰할 만한 규범적 권위와 구별된다. 왜냐하면 우리는 뒤늦게 도덕 감정이 우리에게 잘못된 기준을 제공하거나 잘못된 방향으로 행동하도록 인도한다는 것을 드물지 않게 깨닫기 때문이다. 그 대표적 사례가 개발도상국의 어려움이나 신체적으로 장애를 가진 어린이를 외면하는 일 등이다.[100] 이와 관련해 선의 반대말로 "선의"(das gut Gemeinte)라는 말이 사용된다. 선의란 자발적인 감정적 동요에서 시작되었으나 그 결과나 실제적 영향에 대해서는 함께 생각하지 않는 것이다. 더욱이 이미 고대의 수사학이 알고 있었지만, 감성에 영향을 받은 윤리적 충동이 어떤 전망과 수단과 맥락에서 하나의 "사건"으로 제시되는지를 대중매체의 시대를 살고 있는 우리도 알고 있다.

도덕적 감정이 규범적이며 윤리적으로 최종심급의 역할을 하느냐는 질문에 대해선 분명히 대답할 수 없을지라도, 두 가지 관점에서 이의 중요성을 말할 수 있다.

- 한편으로 도덕적 감정은, 어느 주장이 아무리 논증을 통해 확실하게 제시되고 합리적으로 잘못이나 오류를 (아직) 발견할 수 없을지라도, 특정한 상황에서 윤리적으로 "무언가 맞지 않는다는 것"을 마치 지진계와 같이

---

100 이 두 경우에 도덕 감정 혹은 동정심이 일반적으로 도움을 주도록 촉구한다. 그러나 이러한 도움의 손길은 중장기적으로 문제가 되거나 파괴적인 행동임이 증명된다. 왜냐하면 이는 자신이 스스로 자신을 도우려는 동기와 능력을 서서히 파괴하기 때문이다.

보여줄 수 있다. 사람들은 자신의 마음에서 떠나지 않는 이런 감정을 신뢰해야만 한다.

- 다른 한편 도덕적 감정은 인간의 상호관계에서 포기할 수 없는 윤리적 행동양식의 한 요소이다. 흔히 비유적으로 "마음"이라고 칭하는 감정이나 감동과 함께하지 않고서는 윤리적으로 정당한 행동은 냉정하거나, 아마도 매정하고 계산적인 것이 되고, 이로 인해 자신의 본질적인 요소를 상실하게 될 것이다.

④ 직관[101]

"직관"(Intuition)은 라틴어 동사 "인투에리"(intueri: 보다, 관람하다, 관찰하다, 전망하다, 일별하다)에서 유래한 개념으로, 원칙을 토대로 이론적으로 판단하거나 감정적으로 논증하는 대신 즉흥적이며 전체적으로 받은 느낌에 따라 추론하는 도덕적 판단의 한 형태이다. 인간이 갈등상황에 빠지거나 돌발적 사고에 관해 듣게 되었을 때 또는 이를 다른 방식으로 경험하게 되었을 때, 그것이 잘못이고 옳지 않다며 느낀 바를 즉흥적으로 표출하게 된다.

그렇다면 이런 직관적인 도덕적 판단은 어디서 오는 것일까? 도덕적 판단은 사람들마다 또한 인생의 단계마다 동일할 수 없기에, 직관이 선천적인 규범적 권위, 말하자면 올바른 "윤리적 방향"을 가리키는지를 측정하는 선천적으로 주어진 윤리적 "잣대"로 생각할 수 있을는지는 확실치 않다. 심리학적 연구는, 이러한 직관적 판단은 특별히 긍정적이든 부정적이든 자신이 어린 시절에 경험한 생생했던 추억을 통해 얻어지거나 형성된다고 추측한다. 또래 친구와 부모, 양육자, 그리고 교사 또는 매스컴을 통해 경험된 도덕적 규칙 외에 윤리적 확신이 형성되는 두 번째 길 혹은 관점이 있다. 바로 깊은 인상을 받았던 추억에 대한 회상이다. 사실상 시각적인 체

---

101 이에 대해선 Th. Kobusch, Art. "Intuition", in: *HWP* 4(1976), 524-540; M. R. de Paul/W. Ramsey, *Rethinking Intuition. The Psychology of Intuition and its Role in Philosophical Inquiry*, Landham, Md. 1998; J. Fischer, "Sittliche Intuition und reflektives Gleichgewicht", in: *ZEE* 44(2000), 247-268과 A. Zeyer, "Der Altruisus des Priamaten. Neurobiologische Grundlagen der Intuition", in: *ZEE* 45(2001), 302-314.

험과 가치를 평가하는 교육학적 입장이 통일성을 이룰 때 교육학적-규범적 관점은 시각적-직관적 관점과 결합된다. 그러나 이 둘은 떨어져 존재한다. 체험이 직관적 가치가 되고 그러한 것으로 각인될 정도로 행복을 주기도 하고 충격적인 것일 수도 있다.

그러나 이것이 보여주는 바는, 이러한 직관들은 각각의 사회화를 통해 경험되고 취득되며, 그런 점에서 신뢰할 만한 규범적 권위가 아니라는 사실이다. 이것이 얼마나 신뢰할 만한지는 이를 중재하고 해석하는 환경의 윤리적 질에 달려 있다. 그러므로 직관들은 보편가능한 윤리적 규범을 통해 검증과 감독하는 것이 필요하다. 도덕 감정과 매한가지로 직관도 도덕적 지표로서 중요한 의미를 가지며, 이에 못지않게 진지하게 고려되어야 하고, 사실 종종 도덕 감정과 뗄 수 없는 통일성을 이룬다. 그러나 이러한 직관과 유효성을 인정받는 규범 사이에 하나의 반성적 균형[102]이 이루어질 때 비로소 윤리적 결단을 위한 규범으로 적합하게 된다. 그러한 도덕적 직관은 규범적이며 윤리적인 권위에서 제시된 요구를 성취하지 못한다.

⑤ 실천이성[103]

규범적인 윤리적 권위로서 실천이성을 추천한다. 이는 윤리적 관점에서 이성을 행위와 관련시킨다. 왜냐하면 실천이성은 양심, 도덕 감각, 그리고 직관을 전제할 뿐만 아니라 이를 의지하기 때문이다. 이는 선악에 대한

---

102 이 개념은, 윤리적 판단은 원리에서 연역되거나 각 경우에서 귀납되는 것이 아니라 "연역적 규칙과 각각의 귀납적 단서의 상호작용"을 통해 균형을 이루고 그렇게 확인된다는 넬슨 굿맨의 귀납적 판단형성에 대한 주장으로 인도한다. N. Goodman, *Tatsache, Fiktion, Voraussage*(위의 각주 44, 84-96, 여기서는 89). 이에 대해서는 N. Daniels, *Justice and Justification. Reflective Equilibrium in Theory and Practice*, Cambridge 1996; J. Fischer, *Theologische Ethik. Grundwissen und Orientierung*, Stuttgart 2002, 239-250을 참조하시오. 실제적으로 이러한 방법론에서 귀추법적 추론에 이르게 된다(제1부 1, 각주 30을 보시오). 귀추법적 추론은 귀납적이고 연역적인 추론에 맞서 자신의-윤리적인 것을 포함한-의미를 말하자면 "데이터와 가정의 관계성"(Goodman, a.a.O, 110) 안에 둔다.

103 이에 대해선 I. Kant, *Grundlegung zur Metaphysik der Sitten*, 1785; ders., *Kritik der praktischen Vernunft*, 1788; M. Bremer u.a., Art. "Vernunft: Verstand", in: *HWP* 11(2001), 748-863을 참조하시오.

반성적 판단만이 아니라 결과와 연관성을 숙고하게 한다. 이 모든 것은 실천이성의 성과능력과 긍정적인 영향력에서 나타난다. 다음과 같은 칸트의 말은 정당하다. "모든 도덕적 감성이 없이는 인간도 없다. 왜냐하면 감정에 대한 감수성이 완전히 없는 자는 이미 도덕적으로 죽었다고 말할 수 있기 때문이다." 그러나 "도덕적 감정은 (쾌락과 혐오와 같이) 인식을 포기한 채 단순히 주체적인 것인 양 존재하는 것이다"[104]. 이에 반해 이성은 인식을 선사한다.

"도덕 감정"과 "직관"을 향해 제기되었던 이의를 규범적인 윤리적 권위로서의 실천이성을 향해서도 제기할 수 있다. 실천이성의 내용적 방향도 우리가 신뢰할 만한 규범적 권위로 평가하기에는 너무 다양하고 자기 모순적인 것이 아니냐는 질문이 가능하다. 사실상 실천이성에 호소하는 것이 도덕 감정이나 직관에 호소하는 것보다 더 명확하고도 분명한 결론을 촉진한다고 볼 수 없다는 주장은 옳다. 그렇지만 이 둘 사이에는 분명한 차이가 존재하며, 실천이성은 이러한 차이를 인식하고 구성적으로 변화시킬 수 있다. 반면 도덕 감정과 직관은 이러한 인식과 변화의 능력을 가지고 있지 않다. 거기에는 실천이성의 고유한 특징인 교정능력이 결여되어 있다. 물론 실천이성 역시 인식하는 주체에게서 명료함과 확실성을 만들어낼 능력을 가지고 있지 않으며, 이런 능력을 나타내야만 한다. 그러나 실천이성은 자신이 얼마나 진리와 접근해 있는지를 검토하기 위해 다양한 관점과 입장을 수용한다. 도덕 감정이나 직관은 이를 해낼 수 없다.

실천이성은 보편가능성의 원칙을 수단으로 삼아 선의 인식을 위해 필연적이면서도 충분치 않은 조건을 언급한다. 결국 실천이성이 단지 부정적 인식으로 안내할 수 있다는 통찰이, 실천이성을 통해 자기 스스로 인식할 수 있는 규범적 권위로서의 실천이성의 한계에 속한다. 이에 대해선 정언명령을 다루면서 이미 제시한 바 있다.[105] 실천이성은 어떤 행위가 선한

---

104 I. Kant, *Metaphysik der Sitte*, 1797, Tugendlehre A. 37. 여기서 인용한 두 문장은 칸트의 책에서는 그 역순으로 기록되어 있다.

지 그렇지 않은지, 다시 말해 보편화의 능력을 갖지 못한 행위인지를 말한다. 그러나 실천이성은 어떤 행위가 윤리적 의미에서 선한지 자기 스스로 말하지 않는다. 왜냐하면 실천이성은 이를 위해 단지 보편가능성이라는 필연적이지만 충분치 못한 기준만을 제시할 수 있기 때문이다. 이러한 점에서 분명 칸트는 실천이성의 규범적인 윤리적 실행능력이 제한되어 있다는 것을 인지하지 못했다. 그러므로 나의 판단으로 칸트는 실천이성의 의미를 과대평가하였다. 칸트는 로크(1632-1704)와 함께 또한 데카르트(1596-1650), 스피노자(1632-1677), 라이프니츠(1646-1716), 그리고 볼프(1679-1754)의 합리화된 계몽철학과 비판적인 거리를 두면서 본유관념(ideae innatae)이란 존재하지 않으며, 윤리적 관점에서 보아도 마찬가지라고 정당하게 주장하였다. 그뿐만 아니라 칸트는 도덕 감정을 규범적인 윤리적 권위로 수용하려는 태도에 대해서도 정당하게 논박하였다. 그러나 그는 이로 인해 증명된 규범적 결함을 자신의 입장에서 설득력 있게 완결하지는 못했다.

칸트의 도덕철학적 주장이 담지하고 있는 한계를 진지하게 받아들인다면, 실천이성은 모든 윤리적 요청과 요구를 시험하기 위해 필요한 최고의 가치를 가진 비판적 권위이지만 그 자체로 규범적 권위일 수는 없다고 말해야만 할 것이다. 여기서 이성은-그 단어가 가지고 있는 원래의 의미 그대로-규범적 권위를 인지하는 기관으로 이해되어야 한다. 이에 대해 최소한 **추론**을 통해 긍정적으로 대답할 수 있기 위해서이다.

그 외에도 인간의 이성은 구체적으로 이익, 의도, 영향에서 절대 자유로울 수 없다는 것을 생각해야만 한다. 이러한 것들이 부분적으로 이성의 전제이기도 하지만 부분적으로는 이성이 거기에서 전적으로 자유로울 수 없는 선입견이기도 하다.[106] 더욱이 이성이 선입견에서 자유로울 수 있어야

---

105 위의 3.4②를 보시오.

106 이성의 이러한 측면에 관해선 J. Habermas, *Erkenntnis und Interesse*, Frankfrut a. M. 1968
을 보시오. 그 사이 고전이 된 이 책은-퍼스, 딜타이, 그리고 프로이트에 기대어-인식론을
위해 중요한 인식으로 인도하는 관심목록을 풍부하게 제시하였다.

하는데, 이는 이성의 비판적 기능을 통해 가능하다. 이성의 비판적 기능을
포기할 수는 없다.

3.6.4 신율 규범적 권위[107]

타율적 권위나 자율적 권위에서 설득력 있는 규범적인 윤리적 권위를
사실상 발견하지 못했다. 타율적 권위는 행위주체의 **고유한** 인식으로 인
도하지 못하고, 결국 윤리를 획득하지 못했다. 그러나 이는 정당하게 주체
와 **규범적 권위**가 구별되어야 함을 제시하였다. 자율적 윤리는 윤리를 위
한 규범적 권위로 존재할 수 있기 위해 무엇을 성취해야만 하는지 밝혀내
지 못했다. 그러나 이는 중요한 요소(도덕 감각과 직관과 같은)나 중요한 비판
적 권위(양심과 실천이성과 같은)를 제시하였다. 이에 반해 신율적 권위가 자
율적이며 타율적인 이론이 가지고 있는 진리의 요소를 받아들이면서도 이
의 문제점을 피하거나 극복할 수만 있다면 설득력 있는 대답을 제공할 수
있을 것이다.[108]

① 자연법과 관습법[109]

문헌들을 훑어보면 "자연법"과 "관습법"과 같은 개념들은 놀라울 정도
로 다양하고 불확실하다는 것을 배우게 된다. 그러므로 여기서는 이에 대
해 간략하게 설명하는 것으로 만족해야 할 것 같다. 나는 "자연법"과 "관습
법"이란 개념을, 개인의 도덕적 입장과 한 사회 특히 국가의 중요한 실증
법이 여기서 벗어나거나 이와 어긋날 때에도(그리고 바로 그럴 때), 유효한 것

---

107 이에 대해선 P. Tillich, "Die religiöse Substanz der Kultur", in: ders., GW Bd IX, Stuttgart
1967; F. W. Graf, *Theonomie*, Gütersloh 1987, 특히 39ff.; E. Feil, Art. "Theonomie", in:
HWP 10(1988), 1113-1116; P. Haigis, *Im Horizont der Zeit, Paul Tillichs Projekt einer
Theologie der Kultur*, Marburg 1998, 특히 68-70과 84-87.

108 이에 대해 슈미트와 쉬슈코프의 철학사전은 다음과 같이 말한다. "도덕성의 자율성이 도덕
적 사건 속에서 하나의 고유한 입법을 전제하는 동안, 신율은 자율을 지양하지 않는다는 점
에서 이에 대한 반대가 아니다. 신율은 인간이 자신의 고유한 가능성을 초월해 신적인 것을
포섭한 후에 도덕적 실현을 위해 계속해서 전진하는 발걸음이다"(Schmidt/Schischkoff, Art
"Theonomie", 577).

으로 전제되는 기본적인 윤리적 규범구조 모두를 통틀어 요약해 사용한다. 즉 자연법과 관습법은 인간이 이를 제정함으로 자신의 유효성을 얻게 된 그런 법이 아니다. 오히려 이는 괴테(Goethe)가 "파우스트"의 마지막 장면에서 멋지게 표현한 것과 같이 "우리와 함께 태어난" 법이다.

일반적으로 자연법사상은 실패한 불법국가를 향한 윤리적 혹은 법적 판단이 유효한 것으로 간주될 때 특별한 명료성을 얻게 된다.[110] '법이 없다면 처벌도 없다'[111]는 중요한 법적 원칙도, 범죄행위가 "실증적", 말하자면 제정된 유효한 법적 질서에 의해 은폐되는 곳에서는 적용될 수 없다. 이런 경우에 형법상의 소추가 법과 정의에 대한 감정과 명백히 위배된다는 이유로 포기되지 않는다면 소위 초실증적인 법과 원칙이 요구되어야만 한다. 이것이 바로 자연법이나 관습법이다. 혁명운동도 이러한 자연법(가령 인권의 형태로)에 호소하고 자신의 요구와 혁명적 활동을 정당화하기 위해 이에 의지한다.

그런 자연법이 존재한다는 사상은 이미 그리스-로마의 고대사회에서 시작되었다. 이 사상이 전제하는 바는, 인간적 삶의 지침을 제공하는 이성(λόγος)이 세상(κόσμος)을 인간을 구속하는 "신적 계율"로 통치한다는 것이다.[112] 이러한 사상은 소피스트와 스토아철학자들에 의해 수용되고 더욱

---

109 이에 대해선 E. W. Böckenförde/F. Böckle(Hg.), *Naturrecht in der Kritik*, Mainz 1973; O. Höffe, *Naturrecht ohne naturalistischen Fehlschluss*, Wien 1980; ders., *Gerechtigkeit. Eine philosophische Einführung*, München 2001, 40-46과 49-53; M. Honecker, *Einführung in die Theologische Ethik*, Berlin/New york 1990, 107-125; F. Ricken/F. Wagner, Art. "Naturrecht", in: *TRE* 24(1994), 132-185; R. Bubner, *Welche Rationalität bekommt der Gesellschaft? Vier Kapitel aus dem Naturrecht*, Frankfurt a. M. 1996; Ch. Schröer, Art. "Sittengesetz", in: *LThK*, B. 9, 2000, 639; K. Stock, Art. "Sitte/Sittlichkeit", in: *TRE* 31 (2000), 318-333; W. Sparn, Art. "Sittengesetz", in: *RGG*⁴ 7(2004), 1356; W. Härle/B. Vogel(Hh.), *"Vom Rechte, das mit uns geboren ist". Aktuelle Probleme des Naturrechts*, Freiburg/Basel/Wien 2007; dies.(Hg.), *Begründung von Menschenwürde und Menschenrechten*, Freiburg/Basel/Wien 2008.

110 이에 대해선 크로이터의 기초적인 연구를 참조하시오. J. Kreuter, *Staatskriminalität und die Grenzen des Strafrechts*, Gütersloh 1997.

111 라틴어: "nulla poena sine lege."

112 이러한 주장에 대해 Heraklit, *Fragmente*(위의 제1부 1, 각주 5) 103f. 그리고 107, Nr. 49.

발전하였다. 스토아-키케로주의 전통[113]에서 자연법의 다섯 가지 고전적 기본원칙이 형성되었다.

- 누구에게도 해를 끼치지 말라(neminem laedere)

- 각자에게 그의 것을 주라(suum ciuque)

- 명예롭게 살라(honeste vivere)

- 신을 섬기라(deum colere)

- 언약을 지키라(pacta sunt servanda)

이를 처음 들을 때 매우 분명한 것처럼 들리지만, 사실은 그 내용이 명확히 규정되어 있지 않으며 더욱이 많은 예외를 허락하고 있다. 우리가 어디로부터 이런 원칙을 알게(알 수 있게) 되느냐고 묻는다면 고전적 자연법은 이렇게 대답한다. 그것은 실천이성에서 온다.[114]

로마서 2:14-16에서 바울은 이 주장을 받아들인다. 이를 전제로 바울은, 시내산에서 받은 율법을 갖지 아니하고 모르는 이방인들도 율법이 요구하는 바가 자기 마음에 적혀 있으며, 그들의 양심이 이를 증거하고, 그 생각들이 서로 고발하거나 변호한다고 주장한다. 거기서 바울은 정형화된 자연법을 주장하는 것이 아니라 한편으로는 단지 율법에 상응하는 이방인들의 행실과 다른 한편으로는 이의 양심의 호소가 이에 대한 증거라고 말한다. 또한 이방인은 하나님의 뜻을 매우 많이 알고 있으며, 모세의 율법이 없이도 선악을 알며, 그런즉 하나님이 그들의 무지를 책망하지 아니하신다는 것이다. 이러한 연장선상에서 아우구스티누스에 의해 자연법사상이 처음으로 체계화되었고 종교개혁자들도 후에 다시금 이와 연관을 맺었

---

113 이 원칙들은 이미 제1부 3.3에서 언급한 "선을 행하고 따르며 악을 멀리해야 한다"는 기본원칙에 덧붙여 제시된다.

114 계몽시대 이후 자연법의 강조점이 이성법으로 넘어가게 되었다.

다. 즉 그들은 세상을 지배하는 율법(νόμος)을 하나님의 율법에 대한 성서적 주장에 근거해 명시적으로 이해하였다. 자연법은 세상과 인간을 위한 하나님의 선한 질서이며, 하나님이 창조하신 인간은 이러한 자연법을 인식할 수 있지만 죄로 인해 이에 대한 지식과 인식이 어두워지게 되었다는 것이다. 그러므로 자연법을 인식하기 위해선 하나님의 계시가 필요하다. 그리스도교 윤리학은 바로 이러한 바울과 아우구스티누스의 입장에 서 있다.

이에 반해 스콜라 철학, 특히 토마스 아퀴나스는 "범죄" 후에도 자연법과 관습법을 인식할 수 있는 인간의 능력을 강조하였다. 더욱이 스콜라 신학과 로마–가톨릭의 교리는 이성을 신뢰할 만한 것으로 해석할 수 있는 권한이 자신들에게 있다고 주장하였다. 그러나 근대의 이성은, 이러한 권한을 인간이 자신을 위해 스스로 요청하고 실천이성의 도움을 받아 자연법과 관습법을 독립된 것으로 해석함으로 이러한 생각에서 해방되었다(그로티우스: 1583-1645, 푸펜도르프: 1632-1694; 루소: 1712-1778).

이제까지 자연법과 관련시켜 그리스도교의 교리에서 논증되고 정당화된 것들, 예컨대 식민지 정책, 노예제도, 원주민 인디언의 억압, 인공피임 금지 혹은 교회의 직제에서 여성의 배제[115] 등을 되돌아본다면 아우구스티누스적–종교개혁적 회의(懷疑)가 신뢰성을 얻게 된다.

그러므로 "자연법"과 "관습법"이라는 개념은 모든 도덕적 관점과 법적 질서의 비판적인 윤리적 검증이 필요하다는 것을 보여준다. 이와 더불어 이 개념은 이러한 관점과 질서를 초월하는 규범적인 윤리적 권위만이 아니라 결국 자연법과 관습법의 수여자로서의 하나님에 대해 생각해볼 것을 지시한다. 그러나 어떻게 우리가 이러한 권위를 이해하며 이의 규범적 기

---

115 예수는 남자였다거나 예수는 자신의 사역을 위해 단지 남자들만을 자신의 제자로 불렀다는 사실에 의지해 교회의 직제에서 여성을 배제하는 일이 최근에 발생하였다. 만약 그런 논리라면 예수는 유대인이었고 단지 유대인들만을 자신의 사역을 위한 제자로 불렀다는 사실을 실제적으로 적용해야만 할 것이다. 만약 그런 주장을 받아들인다면 단지 유대인만이 사제나 감독직으로 임명될 수 있어야 한다. 예수와 그의 제자들이 유대인이라는 것은 그들이 남자로 파송되었다는 것보다 덜 본질적이지 않다. 그 역이 문제가 된다.

능을 수용할 수 있을지 대답할 수 없다. 우리는 여기서 "범사에 헤아려 좋은 것을 취하라"(살전 5:21)는 말씀을 경시해서는 안 된다.

② 하나님의 자기계시

자연법과 관습법 사상에 대한 숙고를 통해 하나님의 뜻을 규범적 권위로 이해해야 한다는 새로운 문제를 안게 되었다. 이는 하나님의 권위가 지상적 현실의 창조적 기원이고 동시에 완성을 향해 가는 목적이라는 것과 하나님이 어떤 뜻을 가지고 계신지를 나타낸다. 더욱이 이러한 권위의 인식은-아무튼 복음주의적 확신에 따르면[116]-인간의 죄로 인해 어두워지게 되어서 결국 하나님을 통한 계시가 필요하게 되었다. 그러나 계시를 통해 하나님의 새로운 뜻이 알려진 것이 아니라, 인간이 하나님과 세계에 대한 올바른 인식을 얻게 되고 더불어 언제나 타당하신 하나님의 뜻을 인식할 수 있게 된다. 이는 결코 하나님의 본질과 활동에 대한 진술만이 아니라 동일한 방식으로 여기서 도출된 세계, 특히 세계 안에 존재하는 인간의 기원, 창조성 그리고 특징에 대한 진술이다. 하나님 앞에서 만인의 평등과 같이-경험론적으로 문제가 되고 있는 모든 불평등에도 불구하고-근본적이면서도 윤리학의 기초가 되는 관점들이 여기에 속한다. 하나님과 그분의 계시와 관련을 맺음으로 얻는 대가와 이로 인해 얻게 될 이득은 모두 다마찬가지로 크다. 많은 사람들에게는 너무 큰 것이다. 이것이 의미하는 바는, 규범적 윤리학은 이미 규범적 권위에 근거하고 있으며, 윤리적 규범을 논증하기 위해 종교적 기초에 의지하고 있다는 사실이다. 이를 세 가지 관점에서 제시할 수 있다.

• 권위의 근거와 관련해: 규범적 권위가 인간현존의 창조적 근거와 동일한

---

116 이러한 관점은 지난 세기 교황의 칙서에서 아주 분명하게 수용되고 고려되었다. 이에 대해선 E. Herms/L. Žak(Hg.), *Grund und Gegenstand des Glaubens nach römisch-katholischer und evangelisch-lutherischer Lehre. Theologische Studien*, Tübingen 2008, 특히 164-178.

것이라면, 윤리적 규범은 단지 낯선 율법(타율)이나 인간의 실제적 존재(이런 의미에서 자율에서)가 아니라 하나님이 주신 자신의 본질(신율)에서 도출된다. 즉 윤리적 규범은 인격적 존재인 인간에게 먼저 주어지고 부과된 것으로, 인간은 이를 성취할 수도 있고 그르칠 수도 있다.

- 권위의 **대상**과 관련해: 규범적 권위가 인간에게 외면적이며 상징적인 형태로 드러날 때, 그는 자신의 원천적이며 최종적인 특징을 인식하게 되고, 자신에게 약속되고 제공된 것을 인식하기 위해 필요한 것을 채우지 못했다는 과오를 다시 발견하게 된다. 윤리적 과실은 인간이 자신을 이해하는 데 결정적으로 영향을 미치기 때문에, 자신의 과실을 내적으로 극복하지 못하고 오직 외적으로만 극복할 수 있다.

- 권위의 **상황**과 관련해: 이렇게 계시된 사건이 한 사람에게 외적으로 주어지고 또한 영의 활동을 통해 이를 습득, 설득 그리고 확신하도록 만든다면, 그는 타율적 권위와 이 권위 때문에 받게 된 소외에서 벗어나 윤리적으로 새로운 방향을 추구하면서 독립적인 윤리적 판단을 형성할 수 있게 된다.

이러한 논증이 최소한 3극의 그리고 하나의 통일된 사물과 관계되기에, 삼위일체적 구조를 갖는다는 것을 쉽사리 인식할 수 있다. 그렇다고 오직 예수 그리스도 안에 있는 하나님의 자기계시에 근거해서만 참된 윤리적 인식이 가능하다는 주장은 아니다. 여기서 말하고자 하는 바는 규범적인 윤리적 권위로서 다음의 질문들이 중요하다는 것이다.

- 무엇이 현존재의 성격을 밝혀주는가?
- 무엇이 경험할 수 있는 세상에서 상징적으로 인식하도록 도와주는가?
- 무엇이 진리를 인식하고 확신하도록 영향을 주는가?

아버지, 아들, 성령의 그리스도교적 주장은 역시 이러한 조건을 충족한다. 그러나 우리는 이러한 계시의 사건을 소유하고 있지 않으며, "오직" 이것이 어떤 특별한 상징과 전승 안에서 세계, 특히 인간현존의 기원과 목적으로 밝혀졌다는 사실만을 확신할 수 있다. 이러한 확신이 진리 위에 기초해 있다면 규범적 권위에 대한 질문은 확실하게 대답될 수 있다. 우리는 이를 증명할 수 없지만 주체적으로 확신할 수는 있다. 그 이상은 불가능하다. 하지만 분명히 이러한 확신이 우리의 규범적 권위를 알지 못할 정도로 미약하지는 않다.

3.7 윤리적인 것의 맥락[117]

내가 이 장에서 말하고자 하는 내용을 표현하는 여러 유사한 개념들을 생각해볼 수 있다. 예를 들면 "상황", "상태", "현재적 관련성"이다. 그런데 이보다도 "콘텍스트"(Kontext), 곧 "맥락"이라는 개념을 선택한다. 왜냐하면 나의 생각으로 이 개념은 다른 측면을 폭넓게 통합하기 때문이다. 여기서 맥락이라는 개념은 협소하게 이해되지 않는다. "맥락"은 한 문장의 환경(a)도 아니고 전체적 연관성(b)도 아니다.

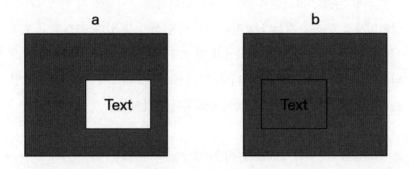

이와 같은 두 가지 의미의 차이를 다음과 같은 질문에 근거해 제시해볼 수 있다. 텍스트는 콘텍스트에 속해 있는 것인가 아니면 그렇지 않은가?

---

117 이에 대해 P. Tillich, *Systematische Theologie, Bd. I*(1959) 1984[8], 9-12; W. Härle, *Dogmatik*, Berlin/New York 2007[3], 176-183 그리고 ders., "Auf dem Weg zu einer lebensweltlichen Hermeneutik", in: *Systematische Theologie der Gegenwart in Selbstdarstellungen*, hg. v. Ch Henning und K. Lehmkühler, Tübingen 1998, 352-372, 특히 359f.

콘텍스트를 텍스트의 환경으로 이해하는 첫 번째 의미는 일반적 언어사용과 일치한다. 그러나 각 "텍스트"[118]가 소속되어 있는, 전체적 연관성이라고 부르는 "맥락"에 대한 포괄적 이해가 오직 교회와 사회의 관계, 신학과 과학의 관계, 그리고 윤리적인 것(도덕과 윤리)과 이의 콘텍스트를 위해 어울린다. 어떤 경우에서도 서로 연관되어야 할, 두 가지 (먼저) 서로 독립된 사건의 대립이 문제가 되는 것이 아니기 때문이다. 오히려 이러한 것을 인식하고, 반성하고, 형태화해야 할 지속적 관계가 항상 문제가 된다. 이러한 관계는 최소한 세 가지 영역에서 자신의 역할을 한다. (1) 행위를 성취하는 영역, (2) 윤리적 **판단형성**의 영역, (3) 윤리적 **이론형성**의 영역(가령 윤리학에 대한 이러한 서술과 같이).

그러나 여기서 논의하려는 것은, 콘텍스트의 실제적인 다양성을 열거하고 분석하거나 오늘의 콘텍스트를 인식하고 분석하는 데 있지 않다. 그 대신 이 세 가지 영역에서 맥락화의 의미를 간략하게 반성하는 데 있다.

3.7.1 행위성취의 맥락화[119]

맥락화의 이러한 형태나 영역이 의미하는 바를 간단히 말하자면, 행위는 고립된 현상이 아니라 언제나 다른 행위와 연관되어 있다는 것이다. 이는 다른 행위와 구별되지만 공시적(동일한 시간에 발생하는) 관점이든 통시적(시간의 연속성을 따르는) 관점이든 서로의 언저리가 닿아 있다. 통속적으로 들리는 "모든 것은 서로 연계되어 있다"는 말이 행위에 적용된다. 이 주장은 통속적이지 않으며 오히려 중요하다. 왜냐하면 이 주장이 의미하는 바는, 윤리학은—과학과 같이—특정한 행위를 대체적으로 자신의 콘텍스트에서 분리해 처리하고 이것을 고립된 표본으로 판단하면서 추상화된 개념을 가지고 연구한다는 것이다.

---

118 두 가지 사례로 언급된 경우에서 "교회"와 "신학"은 은유적으로 "텍스트"라고 부르고, "사회"와 "과학"은 "콘텍스트"라고 부른다.

119 이와 함께 행위의 등급이 의미하는 바를 다시 한 번 제시하려고 한다.

그러므로 임신중절의 윤리적 정당성에 대한 질문은 산전 진단, "사용된" 배아의 줄기세포 연구, 의료윤리를 위해 태아조직 사용, 사회의 아동과 가정친화성, 성의 역할 등에 대한 질문과 분리해 논의할 수 없다.

이러한 관점은 이미 의무론적 윤리학자들에게는 곤란함을 주고, 목적론적 윤리학자들에게는 그 자체가 유해한[120] 것이다. 왜냐하면 이는 문제가 되는 책임영역이 얼마나 크며, 한 사람이 조망할 수 있는 영역이 얼마나 작은지를 말해주기 때문이다. 사람들이 이러한 차이를 의식하게 되면 윤리적으로 매우 신중하고 겸손하게 된다.

3.7.2 윤리적 판단형성의 맥락화

윤리적 판단형성에서도 맥락화의 의미는 도외시될 수 없다. 행위와 이에 대한 서술만이 아니라 윤리적 규범과 목적은 맥락의 영향을 받으며, 이를 통해 함께 규정되고 변경된다. 우리의 사고와 언어, 우리의 판단과 가치는 결국 각각의 역사적 상황 밖에 존재하는 것이 아니라 결정적으로 이의 영향을 받는다는 점에서 이러한 주장은 옳다. 이러한 주장은 상대주의 위험성을 경시하고 오히려 행위를 특정한 환경적 상황에서 도출하려는 역사적-사회적 결정주의의 방향으로 가려는 것처럼 보일 수도 있다. 나는 결코 그런 입장을 따르지 않으며, 이를 위해 차별화된 논의가 필요할 것 같다.

기본적인 윤리적 확신과 규범, 더 정확히 말하자면, 우리의 기본적 가치의식과 규범의식은 역사적-사회적으로 영향을 받으며 경우에 따라 역사와 함께 변화한다. 그러나 반드시 그런 것은 아니다. 이의 설명을 위해 구별과 해석이 필요하다. 여기서 결정적 실마리는 다음과 같은 이중적 인식이다.

---

120 위의 3.4①와 ②를 보시오.

- 맥락은 하나의 통으로 된 큰 기둥과 같은 것이 아니다. 이는 복합적으로 이해된다.

- 맥락은 인간이 행위하고 판단하는 데 영향을 주지만, 결정적인 것은 아니다.

우리는 자주 어떤 요소, 요인, 전통의 영향을 받아 선택적으로 결단하고 이를 거절하기도 한다. 우리는 떠다니는 나무가 아니라 수영선수나 인생의 강을 거슬러 가는 작은 배와 같은 존재이다. 그러므로 어떤 영향을 의식적으로 받아들이고 사회적 관계를 책임 있게 형성해가려고 노력하는 일은 결정적인 의미를 갖는다.

윤리적 판단을 내리면서—이에 동의하든 거부하든—우리가 이 시대의 자녀라는 것을 거부하는 몸짓은 자신이 받은 시대적 영향력을 취소시키지 못하며 오직 이를 은폐할 뿐이다. 그렇게 될 경우, 특정 시대에 얻은 관점들을 영원히 옳다고 주장하는 것과 별반 다르지 않다. 바로 이것이 근본주의가 가지고 있는 위험이다. 상황의 영향력에서 상대적으로 해방되는 유일한 길, 다시 말해 상대적 해방을 얻을 수 있는 유일한 방법은 역설적이게도 이의 사실을 인정하는 것이다. 만약 우리가—경우에 따라선 깊이 생각하여—전승된 규범들을 단어 그대로 받아들이고 유효한 것으로 인정한다면, 이러한 맥락화의 측면은 쉽사리 은폐된다. 그러나 이는 윤리적 판단형성의 역사적—사회적 조건을 방해한다. 왜냐하면 동일한 가치, 규범 그리고 덕목이 변화된 상황에서, 비록 사소한 것일지라도 변화된 의미를 얻을 수 있기 때문이다.

두 가지 사례를 통해 이 문제를 간략하면서도 좀 더 명확하게 설명할 수 있을 것 같다. "생육하고 번성하라"(창 1:28)는 요청은 인구과잉에 시달리는 오늘의 지구적 상황을 고려해볼 때 그 성격상 예외 없이 유효한 윤리적 계명이라고 말할 수 없다. 그렇다면 성서에 포함되어 있는 의무와 권고가 오늘날 윤리적으로 적합하게 수용될 수 있는 길은 무엇일까? 또한 현대의 건강과 질병에 관한 사회적 맥락에서 볼 때, 환자를 방문(마 25:36, 43)하는 "자비의 행위"가 반드시 환자에게 기쁨을 주는 선행은 아니다. 환자방문을 의식적으로 포기하고 그 대신 서신을 보내 격려하는 것이 이러한 기능을 더욱 충족한다고 말할 수 있겠다.

이러한 맥락과 관련을 맺으며 윤리적 판단의 역사성을 아는 것은 성숙한 윤리적 판단에 속한다. 그러나 이러한 맥락화에 대해 인식하면서도 포기하지 않고 이러한 흐름을 거역하기 위해 윤리적으로 판단하고 행동하는 것이 필요하다.

3.7.3 윤리적 이론형성의 맥락화

우리가 이제까지 설명한 것을 윤리적 행위와 판단형성만이 아니라 윤리적 이론형성에도 관련시킴으로써 한층 높은(또는 한 걸음 더 깊은) 사닥다리의 세 번째, 마지막 단계로 올라간다. 이 역시 역사적으로 생성된 사회적 맥락화의 요소이며 역사적-사회적인 변화의 영향을 받는다. 나의 윤리학 강의에 참여했던 청강자들이 문서로 제시했던 여러 입장을 나는 이 책 여러 곳에 추가하였다. 이것이 바로 이러한 변화의 한 증거라고 생각한다. 정치적이며 법적 혹은 경제적 변화와 새로운 과학적 인식과 질문에 근거해 바로 직전까지도 존재하지 않았던 기회와 위험을 자각할 수 있으며 이를 통해 새로운 논의가 시작된다. 이는 맥락화의 의미를 모든 영역에서 반성하는 것이 윤리적 이론형성의 과제라는 것과 동시에 이러한 반성은 맥락의 조건하에서 발생한다는 것을 보여준다. 윤리학에는-교의학도 마찬가지이지만-아르키메데스의 점이란 존재하지 않는다. 즉 낚싯줄을 던져 세계를 낚을 수 있는 "흔들림 없이 견고하게 설 자리를 나에게 주시오"(δός μοι ποῦ στῶ)라고 말할 수 없다. 우리는 항상 세상 가운데 존재하고 있다.

그러나 본질적으로 윤리를 위해 있어야 할 궁극적인 엄정성과 무조건적인 윤리적 요청이 존재하는가? 그와 같은 엄정성과 요구는 존재한다. 그러나 이는 맥락화의 역사적 조건하에서만 존재한다. 이는 모순처럼 보이지만, 그러나 사실은 정언명령을 단지 언어, 육체적 한계, 유한성의 조건하에서만 존재한다고 말할 수 있는 것과 같다. 이는 하나님의 자기계시를 위해서도 마찬가지이다. 절대적인 것 역시 역사적 조건하에서 발생한다. 이 세상에서 이런 것 외에 그 어떤 것도 존재하지 않는다. 그런즉 윤리학에서도 이런 것 외에 다른 어떤 것도 가질 수 없다.

4. 그리스도교 윤리학의 특별한 전제[1]

이 책에서 그리스도교 윤리학의 특별한 전제에 대해 별도로 한 장을 다루게 된 것은 앞서 언급한 것을 생각해보면 이해가 될 것이다. 많은 철학자들은 물론 여러 신학윤리학자들도 윤리의 보편성을 보존하기 위해 그리스도교만의 특별한 윤리를 전제할 필요가 없을뿐더러 해서도 안 된다고들 한다. 윤리적인 것은 그리스도교적 신앙이 아니라 보편적 인간성에서 밝혀진다는 것이다. 마치 윤리적인 것이 근본적으로 모든 이성적 능력을 가진 인간에게만 가능한 것처럼 말이다.

윤리학의 특수한 그리스도교적 전제를 거부하면서 윤리적인 것은 모든 인간에게 가치가 있고 또한 그럴 수 있다는 주장은 옳다.[2] 하지만 이는 윤리적인 것이 종교적 혹은 세계관적 전제에서 자유로워야 한다는 뜻은 절대 아니다. 규범적이며 윤리적인 요구와 관련해 이미 살폈지만, 오직 세계와 인간의 기원과 목적으로 생각될 수 있는 초험적(transzendent) 요구만이 필요한 조건을 만족시킨다("초험적"이란 경험할 수는 없지만 실제적으로는 우리의 인식의 조건을 형성하고 있는 것이다, 옮긴이). 보편성을 위해 "하나님"이란 개념을 회피하려는 자는 그 대신 "이성" 혹은 "자연"에 대해 말해야 한다. 하지만 이성과 자연에 대해 언급함으로 실상 윤리학의 신적 성격에 접근해 있다.

그리스도교의 신앙내용을 파악하고 스스로를 그리스도인이라고 이해

---

1 G. Ebeling, "Die Evidenz des Ethischen und die Thologie"(1960), ders., "Die Krise des Ethischen und die Theologie", 이 두 논문은 in: *Wort und Glaube, 2. Bd.*, Tübingen 1969, 1-55; W. Pannenberg, "Die Krise des Ethischen und die Theologie"(1961), ders., "Antwort an Gerhard Ebeling"(1973), 이 두 논문은 in: ders., *Ethik und Ekklesiologie*, Göttingen 1977, 41-69; W. Härle/E. Herms, *Rechtfertigung. Das Wirklichkeitsverständnis des christlichen Glaubens*, Göttingen 1979, 141-174; T. Rendtorff, *Ethik, Bd. I*, Stuttgart(1980) 1990², 37-61; E. Herms, Art. "Ethik V", in: *RGG*⁴ Bd. 2, 1999, 1611-1624; J. Fischer, *Theologische Ethik*, Stuttgart/Berlin/Köln 2002, 13-195.

2 모든 사람이 그리스도교의 설교와 교리를 이해할 수 없을지라도, 그들에게도 역시 이는 유효하다. 이러한 의미에서 그리스도교 "교의학"은 보편타당한 것이다.

하는 사람들만이 윤리적 선과 의를 인식하고 또한 인식된 선과 의를 행한다는 주장도 옳지 않다. 이웃종교나 세계관도 신, 세계, 그리고 인간에 대한 근본적 주장을 내포하고 있으며, 이로부터 윤리적 신념들과 방향을 도출한다. 그리스도교와 이웃종교의 신념 사이에는 차이만이 아니라 경우에 따라 폭넓은 공통점도 있다. 이를 처음부터 추상적으로 판단할 것이 아니라 다양한 종교적이며 세계관적 전승들의 내용을 더욱 자세히 살펴보는 것이 필요하다. 하지만 다음 네 가지 확신 없이 그리스도교적, 특히 복음주의적 윤리학을 상상하다는 것은 어려울 수밖에 없다.[3]

- 세계는 **하나님의 피조물**이며, 하나님은 인간에게 이의 책임적 형성을 위탁하셨다.

- 인간은 **하나님의 형상**대로 지음을 받았은즉 침해될 수 없는 **존엄성**을 지니고 있으며, 이는 인간에 대한 하나님의 관계에 기초하고 있다.

- 인간을 향한 윤리적 요청은 사랑의 **이중계명**에서 그 정점에 도달한다.

- 선한 행위를 해야 할 윤리적 동기는 결국 **감사함**의 일종이다.[4]

이 네 가지 주장을 올바르고 근본적인 것으로 받아들이면서도 이를 결코 그리스도교 신앙은 물론 다른 종교적-세계관적 전승에서 연역하지 않으려는 자는, 이 주장들이 보편적이며 원칙적으로 누구에게나 손쉽게 수긍할 수 있는 순수한 이성적 숙고를 통해 도출되었다고 주장할 수밖에 없다. 그러나 이는 이성의 능력을 잘못 추론한 결과이다. 다시 말해 이성은 내용을 검토할 때-그러나 자신의 고유한 이데올로기적 악용을 통찰하기 위해서라도-이미 사전에 정해둔 기준(Vorgaben)을 의지할 뿐이다. 이러한 기준도 이성이 생산해낸 것이 아니며 단지 이를 반성하고 숙고할 수 있을

---

3 나는 이 네 가지 주장의 순서에 따라 이 장과 다음 장의 내용을 전개해나갈 것이다.
4 이를 위해선 W. Härle, *Die gewinnende Kraft des Guten*(앞 장 제1부 3, 각주 25), 특히 360 참조하시오.

뿐이다. 이것이 사실이라면 특별한 내용적 전제들은 인간의 이성이 판단하는 대로 규정되지만, 이는 이성으로부터 오는 것이 아니라 이성에게 진리라고 추론되고 그렇게 보이는 것으로부터 온다.

위에서 예시적으로 언급한 네 가지 주장이 어떤 특별한 내용적 전제들을 문제 삼고 있는지를 살펴보면, 교의학 혹은 신앙론을 통째로 배제한 채 이것과 엄격히 경계를 긋기란 거의 불가능하다. 다시 말해, 교의학 혹은 신앙론의 한 부분으로 이해되지 않는 윤리학은 윤리적으로 의미가 없다. 좀 더 부연하자면 교의학 혹은 신앙론이 총체적으로 그리스도교적 윤리학의 내용적 전제들을 내포하고 있듯이 윤리학은 **총체적으로** 그리스도교적 신앙에서 귀결한 행위들을 유효하게 만든다.[5]

여기선 기본적 내용만을 간략하게 다룬다. 좀 더 근본적인 연구를 위해선 더 자세한 교의학적 설명이 필요할 것이다.[6]

4.1 그리스도교적 선포의 종합으로서 예수 그리스도의 복음

4.1.1 복음으로서의 그리스도교적 선포

신약성서의 중요부분에서 복음(εὐαγγέλιον)이라는 개념이 모든 그리스도교적 선포의 요약된 명칭으로 사용되고 있다. 복음은 예수 그리스도에 의해 선포되었을 뿐만 아니라, 그분을 선포하였다. 대표적인 본문을 언급하자면 마가복음 1:1, 14이하, 마태복음 4:23, 11:5, 누가복음 4:18, 8:1, 로마서 1:1, 16, 고린도전서 1:17, 갈라디아서 1:6-9, 베드로전서 1:12 등이다. 이 말씀 속에서 그리스도교적 선포를 이해하기 위해 필요한 세 가지를 얻게 된다.

---

5 이 표현은 렌토르프의 잘못된 주장을 지적한다. 그는 윤리학을 위한 교의학의 기본기능을 논하면서 교의학의 기본기능이 윤리학을 교의학 아래 종속시키는 결과를 가져왔다고 주장한다(T. Rendtorff, *Ethik, Bd. I*, 48 참조). 렌토르프는 여기서 인용된 자신의 본문(21쪽 19줄 이하)을 제2판을 출간하면서 몇 줄을 삭제하고 약간 재구성하였다.

6 이를 위해 W. Härle, *Dogmatik*, Berlin/New York 2007³을 권한다. 물론 이론적인 차이점을 대비하기 위해 다른 교의학과 신앙론들도 추천한다.

- 그리스도교의 선포는 본질적으로 **예수 그리스도의 인격**과 연관되어 있다. 다시 말해, 그리스도교의 선포가 그와 관련되어 있지 않다면 변질되거나 자신의 정체성을 상실한다.

- 그리스도교의 선포는 설교되어야 한다. 설교를 통해 예수 그리스도께서 행하신 역사와 운명이 해석되어 계속 전승되고, 사람들이 이를 듣고 이해하고 신앙을 발견하게 된다.

- 그리스도교의 선포는 그 성격상 긍정적, 진정 구원을 가져다주는 소식이다. 이는 그리스도교적 선포의 어둡고 위협적인 요소들을 보게 될 때에도 마찬가지이다. 다시 말해, 이러한 선포를 통해 발견되고 가시화되는 어두운 면(예컨대 죄, 질병, 비참, 죽음과 같은 형태)은 물론, 복된 소식을 외면하는 자가 받게 되는 부정적 결과로 보아도 마찬가지이다.

이러한 소식이 주는 기쁨과 선함이 어디에 있느냐고 묻는다면 신약성서는 이를 위해 세 가지 기본적 형식을 제시한다.

- 복음서는 잃은 자를 구원하시려고 시작하신 **하나님의 통치**를 말한다.
- 바울서신은 죄인을 위해 예수 그리스도 안에서 성취된 **하나님의 의**를 말한다.
- 요한서신은 세상을 구원하시기 위해 보내심을 받은 **하나님의 아들의 계시**를 말한다.

이 모든 신앙의 전승들은 예수 그리스도가 과거 (구원을 선포했던) 선지자들과는 달리 단지 구원과 구원의 조건만을 선포한 것이 아니라 그분이 스스로 구원을 가져다주셨음을 분명히 보여준다. 진정 바로 그분이 구원이시며, 어떠한 전제도 내세우지 않고 하나님으로부터 오는 은총과 사죄와 생명을 사람들에게 약속하시며 또한 주셨다. 이 모든 것은 외적으로 증명될 수 있는 것("여기 있다, 저기 있다", 눅 17:20 이하)이 아니라 은밀한 방식으로 현재함으로 이를 믿어야만 한다.

그렇다면 구원이 숨겨진 채 잠재적으로 현재한다는 말은 무엇을 뜻하는가? 이는 인간을 향한 하나님의 긍정을 말한다. 그분의 긍정은, 인간이 사랑을 받을 만한 가치가 있는지, 도덕적 혹은 종교적 향상을 위해 노력했는지 묻지 않은 채 어떤 전제 없이 허락되고 약속되고 선사된다. 이러한 긍정은 눈으로 보고 몸으로 느낄 수 있는 그런 방식으로 경험되는데, 병자들을 치유하고 먹을 것을 주시며 식탁공동체를 베푸시는 예수의 사역, 무엇보다 하나님의 공동체를 여시기 위해 조건 없이 스스로 죽음을 담당하시며 고통스러운 최후까지 감수하신 그분의 각오 속에서 경험될 수 있다. 초기 그리스도교는 십자가의 죽음을 이사야 53장에 따라 대속적 형벌의 고난 혹은 속죄 혹은 유일회적인 희생 혹은 죄의 상징적인 타파로 이해하였는데, 언제나 인간을 위해 하나님께서 주도하신 구원의 행위로 이해하였다. 이러한 의미는 하나님께서 십자가에 달린 자 (또한 율법에서 저주받은 자)를 죽음 가운데 버려두지 않고 깨우셔서 하나님의 영광의 자리로 높이셨다는 확신을 말한다.[7]

4.1.2 구원의 시작과 끝

모든 신앙전승의 역사 속에서 마주치는 예수 그리스도의 복음의 구조적 특징은 현재적으로 경험할 수 있는 구원과 여전히 참고 기다리고 있는 미래 사이에서 존재하는 긴장감이다.[8] 예수의 설교에는 이러한 긴장이 말씀과 비유와 행위를 통해 나란히 표현되고 있다. 한편으로 이는, 하나님의 통치가 예수의 인격 안에 이미 오셨다는 것을 가리킨다(예를 들어 막 3:22-30과 그 평행절인 마 12:28과 눅 11:20이 보여주는 귀신축출과 이에 대한 해석, 눅 4:21과 17:21의 구원의 허락, 마 13:44-46에 나오는 밭에 감추인 보화와 값진 진주에 대한 비유).

---

7 이에 대해 W. Härle, "'… gestorben für unsere Sünden'. Zur Heilsbedeutung des Todes Jesu Christi", in: ders., *Spurensuche nach Gott. Studien zur Fundamentaltheologie und Gotteslehre*, Berlin/New York 2008, 407-422 참조하시오.
8 이에 대해 W. Härle, "Die Basileia-Verkündigung Jesu als implizite Gotteslehre", in: *MJTh* XI(1999), 11-30, 특히 18-25를 참조하시오.

다른 한편 미래를 말하며 아직 접근할 수 없는 하나님 나라의 도래를 말한다(막 13:28-37과 평행절인 눅 16:1-8, 마 13:47-50, 25:1-13, 14-30, 31-46).

이러한 긴장은 이전에는 "성장의 비유"라고 했고 지금은 "대비의 비유"라고 불리는 본문들 안에 표현되어 있다. 이 본문들은 작고, 보잘것없고, 형편없는 시작을 위대하고도 놀라운 종말과 대비시키는데, 예를 들면 마가복음 4:26-29(스스로 자라는 씨), 마가복음 4:30-32과 평행절(겨자씨), 마태복음 13:33과 평행인 누가복음 13:20 이하(누룩)는 물론 마가복음 4:1-9에 땅에 뿌려진 씨앗의 네 가지 비유이다. 이 비유들이 말하려는 중심점은 이중적이다.

- 한편, 그리스도인들은 신앙공동체 안에서 하나님과 이웃과 더불어 구원받은 자로 살아갈 수 있는데, 이는 현재적이며 경험될 수 있는 가능성이다.

- 다른 한편, 지금 우리가 경험하는 것은 여전히 논쟁의 여지가 있으며 증명될 수도 없다. 이는 불안을 조성하는 반대경험들 때문에 위협받는다. 진정 수난의 역사를 목도하게 되면 삶의 가능성이란 숨겨져 있지만 죽음과 악의 힘에 저항하며 현재한다는 말을 믿을 수나 있는 것인지 이의를 제기하게 된다.

특히 신약성서는 복음을 통해 열려진 새롭고도 구원을 가져다주는 신앙의 가능성과 복음을 적대하는 환경(믿지 않는 자들, 이 세상의 통치자, 사단과 귀신) 사이에 존재하는 대립을 강조한다. 루터의 종교개혁신학에서 비로소 이와 같은 균열, 대립과 갈등이 그리스도인들의 인격의 중심을 관통한다는 사실이 분명히 인식되었다. "의인인 동시에 죄인"(simul iustus et peccator)[9]이라는 말이 이를 위한 전형적(혹은 성서적 주석이 필요한) 표현이다.

---

9 *WA 56*, 269, 21-270, 13; 40/1, 371, 33f. 그 외 여러 곳에서. 이를 대해 R. Hermann, *Luthers These 'Gerecht und Sünder zugleich'*(1930), Darmstadt 1960과 W. Joest, *Gesetz und Freiheit. Das Problem des Tertius usus legis bei Luther und die neutestamentliche Parainese*, Göttingen(1951) 1961³, 특히 55-82.

루터는 이미 1521년 뢰베의 신학자 라토무스(Latomus)[10]에 대한 반박문에서 멸망과 구원 사이의 대립을 죄와 죄로부터의 해방이라는 양수로 표현해서는 안 되며 그 대신 차별화된 죄, 곧 "지배하는 죄"(peccatum regnans)와 "지배된 죄"(peccatum regnatum)로 구분해야 한다는 결론을 내렸다. "지배된 죄"는 교도소에 사로잡혀 있으면서도 늘 자신의 족쇄를 풀고 도망쳐 다시 폭력을 쓰려는 도둑과 비교되었다.[11] 하여튼 세상의 조건에서는 단지 구원에 대한 파편적인 경험만이 가능하다. 완전한, 신앙적 고뇌가 없는, 종국적인 구원이란 불가능하다. 동시에 복음은 제한 없는 하나님의 통치에 대한 약속을 포함하고 있다. 말하자면 하나님의 통치는 죽음을 통과하여 "마지막 원수"(고전 15:26)의 권력까지 꺾으신다.

특별히 대답하기 어려운 교의학적 질문이 제기되는데, 이는 간접적으로 윤리적 상관성도 갖는다. 말하자면, 현세에서 경험하는 단편적 구원과 하나님께서 종말에 이루겠다고 약속하신 구원의 완성의 관계를 어떻게 사고해야 할까. 여기서 문제가 되는 것은 이러한 질문이 생각될 수 있느냐는 것보다 혹시(ob) 그리고 어떻게 해야(wie) 이 두 질문을 사상적으로 서로 결합할 수 있느냐는 것이다. 완성을 단편적인 것의 "완전한 보충"(Komplettierung) 정도로 생각한다면 현재적 삶의 상황은 그의 진정성, 아니 그 의미까지 상실하고 말 것이다. 이에 반해 완성을 단편적인 것의 "영원화"(Verewigung)로 생각한다면 완성을 향한 소망은 그의 진정성, 아니 그 의미까지 상실하고 말 것이다. 나는 단편과 완성의 사상적인 연결가능성을 단편적인 것을 하나님의 통치 속으로 통합시키는 사고에서 찾고자 한다. 단편적인 것이 하나님의 통치 속으로 지양된다. 다시 말해 이는 종결되고, 보존되고, 그리고 상승된다.[12] 나의 생각으로는, 이와 같은 사상은 단편

---

10 Rationis Latomianae … confutatio, in: *WA 8*, 43-128/LDStA 2, 187-399. 마르틴 루터(유정우 옮김), 『루터: 초기 신학 저술들』, 두란노아카데미, 2011, (제4부 라토무스에게 대답).

11 A.a.O., *WA 8*, 91, 8-94, 15/*LDStA* 2, 304, 6-313, 12.

12 나는 "지양한다"(aufheben)는 말의 세 가지 의미를 헤겔에게서 빌려왔다. 그는 일반적으로 오직 두 가지 의미만을 말했지만(예를 들면 *Phänomenologie des Geistes*〔1807〕, in: ders.,

적인 것의 통합이 악의 영원화가 아니라 악의 말살(annihilatio mali)에 대한 이론과 연결될 때만이 지속적으로 사고될 수 있다.

이 모든 것이 이제까지 설명한 종말론의 주제이다. 여기서 확인해야 할 바는 예수 그리스도의 복음이 갖는 구원론적이고 종말론적 함의가 윤리와 어떤 상관성을 가지느냐는 문제다. 이러한 상관성을 다음 일곱 가지로 요약할 수 있다.

- 그리스도 예수의 복음은 자신의 삶을 성공하지 못하고 위험하고 위태로우며 더욱이 실패했다고 느끼는 인간을 향하고 있다. 그렇게 된 것이 운명인지, 아니면 자신의 잘못인지는 강조하지 않는다.

- 그리스도 예수의 복음은 바로 이 사람에게 자신의 노력이나 능력으로 얻어진 것도 아니며 얻어질 수도 없는 것을 허락한다. 그것은 곧 하나님과의 새로운 관계이다. 이러한 관계의 특징은 속죄, 생명 그리고 축복이다.[13]

- 그리스도 예수의 복음은 죄(악)의 권세를 무너뜨리고 선을 행할 수 있는 능력을 주신다. 죄의 권세는 인간을 하나님과 이웃 피조물과 자기 스스로에게서 소외시킨다.

- 죄의 권세를 무너뜨림은 이러한 권세의 완전한 제거나 파기가 아니다. 이는 죄의 권세가 극복될 수 있다는 것을 단지 부분적으로 경험하는, 그러나 매우 중요한 경험이다.

- 선을 행하는 능력도 역시 단지 "죄를 짓지 않을 능력"(posse non peccare)이지 "더 이상 죄를 지을 수 없는 능력"(non posse peccare)은 아니다.[14]

Werke in zwanzig Bänden, Bd. 3, Frankfurt a. M. 1970, 94), 경우에 따라선 "들어 올리다 (emporheben)"라는 단어를 사용해 이의 세 번째 의미를 언급하였다(그의 *Wissenschaft der Logik* (1812), ders., a.a.O., Bd. 5, Frankfurt a. M. 1969, 114).

13 여기서 나는 루터의 소요리문답에 나오는 표현들을 활용하였다. "죄의 속죄가 있는 곳에 생명과 축복이 있다"(*BSLK* 520, 29f.).

14 나는 여기서 아우구스티누스(Contra Julianum, Liber IV, in: *PL* 45, 1393-1413)가 논리정연하게 제시한 네 가지 죄의 단계에 의지한다. a) 타락 전의 인간은 죄를 지을 수 있다(posse peccare); b) 타락 후의 인간은 죄의 권세 아래서 죄를 짓지 않을 수 없다(non posse non peccare). 즉 죄를 지어야만 한다. c) 은총 아래 인간은 죄에서 벗어날 수 있다(posse non peccare). d) 하나님의 영광 가운데 더 이상 죄를 지을 수 없다(non posse peccare).

- 그리스도교의 소망은 하나님께서 자신이 시작하신 일을 이루실 것(빌 1:6)이라는 약속을 담고 있다. 하나님은 단편적으로나마 인생들이 새로운 삶을 살면서 그의 영광에 참여하도록 하신다.

- "이미 지금"과 "아직 아님"의 이중진술을 통해 그리스도 예수의 복음은, 선한 행위가 단편적이며 위태롭지만, 그러나 가능한 한 공간을 열어준다. 이와 함께 그리스도교 윤리학을 위한 공간도 열린다.

그리스도인들은 이러한 공간을 위한 윤리적 안내를 인간(4.2)과 하나님(4.3), 그리고 이러한 이해에서 얻어진 규범적 진술을 통해(5) 얻게 된다.

4.2 그리스도교적 인간이해

4.2.1 관계적 존재, 인간[15]

그리스도교적 인간상은, 인간이 관계구조 속에서 실존한다는 사실에서 출발한다. 이는 하나님, 이웃과 이웃 피조물 그리고 자기 자신에 대한 관계이며, 이러한 관계성은 인간의 현존을 위해 본질적이다. 하나님과의 관계와 자기와의 관계가 연합하는 데 인간의 독특성이 나타나며, 이 독특성 때문에 인간은 다른 모든 피조물과 구별된다. 하나님과, 이웃 피조물과 자기 자신에 대한 관계가 그 자체로 인간을 다른 모든 피조물과 연결시킨다. 이를 명확히 하기 위해선 이미 앞서 언급한 셋 혹은 네 가지 관계들[16] 사이의 구별을 넘어 필연적으로 인간의 선택에 의해 이루어지는 관계(능동적 관계성)와 인간을 위해 선택된, 다시 말해 인간의 선택에서 오지 않은 관계(수동적 관계성) 사이를 세분화할 필요가 있다. 전자의 예는 동료애, 직업선택, 집

---

15 이에 대해선 W. Härle/E. Herms, *Rechtfertigung. Das Wirklichkeitsverständnis des christlichen Glaubens*, Göttingen 1979, 82-100; W. Härle, *Systematische Philosophie. Eine Einführung für Theologiestudenten*(1982) 1987², 211-212; ders., *Menschsein in Beziehungen*, Tübingen 2005; Ch. Schwöbel, *Menschsein als Sein-in Beziehung. Zwölf Thesen für eine christliche Anthropologie*(1991), Tübingen 2002, 193-226 참조하시오.

16 어떤 수를 선택하느냐는 이웃과 이웃 피조물의 관계를 통일된 하나로 보느냐 혹은 두 관계로 분리하느냐에 달려 있다.

단의 구성원 등이다. 후자의 특징을 나타내는 것으로는 출생관계, 성정체
성, 국적 등이다.

수동적 관계성(Bezogenheit)은 동물과 다른 인간생명체의 성격적 특징이
기도 하다. 이 생명체들이 더 높이 발달할수록 우리는 그들의 관계성을 좀
더 분명히 선택된 관계라는 의미로 확정할 수 있다. 그러나 특별히 인간적
인 것은 아마도 자기관계(Selbstbeziehung)라는 형식으로 나타나는데, 이는
다시 두 가지 형식으로 세분할 수 있다.

- 첫째, 우리는 자기관계를 윤리적 반성의 형태로 인식하는데, 이러한 반성
  은 확정되었거나 어떤 경우에는 알 수 없는 근원적 관계를 지향한다(예컨
  대, 하나님과 자연과 운명에 얽힌 관계 혹은 "나는 무엇을 해야 하나?", "내가 행한 것이
  옳은가?", "우리에게 허락된 것은 무언가?"와 같은 질문이다.)

- 둘째, 우리는 자기관계를 세계관적이며, 종교적인 반성과 지향의 형태로
  인식한다(예컨대, "나는 무엇을 소망할 수 있는가?", "나는 무엇을 신뢰해야 하는
  가?", "나는 어디에 왔는가?", "나는 어디로 가는가?", "나의 현존의 의미는 무엇인
  가?"와 같은 질문이나 예배나 제의적 행위 혹은 하나님과의 관계 혹은 하나님과의
  관계의 거부이다.)

위의 두 가지를 요약하자면, 인간은 종교적 반성과 윤리적 책임에 대한
능력과 규정[17]을 가지고 있다는 점에서-우리가 알고 있는 한-모든 다른

---

17 계몽신학자 슈팔딩(J. J. Spalding)은 1748년 "인간의 규정"(Bestimmung des Menschen)이
   라는 개념을 자신의 소책자 제목으로 삼았다. 이 책은 18세기 중반까지 총 11판을 거듭하였다
   (지금 이 책을 보려면 J. J. Spalding, *Kritische Ausgabe*, hg. von A. Beutel, *Abt. 1 Schriften,
   Bd. 1: Die Bestimmung des Menschen*(1.Aufl. 1748 - 11.Aufl. 1794), Tübingen 2006). 시
   대의 거장들(예컨대, 헤어더, 칸트, 피히테)은 즉시 이 개념을 수용하였고 인간학에서 풍부
   한 열매를 거두었다. 인간의 규정이라는 표현은 신학적 인간학에서도 확고하게 자리 잡은 구
   성요소이다(예를 들면, 니버, 바르트, 판넨베르크, 헤름스). 윤리학에서도 결정적인 역할을 하
   는 "인간의 규정"이라는 개념이 말하려는 바는, 인간은 단지 초월관계에서만 그에게 주어진
   규정을 적절하게 이해할 수 있다는 것과 인간존재는 목적지향적 생성의 성격을 폐기하지 못
   한다는 것이다. 하지만 이러한 인간의 규정은-"자기규정을 위한 규정으로"(헤름스)-인간
   에 의해 그르칠 수도 있다. 이는 인간학적 결정주의와 근본적으로 구별되어야 한다. 이에 대
   해선 E. Herms, "Das christliche Verständnis vom Menschen in den Herausforderungen
   der Gegenwart"(1997), in: ders., *Zusammenleben im Widerstreit der Weltanschauungen*,
   Tübingen 2007, 1-24: C. Tippmann, *Die Bestimmung des Menschen bei Johann Joachim*

생명체들과 구별되며, 이것이 인간의 특별한 차별성을 형성한다.

인간은 관계의 구조 속에 실존한다. 인간이라는 종의 본질적 특징은, 그가 수동적 관계성 안에서 능동적 관계성을 인지하고, 인식하고, 책임적으로 형성하도록 규정되어 있다는 점이다. 하지만 인간존재의 소속성은 이러한 규정을 어느 정도 실현했느냐에 달려 있지 않다. 오히려 이는 태생적인 것으로, 관계를 맺고 살아가는 존재라는 사실에 달려 있다. 그런 점에서한 인간존재는 본질적으로 관계적이다.

4.2.2 유한한 피조물, 인간

그리스도교 신앙은 인간을 하나님의 피조물로 이해하며 이와 같은 생각을 다른 종교들과도 공유한다. 이와 같은 그리스도교의 보편적이고 포괄적 이해는 다른 종교나 세계관과는 다른 독특한 특징도 가지고 있다.[18] 하나님의 피조물로서의 인간이해는 연결성과 구별성이라는 두 요소를 품고 있다. 이 두 요소는 상호 침투한다. 다시 말해, 서로 다른 요소는 공통의 요소에 비추어 그리고 공통의 요소는 서로 다른 요소에 비추어 인식해야 한다. 이를 좀 더 분명히 알기 위해선 최소한 그리스도교 신앙의 관점에서 "하나님의 피조물"이란 개념이 의미하는 바가 무엇인지, 이에 대한 대략적 해설이 필요하다.[19]

오랜 세월 동안 피조물인 세계와 하나님의 피조물로서의 인간에 대한 말씀은 세계와 인간의 기원에 대한 자연과학적, 예컨대 진화론적 주장들과 대립된 주장이나 양자택일의 문제로 오해되어왔다. 창조신앙을 지지하든 비판하든 이 점에선 차이가 없다.[20] 창세기 1장과 2장에 기록된 창조

Spalding(1714-1804), Diss. Heidelberg 2010 참조하시오.

18 이에 대해 H. M. Barth, *Dogmatik. Evangelischer Glaube im Kontext der Weltreligionen*, Gütersloh(2001) 2002², 481-524 참조하시오.

19 이에 대한 보다 자세한 내용은 W. Härle, *Dogmatik*, Berlin/New York 2007³, 409-424 참조하시오.

20 최근 창조신앙을 매우 오해한 극단적 비판가를 든다면 R. Dawkins의 *"Der Gotteswahn"*

의 이야기와 무로부터의 창조(creatio ex nihilo)라는 신학이론이 이러한 오해를 불러일으키기도 한다. 이러한 표현들은 세계와 인간의 기원을 현대의 자연과학적 연구결과와는 전혀 다르게 설명한다는 인상을 주기 때문이다. 그간 무엇보다 성서적 본문에 대한 더욱 세심한 관찰이 이루어지면서 그리스도교 신학과 교회에서 이러한 오해가 불식되기 시작하였다. 성서가 서로 다른 두 개의 창조설화로 시작한다는 사실은, 성서가 세계와 인간의 기원에 대해 자연과학적으로 적절한 서술을 할 의사가 없었음을 보여준다.[21] 성서는 세계와 인간을 하나님과의 본질적인 관계 속에서 서술하려고 했다. 루터는 자신의 소교리문답서에서 사도신경의 첫 계명을 구약성서와 결부해 해설하며, 창조와 피조물에 대한 말씀을 자연의 역사와 유사 이전의 역사로 이해할 수 없음을 보여주었다. 하늘과 땅을 지으신 창조주 하나님에 대한 믿음이 갖는 의미를 물었던 루터는 다음과 같이 대답하였다. "나는 하나님께서 나를 모든 피조물과 더불어 창조하셨음을 믿습니다."[22] "나를"이라는 표현으로 창조의 말씀을 고유한 창조성에 대한 실존적인 신앙고백으로 표현하고, 현실의 삶 속으로 끌어들이면서 자연과학적 해명과의 경쟁을 피했다.

이렇게 고백된 창조와 피조물에 대한 그리스도교의 주장은 무엇보다 이중적인 것을 말한다.

- 이 주장은 먼저 창조자와 피조물, 하나님과 세계 간의 근본적인 연결성을 가리킨다. 인간은-다른 모든 피조물과 함께-우연한 생산물이 아니라 하나님이 긍정하시고 원하시는 존재이다. 그런즉 자기 자신은 물론 그의 이웃을 긍정하고 수용할 수 있어야 한다. 이런 점에서 그리스도교는, 세상의

(R. 도킨스, 『만들어진 신』, 김영사 2007)이다. 이 주제에 대한 논의를 위해 B. Janowski, F. Schweitzer und Ch. Schwöbel(Hg.), *Schöpfungsglaube vor der Herausforderung des Kreationismus*, Neukirchen-Vluyn 2010.

21 창세기에 기록된 두 개의 창조설화 가운데, 창세기 1:1-2:4상이 인간의 창조를 지향한다면 이보다 더 오래된 창세기 2:4하-25는 인간을 먼저 창조하고 다른 피조물을 창조한다.

22 *BSLK* 510, 33f.

삶을 경시하거나 심지어 세상을 악의 발현으로 이해하는 (영지주의적 혹은 마니교적) 세계관이나 종교들과는 대립적 관계에 있다. 창조된 세계는 값지고도 소중한 것이다. 세상은 "심히 좋다"(창 1:31). 이는 윤리적 관점에서 세계가 인간만을 위해 마음대로 처리될 수 없음을 뜻한다. 인간은 세계를 통치하고(창 1:28), 경작하고 보존하도록(창 2:15) 위임받았다.

- 창조와 피조물에 대한 주장은 다음으로 창조자와 피조물, 하나님과 세계 간의 근본적인 **구별됨**을 가리킨다. 인간은 (그리고 모든 다른 피조물은) 하나님이 아니며, 자신은 물론 다른 피조물의 창조자나 주인이 아니다. 그런 점에서 그리스도교의 창조신앙은, 그것이 어떤 기구든 간에 세계 안에 존재하는 것을 통째로 혹은 부분적으로 신격화하려는 모든 생각을 거절한다. 사정에 따라선 자신의 삶을 하나님에 대한 신앙에서 시작하진 않지만 유한한 것은 절대화될 수 없다고 동의하는 모든 이들과 생각을 함께 나눈다. 동시에 이와 같은 구별은 분주하게 힘의 독점과 절대화를 추구하는 모든 노력의 근거를 잃게 하고, 이러한 시도를 하나님같이 되려는 부당한 시도로 폭로한다. 더욱이 이를 통해 창조된 세계를, 연구와 변화가 금지되지 않고 열려 있는 인간의 행위공간이요 형성공간으로 판단한다. 실제적으로 창조신앙은 세계의 "탈마법화"(프리드리히 쉴러, 막스 베버)를 표현한다. 그렇다고 세계를 제멋대로 바꾸어놓을 수 있다는 말은 아니다. 창조된 세계의 가치와 비밀은 지켜져야 한다.

피조물로서 인간은 제한된 존재이다. 이는 인간이 (늘 육으로 다시 태어나며 영생한다는 영혼사상과는 달리) 어느 시점엔가 자신의 삶을 시작했다가 어느 땐가 끝마치는, 시간적으로 제한된 존재라는 것만을 의미하지는 않는다. 인간은 공간적으로도 제한된 존재요, 그의 지식과 능력 역시 한정된 존재라는 것을 의미한다. 인간만이 아니라 다른 피조물들도 마찬가지이다. 이런 관점에서 볼 때 인간의 특별함이란 이러한 유한성을 알거나 자신의 죽음을 생각하고 마음에 품은 채 누구보다도 먼저 앞서 뛰어가며 (vorauslaufen)[23] 죽음에 참여하는 데 있다. 물론 인간이 죽음을 의식적으로 야기할 수도 있지만 말이다.[24] 성서적 지혜는, 인간은 자신이 죽을 수밖에

---

23 이에 대해선 M. Heidegger, *Sein und Zeit*(1927), Tübingen 1977[14], §61과 62 참조.

없는 존재임을 알아 지혜롭게 된다고 말한다(시 90:12).[24]

자신의 종말과 임박한 죽음을 지각할 때 나타나는 근본적이며 본질적인 반응은 공포이다.[25] 죽음은 위협과 위기요, 성서적 전승이 가리키는 바와 같이 원수로 경험된다(고전 15:26). 그 외에도 성서가 여러 번 죽음을 죄와 관련해 언급하고 있어, 마치 죽음이 인간의 죄에 대한 형벌로 이해되거나 죄를 통해 혹은 죄 때문에 이 땅에 온 것 같은 인상을 받을 수 있다. 여러 본문들(창 2:17; 3:19; 시 90:7이하; 롬 5:12-21; 고전 15:56 등)을 피상적으로 읽은 독자들이 이런 인상을 받을 수도 있다. 이러한 생각을 가장 인상적으로 표현한 문장은 "죄의 삯은 사망"이라는 로마서 6:23의 말씀이다. 이 때문에 마치 성서가, 인간은 원래 불멸의 존재였지만 죄를 지어 죽을 수밖에 없는 존재가 되었다고 말한 것처럼 오해하기도 한다.

하지만 이 본문들과 이와 관련된 주제들을 좀 더 자세히 관찰해보면 거기에서 전혀 다른 그림을 얻게 된다. 성경의 원역사는, 인간이 태초에 불멸했다거나 인류의 타락으로 죽게 되었다고 말하지 **않는다**. 인간은 원래 흙에서 왔으니 흙, 곧 땅의 존재(창 3:19)이다. 인간의 죽을 수밖에 없는 운명의 근거가 여기에 기초하고 있다. 불순종으로 인해 인간에게 통보된 결과는 사멸성이 아니라 아직 다가오지 않은 가까운 죽음이다(창 2:17). 에덴동산의 이야기를 따라가보면 죄지은 인간이 생명나무에서 열매를 따 먹었더라면 혹시 **영원히 죽지 않았을지도** 모르겠다(창 3:22). 그리스도 예수 안에서 나타난 구원이 그분은 물론 남은 인류의 사멸성을 폐기하거나 죽음을 회피하는 것이 아니라, 죽음을 뚫고 **영생**에 대한 소망을 갖게 하는 데 있었다는 것도 이 같은 이해와 일치한다.

그럼에도 불구하고 성서적 이해에 따르면 죄와 죽음 사이에는 연관성

---

24 여기선 카뮈가 자신의 '시지프스의 신화'(위에 언급한 제1부 3, 각주 23)에서 말한 첫 문장과 결부해 표현하였다. "유일하게 실제적으로 진실한 철학적 문제가 있다. 그것은 자살이다."

25 P. Tillich, *Systematische Theologie Bd. I*, 225와 이와는 다르지만 ders., *Der Mut zum Sein*, in: ders., *GW BD. XI*, Stuttgart 1976², 39. 그뿐만 아니라 죽음이 "구원"으로 소망될 수 없는 한 마찬가지이다.

이 존재한다. 이러한 연관성은 나름대로 중요한데, 사실적인 것을 반영하고 있기 때문이다. 인간의 신적 기원과 대립하고 있는 인간적 삶의 과실과 소외는 곧 죄의 징표(렘 2:13)이다. 이 징표로 전통적으로 영원한 저주 혹은 지옥으로 불렸던 것, 말하자면 현존재의 과실이 영원히 지속되리라는 위협이 이 땅에서의 실존의 종말을 뜻하는 죽음과 결합한다. 더 이상의 새로운 깨달음과 돌이킴을 허락하지 않는 죽음의 최후성은-모든 결단과 행동 가능성의 중단으로서[26]-죄를 향해 말살이나 저주로 위협하는 권능을 부여한다. 이것이 "사망의 쏘는 것"이 된다(고전 15:56).

죽음에 대한 이러한 관찰은 결국 창조질서로서의 **자연스러운 죽음**과 영생과 하나님으로부터 최종적인 분리를 뜻한다는 **영원한 죽음**을 구별하게 한다. 이러한 구별은 죽음을 인상 깊게 첫 번째 죽음과 두 번째 죽음으로 구별했던 요한계시록에서 발견된다(계 2:11; 20:6, 14; 21:8). 여기서 두 죽음을 죽음의 과정과 사망의 사실성과 연결할 수 있는 두 측면이 중요하다. 왜냐하면 죽음은 창조의 부분이기 때문이다. 그런즉 죽음이 오기를 기다릴 수도 있고, 구약 여러 곳의 보고와 같이(창 25:8; 35:29; 욥 42:17) 인간은 늙고 삶을 향유한 후 죽는다. 하지만 죽음이 하나님과 영원히 분리될 수 있는 위협적인 가능성을 포함하고 있는 한 죽음은 죄의 삯이다. 그리스도교 신앙은 더욱이 위협적인 가능성을 단지 그리스도 안에서 극복된 가능성으로 인지한다. "죄의 삯은 사망이요 하나님의 은사는 그리스도 예수 우리 주 안에 있는 영생이니라"(롬 6:23).

인간과 세계에 약속된 구원이 성취될 미래를 소망하는 일은 세계에 주어진 여건과 가능성과의 새로운 관계를 열어준다. 인간이 자신에게 주어진 과제를 최종적으로 성취하는 문제와 관련해 사고해볼 때, 세계의 현실과 가능성은 궁극이전의 것(Vorletztes)으로 인식된다.[27] 그렇다고 세계의

---

26 이에 대해선 W. Härle, *Dogmatik*, Berlin/New York 2007³, 632-634를 보시오.
27 "궁극이전의 것"이라는 개념은 본회퍼가 자신의 윤리학에 "궁극적인 것"의 반대개념으로 사용하면서 신학적 논의 안으로 들어왔다. D. Bonhoeffer, *Ethik*, München 1992, 137-162. D. 본회퍼(손규태, 이신건, 오성현 옮김), 『윤리학』, 대한기독교서회 2010, 163-196. 본회퍼에 따르

현실과 가능성이 자신의 가치나 의미를 상실하는 것은 아니다. 이는 인간이 자신의 마음을 무엇에 빼앗기지 않고 사느냐는 문제로 인식된다. 왜냐하면 세상 역시 인간과 마찬가지로 덧없기 때문이다. 그런 점에서 세상의 모든 것은 인간이 감사하며 책임적으로 사용할 수 있는 것인 동시에 "마치 갖지 않은 것처럼 소유"해야 한다(고전 7:30이하). 내적인 거리를 유지하는 이러한 형식은 물질로부터 자유롭게 하며 물질을 다루게 될 때도 초연한 자세로, 또한 물질이 성취해줄 수 없는 것까지 지나치게 기대하지 않으며 물질의 고유한 가치를 보존한다. 그리스도교적 이해에 따르면 건강(고후 12:7-10), 육체적 장애(마 5:29), 그리고 더욱이 이 땅에서의 인간적인 삶 그 자체(막 8:35이하와 병행절)가 이러한 궁극이전의 소여의 여건과 가능성에 속해 있다.

땅의 것은 죽고 변화되기에 인간은 늘 자신에게 약속된 목적지, 곧 영원한 삶에 참여하도록 정해져 있음을 알게 된다. 그렇다고 해서 이를 우리가 세상을 경시하며 살아야 한다는 의미로 해석할 수는 없다. 이 땅에서의 삶은 소중하고도 귀한 것이다. 죽음이 마지막 말씀은 아니다. 죽음은 영생으로 가는 통과점일 뿐이다.

이제까지 말한 바를 정리해보면, 생명과 죽음은 대칭적인 관계가 아닌 비대칭적인 관계이며, 그것이 그리스도교적 관점이다. 생명은—지상에서의 삶이든 영원한 삶이든—하나님의 처음과 마지막 말씀이다. 죽음이 그 중간에 끼어들어 온다. 이 죽음은 지상에서의 삶의 이면이요 죄의 위협이다. 하나님은 죽음의 친구가 아니라 "생명의 친구"(지혜서 11:26)이시다. 하나님 나라가 시작되었음을 상징적으로 선포하고 보여준 예수의 본질적 사역 중 하나가 육적 혹은 영적으로 병든 인간을 치유하는 데 있었던 사실도 이러한 관점과 일치한다. 환자의 치유를 위한 의료적인 돌봄과 관심이 초

면 궁극이전에 속한 것은 궁극적인 것 곧 예수 그리스도의 십자가에서 이뤄진 인간의 칭의에서 온다. 궁극적인 것이 앞서 일어나며 궁극이전의 것이 이를 따른다. 본회퍼는 궁극이전의 것을 다음과 같은 두 개념으로 요약하였다. "인간 존재와 선한 존재"(a.a.O., 151).

대교회로부터 오늘에 이르기까지 교회의 지속적인 사회봉사의 사역이라는 것도 마찬가지이다.[28]

일식이 빛을 동반하듯 죽음은 삶을 동반한다. 죽음은 유한성에 추가된 대비이며 그렇게 받아들여야 한다. 하지만 이는 마지막 목적도 아니며 그 자체로 어떤 고유한 가치를 지닌 것이 아니다. 그리스도교 신앙은 창조되어 유한하고 허무한 세상으로부터 또는 이 세상에서 죽음이 극복되기를 소원하지도 않는다. 그 대신 영원한 생명으로부터 이루어지기를 바란다. 이러한 영원한 생명은 하나님의 통치가 동터오는 가운데, 하나님의 의에 참여하는 가운데, 하나님의 아들 예수 그리스도의 계시 가운데서 세상에 나타난다. 하지만 이는 아직 완성되지 않았다.

4.2.3 인간의 하나님의 형상성[29]

우리는 인간을 하나님의 피조물이라고 말하면서, 인간이 다른 피조물과 연결되어 있음을 강조한다. 같은 표현일 수도 있으나, 피조물인 인간이 동시에 여타의 피조물과 다른 구별점이 무엇인지를 묻는 것이 더 정확할 수도 있다. 첫째, 성서의 말씀에 근거해볼 때 이러한 구별은 다른 피조물과 인간의 분리 또는 고립을 의미하는 것이 아니라 서로 결합되어 있다는 것을 말해준다. 다만 이러한 결합은 공통점을 가지고 있다는 의미가 아니라 같은 공동체 안에 존재한다는 의미이다. 그리스도교적 이해에 따르면, 인간은 본질적으로 공동체를 이루어 살도록, 무엇보다도 관심과 사랑을 주고받는 공동체를 이루도록 규정된 존재이다. 위의 4.2.1에서 살펴보았듯

---

28 다음의 제2부 2와 비교하시오.

29 이에 대해 K. Barth, *Die Kirchliche Dogmatik III/2*, Zollikon-Zürich(1948) 1959², 242-391; H. W. Wolff, *Anthropologie des Alten Testaments*, Gütersloh(1973) 2007⁷, 233-243; C. Westermann, *Genesis, 1.Teilband: Genesis 1-11*, Neukirchen 1974, 203-214; O. Kaiser, *Der Gott des Alten Testaments. Wesen und Wirken. Theologie des Alten Testaments, Teil 2*, Göttingen 1998, 278-318; B. Janowski, *Die Welt als Schöpfung Gottes. Beiträge zur Theologie des Alten Testaments 4*, Neukirchen 2008, 107-171. 이 장의 내용에 대한 더 자세한 안내를 위해 인간의 존엄에 대한 제2부 1을 참조하시오.

인간은 원래 하나님, 이웃 피조물(특별히 이웃사람), 그리고 자기 자신과의 관계를 맺으며 실존하게 되어 있다. 그에게 이런 관계는 존재론적인 특징만이 아니라 그러한 관계를 형성해가야 할 과제이기도 하다. 관계적 존재인 인간은 다른 피조물과는 달리 어떤 방식으로든 자신과 이웃 피조물을 위한 책임을 지고 있다.[30] 인간은 자신의 피조성과 모든 다른 피조물을 인지하며 그들과 관계를 맺을 수 있는 능력을 소유했기에 이와 같은 과제가 주어진 것이다. 이는 동시에 인간의 본질적 특징으로서 선택적으로 행동할 수 있는 자유가 인간에게 주어져야 할 이유이기도 하다. 인간은 자유를 가진 존재이기에 책임을 짊어지고 받아들여야 한다.

이와 관련해 성서와 그리스도교의 교리는, 인간이 하나님의 형상대로, 말하자면 하나님과 동일한 특성을 갖춘 존재가 아니라 땅에 있는 하나님의 상대자요 대리인으로 정해졌다고 말씀하신다. 이는 인간에게 상실할 수 없고 침해될 수 없는 존엄성을 부여한다. 사실상 성서에 "인간존엄성"이란 개념은 없지만 하나님과의 대상적 관계는 물론 인간이 창조세계 안에서 갖는 특별한 위치에 대한 성서의 말씀들은 모든 인간의 차별 없는 고유한 인간존엄성(dignitas humana)에 대한 주장을 통해 적절히 이해되고 관철된다.[31]

더욱이 인간은 자신에게 수여된 규정과 존엄을 거부하거나 거절할 수도 없으며, 이를 다양하게 행사한다. 그런 점에서 하나님의 형상과 존엄에 대한 주장은 인간을 이상화하지 않고 시험에 빠지고, 실수하고 소외될 수 있는 존재가 인간이라는 지식을 갖게 한다. 소외된 인간은 다른 이웃 피조물은 물론 자기 자신으로부터도 소외된다. 그럼에도 불구하고 그 역시

---

30 요나스(H. Jonas)는 그의 책(*Das Prinzip Verantwortung. Versuch einer Ethik für die technologische Zivilisation*, Frankfurt a. M. 1979. H. 요나스(이진우 옮김), 『책임의 원칙: 기술 시대의 생태학적 윤리』, 서광사 1994)에서 자신의 윤리적 개념의 기초를 제시하기 위해 이러한 범주를 만들었고, 이에 근거해 몇 가지 그 나름의 정언명법을 도출하였다. "인간이 존재한다면"(a.a.O., 91f.).
31 이에 대해선 제2부 1을 참조하시오.

하나님의 형상대로 실존하도록 정해져 있다. 그러므로 누군가 타인을 발로 짓밟고 억압했다고 그의 인간존엄성을 빼앗을 수 있는 것도 아니며, 자신의 고유한 인간존엄성을 상실하거나 잃어버리지도 않는다. 인간이 죄를 지은 다음에도 인간이 하나님의 형상이라고 말한 구약의 말씀들(예컨대 창 9:6과 약 3:9)과 예수 그리스도를 하나님의 형상이라고 말한 신약의 말씀들(예컨대 고후 4:4; 골 1:15f.; 히 1:3과 이와 연관해 롬 9:28; 고전 15:49f.; 고후 3:18; 골 3:10)이 이를 상기시킨다.

결국 하나님의 형상만이 아니라 특별히 죄인의 칭의에 대한 가르침도 인간존엄의 신학적 발전을 더욱 풍성하게 만듦을 알게 된다.[32] 이러한 사실은, 인간존엄성이 각 사람의 상태나 능력과 무관하게 주어진 것임을 분명히 인식게 한다. 다시 말해, 인간은 자신의 불완전함, 위험성, 그리고 오류가능성 가운데 존엄한 존재로 부름을 받았으며, 이러한 침해할 수도 수여할 수도 없는 존엄성을 회상하며 존엄성의 소여를 받아들이게 된다.[33] 이와 함께, 하나님의 피조물로서 인간에 대한 관점이 그리스도교 신앙에서 하나의 특별한 형태를 얻게 된다. 인간의 과실에 대한 지식은 물론이지만 화해의 가능성과 하나님이 영원한 삶으로 이루어주시는 인간의 구원과 성취에 대한 소망에 대한 지식도 여기에 속한다.

4.3 그리스도교적 하나님 이해[34]

그리스도교의 하나님 이해는 삼위일체적이다. 이와 같은 생각이 처음 3-4세기에는 일반적이었지만 그 이후로 세분화되었다. 이러한 과정에서 삼위일체론은 동방과 서방의 교회에서 다양한 강조점을 지닌 채 발전해 갔다. 동방교회의 삼위일체론은 세 인격(아버지, 아들, 성령)과 그의 역사(창

---

32 안셀름(R. Anselm)이 자신의 글("Die Würde des gerechtfertigten Menschen", in: *ZEE* 43 〔1999〕, 123-136〕에서 이 점을 정확히 지적하였다.

33 이에 대해 이미 오래전 벤다(E. Benda)가 자신의 글("Erprobungen der Menschenwürde am Beispiel der Humangenetik", in: *Aus Politik und Zeitgeschehen*, Beiheft 3, vom 19. 01. 1985, 18〕에서 지적한 바 있다.

조, 구원, 성화)로부터 사고하면서 이에 맞춰 삼위일체론을 거침없이 세 (남성적) 인격의 형태로 표현할 수 있었다. 서구의 삼위일체론은 하나님의 세계에 대한 그분의 역사의 통일성에서 출발하여, 삼위성(Dreiheit)을 하나님의 존재와 활동의 내적 차별성으로 이해하였다(저자 헤를레는 자신의 『교의학』 283쪽 이하에서 무제약적인 하나님의 행위와 육체적 한계를 가진 인간의 행위를 언어적으로 구분하기 위해 하나님의 행위는 "Wirken"으로 인간의 행위는 "Handeln"으로 표현한다. 이 책에서 "Wirken"은 '활동'으로 "Handeln"은 '행위'나 '행동'으로 번역하였다, 옮긴이). 가장 중요하게 생각하는 주장 중 하나는 "외면을 향하는 일체의 사역은 나뉘지 않는다"(Opera trinitatis ad extra sunt indivisa)[35]라는 말이다. 나의 생각으론 이 같은 서구의 형식이 하나님의 유일성과 통일성을 사고하는 데, 말하자면 잠재적이든 공시적이든 각종의 삼신주의(Tritheismus)를 피하는 데 적합하다. 나도 이러한 입장에 찬동한다.

세상에서 행하시는 하나님의 활동(경세적 삼위일체론)에서 볼 때 서구의 삼위일체론이 뜻하는 바는, 세상에서 행하시는 모든 형태의 하나님의 활동이 현존재의 기초를 이루며(창조적인), 현실을 밝히며(계시하는) 그리고 확신을 주는 (깨우치시는) 성격을 갖고 있다는 것이다. 또한 스스로 자신을 증거하며 열어 보이시는 하나님의 내적 존재(내재적 삼위일체론)에서 볼 때 서구의 삼위일체론이 뜻하는 바는, 하나님의 본질과 세상을 향한 그분의 관심이 분리될 수 없고 사랑의 띠로 서로 연결되어 있다는 것이다. 이는 하

---

34 E. Jüngel, *Gott als Geheimnis der Welt*, Tübingen(1977) 2000[7]; W. Kasper, *Der Gott Jesu Christi, Mainz*(1982) 1995[3]; W. Härle, *Dogmatik*, Berlin/New York 2007[3], 8-11장; ders., Warum ausgerechnet drei? Grundsätzliche Überlegungen zur Trinitätslehre, in: ders., *Spurensuche nach Gott. Studien zur Fundamentaltheologie und Gotteslehre*, Berlin/New York 2008, 435-458; M. Mühling-Schalpkohl, *Gott ist Liebe*, Marburg 2000; W. Krötke, *Gottes Klarheiten. Eine Neuinterpretation der Lehre von Gottes 'Eigenschaften'*, Tübingen 2001; Benedikt XVI, *Deus caritas est*, 25. Dezember 2005(in: Verlautbarungen des Apostolischen Stuhls, Nr. 171).

35 Augustin, *De trinitate I*, 4, 여기서 외면(extra)이란 세계를 가리키는 말이다. 675년에 톨레도 회의(Konzil von Toledo)는 이에 따라 다음과 같이 선언하였다. "이(삼위일체, 옮긴이)는 분리될 수 없는 것으로 말하자면 그가 존재하는 것과 행동하는 것 안에서 발견된다."(Inseperabiles enim inveniuntur et in eo qoud sunt, et in eo qoud faciunt(DH 531)).

나님이 그 본질상 관심과 사랑(요일 4:8, 16)이심을 뜻한다. 아버지와 아들과 성령이라는 다양한 형태의 관계로 하나님께서 자신의 존재 가운데 보여주신 내적 차별성은 외적으로 향하시는 하나님의 차별성과는 일치하지 않는다.[36] 두 종류의 차별성은 서로 동일한 것이 아니라, 하나님의 통일성 가운데 분리될 수 없이 서로 연결되어 있다.

내적 차별성과 더불어 분리되지 않은 채 연결되어 있는 그분의 통일성은 하나님의 활동을 그 내적 구조에서 깊이 사고하고, 성령으로 현재하시는 하나님과 함께 시작하며, 그분의 현재에서 확신을 주시는 하나님의 활동의 측면을 분명히 밝힐 때 가장 잘 추론된다. 이 측면은 현실을 밝히는 측면, 예수 그리스도를 통한 하나님의 자기계시와 연관되어 있다. 이때 밝혀지는 것은 현존재의 기초를 이루는 측면, 말하자면 성부, 성자, 성령이신 삼위일체 하나님의 창조적인 존재이다. 달리 표현하자면 삼위일체 하나님은, 자신의 영을 통해서 자신이-삼위일체의 하나님으로-자신의 아들을 통해 창조주로 계시하신다는 것을 사람들에게 인식게 하신다. 하지만 삼위일체이신 하나님은 언제나 분리될 수도 없고 분리되지 않은 채 활동하시는 주체이시다.

4.3.1 확신을 주시는 하나님의 현존

하나님은 인간을 위해 현실성(Wirklichkeit)이 되었다(현실성이란 경험하거나 인식할 수 있는 실재를 뜻한다, 옮긴이). 단지 그 이유만으로 인간은 하나님의 현재를 경험한다. 여기서 언제나 중요한 점은 세상에서 벌어지는 모종의 사건에서 만들어진 경험이다. 이러한 사건에 대한 경험이-비록 매우 다양한 방식으로 나타나지만-하나님이 현재하시는 징표가 된다. 이는 깊은 인상을 주는 자연에 대한 체험이나 십자가에 달리신 이를 그린 그림, 참담한

---

36 이에 반해 그리스도교의 천민경건성(Volksfrömmigkeit)은 의심스러운 성향을 가지고 있다. 말하자면 창조의 역사를 하나님을 배제한 채 아버지에게, 화해의 역사를 하나님을 배제한 채 아들에게, 성화의 역사를 하나님을 배제한 채 성령에게 부속시키고, 이로 인해 "외면을 향한" 하나님의 행하심을 의심하게 한다.

상실경험, 어느 한 문장을 읽거나 듣는 것일 수도 있다. 이러한 경험이 "만들어지지" 않을 수 있는 경우란 없다. 그러나 "만들어진"(gemacht)이라는 단어가 오히려 상상된 것을 향한 접근을 막아선다. 이러한 경험은, 오직 경험이 받아들여지고, 허락되고, 감수되도록 인간에게 분배될 뿐이다(세상에서 만들어진 경험을 통해 인간은 하나님의 현재를 경험하게 되지만 이는 충분하지 않다. 하나님의 영적인 작용이 함께해야 하나님의 현재를 경험하게 된다, 옮긴이). 더욱이 한 인간의 탄생이나 죽음을 통해서나 또는 이젠하임의 제단(Isenheimer Altar: 1506-1515년 사이에 독일의 화가인 마티아스 그뤼네발트가 독일 이젠하임 안토니오회 수도원 제단에 조각과 판화로 그린 성화, 옮긴이) 앞에서 경험하듯이, 그 어떤 상황보다 더 자주 이러한 경험을 하게 되는 상황도 있을 것이다. 하지만 이러한 경험을 하나님의 현재로 증명할 수 있는 방법은 없다. 이러한 경험에서 하나님은 영으로, 거리를 두지 아니하신 채 현재하신다. 비록 이 경험이 어떤 거리를 둔 것(멀리 떨어진 것, 놀라움을 주는 것)과 관계할지라도. 다시 말해 하나님께 가는 길은, 한 인간의 영혼을 만지시고 이러한 경험으로써 대답해야 할 의미를 자극하시는 하나님의 영적인 현재를 통해서만 해명된다. 성령이신 하나님의 활동은 신앙의 조건이며 출발점이다.

그렇다고 성령이신 하나님에 대한 교의가 그리스도교 신앙의 출발이라는 의미는 아니다. 역사적으로 고찰하면 도리어 신론이 삼위일체의 마지막 부분이다. 가끔 가장 가까이 있는 것이 마지막에 발견된다. 하지만 인간을─감정과 의지와 오성 가운데, 말하자면 모든 영적인 능력 안에서─어루만지는 하나님의 활동이 없이는 신앙의 확신은 물론 신앙도 생겨날 수 없다. 루터는 자신의 "소교리문답서"에서 다음과 같이 표현하였다. "나는 내가 이성이나 힘으로 나의 주님 예수 그리스도를 믿는 것이 아님을 확신한다. 성령이 나를 복음을 통해 부르셨으며 성령을 주심으로 밝히 비추어주시며, 바른 신앙 안에서 거룩하게 하시고 보존하게 하셨다. 동시에 성령은 땅 위에 있는 모든 그리스도교 공동체를 부르시고, 모으시고, 깨우치시며, 거룩하게 하신다. 예수 그리스도에게서만 바르고 유일한 신앙이 보존된다."[37]

여기서 그리스도교 신앙은 (아우구스부르크 신앙고백 제5조와 같이) 자신의 고유한 구성조건에 대해 진술한다. 성령이, "그가 원하는 곳과 장소, 곧 복음을 듣는 사람들 가운데서"(ubi et quando visum est Deo, in his, qui audiunt evangelium)[38] 자신을 인간에게 열어놓으실 때만, 인간은 그분을 수동적으로 파악한다. 이는 윤리학을 위해서도 매우 중대한 관점으로 분명히 고려해야 한다. 말하자면, 믿음의 실현은 (성령이 하시는 일이니) 일반적으로 **인간이 어찌할 수 없으나 복음을 듣는 것은 근본적으로 인간의 손에 달렸다.** 후자는 예수 그리스도의 복음을 선포하는 말씀, 그림, 상징에 대한 지각이다. 이 두 번째 측면에 대해 좀 더 살펴보자.

4.3.2 진리를 밝히는 하나님의 활동

그리스도교적 이해에 따르면, 성령은 다른 사람들 모르게 어느 한 사람에게만 은밀하고 갑작스럽게 소식을 전하지 않는다.[39] 오히려 성령의 활동은 누군가 자신이 받은 표징이—이를 혼자 받았든 다른 사람과 함께 받았든—자신의 삶에서 어떤 의미를 가지고 지시하는지 이해하고 확인하도록 한다.

이 모든 징표의 중심에는—창조의 활동(롬 1:20-23)에서 새 하늘과 새 땅에 대한 환상적인 전망(계 21:1-8)에 이르기까지—신약성서와 그리스도교회를 위해 예수 그리스도의 인격이 자리하고 있다. 그분은 "최종적"이며 이러한 "규범을 주시는"[40] 하나님의 계시이지만, 신약의 문헌들과 교회의 가르침이 말하는 바와 같이 유일한 계시는 아니다.[41] 분명하고도 확실하게

---

37 *BSLK* 511, 46-512, 8.

38 A.a.O., 58, 7f. 혹은 6f.

39 이처럼 개인에게 고지하는 말씀들이 예를 들면, 요셉(마 1:20f.와 2:12f.), 마리아(눅 1:26-38), 아나니아(행 9:10-19), 베드로(행 10:9-16), 바울(행 16:9f.) 등 성경 여러 곳에 기록되어 있다. 이러한 소식은 꿈이나 비전으로 해석되는데, 징표와 관련된 것도 있다. 그렇다고 하나님의 영적이며 계시적인 활동이 이러한 것에 제한되지는 않는다.

40 P. Tillich, *Systematische Theologie Bd. I*, Berlin/New York 1984⁸, 158-164.

41 W. Härle, *Dogmatik*, Berlin/New York 2007³, 96-102.

말할 수 있는 바는, 예수는 어떤 명백한 계시를 요구하거나 그리스도론을 제시하며 등장하지 않았다는 사실이다. 오히려 그는−랍비나 예언자와 같이−설명하고 가르치며, 하나님의 통치가 시작되었음을 선포하고, 병자를 고치고, 종교적이며 사회적으로 소외된 자들과 식탁공동체를 장려하였고, 이 때문에 선동자요 하나님을 모독한 자로 사로잡혀, 고소당한 후 처형되었다. 이러한 활동 속에는 엄청나고도 **명백한** 주권에 대한 요구가 숨겨져 있다.[42] 사람들은 이를 경험했고, 이때 그리고 바로 이 때문에 어떤 이들은 그를 배척하기로(요 6:60-66) 결심했으며, 어떤 이들은 그가 "길이요 진리요 생명"(요 14:6)이시며, "다른 이로써는 구원을 받을 수 없고 천하사람 중에 구원을 받을 만한 다른 이름을 우리에게 주신 일이 없음"(행 4:12)을 확신하였다.

한편 이것이 의미하는 바는, 예수 그리스도로 인해 인간은 세상을 하나님의 진리의 빛 가운데 인식하며 그 결과 하나님과 세계의 현실성을 알게 된다는 점이다. 하지만 동시에 이 때문에 세상의 (명시적이며 미묘한) 혼란과 쓸쓸함도 인식하게 된다. 더욱이 이는 예수의 활동목적이 아니며 단지 그의 고유한 목적성취를 위해 필요한 길, 곧 세상을 다시 바른길로 인도하며(엡 1:10; 딤전 2:4), 세상을 하나님과 화해시키며(고후 5:20; 골 1:20), 악의 통치에서 해방 곧 구원하시려는(벧전 1:18f.) 목적을 이루시려는 것이다. 여기서 예수 그리스도의 죽음과 부활이 결정적인 의미를 얻게 된다. 이는 한편 인간을 위한 대리적 속죄와 투쟁의 사건이요, 다른 한편 그리스도 예수를 믿는 자들도 관계된 근본적인 변화의 장소(롬 6:1-11; 갈 2:20)로 이해된다. 그리스도 예수를 믿는 자들은 믿음 가운데서 또한 그리스도와 함께 믿는 자로서 죄에 대해선 죽으며, 단지 (그런 자로서) "사랑과 희락과 화평과 오래

---

42 명백한 주권요구에 대한 예로는, 임박한 하나님 나라의 선포(막 1:15), 하나님 나라의 임하심(마 12:28; 눅 11:20), 죄의 용서(막 2:5-12), 반대명제를 통한 하나님의 뜻에 대한 해설(마 5:28-48), 인간의 태도에 대한 인자의 심판을 예수의 설교와 연결(눅 12:8f.)하는 가운데 주장된다. 이 모든 것은 망상이든지 아니면 하나님을 모독하는 일이든지 아니면 하나님의 계시이다.

참음"(갈 5:22)과 같은 성령의 열매를 맺고 하나님의 뜻을 성취한다.

하나님 나라에 대한 선포에서 밝혀진 것은 십자가와 부활의 관점에서 보아도 마찬가지이다. 이 모든 것은 단지 구원을 주신다는 의미로 선포되고 신앙될 때, 다시 말해 사람 가운데 선포와 또한 선포된 것에 대한 **신뢰**가 생기고 보존될 때만 작용한다. 이때 신앙은 구원을 위한 전제가 아니라 구원이 인간을 위해 작용하게 하는 방식이다. 이런 점에서 또한 그렇기 때문에 신앙은 필연적인 것일 뿐만 아니라 충분하다. 바로 이것이 "오직 믿음을 통해"(sola fide) 의롭게 된다는 순전히 종교개혁적 신앙고백의 근거이다.[43] 하지만 "신앙"이 신뢰(fiducia)라는 말은 확신이나 동의만이 아니라 "삶으로 이와 관계한다"는 뜻이다. 이러한 믿음은 그런즉 열매나 결과 없이 머물 수 없다. 믿음은 "사랑으로써 역사"(갈 5:6)하지만 이러한 열매를 의롭다고 하지는 않는다. 어느 한 인간이 의롭다함을 얻는 것은 믿음 가운데 그리스도 예수와 함께 결합해 있을 때이다.

이 모든 것은, 세계의 창조적인 근거가 되는 현실성이-곧 하나님의 현실성이-그리스도 예수 안에서 밝혀진다는 사실이 인식될 때 비로소 이의 내적 주장과 연관성 안에서 이해되고 성취될 수 있다.

4.3.3 현존재의 기초를 놓으시는 하나님의 현실성

종교적 상징에 대한 논의에서 틸리히는 다음을 강조하였다.[44] 그리스도이신 예수가 자신을 부인할 준비, 명확히 말하자면 부인하도록 할 준비가 되어 있었기에 그는 하나님의 중심적이며 가장 높은 상징이 될 수 있었고 지금도 그렇다.[45] 자기를 부인할 준비가 되어 있지 않았더라면, 그는 하나님을 향해 투사하는 상징이 아니라 우상이 되고 말았을 것이다. 그러므로 그리스도교 신앙이 예수에 대한 신앙인 것처럼 말하는 것은 정확지 않을

---

43 *BSLK* 175, 23-184, 45.

44 P. Tillich, "Sinn und Recht religiöser Symbole"(1961), in: ders, *Symbol und Wirklichkeit*, Göttingen 1962, 10f.

뿐더러 오해의 소지가 많다. 더 정확히 말해, 그리스도교 신앙은 하나님에 대한 신앙이며, 그분은 그리스도 예수 안에서 (세상의 구원을 위해) 자신을 계시하셨다.

이러한 자기계시는 예수의 비유와 설교는 물론 그의 활동과 태도에서도 발생하였고 지금도 발생한다. 그러므로 신약성서는 하나님에 의해 드러난 것을 천편일률적으로 다음과 같은 말로 표현한다. "하나님은 죄인, 인간을 사랑하신다." "하나님은 세상을 사랑하신다." "하나님은 예비적 행위가 없이도 인간을 사랑하신다." "진정 하나님은 사랑이시다."(요 3:16; 롬 5:8, 8:38f.; 요일 3:1과 4:7-21).[46] 그렇다면 "하나님은 사랑하신다"와 "하나님은 사랑이시다"라는 두 표현은 서로 어떤 관계에 있는가? 하나님의 활동이나 행위와 연결되어 있는 첫 번째 표현은 인격적 혹은 신적 표현형이라고 칭할 수 있다. 이는 대부분 사람들의 표상능력과 종교적 필요성과 일치한다. 하지만 이는 하나님을 하나의 제한된, 세계와 인간과 맞서 있는 인물로 사고하는 경향이 있다. 이는 하나님의 본질과 현실성과는 맞지 않다. 그런즉 나는 이러한 인격적 표현을 "희석된 은유"로 부를 수 있다고 생각한다.[47] 이에 반해 "하나님은 사랑이시다"라는 표현은 하나님을 모든 세상적인 존재자 안에 실재하면서 이를 (함께) 규정하는 하나의 관계사건으로 사고한다. 그렇기에 이는 오히려 범신론적으로 하나님을 이해하는 경향이 있다. 즉 하나님을 세계 안에 실재하시는 자로, 세계를 꿰뚫어 사고한다. 이는 하나님의 자기계시를 그리스도 예수 안에서 모순 없이 사고하게끔 한다. 이러한 점에서 이 표현이 하나님의 본질과 현실성에 더욱 적합하다. 그렇지

---

45 예를 들자면, 부자를 향한 예수의 말씀(막 10:18: "어찌하여 나를 선하다 일컫느냐, 하나님 한 분 외에는 선한 이가 없다")과 고난을 당하며 죽겠다는 예수의 각오(마 16:21-23과 모든 수난사)이다.

46 특이한 점은, 이것이-예수의 비유와 행적이 증명하는 바와 같이-예수의 설교와 파송의 중심임에도 불구하고 복음서에는 이 두 형식 중 어느 하나도 언급한 부분이 없다는 것이다. 이는 위에서 인용한 진술들의 진정성을 거부한다는 말이 아니다. 다만, 이 말이 의미하는 바를 바르게 이해한 자라면 이러한 진리를 삶으로 그런 언어를 사용하지 않아도 된다.

47 W. Härle, *Dogmatik*, Berlin/New York 2007³, 250-253.

만 이는 우리의 종교적 혹은 경건한 사고능력에서 볼 때 더욱 까다롭고 불만스러운 것이다.

"하나님은 *사랑하신다*"와 "하나님은 *사랑이시다*"라는 두 표현 모두 은유적이다. 왜냐하면 하나님께 사용된 "사랑"이라는 개념은 최소한 한 가지 관점에서 인간에게 사용된 것과는 다른 것을 말한다. 루터는 "하이델베르크 논쟁"(Heidelberger Disputation) 제27조에서 이러한 관점을 기술하였다. "하나님의 사랑은 이러한 사랑을 받을 만한 가치가 있는 것을 먼저 발견하지 아니하고 이를 창조한다."[48] 이 쌍방의 말은 하나님을 창조적이며 현존재의 기초를 놓으시는 현실성으로 표현한다. 이러한 현실성은 사전에 정해둔 원칙이나 사전 행위에 의존하지 않는다. 그런 점에서 무에서 창조하신 분(creator ex nihilo)이라는 특징을 갖는다. 이때 바울은 이미 하나님의 본질에 대한 이러한 발언이 창조자, 화해자, 완성자의 관점에서도 동일하게 적용된다는 사실을 언급하였다. 아브라함은 "죽은 자를 살리시며 없는 것을 있는 것으로 부르시는"(롬 4:17) 하나님을 믿었다. 그리고 이것이 그에게 "의로 여겨졌다"(롬 4:3, 5, 9). 위에서 언급한 것처럼[49] 현존재의 기초를 놓으시는 하나님의 현실성이 세계시초(또한 세계종말)의 변화과정에 대한 자연과학적 연구와 경쟁한다거나 이에 대한 대안이라고 생각해서는 안 된다. 오히려 이러한 현실성에 근거해 세계와 인간에 대한 긍정이 표현되어야 한다. 이러한 긍정은 세계의 시작과 종말의 변화과정이 처해 있는 (스스로 책임져야 할) 상황과 무관하게 이러한 과정에 가치와 존엄을 부여한다. 최소한 그 자리에서 윤리학은 그리스도교적 세계와 하나님을 이해하려는 교의학적 표현들을 세계를 긍정하며 삶을 긍정하는 뜻으로 파악해야만 한다.

---

48 Martin Luther, *Heidelberger Disputation*, in: LDStA, Bd., Leipzig 2006, 61, 7f. "Amor Dei non invenit, sed creat suum diligibile"(a.a.O., 60, 7). 루터는 이와 대조하며 또한 흥분한 상태에서 분명하게 계속 말한다. "인간의 사랑은 이러한 사랑을 받을만한 가치가 있는 것에서 시작한다."(a.a.O., 61, 8f.; "Amor hominis fit a suo diligibili", a.a.O, 60, 8).

49 위의 4.2.2를 보시오.

5. 그리스도교 윤리학의 규범적 기초

그리스도교 윤리학의 규범적 기초는 단지 성서를 재수용하는 것만으로 발견하거나 기술할 수 없다. 교회와 신학의 역사, 특히 종교개혁교회의 역사적 범주 가운데 성서의 해석사를 함께 고려해야만 한다. 이는 현대의 조직신학적 숙고를 할 때와 마찬가지이다. 하지만 성서적 출처를 밝히지 않고선 특히 그리스도교적인 것에 대한 그 어느 것도 말할 수 없다. 그러므로 이 장에서 다음 세 단계로 질문을 전개한다. 먼저 성서적 근거에 관해 묻는다(5.1). 다음으로 성서적 기초에 대한 종교개혁적 이해가 어떤 의미를 갖는지 묻는다(5.2). 마지막으로 조직신학적 숙고 가운데 윤리적 명령을 그리스도교적(또한 유대교적) 이해에 따라 논구할 것인데, 이는 윤리적 난제에 대한 탐구이기도 하다.

5.1 그리스도교 윤리학의 성서적 기초[1]

이 장은 언약법전, 잠언, 십계명, 황금률, 그리고 사랑의 계명이라는 규범적 성서본문에 초점을 맞추어 다섯 개의 소단락으로 나누어 논의한다. 그중에서도 질적이며 양적인 중점을 십계명과 사랑의 계명에 두게 될 것이다.

---

[1] S. Schulz, *Neutestamentliche Ethik*, Zürich 1987; E. Lohse, *Theologische Ethik des Neuen Testaments*, Stuttgart 1988; W. Schrage, *Ethik der Neuen Testaments*, Göttingen(1982) 1989⁵; W. A. Meeks, *The Origins of Christian Morality*, Yale 1993; E. Otto, *Theologische Ethik des Alten Testaments*, Stuttgart 1994; St. Hauerwas, *Selig sind die Friedfertigen. Ein Entwurf christlicher Ethik*, Neukirchen 1995; Ch. J. H. Wright, *Walking in the Way of the Lord. The Ethical Authority of the Old Testament*, Leicester 1995; R. B. Hays, *The Moral Vision of the New Testament*, San Francisco 1996; F. J. Matera, *New Testament Ethics*, Louisville 1996; J. Barton, *Understanding Old Testament Ethics*, Louisville, 2003; J. Rogerson, *Theory and Practice in Old Testament Ethics*, London 2004; R. Pregeant, *Knowing Truth, Doing Good. Engaging New Testament Ethics*, Minneapolis 2008; F. W. Horn/R. Zimmermann(Hg.), *Jenseits von Indikativ und Imperativ, Kontexte und Normen neutestamentlicher Ethik*, Tübingen 2008.

5.1.1 이스라엘의 법에서 계명으로[2]

각 족속과 민족이 성장해가다가 어느 시점에 이르면 법질서를 필요로 하게 된다. 여러 지파와 무리로 형성된 이스라엘과 유대도 마찬가지이다. 한편 이차적으로는 법의 제정과 해석, 말하자면 법률적 소송이 발생할 때 이를 적용할 책임자를 결정하기 위해 소송절차법이 필요하며 그때 이것이 만들어진다. 일차적으로는 어떠한 법적 규범과 규칙(제재조치를 포함한 규정)이 유효한지를 말해줄 법률규정이 필요하다. 특별히 오경 안에서 이러한 법적 규정이 풍부하게 전승되어왔는데, 그중 가장 오래된 것은 언약법전에 기록되어 있는 법적 규정(출 20:22-23:33)이다. 여기엔 재산권 침범, 성범죄, 신체의 훼손, 살인행위와 같이 경험상 공동체 안에서 발생하는 여러 갈등상황들이 규정되어 있을 뿐만 아니라, 문화적 생활과 관련된 규정들도 포함되어 있다. 세속법과 종교법이 엄격히 구분되어 있지 않았는데, 그 이유는 모든 법적 규정들을 신권(Gottesrecht), 말하자면 하나님이 직접 공포하시지 않았을지라도 그에 의해 합법화되고 권위를 부여받은 것으로 이해했기 때문이다.

이러한 법질서들은 여러 기능을 수행한다. 그 의도가 무엇이든 공동체의 삶이 침해되고 방해받는 곳에서 공동체의 평화가 회복되어야 한다. 이를 위해 법질서는 해악을 입힌 자에게는 이에 합당한 벌을 내리고 적절한 배상과 보상을 위해 노력하는 자들을 돕기 위해 노력한다. 그뿐만 아니라 고의로 사람을 죽였을 경우에는 회복이 불가능하다. 이 경우 법질서는 사형을 통해 범죄에 대한 보복을 규정하고 있다(출 21:12). 사람을 유괴하고, 부모를 저주하고, 마술로 속이며, 수욕하는 범죄행위도 이에 해당한다(출 21:16f; 22:17f.).

---

2 A. Alt, "Die Ursprünge des israelitischen Rechts"(1934), in: ders., *Kleine Schriften zur Geschichte des Volkes Israel Bd. I*, München 1968⁴, 278-332; E. Gerstenberger, *Wesen und Herkunft des "apodiktischen Rechts"*, Neukirchen-Vluyn 1965; E. Otto, *Theologische Ethik des Alten Testaments*, 18-116; E. Otto(Hg.), *Recht und Ethik im Alten Testament*, Münster 2004.

이러한 법적 규정의 기본형은 소위 결의법(Kasuistisches Recht)으로, "이런 일을 행하는 자는 어떠하리라" 혹은 "이런 일을 행하는 자는 무엇을 해야 한다"는 식의 구조를 가지고 있다. 이에 속한 많은 율법조항들은 우리가 이해할 수 없을 정도로 생소하고 기이할 뿐만 아니라 심지어 공감하기조차 어렵다. 역으로 어떤 것들은 현실적이고 시대를 초월해 우리의 법률책에서도 찾아볼 수 있는 것들이다.

> 사람이 서로 싸우다가 하나가 돌이나 주먹으로 상대방을 쳤으나 그가 죽지 않고 자리에 누웠다가 지팡이를 짚고 일어나 걸으면 그를 친 자가 형벌은 면하되 그간의 손해를 배상하고 그가 완치되게 할 것이니라(출 21:18-19).

탈리온의 법칙(Ius talionis)[3]은 이와 같은 법적 규정들을 다음과 같이 요약한다. "눈은 눈으로, 이는 이로, 손은 손으로, 발은 발로"(출 21:24 이외에 레 24:20; 신 19:21f.; 마 5:38에서도 비슷하게 기술). 출애굽기 21:23과 신명기 19:21에는 "생명은 생명으로"라는 말이 먼저 언급되었다. 이러한 보상원칙을 종종 광기를 띠고 무차별하게 보복하고 보상을 요구하는 것으로 오해하기도 했다. 하지만 이는 옳지 않다. 오히려 이는 보상의 필요를 충족시키고 희생자를 보호할 뿐만 아니라 폭력과 보복의 한계를 制限하는 데 도움이 된다. 예컨대 "눈 하나에는 눈 하나로"와 같이 개념 앞에 적절한 숫자를 덧붙인 것을 보면 분명하다. 이러한 방식으로 희생자에게 부여된 권리가 무엇이며 보복의 상한선이 어디인지 분명히 기술한다. 결국 자신이 당한 것 이상 과도하게 보복해서는 안 된다.[4]

그러한 규칙들은 단지 배상의 의미만이 아니라—모든 형사법적 규칙과 같이—예방적, 특히 보편적 예방, 말하자면 위협적 기능을 발휘한다. 특정

---

3 탈리온은 보복을 뜻하는 라틴어 "talio"에서 유래하였다. 이 단어 속에는 "동일한"(talis)이라는 뜻이 숨겨져 있다.

4 이러한 측면이 황금률과의 관계에서 어떤 의미를 갖는지 "새로운 황금률"이란 표제하에서 언급할 것이다(이하 제1장 5.1.4.3을 참조하시오).

행위를 할 경우 법적 처벌을 받게 된다고 위협함으로 앞으론 그런 행동을 피하거나 금하게끔 영향을 미친다. 처벌경고를 통해 불법과 응징을 방지하려는 목적이 아마도 각 형법질서가 가지고 있는 가장 중요한 기능일 것이다. 처벌의 위협 때문에 형법질서가 실제 사용될 필요가 없게 될 때 이의 영향력은 가장 극대화되었다고 하겠다.

그러나 탈리온 법칙은 이중의 약점을 가지고 있다. (1) 금전적 보상의 경우와 같이 이미 금전적으로 보상했음에도 불구하고 회복될 수 없는 범죄의 결과는 계속 보복을 강요한다. 그럴 경우 비합리적인 방법으로 보복의 필요성을 충족하려고 한다. (2) 탈리온 법칙은 폭력의 쳇바퀴를 거꾸로 돌릴 수 없으며 기껏해야 정지시킬 뿐이다. 하지만 이를 할 수 있을는지 (그리고 그럴 의사가 있는지) 알 수 없다.

기원전 9-7세기 이스라엘에서 경제적 부흥이 일어나고 경제적으로 상부계층이 형성되자, 법은-특히 이사야와 아모스의 예언자적 비판에서 시작된-또 하나의 새로운 기능을 갖게 되었다. 하나님의 뜻에 따라 사회적 배상에 도움을 주려고 하였는데, 이러한 관점에서 무엇보다 빚진 자들을 해방시키기 위해 안식년(레 25:1-7)과 희년규정(레 25:8-55)이 중요한 의미를 얻게 되었다.[5] 생존을 위해 반드시 필요한 소유물(예컨대, 겉옷과 맷돌)을 밤새 저당 잡아서는 안 된다고 규정한 저당권(출 22:25f.; 신 24:6) 역시 농촌의 가난한 자들을 보호하는 데 중요한 역할을 하였다. 이와 더불어 법은 단순히 자신이 당한 불법에 대한 보상만이 아니라 이보다 더 큰 영역에서 사회적 기능을 하도록 확장되었다.

그러나 이러한 맥락에서 흥미로운 사실은 가난한 자, 이방인, 과부, 그리고 고아의 권리를 공평치 않게 다루는 것을 금했을 뿐만 아니라(출 23:6; 신 27:19), 언약법전과 성결법전의 후반부(출 23:3; 레 19:15)에선 가난한 자의 송

---

5 저개발 국가의 과도한 채무와 관련해 이러한 오래된 규칙들이 최근 새롭게 주목을 받았으며 실제적으로 응용되거나 실현되기도 했다.

사라고 해서 치우쳐 재판해서는 안 된다고 경고한 점이다. 사회적 과잉보상을 비판하거나 금지했을 정도로 여기서 법은 분명히 사례별로 고려되었다.

사회적 영역에서 발생한 법을 단순히 결의론적으로 제정하지만은 않았다. 오히려 이는 호소의 기능을 하는 정언법적 특성을 가졌다. "너희는 타작한 첫 곡식과 술틀에서 나온 포도즙은 미루지 말고 바쳐야 하며" 또는 "너희 가운데 누가 어렵게 사는 나의 백성에게 돈을 꾸어주게 되거든 그에게 채권자 행세를 하거나 이자를 받지 마라"(출 22:29; 22:25). 그러한 법적 규범은 하나의 사건(Casus)을 기술하거나 어떤 형량으로 벌해야 할지를 확정하는 것이 아니라(결의론), 때와 상황과 무관하게 어떤 실행들을 금한다. 그러므로 사람들은 "정언법"(Apodiktisches Recht)에 관해 말한다.[6]

이때부터 법은 검증할 수 있는 법규범이라기보다 윤리적 계명이나 (대부분) 금지의 성격을 가진 규정들로 한 걸음을 내딛게 되었다. 이 규정들은 계명이나 금지규정을 범하는 자가 받게 될 처벌에 대한 위협이나 이로 인해 발생될 불이익과는 무관하게, 특별한 윤리적 자세나 태도를 요구하거나 금지한다. 이의 근거를 출애굽기 22:20과 출애굽기 23:9은 다른 방식으로 제시하였다("너는 이방 나그네를 압제하지 말라, 너희 역시 애굽 땅에서 나그네였다", 출 23:9). 여기선 이스라엘의 감정에 호소한다. 이외에도 이러한 법적이며 윤리적인 규정을 신학적으로 정당화하기 위해 불의로 고통받는 자들과의 연대하시는 하나님을 자주 언급한다. "만일 그들이 내게 부르짖으면 내가 반드시 그 부르짖음을 들으리라"(출 22:23; 출 22:26도 참조). 또는 창조신학적 정당성을 제시하기도 한다. "땅과 거기에 충만한 것이 다 야웨의 것이다"(시 24:1). 이 모든 것을 정리해보자면, 역사 속에서 법의 근거를 제시하는 데 가장 큰 영향을 주었던 두 방향이 있다. 첫째, 하나님이 세우고 보증해주신 *세계질서*에 대한 인식이다. 인간은 이를 인정하고 고려해야 한

---

6 이에 관해서는 A. Alt, "Die Ursprünge des israelitischen Rechts"와 E. Gerstenberger, *Wesen und Herkunft des "apodiktischen Rechts"*를 보시오(위의 각주 2).

다. 둘째, 자기 백성 이스라엘에게-그렇다고 이스라엘에게만 주신 것은 아니지만-계명을 주시고 이를 보증하시는 하나님이 계시하신 의지에 대한 확신이다. 전자는 무엇보다 고대의 지혜문헌에 나타나고, 후자는 신명기와 소위 성결법전(레 17-26장), 그리고 다시 구약성서적 에토스의 대헌장인 십계명에 나타난다. 다음 두 단락에서 이 두 가지 주제를 다루고자 한다.

5.1.2 지혜의 에토스[7]

구약성서에 기록된[8] 지혜문학은 잠언뿐만 아니라 욥기, 전도서 그리고 여러 시편을 통해 표현되었는데, 이는 매우 독특한 특징을 지닌 에토스를 담고 있다. 볼노브(O. F. Bollnow: 1903-1991)의 말을 빌리자면 이는 "소박한 지혜"라고 할 수 있다.[9] 에토스의 이러한 소박성은 한편으론 일상에서 경험된 바를 제시하고, 다른 한편 이론적 설득이나 체계화를 포기한 데서 나타난다. 그러므로 지혜의 에토스가 잠언과 잠언집의 형식으로 표현된 것은 우연이 아니다. 이 안에 수집된 지혜로운 경험의 보화들은 올바른 인간의 태도를 조망하고 있다.

폰 라트(G. von Rad: 1901-1971)는 바른 태도를 위한 척도를 "선을 행하는 것이 바로 선"[10]이라고 반복해 말하였다. 그러나 이스라엘의 지혜문학은 법과 경제와 성적 태도의 영역에서 단지 선한 행위로 경험된 것만을 수집

---

7 이에 대해선 다음을 참조하시오. G. v. Rad, *Weisheit in Israel*(1970), Gütersloh 1992, 102-130; O. Kaiser, *Der Gott des Alten Testaments, Theologie des Altes Testaments, Teil 1 Grundlegung*, Göttingen 1993, 263-299; E. Otto, *Theologische Ethik des Alten Testaments*, 117-174; D. J. Clines/H. Lichtenberger/H. P. Müller(Hg.)., *Weisheit in Israel*, Münster 2003; M. Köhlmoos, Art. "Weisheit/Weisheitsliteratur II. Altes Testament", in: *TRE* 35(2003), 486-497; A. Lange, Art. "Weisheitsliteratur II. Altes Testament", in: *RGG*[4] 8(2005), 1366-1369.

8 이뿐만 아니라 지혜문헌들은-초기에는 그리스어로 "감추다"는 뜻의 "아포크리프"(apokryph) 라고 불렸던-중간기의 지혜문학(살로모의 지혜, 토비아스, 예수 시락, 바룩 3:9-4:4)에서도 풍부하게 나타난다.

9 O. Kaiser, *Der Gott des Alten Testaments*, 273.

10 G. v. Rad, *Weisheit in Israel*, 106f.와 110.

하지 않았다. 모든 지혜를 야웨 신앙 아래 종속시켰다. 야웨는 세계질서의 수립자이시다. 지혜의 잠언은 그분이 수립한 질서를 고려하고 주의할 것을 간곡히 권고하고 있다. 야웨는 또한 유익한 세상질서의 보증자이시다. 이러한 질서 때문에 인간은 자신이 경험하는 일상에서 바르게 행동해야겠다는 생각을 품는다. 그러므로 또한 그런 지혜의 에토스는 야웨에 대한 신앙에 기초하고 있으며, 그와 결합된 에토스이다. 이를 지혜문학은 다음과 같이 표현한다. "지혜의 근본은 야웨를 경외하는 것이며, 거룩하신 자를 아는 것이 명철이다"(잠 9:10; 또한 잠 1:7과 욥 28:28).[11]

야웨가 제정하시고 보존하시는 질서는 "행위와 결과의 연관성"이라는 오래된 지혜를 보여준다. 실제적인 경우 이는 축복의 말씀과 연결된다(잠 10:6f; 10:22; 11:11; 11:26; 22:9; 24:25). 이러한 질서를 깨뜨리고 경시하면—이러한 행위를 한 개인은 물론 함께 관계된 사회적 환경도—망한다. 이때 축복은 장수, 다산, 경제적 부와 같이 매우 구체적인 것들이다(잠 9:11; 10:22).

하지만 정확히 바로 이 자리에서 오래된 지혜가 위기에 빠진다. 무엇보다 욥기, 아니 전도서 역시 이를 보여준다.[12] 만약 순조로운 행위와 결과의 연관성이 존재한다면, 부유치 못하거나 부를 잃게 된 것은 자신의 실수와 죄에 젖은 삶의 태도 때문이라고 역추리할 수 있을 뿐만 아니라, 그러한 해석 역시 매우 적절하다.[13] 그러나 바로 이러한 생각이 욥기에서 인상 깊고도 분명하게—결국 야웨에 의해—거부된다(욥 42:7-9).

오래된 것이든 아니든 지혜의 에토스와 모든 현실이해는 지난 몇십 년 동안 기대하지 않았던 르네상스를 경험했는데, 경우에 따라선 서로 상반

---

11 "야웨를 경외함"이 어떤 영향을 주는지 잠언서는 여러 곳에서 다양한 관점으로 주제화한다. 야웨의 경외는 하나님 앞에서의 두려움이 아니라 하나님과 그분이 제정하신 법에 대한 겸손한 존중으로 이해된다. 잠언 8:13; 10:27; 11:27; 15:33; 16:6; 19:23; 22:4.

12 시편 73에서 행위와 결과의 연관성이 제 기능을 발휘하지 못해 신앙적으로 몸부림치며 고통당하는 본문과 마주치게 된다. 하지만 이는 악한 자와 의로운 자가 결국 어떤 종말을 얻는지 봄으로써(시 73:17, 24) 극복된다.

13 요한복음 9:2 이하에 따르면, 이러한 논리가 예수의 제자들에 의해 가정되었고, 예수에 의해 거부되었다.

되게 작용하였다.[14] 여기선 두 가지의 것이 나타난다. 한편 사람에게 선을 베풀었던 경험에 근거한 에토스에 대한 관심이고, 다른 한편 선한 사람이 항상 (혹은 통상적으로) 잘된다는 주장을 받아들이기 어려운 점이다. 윤리학은 이 점에 대해 앞으로 계속 해명해가야 할 과제를 지고 있다.

5.1.3 십계명과 해설[15]

5.1.3.1 성서주석적 고찰

십계명은 구약성서에 기록된 모든 계명 중에서도 탁월한 위치를 차지하고 있으며, 특히 가장 중요한 종교적이며 윤리적 계명들을 포괄하고 있다. 이 안에는 이스라엘만이 아니라 타민족과 사람들도 받아들이고 있는 내용들이 요약되어 있다. 하지만 타민족들은 이의 가치를 제한적으로 수용하고 있는데, 이에 대한 설명이 필요하다.

십계명은 구약성서에서 두 번 전승되었다(출 20:1-17; 신 5:6-21). 두 본문은 여러 곳에서 약간의 차이를 보여준다. 내용 면에선 제9계명과 제10계명(출 20:17에 "집"과 "아내"와 신 5:21에 "아내"와 "집")이 가장 두드러진 차이를 나타내고 있다. 안식일에 대한 근거도 서로 다른데, 출애굽기는 그 근거를 창조사역 이후 하나님의 휴식(출 20:11)에 신명기는 애굽의 종살이와 이로부터의 탈출에 대한 회상(신 5:15)에 두었다. 십계명의 두 본문을 살펴볼 때 동일하게 눈에 띄는 점은 다음과 같다.

a) 계명의 길이와 설명이 서로 다르다. 해석을 덧붙인 안식일 계명은 전체

---

14 이는 특히 장례식 본문을 선택할 때를 생각해보면 알 수 있는데, 그중 아마도 전도서 3장("모든 일에 때가 있다")이 최고의 자리를 차지하고 있을 것이다.

15 F. L. Hossfeld, *Der Dekalog*, Freiburg/Göttingen 1982; F. Crüsemann, *Bewahrung der Freiheit*, München 1983; A. Peters, *Kommentar zu Luthers Katechismen, Bd. 1*, Göttingen 1990; W. H. Schmidt, *Die zehn Gebote im Rahmen alttestamentlicher Ethik*, Darmstadt 1993; E. Otto, *Theologische Ethik des Alten Testaments*, Stuttgart 1994, 208-219; ders. u.a.., Art. "Dekalog I-VI", in: *RGG⁴* 2(1999), 625-634; T. Koch, *Zehn Gebote für die Freiheit*, Tübingen 1995; H. Deuser, *Die Zehn Gebote. Kleine Einführung in die theologische Ethik*, Stuttgart 2002.

적으로 보면 그 이후에 나오는 모든 계명보다 더 길다. 이에 반해 살해, 간음, 도둑질 계명은 두 단어의 히브리어로 쓰였으며 매우 비슷한 형태로 구성되었다.[16]

b) "계명들"은 대체로 부정형으로 기술되었다. 단지 안식일 계명의 준수와 부모공경과 관련된 계명들만이 긍정적 형태로 기록되었다. 모든 기타의 것들은 금지계명이다. 이는 형식적 의미만 갖는 것은 아니다. 십계명은 그 원문에서 볼 때 총체적으로 선한 행위를 규정하고 있다기보다는 악한 행위를 금하고 있다.[17]

c) 숫자의 불분명함이다. 정확히 열 개의 계명으로 재구성하는 것은 거의 불가능하다. 십계명 본문에 등장하는 명령과 금지의 형식에서 볼 때 열한 개의 계명으로 요약할 수 있는 열다섯 개의 형식이 나온다.[18] 신학적으로 문제가 되는 논쟁점은 다음과 같다. 이방 신들을 섬기지 말라는 금지 외에 또 다른 형상금지계명이 있는지[19], 아니면 형상금지는 이방 신을 섬기지 말라는 금지에 속하는지, 말하자면 하나님의 형상이 아니라 다른 신들의 형상을 경배하고 경외하는 것이 금지된 것인지.[20]

d) 두 가지 금지계명이 요구되었다. 타인에게 속한 것을 탐하지 말라는 금지계명이 임의적으로 구분되었다. 이에 대해선 이미 위에서 출애굽기와 신명기에 기록된 집과 아내에 대한 순서가 바뀐 것을 통해 살펴보았다.[21]

e) 이에 반해 계명의 순서는 분명 임의로 바꿀 수 없다. 계명은 하나님의 계명과 이웃에 대한 계명[22]으로 구분되었고, 근원적 계명과 이로부터 유래

---

16 사람들은 이러한 관찰에 근거해 다섯, 여섯 혹은 열 개의 짧은 금지형식("너는 해서는 안 된다" 혹은 "너는 하지 않을 것이다")에 기원을 둔, 같은 모습의 "원십계명"(Urdekalog)을 재구성해 보려고 시도했었다.

17 앞으로 보게 되겠지만(아래 5.1.3.3. 참조) 루터는 이를 십계명의 해설을 통해 바꾸었다.

18 그럼에도 불구하고 열이라는 숫자가 견고하게 보존되어온 데는 분명 기억하기 용이하게 하려는 의도가 분명 있었을 것이다. 계명의 숫자가 손가락의 숫자와 같아 이를 잘 간직하고 기억할 수 있다.

19 정교회, 개혁교회, 성공회는 특별한 형상을 만들지 말라는 금지명령을 제2계명으로 판단하고 있으며, 대부분의 구약학도 그렇게 보고 있다.

20 그러므로 로마가톨릭과 루터교회는 다른 신을 섬기는 것과 한 분 하나님의 형상을 만들지 못하게 금지하는 계명을 한 계명으로 요약한다. 독일의 경우 일반적인 것이지만 아래에서 나는 이러한 계산에 따라 십계명 본문을 사용할 것이다.

21 그러므로 루터가 자신의 대교리문답에서 제9계명과 제10계명을 통합적으로 해석한 이유를 더 잘 이해할 수 있다.

22 아우구스티누스 이래로 계명의 두 판에 대한 상징적 사상이 이와(사랑의 이중계명과) 연결되었는데, 그중 첫째는 하나님에 대한 의무를 둘째는 이웃에 대한 의무를 담고 있다.

한, 다시 말해 덜 중요한 계명과 분명한 차이를 보여주었다. 살해금지보다 부모공경의 계명을 앞세운 점은 특이하다. 이는 아마도 부모는 지상에 존재하는 생명의 기원일 뿐만 아니라 종교적이며 윤리적 가르침을 주는 심급기관이라고 생각했기 때문일 것이다. 부모가 없다면 절대로 에토스는 전승되지도 소통되지도 못했을 것이다.[23]

5.1.3.2 십계명의 신학적 의미

십계명은 두 본문 속에서 장엄하게 하나님의 말씀으로 선포되었다. 이로 인해 십계명은 최고의 권위를 갖게 된다. 동시에 십계명의 신학적 기초와 직설법적이며 구원사적 근거가 주어진다. "나는 너를 애굽 땅, 종 되었던 집에서 인도하여 낸 네 하나님 야웨니라." 그러므로 이스라엘과 하나님의 관계는 하나님의 계명이나 더욱이 백성의 순종을 통해 구성되는 것이 아니라 그의 백성을 해방시키시고 시내산에서 언약을 맺으시는 하나님의 행위를 통해 형성된다. 말씀 가운데 자신을 소개하신 하나님은, 구원자요 해방자로서 백성들에게 계명을 주신 분이다.[24]

이는 오직 **하나의** 예속, 말하자면 애굽의 예속을 **다른** 예속(하나님에 대한 예속)과 교환한 것뿐이라는 항변에 대해 이렇게 말할 수 있다. 십계명은 그 내용에서 볼 때 그 어떤 예속상황도 만들 뜻이 없다. 오히려 하나님이 선물로 주신 자유를 가지고 인간과 공동체를 공의로운 관계로 인도하기를 원한다. 이는 얻어진 자유를 오용하지 못하도록 막고자 함이다. 십계명이 명령이기에 전적으로 인간의 선택의 자유를 제한하지만 이를 임의적으로 혹은 꺼림칙하게 행하는 것이 아니다. 이 계명을 지키는 것이 인간을 위해서

---

23 그러므로 구약성서에서 위협과 약속의 말씀이 특별히 이웃을 향한 계명이 첫 자리에 있는 부모공경의 계명과 연결된 것은 결코 우연이 아니다. 부모를 공경하지 않는 자는, 이미 그가 부모에게 순종하지 않음으로 스스로 선한 것과 명령된 것이 무엇인지 그에게 알려주는 전통의 흐름으로부터 끊어진다. 부모공경의 계명이 중시하는 바는 종교적이며 윤리적 전통으로부터 끊어지지 않도록 예방하는 것이다.

24 슈미트(W. H. Schmidt)는 이 점을 다음과 같은 주장을 통해 강조한다. "계명들은… 하나님과 함께하는 공동체를 세우려는 것이 아니라 최소한 바르게 보존하기를 원한다."(W. H. Schmidt, *Einführung in das Alte Testament*, Berlin/ New York 1995⁵, 118)

도 좋으며 진정 하나님과의 연합과 인간 상호성을 적절히 규정하며 그런 뜻에서 인간의 자유에 도움이 된다는 판단에서 행하는 것이다.[25]

그렇기에 서슴없이 하나님의 계명은 인간을 위한 선행이라고 말할 수 있다. 이는 이미 이제까지 말한 것을 통해 분명해진다. 계명으로 인해 인간은 자신의 삶의 목적에서 빗나가지 않고 보존된다. 계명은 분명하고도 명백하게 보호규정이다. 보호규정을 통해 휴일의 안식만이 아니라 우리의 삶, 가정, 소유, 소통, 그리고 우리의 모든 삶의 공간이 하나님으로부터 보호된다. 만인은 십계명의 수취인인 동시에 이용자이다. 왜냐하면 십계명은 우리 모두에게 유효하기 때문이다.

하지만 바로 여기서 전제한 십계명의 보편적 유효성이 십계명 첫머리에 기록된 (하나님의) 구원사적 자기소개 때문에 의문시될 수도 있다. 왜냐하면 그분이 부르신 '너'는 '하나님에 의해 애굽의 종살이에서 인도된 자'를 말하는 것이지 모든 인간을 지칭하지 않기 때문이다. 이는 오직 이스라엘 백성에게만 유효하다. 그렇다면 십계명 역시 단지 그 백성에게만, 혹은 그와 유사한 해방행위를 경험하고 하나님에 의해 해방이 주어진 자들에게만 유효한 것인가?[26]

5.1.3.3 루터의 십계명 해석[27]

마지막에 제기했던 질문에 동의하지 않을 수 없을 것 같다. 출애굽 사건이 필연적으로 계명을 위한 유일하고도 가능한 근거요, 계명의 수여자이신 하나님 스스로 자신을 확인시키시는 유일하고도 가능한 일임을 환기한다는 느낌을 받기 때문이다. 하지만 확실히 루터의 소교리문답서에 나오

---

25 이와 같은 주장에 대해선 예컨대 다음을 참고하시오. J. M. Lochmann, *Wegweisung der Freiheit. Abriss der Ethik in der Perspektive des Dekalogs*, Gütersloh 1979; F. Crüsemann, *Bewahrung der Freiheit*, München 1983; T. Koch, *Zehn Gebote für die Freiheit*, Tübingen 1995.

26 이 질문은 다음 장에 나오는 루터의 십계명 해석과 연관해 다시 한 번 논의하게 될 것이다.

27 이에 대해 A. Peters, *Kommentar zu Luthers Katechismen, Bd. I*, Göttingen 1990을 비교하시오.

는 십계명 해석에서 알 수 있듯이 결코 그렇지 않다.[28]

사람들은 늘 루터가 이스라엘에게서 십계명을 탈취해갔다(소위 이스라엘의 몰수)고 비난하였다. 그가 성서에 기록된 십계명 원문 여러 곳을 제멋대로 바꾸었다는 이유에서다. 지적 사항을 살펴보자.

- 십계명 첫머리에 기록된 하나님이 애굽에서 이스라엘을 인도하신 내용을 생략했다.

- 오직 제1계명에만 해당하는 위협과 약속의 말씀을 일반화한 후 모든 계명을 제1계명에 적용하여 해석했다.

- 제3계명에서 "안식일"이란 단어를 "휴일"로 대체했다.

- 제4계명[29]에서 그의 나라에서 오래 살게 될 것이라는 장수에 대한 약속을 땅에서의 약속으로 대체했다.[30]

그러나 루터가 시도했던 네 가지 변형은 사실상 모두 다 매우 정당하게 보인다.

- 탈출에 대한 내용을 생략했다고 이를 부인하거나 이스라엘에게서 십계명을 빼앗아간 것은 아니다. 오히려 역사적 해방행위를 경험한 자만이 아니라 온 백성, 모든 이들이 십계명을 지켜야 한다는 목적을 추구한 것이다. 삭제한 것만 가지고 그렇다고 말할 수 없다. 왜냐하면 삭제 후 계명과

---

28 *BSLK* 506, 39-510, 21.

29 "…그리하면 네 하나님 여호와가 네게 준 땅에서 네 생명이 길리라"(출 20:12) 또는 "…그리하면 네 하나님 여호와가 네게 준 땅에서 네 생명이 길고 복을 누리리라"(신 5:16).

30 분명 루터는 땅에서 장수에 대한 성경의 약속을 라틴어판 교리문답에서만 계명의 원문순서에 따라 옮겼고, 이에 따라 "나라"를 "땅"으로 변경하였다(*BSLK* 508, 19f.; 555, 21; 587, 5f.). "ut sis longaevus super terram." 독일어판 대교리문답에서는 (성서에 나오는 원문에 따라) 땅의 약속이 제4계명에 대한 루터의 해설에서 등장한다. "그 땅, 바로 네가 사는 바로 그곳에서 오래 살리라"(*BSLK* 594). 최근 출판된 여러 교리문답서들(M. Luther, *Der Große und der Kleine Katechismus*, ausgewählt und bearbeitet von K. Aland und H. Kunst, Göttingen[1983] 1985², 7, 18과 *Der Kleine Katechismus Doktor Martin Luthers*, Neubearbeitete Ausgabe, Hannover 1986, 3, 9)은 독일어로 번역된 라틴어판(어순이 바뀜)을 사용한다. "…auf dass dir's wohlgehe und du lange lebest auf Erden."

이의 준수를 위한 또 다른 한 가지 근거에 대해 질문했기 때문이다. 사실 루터는 사도신경 제1항에 대한 해설에서 신학적 근거를 제시하지 않은 채로 내버려두었다. 말하자면 창조의 역사를 환기시키며 하나님께 감사하며, 그를 찬양하고, 섬기고 순종할 것을 말한다. 이러한 창조는 우리가 노력했거나 그만한 가치가 있어서 행하신 것이 아니기에 우리는 이에 빚지고 있다.[31] 이스라엘에게 유효한 구원사적 근거를 제시하는 대신 모든 사람에게 유효한 창조신학적 근거가 등장한다. 창조신학적으로 논증되었기에 이스라엘은 배제되지 않았으며 두 사건(출애굽과 창조) 모두 포함되었다.

• 두 번째 변형(위협과 약속, 저주와 축복의 일반화)은 매우 성서적이며, 특히 구약성서의 자기이해와 합치한다. 일반적으로 하나님의 뜻을 경시함으로 저주를, 그 뜻을 지켜 축복을 받는다. 이러한 순환논법은 계명이 뜻하고 의미하는 것 이상을 말하고자 한다. 중요한 것은 저주와 축복은 임의적인 징벌과 보상으로 이해되지 않았고 이미 언급한 "행위와 결과의 연관성" 안에서 행위의 내적 결과로 이해되었다는 점이다. 그는 이러한 입장에서 출발한다.

• 루터가 기획했다는 세 번째 변형(안식일 대신 휴일)은 첫 번째 것과 동일하게 기능한다. 이스라엘에 대한 특별한 관계가 (주일을 언급했다고) 특별한 그리스도교적 관계로 대체된 것이 아니라 일반적으로 인류적인 관계를 말하고자 했다. 휴일을 거룩한 날로 주장한 것이 중요한 내용이다. 특히 제3계명에서 그리스도교적 요소는 간접적으로 다음과 같은 역할을 하였다. 즉 그리스도교의 축제일인 주일은 그리스도께서 부활하신 날이다. 그런즉 그리스도교의 축제일은 더 이상 한 주의 마지막이 아니라 첫날이다. 다시 말해 안식은 한 주의 노동을 통해 얻어지는 것이 아니다. 인간은 안식과 말씀이 선사된 것을 출발점으로 삼아 살아야 하고 또한 그렇게 살도록 허락되었다.[32] 엿새 동안 일하시고 쉬셨다는 성서에 기록된 안식일 계명(출 20:11; 신 5:13)에 대한 하나의 중요한 변화가 이루어졌다. 이는 분명

---

31 *BSLK* 511, 6-8. "…이 모든 것을 그분께 감사하고, 찬양하고, 이를 섬기며, 순종하도록 나는 빚진 자이다."

32 치유와 기쁨을 주며 인간의 생활감정에 선한 영향을 미칠 수 있는 이 요소들이 우리 사회에서는 두 가지 새로운 발전을 통해 잊힐 위험에 처해 있다. 첫째는 한 주의 계산을─대략 시각표대로─변경시킴으로써(DIN 1355: 1976년부터 독일에서 도입한 주 계산법) 주일이 한 주의 첫날이 아니라 마지막 날이 되어버렸다. 둘째는 "주일"을 "주말"이라는 말로 바꾸어 쓰는 언어습관이다(이에 대해선 W. Härle, "Schöner Sonntag", in: *Zeitzeichen* 2007, Heft 4, 18.)

사제문서적 창조설화의 본문과 일치한다.[33]

- 루터의 네 번째 변형, 즉 제4계명에서 "나라"를 "땅"으로 변경한 것 역시 첫째와 셋째 계명과 같이 보편화에 기여한다. 이러한 변화를 통해 얻게 된 중대한 이득이 있다면, 계명의 선포와 성취가 더 이상 특정한 어느 한 나라가 아니라 모든 사람에게 공동으로 맡겨진 땅과 관련을 맺게 된 것이 다.[34]

여기서 언급한 십계명 본문의 변형[35]을 넘어 십계명의 각 계명에 대한 루터의 해석에서 세 가지 해석원리를 도출할 수 있다. 이는 근본적 의미를 갖는데, 그 이유는 한편으로 십계명의 명확한 한계와 문제점을 제시하고, 다른 한편 윤리적 요구의 본질을 계속 분명하게 인식하도록 돕기 때문이다. 물론 십계명 안에서 이러한 요구가 완전히 성취되었다고 말할 수는 없다.

- 각 계명의 해석은 "다음과 같이 우리는 하나님을 두려워하고 사랑해야 합니다"라는 말로 시작한다. 이와 동시에 그 뒤에 따라 나오는 각 계명들이 제1계명의 해석("우리는 무엇보다 하나님을 두려워하고 사랑하고 신뢰해야 합니다."[36])을 새롭게 받아들임으로, 뒤따르는 각 계명들이 제1계명의 적용과 구체화요, 십계명은 통일성을 이루고 있음을 인식하게 한다. 이는 십계명 그 자체에서 유추할 수는 없다. 어째서 부모, 생명 혹은 진리를 존중하라는 계명이 다른 신들을 거부하라는 명령 뒤에 나올까? 하나님에 대한 그

---

33 이 본문을 단어 그대로 받아들인다면 인간은 (동물과 함께) 창조의 마지막 노동일에 창조되었다. 그러므로 인간이나 동물이나 자신의 삶을 처음 (온전하게) 시작한 날은 안식일이지 노동일이나 휴일이 아니다. 이처럼 신화적으로 구성된 사고의 다리 위에서 살펴볼 때 안식일과 주일은 (인간들에게) 첫째 날로 다가온다.

34 "나라"를 "땅"으로 대체한 것은 어떤 사소한 문제와는 전혀 다르다. 이는 이스라엘과 팔레스타인 사이에서 벌어지고 있는 근동의 갈등을 해결하기 위해서도 긍정적인 영향을 줄 수 있을 것이다. 만약 양편(!)이 십계명 또는 십계명 안에서 강조된 에토스의 해설을 받아들일 수 있다면 말이다. "오늘은 독일이 우리 것이라면 내일은 모든 세계가 우리의 것"이라는 섬뜩한 노랫가락은 무시무시하게도–독일 내에서든 독일을 위해서든–유감스럽게도 항상 자명한 일이 아니었다.

35 이는 루터가 자유스럽게 성서를 다루었음을 보여준다. 하지만 십계명과 같이 중심적 내용을 다루는 것을 살펴볼 때, 어떤 경우에도 그의 입장을 성서문자적이라고 이해하거나 불러서는 안 된다.

36 *BSLK* 507, 42f.

같은 신앙이 이웃을 향한 긍정적 방향설정을 포함할 때만 분명하게 드러나기 때문이다. 우리가 무엇보다 두려워하고 사랑하고 신뢰해야 할 하나님은 정의와 존중과 사랑을 위해 계시며 우리 인간들은 이러한 하나님께 피차 은혜를 입고 있다. 여기서 "두려워하고 사랑하라"라는 루터의 말이 많은 이들에게 곤란함을 안겨준다. 이는 채찍과 당근을 주는 것같이 보인다. 더욱이 이는 요한1서 4:17f("사랑 안에 두려움이 없고 온전한 사랑이 두려움을 내쫓나니 두려움에는 형벌이 있음이라 두려워하는 자는 사랑 안에서 온전히 이루지 못하였느니라")의 말씀과 모순된 것처럼 작용한다. 형벌의 두려움과 일치하지 않는 사랑은 루터가 자신의 십계명 해설에서 말한 "두려움"과는 다른 것이다. 루터가 여기서 말한 두려움이란 단지 신적인 사랑의 거룩함을 진지하게 받아들이는 **경외심**이다. "두려워하고 사랑하라"는 말은 "온 마음을 다해 사랑하라"는 것과 다름없다.[37]

- 루터는 각 계명을 해설하면서, 하이델베르크 교리문답이 이를 가장 적극적으로 시도했지만, 금지된 것 혹은 명령된 것을 신학적으로 **계발**하고, 이를 통해 일목요연하게 설명할 뿐만 아니라 협소한 율법이해를 넘어서려고 노력하였다. 말 그대로 십계명은 진정 조야한 윤리적 과오를 거부한다. 금지나 명령을 말하는 본문은 비켜갈 수 있는 많은 가능성과 도망갈 구멍과 이탈을 허락한다. 그러므로 루터는 십계명을 해설하면서 삶의 다양성만이 아니라 윤리적 위험성과 도전을 자세하고도 포괄적으로 기술해 보려고 시도하였다.

그러므로 루터는 하나님의 이름을 망령되게 사용하지 말라는 금지계명(제2계명)을 다음과 같이 제시하였다. "우리는 하나님을 두려워하고 사랑해야 합니다. 그런즉 우리는 그의 이름으로 저주하지 않으며, 맹세하지 않으며, 현혹하지 않고, 거짓말하거나 속이지 않으며 오히려 모든 고난 가운데 부르짖고, 기도하고, 찬송하고, 감사합니다."[38] 살인금지(제5계명)에 대한 계명은 다음과 같은 말로 해설하였다. "우리는 하나님을 두려워하고 사랑해

---

37 이에 대해선 A. Peters, *Kommentar zu Luthers Katechismen, Bd. I*, Göttingen 1990, 130-137; W. Härle, "Gott fürchten und lieben - Martin Luther und die Kunst lebenswichtiger Unterscheidungen", in: R. K. Wüstenberg(Hg.), *"Nimm und lies" Theologische Quereinstiege für Neugierige*, Gütersloh 2008, 110-125, 특히 112-114 참조하시오.
38 *BSLK* 508, 5-9.

야 합니다. 그런즉 우리는 우리 이웃의 육체에 해를 입히거나 고난을 주지 않으며 도리어 삶의 모든 고난 가운데 그를 도우며 지원합니다."[39] 도둑질 하지 말라(제7계명)는 계명은 이렇게 말한다. "우리는 하나님을 두려워하고 사랑해야 합니다. 그런즉 우리는 우리 이웃의 소유물을 취하지 않으며 가 짜 상품과 상술로 우리 편으로 끌어들이지 않고 오히려 물질과 양식이 그 에게 회복을 주며 보호하도록 돕습니다."[40]

하지만 소교리문답에서는 이렇게 확대하여 해석하는 방법을 제한하였 다. 이러한 방법은 모든 것을 빠짐없이 설명하려는 것이 아니라 단지 어 떤 방식으로 계속 사고해야 하며, 어떻게 하는 것이 계명들 혹은 하나님의 뜻을 본질적으로, 다시 말해 포괄적으로 이해하는 것인지 제시하려는 것 이다. 결국 하나님의 뜻이 삶의 모든 영역을 포괄한다는 사실이 분명해졌 다.[41] 그러나 성격을 달리하는 요구를 통해 이러한 사실이 분명해졌다. 이 러한 요구는 계속 새로운 계명들을 덧붙여 확대하려는 것이 아니라 인간 행위의 중심을 이해하려는 것이다.

이러한 과정을 보른캄(G. Bornkamm)은 예수의 자서전에서 생생하게 기 술하였다. 그는 예수의 설교 중에 나오는 구체적인 가르침을 결의론적 율 법해석과 대립시켰다. "결의론적 율법해석의 특징은 언제나 좁은 그물망 을 가지고 인간의 모든 삶을 뒤집어씌우려고 노력하는 데 있다. 그러나 이 는 새로운 각 그물로 새로운 구멍을 만들고, 엄격하게 실현하겠다는 열정 에 사로잡혀 실제로는 인간의 마음을 고려하지 않는다. 이러한 냉혹함이 모든 결의론의 본질에 속한다. 이에 반해 예수의 구체적인 가르침은 그 틈 과 구멍을 통해 인간의 마음을 붙잡고 타인과 하나님과 대결해 있는 인간 의 현존재가 실제적으로 위험에 처해 있는 곳으로 다가가서 만났다."[42]

---

39 *BSLK* 508, 31-34.
40 *BSLK* 509, 9-13.
41 나는 그것으로 바르멘신학선언 제2항을 암시한다. "예수 그리스도가 우리의 모든 죄를 용서 하시는 하나님의 허락인 것처럼, 진정 그 분은 우리의 모든 삶을 향한 하나님이 강한 요구이 다…"

• 세 번째 해석의 원리에 따라 루터는 긍정적으로 표현된 계명들을 부정적으로 해석하여 비교하였고(제3계명과 제4계명에서), 금지명령(제2계명과 제5계명에서 제10계명까지) 역시 긍정적으로 풀이하며 설명하였다.[43] 그와 동시에 루터의 해석에서 십계명이 오직 악을 저지하기 위해 필요한 금지계명의 수집물이기를 그만두게 되었다. 그 대신 십계명은 선을 행하기 위한 안내가 되었다. 이러한 긍정적 보충이 어떤 의미를 갖는지는 부자와 가난한 나사로 이야기(눅 16:19-31) 혹은 세계 심판에 대한 말씀(마 25:31-46)과 같은 본문에서 분명히 드러난다. 이 두 경우 인간의 죄의 본질은 오로지 행치 않음(Nichtstun)에 있다. 십계명을 단어적인 의미로만 읽어선 도무지 두 경우가 잘못되었다고 말하기 어렵다. 왜냐하면 이는 십계명에 기술된 어떤 금지계명도 범하지 않았기 때문이다. 말하자면, 루터의 긍정적 보충은 윤리적 요구를 충분히 충족할 수 있을 만큼의 명료화를 추구하도록 지시한다. 하지만 그의 시도는 아직 이를 보여주지 못한다.

결국 소교리문답에서 루터가 제시한 모든 세 가지 해석규칙은, 십계명은 자신의 능력을 명령과 금지의 구체화에 두고 있으며, 하지만 이는 여전히 동일한 방향에서 탐색되어야 할 보충과 요약이 필요하다는 것을 보여준다. 다시 말해 모든 윤리적 명령과 금지를 배제한 채 혹은 함축적으로 포함하고 있는 포괄적인 윤리적 요구이다. 이러한 통찰과 이의 실현을 위한 윤리적 자료가 황금률(토비트 4:16)의 형식으로 기록된 신약성서의 정원과 하나님과 이웃 사랑의 계명(신 6:5; 레 19:18)에서 발견된다. 이러한 통찰과 그 안에서 실현되어야 할 자료는 신약성서에서 채용하여 심화될 것이다. 다음 두 장에서 이에 대해 논의한다.

---

42 G. Bornkamm, *Jesus von Nazareth*, Stuttgart u.a.(1956) 1980[5], 93.

43 이것은 위(212-213쪽)에서 인용한 제2계명, 제5계명, 그리고 제7계명의 해석에서도 추론할 수 있다. 세 번째 규칙의 예외는 루터의 제1계명과 제6계명의 해석이다. 더욱이 이 두 경우에선 계명이 금지의 성격을 갖는다. 그러나 루터의 해석은 금지가 아니라 단지 다음과 같이 명령들을 포함하고 있다. "우리는 그 무엇보다도 하나님을 두려워하고, 사랑하고, 신뢰해야 한다." (*BSLK* 507, 42f.) "우리는 하나님을 두려워하고 사랑해야 한다. 그러므로 우리는 겸손하고도 바르게 말씀과 행함으로 살아가야 하고 각각 자신이 남편을 사랑하고 존경해야 한다."(*BSLK* 509, 2-5). 물론 "겸손하고도 바르게"라는 형용사가 실제적으로 혹은 최소한 함축적인 금지로 이해될 수는 없는지 질문해볼 수 있겠다.

5.1.4 황금률[44]

황금률은 윤리적으로 요구된 바를 성취하기 위해 필요한 윤리적 규범을 하나의 계명으로 요약해보려는 시도이다. 이러한 시도가 성공하면 다음과 같은 큰 성과를 얻게 된다.

- 오직 한 계명이 삶의 모든 영역과 측면을 포함한다. 즉, 포괄적이다.

- 둘 혹은 여러 동일한 수준의 최고의 계명들 사이에 윤리적 갈등은 없다. 즉, 분명하다.[45]

- 복수로 구성된 계명들보다 쉽사리 기억 속에 보존된다. 즉, 잘 기억된다.

하지만 하나의 계명 속에 인간이 행해야 할 모든 것을 한 번에 담아낼 수 있을까? 이는 먼저 이 같은 한 계명이 각각의 가능한 행위(혹은 부작위)가 행해져야 할지 아니면 금지되어야 할지를 검증할 수 있는 기준을 포괄하고 있을 때만이 가능하다. 혹은 이것이 그때마다 행해야 할 것과 금해야 할 것을 추론해낼 수 있는 가장 높고, 위대하고, 고상한 계명으로 불릴 때 가능하다. 황금률은 첫 번째 형태의 계명이다. 다시 말해 이는 모든 행위를 윤리적으로 검증할 수 있는 기준이다.[46] 황금률은 부정적 형태와 긍정적

---

44 이에 대해선 다음을 참고하시오. H.-H. Schrey, Art. "Goldene Regel III", in: *TRE* 13(1984), 575-583; H. T. D. Rost, *The Golden Rule*, Oxford 1986, M. Singer, Art. "Golden Rule", in: *Encyclopedia of Ethics*, Bd. 1, 1992, 405-408; J. Wattles, *The Golden Rule*, Oxford 1996; H. Bedford-Strohm, *Gemeinschaft aus kommunikativer Freiheit. Sozialer Zusammenhalt in der mordernen Gesellschaft. Ein theologischer Beitrag*, Gütersloh 1999, 특히 237-284 참조; H.-J. Becker/ J. C. Thom/ W. Härle, Art. "Goldene Regel I-III", in: *RGG*⁴ 3(2000), 1076-1078; H. Schulz, "Die Goldene Regel. Versuch einer prinzipientheoretischen Rehabilitation", in: *ZEE* 47(2003), 193-209; A. Ch. Albert, *Helfen als Gabe und Gegenseitigkeit*, Heidelberg 2010, 특히 325-336.

45 하지만 황금률은 실행될 수 없는 (아마도 서로 다른 사람들을 향한) 두 가지 서로 다른 행동들을 동시에 요구할 수 있다. 이런 경우 황금률을 수단으로 실제적으로 해결할 수 없는 윤리적 갈등에 빠질 수 있음을 배제하지는 않는다. 예를 들면, 사고를 당한 한 사람을 보았을 때 그를 도울 것인가, 아니면 주어진 약속을 지키기 위해 가야 할 것인가. 황금률은 (아마도) 이 두 가지 모두를 요구한다. 하지만 경우에 따라선 시간상 이 두 가지를 모두 행하는 것이 불가능하다.

46 다음 단락에서 언급할 사랑의 이중계명이 이에 대한 또 다른 유형을 보여준다.

형태로 실재한다. 이러한 차이가 윤리적으로 사소한 문제가 아니기에 먼저 이 두 유형을 고찰한다.

5.1.4.1 황금률의 부정적 유형

"남이 네게 행하기를 원치 않는 것은 남에게도 행하지 말라"(토비트 4:16). 이러한 부정적 유형의 황금률은 여러 문화와 종교에서 엇비슷하게 표현되어왔다. 황금률은 성서에서 상대적으로 눈에 띄지 않는 곳에서 발견된다. 곧 신구약 중간기 문학작품("묵시록")에 속한 소책자 토비트(Tobias)이다. 이 책은 토비트라는 나이 많은 아버지가 임종의 자리에서 자기와 같은 이름을 가진 아들에게 주는 유언(토비트 4:1-20)으로 자선과 자비를 베풀 것을 가르친 지혜문학선집[47]이다. 이 책에서 황금률은 요약되거나 어떤 다른 방식으로 강조되었다기보다는 그냥 스쳐지나가듯 던져졌다. 그렇지만 사실 황금률은 많은 윤리적 주장들을 추론할 수 있는 중요한 상위 규칙이다. 모든 이들이 행동하기 전에 다른 사람이라면 이 경우 어떻게 행동했을까를 묻고, 이에 대한 대답에 따라 행한다면 짐작건대 사람들 사이에서 폭력행위, 사기, 부정의, 배려 없는 행동 등이 급격히 줄어들지 않겠는가. 이는 참으로 대단한 것이다. 그럼에도 불구하고 이러한 유형의 황금률은 몇 가지 심각한 윤리적 결함들을 노정하고 있다.

- 황금률은 단지-십계명의 금지계명과 같지만 이와 비교해볼 때 일반적이고 포괄적인데-악한 행동을 배제하지 않은 채 선한 행위를 명한다. 그 결과 부정적 유형의 황금률은, 사람들이 서로를 위해 행하지 않음으로 서로에게 빚지게 되는 상황에 관해서는 전혀 또는 충분히 포착하지 못한다. 이러한 단점은-이미 제안하고 시도한 것과 같이[48]-부작위를 행동으로 생각한다면 극복될 수 있다.

---

47 이에 대해선 앞 장의 5.1.2를 보시오.

48 이에 대해선 제1부 3.2②를 보시오.

- 부정형의 황금률은, 행위자나 행위를 고려하는 자가 원하지 **않는** 것을 금지의 기준으로 삼는다. 그러나 다양한 사람들이 매우 다양한 성향을 가지고 있다는 점에서 하나의 규범으로 인정받기엔 불충분하다. 타인이 원하지 않는 것을 행하지 않겠다지만 타인에게는 끔찍한 행동이 될 수도 있으나 자신이–경우에 따라 쉽사리–수용할 있는 (혹은 원했던) 행동을 타인에게 할 수도 있다. 황금률은–이는 진정 부정적 황금률이 가지고 있는 윤리적 큰 약점이라고 하겠는데–실제적으로 타인의 마음까지 헤아리지 못한 채 단지 **자신**의 염려와 혐오(혹은 소망과 소원)를 설명할 뿐이고 또한 그런 생각들을 타인에게 투영하도록 유혹한다. 성, 나이, 사회적 위치, 문화적 영향, 개인적 삶의 역사와 무관하게, 모든 사람이 무의식적으로 황금률이 말하는 바와 동일한 호의나 혐오를 가지리라는 가정은 매우 대담하면서도 여전히 정당성이 요구되는 가정이다.[49] 그렇다고 해서 바로 간단히 황금률을 거절하거나 내다 버릴 수는 없다. 황금률은 우리 스스로 원치 않는 것과 우리가 타인에게도 역시 유효하다고 알고 있는 것을 행하지 않도록 돕는다. 만약 사람들이 황금률을 이런 식으로 표현한다면 자신의 의지를 초월해 "우회"하는 것이 쓸데없음을 감지하게 된다. 만약 우리가 행치 않기를 원하는 타인의 뜻을 이미 우리도 알고 있다면, 우리가 그것을 행해야 할지 아닌지를 윤리적으로 검증하는 것은 전혀 중요하지 않게 된다. 바로 이 점이 황금률의 중대한 약점으로 남는다.

- 황금률의 세 번째 단점은 이 공식에서 직접적이고도 분명한 것을 추론하지 못하고 기껏해야 그 의미를 밝힐 수 있을 뿐이다. 황금률은 "네가 원치 **않는다면**", 또는 "네가 그것을 원치 **않기에** 결국"과 같은 의미로 현명한 자기이익에 호소하는 것으로 이해될 수 있다. 그럴 때 황금률은 오직 (계몽된) 윤리적 이기주의의 한 형태가 될 뿐이다.[50] 하지만 이미 언급했듯이 황금률이란 그런 것만은 아니다. 황금률을 이러한 형식 아래 종속시켜서도 안 되며 또한–진정 황금률이라면 그리고 윤리적 표식이라면–그러한 의미로 주장해서도 안 된다. "몹쓸 일을 당하면 얼마나 고통스러운지 네가 안다면 다른 사람에게도 그렇게 하지 말라"는 말은 어떤 경우에서 보더라도 천박한 주장이다. 어쨌든 황금률 뒤에 숨겨져 있고 분명히 나타나야 할 동기에 대한 질문을 이러한 문구에서는 분명하게 추론해낼 수 없기

---

49 더욱이 적지 않은 관계상의 문제와 세대 간의 갈등은 관계된 당사자들이 모두 동일한 혹은 최소한 비슷한 욕구를 가지고 있는 것처럼 추측하고 있다고 말할 수 있다.

50 이에 대해선 위의 장 제1부 3.6.2①를 보시오.

에 이에 대한 해명이 필요하다.

5.1.4.2 황금률의 긍정적 유형

긍정적인 형식("무엇이든지 남에게 대접을 받고자 하는 대로 너희도 남을 대접하라"[마 7:12]; "남에게 대접을 받고자 하는 대로 너희도 남을 대접하라"[눅 6:31])을 고찰해볼 때 두 번째 이의와 세 번째 이의가 역시 유효함을 알게 된다. 그러나 여기서 첫 번째 이의는 파악되지 않는다. 오히려 그 반대이다. 긍정적 형식은 악의 부작위가 아니라 선한 행실을 지향한다. 여기서 혹시 악의 부작위가 너무 가벼이 다루어지거나 무시된 것은 아니냐는 억지 주장이 도출될 수도 있다. 그러나 이는 앞 장에서 보았던 첫 번째 이의와 동일한 방식으로 대답되고 해결될 수 있다. 즉 부작위 역시 행동이다.

황금률의 부정적이며 긍정적인 형식 사이에 존재하는 차이는 사소하고도 하찮은 것이라는 결론에 이른 것처럼 보인다. 그러나 이는 분명 빗나간 결론이다. 마태(특히 예수의 산상설교)와 누가(예수의 평지설교)의 맥락에서 볼 때 신약성서 안에 긍정적으로 표현된 황금률은 매우 근본적이며 어떤 의도된 특징을 드러낸다. 이는 황금률을 부정적으로 서술한 토비트 4:16과 비교해보면 알 수 있다. 이에 대해 간략하게 살펴보자.

- 누가복음 6:31에서 황금률은 원수 사랑에 관한 말씀 속에 자리 잡고 있다(눅 6:27-35). 원수 사랑은 가장 철저하게 "상호성의 에토스"를 깨뜨리고 극복한 계명이다. 이러한 맥락에서 위에서 언급한 세 번째 이의가 황금률의 긍정적 형태에 대한 전망 가운데서 무력하게 되었다고 말할 수 있겠다. 황금률과 직접 대비시켜보자면 "너희가 너희를 사랑하는 자만 사랑하면 감사받을 만한 것이 있겠는가? 죄인들도 자신의 친구들을 사랑한다"(눅 6:32)는 말이다. 여기서는 분명 상호성이나 현명한 자기이익의 에토스가 주장되거나 추구되지 않는다. 황금률은 그것을 넘어서기를 원한다. 그렇지만 이러한 형태의 서술을 통해 그 목적에 이미 도달되었는지 그리고 그 의도가 실현되었는지는 여전히 의문으로 남는다. 왜냐하면 명령된 선한 행위는 행위자의 인격과 그가 소원하는 마음에 달렸기 때문이다.

• 마태복음 7:12은 선행을 권고하는 연속되는 말씀의 시작 부분이다. 좁은 문과 넓은 문, 나무와 열매, 모래 혹은 반석 위에 지은 집에 대한 비유의 말씀(마 7:13-29)을 인용하며 산상설교는 권고의 말씀으로 끝맺는다. 이미 이것은 황금률(막 7:12상)이 마태복음 안에서 근본적 의미를 갖고 있음을 암시한다. 이는 문맥 안에서 분명히 드러난다. 연이어 황금률은 직접적으로 "이것이 율법이요 선지자"(마 7:12하)라고 말하기 때문이다. 이 말은 황금률이 율법의 말씀과 예언자적 비판에 대한 적절한 종합, 다시 말해 포괄적인 윤리적 규범으로 파악된다는 뜻이다. 이것은 위에서 언급한 이의를 해결하지는 못한다. 그러나 신약성서에서 이 규범이 어떤 의미를 갖고 있는지 보여준다.

5.1.4.3 새로운 황금률

"새로운 황금률"이란 말은 미국의 사회학자 아미타이 에치오니(Amitai Etzioni)의 책 제목에서 따온 것이다.[51] 그의 주장을 염두에 두면서 이제까지 주장되지 않았던 황금률의 약점과 이를 극복할 수 있는 가능성을 제시해보고자 한다. 에치오니는 자신의 경험에 비추어 다음과 같이 주장한다. 사회적 공존을 위해서는 사회적 질서의 높은 척도와 자유스러운 자결의 척도 사이에 균형이 존재해야 한다. 그러나 이러한 균형은 자동적으로 생성되지 않으며 여러 가지 저항을 통해 위협을 받는다. 이러한 강력한 (원심적) 저항력 중의 하나는 자신이 다른 개인이나 집단보다 더 많은 책임을 지면서도 사실상 복지혜택은 덜 받는다고 생각하게 만드는 느낌이다. 다시 말해 단결과 협력이 부당하거나 공정하지 않다고 느끼며 부담감을 지게 될 때 사회적 균형은 위협을 받게 된다. 이러한 부정적 감정은 예우와 동반자 관계에서는 물론 더 큰 집단 속에서도 발생한다. 특히 상관성과 상호성의 원칙이 가능한 한 의무와 과제를 동등한 분배의 형식으로 사용하거나 철저히 이런 방식으로 실행할 때 발생한다. 이러한 상태의 극복을 위해 에치오니는 "75퍼센트/75퍼센트 규칙"이라는 새로운 황금률을 제안하였

---

51 A. Etzioni, *The New Golden Rule. Community and Morality in a Democratic Society*, New York 1996.

다.[52] 이는 참가한 양편이 반반씩 부담하지 않고 각각 4분의 3을 감당하는 분배의 규칙이다. 그렇게 되면—순전히 계산상—50%의 초과 작업량이 발생하게 될 것이며 이를 사회생활에서 서로 공감할 수 있도록 조정하자는 것이다. 짐작건대 사람들은 대부분 자기 스스로 짊어지거나 감수해야 하는 부담감이나 고통보다 다른 사람들을 배려해 대신 지는 짐과 고통을 더욱 무겁고도 어렵게 느끼기 마련이다. 이로 인해 균형이란 존재하지 않는다는 인상을 받거나 그런 감정을 갖게 된다. 그리고 어느 때에는 다른 편의 사람들에게 좀 더 많은 것을 요구하거나 더 적게 주려고 한다.

새로운 황금률은 무시할 수 없는 사회적 타당성을 가지고 있다. 그렇지만 이는 전통적인 (부정적이며 긍정적) 황금률에 비해 사람들이 자발적으로 (나 스스로 원하거나 원하지 않는 것을) 감수하지 않을 단점을 가지고 있다. 그 대신 윤리적 혹은 사회적 동기를 염두에 두며 행동하게 된다. 그런 점에서 새로운 황금률이 옛 황금률의 자리를 대신 차지할 수는 없으리라고 추측해본다. 이는 다만 옛것을 해설하거나 이를 좀 더 분명하게 보충하는 역할만을 하게 될 것이다.

5.1.4.1-3 결론

황금률이 선한 행실을 하도록 동기를 부여한다는 점에서는 효력이 있다. 그렇지만 윤리적 관점에서 보면 충분치 않다. 황금률은 상호성의 에토스를 넘어서지 못하기 때문이다. 이는 단지 태도의 기준을 나타낼 뿐이며 제한된 상황 속에서만 사용가능하다. 왜냐하면 황금률은 행위자의 소원을 지향하나 행위를 수취하는 자가 소원하는 바를 알지 못하기 때문이다. 그러나 이는 사람들을 공감과 보편성으로 인도한다. 황금률은 이와 같은 근본적인 타당성 안에 자신의 강점을 가지고 있다. 그런즉 황금률은 윤리적 교육을 위해 필요한 구성요소와 기본요강이요 상호성과 공정성을 따르는

---

52 A.a.O., 194. 에치오니는 더욱이 이러한 규칙이 동료 사이에서 더욱 강하게 이용(오용)될 수 있음을 인식하고 있다. 그러므로 "60퍼센트/60퍼센트 규칙"으로 충분하지는 않은지 숙고한다.

제1부 그리스도교 윤리학의 기초 219

사회질서를 개발하는 데 필요한 사회윤리적 기준으로 큰 도움이 된다. 모든 비판에도 불구하고 이와 같은 점을 소홀히 다루어서는 안 된다.

5.1.5 사랑의 계명[53]

하나님 사랑과 이웃 사랑이라는 두 가지 요소로 구성된 사랑의 계명은 신약성서의 창작물이 아니라 구약성서(신 6:6; 레 19:18)에서 수용한 것이다. 그러나 소위 "사랑의 이중계명"으로 요약되고 "가장 위대한"[54] 그리고 "첫째 되는"[55], 말하자면 "가장 높은"[56] 계명은 신약성서에 와서야[57] 비로소 그렇게 불리게 되었다. 바울은 이러한 칭호를 오직 이웃 사랑의 계명에 국한해 사용하였다. "거기서 말한 바와 같이(출 20:13-17) 간음하지 말라, 살인하지 말라, 도둑질하지 말라, 탐내지 말라. 또한 거기서 별도로 주어진 계명은 이 말로 요약된다(레 19:18). 네 이웃을 네 자신과 같이 사랑하라. 사랑은 이웃에게 악을 행치 않는다. 그런즉 사랑은 율법의 완성이다"(롬 13:9f.).[58]

---

53 이하에서 요한복음 15:12과 로마서 13:9이하를 요약한다. 이에 대해선 D. Lührmann, "Liebet eure Feinde(LK 6:27-36/Mt 5:38-48)", in: ZThK 69(1972), 412-438; P. Hoffmann/ V. Eid, *Jesus von Nazareth und eine christliche Moral*, Freiburg 1975; G. Theißen, "Gewaltverzicht und Feindesliebe und deren sozialgeschichtlicher Hintergrund", in: ders., *Studien zur Soziologie des Urchristentums*, Tübingen 1979, 160-179; G. Strecker, *Die Bergpredigt*, Göttingen(1984) 1985²; H. Weder, *Die 'Rede der Reden'*, Zürich 1985; H. P. Mathys, *Liebe deinen Nächsten wie dich selbst*, Freiburg/Göttingen(1986) 1990²; D. Lange, *Ethik in evangelischer Perspektive*, Göttingen 2002², 특히 425-443; M. Ebersohn, *Das Nächstenliebegebot in der synoptischen Tradition*, Marburg 1993; *Gute Werke, Marburger Jahrbuch Theologie Bd. V*, Marburg 1993, 특히 41-61과 63-93; W. Härle, *Dogmatik*, Berlin/New York 2007³, 236-241과 517-525: H. Meisinger, *Liebesgebot und Altruismusforschung*, Freiburg/Göttingen 1996.

54 헬라어 "μεγάλη"(마 22:36, 38).

55 헬라어 "πρώτη"(막 12:28하; 마 22:38).

56 그러므로 루터는 마가복음 12:28하에서는 "πρώτη"라고 번역하고 마태복음 22:36과 38에서는 "μεγάλη"로 번역하였다.

57 마가복음 12:30하, 마태복음 22:37-39, 누가복음 10:27. 누가복음에서는 율법교사가 예수께 최고의 계명이 아니라 영생을 얻기 위해 무엇을 해야 하는지 물었다(눅 10:25).

58 저자가 인용한 루터번역에 따른 사역이다(옮긴이). 그러므로 이 본문은 근본적인 의미가 있다. 왜냐하면 바울은 이를 통해 사랑의 계명이 십계명과 황금률(부정적 형식으로 기술되었지만)의 성취를 포함하고 있음을 말하고자 했기 때문이다.

요한복음에는 이 자리에 서로 사랑하라는 계명이 쓰여 있다(요 15:12).

사랑의 이중계명은 성서에서 다음과 같은 말로 처음 등장한다. "네 마음을 다하고 목숨을 다하고 뜻을 다하고 힘을 다하여 주 너의 하나님을 사랑하라. 둘째는 이것이니 네 이웃을 네 자신과 같이 사랑하라. 이보다 더 큰 계명이 없다"(막 12:30-31). 이 본문을 보면 일련의 질문이 제시된 것을 보게 된다.

a) 이는 하나의 계명인가, 두 개의 계명인가?
b) 여기서 사랑은 어떻게 이해할 수 있는가?
c) 하나님의 사랑은 어떻게 이해할 수 있는가?
d) 이웃 사랑은 어떻게 이해할 수 있는가?
e) "네 자신과 같이"라는 말은 자기 사랑으로 이해할 수 있는가?
f) 사랑해야 할 이웃은 누구인가?

이 중 어떤 것도 쉽게 대답할 수 없다. 하물며 수사학적으로 표현된 질문은 말할 것도 없다. 하지만 사랑의 계명이 윤리적 규범으로 말하고자 하는 바와 이것이 어떤 의미를 갖는지 이해하려면 이 질문들을 피해갈 수 없다. 이에 대한 질문을 하나씩 살펴보자.

a) 마가의 본문을 살펴보면 율법교사는 모든 계명 중에 최고라고 할 수 있는 단 하나의 계명이 무엇이냐고 묻는다. 예수는 이를 적절치 않은 대답으로 거절하는 대신 오히려 수용하면서 계명을 "첫 번째"(πρώτη, 막 12:28 하) 계명과 "두 번째"(δευτέρα, 막 12:31) 계명으로 구분하여 말한다. 율법학자는 자기의 생각에 따라 이를 받아들이면서 "이것들보다(복수형태) 더 큰 계명은 없다"고 응수하였다. 마태는 한 걸음 더 나아간다. 그도 "첫 번째" (πρώτη)와 "두 번째"(δευτέρα)란 단어를 모두 사용한다. 그러나 "첫 번째" (πρώτη)라는 단어를 본문에서 두 번이나 사용한 "큰"(μεγάλη)이라는 단어 뒤에 배치한다(마 22:36, 38). 다른 계명을 말할 때는 "그와 동일하다" (δευτέρα ὁμοία αὐτῇ, 마 22:39)라고 말한다. 그러나 여기서 연이어 율법과 선

지자들도 따랐던 "이 두 계명"에 대해 말한다(마 22:40, 복수형태). 그러나 누가에는 이러한 구별이나 숫자의 열거가 없다. 여기서는 이웃 사랑의 계명이 단순히 "네 이웃을 네 자신같이"라는 말을 통해 하나님 사랑의 계명에 첨부되어 있다(눅 10:27). 그러므로 공관복음서에 기록된 본문의 역사에서 살펴볼 때 분명 최고의 두 계명에서 하나의 최고의 계명으로 발전과정이 있었다고 말할 수 있다. 그러나 물론 누가의 본문에서도 사랑의 계명의 두 요소를 구별할 수 있다. 아무튼 모든 본문은 하나님 사랑과 이웃 사랑의 계명보다 더 큰 혹은 더 높은 계명이란 존재하지 않는다는 공유된 입장을 가지고 있다. **사랑의 이중계명**에 대한 다채로운 말씀이 이를 통해 적절하게 표현된 것이다.

b) "**사랑**"은—독일어도 그렇지만—특별한 감정의 변화를 나타내며 매우 다양한 의미를 담고 있는 단어이다. 사랑은 제한 없이 여러 다양한 수취인과 관련을 맺을 수 있다. 예컨대 부부와 다른 동료, 어린아이, 손자와 다른 가족들, 친구, 직업, 애견동물, 취미생활, 고향, 단체, 교회, 음악이나 미술 등이다. 사랑이란 단어는 그때마다 다른 의미의 뉘앙스를 풍긴다. 그리스어와 라틴어로 사랑은 이보다 더 풍성하고도 다양한 개념들을 가지고 있다. "아가페"(ἀγάπη) 혹은 "카리타스"(charitas)는 "에로스"(ἔρως) 혹은 "리비도"(libido)는 물론 "필리아"(φιλία) 혹은 "아미키티아"(amicitia)와도 구별된다.[59] 이 모든 사랑의 형태는 공통적으로 매우 일반적인 것이다. 다시 말해 사랑에는 언제나 두 가지 성격의 **관심**이 중요하다. 사랑은 **긍정적인 의도**에서 생겨난다. 그리고 사랑은 **마음**에서 생겨난다. 어떤 필요나 강제가 아니라 흔연히 일어난다. "아가페"는 사랑의 계명과 관련지어볼 때에 항상 그리고 예외 없이 중요하며, 이의 특성은 전적으로 수취인을 향해 방향이 맞추어진 사랑의 형태라는 것이다. 항상 사랑하는 주체인 자기 스스로를

---

59 이에 대해선 C. S. Lewis, *Was man Liebe nennt. Zuneigung Freundschaft Eros Agape*(1960), dt. Basel/Gießen(1979) 1998⁶을 보시오. C. S. 루이스(이종태 옮김), 『네 가지 사랑』, 홍성사 2005.

향해 있으며 자신에게 선을 행하기를 원하는 성애적인 사랑이나 동료 간의 사랑은 아가페의 사랑이라고 말할 수 없다.

c) 그러면 **하나님 사랑**이란 무엇인가?[60] 세 복음서 중 그 어디에도 이에 대해 묻지도 답하지도 않는다. 하나님의 사랑을 너무 당연한 것으로 전제하고 있기 때문이다. 그렇지만 마가복음에서 인용한 "이스라엘아 들으라"(신 6:4)라는 질문에 대한 답을 구약말씀의 도움을 받으면 얻을 수 있을 것 같다. "이스라엘아 들으라, 주 곧 우리 하나님은 유일한 주시라"(막 12:29). 뒤이어 이미 위에서 인용한 하나님 사랑의 계명이 뒤따른다. 여기에는 "전적으로", "모든 것을 다해"라는 표현들이 두드러진다. 복음서 본문은 "뜻을 다하여"라는 말을 삽입한 것까지 신명기 6:5의 말씀과 일치한다. 포괄성과 배타성은 하나님 사랑의 계명이 갖고 있는 성격적 특징이며 이웃 사랑의 계명에서는 이와 상응하는 주장을 찾아볼 수 없다. 이런 점에서 하나님 사랑의 계명과 십계명의 첫 계명 사이에는 밀접한 유사성이 드러난다. 아마도 하나님 사랑의 계명은 첫 계명의 내적 측면이라고 말할 수 있을 것이다. "사랑한다"는 동사가 이러한 내적 측면을 가장 결정적으로 보여준다. 기도할 때나 하나님의 말씀을 들을 때나 하나님 안에서 깊이 침잠할 때나 하나님의 뜻에 따를 때나, 그 어떤 경우에서도 긍정적인 온정이 드러난다. 더욱이 이러한 사랑은 다른 개념의 "사랑"과 다르다. 하나님 사랑은 성애적인 것은 물론 우정이나 가정적 성격도 갖지 않는다. 칸트의 말을 빌려 표현해보자면, "그 의미상 하나님 사랑이란 그의 계명을 즐거이 행하는 것이다"[61]. 여기서 강조한 "즐거이"라는 말이—이미 언급했지만—꼭 필요하다.

---

60 이에 대해선 K. Stock, *Gottes wahre Liebe. Theologische Phänomenologie der Liebe*, Tübingen 2000, 특히 255-279를 비교하시오.

61 I. Kant, *Kritik der praktischen Vernunft* A 149. 칸트의 주장은 요한서신에 나오는 말씀을 상기시킨다. 하나님에 대한 사랑과 그리스도에 대한 사랑은 그의 계명을 지키는 데 있다(요일 5:3; 요 14:15, 21, 23하, 15:10, 14). 하나님의 계명을 지킴으로 예수가 하나님의 사랑 안에 거하는 것과 같다(요 15:10). 또한 이 계명은 "내가 너희를 사랑할 것같이 너희도 서로 사랑하라"고 요구한다(요 15:12). 그런즉 하나님 사랑과 이웃 사랑은 한 원을 그리고 있으며, 이러한 점에서 정곡을 찌르는 브라운(H. Braun)의 발언에 동의하게 된다. "예수와 예수의 전통은 하나님에 대한 사랑을 이웃에 대한 사랑으로 해석한다"(H. Braun, *Jesus der Mann aus Nazareth*

이 말을 통해 사랑에서 나온 행위 혹은 사랑하는 행위를 의무감에서 나온 행위와 구별할 수 있기 때문이다. 그러나 바로 여기에 **계명**으로서 사랑의 계명이 갖고 있는 또 하나의 중대한 문제가 놓여 있다. 사랑이 즐거이 행하는 것으로 (효과적으로) 요구할 수 없기 때문이다. 의무감에서 온 사랑의 행위[62]는 즐거이 행한 것이 아니다. 그렇지만 사랑이 어떤 의무에 대한 요청이 없이도 즐겁게 행해진다면 그런 사랑을 행하라고 요구할 필요도 없다.

d) **이웃 사랑**은 위에서 언급한 사랑의 형식인 "아가페"와 구별된다.[63] 그러나 이 안에는 하나님에 대한 사랑과 관련해서는 표현하기 어려운 하나의 본질적 요소가 함유되어 있다. 그것은 타인의 **행복**을 위한 관심이다.[64] 고린도전서 13:4-7에 관한 설교에서 본회퍼는 이것을 매우 아름답게 표현하였다. "사랑은 아무것도 타인으로부터 원치 않는다. 사랑은 모든 것을 타인을 위해 원한다."[65] 그는 "아가페"를 이웃 사랑이라는 의미에서 명확히 기술하였다. 마음에 내키지 않거나 마지못해 하는 희생과 구별하기 위해 이미 위에서 언급한 "즐거이"라는 내용에 대한 보충이 분명 필요하다. 사랑이 이와 같은 희생이 된다면 사랑의 계명이 뜻하는 바를 놓치게 되고 말 것이다.

원수 사랑의 계명(마 5:43하[66]; 눅 6:27하; 롬 12:20) 속에서 이웃 사랑의 계명은 자신의 가장 외적인 극단화를 경험하게 된다. 이는 부당한 윤리적 요구만이 아니라 자주 불합리한 것으로 느껴진다. 이웃 사랑과 원수 사랑은 호

---

und seine Zeit, Stuttgart/Berlin 1969², 164).

62 나는 여기서 키르케고르가 자신의 저작의 제목("사랑의 행위")으로 써서 유명하게 된 표현을 새롭게 받아들인다. S. Kierkegaard, *Der Liebe Tun* (*Kjerlighedens Gjerninger*, 1847), dt. Bd. 1 und 2, Gütersloh 1983.

63 사랑에 대해 이보다 더 잘 기술하기 어려운 고린도전서 13장의 본문에서 인용할 수 있다.

64 이 요소는 이웃 사랑을 위해서 무엇으로도 바꿀 수 없을 만큼 중요하다. 이 요소는 타인에게 필요한 것이 무엇인지 묻는다. 왜냐하면 그것이 자신에게도 좋기 때문이다. 그리고 이러한 질문이 오직 행위자의 자기반성을 통해 응답되기보다 오히려 자신이 대상인물과의 감정 ─ 일반적으로 ─ 그와의 의사소통을 통해 응답된다.

65 D. Bonhoeffer, *Werke, Bd. 13*, Gütersloh 1994, 389.

66 구약성서에 원수를 미워하라는 계명은 없다. 오히려 구약(출 23:4하)에서는 원수 사랑의 계명의 이전형식이 존재하는데, 원수의 동물과 관련해 기술하고 있다.

의나 동정의 감정이 아니냐고 주장하며, 이러한 감정을 사랑이라는 개념과 연결시킬 때 그렇게 느낀다. 그러나 이웃 사랑이나 원수 사랑은 억지로 베푸는 호의나 동정에 대한 감정이 아니라 마음으로부터 우러나오는, 그렇기에 즐거운 마음으로 베푸는 애정이다. 원수까지도 인간으로 배려하고 대우한다. 원수 사랑을 실천하려면 원수의 입장에서 바꾸어 생각해보고 그를 이해하기 위해 노력해야 하며, 원수관계를 극복하고 끝낼 수 있는 가능성을 찾아보아야 한다.[67] 이와 같은 방식으로 원수 사랑을 이해한다면, 이는 역시 정치적 요청과 기회를 표현한 것이며 개인적인 영역에 제한될 수 없음이 분명해진다. 원수 사랑이 성서를 위해 어떤 중요한 의미를 갖는지 특별히 다음과 같은 사실에서 분명해진다. 원수 사랑은 선인과 악인 모두에게 해를 비추시고 의로운 자와 불의한 자 모두에게 비를 내리시는 하나님(마 5:45; 눅 6:35)의 행위를 통해 정당화된다. 이미 구약성서에서도 이와 같은 태도를 바로 하나님의 특성으로 묘사하였다. "내가 나의 맹렬한 진노를 나타내지 아니하며 내가 다시는 에브라임을 멸하지 아니하리니 이는 내가 하나님이요 사람이 아님이라 네 가운데 있는 거룩한 이니 진노함으로 네게 임하지 아니하리라"(호 11:9).

e) 이웃 사랑은 "마음을 다하고 뜻을 다하고 힘을 다하여"(신 6:5) 사랑하는 "대신" "네 자신과 같이"(레 19:18[68]) 사랑할 것을 요구한다는 점에서 하나님 사랑과 구별된다. 이웃 사랑은 자신의 기준을 "네 자신과 같이"(레 19:18) 곧 자기 사랑 안에서 발견한다. 이러한 주장은 해석의 역사에서 다양하게, 어느 때는 정반대의 의미로 해석되었다. 이 문제의 핵심적 질문은, 자기 사랑이 이웃 사랑을 통해 극복되거나 교체되어야 하는 것으로 이해될 수 있는지, 아니면 이웃 사랑을 위해서도 여전히 유효하고 구속력 있는

---

67 보복의 쳇바퀴가 탈리온의 법칙, 즉 동해복수법(Ius talionis)을 정지시킬 수는 있지만 그 역은 불가능하다며 동해복수법을 비판하기도 했다(5.1.1.). 원수 사랑의 계명에 대해서도 다음과 같이 말할 수 있다. 원수 사랑의 계명은 바로 이러한 단계를 염두에 두고 요구하고 독려한다.

68 이 계명에는 "나는 주님"이라는 작은 문장 하나가 첨가되어 있다. 그런 점에서 이웃 사랑의 계명은 (즐거이) 하나님의 계명을 지켜야 할 그분의 사랑 안에 그 근거를 두고 있다.

기준인지 묻는 것이다. 첫 번째 경우라면 이 계명은 "네 자신을 사랑하는 대신 네 이웃을 사랑하라"는 뜻으로 읽혀야 할 것이다. 그러나 그렇지 않으며, 그렇게 이해할 수도 없다. 만약 그런 뜻이었다면 "네 자신을 사랑해서는 안 된다"고 말했을 것이다. 그런 말은 성서적 전승 그 어느 곳에도 없다. 만약 이 말을 성서적 전승 안에서 해석해본다면, 어째서 우리는 하나님과 하나님의 사랑받는 피조물이요 대상인 우리의 이웃을 우리 자신과 같이 사랑해서는 안 되는지 물어볼 수 있다. 이에 대한 흔한 대답은, 자기 사랑은 윤리적 근거에서 볼 때 극복되어야 할 이기주의라는 것이다.[69] 그러나 자기 사랑을 이기주의 곧 개인적 이기심과 동일시하는 태도는 위험하다. 이는 잘못된 생각이다. 물어볼 필요도 없이 극복되어야 할 이기심이 존재한다. 그러나 이기심은 자기 사랑의 표현이 아니다. 그보다는 결핍된 자기 사랑의 표현이며, 모든 욕망이 그렇지만 결단코 멈출 수 없는 욕망을 이러한 방식으로 채워보려고 시도하는 것이다. 그런즉 이기심은 만족을 모른다. "아가페"의 의미에서 사랑이 자신의 상대자에게 선을 행하려는 사랑의 관심이라면 자기 사랑은 자기 자신에게 선을 행하려는 의도와 소망을 품은 사랑의 관심이다. 이러한 사랑이 언제나 유쾌하거나 쉬운 것은 아니지만 우리를 위해서도 좋은 것이라고 우리 스스로 깨달은 것이다. 이와 같은 자기 사랑에 대한 긍정적인 접근은 중세기에 출간된 하나님의 사랑에 관한 신앙적 논설을 통해 모범적으로 해명되기도 했다.[70] 이 책은 사랑을 네 단계로 구분하였는데, 그중 가장 높고도 어려운 사랑은 하나님을 위해 자기 자신을 사랑하는 것이다. 실로 놀라움을 자아내게 하는 이러한 주장은, 아마도 대부분의 사람들이 자기 자신을 사랑해서는 안 되는 분명한 이유가 있다는 것을 알기 위해, 자신의 어두운 측면을 매우 충분히 인식하게 될 때 성취될 수 있을 것이다. 그와 같은 사랑이 스스로 성취되는 곳에 이웃 사랑을 위한 훌륭한 척도가 존재한다.

---

69 윤리적 이기주의에 관한 장(제1부 3.6.3①)을 비교하시오.

70 Bernhard von Clairvaux, *De diligendo Deo(1116/17)*, in: *St. Bernhardi Opera Vol. III*,

f) 누가복음 10:29에 따르면 예수가 사랑의 이중계명을 말씀하시자 "자신을 옳게 보이려던" 한 율법사가 "도대체 누가 나의 이웃이냐?"고 묻는다. 여기서 부언해야 할 점이 있다면, 결코 이 질문의 의도가 이웃 사랑의 계명을 피해보려는 데 있지 않았다는 사실이다. 도리어 진지하게 질문하고 있다.

"모든 사람이 당신의 이웃"이라는 대답은 불충분할 뿐만 아니라 잘못된 것이고 계명의 의미를 따져보아도 빗나갔다. 이웃관계는 공간적인 거리, 만남, 경우에 따라서는 교제와 같은 제한된 관계에서 형성되지만, 여기서 말하는 이웃은 전혀 그런 의미가 아니다.[71] 모든 사람이 나의 이웃이 될 수 있고 또 내가 그의 이웃이 될 수 있다는 점에서 완전히 다르다. 그러나 이는 계속적인 논의가 필요한 대답이라고 할 수도 있겠다. 신약성서는 선한 사마리아인의 이야기를 통해 이에 대한 대답을 예시적으로 제시한다.

먼저 바로 앞서 나온 성서의 주제가 사랑의 계명이었던 만큼(눅 10:27) 이야기의 제목이 "사랑을 베푼 사마리아인"이 되어야 할 것 같았지만 "자비로운 사마리아인"인 것이 눈에 띈다.[72] 이 이야기의 관심은 (이웃) 사랑이 무엇인지 말하는 데 있지 않고 **이웃**에 대한 질문에 답변하려는 데 있다. 성서는 이에 대해 매우 놀라운 방식으로 대답한다. 예수는 율법사의 생각을 들으신 후 이 이야기 속에서 누가 강도 만난 자의 **이웃이 되겠느냐**고 물으셨다(눅 10:36). 이미 본문을 살피면서 해설하였지만, 본문은 도움을 필요로 하는 자를 가리키면서 율법사가 처음에 제기했던 "누가 나의 이웃이냐?"라는 질문에 답하지 않는다. 오히려 **역으로** 누가 도움을 **필요로 하는** 자의 이웃이었으며 또한 이웃이 되겠느냐고 되묻는다. 이웃 사랑의 계명을 이

Rom 1963, 153.

71 니체는 의식적으로 '원거리 사랑'(Fernsten-Liebe)이라는 자신의 입장을 이웃 사랑과 대비시켰다(F. Nietzsche, *Also sprach Zarathustra I*(1883), in: ders., *Sämtliche Werke*, Hg. G. Colli und M. Montinari, Bd. 4, München/Berlin/New York 1980, 77).

72 이 이야기는 자신의 호의와 감정의 요소를 "예수께서 그를 보시고 사랑하사"(예수가 부자를 만나 말했던 막 10:21의 말씀)가 아닌 "그를 보고 불쌍히 여겨"(눅 10:33)라고 제시하였다. 행동을 유발하는 것이 자비이다.

처럼 역전시켜 숙고해보면 마치 예수가 이 이야기를 통해 사마리아인이 이웃 사랑의 수취인이라는 사실을 깨우치시려고 의도했다는 엉뚱한 결론을 내릴 수도 있겠다. 왜냐하면 사마리아인은 진정 "이웃"이고 "자신의 이웃에게 사랑을 베풀었기" 때문이다. 그러나 이는 옆길로 빠진 해석이다. 그렇다면 처음 질문을 이렇게 놀랍게 역전시킨 뜻은 무엇일까?

프리츠 로이터(Fritz Reuter)의 『나의 견습생 시절』(*Ut mine stromtid*: 1862-1864)이라는 훌륭한 저서가 이 질문에 대한 답변을 얻는 데 도움을 준다. 고지독일어로는 『시골생활』이란 제목으로 출간되었다(Fritz Reuter, *Das Leben auf dem Lande*, München 1980³). (소설가 프리츠 로이터는 독일의 방언문학 발전에 선구자적 역할을 했다. 시골생활을 보여주는 걸작들을 북부 독일 방언인 저지[低地] 독일어로 썼다. 『프랑스 정복기에』[*Ut de Franzosentid*; 1859]는 해방전쟁 때 나폴레옹에 대항하여 싸우는 메클렌부르크 시골마을의 생활을 진지함과 유머가 뒤섞인 필치로 그린 작품이며, 『나의 감옥생활』[*Ut mine Festungstid*: 1862]에서는 감옥에서 보낸 마지막 몇 년간의 생활을 기록하였다. 『나의 견습생 시절』은 그의 작품 가운데 걸작으로 꼽힌다, 옮긴이). 책에는 목사의 아내인 레기네 베렌스가 등장한다. 그녀는 "당신에게 이웃은 과연 누구인가?"(a.a.O., 34, 80, 109, 118, 134, 166 등)라는 질문이 모든 상황 속에서 가장 결정적이면서도 중요한 질문이라고 생각하였다. 그녀는—도움을 필요로 하는 구체적 상황이나 사람들과의 관계를 염두에 두면서—하나의 기준점을 얻게 되는데, 이는 그녀 자신이나 혹은 다른 누군가 어떤 사람을 만났으며 또한 어떤 상황 속에 있느냐에 따라 이웃에게 다른 태도를 취하거나 존재하는지를 조사하는 데 도움을 준다. 이러한 실험은 "상황에 따라 스스로 다른 이웃"으로 존재한다는 결론에 이른다. 그리고 이 기준점은 그녀가 실제적인 행동에 착수하도록 동기를 부여한다. 그런 경우 누군가 이와는 달리 누구의 이웃이거나 이웃이 된다는 것이 실험의 결과로 선언된다. 그런 후에 해제(또는 생소한 상황과 과제에 간섭하지 못하도록 금지)가 뒤따른다. 더욱이 그런 상황에서—추측이든 혹은 추정을 통해서든 간에—다른 권한을 가진 인물이 그들의 이웃됨과 책임의 대상으로 간주될 수 있음을 배제하지 않는다.[73] 로이터는 "당신에게 이웃은 과연 누구인가?"라는 질문을 매우 풍부하고도 유익한 방식으로 바꾸어 질문한다. "누구에게 나는 (어떤 상황에서) 이웃이 되거나 이웃

---

73 이들이 다른 인물들을 거부하거나 그들의 이웃으로 존재함을 부정해야만 한다면 이 질문은 새롭고도 변화된 조건하에서 제기되어야 할 것으로 보인다.

인가?"

예수는 질문을 역전시켜 다시 질문하셨다. 이러한 질문은, 사람들이 자신의 관심을―도움을 필요로 하는 자들에게서 출발해―자비로운 행위가 요구된 바로 그 사람을 향하도록 인도한다. 말하자면 고난에 봉착한 사람에 대한 관심이 자신 안에 내재할 수 있도록 해야 한다. "선한 사마리아 사람의 이야기와 같이 나는 이 상황에서 그리고 그런 자들을 위해서도 매한가지로 이웃이다." 이와 같은 주장은 예수의 대답과 아주 잘 맞는다. "가서 너도 이와 같이 하라"(눅 10:37). 이웃 사랑의 계명이 의미하는 요점을 이보다 잘 표현하기란 쉽지 않다.

5.1.5 사랑의 계명과 성서의 다른 계명들

앞 장에서 사랑의 계명이 성서 안에서 높이 평가되고 있음을 살펴보았다. 그렇다면 이런 높은 평가가 성서에 기록된 다른 율법이나 계명, 특히 십계명과 초기 그리스도교의 서신들에 나타나는 윤리적 경고문의 의미와 가치와 비교해볼 때 어떤 의미를 가질까?

지금까지의 논의는 동해복수법, 결의법과 정언법, 십계명, 그리고 황금률이 마치 발전단계나 사닥다리에 불과한 것 같은 인상을 주었다. 사람들은 이러한 단계를 넘어 보편적인 계명(예를 들면 사랑의 계명)에 도달하게 되었고, 그 결과 이러한 사닥다리는 낡은 것이 되고 말았다는 것이다. 이중적인 윤리적 요청과 결합되어 있는 몇몇 성서본문에 집중함으로 얻게 되는 이득이 있을 수 있다. 그렇지만 이 본문들은 어쩔 수 없이 보편성, 추상성, 그리고 불확실의 기준이 될 수밖에 없는 단점을 갖고 있다. 다시 말해 보편적이고 포괄적 계명은 반드시 진리, 정의, 평화와 관용과 같이 각 분야에서 필요한 윤리적 목적과 규범으로 구체화되어 전개되어야 한다. 구약성서의 십계명과 신약성서의 윤리적 경고문이 존재한다고 구체화의 과제가 필요 없는 것은 아니다. 이러한 성서본문들은 그 가운데 예시적으로 제시되어 있으며 그런 점에서 이러한 본문들은 사랑의 계명과 나란히 지속적인 가치와 의미를 유지하고 있다. 그렇다면 이와 같은 관계를 어떻게 규정하면 좋을까?

① 영속적으로 타당한 각 계명들의 종합으로서 사랑의 계명

이러한 주장은, 각 계명들은 사랑의 계명을 통해 자신의 유효성을 상실하는 것이 아니라 도리어 오직 사랑의 계명 안에서 적절하게 종합되며 동시에 이를 능가해 극단화된다는 주장을 출발점으로 삼는다.[74] 각 계명들은 사랑의 계명보다 낮은 단계의 계명이 아니라 사랑의 계명에 근거해 자신의 범주를 극복해야만 하는, 소위 윤리적 최소화를 나타낸다. 이에 따라 십계명을 통해 요구되고 금지된 것이 예외 없이 유효하며 다른 것들이 여기에 첨부된다. 사랑의 계명은 십계명을 포괄하고 능가하나 이를 폐기하지는 않는다.

② 각 계명들의 근거와 한계로서 사랑의 계명

이 해석은 십계명과 다른 계명들에 비해 사랑의 계명이 질적으로 새로운 것이라는 주장에서 출발한다. 각 계명들과 사랑의 계명은 동일한 것을 목적으로 한다. 그러나 각 계명들은 해석된 것을 불충분하게 나타낼 뿐이다. 더욱이 각 계명들이 지시하거나 금지하는 것들을 따를지는 일반적으로 사랑의 계명에 따라 결정하는 것이 옳다. 그러나 사랑은 특별한 정황에서 각 계명과 일치할 수 없는 어떤 것들을 요구하고, 금지하거나 허락하기도 한다. 예를 들면 인간의 생명을 구하기 위해 거짓말을 하거나 훔칠 수도 있고, 선의 실행을 위해 안식일의 신성함을 깨뜨리기도 했다. 여기서 사랑의 계명은 상황에 따라 각 계명이 제한될 수 있는 근거로 이해된다.

---

74 바울은 로마서 13:9에서 이러한 표현을 사용한다.

①-② 이 논쟁에 대한 판결을 내릴 수 있는가?

예수의 선포와 활동에 관한 신약성서의 진술들[75]은 아우구스티누스의 유명한 주장인 "사랑하라, 그리고 네가 원하는 바를 행하라"[76]와 그리스도인은-그리스도와 바울과 같이-새로운 십계명을 만들 수 있다는 루터의 주장[77]과도 같이 전체적으로 두 번째 해석으로 기우는 경향이 있다.

이에 대해 바울은 로마서 13:8-10에서 사랑의 계명을 십계명의 종합이요 십계명보다-양적으로는 아니나 질적으로-뛰어난 것이라며, 사랑을 율법의 완성이라고 기술하였다. 사람들은 이를 첫 번째 해석의 의미로 이해할 수 있다.

그러나 이미 언급한 권위에도 불구하고 두 번째 해석은 **위험하다**고 말할 수밖에 없다. 이는 오해를 향해 대문을 활짝 열기 때문이다. 만약 사람들이 십계명에 기록된 계명들을 범하려면 사랑이라는 증거만 끌어대면 된다. 그러나 이러한 사랑이 모두 사랑이라고 말할 수 없으며 사랑에서 출발했다고도 볼 수 없다. 윤리적 최소한도인 십계명을 붙잡는 것이 훨씬 더 안전하고 책임적 자세인 것처럼 보인다. 십계명은 사랑의 계명을 통해 단지 첨예화, 심화, 그리고 보충될 뿐이다.

이는 설득력 있는 매우 정당한 경고이다. 그렇지만 신학적 이유에서 두 번째 해석은 사랑의 계명은 물론 이의 의미와 위치에서 보아도 적절하다. 이는 간단히 입증될 수 있다. 십계명과 사랑의 계명이 서로 일치할 때는 전혀 해석상의 논쟁이 발생하지 않는다. 그러나 만약 구체적 상황에 직면해 이 둘이 서로 충돌하게 된다면, 첫 번째 해석을 옹호하는 자들도 십계명보다 사랑의 계명을 앞세우는 것에 동의해야만 한다. 사랑의 계명 가운데 하

---

75 여기선 무엇보다 안식일 계명(막 2:23-28 평행절; 3:1-6 평행절)을 참조할 수 있다. 예수의 적대자들이 안식일 계명에 대한 그의 입장을 매우 심각하게 받아들였다는 사실을 신약성서 여러 곳에서 발견할 수 있다. 모든 복음서의 보도에 따르면(막 3:6; 마 12:14; 눅 6:11; 요 5:16-18) 안식일 논쟁은 예수를 죽이기 위한 계획이나 의도의 촉매제나 원인이었다.

76 Augustin, *In Joannis epistulum* ⋯ VII,8, in: *PL 35*, 2033: "Dilige, et quod vis fac."

77 M. Luther, *Disputatio De fide*(1535), in: *WA* 39/1, 47, 25-30.

나님의 뜻이 더 심도 있게 파악된다고 생각하는 첫 번째 해석의 옹호자들
도 사랑의 계명을 앞세우는 것에 동의해야만 한다.

"네 이웃에 대하여 거짓증거하지 말라"는 제7계명을 끌어대면서, 살인의도
를 가지고 나의 친구를 추적하고 있는 자에게 내 친구의 소재를 알려주는 것
이 옳다고 주장하거나 요구해서는 안 된다.[78]

사랑의 계명을 오용하는 것을 막기 위해 행위자는 이것이 진실로 "아가
페"인지 진지하게 검토해야 한다. "아가페"는 십계명과 모순된 행위를 하
도록 인도한다. 그러나 이는 기본적인 관점을 전혀 변경하지 않는다. 최고
의 계명, 즉 그리스도교 신앙의 최상의 윤리적 규범은 사랑의 계명이다. 더
정확히 말하자면 사랑의 이중계명이다.

그러나 사랑의 계명은 단지 최고의 계명일 뿐이다. 이것이 모든 계명의
전체는 아니다. 인간의 일상적 삶은 사랑이라는 말이 전적으로 영향력을
발휘하는 작은 동전 안에서 윤리적 과제를 성취할 것을 요구한다. 예컨대
여기서는 "단지" 진정성, 용기, 협조, 관대함이나 공정함이 중요하다. 어떤
정신이나 기본적 입장에서 이와 같은 덕이 유래하는지 묻는다면 사람들이
피차 빚을 지고 살아가고 있다는 사실을 논증하기 위해 호의(Wohlwollen)[79]
나 존중을 보여줄 수 있다. 또한 당연히 이 모든 것은 이웃 사랑의 구체적
인 표현양식이라는 사실을 부언할 수 있다. 윤리적으로 의심스러운 경우
에 부딪힐 때 이러한 기준에 맞추어 측정할 수 있어야만 한다. 그러나 만약
모든 구체적인 윤리적 요구와 경험이 사랑 안으로 통합되거나 침몰해버리

---

78 칸트가 "인간애를 핑계로 거짓말 할 권리가 있다는 억측"이라는 글에서 이러한 입장을-말하
자면 십계명이 아니라 정언명법에 근거해-주장하였다. in: I. Kant, *Werke in zehn Bänden*.
Hg. W. Weischedel, Bd. 7, Darmstadt 1968, 637-643. 많은 사람들과 더불어 이 주장을 거부
하는 데 큰 용기가 필요한 것도 아니다.

79 감사하게도 슈페만은 자신의 윤리학에서 이 개념을 제시했다. 호의라는 개념은 "사랑"이 너
무 감정만을 강조하고 감상적으로 이해된 곳에서 사용하기에 적절하다. 사랑과 호의 사이에
본질적인 대립은 주장할 수도 없고, 해서도 안 된다. R. Spaemann, *Glück und Wohlwollen.
Versuch über Ethik*, Stuttgart(1989)2009⁵, 특히 123-140.

고, 말하자면 사랑에 삼키며, 그 결과 자신의 고유한 형태와 의미와 정당성을 상실하고 만다면 이는 손실일 뿐이다. 그러므로 성서적-또한 유혹적인 비성서적-경고와 계명과 율법은 일상의 윤리적 형상과 이의 구체적인 특징을 주의하는 데 도움을 준다. 그 때문에 이는 하나의 이득이다. 이것들이 (경고, 계명, 율법) 잊혀지지 않은 채-사랑의 계명과 연합해-회상되고, 반성되고, 상호 소통된다면 포기할 수 없는 이득이다.

5.2 종교개혁적 이해에 따른 성서적 기초의 의미[80]

5.2.1 율법과 복음의 구별

루터는 바울과 아우구스티누스의 주장을 받아들여 신학적으로 율법과 복음을 구별[81]하고-자신이 고유한 경험과 숙고를 통해-이를 계속해서 발전시켰다. 루터는 수도원에서 자신이 율법의 강박에 빠져 계명이 요구하는 바 그대로 하나님을 진심으로 의지할 수 없음을 발견하게 되었다. 율법을 지키는 데만 집중하면서 오히려 자기 안에 머무른 채 자기의 의만 추구하였다. 이는 자기 자신만을 생각하는 루터의 자기관계성 때문에 발생한 특별한 문제가 아니었다. 여기에는 다른 근본적인 원인이 있었다. 즉 사랑의 계명을 성취하거나 성취하기 위해서 노력하는 자는, 이러한 성취가 하나님의 심판을 견디기 위한 조건이라고 생각한다. 나아가 이러한 계명을 행함으로 긍정적인 결과를 얻어 결국은 그에게 허락된 것, 곧 심판을 이기

---

80 이에 대해선 M. Luther, *Von den guten Werken*(1520), *WA* 6,204-6,276; *Von der Freiheit eines Christenmenschen*(1520), *WA* 7, 20-38; *Luthers Schreiben an die Christen zu Riga, Reval und Dorpat in Livland*(1523), *WA* 12, 147-150과 *Thesen für die erste Disputation gegen die Antinomer*(1537), *WA* 39/1, 342-347(=LDStA 2, 447-459); G. Calixt, *Epitome theologiae moralis pars prima*(1634), in: ders., Werke in Auswahl, Hg. I. Mager, Bd. 3, Göttingen 1970, 25-142; F. Schleiermacher, *Die christliche Sitte nach den Grundsätzen der evangelischen Kirche im Zusammenhange dargestellt*, Hg. L. Jonas, Berlin(1843) 1884²; G. Ebeling, *Luther - Einführung in sein Denken*, Tübingen(1964) NA 1990, 특히 120-197; A. Peters, *Gesetz und Evangelium*, Gütersloh 1981, 27-101; W. Härle, "Die Rechtfertigungslehre als Richtschnur ethischen Handelns", in: ders., *Menschsein in Beziehungen*, Tübingen 2005, 335-346.

고 복을 받게 될 것이라고 기대한다. 다시 말해 그는 자신을 위해 계명을 지키며, (전심으로) 하나님을 사랑하지 않고 자신이 얻을 이득만을 생각한다. 하나님과 이웃을 향한 그의 "사랑"이 실제로는 자신을 구원하기 위한 수단과 목적이 된다.

이러한 깨달음이 루터를 사로잡았다. 자신의 모든 행위가, 진정 그리스도에 대한 믿음[82]까지도 하나님과의 합일이 아니라 오히려 그분과 분리시키며 자신을 어두움 속에 가두어둔다고 느꼈다. 하나님의 수용과 은혜를 소망하기 전에 먼저 행위를 통해 의로우신 하나님 앞에 또는 하나님의 의 앞에 서야 한다는 확신이 **내면에서** 열 수 없는 닫힌 **감옥**과 같이 자신을 사로잡았다. 하나님의 사랑을 받지 못함을 아는 자가 아니라, 하나님을 사랑하여 그분의 사랑을 얻겠다고 생각하는 자는 실제적으로 하나님을 사랑할 수 없다.

루터는 성서에서 말하는 "의"[83]가 노력의 대가를 되돌려주는 교환의 정의(iustitia commutativa)가 아니라 어떤 대가도 없이 자기 속에 매몰되어 있는 죄인에게 자비를 베푸시는 하나님의 관계적 성실(Gemeinschaftstreue), 다시 말해 수동적 의(iustitia passiva)라는 사실을 깨달았을 때 비로소 감옥의 문이 열리는 경험을 하게 되었다. 바로 그것이 복음이다. 복음은 **사람이** 무엇을 해야 되는지 말하지 않고(혹 그것이 사랑의 계명일지라도) **하나님이** 인간을 위해 무엇을 하셨는지를 말한다.[84] 그리고 만약 인간이 복음에 속해

---

81 이에 대해선 G. Ebeling, *Luther*(a.a.O.); ders., "Das rechte Unterscheiden. Luthers Anleitung zu theologischer Urteilskraft", in: ders., *Theologie in den Gegensätzen des Lebens. Wort und Glaube* Bd. 4, Tübingen 1995, 420-459와 W. Härle, "Luthers Theologie als Kunst lebenswichtiger Unterscheidungen", in : ders., *Spurensuche nach Gott*, Berlin/New York 2008, 240-256.

82 루터의 수도회 상급신부였던 슈타우피츠(Johannes von Staupitz: 대략 1465-1524)가 반복해서 그에게 이의 중요성을 지적하였다.

83 이를 위해 무엇보다 두 가지 구약성서의 말씀("주의 공의로 나를 건지소서"라는 시 31:1과 "의인은 그의 믿음으로 말미암아 살리라"는 합 2:4)이 결정적인 역할을 하였다. 이 말씀을 통해 루터는 로마서 1:17("복음에는 하나님의 의가 나타나서")의 성서적이며 복음에 합당한 의미를 깨닫게 되었다.

84 이를 표현하는 전형적인 구절은 로마서 5:8이다. "우리가 아직 죄인 되었을 때에 …우리에 대한 자기의 사랑을 확증하셨느니라."

있고, 복음을 이해하고, 그리고 복음을 믿는다면 복음은 인간 안에서 율법이 요구하는 사랑을 일깨워주신다.

율법과 계명과 명령이 말씀하는 것 중에 틀리거나 불필요한 것은 전혀 없다. 모두 선하고, 구원을 주며, 생명을 촉진한다(롬 7:10-12). 그러나 이것들은 인간에게 자신을 구원하기 위해 진지하게 성취해야 할 요구로 다가오고, 여기서 벗어날 수 없는 상황을 조성한다. 그렇게 생각하게 하는 이유는, 율법의 요구가 사람들로 하여금 (하나님께 받은 사랑에 힘입지 않고도) 자기 힘으로 율법을 성취할 수 있다는 교만에 빠지게 하거나 율법을 지킬 수 없음으로 말미암아 스스로 포기하고 회의에 빠지게 할 수 있기 때문이다. 계명은 하나님 사랑과 이웃 사랑을 요구한다. 그러나 이러한 사랑은-계명으로서-발생하는 것이 아니고 계명을 통해 비로소 소환되어야 하는 것으로 전제하거나, 인간이 율법을 자신의 수고와 선한 뜻에 따라 이루어낼 수 있는 것처럼 가정한다면 필연적으로 실패하고 만다.[85]

5.2.2 율법의 용법

그렇다면 율법은 어떤 (긍정적인) 기능을 수행하는가? 루터는 율법의 사용(usus legis)에 대해 다양하게 말한 첫 번째 신학자이다. 여기서 사용이라는 말은 "용법", "활동방식" 혹은 "율법의 기능"으로 번역할 수 있다. 실제적으로 율법의 두 가지 용례가 일반적으로 인정되고 있는데, 이는 정치적 혹은 시민적 용법과 죄를 깨닫게 하는 설득적 용법이다.[86]

① 율법의 정치적 용법 혹은 시민적 용법

율법의 정치적 용법 또는 시민적 용법은 모든 인간이 함께 살아가는 공

---

85 이런 "메커니즘"이 모든 계명에 적용되지는 않는다. 이기심이 아니라 사랑에서 행해지는 계명에만 유효하다.

86 설득적 용법과 관련해 16세기 이른바 율법의 폐기를 주장하는 자들과 칼 바르트는 유보적 입장을 취했다. 왜냐하면 그들은 율법이 아니라 복음이 죄에 대한 참된 깨달음을 준다고 생각했기 때문이다.

존의 문제를 다룬다. 이의 목적은 모든 사람에게 이익이 되는 공존의 복지 질서(Wohlordnung)[87]를 이루거나 촉진하는 데 있다. 여기서 "모든 사람"이란 그리스도인뿐만 아니라 비그리스도인, 이웃종교인, 자기 스스로 윤리적으로 행동할 수 없는 주체들을 통틀어 말한다. 이따금 루터는 참되게 신앙하는 그리스도인들에게 율법의 정치적 용법은 불필요하다고 주장하였다.[88] 왜냐하면 그들은 내적인 충동에서 선을 행하기 때문이다. 이 주장이 옳긴 하지만 두 가지를 덧붙여야 한다. 먼저 신앙을 가진 사람들도 여전히 죄인이라는 사실이다. 그런즉 그들 역시 정치적 용법(형법에 기록된 것과 같은 유형)을 필요로 한다. 또한 그리스도인들이 **신자로서** 율법을 성취(심판에 대한 두려움이 아니라 선을 기뻐하며)하여 율법과의 갈등을 일으키지 않을 수도 있다. 이 말이 의미하는 바는 신자로서 율법을 필요로 하지는 않지만 여전히 그들에게 율법은 유효하다는 뜻이다. 즉 율법이 신자들을 고소하지도 않지만 선행의 동기를 부여하지도 않는다는 것을 나타낸다.

율법의 정치적 용법은 선행을 촉진하기보다 악행의 중단을 목적으로 한다.[89] 이는 사회경제적 영역에서 법적 규칙과 마찬가지이다. 선을 행하고 훈장을 받는 경우가 없지는 않으나, 악행을 포기하고 선을 행했다고 사회에서 얻는 것은 아무것도 없다. 반면 공동체에 해를 주는 많은 행위는 처벌을 받게 된다. 그러므로 십계명과 황금률의 부정적 형식은 율법의 정치적 용법의 문제점을 분명히 볼 수 있도록 도와준다. 율법의 이러한 사용은 "법과 평화"[90], 정의, 자연의 보호, 자유의 보존 등을 중시한다. 하지만 이러한 가치가 실현되거나 계명이 성취되었다고 자동적으로 하나님과 인간의 관계가 회복되는 것은 아니다. 율법의 정치적 용법은 오직 "시민적 정의"를 지향하며, 이는 **사람들** 앞에서의 정의(iustitia coram hominibus)를 실현할

---

87 이 개념에 대해선 위의 제1부 2.3.2를 보시오.

88 M. Luther, *Von weltlicher Obrigkeit*(1526), in: *WA* 11, 251, 22-254, 26.

89 이런 점에서 이는 십계명과 비교된다(위의 5.1.3.1②를 보시오).

90 이는 바르멘신학선언 제5항의 주제적 형식이다.

뿐이다. 바로 이 점이 인간의 공존을 원하시는 하나님의 뜻에 부합한다. 그러나 이것이 인간 실존의 깊은 곳까지 도달할 수는 없기에 결국 하나님 앞에서의 의(iustitia coram Deo)를 이끌어내지는 못한다. 율법의 정치적 용법은 오직 행동의 자유를 호소하는 인간의 행동(Tun)과 행위(Werke)에 영향을 줄 뿐이다. 그 어떤 율법이나 계명도 사람의 의지를 바꿀 수 없듯이 율법의 정치적 용법도 매한가지이다. 그런즉 율법은 자신의 정치적이며 시민적 사용을 통해 하나님을 향한 사람의 내면적 관점까지 변화시키지는 못한다. 이는 인간의 "마음"에까지 도달하지 않으며 그 마음을 변화시키지도 못한다. 이는 정치적 용법의 과제도 아니다.

② 율법의 신학적 용법 혹은 설득적 용법

(하나님의 심판 앞에) 죄를 깨닫고 알게 하는 율법의 신학적 용법은 인간을 율법이라는 거울 앞에 세운다. 거울에 비쳐진 자신의 모습을 보고 인간은 죄를 일깨운다. 루터적 이해에 따르면 이것이 율법의 핵심과제이며 용례이다. 이와 같은 확신 뒤에는 율법을 "그리스도께로 인도하는 초등교사"(갈 3:24하)라고 했던 바울의 주장이 자리하고 있다. 무엇보다 바울이 이를 구원사적으로 이해했다면 종교개혁자들은 실존적-동시대적인 것으로 해석하였다. 말하자면 죄를 깨닫게 하는 율법의 용법은 죄인은 물론 신자들에게도 유효하다. 신자들도 여전히 죄인이다. 이는 계명의 거울에 자신을 비추어 자신의 타락과 게으름과 도착된 모습을 깨닫게 하고, 더 나은 생활을 위해 노력하기는커녕 그리스도에게서 도피하는 모습을 발견한다. 설득적 용법은 인간이 구원을 소망하고 기대할 수 있는 유일한 장소인 그리스도 예수를 향하게 한다.

수도원에서 그리스도 예수의 복음에 대해 깊은 회의에 빠져 고민하던 루터가 여기서 벗어나면서 죄를 깨닫게 하는 율법의 기능을 체험하게 되었다. 그러나 율법의 기능은 단 한 번 돌이킴을 경험했다고 성취되거나 완성되는 것이 아니며 항상 다시 인간에게 부과될 수밖에 없다. 이러한 율법의 기능은 율법이 아니라 오직 복음만이 구원의 길임을 보여준다. 신학적 용법이나 설득적 용법이 구원을 가져다주지는 못하지만 율법을 지키지 못함으로 받는 고통과 의심 때문에 오히려 복음을 향한 문을 열어준다. 그런 점에서 설득적 용법은 간접적으로 구원을 위해 봉사한다고 하겠다. 그러나 구원을 이루고 해방하는 돌파구는 복음을 통해서만 비로소-항상 새롭게-열린다.

5.2.3 율법의 제3의 용법 혹은 교육적 용법에 대한 질문

율법의 제3용법은 그리스도를 믿는(모든 시민이나 죄인이 아니라) **신자들**에게도 율법은 여전히 유효하다고 말한다. 그러나 이미 종교개혁시대에 율법의 제3용법이 존재하느냐는 질문이 제기된 바 있다. 말하자면 율법을 악의 증대를 막는 "규정"으로 보는 정치적 용법과 죄를 깨닫게 하는 거울로 보는 신학적 용법 외에 율법을 선행으로 인도하는 "규칙"으로 보는 교육적 용법이 가능하냐는 질문이다. 짐작건대 멜란히톤과 칼뱅, 또한 일치신조[91]가 이에 동의한다면, 루터는 반대한다. 그렇다면 이런 논쟁에서 문제가 되는 것과 문제가 되지 않는 것은 무엇인가?

a) 신자들도 죄인이기에, 율법은 그들에게도 여전히 유효하고 지켜야 할 계명으로 남아 있으며, 율법은 삶을 안내할 뿐만 아니라 고발한다는 사실은 문제가 되지 않는다. 이것이 율법의 제1용법과 제2용법에서 언급되고 보존된 내용이다.[92]

b) 그리스도인은 하나님의 사랑을 입은 자로서, 무엇을 행하거나 또는 행해서는 안 되는지 어떤 상황에서도 명확히 알고 있다고 주장할지라도 문제가 되지 않는다. 그리스도인은 각자 주어진 삶의 상황에서 하나님의

---

91 일치신조(Konkordienformel)는 이에 대해 매우 조심스럽게 동의한다(SD Art. VI(*BSLK* 962-969)). 이에 반해 칼뱅은 율법의 제3용법을 거듭난 자를 위한 용법(usus in renatis)이라고 부르며 율법의 중심적 용법으로 판단하였다(이에 대해선 Institutio II, 7, 12를 보시오). 여기서 칼뱅은 두 관점을 제시한다. 율법의 제3용법은 1) 거듭난 자로 하여금 하나님의 뜻을 깨닫게 하고, 2) 이러한 뜻을 행하도록 훈계하기 위해 필요하다.

뜻이 무엇인지 분별하도록 요구받았다(롬 12:2). 그 성격상 이러한 분별력은 상황의 분석과 자기반성만이 아니라 이웃의 조언을 듣고, 그들의 경험을 경청하며, 그리고 그들의 뜻을 인식하는 행위이다. 그렇기에 성서의 계명, 산상설교의 명령, 신약성서의 훈계들을 진지하게 받아들이고 주의해야 한다.[93] 그러나 이는 윤리적 분별, 조언, 검토일 뿐 율법의 제3용법은 아니다.

c) 율법이 조언과 분별의 기능을 할 뿐만 아니라 인간의 의지에 동기를 부여하는 기능을 하는 곳에서 율법의 제3용법이 주장될 수 있다. 말하자면 사랑의 영의 능력에서 얻은 열매(요 15:1-8; 갈 5:22하)를 혼자 받는 데 만족하지 않은, 다시 말해 자신의 내면으로 들어온 사랑의 영적 능력을 이웃이라는 외면을 향해 보충되고 발산할 때 주장될 수 있다. 그러나 율법의 이러한 벗어남이나 촉구가 필요하게 된 곳에서는 복음의 선포가 그의 목적을 이루지 못했음을(또는 더 이상 이룰 수 없음을) 보여준다. 그러나 만약 율법이 스스로 선을 산출할 수 없다면 어떻게 복음의 활동을 보충할 수 있겠는가? 만약 율법이 이를 할 수 있거나 할 수 있는 것처럼 가정한다면 선의 산출을 위해 복음은 필요하지 않다고 하겠다.

이러한 논거에 반대해 아주 단순한 이의가 제기될 수 있을 것 같다. 즉 신자들이 어쨌든 간에 하나님의 뜻을 실현한다면 그들은 율법의 제3용법이 말하는 의미로 율법을 실현한 것이 아니다. 만약 실현하지 못한다면 오히려 그들은 율법의 이런 용법에 맞게 행동한 것이다. 말하자면 율법의 제3용법이 사실상 아무런 소용이 없을지라도 손해될 것이 없고 그 대신 공허속으로 빠지고 만다.

만약 율법을 통해 명령된 것을 **행하는** 것만이 중요하다면 이것이 설득

---

92 일치신조는 율법의 제3의 용법을 여전히 존재하는 옛 아담에 근거해 제시하였다(*BSLK* 964, 39-42). 그렇다면 이는 실제 율법의 제1용법과 제2용법을 말하는 것이다. 그리고 만약 율법의 제3용법이 그리스도를 믿는 사람들이 아직 죄인이기에 그들에게도 율법은 유효하다는 것만을 말한다면 이러한 논쟁은 무효라고 하겠다.

93 위의 5.1.1-5를 보시오.

력 있는 논거가 될지도 모르겠다. 외면에서 계명의 실현을 위해-십계명의 실천도 마찬가지이지만-사람들은 사실상 율법과 율법이 말하는 위협이나 약속으로부터 동기를 얻을 수 있다. 그러나 그리스도교적 관점에서 중요한 것은 "사랑의 행동"(키르케고르)이다. 그리고 사랑의 행동은 율법의 요구를 통해, 그리고 이런 요구를 외부에서 실현한다고 해서 가능해지는 것이 아니라 오히려 변질된다. 만약 한 사람이 율법의 안내를 통한 그런 (추가적인) 동기를 필요로 한다면, 이는 분명 사랑이 부족하다는 것을 나타내는 것이고, 이러한 부족함은 율법을 통해 폐기되거나 상쇄되지 않을뿐더러 해소될 수도 없다. 율법은 마치 우리가 사랑을 가진 자와 같이 행동하게 만들지만(고전 13:1-3), 이렇게 행동할 때 받게 되는 손실을 밝혀주거나 다시금 구원의 길을 찾도록 인도하는 대신 이를 위장하고 은폐한다. 바로 이런 점에서 율법의 제3용법은 불필요할 뿐만 아니라 위험하기까지 하다.[94] 오히려 율법의 제3용법이 사람들로 하여금 복음에서 그 동기를 발견하고, 선을 행하며, 자신이 처한 상황에서 선한 것을 인식할 수 있도록 돕는 그런 기능을 주장했더라면, 이에 반대하기보다는 적극적으로 찬성했을 것이다.

5.3 사랑의 계명, 윤리적 난제, 그리고 윤리적 책임성

만약 5.1과 5.2에서 소개한 내용들이 정확하다면 그리스도교 윤리학은 기묘한 상황에 빠지게 된다. 왜냐하면 그리스도교적으로 이해한 최고선, 다시 말해 사랑의 계명에서 살펴보면 다음의 사실을 확인할 수 있기 때문이다. 바로 이에 대한 윤리적 요구는-요구라는 점에서-분명히 목적에 도달할 수 없다. 그렇다면 순전한 그리스도교적 윤리라고 부를 수 있는 것이 존재하는가? 좀 더 예리하게 묻자면, 그리스도교적 관점에서도 진지한 윤리적 책임성이 존재하는가? 이것을 어떻게 논증할 것이며, 존재한다면 어

---

94 나는 여기서 그리스도인도 할례를 받아야 한다는 율법적 요구에 대한 바울의 주장을 회상한다. "율법 안에서 의롭다 함을 얻으려 하는 너희는 그리스도에게서 끊어지고 은혜에서 떨어진 자로다."(갈 5:4)

디에서 찾을 것인가? 바로 이것이 세 번째 단락의 주제이다.

5.3.1 사랑의 계명의 한계와 의미

그리스도교 윤리학의 최고 정점은 사랑의 계명이라는 사실을 신구약 성서는 물론 종교개혁신학의 성서적 이해에서 매우 분명히 확인할 수 있다. 다양한 그리스도교적 교파들 사이에서도 이 점에 대해선 특별한 차이점을 찾아볼 수 없다. 그리스도교적 관점에서 보면 사랑의 이중계명은 최고의 계명이며, 이를 실현하는 것이 최고선이다. 이를 행하는 자는 물론 그를 반대하는 자에게도 마찬가지이다.

그러나 이 계명은 의도적인 영향력보다는 인간의 마음속에 자리 잡고 있는 한 층을 겨냥하고 있다는 사실을 매우 분명히 보여준다.[95] 선한 사마리아인의 사례는 이와 같은 점을 "그를 불쌍히 여겨"(눅 10:33)라는 말로 생생하게 표현하였다. 성서가 서술한 핵심경험은 바로 어느 한 사람에게 **제공되어 일어나야** 할 경험이다. 그러나 성서 이야기에서 제사장과 레위인이 강도 만난 사람을 보았을 때 이런 일이 발생하지 않았다. 강도 만난 자를 보았을 때 그들의 마음속에 그 어떤 흔들림이나 움직임도 일어나지 않았기 때문에 결국 그를 지나치고 말았다. 그러나 사마리아인의 마음에선 불쌍히 여기는 마음이 일어났고 결국 자비를 행하게 되었다. 불쌍히 여기는 사마리아인의 행동에 대해 고린도전서 13:1-3은 세 번이나 "사랑이 없으면"이라는 말을 통해 아주 분명하게 제시하였다.

그러나 최고의 계명이 하나이고, 이의 실현이 인간의 결단의 자유나 능력 안에 있지 않다면 이는 윤리적 난제다. 그 어떤 윤리적 방법으로도 해결점을 찾을 수 없는 난제 중의 하나이다. 다시 말해 사랑의 계명을-과도한 윤리적 요구라고-정지시킬 수 있는 길도 없고, 표면적으로 자비의 행동을

---

95 그러므로 마이싱어가 사랑의 계명과 연관해 "과도한 요구의식"(Überforderungs-bewusstsein)에 대해 말하는 것은 정당하다. 이는 마치 "확대된 의식"과 "한계의식"과 같은 것이다. H. Meisinger, *Liebesgebot und Altruismusforschung*, Freiburg/Göttingen 1996.

했다고 해서 이를 곧 사랑이라고 말할 수도 없으며, 명령이나 금지를 통해 사랑을 일깨우거나 불러일으킬만한 방법을 제시할 길도 없다.

그러므로 루터주의적 주장은 그리스도교적 윤리학을 위해 다음과 같은 사실을 입증한다. 말하자면 율법의 용법은, 그리스도교적-윤리적 용법에서도 마찬가지이나, 사람들이 하나님의 뜻을 스스로 성취하고 자신에게 명령된 선을 행할 수 없다는 것을 깨달아 알게 하려는 용법이다. 그리스도교 윤리학은 이러한 조작가능성을 중점 과제로 인식하고 있으며, 이것이 인간학적 고민이라는 것을 인상적으로 보여준다.

이러한 주장의 핵심은, 사랑의 계명이 성취될 수 없다는 것을 말하는 데 있지 않다. 이것이 의미하는 바는, 사랑의 계명은 단지 한 사람에게 사랑이 분배되고 수용되고, 이를 통해 사랑할 수 있는 능력과 동기가 주어질 때만 이 성취될 수 있다는 것이다.[96]

5.3.2 윤리적 명령과 시민법 혹은 정치적 용법

우리는 이미 앞서 율법의 중심적 용법으로서 죄를 깨달아 알게 하는 용법의 기본주장[97]을 살펴보았다. 그러나 혼동해서는 안 되는 것이 있다. 즉 죄를 깨닫게 하는 율법의 용법만이 율법의 유일한 용법은 아니다. 성서적 윤리는 오히려 법규정 혹은 공동체적 삶을 위해 필요한 복지규정을 만들어내려는 노력에서 성장했다. 그리스도교 윤리학은 이러한 관련성을 제거하거나 경시해서는 안 된다. 이와 같은 정치적-시민적 용법을 고려하면서도 심정이나 내적 관점의 차원이 작위나 부작위 시 역할을 할 수 있다는 것을 알고 인식해야만 한다. 이에 따라 다음과 같은 결과를 얻을 수 있다.

a) 시민적-정치적 율법용법의 차원에서 계명은 명령이며, (교육을 통해) 행동 처신에 대해 방법론적으로 양육하고 계발하며, 긍정적이며 부정적인 상

---

96 이는 사람들에게 분배되어야 하는 경험이다. 이는 사마리아인에게 배분된 유발자의 경험과 동일한 것이 아니라, 오히려 이보다 앞에 놓여 있으며 이의 기초가 되는 것이다.

97 위의 5.2.2②를 보시오.

벌규정이 자신의 선한 뜻과 권한을 갖는다.

b) 시민적-정치적 율법용법의 차원에서는 하나님 앞에서의 정의가 아니라 사람들 앞에서의 정의가 문제가 된다. 또한 이를 양육하고 이를 위해 일하는 것은 땅을 보존하기를 원하시는 하나님의 뜻에 부합한다.[98]

c) 시민적-정치적 율법용법의 차원에서는 다음과 같은 질문과 관련해 작위 (부작위를 포함해)가 문제가 된다. 우리는-행동할 수 있는 한계 안에서-자신의 선택능력을 통해 무엇을 처리할 수 있는가? 우리가 책임져야 할 것은 무엇인가?[99] 도덕적으로 성취해야 할 것은 무엇인가? 어째서 우리는 타인과 자신에게 요구하고 또한 요구받을 수 있는가? 여기서 계명은 자신의 원초적인 의미를 성취한다.

d) 시민적-정치적 율법용법의 차원에서 내적인 동기, 다시 말해 "진실한 마음"의 소리를 듣지 않고 율법의 음성을 경시하려고 시도한다면 도덕은 위험에 처할 수밖에 없다.

e) 시민적-정치적 율법용법의 차원에서 사랑의 계명은 작위와 부작위와 관련된 계명으로 이해할 수 있다. 이에 대한 한 모범이 십계명이며, 우리는 새로운 요구에 맞춰 다른 모범("새로운 십계명")을 만들어낼 수도 있다. 그때 사랑의 계명과 모순되지 않는 새로운 계명을 제시할 수 있느냐는 질문이 중요한 것은 아니다. 문제는 사랑의 계명과 동일하지 않고 또 동일한 차원에 위치하지는 않지만 사랑의 계명과 상응하는 계명을 작성하는 데 있다. 우리는 아마 이렇게 말할 수 있겠다. 시민적-정치적 율법용법의 차원에 있는 윤리적 요구들은 자신의 이웃을 자기 자신과 같이 사랑할 때, 이를 행한 사람들에게 기대될 수 있을 법한 그런 행동과 연관되어 있다. 이는 윤리적 요구가 사랑의 계명과 얼마나 근접해 존재할 수 있는지와 이 둘이

---

98 루터에게 사람 앞에서의 정의에 관한 이러한 긍정적 주장을 거의 찾아보기 어렵다. 주로 부정적이며 비판적 발언들이 주를 이룬다(예를 들면, *WA* 39/1, 82,21f.). 그 이유는, 루터가 사람 앞에서의 의가 어떤 형태든 간에 하나님 앞에서의 의와 혼동되고 동일시되는 큰 위험성을 인지했기 때문이다. 이에 대해선 W. Härle, "Die Entfaltung der Rechtfertigungslehre Luthers in den Disputationen von 1535 bis 1537", in: *Lutherjahrbuch* 71(2004), 211-228, 특히 217-224. 이 논문은 대폭 수정되어 "1535년에서 1537년까지 루터의 논쟁에 나타난 하나님과 인간 앞에서의 칭의"(Rechtfertigung vor Gott und vor dem Menschen in Luthers Disputationen von 1535 bis 1537)라는 제목으로 다음의 책에 실렸다. W. Härle, *Menschensein in Beziehungen. Studien zur Rechtfertigungslehre und Anthropologie*, Tübingen 2005, 21-37.

99 노예의지에 관한 저서에서 루터는 시민적 의와 관련해서는 인간에게 자유의지(liberum arbitrium)를 허락한다. M. Luther, *De servo arbitrio*(*LDStA* Bd. 1, 606,29-608,4, dt. 609, 39-609,6).

어떻게 그리고 무엇을 통해 근본적으로 구분되는지를 보여준다.

f) 시민적-정치적 율법용법의 차원에는, 사랑의 계명과 상응하며 사랑의 계명처럼 보편적인 정의의 계명[100]이라는 하나의 윤리적 규범이 존재한다는 것을 추측할 수 있다.

5.3.3 윤리적 난제 앞에서의 책임성

앞서 최고의 계명과 관련해 기술한 바와 같이, 당위와 능력(스스로 의지할 수 있는 능력) 사이에 윤리적으로 해결하기 어려운 난제가 존재한다면 인간이 자신의 윤리적 행동(실수)에 대한 책임이 없다고 추측해볼 수도 있다. 그러나 앞 장(5.3.2)에서 분명 그렇지 않다는 것을 제시하였다. 윤리적 책임은 제한되거나 한정될 수는 있지만 폐기되지는 않는다. 윤리적 난제를 거론하며 책임의 한계성을 말하는 것은 분명 오해를 불러일으킨다. 이를 좀더 분명히 제시하기 위해서는 책임개념에 대한 설명과 차별화가 필요하며, 이를 확대해 이해해야 한다.

① 책임성[101]

"책임성"은 최소한 세 가지로 구분할 수 있는 개념이다. 다시 말해 "책임적으로 존재한다"는 말은 최소한 다음과 같은 세 가지 경우에 참여하는 과정이나 상황을 가리킨다. (1) 책임을 지는 **사람**, (2) 책임 **앞**에 서 있는 사람이나 사건, (3) 무엇을 **위한** 책임인지 밝혀야 할 내용이다. 말하자면 A는 B 앞에서 C를 위해 책임을 진다. 여기서 인간의 책임성은 기본적으로 어

---

100 이에 대해선 제2부 4를 보시오.

101 나는 여기서 의도적으로 "책임"보다는 "책임성"이란 개념을 사용한다. 왜냐하면 책임은 이중적 의미를 담고 있기 때문이다. 이는 한편으로 누군가 경우에 따라선 회피할 수도 있는 "해명의 의무"를, 다른 한편 해명의 의무와 그 결과의 수용을 가리킨다. 여기서 중요시하는 첫번째 경우에서 한 사람이 책임적으로 존재한다면, 두 번째 경우에서 그는 책임을 수용한다. 이 주제에 대해선 W. Weischedel, *Das Wesen der Verantwortung*, Frankfurt a. M.(1933) 1972³; H. Jonas, *Das Prinzip Verantwortung*, Frankfurt a. M. 1979; W. Schweiker, *Responsibility and Christian Ethics*, Cambridge 1995. W. 슈바이커(문시영 옮김), 『책임윤리란 무엇인가』, 대한기독교서회 2000.

떤 특정한 관점으로 제한된다. 다시 말해, A는 B 앞에서 C를 위해 D를 고려하며 책임을 진다. 그렇기에 이 개념은 네 자리로 나뉜다.

> 자신의 아이들을 보살펴달라는 부모의 부탁을 받은 자(A)는 부모들 앞에서 (B) 아이들을 위해(C) 아이들을 돌보는 시간 동안 아이들의 안전과 관련된 (D) 책임을 진다.

서로 관계를 맺고 있는 자들 사이에 존재하는 관계성에 관해 "대답"해야 할 것이며, 이러한 대답은 의무이다. 누군가 타인 앞에서 무언가를 위해 책임을 진다면, "그것이 너와는 별상관이 없다"고 변명하고 "왜 당신은 그것을 하느냐?"는 질문을 회피할 수 없다. 책임적으로 사는 자는 이러한 변명을 할 의무를 가지고 있지만, 자신이 행한 (선하거나 악한) 행동의 결과들까지도 자신이 스스로 책임을 져야 한다. 다시 말해 그 결과로 인한 책망, 비판이나 처벌도 받을 수 있어야 한다. 그러나 찬양이나 칭찬은 수용하지 않아야 한다. 왜냐하면 이러한 과제의 성취는 당연한 것이고 칭찬받을 만한 일이 아니기 때문이다.

윤리적 난제에 직면해 제기되는 질문은 다음과 같다. 만약 사람들이 자신의 의지에 따라 행동을 선택할 수 있으나 자신의 의지를 원하는 대로 바꿀 수 없다면, 무엇을 어떻게 책임지라는 말인가? 나는 이 질문에 대답하기 위해 책임성의 개념을 윤리적인 것과 실존적인 것으로 구별할 것을 제안한다.

② 선택된 행위를 위한 윤리적 책임성

책임성이 행동과 관련된 곳에서 나는 윤리적 책임성에 관해 말한다. 특히 행위의 주체가 원할 때 자신이 스스로 선택할 수 있는 행동을 말한다. 다음과 같은 두 가지 전제하에서 책임성을 폭넓게 이해할 수 있다. 즉 한 주체가 선택할 수 있는 모든 것과-법적 판결과 같이-자신에게 부과된 법조항을 지키는 것이다.

사례: 내가 발표장에 늦게 도착한다면 책임있는 행동인가? (1) 고속도로에
심한 교통정체가 있었기 때문에? (2) 기차 엔진이 고장 났기 때문에? (3) 심
한 악천후로 교통이 통제되었기 때문에? 이 세 경우에서 사람들은 발표자에
게 이러한 장애요소를 이전에 알 수는 없었는지 혹은 상황에 처할 경우를 예
단하고 일찍 출발할 수는 없었는지 물어볼 수 있을 것이다. 앞에서 말한 두
가지 질문에 따라 대답될 때 고려할 여지가 있다.

윤리적 책임은 이렇게 혹은 저렇게 행동할 수 없었느냐는 의미에서의
죄과에 따라 산정된다. 그러므로 우리는 묻는다. 왜 그 사람은 다르게 행동
하지 않았는가? 그렇게 할 수 없었는가? 정치적-시민적 율법용법의 조건
하에서 도덕에 관해 숙고해볼 때, 근본적으로 윤리적 책임이 존재하고 이
는 윤리적 난제에도 불구하고 해소되지 않는다는 것을 알게 된다.[102]

③ 실존적 책임성[103]

"실존적 책임성"이란 말이 다른 곳에서 이미 사용된 적이 있는지 나는
알지 못한다.[104] 스피노자에게 큰 영향을 받았던 청년 슐라이어마허가 초
기에 쓴 자유에 관한 논문[105]에서 제시한 책임성의 특징을 이 개념을 통해
드러내고자 한다. 실존적 책임성은 우리가 **실존하는** 것과 또한 여러 주어
진 가능성 중에 선택한 것이든 아니든 간에 우리가 직접 말할 수 **없는** 것

---

102 이미 위에서 법적인 규범과 윤리적 규범의 관계를 숙고해 보았지만(제1부 1.4), 행동의 책임
    성을 넓은 의미에서 법적 책임성과 윤리적 혹은 도덕적 책임성으로 구별하는 것이 중요하다.

103 이에 대해선 W. Pannenberg, *Anthropologie in theologischer Perspektive*, Göttingen 1983,
    101-116; L. Montada/B. Reichle, *Existentielle Schuld. Explikation eines Konzepts*, Trier
    2006.

104 구글을 훑어보았지만 발견하지 못했다. 판넨베르크는 자신의 인간학에서(a.a.O., 111) 바이
    쉐델을 참조하면서 "자기책임"이라는 개념을 사용하고, 몬타다와 라이흘레는 "실존적 범죄"
    라는 개념을 사용한다.

105 F. Schleiermacher, "Über die Freiheit"(1790/1792), in: ders., KGA I, Abt., Bd. 1, Berlin/
    New York 1984, 217-356.

과 관계를 맺는다. 실존적 책임성은 다음과 같은 것들과 연관되어 있다. 즉 "이를 위해 우리가 할 수 있는 것은 아무것도 없는 것", "우리가 선택하지 않은 것", 우리의 존재가 (함께) 해결하고 가능하다면 우리의 의지의 기본 방향을 규정하는 것이다.

"책임성"이란 개념을 오직 선택의 자유와 관련시키려는 사람은 이와 같은 책임성의 개념에 대해 반대할 것이다. 그러나 우리를 규정하고 형성하는 것을 위한 책임 역시 져야 한다는 슐라이어마허의 주장은 부정할 수 없을 정도로 명백하다. 우리가 이러한 것을 임의로 처리할 만한 능력을 가지고 있지 않아도 마찬가지이다. 슐라이어마허는 한 걸음 더 나아가 다음과 같은 주장을 제시한다. 만약 인간의 행동이 자신의 자유로운 (즉 다른 가능성이 열려 있는) 선택의 결과가 아니라 책임을 질 수 있을 정도로 자신의 인격적 존재와 불가분 관계를 맺을 때, 그는 자신의 행동을 위한 책임을 떠안을 수 있다. 이렇게 이해해볼 때 "책임성"은 자기수용이다. 이런 형태의 실존적인 책임수용은 중요한 성숙의 결과이다. 왜냐하면 이는 "사회화의 희생자"의 역할을 하도록 돕기 때문이다. 또한 선한 것들만이 아니라 악한 것들 안에서도 하나님, 운명, 행운 혹은 다른 사람들을 통해 함께 주어진 것을 고유한 것으로 수용하도록 돕기 때문이다. 만약 실존적 책임성이, 피조물이라면 갖지 않을 수 없는 공포까지 포함해 자기만의 삶의 문제점을 타인에게 미루려는 시도를 멈추도록 영향을 준다면 윤리적으로도 중요한 이득을 얻게 된다.

5.4 선의 매혹적인 힘–모범윤리학으로의 길[106]

19세기와 20세기를 주도했던 윤리적 패러다임은 계명윤리, 재화윤리, 그리고 책임윤리인데 오늘날까지 그 영향력은 계속되고 있다. 계명윤리는 (율법윤리, 의무윤리, 심정윤리로서) 칸트[107]를 크게 의지하며, 재화윤리는 공리주의(밀[108]과 싱어[109])와 가치윤리(쉘러[110])의 영향을 받았고, 책임윤리는 막스 베버[111]와 한스 요나스[112]에서 출발한다. 이러한 패러다임의 결점이 무엇이냐고 묻는다면 두 가지를 말할 수 있다. 첫째, 이웃의 삶에 유익을 주기 위한 윤리적 태도를 지향하는 덕윤리가 경시되고 있다.[113] 둘째, 그동안 윤리의 세 가지 유형이 선택적으로 다루어졌다. 세 가지 유형의 윤리적 개념들은 각각 고립되어 있으며, 윤리의 한 면을 절대화하는 경향을 보인다. 세 가지 개념들이 모두 중요한 것은 사실이지만 통일성을 이루지 못한 채 분절되어 있다. 계명윤리, 재화윤리, 그리고 책임윤리가 가지고 있는 각 관점들이 정당하고도 중요하지만, 이를 분절하여 이해하려는 자세는 극복해야 한다. 슐라이어마허의 입장에서 살펴보면[114], 의무윤리, 재화윤리, 그리고 책임윤리가 하나의 통일성을 이루고 있으며, 여기서 (신율적) **인간의 규정** (Bestimmung des Menschen)[115]이 중심역할을 한다. 그러므로 그리스도교 윤

---

106   E. Herms, "Reich Gottes und menschliches Handeln", in: D. Lange(Hg.), *Friedrich Schleiermacher 1768-1834*, Göttingen 1985, 163-192; ders., Art. "Ethik V. Als theologische Disziplin", in: *RGG*[4] 2(1999), 1611-1624; *Was dem Leben dient. Familie-Ehe-andere Lebensformen*. Eine Thesenreihe der Theologischen Kammer der Evangelischen Kirche von Kurhessen-Waldeck, Kassel 1998; W. Härle, "Die gewinnende Kraft des Guten. Ansatz einer evangelischen Ethik"(2003), in: Härle, *Menschensein in Beziehungen. Studien zur Rechtfertigungslehre und Anthropologie*, Tübingen 2005, 347-361.

107   W. Herrmann, *Ethik*, Tübingen(1901) 1921[6]; A. Schweitzer, *Kultur und Ethik*(1923), München 1990. 슈바이처는 가치윤리학이 아니라 칸트가 기초를 놓은 의무윤리학을 지지한다. 이는 성서적 사랑의 계명을 수용하고 살아 있는 모든 생명체를 향하여 확대해간다.

108   J. St. Mill, *Der Utilitarismus*(1871), dt. Stuttgart 1976(고전적 공리주의 대표자).

109   P. Singer, *Praktische Ethik*(1979), dt. Stuttgart(1984) 1994[2](선험공리주의 대표자).

110   M. Scheler, *Der Formalismus in der Ethik und die materiale Wertethik*, Halle 1921. 이에 대해선 H. Joas, *Die Entstehung der Werte*, Frankfurt a. M. 1997을 참조하시오.

111   M. Weber, "Politik als Beruf." Vortrag(1919), in: ders., *Gesammelte politische Schriften*. Hg. J. Winckelmann, Tübingen 1988[5], 505-560, 특히 545ff.

112   H. Jonas, *Das Prinzip Verantwortung. Versuch einer Ethik für die technologische Zivilisation*, Frankfurt a. M. 1979. 이에 대해선 W. Weischedel, *Das Wesen der Verantwortung. ein Versuch*, Frankfurt a. M.(1933) 1973[3].

113   이에 대해선 다음을 보시오. E. Herms., "Virtue. A Neglected Concept of Protestant Ethics"(1982), in: ders., *Offenbarung und Glaube Zur Bildung des christlichen Lebens*, Tübingen 1992, 124-137. 이 글이 발표된 이후 이러한 문제점이-그리스도교적 주장 외에도-여러 곳에서 인식되고, 부분적으로 극복되었다.

114   위의 제1부 3.4①-③를 보시오.

115   이러한 중심적 관점에 대해서는 위의 제1부 4, 각주 17을 참조하시오.

리학을 위해 중요하고도 계속 숙고해야 할 다음과 같은 관점을 확인해볼 수 있다.

a) (유대) 그리스도교적 윤리학의 기초인 인간과 세계의 규정에 대한 기본적인 의미는 이러한 방식으로 자신의 체계적인 기능을 교의학적 전제로만이 아니라 윤리학의 **목적과 규범적 특징**으로 (다시) 획득하게 된다. 인간은 하나님의 형상으로, 다시 말해 믿음으로 의롭게 되도록 규정되어 있으며, 세계는 하나님 나라의 도래를 통해 또한 그 나라의 도래를 위한 사랑의 공간으로 규정되었다. 이를 통해서 분명히 밝혀지는 바는, 계명과 인간에게 요구된 책임성이 임의적으로 도입되거나 정해진 것이 아니라는 사실이다. 이는 인간과 인류에게 주시려고 하나님이 준비하신 그들에게 정해진 규정이다.

b) 계명과 인간에 요구된 책임성은 외부로부터 인간을 향해 강요하고 밀어붙이고, 인간의 저항을 전제할 뿐만 아니라 일반적으로 인간을 더욱 강하게 만든다. 그와는 달리 이러한 규정은 인식된 약속이라는 의미에서 유혹하고 잡아당긴다. 인간이 이러한 규정을 알게 됨으로써 이러한 규정은 매혹적이고 선한 것으로 인식되고, 결국 이를 선으로 인식하게 된다. 이와 같은 인간의 규정을 지향하는 모범윤리학은, 윤리학이 최고선(summum bonum)[116]의 사상으로부터 기획되고 개발될 수 있다는 생각에 기초하고 있다. 이와 더불어 윤리학은 명령조에서 벗어나 초대하는 어법으로 변화한다.

c) **계명윤리와 책임윤리**는 허락/금지, 책임/무책임, 옳고/그름, 선/악과 같은 엄격한 **이중성**의 경향을 보인다. 이에 반해 **최고선**에 대해 묻고 바로 그것으로부터 논의하는 인간의 운명을 따르는 모범윤리학은 도리어 지속적인 이행과정을 지향해간다. 이러한 이행과정에서는 옳고/그름, 선/악, 추구할 가치가 있는 것/추구할 가치가 없는 것을 추구하는 것 외에도 더 **많이** 추구할 가치가 있는 것과 혹은 **더 적게** 추구할 가치가 있는 것, 선 혹은 더 적은 선을 문제 삼는다. 그러한 윤리학 안에는 등급과 비교를 위한 공간이 존재한다. 여기서 윤리는 **약화**(Aufweichung)될 수 있는 위험한 경향성을 보일 수도 있겠다. 그러나 나의 생각으로 이러한 위험성은 여기서 인간의 규정의 실현이나 과실이 중요하다는 사실을 경시하게 될 때에만

---

116 위의 제1부 3.3.3을 보시오.

존재한다. 상대적 재화 역시-최고선에 대해 질문하고 이를 추구하는 지평에서-인간의 규정에 속한 것이다.

그러나 모범윤리학이 가지고 있는 다른 약점과 위험성이 존재한다. 모범윤리학은 실재하지 않는 최고선을 자신의 행위를 통해 성취하는 것이, 다시 말해 이를 통해 창조해내는 것이 인간의 과제인 것처럼 일깨울 수도 있다. 무한한 재화윤리, 가치윤리 혹은 책임윤리처럼 너무 과도한 것이 요구될 수 있다. 신구약성서에서 고찰해볼 때, 최고선은 창조자요 화해자이신 하나님의 활동 안에서, 우리가 최고선을 우리의 행위의 목적과 척도로 인식할 수 있을 뿐만 아니라 이에 힘입어 살 만큼이나 가까이 이미 "내려오셨다". 그리스도교의 도덕은 "목적으로부터 고찰하며 도상을 걷고 있다."[117]

---

117 W. Härle, *Dogmatik*, Berlin/New York 2007³, 72. 이곳에서 이러한 생각을 좀 더 자세히 설명하였다.

6. 윤리적 판단형성[1]

포괄적이고 일반적인 의미 그대로의 윤리적 판단형성이라는 개념은 (짐작건대) 윤리적 반성과 숙고와 결단이 존재했던 때부터 늘 함께 존재해왔다. 실천과 관련된 모든 이론 형성은 실천적 문제를 발견하면서 시작되었고, 이의 해결을 위해 노력해왔다. 이제까지 시도된 판단형성과 이를 적용하면서 경험한 학습이 두 번째 단계를 구성한다. 두 번째 단계에서는 단지 자신의 고유한 시도와 결과들만이 아니라, 타인(예를 들면, 부모, 조부모, 교사)에게서 관찰할 수 있었던 것이나 (그들을 통해) 들었던 것까지도 다루어진다. 윤리적 판단형성을 통해 경험적 지식이 축적된다. 이때-일반적인 학습과정과 마찬가지로-부정적인 경험이 강렬하고도 지속적으로 영향을 준다고 하겠다. 행위자 자신은 물론 타인에게 주게 될 결과를 경시하거나, 동일한 유형의 문제가 발생할 경우에 어떤 결과를 가져올지를 고려하지 않은 채 행동하는 것들이 이러한 경험적 지식을 얻게 되는 사례라고 하겠다.

이 개념이 가지고 있는 협소하고도 본질적인 의미에서 윤리적 판단형성의 **이론**을 완성하려면 이미 습득된 경험적 지식을 그 나름 **체계적으로**-강점과 약점, 결함이나 완전성, 방법론적 통찰, 응용가능성과 논증가능성을 고려하며-반성해야만 한다. **결의론**[2]을 이러한 세 번째 단계에 포함시킬 수 있다. 결의론은 윤리적 판단형성의 초기형태로서 윤리적 규범

---

1 A. Jeffner, "Die Rechtfertigung ethischer Urteile", in: *ZEE* 19(1975), 234-248; H. E. Tödt, "Versuch zu einer Theorie ethischer Urteilsbildung", in: *ZEE* 21(1977), 81-93; ders., *Perspektiven theologischer Ethik*, München 1988, 21-48; E. Herns, "Grundlinien einer ethischen Theorie der Bildung von ethischen Vorzüglichkeitsurteilen"(1979), in: ders., *Gesellschaft gestalten*, Tübingen 1991, 44-55; H. Ringeling, "Ethische Normativität und Urteilsfindung", in: *ZEE* 28(1984), 402-425; D. Lange, *Ethik in ethischer Perspektive*, Göttingen 2002², 508-521; W. Härle, Art. "Ethische Urteilsbildung", in: *RGG*⁴ 2(1999), 1634; J. Fischer, *Theologische Ethik*, Stuttgart u.a. 2002, 239-250.

2 이에 대해선 W. Korff, Art. "Normen II. Ethisch", in: *TRE* 24(1994), 628-637, 특히 635-637; St. Feldhaus Art. "Kasuistik", in: *LTHK*³ 5(1996), 1290-1292.

을 (고정되거나 실제적인) 갈등상황에 구체적으로 관련시키고, 일반적인 상위의 윤리적 규범을 각각의 상황에 직접 적용한 후 이로부터 윤리적 결론을 도출한다. 마침내 **메타윤리학**[3]이 시작되고 발전함으로써 하나의 새로운 윤리적 판단형성의-이른바-**이론**이 뒤따라 발전하였다. 이러한 윤리적 판단형성이론은 1970년대 (유럽의) 사회윤리협회(Sociatas Ethica)를 배경으로 출발하였다.[4] 윤리적 판단형성이론의 동기를 부여했던 것은 퇴트(H. E. Tödt)[5]의 논문이다. 윤리적 판단의 형성과 재검토의 구조에 대한 그의 첫 번째 시도는 대학의 전문적인 경험에서 도출된 것임을 알 수 있다. 헤름스(E. Herms)의 지적과 같이-기본개념에 대한 해설에 근거해 살펴볼 때-그의 시도는 엄격한 의미에서 윤리적 판단의 형성과 검토를 위한 기본 틀이라고 불러도 좋다. 랑에(Lange)와 피셔(Fischer)의 평가도 마찬가지이다. 그러나 퇴트의 이론은 오늘날까지 독일어권 안에서만 제한적으로 연구되고 있다.[6]

윤리적 판단형성이론은 이미 초기부터 윤리적 판단형성의 **대상**[7]이 되었다. 말하자면 다음과 같은 질문을 받았다. 기초적이며, 검증되고, 그리고 이론적으로 정당화된 이론이 다른 이론들과 비교해 윤리적으로 우선적인 가치를 갖고 있으며 이의 기초가 되는가? 이는 가능하고도 필요하다. 왜냐하면 윤리적 판단의 형성은 그 스스로 윤리적으로 반성되어야 할 하나의 **행위**(행위등급)의 성격을 갖고 있기 때문이다. 이로 인해 발생한 순환은 악

---

3 위의 제1부 1.2③를 보시오.

4 이를 위해 E. Herms, "Grundlinien einer ethischen Theorie der Bildung von ethischen Vorzüglichkeitsurteilen"(위의 각주 1), 44.

5 H. E. Tödt, "Versuch zu einer Theorie ethischer Urteilsbildung"(위의 각주 1).

6 이는 영미권에 대한 이제까지의 조사결과이다. 대륙의 이론적 주장을 수용하든 번안하든 아니면 계속적으로 발전시키든 간에, 메타윤리학이 가장 먼저 특별한 의미를 가지고 연구되어온 영미권에서 이러한 이론화 작업을 찾아보려고 했으나 아직까지는 발견하지 못했다.

7 위의 각주 1에서 언급한 헤름스의 논문 제목("윤리적 우선권판단형성의 윤리적 이론")이 이를 강조하고 있다. 여기서 "윤리적"이란 말을 두 번 사용한다. 한 번은 이론을 위해, 다른 한 번은 우선권 판단을 위해 사용되었다.

순환이 아니고 일관된 이론이 어떤 경우에도[8] 피할 수 없는 사실에서 도출한 결과이다.

나는 여기서 윤리적 판단형성에 관한 논의를 이론적 주장이라는 의미로 받아들여 다루고자 한다. 아래에서 제시할 윤리적 판단형성이론은 성격상 결코 "기차시간표"나 "요리법"과 같은 사용설명서가 아니다. 이는 윤리적 판단을 할 때 고려해야 할 전제, 요소, 그리고 관련성을 세분화하여 분석하는 데 필요한 것이다. 이는 함축적으로 여러 단계별로 나누어 설명할 수 있다. 그러나 이러한 단계는 반드시 그래야만 한다거나 다른 선택의 여지가 없다는 것이 아니다. 경우에 따라 다른 방식으로 구성하거나 순환할 수도 있다. 이러한 윤리적 판단형성의 과정을 자세하고도 근본적으로 수행할 수 있는 방법은–다른 것들 외에도–결정적으로 이를 위해 사용할 수 있는 시간에 달려 있다. 언어적으로는 물론 해석된 의미에서 "삶과 죽음"이 문제가 되기에, 반성적인 판단형성을 고려할 만한 시간적 여유가 없는 결단상황도 존재한다. 그런 상황에서는 앞서 내렸던 판단형성에 근거해서 행동하거나 직관적으로 결단할 수밖에 없다. 행위를 위해 반드시 필요한 충분한 시간이 주어지지 않는다면 윤리적 판단형성을 위해선 매우 치명적일 수밖에 없다.

6.1 윤리적 판단형성과 현실이해

6.1.1 전제된 현실이해의 의미[9]

나는 여기서 의도적으로, 윤리적 판단형성이론에 관한 내용적 안내를 이미 앞에서 전제한 ("생명의 비전"[10]이 제시한) 현실이해와 관련시켜 시작한다. 왜냐하면 생명의 비전이 윤리적 판단형성의 모든 이론과 실천을 위해

---

8 "어떤 경우에도"라는 말은, 하나의 이론이 증명되거나 정당화되지 않고 오직 하나의 필연적(그러나 충분하지는 않지만) 조건을 성취한다는 것을 암시한다는 의미이다.

9 위의 제1부 4를 참고하시오.

10 위의 제1부 3, 각주 53을 참조하시오.

근본적 의미를 갖기 때문이다. 그러나 이는 윤리적 문제의 처리와 해결이 문제가 되는 곳에서 등장하는 것이 아니라, 오히려 어느 특정한 상황을 윤리적 판단형성을 위한 요구로 판단하는 곳에서 미리 전제되어야 한다. 인간의 현실이해는 먼저[11] 윤리적 판단형성의 모든 이론과 실천이 전개되는 배경(Folie)을 형성한다. 다음과 같은 두 가지 관점이 중요하다. 하나는 개인적으로 상호작용하는 모든 파트너들과 관련된 일반적 관점이고 다른 하나는 행동하는 자, 더 정확히 말하자면 적합한 윤리적 결정을 추구하는 개인과 관련된 특수한 관점인데, 나는 두 번째 관점에서 논의를 시작하고자 한다.

a) 특수한 관점에서 볼 때 한 인간의 현실이해란 자신의 개인적이고 세계관적인 "배경"이다. 모든 윤리적 결단과정은 이 배경 앞에서 그리고 이에 근거해 수행된다. 누군가 이러한 현실이해를 자신의 배경으로 의식하지 않는 경우에도 마찬가지이다. 그럴 경우에도 한 사람이 윤리적 주체라면[12], 그는 그러한 현실이해를 가지고 있다. 이러한 현실이해 안에서 그는 자신의 고유한 현존재의 기원, 성격, 그리고 운명을 근본적으로 확신하게 된다.

고유한 윤리적 결단을 가능케 하는 대상을 수용하는 것도 이에 속한 문제이다. 예컨대, 단지 과거적 선택가능성이 아닌 것, 다시 말해 현재적이고 미래적인 것은 윤리적 판단이 가능한 대상이 된다. 그러므로 우리는 과거에 했던 것과는 다르게 결단했더라면 좋았을 것이라고 소원하기도 한다. 책임성의 수용, 유감, 후회, 결단의 부탁 등 여러 형식으로 우리는 앞에서

---

11 내가 여기서 말하고자 하는 바는, 현실이해가 윤리적 판단형성의 과정을 위해 언제나 우선적으로 기초적이며 방향을 지시하는 기능을 한다는 점이다. 그렇다고 여기서 윤리적 판단형성과 현실이해의 관련성이 포기되는 것은 아니다. 오히려 윤리적 판단형성이─확인하는 것이든 방해하는 것이든─현실이해에 영향을 준다. 이에 대해선 뒤에서 논의하게 될 것이다(6.1.2).

12 각 사람이 생의 모든 단계에서 윤리적 주체인 것은 아니라는 사실은 이미 위에서 언급한 바 있다(제1부 3.5.3).

자신이 내렸던 결정에 대해서 바로 현재 어떤 태도를 취할 수 있다. 그러나 우리는 무엇을 통해서도 그때의 결정을 없던 것으로 만들 수 없다. 이러한 시간의 불가역성이 발생하지 않고 이미 언급한 제한성이 유효하지 않은 현실이해가 있을 수 있다. 그러나 그런 현실이해가 얼마나 실제적이고 삶을 안내할 수 있을는지 묻지 않을 수 없다.

윤리적 판단형성과 결단의 **주체**가 누군지를 고려하는 관점도 이러한 현실이해에 속한 문제이다. 가능한 윤리적 주체는 누구냐는 질문과 관련해서 제1부 3.4.1에서 다루었던 정언적 관점만이 아니라, 윤리적 판단형성과 윤리적 주체성이 어떤 관계 속에 있느냐는 이와는 다른 질문에 대한 대답 역시 현실이해에 속한 것이다. 이와 관련해 언급되었던 문제를 다음과 같이 질문해볼 수 있다. "내가 다른 사람 대신 윤리적 판단형성이나 결단을 내릴 수 있는가?" 이에 대해 명백하게 대답할 수 있다. "물론이다. 만약 내가 이러한 판단에 봉착하게 되었거나 다른 사람이 나에게 조언을 구한다면 그렇다고 대답할 것이다." 그러나 좀 더 자세히 살펴보면 이는 문제가 되는 대답이다. 만약 내가 타인의 윤리적 결단을 스스로 내린다면 나는 이런 결단에 대한 윤리적 판단을 형성할 수 있고 또한 형성하게 될 것이다. 그러나 이는 여전히 **나의**(나의 가치평가에 따른) 판단이다. 여기서 타인의 윤리적 판단은 **나의** 윤리적 판단의 대상일 뿐이다. 이는 타인 **대신** 내리는 판단이 아니다. 만약 내가 타인으로부터 윤리적 조언이나 결단을 위한 도움을 부탁받게 될 때도 마찬가지이다. 이는 **나의** 조언이고 타인의 결단을 위한 **나의** 도움이고, 이에 대한 책임도 내가 져야만 한다. 결국 또한 타인 대신 내리는 판단이 아니다. 그러므로 누구도 한 윤리적 주체에게서 그의 윤리적 책임을 제거하지는 못한다. 결론적으로 윤리적 판단형성은 **가치를 평가하는** 관점과 의도에서 타인의 윤리적 결단과 관계를 맺을 수 있지만, 이러한 판단이 타인을 위해 대리적으로 내릴 수는 없다.

마지막으로 세계 안에 존재하는 인간의 **운명과 목적**("삶의 비전")과 관련된 확신도 이러한 현실이해의 문제에 속한다. 또한 이러한 확신에서 도출된 규범적-윤리적 확신도 마찬가지이다. 인간은 이러한 확신의 안내를 받는다. 두말할 것도 없이 윤리적 판단형성은 행동의 선택을 윤리적 선함을 고려하여 판단하고 결단하고, 이러한 판단과 결정을 결단하고 정당화하기 위한 기준들을 필요로 한다. 현실이해를 위해 이러한 규범적 요소가 가지고 있는 중요성은 근본적이고도 영향력이 크다. 이는 좁은 의미에서 (어느 갈등상황에 대한) 윤리적 결단만이 아니라 윤리적 갈등상황을 발견하고 평가하는 데 영향을 준다. 말하자면, 일반적으로 행위숙련(Handlungsroutiene: 최상의 결과를 목적으로 결단하는 행위, 옮긴이)의 "방해"가 윤리적 판단형성의 과정을 환기시키고 진행해나간다. 이러한 방해는 현실성의 규정과 목적의 관점에서 확신을 배경으로 발생한다. 즉 이러한 확신들 혹은 이러한 확신들과의 불일치성을 구별하도록 작동한다. 그러므로 우리는 규범적-윤리적 확신들과 팽팽한 긴장관계 속에 존재하는 상황들을 체험하거나 이런 상황들에 관한 소식을 듣는다. 우리가-지루한 윤리적 판단형성이 없이, 직관적으로-즉시 "이는 허락할 수 없다"는 확신을 갖든지 아니면 "이 문제를 (더욱) 적절하게 해결할 수 있는 방법이 무엇이냐?"[13]고 물으며 윤리적 판단형성의 과정에 개입하게 된다.

b) 일반적 관점에서 보아도 앞의 a)에 말한 것과 마찬가지이다. 즉 한 인간의 현실이해는 모든 윤리적 주체들에게 유효한데, 특히 근본적으로 동일한 방식으로 유효하다. 이는 윤리적 주체들을 윤리적 판단형성의 과

---

13 이와 같은 윤리적 판단형성의 출발점을 슐라이어마허의 표현을 빌려 "윤리적 싹의 결정" (ethischer Keimentschluss)이라고 부를 수 있겠다("싹의 결정"이란, 식물의 싹이 그 안에 이미 식물의 모든 체질을 포함하고 있는 것과 같다, 옮긴이). 이러한 출발과 발단의 상황은 윤리적 판단형성의 계속적 과정을 위해 중요하다. 이러한 과정에서 다양하면서도 충돌하는 논쟁들과 힘들이 윤리적 판단형성의 후기 단계보다 약화되지 않은 채 자주 서로 대립하고 투쟁한다. 윤리적 판단형성의 후기 단계에서는 아마도 판단을 형성하는 한쪽 편이 우위를 차지하게 되고, (가능한 한 분명한 결정을 내리기 위해) 다른 입장이 제시하는 주장들이 걸러지고 제거되거나 압박을 받게 된다. 만약 윤리적 담론에서 서로 다른 윤리적 판단형성을 근거로 다양한 사람들이 갈라지게 되면, 한편으로는 이러한 배제된 요소들이 단지 타자 안에서 특별히 단호하게 결정된 상태로 싸우게 될 위험이 있다. 그러나 "윤리적 싹의 결정"의 상황을 회상함으로써 이러한 주장이 초기에 "싹의 결정"과 얼마나 가까이 (그리고 명백하게) 존재했는지 혹은 최소한 그렇게 비쳐졌는지를 현재화하는 기회가 주어지기도 한다.

정에서 별도로 그리고 서로 함께 구별하고 연결한다. 먼저 이는 다음과 같이 따로 **구별된다.** 즉 어떤 사람의 삶의 역사에서 성장한(그리고 계속 그는 물론 그의 역사와 함께 성장하고 있는) 각각의 고유한 현실이해가 **환원할 수 없는 자신의 관점을 제시한다는** 점에서 구별된다. 이는 한 사람의 삶의 세계, 사람의 역사, 그리고 자신의 사회적이며 개인적인 정체성을 통해 각인되었다. 이는 일방적으로 영향을 주었다는 의미가 아니다. 오히려 이는 세계관을 형성하도록 각 개인에게 준 영향력과 특별한 형태로 이러한 영향력을 수용하고 가공하는 각 개인의 구체적 체질과 삶의 세계 사이에서 상호작용하였다는 의미이다. 현실이해의 수용은 이를 수용하는 사람이 처해 있는 형편에 따라(secundum hominem recipientem), 다시 말해 그의 체질과 가능성에 의지하여 발생한다. 그러나 이는 모든 윤리적 주체를 위해서도 유효하기 때문에, 이러한 차이는 윤리적 판단형성의 과정에서 윤리적 주체들을 서로 **연결한다고** 말할 수 있다.[14] 그러나 이와 같이 진부한 관점을 넘어 각 현실이해의 환원할 수 없는 전망성은 윤리적 소통의 과정을 위해 진부한 것이 아니라 오히려 폭넓은 중요성을 갖는다. 말하자면 이러한 전망은 다음과 같은 질문을 일깨운다. 이러한 전제하에서 윤리적 판단형성의 각 개인적 과정이 어느 정도 서로서로 교제, 소통, 그리고 공감될 수 있는가? 그리고 주체들 간에 윤리적 소통을 위해 이것은 무엇을 의미하는가?

이러한 전망은-각각의 현실이해의 형태로 자신의 세계관적 전제를 포함해-해당된 윤리적 주체들의 편에서 상징적으로-언어나 언어 외의 다른 수단을 통해-**소통함으로써** 접근할 수 있거나 접근할 수 있게 된다. 여기서 내가 말하는 언어 외적인 소통이란, 이러한 전제들이 추론되고 밝혀지는 (밝혀질 수 있는) **행위**들을 말한다.

---

14 이것은-종교성이 짙으면서도 코믹한-"브라이언의 생애"(Life of Brian)라는 영화의 한 장면에 나오는 표현이다. 이 영화에서 많은 다른 사람들과 함께 "너희들은 모두 다르지"라는 브라이언의 설교를 들었던 한 사람은 이에 야유를 보내며 이렇게 말한다. "아니야! 나는 아니라고."

그러므로 가령 동물과의 교류는-그것이 폭력적이든 존중하든-동물이 이와 교류하는 윤리적 주체에게 어떤 의미와 "결합가"(結合價)를 갖는지를 말로 표현하지 않고도 귀납적으로 추론하도록 허락한다.

그러한 세계관적 전제들이 이해될 수 있고/있거나 동의될 수 있다는 의미로 상호주체적으로 공감될 수 있는지는, 한편으로는 이러한 의사소통(들)의 확실성과 지속성과 다른 한편으로는 타인의 세계관적 전제들과 자신의 세계관적 전제들 사이에서 드러나는 관계에 달려 있다. 거기서 일치와 모순 사이에서 가깝거나 먼 다양한 정도를 나타내는 등급들이 존재한다. 말하자면, 윤리적 판단형성의 세계관적 전제들인 각각의 현실이해가 윤리적 판단형성에 관한 소통을 위해 뛰어넘을 수 없는 울타리를 자기 스스로 만들지는 않는다. 그러나 이는 윤리적 담론 내에서 설명되거나 논의를 통해 더 이상 결정될 수 없는 다양한 세계관적 전제들을 볼 수 있게 한다. 그런즉 만약 이러한 전제들이 갑자가 사라지거나 그 의미가 부정되지 아니하고 밝혀지고 명명된다면 이는 큰 이득이다. 계몽된 윤리학은 세계관에서 자유로운 윤리학이 아니라, 고유하고 낯선 세계관적 전제들을 뛰어넘어 이를 가능한 한 포괄적으로 설명하려는 윤리학적 시도이다.

6.1.2 현실이해를 위한 윤리적 판단형성의 의미

앞 장(6.1.1)은 현실이해가 윤리적 판단형성에 영향을 준다는 인상을 줄 수도 있으나, 이는-이미 위에서 말한 바와 같이[15]-교정되어야 한다. 왜냐하면 이러한 영향은 현실이해에 대한 윤리적 판단형성의 결과라는 것이 증명되었기 때문이다. 현실이해가 윤리적 판단형성을 위해 가지고 있는 근본적 의미와 비교해볼 때 이러한 영향력은 이차적인 것이다. 그렇지만 이러한 영향력이 존재하며 또한 윤리학에서 이를 고려해야 한다는 사실만은 변함이 없다.

---

15 위의 각주 11을 참조하시오.

이때 현실이해를 위한 윤리적 판단형성의 의미가 두 곳에서 드러난다. 이는 먼저 윤리적 판단형성의 과정 **안에서** 나타나는데, 전제된 현실이해에서 밝혀지거나 밝혀지지 않은 모순들(불일치성)이 (비)도출하는 형태이다. 후자의 경우 윤리적 판단형성의 과정이 세계관적 전제들을 확인해주었다고 말할 수 있을 것이다. 사실상 이것은 **강력한** 영향력은 아닐지라도 역시 영향을 미친 것이다. 그러나 앞에서 언급한 첫 번째 경우가 본질적으로 더욱 중요하다. 이 경우에는 윤리적 판단형성 내부에 하나의 세계관의 제약을 받는 모순이 드러난다. 이러한 모순으로 인해 윤리적 주체는 이제까지의 자신이 확신했던 세계관적 전제들이 흔들리고 문제가 되는 것을 경험하게 된다. 그러므로 사례를 들어 설명하기 위해, 먼저 다음과 같은 세 가지 세계관적 전제를 제시해본다.

- 인간에게서 유래한 각각의 존재는 독자적인 생명권을 갖는다.
- 연구를 목적으로 인간을 죽이는 것은 윤리적으로 비난을 받는다.
- 임신부들은 자기 안에서 자라고 있는 배아의 생명에 대해 자유로운 결정권을 갖는다.

사용된 배아연구의 허락에 대한 윤리적 판단형성과정에서 이러한 전제들은 모순에 빠진다. 그 이유는 이러한 허락이 이 세 가지 전제들과 모순되기 때문이다. 윤리적 주체가 이를 일관성이 없다고 느껴 수용하지 않는다면, 자신이 내적으로 옳다고 생각하는 몇 가지 전제에 맞추어 검증할 필요성이 있다고 생각하게 될 것이다.

그러나 윤리적 판단형성이 판단형성 **내에서** 불일치하지 않는 경우, 상황은 더욱 복잡하고도 어려워진다. 윤리적 판단을 통해 도출된 것을 (관념적이거나 사실적으로) **적용하려고** 하지만, 이것이 윤리적으로 수용될 수 없다는 것이 실천에서(즉 윤리적 판단형성의 외부에서) 증명되는 경우를 말한다. 여기서는 아직 설명되지 않은 윤리적 결과가 문제가 될 수 있다. 즉 이러한 판단이 윤리적 주체의 현실이해와 명백히 불일치하거나, 실천의 상황에서 이러한 현실이해 안에 규범적인 결함이 존재한다는 것을 알게 된 경우이다.

> 그러므로 제3제국에서, 유대의 뿌리를 가진 자 중에 친한 이웃이나 사랑하는 파트너가 있었다는 것과-그때까지도 자신이 윤리적으로 수용했던-인종차별법에서 그들은 전혀 고려의 대상이 되지 못했다는 사실이 한 사람(저자에게, 옮긴이)에게는 놀라운 발견이었다. 그러나 이러한 법이 기초로 삼고 있는 세계관적 전제는 모든 나치의 이데올로기가 윤리적으로 사악한 것임을 한 번에 다시 인식하게 하였다.

현실이해와 윤리적 판단형성의 결과 사이에서 발생하는 갈등이 이런 일을 당한 윤리적 주체에게 어떤 결말을 가져다줄지 예측할 수 없다. 이는 이제까지 유효한 것으로 생각했던 윤리적 판단을 교정하거나 세계관적 전제들, 곧 현실이해에 대해-전체적으로나 부분적으로-문제를 제기하게 할 것으로 예상할 수 있다. 이러한 문제의식이 사실상 인간적 자기이해를 바꾸거나 의문을 갖게 한다면, 세계관적 전제들에 대한 문제의식이 윤리적 주체에게 극적인 결과를 가져다줄 수 있다. 현실이해에 대한 교정이나 새로운 획득은 이러한 윤리적 갈등을 통해 충돌할 수 있다. 그러나 오직 이를 통해서만 제거되거나 치유되지는 않는다. 이를 위해서는 폭넓은 세계관적-종교적인 경험들과 관점들이 필요하다.

동시에 이것이 의미하는 바는, 현실이해와 윤리적 판단형성의 관계가 **귀납적**으로나 **연역적**으로·기술될 수 없다는 사실이다. 다시 말해 윤리적 판단은 필연적으로 현실이해로부터 도출될 수 없으며 역으로 윤리적 판단에서 하나의 현실이해가 구축될 수도 없다.[16] 오히려 여기서는 아리스토텔레스가 발견하고 퍼스가 분석한 제3의 논리적 관계인 **귀추법**이 제시된다. 이에 따르면, 상황은 현실이해의 빛에 비추어 윤리적 판단형성의 현상에 적합한 것으로 해석된다. 귀추법은 추론의 성격을 **연역법**과 공유하고 있

---

16 위의 제1부 1, 각주 30을 참조하시오.

다. 그러나 귀추법은 연역법과는 달리 강제적이지 않다. 귀추법은 위험부담이 많은 방법론적 특징을 (완전하지는 않지만) **귀납법**과 공유하고 있다. 그러나 귀추법은, 우리의 지식을 질적인 관점에서-윤리적 질문에서도 마찬가지이지만-확장하기에 적합하다는 점에서 연역법과 귀납법을 뛰어넘어선다.

6.2 윤리적 판단형성의 동기와 목적

6.2.1 윤리적 판단형성의 동기

시급하게 해결해야 하거나 점차적으로 증대하고 있는 윤리적 갈등이 일반적으로[17] 윤리적 판단형성의 과정을 위한 동기가 된다. 이러한 갈등이 보여주는 바는, 우리가 구체적 상황에서 무엇을 해야 할지 알지 못해 불확실성 속에 빠져 서로 대결하고 있다는 사실이다. 이로 인해 결국 우리의 "행위숙련"이 방해를 받게 된다.

나는 거리나 건물 입구에 앉아 구걸하는 사람들을 볼 때마다 행동숙련의 억제에 대해 생각하곤 한다. 왜냐하면 그에게 **항상** 무엇을 주어야 할지 아니면 **절대** 주어서는 안 되는지가 단번에 결정되지 않기 때문이다. 이러한 결단은 상황에 달려 있다. 다시 말해 각 경우마다 윤리적 판단형성의-최소한 짧은-과정이 시작된다. 이는 구걸하는 자가 주는 **전체적 인상**에 달려 있다. 즉 도움을 청하는 (문서나 구술을 통해 제시된) 근거가 무엇이지, 어떤 종류의 도움을 원하는지("돈" 아니면 "먹을 것"), 그리고 나에게 **시간적 여유**가 있는지 등이다. 일반적으로 내가 이러한 결정과정에서 (상대적이지만) 만족함을 경험하게 되는 때는, 나에게 시간적 여유가 있어 대화를 통해 그가 봉착한 어려운 상황을 좀 더 명확하게 평가하고, 그에 따라 그 형태야 어쨌든 간에 도움을 줄 것인지를 결정하는 경우이다. 그러나 내가 아무런 관심이나 말도 없이 지나치거나 약간의 금전을 지불하고 곤란한 상황에서 "풀려난다면" (상대적으로)

---

17 예를 들어 수업 중에 실습을 위해 제시하는 사례들이나 타인의 윤리적 판단형성에 대한 불리한 평가는 예외이다. 이것이 임의적으로 (또는 수업을 목적으로) 선택될 때 더러 윤리적 갈등을 낳기도 한다.

만족하지 못한다.

물론 윤리적 판단형성의 과정은 윤리적 결단과 관련될 수 있다. 또한 이러한 결단을 통해 가령 특정한 삶의 유형과 직업과 정치적 입장에 대해 찬반이 근본적이고 포괄적이며 지속적으로 확정된다. 다양한 입장이 공존하는 후기전통사회의 조건에서 이러한 결단들은 초기사회와 비교해볼 때 "단순히 주어진 것"인 듯 중요하지 않은 것처럼 생각되고, 의심 없이 수용될 수 있다. 윤리적 판단형성은 삶을 기획하고 형성하는 기초적 영역에서 더욱 중요한 의미를 갖게 된다. 그런 점에서 비록 사회적 제약을 받고 있는 것은 사실이지만 윤리적 반성, 판단, 그리고 결단의 필요성이 커지고 있다는 것을 확인할 수 있다.

6.2.2 윤리적 판단형성의 목적

윤리적 판단형성의 목적은 이의 동기와 투영적인 관계에 있다. 이것이 저기에서는 "행위숙련"이 방해를 받아 나타나는 갈등이라면 여기에서는 "행위숙련"이 재획득되어 나타나는 갈등의 극복이다. 그러나 이것은 중심주제에 대한 매우 단순한, 아니 너무 단순한 설명이다. 왜냐하면 이는 이미 나타난 기술적 결함을 잘 고쳐보려는 모델이기 때문이다. 경우에 따라선 그럴 수도 있고 그렇게 "기능"할 수도 있다. 그러나 윤리적 판단형성과정의 복잡성과 의미에서 볼 때 이는 단지 부차적인 정당성만을 가진다.

여기서 다시금 (의도된) 목적과 (성취한) 결과 사이를 구별한다고 할지라도, 이는 어떤 상황의 복잡성과 갈등작용에 직면해 단순히 행위숙련을 재획득하기에는 적합하지 않은 목적이라고 하겠다. 오히려 이는 많은 상황속에서, 잔류하며 해결되지 않은 채 남아 있는 문제점을 말끔히 제거하는 것이 아니라 오히려 이를 기억하게 하는 실제적인 목적규정과 결과기대에 속한 것이라고 할 수 있겠다. 이는 단지 해결되어야 할 문제에 대한 회상일 수도 있고 윤리적 판단형성에서 남김없이 "소멸"되지 않았으며 짐작건대

소멸될 수 없는 것에 대한 회상일 수도 있다.[18]

그러므로 윤리적 판단형성의 목적에 대한 질문에 대답할 수 있는 다른 가능성이 추론된다. 이러한 대답은 윤리적 주체가 책임적으로 계속 살아갈 수 있도록 결단을 내리는 데 봉사해야만 한다. 이의 반대말은 행위숙련의 정지만이 아니라 소통과 사회적 삶에서의 광범위한 배제이다.[19] 그와 같은 결단이 발견되거나 성공한다면 윤리적 판단형성의 과정은 최소한 잠정적으로 (만족할 만한) 목적과 결과에 도달하게 된다.

6.3 윤리적 판단형성의 과정

다음 쪽에 제시한 윤리적 판단형성 단계에 대한 도표는 여섯 단계의 축으로 번호를 붙여 설명할 것이다. 이러한 순서는 윤리적 판단형성을 위해 추천할 만하다. 이를 설명하기 전에 특별이 앞으로 고려해야 하는 세 가지 점을 먼저 간략하게 제시한다.

(1) 세 번째 단계(문제의 검토)는 다시 두 가지 단계(3a와 3b)로 나뉘는데, 이는 "실현가능성을 고려한 검토"와 "책임가능성을 고려한 검토"로 확실히 구별된다. 그러나 이 둘은 윤리적 판단과정에서 서로 결합되어 있기 때문에 분리되어서는 안 된다.

(2) (처음과 마지막의) 두 단계는 도표 밖에 놓여 있다. 왜냐하면 이것은 문제의 발생과 발견된 해결의 재검토를 포함하고 있기 때문이다. 즉 엄격한 의미로 윤리적 판단형성의 도표에 속한 것이 아니라 이의 전제와 가능한 결론이 된다.

---

18 틸리케는 자신의 신학적 윤리학에서 (그리스도에 속한) 인간의 윤리적 판단과 행위를 타협의 문제점과 의미와 관련시켜 자세히 서술하였다(H. Thielicke, *Theologische Ethik Bd. II/1*, Tübingen 1959, 62-201). 그는 다음과 같이 그 특징을 설명한다. 산상설교에서 타협을 모르는 예수의 요구들은 "상처를 위해 붙였지만 유해하면서도 빠른 치료를 방해하는 한 조각의 반창고"와 같다(H. Thielicke, *Theologische Ethik Bd. II/2*, Tübingen 1958, 471).

19 이에 대해선 여전히 읽을 가치가 있는 쉘스키의 논문을 참조하시오. H. Schelsky, "Ist die Dauerreflexion institutionalisierbar? Zum Thema einer modernen Religionssozilologie" (1957), in: ders., *Auf der Suche nach Wirklichkeit. Ges. Aufsätze*, Düsseldorf-Köln 1965, 250-275.

(3) 도표 밖에 놓여 있는 단계 아래 "경우에 따라선 위를 보시오"는 행동(행동을 통한 검토)에서는 상황에 따라 새로운 윤리적 문제가 발생하거나

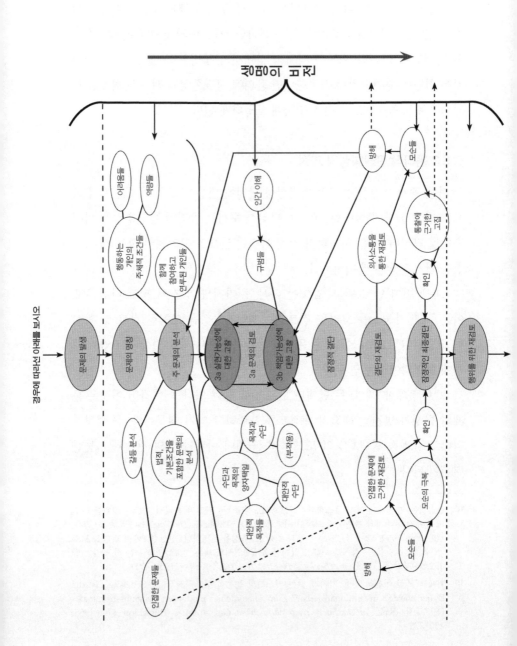

제시된다는 것을 의미한다. 이러한 문제는 도표에서 제시한 **통행과정**을 반복할 것을 제안하거나 요구한다. 이 도표는 가로로 놓인 둥근 광고기둥(Litfaßsäule)과 같은 형태를 가지고 있다.

도표의 오른쪽 공간에는 여기서 전제된 "생명의 비전"이 함께 서 있다. 이는 6.1.1에서 설명한 각 현실이해의 윤리적 방향과 기능을 분명히 제시하기 위한 것이다.

이 도표는 여러 해 동안 수업을 통해 검토하여 정교하게 교정했고, 지금의 모습으로 전체적으로 잘 유지되어왔다. 학교에서의 윤리 혹은 종교수업 시간에 사용하게 될 경우, 서로의 경험에 따라 이 도표를 좀 더 단순화해 사용할 것을 권한다.

그러나 이 도표를 기계적인 의미로 오해하거나 오용하지 않는 것이 중요하다. 각 단계는 서로서로 고립되거나 "끊어져서"는 안 되고 전체적 연관성을 형성해야 한다. "분석"과 "검토"(2와 3)에서 결단의 여러 단계(4-6)로의 이행이 연역의 성격을 갖는 것은 아니다. 이를 위해선 경험과 교육을 통해 습득된 **판단능력**을 요구한다.

6.3.1 윤리적 문제와 갈등의 분석

긴급히 해결해야 할 윤리적 문제를 인식하게 된 윤리적 주체는 먼저 그 문제가 내포하고 관찰할 수 있는 갈등을 조망하고 분석함으로써 윤리적 판단형성을 위한 중요한 첫 걸음을 내딛게 된다. 이러한 분석을 위해 다음의 질문들에 대답해야 한다.

- 함께 행동한 자이든 아니면 문제와 관계된 자이든, 이러한 갈등에 연루된 자는 누구인가? 지금까지 알려지고 경험된 그들의 상황, 능력, 그리고 목적은 무엇인가?

- 이 문제는 어떤 **맥락**에 속해 있는가? 이는 어떤 전력(前歷)이 있으며, 이와 어떻게 엮여 있으며, 그 범주는 어디까지며, 그리고 얼마나 긴급하게

해결하고 처리해야 할 사안인가? 이 문제는 자신이 마주친 상황과 어떤 연관관계에 있는가? 문제와 이의 해결을 좌우하는 것은 무엇인가?

- 여러 측면에서 드러난 많은 문제 중에서 결정적인 문제는 무엇인가? 전체적으로 주요한 문제는 무엇이고 부차적 문제는 무엇인가? 분석에 근거해볼 때, 문제를 무엇이라고 **명명**할 수 있는가? 결국 문제가 되는 것은 무엇인가?

기업설립 시 기업의 안전보호를 명목으로 보호비용을 요구하는(그리고 일반적으로 이를 지불하는) 외국의 관행들이 있다. 이러한 곳에 기업을 설립한다면 협박이나 뇌물공여가 문제가 되지는 않을까? 이러한 위법행위와 관련된 그 국가의 법적 상황은 어떠한가? 실제적으로 이러한 문제에 대한 해명 없이 윤리에 기초한 결단이란 어려울 수밖에 없다.

이러한 두 가지 첫 번째 분석단계가 끝나면 윤리적 주체는 해결해야 할 문제에 대한 가능한 한 분명하고도 포괄적인 전망을 갖게 될 것이다. 경우에 따라선 문제의 특징을 나타내는 이름의 명칭을 첫 번째 단계가 아니라 두 번째 단계에서 붙일 수도 있다. 입수한 중요한 정보들이 문제의 분석을 위해 필요하다는 사실이 두 번째 단계에서 비로소 나타나기도 한다. 그러나 이러한 정보는 후에 보충되어야 할 정보들이다.[20]

6.3.2 개연적이며 바람직한 행위목적의 의식화

윤리적 판단형성의 분석적 부분만이 아니라 평가적 부분도-분석적 문제와 관련해-개연성 있고 바람직한 행동목적들을 의식하게 한다. 이를 위해 다음의 질문들이 도움이 된다.

- 무엇을 성취해야만 하는가? 현재의 관점에서 문제를 해결하거나 최소한 이를 경감시키고 수용할 만한 것으로 만들기에 적합한 하나의 혹은 여럿

---

20 경우에 따라 이 도표가 반복하여 응용될 수 있다는 사실이 여기서 처음 나타난다. 다른 곳에서도 언급했지만(아래의 각주 23) 이는 단점이 아니라 정확성을 얻는 데 도움을 준다.

의 목적이념(들)이 존재하는가?

- 지금의 혹은 지금까지의 상황과 비교해서 지금까지 추구해온 상태가 어느 정도 실제적으로 **진전**했다고 할 수 있는가? 이로 인해 (특정한) 이득을 얻는 이는 누구인가? 그는 어떤 (특정한) 손해를 각오해야 하는가?

- 이러한 목적들을 성취하기 위한 어떤 특정한 **수단**이 마련되어 있는가? 어떤 수단이 먼저 조달되어야만 하는가? 이것은 과연 가능한 것이며 이를 위해 어떤 대가나 비용을 치러야 하는가?

- 다양한 개연적인 행동목적에 찬성(그리고 반대)하게 되는 동기는 무엇인가? 이러한 동기는 어느 정도까지 일반화될 수 있는가? 이는 다만 부분적인 혹은 순수하게 개인적인 관심에만 관련되어 있는가?

이 질문에 대해 대답함으로써 마치 윤리적 문제가 해결된 것처럼 보일 수 있는 하나의 시나리오(혹은 여러 시나리오가 될 수 있겠지만)가 이상적인 방식으로 밝혀진다. 이는 윤리적 판단형성의 고유한 **창조적** 부분이다. 여기서 중시하는 것은, 관습에 맞지 않거나 그 해결의 개연성을 찾기 어려운 문제를 한편으로 밀어버리거나 배척하는 것이 아니라 익숙하지 않은 것까지 개연적인 것으로 수용하고 언급하는 데 있다. 이러한 단계에서-그것이 성공하든 실패하든-특별히 타인을 통해 배울 수 있다.

6.3.3 행위목적, 수단, 그리고 부작용의 검토

이 단계에서 윤리적 판단형성이 결단과정의 중심부로 움직이게 된다. 왜냐하면 여기서 목적과 수단의 평가가 중요하기 때문이다. 이는 규범적-윤리적 관점에서 보아도 마찬가지이다. 그러나 이러한 관점에서만 중요한 것은 아니다. 왜냐하면 규범적-윤리적 평가에 앞서 자주[21] 이의 실현

---

21 예를 들어. 문제해결을 위해서는 막대한 자금이 출자되어야만 하는 커다란 윤리적 문제가 여기서 예외적으로 제외된다. 이러한 자금의 투자가 아직 책임성을 실험하기 전에 발생하면(아마도 충분한 전문지식을 갖추지 못했기 때문에 발생한 결과일 수도 있겠으나), 자금의 투자가 책임성에 대한 공평무사하고 전문적인 검증이 거의 혹은 더 이상 가능하지 않은 상황을 만들어낼 위험이 있다. 왜냐하면 이미 투자된 자금이 측정된 행위목적을 위해 커다란 수용압박을

가능성과 관련해 먼저 합리적인 방식의 검토가 이루어지기 때문이다.

a) 실현가능성에 대한 검토는 세 가지 측면을 포함하고 있다. 즉 이를 시험하기 위해선 아래를 검토해야만 한다.

- 측정된[22] 행위목적이 도대체 실현가능한가?

- 측정된 행위목적을 위해 측정된 수단이 이러한 목적에 도달하기에 적합한가?

- 측정된 행위목적의 성취를 위해 측정된 수단이 사용되거나 조달될 수 있는가?

- 이러한 수단을 투입하고 목적을 실현할 때 의도하지도 원하지도 않았던 어떤 결과들(이른바 부작용)이 예상될 수 있는가?

앞에서 먼저 제기한 세 가지 질문 중 단 하나만 부인되어도, 행동선택의 실현가능성에 대한 실험은 이미 부정되었다고 하겠다. 그러므로 혹시 다른 개연적인 행위목적이 존재하는지 그리고 이는 실현가능한지 질문해보게 된다. 이러한 실현은 단지 큰 노력과 위대한 희생이 있어야만 가능하다는 사실이 재검토를 통해 밝혀질 때 실현가능성에 대한 질문은 부인되지 않는다. 특히 독재체제나 전체주의적 구조와 투쟁할 때 이의 실현은 긴급한 경우 자신의 생명을 내어놓을 준비가 되어 있느냐에 달려 있다. 이것이 극단적인 윤리적 한계상황을 나타내지만 이는 행위목적의 실현이 불가능하다는 확언과는 구별되어야 한다. 또 다른 질문은 그런 목적을 위해 희생을 치러야 한다면 과연 누가 특정한 경우를 위해 희생을 치를 각오가 되어

생산하기 때문이다. 이는 이미 투자된 것과 관련해 측정된 행위목적을 실현하지 않을 정도로 "책임질 수 없는 것"보다 쉽게 보인다. 이로 인해 실제적으로 실현가능성에 대한 검사가 이의 실현을 통해 책임가능성의 검사를 대신하게 된다. 이는 심각한 윤리적 실수이다.

22 여기와 다음에서 "특정된" 행위목적과 수단에 대해 논의한다. 왜냐하면 이와 함께 행위목적과 수단의 위치가 (아직 결단과 행동 이전의) 윤리적 판단형성의 모형으로 나타날 수 있기 때문이다.

있느냐는 것이다.

측정된 행위목적에 직면해 실현가능성의 실험이 긍정적인 결론에 이르렀다는 사실이 필연적으로 이런 검토단계를 종결하지는 않는다. 왜냐하면 이러한 행동목적을 성취하기 위해 또한 **다른** 방법이 있다는 것을 제시해야 하기 때문이다. 여기서 다른 방법이란, 가령 이의 실현가능성과 관련해 별로 적합하지는 않지만 더 적은 부작용을 낳거나 이의 책임성과 관련해 숙고해보면 오히려 우월한 경우를 말한다.[23]

b) 책임성의 검토 역시 복잡한 과정으로, 다음과 같은 것과 관계되어 있다.

- 측정된 행위목적
- 이를 위해 요구되거나 측정된 수단
- 목적의 추구와 수단의 투입을 통해 발생한 부작용
- 상황변화의 포기[24]

이 네 가지 측면을 주목하며 여기서 전제하고 있는 "생명의 비전"에 근거해서 이것이 윤리적으로 책임질 수 있는 것인지를 검토할 수 있다.

여기서 전제하는 바는, 윤리적 규범들은 이따금 "생명의 비전"인 현실 이해와 함께 산출되며, 결단해야 할 문제를 고려하면서 전개되고, 구별되고, 정확히 설명된다는 사실이다. 또한 이 규범들은 윤리적 판단형성을 고려하면서, 다시 말해 윤리적 판단을 위해서 일차적이면서도 근본적으로

---

23 이러한 대안들이 판단형성의 과정에서 경시되거나 주목되지 않는다면 책임성과 관련해 어려움이 발생할 때 이 단계의 반복적인 적용이 제공된다. 다시 말해 후에 가령 윤리적 판단형성에서 함께 고려되어야만 하는 "기술적으로" 열등하지만 "윤리적으로"는 뛰어난 대안적 행위가 존재하는지를 다시 한 번 검토해야만 한다.

24 이번 장의 표제에서 이러한-중요한-측면이 명확하게 드러나지 않는다. 그러나 "행위목적"이라는 개념 아래 **함축적으로** 포함되어 있다. 왜냐하면 행위를 중단하는 것도 이미 하나의 행위이기 때문이다(위의 제1부 3.1②를 보시오).

윤리적 방향을 지시하는 기능을 한다. 여기서는[25] 윤리적 판단형성과 행동과 삶에서 이의 실천적 구현에 대한 관심을 가지면서도 동시에 윤리적 규범들이 자신의 적합성을 입증해 보이는지 아니면 의심스러운 것으로 증명되는지를 검토한다.[26] 방금 언급한 마지막의 경우, 윤리적 판단형성의 과정은 중단 (단절이 아닌) 되어야만 한다. 왜냐하면 세계관적-종교적 반성과 새로운 방향설정의 과정이 필요하기 때문이다.

6.3.4 잠정적[27] 결단

측정된 대안적 행위가 실현가능한지를 검토하여 이에 대해 어떤 결과를 얻게 되면, 윤리적 주체는 하나의 (잠정적인) 결단을 내릴 수 있다. 이러한 결단은 실현가능하며 또한 책임질 수 있는 것으로 증명된 대안적 행위여야 한다. 실현할 수 없는 것은 탈락시키고, 책임 질 수 없는 것은 제거해야 한다.

하나의 (잠정적) 결단을 위해 세 가지 개연적 결과가 도출된다.

- 그 어떤 대안적인 행위도 남아 있지 않을 경우이다. 다시 말해, 현재상태 (status quo)를 변화시킬 수 있는 대안적 실현가능성이나 책임가능성이 없는 경우이다. 그럴 경우 이와 관련된 행위를 하지 않는, 다시 말해 현재상태를 그대로 유지하게 된다. 왜냐하면 책임질 수 없는 행위를 선택하고 실현하라고 명령할 수는 없기 때문이다. 분명히 이러한 윤리적 판단형성의 잠정적인 결과는, 가능한 한 실현가능하고 책임질 수 있는 해결점을

---

25 전제된 것의 확인이라는 형식으로 (이차적인) 전환에 대해서는 위의 6.1.2를 보시오.

26 윤리적 판단형성의 이러한 측면에 관해서는 누구보다도 피셔가, 롤스가 제기한 "반성적 평형" (reflective equilibrium)에 관한 논쟁을 재수용하여 강조했다(J. Fischer, *Theologische Ethik*, Stuttgart u.a. 2002, 특히 239-243). 여기서 나에겐 윤리적 규범들과 행위 혹은 삶의 실천 사이에서의 상호작용이 중요하다면 피셔는 분명 원칙들과 직관들 사이에서 평형을 찾아보려고 노력한다.

27 "잠정적" 결단이란 다음 단락에서 언급할 이러한 결단에 대한 검증이 가능하다는 것을 말한다. 그러한 검증은-내 표현대로 해보자면-"메타윤리적 안전채택주의"(metaethische Tutiorismus)라는 의미이다(이에 대해선 다음 쪽을 참조하시오). 이는 이미 퇴트, 링겔링, 그리고 랑에(위의 각주 1을 보시오)의 구상 속에 나타난다.

찾기 위해 판단형성의 과정을 반복하도록 자극한다. 이런 경우 잠정적 결단이라는 말이 가지고 있는 개념적 명백성이 특별히 드러난다.

• 오직 하나의 유일한 행위가능성만이 남아 있는 경우이다. 그러므로 이로 인해 (잠정적) 결단이 가능하게 된 경우이다. 이러한 양자택일의 대안이 불가능할 경우-각 상황에 따라-실제적으로 그렇게 행동하겠다는 강한 의사를 표시하거나 아니면 혹시 이러한 대안이 묵과될 수 있는지를 질문하게 된다. 후자의 경우에는 위에서와 같이 판단형성의 과정을 반복하게 된다.

• 판단형성 시 실현가능하고 책임질 수 있는 **여러** 행위가능성들이 존재하는 경우이다. 그럴 경우 어떤 행위를 우선적으로 고려해야 할지 그 기준을 제시하고 이에 따라 서로 비교하면서 가장 우선적으로 행해야 할 것을 선택하게 된다. 우선적으로 고려해야 할 것이 어디 놓여 있는지를 추상적으로, 예를 들어 요구된 것을 쉽사리 가용할 수 있는 수단이나 부작용이 거의 없을 것이라고 생각하며 결정해서는 안 된다. 이러한 비교선택을 위해 필요한 합법적인 윤리적 기준이 되어야 할 것은, 위험의 방지가 비교가능한 기회의 증대(안전채택주의)보다도 우선해야 한다는 점이다. 짐작건대 이 경우 이미 밝혀진 실현과 책임이 가능한 행위들을 (내적으로) 비교할 필요가 있다고 확인될 때만이 윤리적 판단형성의 과정을 반복할 수 있다.

6.3.5 잠정적 결단의 재검토

윤리적 판단형성의 과정은 원칙적으로 끝없이 자주 시행될 수 있고 분명하게 모든 행동을 저지할 수 있다. 그러나 잠정적 결단의 재검토가 이러한 윤리적 판단형성과정의 단순한 반복이 되지 않으려면, 이제까지의 방식에서도 나타나지 않았지만 그러나 여전히 신중하게 고려해야 하는 어떤 권위 있는 기준에 따라 재검토되어야 하는지를 제시해야만 한다. 나는 여기서 두 가지 권위를 제시한다. 첫째는 문제가 많은, 나의 생각으론 논쟁거리가 되는 권위이고, 둘째는 문제가 없는, 나의 생각으론 논쟁거리가 되지 않는 권위이다.

a) 내 생각으론 문제와 논쟁거리가 되는 권위는 이미 앞의 모형도에서

표현한 것과 같이 "의사소통을 통한 재검토"이다. "소통"이란 언어를 통해 다른 윤리적 주체들과 현재하는 문제와 윤리적 판단형성에 관한 생각을 교환하는 행동을 의미한다. 의사소통을 통한 재검토는 중요하다. 왜냐하면 이러한 방식으로 윤리적 주체가 경시하거나 인지하지 못한 다양한 문제의 측면들, 해결의 가능성, 그리고 가능한 결과들을 확인할 수 있기 때문이다. 이는 분명히 유익하다. 이러한 방식으로 다른 사람들이 전혀 고려하지 않았던 것을 확신하고, 이의 과정과 결과를 확인하도록 한다는 점에서 유익하다.

그런데도 왜 나는 여기서 이러한 재검토의 형식을 "문제"요 "논쟁거리"라고 부르는가? 그 이유는, 의사소통을 통해 자연스럽게 다른 윤리적 주체의 세계관적-윤리적 영향력과 가치관이 등장하고, 이것이 고유한 판단형성에 영향력을 행사할 수 있기 때문이다. 이러한 영향력은 **타율** 혹은 **소외**의 성격을 갖고 있거나 이러한 특징을 얻을 수 있다. 이러한 문제점과 위험성을 인지하고 이를 피해보려고 시도하는 것이 의사소통으로 재검토하여 얻는 이득보다 낫다.

b) 내 생각으론 문제가 없고, 논쟁거리가 되지 않는 권위는 이미 앞의 모형도에서 언급했지만, 인접한 혹은 유사한 문제들에 근거한 것들이다. 이미 6.1.2에서도 말한 바와 같이, 여기서는 고유한 윤리적 판단과 행위의 일관성이 문제가 된다. 이러한 일관성이 요구되는 이유는, 일관성이 윤리적 질문에 대해 **임의적으로**(가령 당파적이거나 쾌락이나 기분에 따라) 결단하거나 행동하지 못하도록 보호하기 때문이다. 이는 윤리적 주체의 윤리적 진실함과 의사소통능력에 깊은 영향을 준다. 임의적인 행동을 피하기 위해서는 윤리적 판단형성과정에서 의식적으로 최소한 동일하거나 비슷한 상황이 문제가 되고, 동일하거나 비슷한 윤리적 규범들이 적용되어야 할 인접한 혹은 유사한 윤리적 문제들을 찾아보는 것(그리고 이를 모으는 것)은 중요하다. 여기서 논의되고 있는 윤리적 판단형성이 인접하고 유사한 문제들을 판단하고 결단하는 데 기준이 되는지, 반대로 이러한 인접하고 유사

한 문제들과 이 문제를 위해 발견된 해결점이 논의가 되고 있는 문제의 기준이 되는지는 여기서 미리 확인할 수 없다. 아무튼 잠정적인 결단을 방해하거나 확인하는 하나의—문제를 야기하든 아니면 해결하든—빛이 한쪽에서 다른 쪽으로 떨어질 수 있다. 방해하는 경우에는 일반적으로 (이 두 가지 문제 상황과 연계해) 윤리적 판단형성과정이 반복(Iteration)된다. (또한) 이러한 방해가 제거되면 윤리적 판단형성의 과정은 (잠정적으로) **최종적**[28] 결단을 통해 종결되고, 이에 상응한 행위를 통해 실천으로 옮겨진다.

---

28 나는 이러한 (역설적으로 들리는) 표현을 연방, 지방, 그리고 지역선거에서 실행되는 선거권 제도에서 빌려온다. 선거관리위원장은 선거당일 저녁 모든 투표의 집계를 마친 후에 선거의 결과를 집계에 근거해 발표한다. 이러한 선거의 최종결과는 (예측과 예상최종득표수와는 달리) "잠정적"인 것이라고 말한다. 누군가 선거 혹은 개표과정에 이의를 제기함으로 재검토가 시행될 수 있다는 것을 염두에 두고 있기 때문이다. 이러한 여지가 사용될(사용되어야 할) 것인지 그리고 다른 결과가 나타날 것인지는 전적으로 이러한 이의가 제기되는지 그리고 이러한 제기가 근거가 있는지에 달려 있다. 윤리적 판단형성에서도 역시 그와 같다. 아주 심각한 경우 판단형성은 다시 한 번 처음부터 시작되어야 한다(이에 대해서는 위의 6.3 번호3에서 시도한 도표에 대한 해설을 참조하시오).

제 2 부

그리스도교 윤리학의 실제

1. 인간존엄성[1]

이 장부터 구체적인 윤리적 주제들을 다루기 시작한다. 무엇보다 그리스도교 인간이해의 핵심요소인 인간존엄성이 어디에 자리 잡고 있으며 그 근거는 무엇인지 밝혀보고자 한다. 인간존엄성은 윤리적[2] 결단이 필요한 곳에서 본질적인 역할을 하고 있다. 먼저 이 개념의 기원과 역사를 살피고, 이와 관련해 "인간존엄성" 연구에 기초가 되는 여러 다양한 개념들을 언급하게 될 것이다.

1.1 "인간존엄성" 개념의 기원

1.1.1 공동의 존엄성과 차별화된 존엄성

"인간존엄성"이란 개념을 하나의 확정된 술어로 가장 먼저 사용한 것은 라틴어 "디그니타스 후마나"(dignitas humana)이다. 라틴어로 쓰인 이 개념

---

1 2000년 이후에 출간된 수많은 문헌 중에서도 인간존엄성에 대한 주제를 담고 있는 책과 간행물로는 다음을 보시오. MJTh Bd. XVII/2005와 Deutsche Zeitschrift für Philosophie 53/2005, H.4, 571-619; U. Volp, *Die Würde des Menschen. Ein Beitrag zur Anthropologie in der Alten Kirche*, Leiden/Boston 2006; B. Vogel(Hg.), *Im Zentrum: Menschenwürde*, Berlin 2006; G. Brudermüller/K. Seelmann(Hg.), *"Menschenwürde" Begründung, Konturen, Geschichte*, Würzburg 2008; B. Dorst/C. Neuen/W. Teichert(Hg.), *Würde. Eine psychologische und soziale Herausforderung*, Düsseldorf 2009; J. Isensee, *"Der grundrechtliche Konnex von Menschenleben und Menschenwürde"*, in: *Zeitschfirft für Lebensrecht* 18/2009, Heft 4, 114-124; W. Härle, *Würde. Groß vom Menschen denken*, München 2010.

2 인간존엄성은 근본적인 윤리적 범주인 동시에 근본적인 법적 범주이다. (인간존엄성에 대한 윤리적이며 법적 이해를 위해선 제2부 1.3을 참조하시오.) 후자를 입증하는 것은 독일기본법 제1항이다. "인간의 존엄은 침해될 수 없다. 이를 존중하고 보호하는 것이 모든 국가권력의 의무이다." 독일헌법의 다른 기본권과는 달리 이 조항(신앙과 양심과 고백의 자유에 대한 제4항도 이와 마찬가지이지만)은 그 어떤 제한도 없이 유효하다. 즉 다른 기본권의 평가나 법률의 통해 제한을 받거나 이로 인해 상대화되지 아니한다. 헤르데겐(M. Herdegen)은 2003년 마운츠(Maunz)와 뒤리히(Dürig)가 수정한 기본법(2005년과 2006년 새판이 출간됨)을 해설하면서 이러한 주장을 논박했다. 하지만 뵈켄푀르더(E. W. Böckenförde)는 "인간의 존엄은 침해될 수 없다"는 제목으로 그의 주장을 강하게 비판하였다(2003년 9월 3일 FAZ).

의 기원은 키케로(Marcus Tullius Cicero: 기원전 106-143)까지 거슬러 올라간
다. 사실 그가 이 개념을 명확하게 서술한 것은 아니지만 최소한 그로부터
연원했음을 확인할 수 있다. 키케로는 『의무론』(De officiis)[3]에서 "(우리 인간
적) 본성 안에 어떠한 특징과 존엄성이 있는지" 동물과 비교하여 묻고[4], 다
음과 같이 주장하였다.

> 우리에게는 본성상 두 역할이 위임되었다는 것을 알아야만 한다. 그중 하나
> 는 우리 모두에게 해당하는 것인데, 말하자면 우리 모두가 이성을 소유하
> 고 있으며 모든 일에 우선권이 있다는 것이다. 이 때문에 우리는 짐승들보다
> 우월하며, 온갖 존경과 예(禮)를 받을 뿐만 아니라 어떻게 행동해야 바른지
> 를 모색한다. 또 다른 하나는 각 사람이 나름의 고유한 특징을 소유하고 있
> 다는 점이다. 마치 우리의 육체의 겉모습이 너무 다른 것처럼 말이다. 존엄
> (dignitas)이나 기품 있는 모습들은 우리 안에 내재되어 있다. 그런 만큼 영혼
> 에선 더 큰 차이가 드러난다.[5]

그의 주장의 결정적 특징은 인간의 존엄성을 두 종류로 구분한 것인데,
이는 인간에게 주어질 수도 있고 주어진 것이기도 하다. 하나는 각 개인의
차별화된 존엄성이다. 이는 **상이한** 모습이나 능력, 소질 또는 결단에서 연

---

3 키케로는 이 문서를 주후 44년에 집필하였다. 나는 여기서 뷔흐너(K. Büchner)가 "올바른 행
  위"라는 제목으로 번역하고 편집한 독일어와 라틴어 비교판을 인용한다. M. T. Cicero, *Vom
  rechten Handeln*, Zürich(1956) 1994[4]. 키케로(허승일 옮김), 『키케로의 의무론』, 서광사 2011.
4 "(우리의) 본성에 뛰어난 것과 존엄한 것"(quae sit in natura (nostra) exellentia et dignitas)
  과 "인간의 본성이 다른 가축이나 짐승들보다 뛰어남을 밝히는 것"(natura hominis pecudibus
  reliquisque beluis antecedat), a.a.O., 90f.
5 A.a.O., 91f. "Intelligendum ……. est duabus quasi nos a natura indutos esse personis;
  quarum una communis est ex eo, quod omnes participes sumus rationis praestantieaeque
  eius, qua antecellimus bestiis, a qua omne honestum decorumque trahitur et ex qua ratio
  inveniendi officii exquiritur, altera autem, qauae proprie singulis est tributa. Ut enim in
  corporibus magnae dissimilitudines sunt, ……. itemque in formis allis dignitatem inesse,
  aliis venustatem, sic in animis existent maiores etiam varietates." 몇 쪽 뒤에서(a.a.O., 98f.)
  키케로는 이분화된 역할(personae)을 셋 혹은 넷으로 확장하였다. 여기서 그는 어떤 우연이나
  상황 때문에(casus aut tempus) 부과되거나 혹은 우리의 의지로 선택한(nostra voluntate) 차
  이를 받아들인다. 주목할 점은, 키케로가 이성을 윤리적 판단교육("바른 행위를 발견하는 방법
  론")을 책임지고 있는 능력이라고 부른 점이다.

원한 것이다. 다른 하나는 모든 사람이 소유하고 있는 **공통적이며 동등한** 존엄성으로, 모든 사람이 이성에 함께 참여하기에 주어진 것이다. 이성이 한 사람의 삶에 얼마나 큰 영향을 주었는지 혹은 이성적으로 성숙한지, 키케로에겐 중요하지 않았다. 오직 모든 사람이 이성에 함께 참여하고 있다는 사실만이 존엄성의 형식을 결정짓는 기본적이며 공동의 기준이 되었다.

존엄성에 관한 키케로의 설명이 서로 모순되거나 대립된 것이 아니냐고 생각한다면 오해이다. 오히려 이 두 형태의 존엄성은 적절하며 인간의 공동생활을 위해서도 중요하다. 만인이 공유하고 있는 "인간존엄성"은 각 사람이 단지 인간의 혈족(대가족과 같이)에 소속되어 있다는 사실만으로 존경과 인정을 받으며 기본적 권리(인권)를 가짐을 말한다. 흔히들 업적, 사회적 기여, 사회적 위치 등에 따라 서로 다른 존엄성의 형태들을 구분한다. 하지만 상이한 형태들의 존엄성을 고려한다는 말은, 공동의 삶을 보존하고 지속적으로 발전시키기 위해 필요한 특수성들을 인정하고 고려하겠다는 뜻이다. 가령 기념비적인 인물들(인류의 역사에서 선한 일을 이룬 사람들), 인간집단(노인들), 직업군(통치자) 또는 엘리트(위대한 예술가, 발명가 또는 개척자) 등이 여기에 속한다. 이 같은 **차별화된** 존엄성 이해가 비판받아야 할 이유는 없다. 존엄성에 대한 일반적 이해와 경쟁할 필요도 없으며, 다만 이와 **구별될** 뿐이다. 가령 생활의 성과에 따라 발생하게 되는 차이들을 진지하게 인식하지 않는 사회가 있다면 시간이 지날수록 자신의 고유한 사회구조를 훼손하거나 파괴하고 말 것이다. 그런즉 윤리적 관점으로 보자면 **인간존엄성의 존중과 보호는 물론이고 정당한 형태[6]의 차별화된** 존엄성을 존중하고 보호해야 한다.

그러나 여기서 우선적으로 다루려는 인간존엄성은 첫 번째, 다시 말해서 모든 이들에게 차별 없이 동일하게 주어진 존엄성이다. 바로 이것이 인

---

6 정당한 형태의 존엄성을 정당치 못한, 다시 말해 임의로 인정되었거나 부당한 형태의 존엄성과 구별 짓기 위해 별도의 분류가 필요하다.

간존엄성이란 개념이 갖고 있는 핵심적 내용이다. 이 점을 인지하게 될 때, 서로 표현은 달라도 키케로가 주장한 것보다 더 일찍 다른 문화에서도 인간존엄성의 이념들이 존재해왔음을 알게 된다. 키케로보다도 몇백 년 전에 기록된 구약성서의 전승 속에서 이미 이런 관점을 발견하게 된다. 구약성서는 인간존엄성을 "존귀", "영화"(시 8:6), 하나님의 형상(창 1:26이하; 9:6)이라는 말로 표현하였다. 이런 점에서 그리스도교는 유대교의 전승을 따르는데, 최소한 암브로시우스(Ambrosius von Mailand: 339-397경)[7] 이후로 "인간존엄성"이란 개념을 사용하였다. 하지만 유대교와 그리스도교는 만인의 보편적이고 평등한 존엄성을 모든 인간의 이성에 대한 참여(키케로나 스토아철학자들은 그렇게 생각했지만)가 아니라 **하나님과의 관계**에서 논증하였다. 인간은 (자신의 공적, 업적, 도덕적 소양이나 종교적 입장과 무관하게) 하나님과의 관계를 통해 자신의 존엄성을 부여받았다. 하지만 주의할 점이 있다. 여기서 하나님과의 관계란 인간이 하나님과 맺는 관계가 아니라 하나님이 우선적으로 인간과 맺으시는 관계를 뜻한다.

이렇게 이해된 **인간존엄성**은 사람들 사이에 실재하는 차이점보다도 단지 인간이라는 존재의 사실성을 기준으로 삼는다. 현재 어떤 상황에 처해 있든 각 사람은 오직 인간으로 존중받아야 한다는 확신을 말하는 것이다. 이러한 존엄성은 결국 자신의 **현존**(Dasein)과 함께 부여된 만큼 어떤 누구도 수여하거나 **빼앗**을 수 없고 인정하거나 부정할 수도 없으며 오직 존중되거나 무시될 수 있을 뿐이다. 모든 사람이 인간으로서 동등한 존엄성을 소유하고 있으니, 그 누구의 존엄성도 침해할 수 없다는 생각은 남자와 여자, 자유인과 종, 자국인과 이방인 사이를 구별하고 이들에게 서로 다른 가치를 부여했던 고대 사회에선 과히 혁명적인 움직임을 연출했으리라 짐작할 수 있다. 부끄럽게도 이런 생각이 일상과 법질서에서 일반화되기까지 너무 오랜 시간이 걸렸다.

---

7 Ambrosius von Mailand, *De dignitate conditionis humanae*, in: *ML* 17, 1105-1110.

1.1.2 가격 또는 존엄으로서의 가치

임마누엘 칸트가 구분해서 정리해준 덕분에 우리에게도 익숙하게 된 두 가지 가치개념을 숙고함으로 "인간존엄성"의 의미를 더욱 세밀하게 살펴보고자 한다. 칸트는 가치를 **상대적 가치**와 **절대적 가치**로 구분했다. 그는 상대적 가치를 "**가격**"(Preis)이라고도 부르고 가치평가 시 경험하게 되는 모든 것에 부여하였다. 이는 누군가에게 유용하게 쓰이거나 마음에 들어 가치를 부여받았어도 근본적으로는 다른 것으로 대치될 수 있는 가치이다. 하지만 칸트가 "**존엄**"(Würde)이라고 칭했던 절대적 가치는 오직 이성적 능력과 도덕적 본질을 소유한 인간에게만 주어진 것이다.

> 목적의 왕국에선 모든 것이 가격 혹은 존엄 이 둘 중 하나로 평가된다. 가격이 매겨진다는 말은 이것이 다른 것으로 대치될 수 있는, 소위 등가물(Äquivalent)이라는 말이다. 이와 다르게 모든 가격을 초월하며 따라서 어떤 등가물도 허락하지 않는 것이 있는데, 이것이 곧 존엄이다.[8]

그렇지만 칸트의 글에선 이러한 구별이 본질적으로 원했던 한 요소가 분명히 드러나지 않는다. 다시 말해 상대적 가치, 곧 가격이란–판매자 혹은 구매자든, 공급자 혹은 사용자든 간에–한 사물의 이해관계자가 **인정해주는** 것이다. 이에 반해 존엄이란 사물, 이 경우에선 사람 그 자신에게 고유한 것이다.[9] 인간존엄에 대한 이와 같은 이해는 매우 의미 깊은 것으로, 상대적 가치와 절대적 가치, 곧 가격과 존엄 사이의 근본적 차이를 분명히 드러낸다. 칸트의 구별을 받아들이게 될 경우, 어떤 경우에도 존엄이란 타인들(혹은 자기 자신)을 통해 한 사람에게 분배되거나 양도될 수 있는, 그렇기에 빼앗거나 거절될 수도 있는 그런 것이 전혀 아니다. 오히려 인간으로

---

8 I. Kant, *Grundlegung zur Methphysik der Sitten* (1785) BA 77.

9 헤름스(E. Herms)는 이러한 구별을 "인간존엄"이라는 자신의 논문(MJTh VVII/2, 79-134, 특히 89-96)에서 강하게 부각시켰다. 그는 칸트와는 달리 "가격"과 "존엄" 혹은 "상대적 가치"와 "절대적 가치"가 아니라 "가치"와 "존엄" 사이를 구별하고, '존엄'이라는 개념을 "가치" 개념 아래 두는 대신 두 개념을 나란히 대비시킨다.

서의 자신의 현존재와 함께 (하나님에 의해) 인간에게 주어진 것이다. 인간 존엄이란 하나님에 의해 인간에게 부여되거나 수여된 것이기에 상대적 가치의 범주 안에 놓일 수 없는 절대적 가치를 나타낸다.

더욱이 존엄이란 인정되거나 또한 되어야 할 어떤 것과는 대립된 것이다. 아울러 이러한 대립이 존엄을 만들지 못하며 이를 인정하거나 허락하는 것도 아니다. 오직 존엄의 기초는 존엄을 소유한 자의 내면에 있다. 존엄의 수신자로서의 인간의 역할에 대해선 인간존엄과 다른 피조물 사이의 존엄을 다루는 곳에서 언급하게 될 것이다.[10]

1.2 "인간존엄성"에 대한 이해

이제까지 인간존엄성이라는 개념의 기원과 필연적인 차이점에 대해 언급했다. 하지만 "존엄"과 "인간존엄"이 무엇을 의미하며, 어디에 근거하고 있으며, 또한 무엇을 통해 경시되거나 침해되는지에 관해선 아직 자세히 대답하지 않았다. 이에 대해 알아보자.

1.2.1 목적 또는 수단으로서의 인간

칸트의 정언명령만큼 인간존엄성을 이해하는 데 큰 영향을 준 명제도 없다. 칸트는 이를 "실천적 명령"이라고 불렀다. "너 자신의 인격과 다른 모든 사람의 인격 가운데 있는 인간성을 언제나 동시에 목적으로서 사용하고 결코 수단으로서만 사용하지 않도록 행동하라."[11] 마운츠(Maunz)와 뒤리히(Dürig)의 독일헌법해설[12]과 독일연방헌법재판소의 판결[13]을 통해 이러한 해석이 특별한 의미를 얻게 되었다.[14] 이 판결에 따르면, 어느 한 사

---

10 아래의 각주 24를 참조하시오.

11 I. Kant, *Grundlegung zur Metaphysik der Sitten* BA 66f.

12 *Grundgesetz. Kommentar*, München 1958ff. Art. 1, Rdnr. 28.

13 BVerGE 9,89(95); 27,1(6); 386(396); 45, 187(228); 50,166(174)과 87,209(228).

14 여기서 칸트의 문장에서는 전혀 나오지 않는 개념이 결정적인 역할을 하였다. 곧 객체(Objekt)라는 개념이다. 이에 대해선 다음에서(1.2.2.) 언급될 것이며, 여기서는 칸트의 형식에만 집중

람 그 자신을 위해서가 아니라 타인의 가치나 중요성에 따라 배려되거나 판결된다면 그 사람의 존엄성은 침해된 것이다.

사람(인류)을 단순히 수단으로 다루어서는 안 된다는 칸트의 주장에 이의가 제기되기도 한다. 구체적 판결 상황에서 그의 주장을 하나의 기준점으로 삼기에는 너무 불충분하다는 것이다. 도대체 어떤 행동을 가리켜 인간존엄성을 존중 혹은 경시하는 행동으로 해석할 수 있느냐는 물음이다. 일반적으로 법률적 관점에서 제기되는 질문이다. 그렇지만 이 비판은 전적으로 타당한 것은 아니다. 왜냐하면 타인의 생명과 구원의 가능성들을 보존하거나 높이기 위해 판결한다지만, 어느 누군가에게는 해가 되거나 죽음을 초래할 수도 있는 판결 상황이 존재하기 때문이다. 대표적 사례가 의학실험대상자의 동의를 받지 않은 채, 소위 그에게 유익이 될 것이라는 판단 아래 시도되는 실험이다. 이럴 경우 한 인간은 목적 그 자체가 아닌 오직 수단으로 사용되고, 결국 그의 인간존엄성은 무시된다. 그러나 인간이 수단으로 대접받지 않은 상황에서도 자신의 인간존엄성이 경시되거나 존중되는 다른 형태들이 분명 존재한다. 그런즉 칸트의 정형이 정당하고도 중요한 강조점을 갖고 있는 것은 사실이지만 인간존엄성의 정의로 이해하거나 사용하기 위해선 충분하다고 말할 수 없다.

1.2.2 인격 또는 객체로서의 인간

뒤리히가 독일헌법해설서에서 법적인 해석을 시도함으로써 소위 "객체공식"(Objektformel)이 독일의 법적 판결에서 주류적 해석모범이 되었다. 이는 다음과 같이 선언한다. "인간존엄성이란 구체적 인간이 객체… 말하자면 대리할 수 있는 등급의 물건으로 경시될 때 침해된다."[15] 이러한 객체의 특징을 열거하자면, 먼저 타인이 이를 자신의 소유로 삼을 수 있는 대상이

한다.

15 위의 각주 12를 참조하시오.

나 물건이다. 그러므로 객체는 스스로 동의하거나 거부할 자유도, 마음을 털어놓거나 닫을 자유도 갖지 못한다. 개체의 또 다른 특징은 **가격의 형태**로 측정될 수 있으며, 계산되거나 교환될 수 있는 가치를 갖고 있다는 점이다.

만약 사람이 이런 의미의 객체로 취급받게 된다면 이는 자신의 인간존엄성과 일치하지 않는다. 그런즉 예컨대 노예, 인간유괴와 인간매매가 인간존엄성과 일치하지 않는 사실은 윤리적으로 논쟁의 여지가 없다. 소유자와 소유물이 된 인간 사이에서 정서적 관계성이 존재하고 성립되었다고 할지라도 혹은 정당한 비용을 지불하고 소유한 사람이 수단이 아닌 목적 그 자체이거나 또는 그 자체가 될지라도 윤리적 정당성을 갖지 못한다.

그러나 독일연방헌법재판소는 인간존엄성을 경시하지 않으면서도(가령 연행되거나 끌려가거나 감금되지 않고도) 인간을 마치 객체와 같이 취급되는 상황이 존재한다는 사실을 판결을 통해 환기한 바 있다.[16]

객체공식 역시 대략 인간존엄성과 조우한다. 그러나 이는 인간존엄성에 대한 포괄적 정의가 아니며 인간존엄성을 존중하거나 경멸하는 것들을 포괄적으로 **구체화**하지도 않는다. 이는 오직 거기서 발단하게 된 **하나의** 중요한 **측면**일 뿐이다. 분명 객체공식은 자신의 고유한 설득력을 "경멸하다"(herabwürdigen)라는 동사에서 얻었으나, 이 동사는 객체공식을 차단한다. 그런 점에서 실제로 객체공식은 **순환적**이다.

1.2.3 인간의 자기결정 혹은 타인결정

현대의 의료윤리, 특히 삶의 종말과 관련된 논의에서 어느 한 사람의 의지표명을 존중할 것인지, 아니면 무시해도 좋은지를 묻는 일은 인간존엄성의 문제가 안고 있는 예시적 사건이다. 의료적 치료의 가능성을 존중해

---

16 독일연방헌법재판소는 다음과 같이 확인한다. "인간이 자신의 이해관계와 무관하게 복종해야 한다면, 인간은 단지 관계나 사회적 발전에서만이 아니라 법에서도 객체이다. 인간존엄성의 침해가 그런 사실만으로는 발견될 수 없다."(BVerfGE 30,1〔25f.〕).

야 할까 아니면 이의 위험성을 지적해야 할까? 환자의 적극적 소망에도 불구하고 의료적 수단을 통해 생명을 연장해가는 죽음의 과정은 인간존엄성을 거부하는 것이다. 그런즉 새로운 많은 연구들이 인간존엄성을 "자결의 권리"와 동의어로 본다.

그러나 매우 일방적으로 자결권을 주장하는 자들도 의료행위를 중지해달라거나 죽고자 하는 환자들의 모든 뜻을 오직 자결권에 따라 판단할 수 없는 경우가 있다는 사실을 인식하고 있다. 만약 이러한 행위가 법적으로 허락될 경우에도 마찬가지이다. 항상 요구되는 바는, 이러한 환자의 입장을 수용하지 않을 수 없을 만큼 그가 여러 번 반복하고 다른 상황에서도 주장하였느냐는 것이다. 이는 어느 누군가 실제로는 죽기를 원하지 않으면서도 종종 이런 소원을 표명한다는 경험적 지식을 강조한다. "자신이 결단하여 내리는 의지"란 혼란스럽고도 불확실한 개념이다. 더욱이 이러한 의지표명이 **타인**의 영향을 통해 규정될 경우, 인간존엄성이 바로 자결이라는 주장은 더 이상 할 수 없게 된다.

그럼에도 불구하고 어느 환자를 치료하는 과정에서 타인이 그가 단호하게 밝힌 뜻과 다른 행위를 할 경우, 그의 존엄성이 침해되었다는 사실을 인정해야만 한다.[17] 자기 스스로 의료적 조치를 거부할 수 있는 행위는 인간존엄성에 속한다. 어느 누군가 자신이 처한 질병의 상황이나 죽음의 과정을 확인하고 자신을 위해 치료행위를 분명하게 거부할 경우, 그의 의지표명을 존중할 때 인간의 존엄성이 실제적으로 존중된다.

그러나 인간존엄성을 (진지하게) 자결과 동일한 것으로 인정해야 한다는 주장은 엄청난 대가를 치르게 된다. 그럴 경우 아직 혹은 더 이상 자기결정의 능력을 갖지 못한 모든 사람은 결국 인간존엄성을 갖지 못하게 된다. 이러한 결과는 더 이상의 자세한 설명이 필요 없을 정도로 잘못된 것이다.

---

17 그렇지만 환자가 혼수상태에 빠져 있거나 자신의 의사표명이 심각한 우울증과 같은 병적 증상에서 나온 것이라는 사실이 밝혀졌을 때와 같이, 이를 고려할 수 없는 중대한 사유가 존재할 수 있다고 하겠다.

그러나 인간존엄성과 자결을 동일한 것으로 보려는 긍정적 입장이 얼마나 치명적인 결과를 낳는지를 의식하면서, 이에 적극적으로 반대하기 위해 그 결과가 가져올 수 있는 문제점을 여기서 언급하지 않을 수 없다.

1.2.4 강제조치에 대항하는 인간의 선택의 자유

인간존엄성을 경시하는 또 다른 구체적 현상은 자백이나 진술을 강요하는 고문과 같이 **강제조치**를 취하겠다고 위협하거나 적용하는 경우이다. 위험 속에 빠져 있는 인간의 삶을 개선하겠다는 소망으로 고문하겠다고 경고하거나 실제 고문하는 경찰관의 태도를 인간적으로 이해할 수 있는 정황도 있다. 그럼에도 불구하고 이러한 위험을 받거나 실제적으로 고문을 당한 자의 존엄성이 침해되었다는 사실만은 의심할 여지가 없다. 폭력으로 위협하고 폭력을 행사하는 고문행위는 고문을 받는 당사자의 의지를 거슬러 어느 행위를 했다고 진술하도록 강요하는 데 목적이 있으며, 고문이 주는 고통의 공포와 이를 견딜 만한 힘이 없어 자신이 그런 행동을 했다고 진술하도록 유도한다. 고문의 위협과 행위는 고문받는 자의 의지를 강제로 꺾거나 무너뜨린다. 이는 사실상 인간존엄성의 존중과 일치할 수 없다.

인간의 생명을 구하기 위한 응급조치가 필요한 경우 고문이 법적으로 허용되어야 하지 않느냐는 반대주장이 제기되기도 한다. 공격자를 고문보다 더 큰 고통, 말하자면 살해당하는 고통에서 벗어나게 할 수만 있다면 고문을 허용하는 조치가 인간존엄성을 경시한 것이 아니라는 주장이다. 이는 옳다. 그러나 고문과 응급조치는 두 가지 점에서 아주 중대한 차이가 있다. 첫째, 응급조치의 목적은 공격자가 어떤 행동을 하지 못하도록 (긴급한 경우는 무기를 사용해) **막아** 위험에 처한 사람의 생명을 구하는 데 있다. 이와 같은 조치는 오직 공격자가 바로 범인과 **일치**하고 그의 행동을 막을 수 있는 상황에서만 가능하다. 이에 반해 경찰이 고문을 시도하고 사용하는 상황에서는 오직 범인으로 추측하는 인물과 맞부딪쳐 있을 뿐이다. 경찰은

개연적인 범인의 의지를 고문을 통해 깨뜨릴 수 있을지 알 수 없다. 고문을
당하는 당사자가 실제로 범인인지 확정할 수도 없다. 오히려 그는 거드름
을 피우며 자신이 범인인 양 자처하기도 한다. 목적으로 하는 바에 도달하
기 위해 도무지 고문이 그에게 적절한 수단인지조차 불분명하다. 두 가지
관점에서 고문은 불확실성이라는 부담감을 질 수밖에 없다. 말하자면 응
급조치가 필요한 경우에도 공격자가 범인이라는 것을 확인할 길이 없다.
고문은 범인이라는 확실성이 의심되는 공격자의 내적 삶을 폭력적으로 침
해함으로써 자신의 불확실성을 극복해보려는 시도이다. 이는 인간존엄성
의 존중과 일치하지 않는다. 그럼에도 윤리적인 이유를 대며 어떤 특정 상
황에서 그렇게 행동해야만 하겠다면 자신이 행한 그 결과에 책임을 질 각
오를 해야만 할 것이다.[18]

결국 고문을 행사하거나 위협하는 일은 인간의 의지를 굴복시키거나
파괴하려고 시도하는 사건으로 인간존엄성의 존중과 일치하지 않는다. 그
러나 결과적으로 여기서 인간존엄성에 대한 충분한 정의가 도출되지는 않
았다. 오직 인간존엄성의 한 요소만을 다룬 것에 불과하다.

1.2.5 조롱이나 멸시에 대한 친밀성의 존중

인간존엄성이 경시되는 또 다른 영역을 "조롱 혹은 멸시"라는 개념으로
제시할 수 있다. 예를 들면, 이라크 아부 그레이브에서 온 전쟁포로들이 경
비병들에게 굴욕적 대우를 받고 있는 사진들이 방송을 통해 전 세계에 알
려졌다. 이는 말 그대로 인간을 조롱한다는 것이 무엇을 뜻하는지, 그리고
이를 통해 인간의 존엄성이 어떻게 경시되는지를 생생하게 보여준 사례이
다. 이미 성경에 나오는 낙원이야기는, 수치심을 배려하는 행위가 인간존
엄성을 위해 큰 의미를 지닌다는 사실을 분명하게 보여주었다.[19]

---

18 이에 대해선 W. Härle, "Kann die Anwendung von Folter in Extremsituation aus der Sicht
christlicher Ethik gerechtigt werden?" in: ders., *Christlicher Glaube in unserer Lebenswelt.
Studien zur Ekklesiologie und Ethik*, Leipzig 2007, 337-356.

그러나 물론 인간을 조롱하고, 멸시하며 비웃거나 경멸의 대상으로 삼으며 인간존엄성을 경시하는 여러 다른 유형들도 존재한다. 말하자면 어느 누군가 여론에 자신을 노출하고 싶지 않으며 여론도 이를 알아야 할 어떤 권리도 없다면 이는 사실상 비밀에 붙여져야 한다. 그가 자신의 은밀한 사적 공간 안에 남아 있는 것도 인간존엄성에 속한다. 이런 점에서 인간의 은밀한 공간을 존중하고 보호하는 것이 인간존엄성의 존중과 보호이다. 그러나 아직 여기서 인권존엄성에 대한 포괄적 정의가 도출되지는 않았다.

1.2.6 인간의 차별에 맞서는 동등한 권리

인간존엄성을 경시하는 모든 분야를 빠짐없이 언급할 생각은 없지만, 이의 마지막 분야로 인종, 사회적 지위, 성, 종교나 세계관에 따라 특정인을 사회의 법적 동등성에 참여하지 못하도록 배제하려는 사례를 들고 싶다. 오랜 시간 동안 인류사회에서는 이방인, 환자, 노예, 여성과 아동은 물론 특정 소수자들이 "비인간"이나 "저급한 인간"으로 취급을 받거나 무시되어왔다.[20] 우리는 당연히 이러한 사실 그 자체를 인간존엄성의 심각한 경시라고 느낀다. 이상에서 언급한 이 모든 사례들은 최소한 인간존재를 부분적으로 박탈하고, 인간이라면 누구나 갖는 참여가능성과 존중의 권리까지도 거절하고 만다.

나치와 같은 전체주의적이고 인간을 경멸하는 체제는 다른 종족에 소속된 사람들을 **인간존재**로 취급하지 않은 채 "저급한 인간"이나 "유해한 해충"과 같이 선언하고, 그런 모습으로 그린 출판물을 출간하기도 했다. 이러한 사실은 역으로 인간 내면 깊은 곳에는 만인의 침해될 수 없는 존엄성에 대한 지식이 존재한다는 사실을 명백히 보여준다. 국민의 동의나

---

19 이에 대해선 W. Härle, *Dogmaik*, Berlin/New York 2007³, 486f. 참조.

20 오늘날 혼수상태에 빠진 환자를 "식물인간"이라고 부르거나 배아를 "세포더미" 또는 태아를 "임신사업"이라고 부르는 행위가 이와 비슷한 역할을 한다.

최소한 그들의 묵인하에 나치가 말살정책을 강화하기 전부터 존엄성에 대한 지식은 최소한 "의미론적으로 차단되거나 축출"될 수밖에 없다. 공공영역에서 침해당한 자들의 인간존엄성에 이의를 제기하거나 이들에게 존엄하게 대하려는 시도를 해보지도 못한 채 인간존재가 박탈당하고 만다.

1.2.1-6 정리: 인간존재로 존중받을 청구권으로서의 인간존엄

인간존엄성의 여러 구체적 형태와 이를 존중하거나 경시하려는 다양한 태도는 서로 어떤 관계 속에 있을까? 이 관계는 인간만이 가지고 있는 어떤 특성들만을 중시하지 않는다. 오히려 이러한 관계는 존중을 요청하는 **인간존재**(Menschsein)[21] 그 자체에서 드러난다. 말하자면, 존엄성이란 존중에 대한 **청구권**으로 이해해야 한다. 인간존엄성은 각 사람의 **인간존재**가 존중을 받을 **청구권**이며, 인간존재는 그 스스로 존중받을 만한 가치를 갖고 있다.[22]

이러한 점에서 존중이라는 단어는 이중적 의미를 나타낸다. 이는 **인간의 인간존재**와 존중받을 인간의 **청구권**을 고려하는 것이다. 두 개념 모두 동일한 내용을 다루지만 서로 다른 방식으로 작동한다. 독일의 기본권은 존중을 받을 **청구권**을 정당하다고 말한다. 이는 **침해할 수 없어야** 하고 그렇게 되어서도 안 되겠지만, 실제로 **침해할 수도 없다**고 말한다. 존중받아야 할 청구권은 인간들이 이를 무시하고 짓밟는 곳에서 멈춰버린다. 가령

---

21 인간존재는 칸트가 자주 사용하는 "인류"를 의미한다. 우리는 이 개념을 모든 인간 전체를 아우르는 개념으로 이해하고 사용한다.

22 이를 위해선 B. Vogel(Hg.), *Im Zentrum: Menschenwürde*, Berlin 2006. 20-22 참조하시오. 거기서 제시한 정의를 이 책에서는 한 단어만 바꾸어 진전된 의미로 사용하였다. 전에는 인간존엄성을 존중받을 (객관적인) "**요청**"으로 정의하였다면, 이 책에서는 "**청구권**"이란 단어를 사용하였다. 그러나 청구권을 주관적인 요구들이나 불확실한 것을 요구하려는 생각이라는 뜻으로 사용한 것은 아니다. "**요청**"이라는 개념에 대한 그랩-슈미트(E. Gräb-Schmidt)의 비판이 발전적으로 숙고하게끔 자극을 주었다. 또한 아들 토비아스 헤를레(Tobias Härle)도 이러한 발전적 변화가 필요하다는 사실에 대해서 깊은 확신을 주었다. 이 자리를 빌려 두 사람에게 감사의 마음을 전한다.

인간의 생명이 침해받거나 인간의 자결권이 박탈될 때 정지된다.

청구권은 침해될 수 없고 혹 청구권이 존중되지 않을 때에도 변함없이 그대로 유지된다는 주장이 과연 의미 있는 주장인지 이해하기 어려운 사람들도 있을 것이다. 그들을 위해 이의 개연성을 사례를 들어 제시해보고자 한다. 아마 누구든지, "모든 아동은 사랑으로 배려를 받아야 할 청구권을 갖는다"는 주장에 동의할 것이다. 분명 (여러 가지 이유 때문에) 사랑의 배려를 받지 못하는 아동들이 있는 것도 사실이다. 그렇다고 배려를 받아야 할 그들의 청구권을 경시한 것은 아니다. 배려를 받지 못했다고 해서 배려를 받아야 할 아동들의 청구원이 자신의 유효성을 상실하지는 않는다. 아동들은 여전히 이러한 청구권을 보유하고 있다. 청구권이 존중되지 않을지라도 청구권은 침해되지 않은 채 존재하며 남아 있다. 좀 더 적극적으로 이렇게 말할 수 있을 것이다. 사랑의 배려를 받아야 할 청구권이 무시될 때 오히려 이러한 청구권의 긴박성과 유효성과 불가침성을 깨닫게 된다.

그 누구도 존경받아야 할 인간의 **청구권**을 **박탈**하지 못한다. 그렇지만 이 권리는 경시될 수도 있고, 마치 이런 권리를 갖지 못한 자와 같이 대접받기도 한다. 그런즉 독일 기본법 제1조는-존중의 청구권이라는 의미로-인간존엄성의 불가침성만을 확언할 뿐만 아니라 동시에 "인간의 존엄성을 존중하고 보호하는 것이 모든 국가권력의 의무"라고 말한다. 각각의 **확언**과 또한 **요구**는 서로 모순되지 않은 채 매우 밀접하게 연관되어 있다. 존중받을 청구권은 침해될 수 없기에 이러한 청구권을 **존중**하고, 또한 청구권이 경시되는 곳에서 이를 **보호**하는 것이 모든 국가권력의 의무이다. 이상의 논의에 근거해 인간존엄성의 두 가지 특징을 다음과 같이 정의해 볼 수 있다.

- 인간존엄성은 하나의 **청구권**이다. 이는 인간존엄성을 다음 두 가지의 것과 구별한다. 첫째는 인간이 무언가를 소유하거나 성취하기를 소원해서 청구하는 주체적 요구들이다. 둘째는 인간이 자신의 삶의 역사 속에서 **성취**했거나 세상의 제도들이 그들에게 **부여**한 권리이다. 이와는 달리 인간

이 존중받을 청구권을 갖는다는 말은 각 사람에게 자신의 현존재에 알맞은 것을 주는 것이다. 이러한 청구권은 타인으로부터(자기 자신도 그래야 하지만) 인정과 준수가 요청된다.

- 인간존엄성은 인간으로 존중받을 청구권이다. 존중은 다양하고도 다층적 개념이다. 존중이란 가능한 한 선행을 베풀며 이웃의 소원을 성취하려는 노력만을 말하지 않는다. 이는 어떤 경우에서도 인간을 주의 깊게 인지하고 진지하게 받아들이며, 그와 진실하게 말하자면 그의 개성과 특성을 고려하며 교제함을 말한다. 특별히 존중은 인간의 현존재와 함께 주어져 있는 권리(인권)를 인정하고 고려하는 것이다.

인간존엄성이 자신의 현존재와 함께 주어진 존중받을 청구권이라면, 인간존엄성의 존중이란 존엄성의 주체를 **인간으로** 인정함을 말한다. 하지만 여기서 언급해야 할 또 다른 중요한 측면이 있다. 존엄성의 주체로 인정한다는 말은 그를 존엄성의 (가능적 혹은 실제적) **수신자**[23]로 인정한다는 의미이다. 그가 타인의 존엄성을 인식, 인정, 존중 혹은 경시할 수 있는 존재라는 것을 말한다. 존엄성의 주체와 수신자를 구별하고 연결시키는 것은, **인간존엄성이 많은 이들이 주장하는 동물의 존엄성** 또는 일반적인 피조물의 존엄성과는 다르다는 점을 보여준다. 물론 동물도 존중을 받을 만한 그들만의 독특한 존엄성[24]을 소유하고 있다는 사실에 대해선 논쟁의 여지가 없다. 동물에게 가하는 모든 종류의 고통(필요 없이 주는 고통이라는 의미로)을 중단하고 종에 알맞게 사육하기 위해 노력함으로 감정을 느끼는 동물의 독특한 존엄성을 존중해야만 한다.[25] 그러나 동물들도 다른 존재가 존엄성을

---

23 자신의 글에서 헤름스는 인간존엄성의 적절한 이해를 위해 필요한 존엄성의 수신자로서의 인간의 의미에 대해 매우 공감할 수 있는 주장을 제시하였다. in: E. Herms, *MJTh* XVII/2005, 79-134.

24 동물을 상대로(모든 동물, 소수의 동물, 아니면 특정한 동물?) "존엄성"이란 개념을 사용하는 것이 의미가 있는지 이에 대한 자세한 논의가 필요하다. 칸트가 제시한 의미로 동물에게 존엄성이란 개념을 사용할 때(앞의 각주 8과 11을 참조) 동물을 도살하고 소비하는 것만이 아니라 판매하고 의료적 목적으로 이용하는 행위도 금지된다. 과연 우리 인간이 이를 견딜 수 있을까?

25 동물을 함부로 대하는 자세는 물론이고 너무 과대하게 돌보는 것도 적절한 부양자세가 아니다.

소유하고 있음을 인식할 수 있는 만큼, 다른 존재도 존중을 요구하는 동물들의 (무언의) 요청과 마주쳐 있다는 주장(룅스트룹과 레비나스)은 수용할 수 없다.[26] 그러나 **인간**은 이와 같은 것을 인식하고 존중할 수 있을 만한 발전 단계에 올라와 있다는 것을 받아들여야 한다.[27] 동시에 인간이 다른 피조물과는 다른 종의 존재로 **구별**된다는 말은, 인간이 존엄성의 수신자로서 다른 피조물(또한 자기 자신)을 위한 **책임**을 지고 있음을 뜻한다. 인간이 자신의 특별한 위치를 다른 (인간과 인간 외의) 피조물의 행복을 경시하는 데 오용한다면 더욱 불행하고도 고통스러운 결과를 가져올 수밖에 없다.

그런데 인간존엄성의 존중을 통해 주장하려는 규범이 **오직** 헌법에서 말하는 단지 국가권력의 의무뿐일까? 이는 단지 법적 법령만을 말하는 것일까? 좀 더 포괄적으로 살펴보면 이는 법적으로 규정되어 있지 않은 인간사의 공존을 위해서도 유효한 것은 아닐까? 다음 장에서 이에 대해 논해보자.

1.3 법적이며 윤리적 기본개념으로서의 인간존엄성

1.3.1 법적 기본개념으로서의 인간존엄성

우리에게 가장 잘 알려져 있는 인간존엄성에 관한 중요한 법조문은 독일기본법 제1조 1항이다.[28] "인간의 존엄성은 침해될 수 없다. 이를 존중하고 보호하는 일이 모든 국가권력의 의무이다."[29] 물어볼 필요도 없이 여기

---

26 룅스트룹은 이를 가리켜 타인의 생명을 우리의 보호 아래 두려는 불분명한, 소위 숨겨진 요구라고 불렀다(*Die ethische Forderung*, Tübingen[1959]1968², 18). 마찬가지로 레비나스도 타인의 얼굴을 대면할 것을 제안한다. 타인의 얼굴을 대면하며 – 말할 것도 없이 – 자신의 존재에 대한 관용을 부탁하게 된다. ("Die Bedeutung und der Sinn"[1964], in: ders., *Humanismus des anderen Menschen*, Hamburg 1989, 40f.

27 길을 인도하는 개나 목동이 다른 동물을 통솔하는 행위는 – 본능적이든, 조련을 위한 것이든, 공포에 떨거나 보상을 바라며 하는 것이든 – 어느 경우도 존엄성을 경시하는 경우가 아니다. 이와는 관계없는 다른 경우에도 이와 비교해 판단할 수 있겠다.

28 위의 각주 2를 참조하시오.

29 나는 Ch. Pestalozza, *Verfassungen der deutschen Bundesländer*, München, 1995⁵, 1에서 인용한다. 독일기본법은 1949년 5월 23일 공표되었다.

서 인간존엄성은 법적 기본개념의 성격을 갖는다. 최소한 다음 두 가지 사실에서 이의 중요성을 확인할 수 있다.

- 첫째, 인간존엄성 조항을 독일기본법의 첫 자리에 놓음으로써 인간존엄성의 존중과 보존이 모든 국가권력의 의무임을 확인했다.

- 둘째, 소위 "영구보장조항"이라고 불리는 독일기본법 제79조 3항("제1조와 제20조에 규정된 원칙들에 반하는 기본법 개정은 허락되지 아니한다.")을 통해 확인할 수 있다.

상술한 바와 같이 독일기본법은 인간존엄성에 관한 그 어떤 해석이나 정의도 내리지 않는다.[30] 인간존엄성은 오히려 "해석되지 않는 주장"이다.[31] 그러므로 기본법 제1조 1항, 말하자면 인간존엄성의 해석을 위해서 독일연방헌법재판소의 판결들을 인용하였고 현재도 인용하고 있다.[32] 앞서 보았듯이, 이 판결에선 목적과 (단순한) 수단을 구별한 칸트의 주장과 뒤리히의 "객체공식"이 주류를 이루었다. 그렇다면 기본법 제1조 1항의 보호를 위해 법적으로 고려하지 않는 것은 무엇일까? 인간존재를 존중해야 할 인간의 청구권이 재판상의 소송절차와 헌법재판소의 판결에서 주제가 될 수 있을 정도로 무시되는 순간은 언제이며 또한 무엇 때문일까?

모욕, 악의적 험담, 경멸이나 비방하는 정황[33]을 담고 있지 않다면 자신의 속마음을 드러내거나 연극공연에서 타인을 희화하는 표현들은 분명 인간존엄성을 경시한 것이라고 보지 않는다. 독일형법[34]은 "국민선동"과 "폭력묘사"라는 표제하에 타인의 인간존엄성을 침해할 경우 형벌에 처한다는

---

30 "인간존엄성"이란 개념이 과연 정의될 수 있느냐는 질문에 대해 인간존엄성은 분명히 정의될 수 없는 개념이라는 것이 오늘날 법학계의 대체적 견해이다.

31 Th. Heuss in: Jarhbuch für öffentliches Recht, n.F.1/1951, 49.

32 위의 각주 13과 각주 16을 보시오.

33 이에 대해 독일형법(StGB) §185-200 참조하시오.

34 법조문은 바이겐트(Th. Weigend)가 편집한 『형법』(Strafgesetzbuch, München 2009⁴⁷)을 참조하시오.

두 조항(제130조와 제131조)의 내용을 포함하고 있다.[35]

- 제130조 1항: 일부 주민들을 모욕하고 악의로 비방하거나 명예를 훼손함으로써 타인의 인간존엄성을 침해하여, 공적인 안정을 훼손하는 자는 최소 3개월에서 최대 5년 이하의 자유형에 처한다.

- 제130조 2항: 다음과 같은 자들은 최대 3년 이하의 자유형이나 벌금형에 처한다. 1. 일부 주민들이나 민족적, 종족적, 종교적 혹은 특별한 민족 집단에 대한 증오를 선동하려는 목적과 이들을 겨냥해 폭력이나 자의적 조치를 촉구하는 것과 일부 주민들이나 위의 집단들을 모욕하고 악의로 경멸하거나 명예를 훼손함으로써 타인의 인간존엄성을 침해하는 문서를 반포하는 자. 2. 위의 1에서 제시한 내용을 방송을 통해 반포하는 자.

- 제130조 4항: 공공의 장소나 집회에서 피해자의 존엄성을 침해하기 위한 방편으로 폭력적이며 독단적인 국가사회주의(나치)의 폭력에 동의, 찬양 혹은 정당화함으로써 공적 안정을 훼손하는 자들에게는 최대 3년 이하의 자유형이나 벌금형에 처한다.

- 제131조 1항: 폭력행위를 영웅시하고 고양하고 인간존엄성이 침해될 정도로 폭력과정의 잔인성과 비인간성을 표현하면서, 인간이나 인간과 닮은 존재에 대하여 잔인하거나 비인간적인 폭력행위를 기술한 문서를 반포하는 자들에게는 1년 이하의 자유형이나 벌금형에 처한다.

이외에는 인간존엄성이란 개념이 형법에는 등장하지 않는다. 그렇다면 헌법에 근거해볼 때 인간존엄성의 존중과 보호가 높은 등급의 위치를 차지하고 있다는 사실을 어떻게 설명하면 좋을까?

이는 다음과 같이 설명할 수 있다. 법적으로 중대한 인간존엄성의 존중과 보호는 일반적으로 다른 것과 연관되어 등장한다. 좀 더 명확히 말하자면, 타인의 권리(인권)를 침해하는 범행의 형태로 등장한다. 그러므로 형법전은 자연히 (성적) 강요, 심각한 인신매매, 그리고 개인적 비밀의 침해[36]나 이미 위에서 언급한 국민선동과 폭력묘사의 범죄를 알고 있다. 이 모든 행

---

35 이러한 안내에 대해 나의 하이델베르크 대학교 동료인 될링(D. Dölling)에게 감사한다.

위는 인간존엄성을 경시하는 정황으로 가득 차 있다. 이와 같은 행위를 할 경우, 형법전은 처벌을 통해 경고하고 형법절차에 따라 처벌하고 형을 집행하는데, 이것이 바로 형법전의 **구체적** 형태이다. 이러한 행위(인간존엄성을 경시하는 구체적 형태들)가 형법의 대상이 되어 있기에 별도로 이러한 행위를 인간존엄성의 경시로 고발하거나 판단할 필요가 없다.

이와 관련된 다른 법적 상황은, 행정재판소나 헌법재판소가 헌법에 합치하는지 검토한 후 경우에 따라선 독일기본법 제1조 1항에서 선언한 인간존엄성의 존중과 보호에 저촉되어 불일치하다고 판단하여[37], 결국 법적으로 유효하지 않다고 입법자가 선언한 법률이나 법령이 공포될 때 발생한다.

한 번은 독일연방헌법재판소가 항공안전법의 법적 정당성을 검토하기 위해 공개적으로 소송절차를 취한 적이 있다. 항공안전법은 테러리스트에게 납치된 항공기가 중요한 목표를 대상으로 분명 테러를 위한 공격무기로 사용될 수 있을 경우, 승객들이 탑승했을 경우라도 항공기가 목적지에 도달하기 전에 항공기를 향해 발포하도록 허락하였다. 연방헌법재판소는 이 법이 비행기에 탑승한 승무원과 승객의 인간존엄성의 존중과 보호와 합치하지 않으며, 결국 헌법에 위배됨으로 무효라는 판결을 내렸다.[38] 이 경우 인간존엄성은 판결의 근거로 작동하면서 간접적 역할을 수행한다.

그러나 법적 기초개념인 인간존엄성에 간접적으로 해당되고 적용되는 경우가 있다. 인간존엄성과는 일치하지 않지만 관청에 의해 용인되는 인간의 행위나 태도가 존재한다.

예를 들면, 호기심을 불러일으키기에 충분한 동기와 이름 때문에 유명하게 된 소위 "난쟁이 던지기"[39]에 대한 행정재판의 판결이다. 큰 장이 열리는 날 사람들은 누가 공중으로 키 작은 사람들을 멀리 던질 수 있는지

---

36 StGB §174-179; §181과 §203.
37 GG Art. 20(3). "입법은 헌법에 합치한 규정에 구속된다."
38 BVerfGE 115, 118ff 특히 151-165.

돈을 걸고 내기를 하였다. 물론 키 작은 사람들의 (뜻을 묻고) 동의도 받았다. 행정재판은 이러한 행위가 작은 사람들의 인간존엄성과 일치할 수 없고 결국 금지되어야 한다고 판결하였다. 여기서 중요한 점은 무엇보다 당사자들이 동의했을지라도 인간존엄성이 객관적으로 경시되었다고 판결한 점이다.

1.3.2 윤리적 기본개념으로서의 인간존엄성

법적 기본개념인 인간존엄성을 살펴보며 확인한 바와 같이 법적 규범의 기본적 주장은 윤리적 숙고와 논증과 관련되어 있으며, 그런 점에서 이미 그 안에 윤리적 성격을 담고 있었다.[40] 이는 인간에 대한 특별한 이해에 근거하고 있으며 보편가능성의 원칙을 따른다. 여기서 법적으로 논증된 인간존엄성의 윤리적 성격이 나타나고 확증되었다.

그렇다고 인간존엄성의 윤리적 의미가 중요하지 않다는 말은 아니다. 인간존엄성이 법적 규정으로 성문화되고 이를 범하는 자를 법적으로 처벌할 수 있다고 만족할 수는 없다. 인간존엄성이 존중받을 청구권이라면 이를 위해 필요한 윤리적 요구, 자세, 그리고 책임은 과연 무엇이며 왜 그래야만 하는지를 제시해야 한다. 앞서 언급한 바와 같이 인간존엄성의 경시가 모욕, 악의적 험담, 경멸이나 비방하는 말을 담고 있을지라도 하나의 내적인 관점이나 언어적이며 예술적 연기를 위해 암시적으로 주장된 것이라면 분명 위법적 성격을 갖지 않는다. 이와 같은 행위를 법적으로 규제할 수는 없다. 이는 인간의 삶과 공존을 위해 매우 중요한 의미를 내포하고 있는 좀 더 넓은 영역이 존재함을 암시하는 것이기도 하다. 그런즉 우리의 논의는 한 걸음 더 나아가야 한다. 인간존엄을 경시하는 정신적이며 언어적인

---

39 바이슈트라세에 자리 잡은 노이슈타트 행정재판소 in: *Neue Zeitschrift für Verwaltungsrecht* 1993, 98f. 위 사건이 일어난 장소를 알려 준 하이델베르크 대학의 동료인 안더하이덴(M. Anderheiden)에게 이 자리를 빌려서 감사의 뜻을 전한다.

40 위의 제1부 2, 각주 7을 참조하시오.

발언이나 예술적 표현양식을 국가의 법질서를 통해 처벌하는 것은 바람직하지 않다.[41] 과연 누가 이를 최종적으로 검토하고 법적으로 판단하며 처벌하겠다는 것인가? 언어와 암시를 통해 인간존엄성을 경멸했다고 법적으로 처벌하겠다는 사회란 과연 어떤 사회인가? 그런 사회는 바람직하지 않을뿐더러 독재적 감시사회일 뿐이다.

그러나 사실상 언어와 예술적 연기와 암시적 표현을 통해 인간존엄성을 멸시하는 경우들이 허다한 만큼 이것은 매우 중요한 문제이다. 그와 같은 태도와 표현양식은 사람들에게 심리적이고 사회적으로 고통과 아픔을 주고, 삶을 깊은 혼란 속으로 빠트린다. 그렇지만 이러한 모든 행위가 대부분 법적 판결에서 벗어난 것이라고 해서 윤리적 평가와 판단에서까지 자유롭지는 않다. 그렇다면 윤리적 평가와 판단이 어떤 **인간적 권위**에 의해 적절하게 (혹은 최종적으로) 수행될 수 있느냐가 문제이다.[42] 그러나 이러한 권위는 인간의 삶과 공존을 위해 중요한 그 어떤 윤리적 의미를 대신할 수 없다.

우리 사회에서 호전성과 공격성을 극복하도록 실제 영향을 주며—특별히 아동과 청소년들 가운데—평화롭고 성숙한 협력을 추진할 수 있는 곳이 어디이며 어떤 형태인지를 숙고해보면 취학 전후로 시행되는 교육과 양육이 얼마나 중요한지 쉽사리 깨닫게 된다. 교육과 양육활동과 책임을 통해 (존중을 받을 청구권으로 이해되는) 각 사람의 존엄성을 존중하고 인정하고 고려하게 되고, 이러한 입장과 자세가 사회적 삶을 개선하는 데 기여하게 되리라는 사실은 쉽사리 의견의 일치에 이른다. 인간존엄성이 사회에 기여

---

41 위의 1.3.1을 참조하시오.

42 바울이 고전 4:3-5에서 한 말이 도움이 된다. "내가 여러분에게서 심판을 받든지 세상 법정에서 심판을 받든지 나는 조금도 마음을 쓰지 않습니다. 또 내가 나 자신을 심판하지도 않습니다. 나는 양심에 조금도 거리끼는 일이 없습니다. 그렇다고 해서 나에게 죄가 없다는 말은 아닙니다. 나를 심판하시는 분은 주님이십니다. 그러므로 주님께서 오실 때까지는 무슨 일이나 미리 앞질러 심판해서는 안 됩니다. 주님께서 오시면 어둠 속에 감추어진 것을 밝혀내시고 사람의 마음속 생각을 드러내실 것입니다. 그 때에는 각 사람이 하느님께로부터 응분의 칭찬을 받게 될 것입니다."(공동번역 개정판)

하는 바를 과대평가할 수도 있겠으나, 이의 존중은 순조로운 사회적 생활을 위해 필요한 탁월하고도 대치할 수 없는 기초이다.

그와 같은 존중의 태도를 갖는다고 해서 무조건 동의하거나 비판을 포기하는 자세로 살 수만은 없는 노릇이다. 어떤 사람의 태도나 주장에 동의할 수 없을지라도 존경심을 품고 그와 만나는 것이 가능하다. 상황에 따라선 때때로 공개적으로 그에게 이러한 행위의 모순과 불쾌함을 표현함으로 존경심을 표하는 것이 필요하다. 이런 모순적 행위가 존중의 자세 중 가장 낮은 형태라고 생각하는 사람이 있을지 모르겠으나, 무엇보다 이는 존경을 표하는 당연한 형태이다.

특별히 제멋대로 생활하며 범죄의 어둠 속으로 빠져들어갈 위험에 처해 있는 아동들과 청소년들과의 만남에서 이러한 모순적이며 저항적 행위의 단호함은 존경의 자세가 그들의 지금까지의 생활에서 전폭적으로–어느 경우에서나 신뢰하고 수용할 만한 모습임에도 불구하고–부족했던 한 모습이라는 것을 알게 한다. 그러나 당사자들이 이러한 모순과 저항이 자신들의 존엄성과 행복을 위한 것이라고 느낄 수 있을 때만 지속적이며 긍정적으로 영향을 주게 된다.

1.4 인간존엄성의 담지자

지금까지의 설명에도 불구하고 인간존엄성의 담지자에 대한 질문은 쉽사리 해명되지 않는다. "각 사람"이라는 표현을 사용했다고 해서 인간존엄성에 관한 모든 것을 말한 것은 아니다. 도대체 인간이라는 개념에 속한 자가 누구인지 여전히 논쟁 중이다. 다음으로 인간의 주체적인 영역에 대해 살펴보자.

1.4.1 "인간"이라는 개념에 소속된 자

"인격"(Person)[43]이라는 개념과는 달리 "인간"은 생물학적 개념이다.[44] 인간은 포유류 중에 고도로 진화된 "호모 사피엔스"(homo sapiens)라는 종에 속한 자이다.[45] 혈통관계가 곧 동족관계, 다시 말해 사회적 범주라는 점에서, 이러한 이해는 너무 일방적으로 생물학적으로만 정의되었다고 하겠다. 필연적으로 혈통관계의 특수성은 생물학적이며 동시에 사회적 범주이다. 우리가 그렇게 간주하고 인정한다고 그와 같은 범주가 생성하는 것은 아니다. 우리가 인정하기 전에 이미 전제된 것이고, 그런 전제하에서 요청된 것이다. 이의 가장 대표적 사례는 아버지와 어머니가 자기 자녀와 맺고 사는 관계이다. 생물학적이며 사회적인 인간의 이중적 관점과 소여성은 "인간 종"(genus humanum) 혹은 "인류가족"이라는 말로 가장 잘 표현되었다.

생물학적이며 사회철학적인 두 가지 관찰방식 모두, 혈통과 동시에 동족과 관련해 어느 한 존재가 (다른) 인간들에게 속해 있을 때 인간으로 간주한다. 그러므로 인간은 인간에게서 유래한 각각의 존재라고 말할 수 있다. 이때 각 존재의 혈통이 자연적으로 출산되었는지 아니면 인공수정이나 무성생식[46]으로 태어났는지는 중요하지 않다.

인간존재의 소속을 종족이나 종의 귀속성에서 찾지 않으려는 두 가지 대안적 시도가 있다. 첫째로 문화적 관습이나 법률적 규정에 근거해 소속을 기술할 것을 제안한다. 둘째로 언어, 이성, 관심과 같이 한 존재가 (다

---

43 이에 대해선 R. Spaemann, *Personen – Versuche über den Unterschied zwischen 'etwas' und 'jemand'*, Stuttgart 2006³; W. Härle, "Menschensein als Personsein", in: R. Slenczka(Hg.), *Der Mensch als Person. Theologische und anthropologische Erkundungsgänge*, Gütersloh 2010.

44 여기서 "인격"과 "인간"을 개념적으로 구별했다고 인격체가 아닌 인간이 존재한다는 말은 아니다. 인간이 아닌 인격이 존재하는 양 생각해야 할 필요는 없다. "인격"이라는 개념의 확장이 "인간"이라는 개념의 확장과 동일한 것임을 전적으로 받아들이지만, 그렇다고 "인격"과 "인간"의 구별이 인간 자신이 갖고 있는 의미, 다시 말해 이 둘 개념 사이에 존재하는 차별화된 긴장관계까지 상실했다고 말할 수는 없다. 샛별, 저녁별, 금성이라는 개념들이 같은 행성을 가리키면서도 서로 다른 관점을 나타내는 경우와 같다.

45 인간을 전적으로 동물의 세계에 편입시킨 것이 아니냐는 비판에 대해 루터 논쟁의 두 번째 주장을 인용하며 이에 응대하고자 한다. "본질적이든 비본질적이든 인간이 '동물적 생명체'로 불리는 것에 대한 논쟁의 여지가 없다." *WA* 39/1, 175, 5f./ *LDStAS* 1, 664f, 3f.

46 여기서 무성생식이라는 용어가 사용되었다고 해서 마치 내가 인간의 (또는 인간과 같은 존재의) 재생산된 클론에 대해 함축적으로 동의하고 있다고 생각하지 않기를 부탁한다. 이를 언급하는 이유는 이와 같은 방식으로 인간의 세포에서 생성된 존재도 당연히 인간이라는 점을 확인하기 위한 것이다.

른) 동물과 다른 특정한 성질에 근거해 소속을 **확인**하려는 시도이다. 전자의 경우 인류가족에 소속되는 것은 (누군가의) 임의적인 결정에 달려 있다. 이러한 결정을 통해 인간존엄성과 인권사상은 실제적으로 제거된다. 왜냐하면 이렇게 간주된 주장은 그 근거를 제시해야 할 의무도 없고 언제나 다시 파기될 수 있기 때문이다. 후자의 경우, 인간 개인은 고려되지 않고 그가 해당되는 특징을 가지고 있는지 그 상태만을 따져 묻는다. 그러나 이러한 특징들은 여러 상황들(예를 들어, 무의식, 유산, 조산, 침해)로 인해 파괴되고, 그럴 경우 특징(들)을 갖고 있지 않거나 혹은 갖고 있는지 확인할 길이 없다. 두 가지 대안적 해결방안 중 그 어떤 것도, "인간존엄성"과 "인권"이라는 개념으로 표현된 인간의 윤리적 위치를 논증하거나 표현하지 않는다. 이를 위해선 인류가족의 소속과 혈통이 어떤 의미를 갖는지 밝혀야 한다.

여기서는 이제까지 이렇게 정의했던 "인간"이라는 개념의 **경계선**에 대해 다루어보고자 한다. 먼저 확인해야 하는 바는, 인간에게서 유래하여 인류가족에 소속된 존재라면 그의 어떤 특성과 능력 혹은 어떤 다른 외면적인 특징에 근거해 경계선을 그을 수 없다는 사실이다. 다시 말해, 어떤 육체적 장애나 지적 장애도—무뇌증을 포함해—인간에게서 유래한 존재를 인간존재가 아니라고 거절하기 위한 방편으로 정당화할 수는 없다. 그렇지만 과연 **언제부터 언제까지**가 인간에게서 유래한 인간을 "인간"이라고 부를 수 있는 시간인지 묻고 답하지 않을 수 없다. 정충과 난세포의 유전체가 결합해 하나의 새로운 생존 가능한 유전체가 되는 모든 발전단계, 다시 말해 수정의 순간에서 죽을 때까지의 과정을 살펴본다면, 인간의 세포라고 부를 수 없는 어떤 세포가 인간을 형성하는 것은 아니다.[47] 즉 인간에게 질적 휴식기(caesura)란 존재하지 않는다.[48] 독일 연방헌법재판소가 정확

---

47 이에 대한 내용은 바로 제시될 것이다.

48 이를 확신하고 있는 증언자 피터 싱어에 대해선, P. Singer, "Schwangerschaftsabbruch und ethische Güterabwägung", in: *Medizin und Ethik*, Hg. H. M. Sass, Stuttgart(1989) NA 1999, 139-145.

히 판결한 바와 같이,[49] 인간의 태아는 처음부터 인간으로 성장해가지 인간으로 만들어지는 것이 아니다. 이러한 성장단계에서 발생하는 모든 착상이-전형성능의 상실, 자궁에 착상, 원시선의 형성, 신경계통의 성립, 첫 번째 자연발생적 운동, 독자적 생존가능성, 그리고 출생-성장이라는 의미를 갖는 것은 사실이지만 질적 휴식기를 보여주지는 않는다. 더욱이 자궁에 착상하면서 다생아가 출생할 가능성은 차단된다. 이때 생성된 존재가 인간인지는 묻지 않는다. 오직 수정을 통해 얼마나 많은 사람들이 생겨났는지가 중요하다.

역으로 한 번 질문해보자. 사람들이 수정의 시점 이후에, 이미 정충이 난세포의 원형질 안으로 침투해 들어갔으나 아직 양편의 유전체가 결합하지 않는 소위 핵형성 이전단계로 되돌릴 수 있을까? 여성 혹은 생성 중인 어머니를 보호하기 위해 만들어진 태아보호법이 정한 수정과 이식에 관한 규정보다도 더 많은 난세포를 착상시킨 후 장기간 냉동보관을 통해 중단하는 체외수정의 경우 이 질문이 제기된다.[50] 결정적인 주장은 다음과 같다. 체외수정의 과정이 냉동보관을 통해 중단되지 않는다면 몇 시간 후에 수정이 이루어진다. 다시 말해 수정은 분명히 개시된 과정의 결과이다. 인간의 생명과 동시에 "인간"이라는 종의 소속성은 정액이 난세포의 원형질에 침투하는 순간부터 시작되는 것이 아니겠는가.

더욱이 정액이 사실상 냉동보관이나 다른 방식으로 인해 방해받지 않는다면 세포의 원형질 안으로 침투할 개연성이 있다. 이는 단지 개연적인 결과이지 과정 그 자체는 아니다. 이와 같은 핵형성 이전의 단계에서 인간에 대해 언급해보자면, 각각 자신을 위해 혹은 최소한 서로 중첩된 상태로 운동하는 과정에 있는 정충과 난세포에게 인간존재라는 성격을 부여할 수

---

49 BVerfGE 88, 203(251f.); 39, 1(37). 최근 생물학의 연구결과를 참고해도 동일하다. J. Römelt, *Christliche Ethik in moderner Gesellschaft, 2. Bd. Lebensbereiche*, Freiburg / Basel/ Wien 2009, 196.

50 이에 대해 1990년 12월 13일 제정된 독일 배아보호법(ESchG) §1을 §8과 관련시켜 참조하시오.

있다. 그러나 무성생식을 통해 인간의 태아가 될 수 있는 임의의 인간세포의 유전체를 "인간"이라고 부르고, 마치 정말 그런 존재인 양 다룬다면 마찬가지로 무의미할 수밖에 없다. 정자와 난자의 유전체가, 접합자의 형태를 취해 하나의 새롭고, 고유하고, 생명력이 있는 유전체와 결합하는 짧은 과정[51]의 휴식기에서 비로소 인간존재가 시작된다고 말하는 것이 중요하다. 인간존재의 시작은 이것보다 빠르지도 늦지도 않다.

필자의 생각으론 인간존재를 시작보다 끝에서 고찰하는 것이 더욱 중요하다. 이때 두 가지 문제가 겹쳐서 나타난다. 첫째는 죽음의 정의이고, 둘째는 죽음과 인간존재의 관계를 규정하는 문제이다. 이 두 문제는 외관상 서로 겹쳐 있다. 왜냐하면 특별히 장기기증의 문제와 관련해 생각해볼 때, 인간존재보다 죽음을 어떻게 정의할 것이냐는 문제가 중요한 역할을 하기 때문이다.[52] 다시 말해, 죽음에 대한 모든 정의는-뇌사, 의료적인 죽음, 생물학적 죽음-산 자와 죽은 자의 경계선을 어디에 그을 것이냐는 질문에 달려 있다. 인간존재의 끝이 어디냐는 질문이 중요하지 않다.

이러한 주장을 처음 들으면 이상하게 들릴지 모르겠으나, 죽은 자도 여전히 인간이고 장례를 치를 때처럼 우리들도 그들을 산 자와 같이 다루고 있음을 의심할 수 없다.[53] 마찬가지로 죽은 자도 존중을 받아야 하고, 분명 인간존엄성을 소유하고 있다는 사실은 논의의 여지가 없다. 그렇다고 산 자에 대한 존중과 죽은 자에 대한 존중이 동일하게 중요하다거나 동일한 표현방식으로 사용해야 한다는 말은 아니다.[54]

---

51 수정 시 마치 확장하지 않는 자기 입증점(Punctum mathematicum)을 문제 삼고 있다는 오해를 피하기 위해 필자는 순간(Moment)라는 단어를 사용하지 않는다. 이 같은 사건은 과정의 성격을 갖는다. 즉 매우 짧은 시간이지만 하나의 확정된 시간을 요청한다.

52 이에 대해 E. Stock, "Menschliches Leben und Organtransplantation" in: *MJTh* IX 1997, 83-110 참조하시오.

53 이것이 "인간존엄성"을 "각 사람의 인간됨이 존중받을 청구권"으로 정의할 때 얻게 되는 강점 중 하나이다(이에 대해 위의 각주 22를 참조하시오). 이와 같은 정의는-뒤리히의 객체공식이나 인간존엄성을 흔히 자결과 동일시하는 입장보다 더 훌륭하게-죽은 자에게도 인간존엄성의 영향력을 미치도록 한다. W. Härle, "Sektion aus Sicht der Theologie", in: H. Knoblauch; B. Tag, *Sectio*, Berlin 2010, 299-312 참조하시오.

우리는 인간존재의 시초는 물론 그의 마지막이 언제인지 정확한 그 시점을 정의하거나 확인할 수 없다. 하지만 우리는 생명이 시작하고 끝날 때 고려해야 할 경계선, 소위 보호경계선을 그을 수는 있다. 시작의 경계선이 수정과 임신이며, 종말의 경계선은 심장의 순환이 비가역적으로 정지했음을 뜻하는 의료적인 죽음이다. 그 사이에 놓여 있는 것이 침해할 수 없는 존엄성을 가진 살아 있는 인간이다.

1.4.2 종이기주의 비난

앞 장에서 제시한 나의 입장은 **종이기주의**[55]라는 비난과 마주한다. 싱어는 자신의 저서에서 옥스퍼드 영어사전에 기록된 대로 "종이기주의"를 다음과 같이 정의하였다. "인간이 우월하다는 가정에 근거해 특정류의 동물을 차별하거나 착취하는 인간의 행위"이다.[56] 이러한 정의는 정확하지 않으며 종이기주의 비판의 중점을 명확하게 표현하지도 못했다. 종이기주의가 "인간"이라는 종을 (다른) 동물종과 대비해 상위에 놓으려는 것이라고 주장한다.[57] 하지만 이는 맞지 않는다.

싱어의 확신에 따르면, 종이기주의는 윤리적 특징이나 기준에 따라 종의 소속을 판단하는 모든 곳에(아니 오직 그곳에) 존재한다. 싱어는-종이기

---

54 이 주제와 관련해 법적 논의에서도 자주 인간의 죽음을 넘어서는 인권존엄성의 "영향력"에 대해 언급한다. 헤르데겐(M. Herdegen)는 자신의 기본법 해설(위의 각주 2)에서 "죽은 후에도 영향력을 계속 미치는 인간존엄성의 관해" 말한다. 그러나 죽은 자의 인간존엄성이 자신의 영향력을 계속 지속하지는 않는다. 다만 산 자의 인간존엄성이 죽은 자의 인간존엄성에 계속적으로 영향을 주는 것이다.

55 이 개념은 옥스퍼드의 심리학자 리더가 1970년 고안한 것이다(R. Ryder, *Animal Revolution: Changing, Attitudes toward Speciesism*, Oxford(1970)1989). 이 개념은 싱어를 통해(P. Singer, *Praktische Ethik* (1979). dt. Stuttgart(1984) 1994², 90-94. P. 싱어(황경식, 김성동 옮김), 『실천윤리학』, 연암서가 2013) 널리 알려지게 되었는데 최근 의료 및 생명윤리적 논의에서 고정된 토론주제가 되었다. 싱어의 입장과 그와의 논쟁에 대해선 W. Härle, "Überlegung zum Menschenbild - in Auseinandersetzung mit Peter Singer", in: ders., *Menschsein in beziehungen*, Tübingen 2005, 305-333.

56 P. Singer, *Leben und Tod* (1994) dt. Erlangen 1998, 174.

57 그러나 싱어의 『실천윤리학』(위의 각주 55, 144)을 보면, 싱어기 이러한 우선적 위치를 거절하지 않을뿐더러 종이기주의로 간주하지도 않음을 추론할 수 있다.

주의에 대한 다른 비판자들과 마찬가지로−이런 판단에 반대하면서 다음과 같은 주장을 피력한다. 한 인간이나 동물 개인[58]에게 소속된 특징이나 능력만이 윤리적으로 본질적이다. 하지만 한 종의 소속성은 본질적인 것이 아니다. 종의 소속성 개념이나 이러한 방식으로 표현된 사상은 종이기주의에 근거한 것이고, 종이기주의는 종차별주의와 성차별주의와 나란히 동일한 것으로 판단되기에 비난 내지 비판을 받아 마땅하고 혐오스러운 것이다. 이 모든 경우 각 개인의 사실적인 특징과 능력이 아니라 소속성이−인종 혹은 성이나 종이든−종의 우위와 종속의 근거를 도출하는 중요한 윤리적 특징으로 다루어진다. 싱어의 종이기주의 비판은 이러한 대비적 설명과 논증에 큰 중요성을 부여하고, 이를 진지하게 받아들이라고 강요한다. 그러나 과연 종족차별주의, 성차별주의, 그리고 종이기주의를 대비적으로 제시하는 화법이 신뢰할 만한 것인지, 아니면 오류에 근거한 것은 아닌지 묻지 않을 수 없다.

높거나 낮은 가치를 가졌다고 평가하는 본질적 특성이나 능력에 따라 종족과 성을 서로 구별하려는 시도는 윤리적 상관성이 가질 수 없다는 것을 알아야 하지 않을까? 그러나 종족차별주의와 성차별주의에 대해 비판하고자 하는 요점은, 종족과 성별의 차이란 존재하지 않으며, 그러므로 또한 그렇기에 가치에 따라 평가하는 우위 또는 하위의 의미의 차이를 주장하는 것은 윤리적으로도 신뢰할 수 없고 위험하기까지 하다는 점이다. 종족차별주의, 성차별주의, 그리고 종이기주의를 대비시키는 시도는, 우리가 종족차별주의와 성차별주의에 반대하며 옳다고 생각했던 관점이 종이기주의를 고찰할 때도 유효해야만 정당하다. 다시 말해 여러 종의 특성과 능력의 실재하는 차이가 우위나 종속을 증명할 수 없을 때 정당하다.

인간과 동물과 식물[59]과 같은 다른 피조물의 관계에 대한 성서의 진술은

---

58 자세히 분석해보자면 싱어가 기본적 개념이라고 제시했던 (개인)개념들이 그의 윤리학에서 사라져버린 것을 알 수 있다. 이에 대해선 W. Härle, "Alle Menschen sind Personen. Auseinandersetzung mit dem Speziesismusvorwurf", in: P. Dabrick/ R. Denkhaus./ St. Schaede(Hg.), *Gattung Mensch. Interdisziplinäre Perspektiven*, Tübingen 2010.

예외 없이 한편의 인간과 다른 편의 동물과 식물 사이에는 본질적인 차이가 존재하며 이러한 차이가 우위와 종속관계를 논증한다는 전제에서 출발한다. 이런 점에서 유대-그리스도교적 인간관과 세계관은 본질적으로 종이기주의적이다. 이는 인간존엄성의 경우도 마찬가지이다. 이것 역시 본질적으로 종이기주의적이다. 이러한 것이 인간이해와 인간존엄성 개념의 약점인지, 아니면 내적 모순을 보여주는 것인지 다음 장에서 검토해보고자 한다.

1.5 인간존엄성의 근거

이 장에서 필자는 두 가지를 전제한다. 첫째, 인간존엄성은 존중을 받을 인간존재의 청구권이다. 둘째, 인류의 존재와 다른 피조물(동물, 식물 등)의 존재 사이에는 본질적인 차이가 존재한다. 모든 피조물의 존재는 존중을 받아야 하고, 존중을 요구하는 다른 피조물의 존재를 고려하면서 그들만의 특별한 "존엄성"을 말하는 것이 중요하다. 이는 논쟁의 여지가 없으며 필자가 강조하는 내용이다. 이 경우 "인간존엄성"과 "동물존엄성"이나 "자연존엄성" 사이에 차이를 말할 수밖에 없다. 이는 "인간존엄성"이라는 개념만이 만들어낼 수 있는 특별한 윤리적이며 법적 성과[60]를 놓치지 않기 위함이다.

1.5.1 인간의 존재론적 특수성

인간은 자기관계의 능력을-자기인식, 자기경험, 자기의식이나 자기규정-가지고 있으며, 바로 이 때문에 하나님이 창조하신 다른 존재자와 구별된 특별한 것을 행할 수 있었다고 생각해왔다. 옛사람이나 현대인들 모두 그렇게 추정한다. 그러나 이는 맞지 않다. 자기관계의 능력은 진화의 후

---

59 창 1:26-29, 2:15f., 19f., 9:1-7; 시 8:4-9에서 발견된다.

60 나는 여기서 인간을 대상으로 동의 없이 시행되는 신약실험의 금지를 생각하고 있다. 윤리적으로 이런 유의 실험은 동물실험에서도 금지해야 한다고 생각하는 사람들이 많지 않다.

기단계에 이르러 특별한 고등의 포유동물에게 생겨난 것으로 보인다. 인간만이 아니라 동물의 세계에도 자기인식과 자기규정이 존재하며, 유인원들도 자기인식과 자기의식의 능력을 보여주었다. 가령 침팬지는 거울에 비친 자기의 모습을 자기 자신과 구별하는 역량을 보여준다.

창조된 존재자들은 자기의 기원과 목적과 의미에 대한 자기관계의 능력을 가지고 있을까? 분명한 사실은, 인간이라는 종이 **이에** 대해 질문하고, 이를 **인식**하고, 자신의 감정과 의지로 이를 결정할 수 있다는 점에서 다른 피조물과 구별된다. 바로 이것이 "인간"이라는 종과 다른 피조물 사이에 본질적인 차이를 형성한다. 이러한 주장이 옳다면-물론 나는 옳다고 보고 있지만-우리는 이와 같이 특별한 것을 행해야만 한다. 이러한 특수성에서 우리는 인간이 다른 피조물보다 우위를 점유하고 있는 근거를 찾을 수 있다.

창조된 모든 존재자 중에서 "인간"이라는 종은, 우리가 아는 한, 각 개인과 초개인적인 공동체의 형태로 존재자의 기원과 목적과 의미만이 아니라 **하나님**[61]에 대해 질문하고, 짐작하거나 인식한 것을 표현하고-존경하든 거부하든-이에 대한 태도를 표명하는 유일한 종이다. 종교적, 세계관적, 그리고 윤리적 소통을 하는 이와 같은 성향이 "인간" 종의 특징이기에, 예컨대 장례예식의 형태와 같이 이에 상응하는 상징과 관습이 호모 사피엔스의 등장을 알리는 징표로 받아들여지고 있다.[62]

자연히 세계관적-종교적-윤리적으로 소통하려는 성향이나 운명이 "인간"이라는 종의 성격을 형성하고 있다는 점을 말해야만 한다. 이것이 창조된 다른 존재와 구별된 인간존엄성의 특수성을 확증한다. 인간에게

---

61 이러한 질문에서 반드시 "하나님"이란 단어가 나와야 되는 것은 아니다. 이에 대한 언어적 대안으로 "운명", "존재", 혹은 요즘 많이 등장하는 "자연"과 같은 개념들이 등장한다.

62 이러한 모습은 약 10만 년 전 네안데르탈인에게서 볼 수 있다. 이에 대해선 F. Schrenk, *Die Frühzeit des Menschen. Der Weg zum Homo sapiens*, München 2003⁴, 113을 보시오. "네안데르탈인은 죽은 자를 부장품도 함께 묻었다. 오랜 인류발전의 초기시대부터 사람들은 죽은 자들을 보살폈다."

위임된, 배려하는 지배(땅의 통치)에 대한 성서적 사상과 같이 이는 또한 인간에게 허락된 상위의 위치를 정당화한다. 오직 존재자의 기원과 목적과 의미에 대한 인식은—혹은 최소한 예감은—자신의 존재와 운명을 존재자와의 적절하고도 책임적인 관계로 인식하게 한다. 물론 이러한 주장은, 인간이 잘못인지 알면서도 자신의 생명과 다른 피조물을 해칠 수 있는 가능성을 배제하지 않는다. 인간은 자신의 위대한 능력을 오용하고 책임감 없이 행동할 수 있다. 그러나 세계관적이며 종교적 차원에서 행하는 인간의 윤리적 책임능력을 통해 인간은 모든 다른 피조물과 구별되고 동시에 그들 위에서 책임적으로 군림한다.

1.5.2 인간규정의 유효성과 실현 정도

침해할 수 없는 인간의 존엄성에 관한 주장을 내용적으로 논증하고 주장하려다 자신의 존엄성을 인정받기 위해선 이에 합당한 개인적 조건을 만족시켜야 한다는 주장에 빠져버리고 말았다. 특별히 피터 싱어의 실천윤리학은 특정한 개인적 능력이나 특성의 형성과 무관하게 오직 인간존재라는 이유로 존엄성을 인정해야 한다는 주장을 거부한다.

하지만 이런 주장이 모순된 것은 아닐까? 만약 사람들이 인간존엄성의 근거가 되는 인간존재의 특수성을 세계관과 종교에 기초한 윤리적 책임을 위한 규정에서 본다면, 인간의 규정의 실현을 인식하거나 좋은 뜻에서 주어진 것으로 추측하는 사람들은 이러한 것을 인식한 개인들만이 이러한 인간존엄성을 소유한 것으로 제한하게 되는 것은 아닐까?

a) 이러한 입장에 반대해 다음과 같은 사실을 주장한다. 모든 인간은 수정의 순간부터 성장의 과정을 밟으며 존재한다. 성장과정 초기에는 인간의 형태가 어떻게 실현되었는지 전혀 인식할 수 없다. 그러므로 초기의 성장기는 인간존엄성 사상이 주장하는 법적 보호와 생명 보호를 상실한다. 그러나 초기 성장기가 인간의 규정이 실현될 수 있도록 계속 성장해야 할 필연적 전제이기에, 초기단계를 인간존재로 인정하지 아니하고 탈락시킬

때 어떤 결과를 가져올지 의심해보지 않을 수 없다.

b) 만약 인간존엄성이, 오직 인간의 규정이 실현되었는지 인식할 수 있는 척도와 정도만큼만 주어지고 인정된다고 주장한다면, 그것은 그 자체로 점진적 개념이 된다. 다시 말해 인간존엄성은 인간에게 항상 어느 정도 주어진-짐작건대 어떤 경우에도 완전하게 주어지지 않은-것이 되고 말 것이다. 오로지 인간존엄성이 점진적으로 주어진다는 주장은 필연적으로 인간이 점진적으로 존중받게 된다는 주장을 낳는다. 사실상 이로 인해 인간존엄성의 이념은 포기되고, 각 사람은 개인의 성장 정도에 따라 서로 다른 존엄성을 갖게 되고 만다.

c) 인간존엄성이 개인에 따라 서로 다르게 실현되는 인간의 규정과 같은 것이라면, 결국 인간존엄성의 인정과 존중은 이러한 실현이 다른 인간에 의해 인식될 수 있는지 또한 이러한 인식에 의거해 이러한 실현이 인간존엄성의 실재로 확인될 수 있는지에 따라 달라지게 된다. 결국 "인간존엄성"은 실제적으로 인간존재에 대한 인식변화에 따라 타인을 존엄한 존재로 간주하거나 거절하게 될 것이다. 한 인간이 어떻게 간주되느냐에 따라 자신의 존엄성을 되찾거나 빼앗길 수도 있다는 말이 된다. 그러나 "인간존엄성"이 인간이 그렇게 간주해준 결과로 이해된다면 자신의 의미를 상실하지 않겠는가. 인간존엄성의 본래적 의미는 인간존재와 함께 주어진 것이다. 그런 만큼 자기 자신은 물론 타인에 의해서도 마음대로 처분될 수 없다. 나의 생각으론, 이러한 근거를 제시하는 것만으로도 인간존엄성을 인식하고 이의-법적이며 윤리적-규범적 의미를 축소하지 않고 단호하게 확인하기에 충분하다.

2. 건강과 질병

    윤리학적 질문들은 언제나 종교와 세계관의 지평에서 발생한다. 이 장에서 다룰 의료윤리적 주제들도 마찬가지이다.[1] 여기서 제시할 문제들의 이론적 탐구와 분석도 인간과 세계에 대한 이해를 전제하고 있다. 이러한 인간관과 세계관에 의지해 특정한 상황이나 변화를 윤리적 문제로 인식한다. 이는 (의료) 윤리적 문제의 해결을 위한 모든 제안을 위해서도 적절하다. 이 장에서 다루게 될 "건강"과 "질병"이라는 주제도 그리스도교적 관점에 기초한 윤리적 기여로 이해될 수 있기를 바란다.

    이를 위해 먼저 건강과 질병이 그리스도교적 관점에서 어떻게 이해되고 인간존재의 문제와 관련을 맺고 있는지 묻고(1), 다음으로 의료윤리학의 규범적 기초에 대해 질문하고(2), 인간이 출생하고(3) 삶을 마감(4)하는 시기에 특별히 발생하는 의료윤리적 문제들을 논의하게 될 것이다.

---

1 이에 대해서는 다음을 참조하시오. Kirchenamt der EKD und Sekretariat der DBK(Hg.), *Gott ist ein Freund des Lebens. Herausforderungen und Aufgaben beim Schutz des Lebens*, Gütersloh 1989; H. M. Sass(Hg.), *Medizin und Ethik*, Stuttgart 1989; T. L. Beauchamp und J. F. Childress, *Principles of Biomedical Ethics*, Oxford 2001[5]; U. H. J. Körtner, *Unverfügbarkeit des Lebens? Grundfragen der Bioethik und der medizinischen Ethik*, Neukirchen 2001; H. Kreß, *Medizinische Ethik. Kulturelle Grundlagen und ethische Wertkonflikte heutiger Medizin*, Stuttgart 2003; P. Dabrock, L. Kinnert und S. Schardien, *Menschenwürde und Lebensschutz. Herausforderungen theologischer Bioethik*, Gütersloh 2004; D. Ritschl, *Zur Theorie und Ethik der Medizin. Philosophische und theologische Anmerkungen*, Neukirchen 2004; M. Düwell, *"Bioethik"*, *Methoden, Theorien und Bereiche*, Stttgart/Weimar 2008; J. Römelt, *Christliche Ethk in moderner Gesellschaft, 2. Bd., Lebensbereiche*, Freiburg/Basel/Wien 2009, 117-315; M. Spieker(Hg.), *Biopolitik. Probleme des Lebensschutzes in der Demokratie*, Paderborn u.a. 2009.

2.1 그리스도교의 인간이해에서 본 건강과 질병

2.1.1 존엄성을 부여받은 하나님의 유한한 피조물, 인간[2]

그리스도교 신앙은 인간을 하나님의 피조물로 이해한다.[3] 창조와 피조물에 관한 그리스도교적 주장은 무엇보다 다음 두 가지 의미를 제시한다.

- 먼저 창조자와 피조물, 하나님과 세계의 **연관성**을 말한다. 다른 피조물과 더불어 창조된 인간은 우연히 이 자리에 존재하는 것이 아니다. 인간은 하나님에 의해 긍정되고 그분이 원하시는 존재이다. 그런즉 인간들도 서로 긍정하고 수용해야 한다. 세계는 하나님을 떠나 살 수 없는, 그분이 보존하시고 구원하시는 공간이다.

- 다음으로 창조와 창조자에 대한 주장은 근본적인 **차이점**, 즉 창조자와 피조물, 세계와 인간의 차이점을 보여준다. 인간은-다른 모든 피조물과 같이-하나님이 아니며 자신은 물론 다른 피조물을 창조한 창조자나 주인도 아니다. 하나님에 의해 창조된 세계는 인간의 행위와 형성의 공간으로 제공된 것이다. 세계는 인간의 연구와 변혁을 위해 개방되어 있다. 이는 터부가 아니다. 그렇다고 인간이 세계를 자기마음대로 변형할 수는 없으며 오직 창조된 세계의 비밀과 가치를 고려해야만 한다.

그리스도교적 이해에 따르면 하나님이 창조하신 인간은 근본적으로 공동체 안에서 자유를 향유하도록 지음 받은 존재이다. 인간은 원래 세 가지 관계, 즉 하나님, 자신의 피조물(특별히 자신의 이웃사람), 그리고 자기 자신과의 관계 속에 실존한다. 더욱이 이러한 관계는 수동적 관계성(이에 관해선 앞에 179쪽 이하를 참조할 것, 옮긴이)이며 이는 자신의 현존과 함께 주어진 것일 뿐만 아니라 동시에 책임적인 관계를 형성하도록 위임된 것이다. 관계적

---

2 건강이나 생명만이 의료윤리적 행위영역의 유일한 윤리적 가치는 아니다. 거기선 유한한 피조물인 "인간"의 존엄과 행복이 주제가 된다. 이 장에서는 다만 문제의 복잡성만을 암시적으로 언급하고자 한다. 뢰멜트(J. Römelt)는 이 문제를 다루는 윤리학의 한 장(a.a.O., 117)에서 의학윤리학의 이중적 관심사를 '인간생명 앞에서의 경외와 인간의 유한성의 수용'이라는 표제어로 표현하였다.

3 제1부 4.2.2와 비교하시오.

존재로서 인간은-바로 각 사람이-**인격체**이다. 동시에 그는 어떤 방식으로든 자신의 피조물을 위한 책임을 진다. 인간 외에 그 어떤 피조물도 이런 책임을 지지 않는다. 왜냐하면 인간은 자신과 모든 다른 피조물의 피조성을 인식하고 이에 적합한 자세를 취할 수 있기 때문이다. 그런즉 이러한 과제가 인간에게 지워졌다. 이로 인해 자유가 인간을 규정하는 본질적 요소로 주어지고 허락되었다고 말할 수 있다. 오직 인간만이 자유로운 존재로 지음을 받았기에 책임을 수용하고 짊어질 수 있다.

이와 관련해 성서와 그리스도교의 가르침은, 인간이 하나님의 형상대로 창조되었다고 말한다. 인간이 하나님의 상대자요 위임을 받은 자라는 뜻이다. 하나님의 형상은 인간에게 상실할 수 없으며 침해될 수도 없는 존엄성을 부여한다.[4]

인간은 하나님에 의해 구별된 피조물이지만 **유한한** 존재이다. 인간은 지식, 능력, 그리고 가능성의 한계만이 아니라 시공간적으로 제한된 존재이다. 인간은 다른 피조물과 유한성을 공유하고 있다. 하지만 인간은 자신의 유한성을 인지하고, 앞서 자신의 죽음을 생각하고 느끼며, 미래에 올 죽음을 예측하며 살아간다. 이것이 인간의 특징이다. 성서의 지혜는, 우리가 죽음을 피할 수 없다는 지식으로 인해 "지혜롭게" 될 기회를 얻게 되었다고 말한다(시 90:12).

이러한 지혜는 포기나 무감정이 아니라 죽음을 넘어서는 소망에 대한 표현이다. 소망을 바라보며 이 세상의 현재적 상황들과 가능성들을 궁극 이전의 것으로 인식할 수 있다. 그렇다고 상황들과 가능성들이 자신의 가치나 의미를 상실하는 것은 아니다. 그렇지만 인간은 이를 자신의 마음에 두어서는 안 된다. 왜냐하면 이것은 인간과 마찬가지로 헛되기 때문이다. 인간은 궁극이전의 것을 감사하고 책임적으로 사용할 수 있지만 "갖지 않은 자같이"(고전 7:30f.) 가져야 한다. 이러한 형태의 내적 간격은 사물과의

---

4 제1부 4.2.3과 제2부 1과 비교하시오.

냉철한 교제를 가능하게 하고, 사물을 가지고 성취할 수 없는 것에 과도하게 기대지 않은 채 그들의 고유한 가치를 성취하도록 돕는다. 그리스도교적 이해에 따르면, 궁극이전의 상황들과 가능성들에 속한 것으로는 건강(고후 12:7-10), 건강한 육체(마 5:29), 그리고 이 땅에서의 모든 인간의 삶(막 8:35f.)이다.

그리스도교의 신앙은 세상을 경멸하라고 말하지 않는다. 다만 인간은 죽음을 통해 자신에게 약속된 성취와 완성, 다시 말해 영원한 삶에 참여하도록 정해져 있다는 것을 생각하라고 말한다. 바로 이런 연유로 지상의 삶은 가치 있고 영예로운 것이다. 죽음은 최종선언이 아니라 영생으로 가는 관문으로 이해된다.

일식이 빛을 동반하듯 죽음은 삶을 동반한다. 이 둘은 유한성에 속해 있으며 또한 그런 것으로 수용되어야 할 대조점이다. 그러나 이는 마지막 목적도, 자신만을 위해 거기 존재하는 힘도 아니다. 그리스도교의 신앙은 지상의 세계에서 벗어나거나 지상의 세계 안에서 죽음이 극복되기를 소망하지 않는다. 세계는 창조된 것이고 유한한 세계이며, 그 특징은 허무함이다. 그 대신 이 세상에 나타난, 그러나 아직은 완성되지 않은 영생에 대한 믿음을 소망하며 산다.

2.1.2 영육으로 통일된 인간[5]

유한한 피조물인 인간은 본질적으로 육체적 피조물이며, 살아 있는 모든 다른 피조물도 마찬가지이다. 그리스도교적 이해에 따르면 부활과 영생에 대한 소망은 육체적 존재방식에 대한 주장(고전 15:35-49)과 연계되어

---

5 이에 대해서는 E. Herms, "Der Leib als Symbol menschlicher Freiheit und Abhängigkeit", in: ders., *Sport. Partner der Kirche und Thema der Theologie*, Hannover 1993, 13-24; Th. Fuchs, *Leib - Person - Raum*, Stuttgart 2000, 특히 88-99와 122-134; ders., *Leib und Lebenswelt, Neue philosophisch-psychiatrische Essays*, Baden-Baden 2008; W. Härle, "Der Mensch als leib-seelische Einheit", in: ders.(Hg.), *Ethik im Kontinuum. Beiträge zur relationalen Erkenntnistheorie und Ontologie*, Leipzig 2008, 97-101.

있다. 이런 점에서 육체성[6]은 인간존재에게 본질적인 것이다. 그뿐만 아니라 바울과 같이 육체성을 매우 다양한 형태로 구분하는 것이 필요하다. 모든 육체성이 결코 "육과 혈"의 결합이나 단지 물질과 결합된 것은 아니다. 우리가 육체의 개념을 포기할 수 없는 이유를 다음과 같이 적절하게 표현해볼 수 있다. 육체는 피조물의 형태이다. 그리고 피조물들은 상호 (그리고 스스로) 인식하고 상호 간에 그리고 자기 자신과 관계를 맺는다. 바로 그렇기에 이러한 형태는 포기될 수 없다. 이런 점에서 인간존재(살아 있는 모든 창조물에게도 마찬가지이지만)는 육체성을 포기할 수 없다. 우리가 하나의 육체성, 더욱이 자신의 육체적 형태에 대한 사고를 배제하고서는 결코 인간일 수 없기 때문이다.

지상적 현존방식을 위해 육체성은 실제적으로 더욱 구체적인 것을 의미한다. 육체적 생명체인 인간은 자신의 환경과 교환하며 살아가고, 자연의 자원을 필요로 하고, 자신의 생명을 보존하기 위해 식물이나 동물의 생명을 희생시킨다. 육체적 존재인 인간은 비난이나 상처를 받을 수 있으며 고통, 상처, 질병, 그리고 죽음으로 인해 고난을 받게 된다.

그러나 인간은 육체에 얽매인 존재이지만 영육(저자는 책에서 "영육"이 아니라 "육영"[leib-seelisch]이라고 표현한다, 옮긴이)의 통일성을 이루고 있다. 말하자면 인간은 하나의 육체와 하나의 영을 가진(hat) 존재가 아니라 영육이다(ist). 영적인 것이 근본적으로 자신의 자율신경적이며 감성적 요소로 환원되는 경우에도 마찬가지이다. 이를 볼 때 인간은 다른 피조물과 연계되어 있음이 분명해진다. 이러한 관점은 지난 세기 의학과 다른 인문학들이 명확하게 알아차렸던 심체(心體) 혹은 심신(心身) 상관적 종속과 상호영향에 대한 이론으로 살펴보아도 옳다.

---

6 저자는 육체성이란 단어를 "Körperlichkeit"(육체성) 대신 "Leiblichkeit"(신체성)라는 개념으로 표현하고 그 이유를 다음과 같이 서술한다(옮긴이). 육체와 육체성이란 말은 영(혼)과의 구성적 관계를 나타낸다. 영은 육체의 생명성, 감수성, 그리고 정신성이다. 오직 물질적 관점에서 고찰해 본다면, 인간의 몸은 육체, 말하자면 시간과 공간과의 연속성 가운데서 확장된 형성물이다. 이는 마치 주사위나 공과 같다. 통전적으로 인간을 고찰해보면 이러한 특별한 육체가 바로 몸이다. 이것이 의미하는 바는 "영"이라는 개념과 관련해 이해될 수 있다(앞의 내용을 참조하시오).

그러나 영을 하나의 고정된 것, 주관적인 것이나 더더욱 하나의 실체 (Substanz)로 사고한다면 오해를 불러일으킬 수 있다. 이와 같은 모든 추측 이나 이런 생각을 가지고 하나의 "영"을 감지해보려고 노력하거나 움직 인다면 "영"이라는 개념이 가리키는 본질을 잘못 판단하게 된다. 영은 우 리 육체 어딘가에 고정되어 있는 것이 아니다. 영은 육의 상태(Verfassung)[7] 이다. 이와 관련해 아리스토텔레스[8]는 인간의 영을 다음과 같이 세 종류로 구별하였다.

- 인간이 동식물과 공유하고 있는 **활성**(anima vegetativa).
- 인간이 고등동물과 공유하고 있는 **감성**(anima sensitiva).
- 피조물 가운에 인간에게만 고유한 **영성**[9](anima rationalis 혹은 spiritualis).

이상에서 인간은 곧 육체와 영이라고 말하였다. 그럼에도 불구하고 인 간은 하나의 육체와 하나의 영을 가지고 있다는 주장도 특정한 관점에서 는 중요성을 갖는다. 생기를 띤 육체와 육체에 매인 영과 같은 말을 찾아볼 수 있다. 이는 인간이 다음과 같은 능력을 가졌다는 것을 인식하게 될 때 분명해진다. 즉 인간은 자기 자신을 영육이 통일되고 통합된 존재로 개념 화하고, 자신의 육체 혹은 영, 더 정확히 말하자면 자기현존의 육체적이거 나 영적인 측면을 고찰하고, 동시에 자기 자신과의 거리를 유지한 채 자신 을 관찰하거나 반성한다. 자기 스스로 그와 같은 태도를 취하는 인간이 자 신의 영육의 통일성을 중지할 수는 없지만, 그럼에도 불구하고 이는 가능 하다. 그러나 이런 이유로 영육의 통일성을 부인하거나 부정하려는 모든

---

7 이러한 이해에 근거해 영의 불멸을 말한다면 틀린 말은 아니지만, 오해가 소지가 많다. 왜냐하면 죽을 수 있는 한 주체가 문제인 것처럼 생각하게 만들기 때문이다.

8 아리스토텔레스의 영혼론에 관해서 그의 저서 Περί ψυχῆς(De anima), II, 3, 414b-415a를 비 교하시오. 이성적 능력(anima rationalis)으로 환원될 수 있는 "영혼"이란 단어가 뜻하는 바를 다음과 같이 세분하였다. "영혼"은 감성(anima sensitiva)과 활성(anima vegetativa)이다(위를 보시오).

9 영성에 빗대어 다시금 감성, 사회성, 그리고 지성 혹은 합리성을 구별하는 것이 중요할 수 있다.

주장은 불가능하거나 문제가 된다. 이런 문제가 발생하지 않는 경우라면, 말하자면 개념화가 근본적으로 그와 같은 것으로 인정하고 부인하지 않는다면, 개념화의 가능성과 이의 좋은 뜻은 논쟁거리가 될 필요가 없다. 그러나 한 사람이 처해 있는 어떤 특정한 (예컨대 병리적인 종류의) 육체적이거나 영적 상태와 여건을 그 사람과 (타인을 통해서나 자기 스스로) 동일시할 때 발생하는 문제에 관해서는 비판하고, 이의 문제점을 지적하지 않을 수 없다. 의료윤리적 문제에 관한 논의는 특별히 이런 점을 유의해야 한다.

2.1.3 인간의 건강상태를 판단하는 방식인 건강과 질병

유한하고 살아 있는 존재인 인간은 자기인식과 자기감정의 공간 안에서 활동한다. 이 공간은 무엇보다 건강과 질병이라는 양 극단의 특성을 보인다. 한 사람의 건강상태가 그의 모든 경력과 행동에 적지 않은 영향을 주기에 건강과 질병은 큰 관심거리가 되어왔다. 개인의 생활만이 아니라 일상적 소통에서도 중요한 역할을 한다. 사람들이 병에 감염될 수 있다거나 병에 걸릴 위협을 느낄 때 더욱 그렇다.

한 사람이 건강한지 아니면 병들었는지를 자기 자신은 물론 타인도 분명히 규명하기 어려울 때가 있다. 이는 사람들의 건강상태를 판단할 때 흔히 나타나는 특징적인 모습이다. 건강하다는 사람이 다른 관점에서 보면 그렇지 못한 경우가 흔히 있다. 그렇기에 건강과 질병은 절대적으로 단정할 수 있는 어떤 주제가 아니다. 이 둘은 서로의 담을 넘나든다. 일반적으로 완전한 건강과 완전한 질병이란 한계가치를 뜻한다. 다시 말해 한 사람의 건강상태와 자기경험이 그 사이에서 운동하고 있다는 것을 말한다.

그러므로 건강(또한 질병도 마찬가지이지만)의 **개념**을 증상에 알맞게 분명히 정의하기란 쉽지 않다.[10] 흔히 의료윤리학에서 논의된 건강에 대한 개념을 이런 논의의 맥락에서 고찰해볼 때 두 가지 서로 상반된 개념이 문제

---

10 이에 대한 내용적 안내를 위해선 A. Kruse, *Gesund altern, Stand der Prävention und Entwicklung ergänzender Präventionsstratefien*, Baden-Baden 2002, 특히 1-19.

가 되고 있다. 먼저 1946년 세계보건기구(WHO)의 정의이다. 이에 따르면 건강이란 "육체적, 정신적, 그리고 사회적으로 온전하며 질병과 장애에서 자유로운 상태"이다.[11] 그렇지만 신학자요 의사인 디트리히 뢰슬러(Dietrich Rössler)는 건강을 "장애가 없는 상태"가 아니라 "장애와 함께 살아갈 힘"이라고 정의한다.[12]

첫 번째 정의는 실현가능성이 없는 **이상적 개념**에 근거하고 있다. 이에 따르면 건강은 정상적인 것이고 질병은 거의 도달할 수 없는 흔치 않은 예외처럼 보인다. 이에 반해 두 번째 정의는 건강을 (심리적이며 육체적인) 기능장애의 상황에서 독립시켜 장애를 다루는 능력(혹은 무능력)에 근거해 이해하였다. 다시 말해 자신의 운명을 받아들이고 살아갈 힘을 소유한 중환자나 죽어가는 자는 건강한 자로 표현해야 한다는 주장이다. 뢰슬러의 제안은 그 내용보다는 윤리적인 면에서 본질적이면서도 칭송을 받을 만하다. 말하자면, 그는 "건강"이 무엇을 의미하는지 정의하는 대신, 질병의 문제를 다룰 때 어느 곳에 그 목적을 두어야 하는지를 기술하였다. 건강과 질병을 더욱 적절하게 개념화하기 위해선, 꼭 필요한 것은 아니지만 다음 세 가지 차이점을 고려하는 것이 중요하다.

- 먼저 건강 혹은 질병에 대한 **개념적** 정의와 건강과 질병과의 적절한 관계에 대한 윤리적 주장을 구별해야 한다.
- 다음으로 건강과 질병의 **육체적** 측면과 **영적** 측면을 구별해야 한다.
- 마지막으로 건강하거나 질병에 시달리는 **사람**과 그의 삶의 **상황**을 구별해야 한다.

그러나 이 둘을 분리해야 한다는 말로 오해해서는 안 된다. 다만 이를

11 *World Health Organisation, basic documents, Vol. 1*, Genf 1976. 이에 대해선 U. H. J. Körtner, *Unverfügbarkeit des Lebens?*(위의 각주 1), 37-43; H. Kreß, *Medizinische Ethik*(위의 각주 1), 42-57, 특히 42f.

12 D. Rössler, *Der Arzt zwischen Technik und Humanität*, München 1977, 73.

구별하여 고려할 때 임의적 판단상황에 빠져들지 않기 위해선 공동의 관계점이 필요한 것이 사실이다. 이미 이 책 제1부의 기초적 해설 부분과 제2부 1에서 항목별로 전개한 것과 같이 이러한 관계점은 오직 인간에게 주어진 운명이다. 인간의 유한성에 관한 주장에서 다음과 같은 결론을 도출하게 된다. 질병과 죽음은 인간의 운명과 모순된 것이 아니다.[13] 질병과 죽음은-가능하면서도 실제적인 것으로-지음 받은 인간의 현존에 속한다. 그리스도교적 관점에서 보면 결코 건강이 하나님이 주신 인간의 운명이라고 말할 수 없다.[14] 그러나 분명 인간이 자신에게 맡겨진 건강을 지키기 위한 책임을 다하고, 최선을 다해 질병을 치료하고, 치료할 수 없는 질병과 제거할 수 없는 장애를 수용하고 견디는 것이 인간의 운명이다. 질병과 장애를 수용할 때 성숙한 삶의 자세를 갖게 된다.

이와 같이 건강과 질병이라는 개념은 하나의 이상이 아니라 주어진 현실에 근거해 규정되어야만 한다. 여기서 현실이란, 질병은 인간의 감성적이며 활동적인 삶에 영향을 미치는 하나의 **장애**의 성격을 갖는다는 것을 의미한다. 장애와 이로 인한 피해가 다소 크고, 고통스럽거나 위협적일 수도 있다. 그러므로 장애보다는 건강에 근거해 자신을 살펴보는 것이 의미 있다. 이를 위한 기준은 생명능력과 관계능력의 보존과 회복, 다시 말해 영육의 통일성을 유지하면서 노동하고 즐길 수 있는 능력이다.

그러면 두 번째로 언급한, 말하자면 인간의 육체적인 건강과 영적인 건강 혹은 질병의 차이를 살펴보자. 영적으로 병들었으나 육체적으로는 건강한 경우가 있다면 역으로 육체적으로 병들었으나 영적으로 건강한 경우도 있다. 그러나 이 두 가지 장애는 자주 함께 하나로 뒤섞여 **고난과 고통**을 가져다준다. 건강과 질병은 전체적으로, 즉 영육의 통일성을 이룬 채 어느 특정한 삶의 정황에 관여하는 경향을 보인다. 이러한 관련성은 의료적

---

13 위의 제1부 4.2.3; 제1부 5.4와 제2부 1을 보시오.

14 마찬가지이고 가령 크레스가 반복해서 사용한 "건강할 권리"라는 주장은 매우 오해의 소지가 많은 표현이다(H. Kreß, *Medizinische Ethik*, 58-78). 의료적인 배려를 받을 권리가 있는 것이지 건강할 권리가 존재하지는 않는다.

인 관점만이 아니라 의료윤리적인 관점에서도 유의해야 한다.

세계보건기구가 이러한 방향으로 결정적인 변화의 발걸음을 내디뎠다. 1986년 와타와 회의에서 세계보건기구는 건강에 대한 초기의 입장을 근본적으로 개정하였다.[15] 그러나 오늘날까지 이러한 변화가 공적인 영향을 주지 못하고 있는 것은 아쉽다. 안드레아스 크루제(Andreas Kruse)와 크리스티나 딩-그라이너(Christina Ding-Greiner)는 이러한 변화에 관해 다음과 같이 썼다.[16]

건강에 대한 고전적 정의는 오늘날 그 누구에게도 더 이상 진지하게 공유되지 않는다. 세계보건기구는 1986년 오타와 선언에서 건강에 대한 새로운 정의를 발전시켰다. 이에 따르면 건강은 활동성, 삶의 만족, 주체적으로 체험된 건강, 건강한 삶의 태도, 건강한 삶의 방식이라는 다섯 가지 특징을 지닌 상위개념이다. 이로써 치료와 간호의 목적이 확장되었다. 오직 질병의 극복이나 완화만이 중요한 것이 아니라 질병치료를 위한 노력과 더불어 자신의 독립성과 사회적 참여를 유지하거나 회복하기 위해 노력하는 환자들을 지원하는 것도 중요하게 되었고, 환자의 삶의 세계를 향한 관심이 증가하게 되었다. 말하자면 주거지와 주거환경을 어떻게 마련할 것이며, 어떤 정도까지 이를 사회적 네트워크로 통합할 것이며, 어느 정도까지 이를 전문적인 봉사를 통해 지원할 수 있으며, 각 개인들의 생각은 무엇인지, 그리고 이러한 개인적 생각들을 실현하기 위해 무엇을 해야 할 것인지 묻게 되었다. 더욱이 만성질환에 시달리는 환자들을 치료할 때 영적이며 정신적 차원의 지원이 더 많이 요구되었다. 말하자면 환자들이 질병의 과정을 더 잘 이해하고, 자신들만의 고유한 방식으로 건강을 유지하도록 치료하고, 간호하도록 지원하며, 새로운 영적 힘을 북돋우고, 새로운 삶의 전망을 발견하도록 돕는 삶의 영역을 인식하고 실현하게 되었다.

그리스도교적 관점에서 볼 때 가능한 한 건강하기 위해 노력해야 하는

---

15 *Ottawa-Charta zur Gesundheitsförderung*, 1986.

16 A. Kruse/Ch. Ding-Greiner, *Gesundheitliche Prävention bei Frauen in der zweiten Lebenshälfte. Abschlussbericht an das Bundesministerum für Gesundheit*, Bd. 1, Heidelberg 207, 10f.

이유가 있다. 건강은 자신에게 주어진 삶의 가능성에 **구애받지 않는** 인간적 건강상태를 보여주는 한 모습이다. 이에 반해 병은 이로부터 **제약**을 받고 **사는** 상태이다. 이는 육체적이며 영적 질병에 시달리던 환자들을 치유하고 이 땅을 고치시는 하나님의 임재를 비유적으로 설교하셨던 예수의 활동과 본질적으로 일치한다.

그러나 동시에 소망하지만 치유되지 않는 장애나 질병이 존재한다는 것을 인정해야만 하듯이 질병이나 장애를 자신의 고유한 삶의 한 부분으로 **받아들여야 할** 과제도 있다. 그러므로 이 두 가지 측면은 치유나 고통의 완화를 위해 환자를 치료하고 간호하는 행위가 교회가 시작된 날로부터 오늘까지 포기할 수 없는 사회봉사와 영적 돌봄의 과제가 된 것과 무관하지 않다.

시간적 제한성 **그리고** 인간에게 주어져 있는 영원한 운명이 인간의 삶을 고귀하고 살 만한 가치가 있는 것으로 만든다. 하지만 영생에 대한 완성을 소망하도록 제시된 길은 어떤 희생을 치러서라도 이 땅에서의 삶을 연장하는 것이 의무라고 말하지 않는다. 지상의 삶이 요구하는 모든 것이 인간의 존엄을 위해 봉사하지 않는다는 점은 분명하다. 인간존엄성은 **제한된** 인간생명의 존엄성이다. 그리고 이러한 제한이 인간에게는 **역시** 은혜이다. 이는 **역시** 땅에서(창 3:19같이) 저주를 끊는 제한이다. 이렇게 상반적으로 설명하는 것 외에 그리스도교적 신앙의 입장에서 건강과 질병의 문제에 대한 다른 입장을 제시할 수 없다. 그러므로 건강과 질병에 관한 적절한 윤리적 관계는 다음과 같은 다양한 태도방식으로 나타난다.

- 자신과 타인의 건강과의 신중한 관계형성
- 고난, 질병, 그리고 장애를 지닌 사람에 대한 관심
- 인간에 대한 봉사로서의 의료적 연구
- 영적 섬김을 위한 준비, 병들고 죽어가는 자와 동행, 그리고 그들을 힘써 도움

- 한 사람에게 죽음에 대한 투쟁이 요구되는 시간과 그가 자신의 삶의 자격을 상실하는 시간을 앎으로 죽음에 동의해야 할 때를 아는 환자와 의사의 지혜

죽음을 수용하고 평화롭게 죽을 수 있는 곳에서 제한된 인간생명이 갖는 존엄성의 본질적 요소와 인간의 운명을 경험하게 된다. 이러한 목적과 종말의 종지부가 인간의 건강을 위한 모든 노력을 무의미하거나 의심스러운 것으로 만들지는 않으며, 제한된 것이기는 하지만 그리스도교적 신앙이 말하는 창조적 삶을 위해 그 나름의 의미와 중요성을 확정적으로 보여준다.

2.2 의료윤리학의 규범적 기초

의료윤리학의 대표적 저작인 톰 보참(Tom L. Beauchamp)과 칠드리스(James F. Childress)가 『생명의료윤리의 원칙들』[17]에서 제시한 다음과 같은 의료윤리의 네 가지 원칙은 오늘날까지 지속적인 호응을 받고 있다.

a) "자율성의 존중." 이는 환자가 자기 스스로 제정한(자율이라는 개념이 가지고 있는 엄격한 의미에 따라[18]) 규칙에 따라 살아갈 권리(또는 단지 기회)가 있다거나, 환자의 개인적이고 재정적인 능력과 상관없이 자신이 생각할 수 있는 모든 치료를 요구할 수 있다는 말은 아니다. 여러 진료의 가능성 중에 어느 것을 선택할지 결정할 권리가 환자에게 있으며 의사는 환자의 자기결정권을 유의하고 고려하며 또한 그럴 수 있어야만 한다는 주장이다. 물론 자율성의 원칙은 환자가—이미, 여전히, 현재—그와 같은 자기결정력을 가지고 있다는 것을 전제한다.

---

[17] Tom L. Beauchamp/James F. Childress, *Principles of Biomedical Ethics*, Oxford 2001[5], 특히 57-282. T. L. 보참/J. F. 칠드리스(박찬구 외 옮김), 『생명의료윤리의 원칙들』, 이화여자대학교 생명의료법연구소 2014.

[18] 이에 대해선 W. Härle, "Autonomie-ein vielversprechender Begriff", in: W. Härle, *Menschensein in Beziehungen*, Tübingen 2005, 213-241.

b) "악행금지." 두 번째 원칙은 모든 의료윤리학의 기본원칙인 "누구에게도 해악을 입히지 말라"(ninil nocere)는 내용을 담고 있는데, 이미 히포크라테스 선언[19]은 물론 많은 의료인들의 맹세와 (자기)의무 속에 깊은 뿌리를 내리고 있다. 이 원칙은 "아무에게도 해를 끼치지 말라"(neminem laedere)는 자연법적 원칙과 유사하다.[20] 분명한 의지를 나타내고 있지는 않지만 당연히 이 원칙은 환자의 살해를 금한다. 윤리적으로 본다면, 환자에게 해악을 주는 행위는 의료적 행위가 목적으로 삼을 수 있는 행동강령이 아니다. 그러나 환자의 손상을 감수하거나 이를 알면서도 치료를 목적으로 하는 바를 완수하기 위한 이와 위배되는 행동을 해야 하는 많은 경우들이 있을 수 있음을 배제하지는 않는다. 이를 보여주는 오래된 사례가 있다면, 의도하지 않았으나 심각한 부작용을 일으키는 (혹은 일으킬 수 있는) 약품의 투여이다. 당분간 어쩔 수 없이 치료의 방편으로 행하는 의료행위는 환자의 유익과 치료를 위한 봉사행위이다.

c) "선행." 선행 혹은 의료적 돌봄과 도움의 원칙은 악행을 피할 때 얻게 되는 긍정적 효과를 통찰하도록 한다. 참된 의료적 행위는 환자에게 악이나 해를 가하지 않았다고 이루어지지 않는다. 오히려 환자의 질병을 치료하고 가능하다면 (돌봄과 건강한 삶의 방식을 통해) 병에서 벗어나도록 예방하는 것이다. 이 세 번째 원칙은 의료윤리적이며 책임적 행위에 대한 논의에서 늘 듣는 연주곡이며 오랫동안 의료행위의 "최상법"으로 간주되어왔다.[21] 의료행위에서 환자의 건강을 회복시키려는 의도와 이를 실제적으로

---

19 H.-M. Sass, *Medizin und Ethik*(위의 각주 1), 351. "나는 나의 능력과 판단을 최대한 발휘하여 환자의 치료에 도움이 되는 삶의 방식의 기본법칙을 사용하며, 환자에게 해와 손실을 주지 않을 것이다. 혹 그 누군가 요청할지라도 누구에게도 죽음을 야기할 수 있는 약을 주지 않을 것이며, 그와 같은 방향으로 권하지도 않을 것이다. 나는 어떤 여성에게도 태아의 생명을 낙태할 수 있는 약을 주지 않을 것이다."

20 위의 제1부 3.5.3①를 참조하시오.

21 "환자의 행복이 최고의 법"(Salus aegroti suprema lex). 오늘날 의료윤리적 논의에서 선행의 원칙이 다른 원칙보다 우선해야 한다는 주장은 자율의 원리에 근거해 문제가 되고 있으며, "환자의 의지가 최고의 법"(Voluntas aegroti suprema lex)이라는 주장을 도구로 삼아 논쟁거리가 되고 있다.

성취하는 것은 분명히 구별되어야 함을 알아야 한다. 그러므로 고대의 의료윤리적 지혜는 대칭적 표현을 사용해 "의사는 치료하고 하나님은 치유하신다"(Medicus curat, Deus sanat)라고 말하였다. 이러한 지혜는 표현 그대로 오늘날에도 의료인의 지식과 행동 안에서 더욱 자주 기억되고 있다.

d) "정의." 정의의 원칙에 관해선 제2부 4에서 별도로 다루겠지만,[22] 앞에서 언급한 세 원칙들과 비교해볼 때, 이 원칙이 의료윤리적 기본원칙이 될 수 있을지는 분명하지 않다. 사실상 이 원리는 오직 특별한 (그러나 오직 한편만을 옹호하기 어려운) 상황을 고려할 때 등장한다. 말하자면 의료적 자원이 부족한 경우이다. 모든 의료적인 필요와 당연한 기대를 충족하기에는 충분한 의료적 자원을 사용할 수 없는 경우이다. 여기서 말하는 자원에는 약품만이 아니라 전문지식을 가진 의료인이나 시간도 포함된다.[23] 이런 상황에서 자연히 제공될 수 있는 (그러나 모든 사람에게 충분하지 않은) 의료적 수단을 공정하게 분배하는 문제가 발생한다. 특별히 의료윤리학에서는 "생명"과 "건강"과 같이 근본적으로 분배하거나 재정적으로 청구할 수 없는 문제가 논의의 주제가 된다. 어떤 기준에 따라(예를 들어 시간적 순서, 치료의 기회 부여, 사회적 지위, 우연성의 원칙) 분배하는 것이 의료윤리적으로 정당하다고 말하고 느낄 수 있는지를 "정의"의 원칙이라는 이름으로 결코 결정할 수 없다. 그러나 여전히 이러한 과제의 해결이 요구되고 있다.

a-d) 이 네 가지 원칙들의 순서는 서열에 따른 것이 아니다. 그러나 이러한 배열은 확실한 흐름을 보여주고 있다. 물론 앞선 원칙은 뒤선 원칙보다 항상 우선적으로 논의해야 한다는 뜻은 아니다. 다만 이런 네 가지 원칙의 모델로 결정할 수 없는 갈등이 발생할 수 있음을 지적하고자 한다. 왜냐하면 다른 원칙들이 우선적으로 따라야 하거나 경우에 따라 제한을 받을

---

22 아래 제2부 4를 보시오.

23 오래전부터 의료윤리학은 (원래 커피콩이 선별이나 기차의 편성을 위해 사용되었던) 프랑스어 트리아지(Triage)라는 개념을 차용해 이러한 문제와 원리에 대해 논의해 왔다. 특별히 응급상황이 발생했을 때 어떤 기준과 순서에 따라 부상당한 환자들을 치료할 것이냐는 문제를 함께 논의하였다.

수 있는 더 중요하거나 더 높은 원칙이 없기 때문이다.

이 문제는―처음 두 가지 원칙 사이에서―매우 분명하게 드러난다. 만약 어느 환자가 의사에게 자신을 죽여줄 것을 적극적으로 요구하고 도움을 청하면서 이는 나의 자결권에 속한다고 말한다면 어찌할 것인가. 요구된 살해도 독일의 형사법에서는 엄하게 처벌된다는 사실을 덧붙여야 되겠다. 부족한 의료자원을 분배해야 하는 경우에도 갈등이 빚어진다. 특히 이 때문에 어떤 특정한 환자들이 해를 입거나 최소한의 충분한 의료적 혜택을 받지 못하게 되는 경우를 말한다.(한편으로 정의의 원칙이 다른 한편으로 악행금지와 선행의 원칙 사이의 충돌로 발전한다.)

유럽대륙의 윤리적 전통에서 볼 때, 이러한 원칙의 순서에서 인간존엄성의 존중이 빠진 것이 눈에 띈다. 많은 이들이, 이 원칙은 자결의 중요성을 고려한 것이나 다름없다고 말할지도 모른다.[24] 그러나 그 말은 분명 잘못된 것이다. 이 책이 주장하는 윤리적 이론에 따르자면, 인간존엄성의 존중은 다섯 번째 원칙으로 보충되어야 할 뿐만 아니라 다른 원칙들이 도출되고 제한을 받아야 할 의료윤리학의 최고 규범이다. 이 장에서 필자는 인간존엄성의 원칙에 근거한 의료윤리학이 어떤 의미를 갖는지를 제시해보려고 노력할 것이다. 인간존엄성의 원칙은 앞서 언급한 네 가지 원칙을 부정하거나 무시하지 않는다. 하지만 이를 인간존엄성에서 유래하고 이에 종속된 윤리적 규범으로 이해한다. 여기서는 특별히 인간생명의 시작과 종말에 관한 의료윤리적 문제에 국한해 논의하게 될 것이다.

2.3 생의 초기에 발생하는 의료윤리적 문제들[25]

2.3.1 생의 초기에 발생하는 의료윤리적 행위영역

먼저 의료윤리적 행위영역에 관해 고찰한다. 이때 행위가능성의 구조를 개괄하고(2.3.1.1) 이에 근거해 거기서 지속적으로 문제시되는 의료윤리

---

24 위의 제2부 1.2.3을 보시오.

적 문제들을 전망한다(2.3.1.2). 특히 출생 전(prenatal)에 발생하는 문제들을 중점적으로 다룰 텐데, 출산과 관련된 영역에서는 출생전후기(perinatal)에 발생하는 문제들도 고찰할 것이다.

2.3.1.1 생의 초기에 발생하는 의료윤리적 행위가능성

① 인간생명의 발생과 보존을 위한 도움

여성의 자궁(in utero)에 남편이나 다른 남자[26]의 정자를 주입하는 인공수정이 이에 속한다. 1976년부터 배양용 접시에서 인공으로 수정하는 체외수정시술도 가능하게 되었다. 하지만 아직 독일에서는 양쪽 부모 중에서 한 사람과 유전적으로 (거의) 동일한 쌍둥이가 태어날 수 있는 생식세포 복제[27]와 다른 여성의 수정된 난세포를 이식하여 임신시킨 후 아이가 태어나면 난세포 "기증자"에게 돌려주는 대리모는 기술적으로는 가능하지만 법적으로는 허락되지 않는다.

다음과 같은 가능성은 영아들을 방치하거나 죽이는 것을 막고 이들의 생명을 보호하기 위한 방편에 속한다고 하겠다. 먼저 임신부가 병원에서 자신의 신분을 밝히지 않은 채 익명으로 아이를 낳을 수 있도록 허락하는 것으로, 프랑스는 1941년부터 이를 합법화하였다. 다음으로 (익명으로도 가능하지만) 아이를 뉘어 보관할 수 있는 유아침대를 제공하고, 마지막으로 입양을 (자유롭게) 허락하는 것이다.

② 인간생명의 발생을 저지하기 위한 처방

소위 자연적 방식이나 (인공의) 피임도구를 사용하여 임신을 예방하려는

---

25 이를 위한 기본적 작품으로는 N. M. Ford, *The Prenatal Person. Ethics from Conception to Birth*, Oxford 2002를 비교하시오.

26 이 경우 소위 여러 정자기증자들의 "혼합정자"(Sperma-Mix)가 사용될 수도 있다. 따라서 태어날 아이의 친부를 확인하는 것은 불가능하게 된다.

27 이는 동물실험(돌리)에서 이미 성공적으로 수행되었다. 그러나 후에 생각지도 않았던 심한 부작용(예를 들어 조로증과 관절장애)이 있었던 것으로 알려졌다.

것이 이에 속한다. 수정을 막는 것이 아니라 이미 어머니의 자궁에 착상된 난세포를 착상하지 못하도록 막는 착상방해도구도 이에 속한다.[28] 이는 낙태의 초기형태로 볼 수 있다. 또한 모든 유형의 낙태도 마찬가지이다. 현대 독일에서 제정된 법률[29]에 따라 그 종류들을 세분화해보면, 임신 후 12주 안에 낙태(형법 218조a(1)과(3)[30]), 임신 후 22주까지의 낙태(형법 218조 a(4)), 임신 후 23주 이후의 후기 낙태(인공유산조정법 2조a와 연계된 형법 218조a(2)에 따라)가 법적으로 허락된다.

③ 생명의 시작을 진단하는 가능성

침습적 방법을 사용하든 아니든[31] "산전진단"(PND)의 문제가 여기에 속한 첫째 과제이다. 이는 법과 윤리의 관점에서는 통상적으로 수용되면서도 그 실행의 문제는 논쟁거리가 되고 있다.[32] 진단해볼 수 있는 가능성들

---

28 그러나 독일형법 제218조 (1)2항은 이를 가리켜 "이러한 법률의 의미에서 낙태가 아니다"라고 명시하고 있다.

29 기본적으로 독일형법 제218조는 아래와 같이 명시하고 있다. "(1) 낙태한 자는 3년 이하의 자유형 또는 벌금형에 처한다." 이에 덧붙여 다음과 같은 조항을 첨가하였다. "(2) 특히 중한 경우에 6개월 이상 5년 이하의 자유형에 처한다…. (3) 임산부가 낙태한 경우에는 1년 이하의 자유형 또는 벌금형에 처한다. (4) 미수범은 처벌한다. 임산부는 미수로 인해 처벌되지 아니한다."

30 독일형법 제218조에 따라 처벌할 수 있는 낙태와 나란히 다음의 두 경우는 처벌되지 않는다. 의사와의 협의 후 시술된 낙태(연방헌법재판소에 따르면 위법행위이지만)와 임신이 위법적 행위(가령 성폭력)를 통해 발생했다는 유력한 근거가 있을 때 행해지는 낙태이다.

31 출생 전 진단을 통해 배아나 태아가 심각한 장애를 가지고 있다는 것이 밝혀지면 독일에서는 거의 습관적으로 낙태를 선택함으로 많은 논란거리가 되고 있다. 그와 동시에 많은 경우 법적으로나 윤리적으로는 문제가 되는 금지된 낙태가 시술된다. 독일형법 제218조a(2)는 병이나 장애를 가진 배아나 태아에 대한 의료적으로 합당한 합법적 낙태에 대해 알지 못한다. 임산부의 생명에 대한 위협 또는 신체적 혹은 정신적 건강상태에 중대한 영향을 줄 위험을 방어하기 위하여 또한 적절한 다른 방식으로 이의 위험을 방어할 수 없는 경우에 낙태는 위법하지 않다. 이에 대해선 2010년 1월 1일부터 발효된 "특별한 경우의 인공유산조정법"(SchKG), 제2항a를 참고하시오.

32 비침습적 방법에 속한 것으로는 무엇보다 초음파검사법이 있고, 침습적 방법에는 양수검사법, 융모막검사법, 그리고 제대혈 검사법이 있다. 이에 대해선 Ch. Swientek, *Was bringt die Pränatale Diagnostik? Informationen und Erfahrungen*, Freiburg 1998; R. Kollek, *Präimplantationsdiagnostik*, Tübingen/Basel 2000 sowie V. Weigert, *Bekommen wir ein gesundes Kind? Pränatale Diagnostik: Was vorgeburtliche Untersuchungen nutzen*, Reinbek 2001.

은 많이 있지만 유감스럽게도 치료의 방법은 많지 않다. 실제 "사전 진단"은 매우 드문 경우에만 배아와 태아 치료에 도움이 된다. 잘해야 아이를 가진 부모들을 안심시키는 정도일 뿐 자라고 있는 아이를 낙태시키게 되는 경우가 많다. 두 번째로 얼마 전만 해도 독일에서는 허락하지 않았던 "착상 전 진단"(PID/PGD)의 문제가 이에 속한다. 이는 체외수정시술과 더불어 시행될 수 있으며 초기 발전단계에 있는 (모태의 자궁에 착상하지 않은) 배아가 염색체 이상이나 손상이 있는지 조사한다. (조사 후에는 자궁에 착상하지 않고 폐기한다.)

④ 유전자 치료와 생존능력의 증강

아직 이 분야에서 기술적으로 할 수 있는 것이 많지는 않지만 유전자 치료가 이 영역에 속한 대표적 의료행위이다. 유전자 치료가 유전적 치료방식으로 태아의 유전적 결함을 제거할 수 있다고 말하는데, 바로 그런 점에서 윤리적 숙고가 필요하다. 유전자 치료에는 배아에만 영향을 미치는 체세포 유전자 치료와 배아의 후손에까지 유전될 수 있는 생식세포 유전자 치료가 있다. 동기는 다르지만 생식세포 유전자 치료는–특정한 질병과 장애의 치료가 아니라–진화론적 생존투쟁이나 사회의 공동생활을 위해 유전적 변형의 최적화를 시도하는 의료영역들이나 (동물)실험들과 유사하다.

⑤ 배아, 아동, 그리고 동의능력이 없는 사람들에 대한 의료연구

먼저 독일에서는 **사용된** 배아연구, 말하자면 죽은 자의 **배아연구**를 법적으로 금하고 있다. 그러나 해외에서 독일로 줄기세포선을 수입하려면 독일 내에서 배아가 사망해서는 안 되며 독일 내에서 이루어지는 배아연구만을 위해 사용한다는 조건으로 가능하다. 법률가들은 이러한 규칙이 시행되기 전에 만들어진 줄기세포선의 수입만을 허락하고 사용할 수 있도록 특정한 날짜를 정해 이 문제를 해결하고자 한다. 윤리적으로 문제가 되는 배아줄기세포에 대한 연구와는 달리 제대혈이나 척추에서 추출한 성인의 줄기세포를 이용한 연구는 윤리적으로나 법적으로 전혀 문제가 되지 않는다.

위에서(2.3.1.1①) 언급한 생식세포복제와는 달리 치료를 목적으로 하는 세포복제는 새로운 생명의 탄생이 아니라 치료 시 대신 사용할 수 있는 조직이나 도구를 생산하려는 관심에서 만들어진 것이다. 치료용 세포복제라는 말은 오해를 줄 수 있다. 왜냐하면 이제까지 치료적 사용이란 표현은 단지 어떤 목적이나 소망을 말할 뿐 기술적으로 가능한 것을 뜻하지는 않았기 때문이다. 또한 사용된 배아연구와 같이, 치료를 위해 사용될 때도 인간의 배아가 파괴될 수 있기에 연구를 목적으로 한 세포복제도 사용된 배아연구에 대한 법적이며 윤리적 문제에 전적으로 관여하게 된다. 그뿐만 아니라 치료적 목적으로 타인의 배아를 사용하게 될 때(자신의 배아를 사용할 수 없어) 급격한 암 발생의 위험성이 높아짐으로 결국 치료적 사용이라는 말이 의문시되고 무색해진다.

동의능력이 없는 사람들을 대상으로 한 약품임상실험은 배아, 태아, 영아, 아동과 같은 동의능력이 없는 집단이 생의 시초에 경험할 수 있는 의료윤리적 문제이다. 사실 이들이 동의능력을 가지고 있지 못하기에 근본적으로 타인에게 유용한 연구가 실행되어서는 안 된다. 이로 인해 이 집단에 속한 사람들에게 규격화된 방법에 따라 연구되고 실험된 의약품을 사용할 수 없게 되는 문제가 발생한다. 그러므로 의료윤리학은 이러한 해악을 받아들여야 하는지, 아니면 이런 딜레마에서 빠져나오기 위한 다른 출구를 찾아야 할지를 신중하게 검토하지 않을 수 없다. 이와 같이 특별한 경우에는 일반적으로 규격화된 연구방법을 포기하고 그 대신 특정한 약품과 치료방식의 치료적 경험들을 수집하고 평가하는 것이 해결책이 될 수 있다. 이는 임상대상자, 더 정확히 말하자면 환자를 위해 연구와 치료적 사용을 엄격하게 연결함으로써 임상대상자의 동의 없이도 타인에게 유익한 연구가 포기될 수 있다는 윤리적으로 큰 장점을 가지고 있다.

2.3.1.2 인간생명 초기에 발생하는 의료윤리적 기본문제들

여기서는 인간의 생명 초기에 발생하는 의료윤리적 행위가능성을 살핀다. 다음의 네 가지 기본적인 문제들을 중심으로 윤리적 논의를 진행해나갈 것이다.

① 인간의 시작을 정의하는 문제

"인간의 시작"이란 말은 매우 막연하고 분명치 않다. 이에 해당하는 세 가지 말이 있는데, 그것은 인간의 생명, 인간존재, 그리고 인간존엄성이다. 아래의 논의에서 이 세 개념을 서로 긴밀하게 연결해 다루겠지만 어떤 부분에서는 이의 차이들을 강조할 것이다.

인간의 생명이 수정과 수태와 함께 시작한다는 데에는 거의 이론의 여지가 없다. 그렇다면 이렇게 발전한 "형성물"(Gebilde)을 무엇이라고 부를 수 있는가? 이는 생물학적 의미에서 생명, 곧 무언가 "생기가 넘치는 것"이고, 인간에서 유래했기에 인간적 생명이다. 하지만 결정적인 첫 논쟁점은, 이러한 인간의 생명이 이미 한 사람의 인간이냐, 아니면 한 사람 이전의 형태, 다시 말해 가능적 혹은 미래적 인간이냐는 질문이다. 두 번째 논쟁점은 위에 말한 바와 밀접하게 관련되어 있다. 인간적 생명의 그런 초기형태를 "인간"이라고 칭할지라도(아니면 칭하는 한) 이미 (단어의 의미 그대로) 그에게도 인간존엄성을 부여하는가, 아니면 인간존엄성의 이전 형태 혹은 점차 형성되어가는 인간존엄성이라고 말해야 하는가? 다시 인간존재와 인간존엄성이 그렇게 등급이 매겨져야 하는가?

② 인간존엄성의 특징

인간의 생명의 시작에 대한 첫째 질문에는 인간존엄성에 대한 질문이 포함되어 있다는 사실과 정황을 방금 제시하였다. 더구나 인간존엄성과 인간발육의 시간적 서열에 관한 질문만이 아니라 인간존엄성의 의미, 이해, 그리고 법적 관련성에 대한 질문도 제기된다. 인간존엄성을 개념적으로 어떻게 정의할 것인지는 바로 앞 장을 참조할 수 있다.[33] 인간존엄성의 법적 지위와 논증의 근거에 대한 많은 문제들이 계속 논쟁 중이다.[34] 인간이 타인의 존엄성을 거절하거나 빼앗을 수 있는가? 만약 그렇다면 이는 오직 인간을 통해 허락된 것은 아닌가? 이는 인간의 현존과 함께 주어진 것인가? 인간존엄성은 어떤 확정된 특징이나 인간실존의 관계에 근거하고 있는가? 만약 그렇다면 어떤 특징과 관계인가? 인간존엄성은 근본적으로 "개방적 논증"을 해야 하는가, 아니면 이를 위해 초월적이거나 초험적인 논증만이 문제가 되는가?

결국 사용된 배아연구와 관련해 인간존엄성의 법적 관련성에 대한 질문이 구체적으로 제기된다. 인간존엄성은 선한 뜻으로 실행하는 과학적 혹은 치료적 살해를 배제하는가? 자기 자신의 인격은 물론 모든 타인의 인격에서도 인간을 언제나 수단이 아니라 목적 그 자체로 대하라는 칸트의 "실천적 명령"[35]이 여기서도 유효한 것인가?

③ 인간적 정체성의 문제들

유전자치료와 생존능력의 증강으로 인해 인간 게놈 혹은 인간의 인격성이 의료적 목적에 따라 변경되고, 이의 의도와 요구에 따라 향상된다. 이것이 난세포의 통로에 도달되거나 유전되지 않을지라도 이러한 변경의 시도가 윤리적으로 (그리고 법적으로) 허락되느냐는 질문이 제기된다. 만약 이러한 시도가 원치 않은 혹은 이전에 알 수 없었던 영향을 미치게 된다면 과연 누가 이에 대한 책임을 질 것인가? 이를 통해 인간의 조건과 본성이 어떻게든 비가역적(非可逆的)으로 변화하는지는 않을까? "인간사육"과 완

---

33 위의 제2부 1.2를 보시오.

34 이에 대해선 W. Vögele, *Menschenwürde zwischen Recht und Theologie. Begründungen von Menschenrechten in der Perspektive öffentlicher Theologie*, Gütersloh 2000을 참조하시오.

35 위의 제2부 1.2.1의 각주 11을 보시오.

벽한 인간에 대한 유토피아적 환상을 품고 환호하는 자가 있다면, 반면 깊은 충격을 받는 자도 있을 것이다.[36]

유전자치료와 생존능력의 증강에서 인간적 본성과 종족의 정체성이 문제가 된다면, 익명으로 아이를 낳거나 베이비 박스에 버려진 경우 "단지" 이러한 방식으로 태어났거나 버려진 **개인**의 정체성만이 문제가 된다. 더욱이 여러 경우에 (아마도 이 아이 때문에 어머니가 되었지만) **자신이 낳은 아이**를 양도하고 더 이상 찾을 수 없는 어머니로서의 여성의 정체성도 문제가 된다. 이때 무엇보다 생명권과 자신의 혈통을 알 권리 사이에서 윤리적 갈등이 발생하게 될 것이다. 이의 중요성을 서로 비교할 수 있는가? 이러한 갈등은 어떻게 책임적으로 결정할 수 있는가? 자신의 출생을 안다는 것이 자신의 정체성과 생활을 위해 어떤 의미를 갖는가?

여러 유형의 입양(비밀입양, 반개방입양, 개방입양 등 어떤 유형의 입양이든 아이를 입양 보낸 부모들이 입양한 부모들이 누군지 알고 있는가? 그리고 그들 사이에 교류의 가능성이 있는가?)은 익명의 입양과 베이비 박스에 버려진 아이와 비교해 윤리적 관점에서 훨씬 진일보한 해결책이다.[37] 입양된 아이가 자신의 출신과 혈통에 대해 알지 못하도록 계속 차단하지는 않기 때문이다. 그러나 이러한 자유로운 입양의 근거가 무엇이냐는 질문이 여기서 발생한다. 낳아준 부모와 입양한 부모의 긴장관계 속에 있는 아이가 어떤 경우에도 우선적으로 자신의 개인적 정체성을 알아야만 하며, 일반적으로는 가능한 한 일찍 자신의 혈통에 대해 알게 하는 것이 특별히 좋다.[38] 여러 사회에서 입양

---

36 예컨대 L. Silver, *Remaking Eden. How Genetic Engineering and Cloning Will Transform the American Family*, New York 1998; P. Sloterdijk, *Regeln für den Menschenpark*, Frankfurt a.M. 1999. P. 슬로토다이크(이진우 외 옮김), 『인간농장을 위한 규칙』, 한길사 2004; J. Habermas, *Die Zukunft der menschlichen Natur Auf dem Wege zu einer liberalen Eugenik?* Frankfurt/Main 2001; Ch Kohler-Weiß, *Das perfekte Kind Eine Streitschrift gegen den Anforderungswahn*, Freiburg/Basel/Wien 2008. 헉슬리는 안도감에서 놀라움으로 급변하기 위한 매트릭스를 그린다. A. Huxley, *Brave New World* (1932), dt. *Schöne neue Welt* (1953), Frankfurt a. M. 1990.

37 더욱이 여러 경험들만이 아니라 많은 비교연구들은 이러한 제안들이 아이의 양도를 촉진시킨다는 것에 동의한다. 이러한 제안들이 없다면 아이들도 양도될 수 없지 않겠는가.

38 경험에 따르면 입양된 아이가 단어의 의미 그대로 자신이 "기다려왔던 귀한 아이"(Wunschkind)

을 위해 어린이를 인도하는 행위는 오명과 상처를 주기 때문에(무정한 부모라는) 유감스럽게도 아이들을 원하는 많은 사람들의 뜻이 이루어지기가 쉽지 않다.

④ 건강, 질병, 그리고 장애에 대한 평가

이는 "산전진단"과 "산후진단"과 관련된 질문이기도 한데, 무엇보다 인간배아를 낙태하거나 포기하려는 결단적 상황에서 병이나 장애에 대한 평가가 인간존재를 위해 어떤 의미를 갖는지 질문해보게 된다. 근본적으로 다양한 관점들이 서로 충돌한다. 그중 한 가지 입장을 다음과 같은 문장으로 표현할 수 있다. "병이나 장애는 낙태의 이유가 되지 않는다." 이러한 입장에 반대하여 다음과 같이 말할 수 있다. "오늘과 같은 의료상황에서는 유전적 장애를 가진 아이를 낳아서는 안 된다." 아이를 기다리는 어머니나 부모들이 드물지 않게 이 두 가지 명령문 사이에서 딜레마를 경험한다. 이러한 딜레마를 피하려면 "알지 않을 권리"를 사용하고 (침습적) "산전 진단"을 포기할 수 있다.[39] 이와 같은 포기를 전혀 무책임한 행동이라고 말할 수 없다. "산전 진단"을 통해 단지 생의 주기에서 발생할 수 있는 병과 장애의 매우 단편적인 부분만이 밝혀진다는 사실에 입각해볼 때, 이를 포기하는 태도는 합리적이기까지 하다.

2.3.2 인간존엄성의 의미에서 본 생명윤리적 합의

2.3.2.1 합의에 대한 설명

우리 사회에서 생식의학과 소모용 배아연구에 대해 의견이 일치하지

였고 지금도 그렇다는 것을 확인하게 되면 이는 성공한다. 다음과 같은 좌우명을 제시해볼 수 있다. "자연적 부모는 그들이 얻은 것을 취해야만 했고, 너를 입양한 우리는 너(Dich)를 찾아낼 수 있었다."

39 이에 대해선 다음을 보시오. Kirchenamt der EKD/Sekretariat der DBK(Hg.), *Wieviel Wissen tut uns gut? Chancen und Risiken der voraussagenden Medizin*(Gemeinsame Texte 11), Hannover/Bonn 1997.

않는다. 그러나 이는 인간존재와 인간존엄성이 매우 중요한 주제로 다루어지는 분야이다. 가능한 한 이에 대한 공동의 합의를 지키고 우리 시대가 상실한 것을 다시 회복하기 위해 이 주제에 큰 관심을 가져야만 한다. 왜냐하면 인간존재와 인간존엄성의 근본적인 문제를 다룰 때에 각 사회는 가능하다면 서로 부담을 나누어 지겠다는 폭넓은 합의가 필요하기 때문이다. 나는 다음 네 가지 점을 이에 대한 합의로 본다.

a) 각 사람의 존엄성을 존중하는 것은 우리의 법질서와 사회적 공존을 위해 기본적인 것이다.
b) 건강을 지키고 향상하는 동시에 병과 장애를 막고, 치료하거나 완화하기 위한 의료적 연구는 숭고한 선이다.
c) 당사자의 동의 없이 한 사람을 연구의 목적으로 이용하고, 이로 인해 그 사람의 건강이나 생명을 해치거나 위협하게 된다면, 이는 인간존엄성과 합치하지 않는다.[40]
d) 한 사람이 심각한 육체적 혹은 지적[41] 장애를 가졌다는 이유로 그를 살해한다면, 이는 인간존엄성과 거기서 도출된 생명권과 합치하지 않는다.

2.3.2.2 합의에 대한 윤리적 논증

윤리학에서는 입장보다는 추론이 중요한 것이 사실이다.[42] 그러므로 이와 같은 합의가 끝나고 불일치가 시작되는 곳이 어딘지를 묻기 전에—필요한 내용만 간추려—다음에 대해 질문해보고자 한다. 위에서 언급한 네 가지 합의점을 단순한 사고습관이나 임의의 주장들과 구별하기 위해서 이의 의미를 밝히고 추론을 통해 논증할 수 있는 방법은 무엇인가?

a에 대해) 모든 인간에 대한 존중이 법질서와 사회질서를 위해 기본적

---

40 이는 연구윤리가 지켜야 할 최소합의이다.

41 나는 의도적으로 "정신적 장애"라고 하지 않고 "지적 장애"라고 말한다. 왜냐하면 지적 장애가 있는 사람도 (직관, 감정이입, 적대감과 같은 유형의) 뛰어난 감성능력을 가질 수 있다는 사실을 생각하기 때문이다. 이러한 감성능력이 특정한 지능계수와 반드시 관련이 있는 것이 아니기 때문이다. 오히려 그 역의 현상도 관찰할 수 있다.

42 위의 제1부 1.1을 보시오.

인 것이라면 이 권리를 특정 집단이나 개인의 관점에 따라 거부하거나 제한할 수 있는 권리, 다시 말해 그 어떤 (정치적 혹은 법적) 심급의 권리도 존재하지 않는다. 또 한편 소위 "첨가"라고 부를 수 있는 임의적인 (정치적 혹은 법적) 규정에 근거할 수도 없다. 오히려 이의 성격은 현존과 함께 인간에게 주어진 존엄성을 발견하고 인정하는 데 있다. (법적) 규정을 통해 이러한 발견을 서술하는 것이 진정한 문화적 과제이며 이에 기초해 변화한다. 이때 유효한 것으로 인정되고 문서화된 것은 성격상 마음대로 처리될 수 없음을 인정한다.

b에 대해) 생명권은 그의 유한성 때문에-그리고 그 유한성에 근거해-존중되고 보존될 가치를 갖는 것이다. 질병과 장애는 삶의 형성과 기쁨의 가능성을 제한한다. 그렇기에 생명을 연장하고, 병을 치료하거나 완화하고, 혹은 장애를 제거하고 견딜 수 있도록 만들어달라고 윤리적으로 요구할 수 없는 상황에서는 이를 받아들어야만 한다. 결국 이 모든 영역에서의 발전이란 이러한 것을 전적으로 동의하고, 요구하거나 촉진할 수 있는 연구를 말한다.

c에 대해) 인간존엄성의 근본적 의미와 의료적 연구의 고귀한 가치가 서로 충돌하며 갈등하게 될 때는, 인간존엄성의 존중이 의료연구의 목적과 관심보다는 절대적으로 우선시되어야 한다. 인간존엄성은 윤리적 책임을 다하는 의료적 연구영역을 표준화하는 역할을 한다.[43]

d에 대해) 한 사람의 장애가-날 때부터 타고났든 삶의 운명으로 얻었든-사람들과는 다른 특별한 사람으로 만들지 않는다. 인간존재는 향상능력이나 감소능력이 아니기에 장애가 더 나은 인간이나 더 모자란 인간을 만들지 않는다. 그런즉 장애를 가진 자들도-장애의 심한 정도와 무관하게-자신의 존엄성을 존중받고 자신의 삶을 보호받을 동일한 청구권이 있

---

43 이에 대한 정보를 제공하는 문서로는 S. Rolf, *Zwischen Forschungsfreiheit und Menschenwürde. Unterschiede beim Umgang mit menschlichen Embryonen in England und Deutschland*, Frankfurt a. M., 2009.

다.[44] 무뇌증과 같이 전혀 의사소통능력을 갖지 못한 매우 극단적 유형의
장애를 가졌을 경우에도 마찬가지이다.

a-d에 대해) 이렇게 합의를 구분하는 것은 오해에 근거한 것이라고 주
장하거나, 우리가 이러한 합의를–전적으로나 부분적으로–상실할 수 있
는 상황에 빠지지는 않겠느냐고 말한다면 매우 유감스럽고 염려가 된다.
그렇지만 그러한 주장을 전적으로 거부하지는 않겠다. 이러한 확신을 가
진 자는 이를 단호히 붙잡을 것이고 또한 우수한 논증을 통해 자신의 확신
을 제시하며 권해야 할 것이다. 분명한 바는 실제적 합의가 서술된 입장을
위한 논증이 아니라 "오직" 오늘날 인정받고 있는 것과 관련되어 있다는
사실이다.

2.3.3 인간존엄의 시작에 관한 생명윤리적 의견의 불일치

위에서 개괄한 인간존재와 인간존엄의 문제에 대한 합의에도 불구하
고, 인간존재와 인간존엄성의 주체영역에 대한 질문만이 아니라 인간존엄
성을 차등적으로 적용하고 보호하는 문제는 계속적인 불일치와 논쟁을 불
러일으킨다. 도덕적 문제를 가지고 있는 인간배아의 지위[45]에 대한 판단처
럼, 인간존재와 인간존엄이 시작하는 시간이나 자격에 대한 의견은 물론
이고 인간생명이 시작될 때부터 인간존엄이 완전히 존중되고 보호될 수
있느냐는 질문에 대해서도 의견의 일치가 이루어지지 않고 있다. 인간존
엄성은 인간존재를 **단순히** 타인의 목적을 위한 수단으로 사용하지 않는
곳에 존재한다.[46] 그런즉 어떤 경우든 간에 연구를 목적으로 한 인간적 존
재의 살해는 인간존엄성의 존중과 보호를 위배하는 행동이다. 개인의 특

---

44 이에 대해선 J. Eurich, *Gerechtigkeit für Menschen mit Behinderung. Ethische Reflexionen und sozialpolitische Perspektiven*, Frankfurt/New York 2008.
45 얼마 전까지 "배아의 도덕적 지위"라는 말이 통용되어왔다. 그 이유는 배아가 윤리적 주체가 아니라고 생각했기 때문이다. 그러나 이 표현의 사용은 오해를 줄 수 있다. 더 명확히 "도덕적 상관성을 가지고 있는 배아의 지위"라고 표현해야 옳을 것이다.
46 위의 제2부 2.1을 보시오.

성을 고려하지 않은 채 조직이나 장기기증자의 기능을 하도록 인간존재의 발전을 변경하고 간섭하는 경우도 마찬가지다. 그렇다면 언제부터 이 모든 것이 금지될까? 이에 대한 다섯 가지 서로 다른 의견을 살펴볼 수 있다.

2.3.3.1 다양한 입장에 관한 서술

인간의 생명과 존엄의 시작에 대한 다섯 가지 입장을 생각해볼 수 있다.[47]

  a) 태아의 **탄생**이다. 바로 그때 우리가 말하는 "아이"가 되고 민법상 고유한 법의 주체가 된다.[48]

  b) 한 여성의 자궁에서 배아가 **착상**할 때(대체로 수정/임신 후 한 주)이다.[49]

  c) 여성과 남성의 유전체가 결합해 독립적이며 생존능력을 갖출 만큼 성장한, 다시 말해 **수정/임신**했을 때이다.[50]

  d) 난세포의 원형질 속으로 정자가 침투할 때("전핵단계")이다. 왜냐하면 정지되거나 중지되지 않는 한, 이로써 수정의 과정이 시작되기 때문이다.[51]

  e) 인간의 생명, 인간존엄성, 그리고 이의 보호요구는 배아와 태아의 발육함에 따라 점진적으로 발전해가며, 탄생하면서 비로소 완전하게 주어진다.[52]

2.3.3.2 여러 입장들에 대한 논의

그렇다면 이러한 다양한 입장에 대해 어떤 입장을 제시하면 좋을지 생각해보자.

---

47 경우에 따라 이에 덧붙여-피터 싱어에 의해 알려진-여섯 번째 입장이 기술될 수도 있겠다. 보호받을 가치가 있는 인간존재는-더 명확히 표현해 인격존재는-태어난 후 의식적인 자신의 관심사가 형성될 때(대략 아홉 번째 달) 비로소 시작하는 만큼 생명권에 대한 주장도 그때부터야 비로소 말할 수 있다는 것이다. 나는 이러한 입장을 논할 가치조차 없다고 생각한다.

48 게르하르트가 이런 입장을 주장하다. V. Gerhardt, *Der Mensch wird geboren. Kleine Apologie der Humanität*, München 2001.

49 사용된 배아연구의 합법성을 변호하는 많은 연구자들이 이러한 주장을 옹호한다.

50 독일교회들이 이러한 입장을 옹호한다.

51 예를 들어 다브록이 이런 입장에서 자신의 주장을 전개한다. P. Dabrock, in: *Menschenwürde und Lebensschutz*(위의 각주 1), 193-204.

52 크레스의 입장이 이러한 경향을 가지고 있다. H. Kreß, *Medizinische Ethik*(위의 각주 1), 110-127.

a에 대해) **탄생**하면서 비로소 인간존재가 시작한다는 주장은 분명치 않다. 임신부에게 태아는 언제나 독립적으로 자라나며, 그런 존재로 경험되는 대상이다. 또한 조산의 경우에서 볼 수 있듯이 태아는 24주가 되어야 독립적인 생존능력을 갖는다. 태어나는 순간 비인간에서 한 인간으로의 변신이 일어나는 것이 아니다. 태어난 그 존재가 바로 인간이다.[53]

b에 대해) 휴지기(caesura)인 **착상**은, 이것이 (일란성) 다생아를 형성하는지 분명히 확정될 때 비로소 나타난다. 그러므로 바로 그 시점에 이르러서야 비로소 얼마나 많은 인간존재가 모태에서 태어날지를 알게 된다. 그러나 이러한 설명은, 이때 생성된 존재가 인간이냐는 질문만이 아니라 얼마나 많은 인간들이 여기서 발생했느냐는 질문도 문제가 됨을 보여준다. 착상은 임산부에게 여전히 휴지기이다. 왜냐하면 우리가 정의한 대로 말하자면 착상과 함께 임신은 시작되었기 때문이다. 그러나 착상했다고 배아가 인간존재가 되는 것은 아니다.

c에 대해) **수정/임신**이 인간생명의 출발이라는 주장은, 부모에서 유래한 두 유전체가 결합하고 혼합(융합)되는 과정을 통해 유전적으로 새롭게 생성된 인간의 유전체가 형성된다는 사실에 근거하고 있다. 이로써 그는 개인적 설계도에 따라 인간으로 발전한다. 그러나 초기단계의 배반포(Balstoczyst)나 배아만 보고는 (아무튼 의학적 문외한으로 말하는 바지만) 여기서도 발전된 형태의 인간의 본질이 문제가 되는지는 알아챌 수가 없다. 이러한 입장은 결국 반직관적이다.

d에 대해) 생성의 과정 속에 있는 인간존재를 소위 **전핵단계**와 관련시키기 위해 난세포의 원형질 속으로 정자가 침투함으로써 수정/임신이 이루어진다고 주장한다. 특히 이러한 과정이 인위적으로 (가령 냉동보관을 통해) 정지되고 중지되지만 않는다면 말이다. 그러나 임신할 준비가 된 난세

---

53 이런 점에서, 단지 이런 점에서만 게르하르트의 책제목(인간은 태어난다)은 옳다(각주 48). 그러나 게르하르트의 주장은 "출산을 통해 한 인간이 생성된다"는 (엉뚱한) 공리에 빠져버리고 만다.

포가 제공되었지만 피임한 상태가 아닐 경우, 이런 주장은 성관계와 관련해 생각해보면 유효한 것이 아닐까? 내 생각으로, 이러한 주장을 위해선 난세포와 정자를 그 자체로 (최소한 이것이 수정/임신하기 위한 과정에 있는 한) 인간적이며 인간존엄성을 소유한 본질로 부르고 그렇게 다루는 것이 필요하다. 그러나 나는 이를 뒷받침할 만한 논증이 있는지 알 수가 없다.

e에 대해) 유동적이며 **지속적으로** 성장해가야 할 의무, 다시 말해 모태에서 인간으로 발전해가도록 인간존엄성이 존중되고 보호되어야 한다는 입장이 이 문제에 대한 해결점이나 합의점을 제시하고 있는 것처럼 **보인다**. 이의 장점은, 우리가 발전과정에서 보고, 인식할 수 있는 것을 따르도록 인도한다는 점이다. 이는 현상에 대한 관찰에 근거하고 있으며 실제적이라는 점에서 유익해보인다. 그러나 이러한 주장의 걸림돌이라면 **인간존엄성의 존중과 보호가 양적으로 측정될 수 없다는** 데 있다. 다시 말해 이는 최소화하거나 상승될 수 없다. 한 사람을 단순히 목적으로 사용하는 것을 금하는 것이 인간존엄성의 존중과 보호를 위해 필요한 최소한의 요구라는 기준에서 볼 때(제2부 1.2.1 참조), 인간존엄성을 긍정하느냐 부정하느냐는 물을 수 있을지 모르나 좀 더 많거나 적은 인간존엄성에 대해선 말할 수 없다. 인간은 수정되는 순간부터 지속적으로 발육해간다. 그러나 인간존엄성을 위해 윤리적으로나 법적으로 필요한 보호의 정도는 지속적으로 (혹은 불연속적으로도) 발전해가지 않는다. 인간은 인간이 되기 위해 발전해가는 것이 아니라 이미 한 사람의 인간으로 발전해간다.[54]

그 누구도 이러한 의료적 문제에 대한 결단을 결단코 각 윤리적 주체에서 빼앗아갈 수 없다. 사람들은 이를 스스로 단언하고 책임을 져야 한다. 이는 쉽지 않을 뿐만 아니라 비극적이면서도 해결점을 찾지 못하는 상황으로까지 몰고 간다. 그러나 바로 그때 의료적인 숙고가 도움을 줄 수 있어야 하고 또한 줄 수 있다.

---

54 연방헌법재판소(BVerfGE) 88, 203, 251f; 연방헌법재판소 39, 1(37).

2.3.4 생의 초기에 발생하는 구체적인 윤리적 갈등들

이상의 논의를 도움 삼아 인간생명의 시초에 제시될 수 있는 세 가지 구체적인 윤리적 갈등사례에 대해 논의해보고자 한다.

① 사용한 배아를 이용한 연구(앞의 2.3.1.1⑤ 참조)
② 착상 전 진단(2.3.1.1③ 참조)
③ 임신중절(2.3.1.1② 참조)

① 배아줄기세포를 사용한 연구

줄기세포는 지속적으로 번식하고 넓게 분화하는 능력을 가진 세포이다. 전형발육능(totipotent)의 인간줄기세포에서 인간이 생성될 수 있고, 분화다능성(pluripotent)의 인간줄기세포에서 (더욱이) 인간의 조직과 장기가 생성될 수 있다. 우리는 배아발전의 8세포기(期)까지 전형발육능 줄기세포를 가지고 실험할 수 있다. 그 후에는 오직 분화가능한 줄기세포나 완전히 분화된 세포만을 가지고 실험할 수 있다. 줄기세포는 단지 배아발전의 초기단계에만 존재하는 것이 아니라 가령 제대혈이나 척수에 있는 다른 혈액에도 존재한다. 사람들은 이를 **성인**의 줄기세포라고 부른다. 이는 더 이상 전형발육능 세포가 아니라 분화다능성 세포이다. 여기서 인간이 생성될 수는 없으나 인간의 조직과 장기는 생성될 수 있다.

이런 몇 가지 주장들은 과연 문제가 어디에 놓여 있는지 또는 문제가 없는지를 보여준다. 이 문제는 연구나 치료의 목적으로 성인의 줄기세포를 사용할 때는 발생하지 않는다. 이러한 사용은 윤리적으로나 법적으로 문제가 없으며 강력히 지원되고 장려된다. 문제는 연구나 치료를 위해 전형발육능 배아줄기세포를 사용하는 경우이다. 왜냐하면 이러한 사용은 이러한 배아(혹은 접합자)를 "사용"하는 문제뿐만 아니라 이로 인해 배아를 죽이는 결과를 가져오기 때문이다. 그런 이유 때문에 독일의 입법자들은 배아보호를 위한 법률을 제정하고 사용된 배아줄기세포연구를 처벌하게 되었다.

이 문제가 이외에도 격렬한 윤리적이며 법적인 논쟁거리가 된 것은, 독일에서 연구나 치료를 위해 인간존재를 사용하는 것, 즉 죽이는 것이 (법적 그리고/또는 윤리적으로) 합법적이라는 주장 때문만은 **아니다**. 이러한 논쟁의 원인은 오히려 다른 데 있다. 적지 않은 과학자들과 정치인들이 초기단계 (모체의 자궁에 착상되기 전)의 인간배아는 아직 인간존엄성과 고유한 생명권을 가진 인간존재가 아니라고 주장하기 때문이다. 위에서 언급한 인간존재와 인간존엄성의 출발에 관한 질문이 결정적인 논쟁거리가 된다. 이 질문은 배아줄기세포가 인간존엄성과 합치할 수 있는지 혹은 아닌지에 달려 있다. 이제까지 여기서 주장되고 논증된 관점에서 말하자면 배아줄기세포 연구는 어떤 경우에도 분명하게 거부된다. 누군가 배아줄기세포는 과학적으로 반드시 필요하지 않으며 직접 치료에 응용될 수 없음을 지적하면서 이러한 거부에 반대하기 위한 주장의 근거를 제시하거나 보강하려고 한다면 짐작건대 옳다고 하겠다. 그러나 그는 논쟁이 되고 있는 논의의 영역을 혼동하고 있다. 배아줄기세포가 의학적으로 유용하거나 효과가 있느냐는 질문은 과학적이며 과학정책적인 측면에서 큰 의미를 갖는다. 그러나 이에 대한 대답이, 사용된 배아줄기세포가 인간존엄성과 합치할 수 있는지에 대해선 **전혀** 기여하지 **못한다**. 그리고 이 질문은 **윤리적** 이유에서 거부되어야만 한다. 그러나 어느 날 배아줄기세포를 이용한 연구가 깊이 공감할 수 있을 정도로 치료에 중대한 성과를 낳는다면 이로 인해 윤리적 주장에 대한 사회적 압박이 분명 현저하게 증가하지 않겠는가.

② 착상 전 진단(PID/PGD)

착상 전 진단은 오직 체외수정시술과 관련해 시행할 수 있다. 여기서는 아주 초기발전단계(말하자면 자궁에 착상하기 이전)의 배아가 가정된 염색체 정상이탈이나 손상을 받지는 않았는지 조사한 후, 경우에 따라선 모태에 착상되지 않고 버려진다. 이를 윤리적으로 어떻게 판단하면 좋을까? 나는 이에 대한 윤리적 논의를 위해 **중대한** 윤리적 문제가 발생하게 된다는 것을 전제한다. 예를 들어 이런 문제가 주어지는 여러 상황들이 존재한다. 양부모 중 한 사람이 심각한 유전적 질병에 시달리고 있는 가정에서 한 번 (혹은 여러 번) 배아나 태아의 유전자 결함으로 인해 유산했거나, (산전 진단을 통해) 낙태했거나, 장애를 가진 아이를 한 명 혹은 여러 명 출산한 후 이로 인해 그 가정이 과중한 부담을 지게 된 경우들이다. 이와 같은 특별한 경우, 적절한 착상 전 진단을 통한 체외수정시술이 고려될 수 있으며 또한 그래야 하지 않을까?

- 이런 방식으로 한 여성은 자신을 괴롭혔고 여전히 괴롭히는 임신과 (산전 진단을 하고 낙태에 대한 긍정적 대답을 들은 후) 임신중절의 가능성을 모면하게 되었다며 찬성을 표하기도 한다. 앞서 언급한 가능성에서 살펴볼 때, 분명 유전적으로 손상된 배아를 착상하는 대신 유산하는 것은 작은 해악이라고 할 수 있겠다. 말하자면, 이는 윤리적으로 숙고해볼 때 좋은 점이 있다. 그러나 이에 대한 반대논증을 숙고하고, 중시하고, 이에 대한 반대를 신중하게 고려했을 때만 그렇게 말할 수 있다.

- 착상 전 진단에 반대해 먼저 다음을 말할 수 있다. 수많은 시도에도 불구하고 어떤 유전적 손상이 유산, 곧 인간배아의 살해까지도 정당화할 만큼 그렇게 중대한 것인지, 이에 대한 이해가 존재하지 않는다. 착상 전 진단의 합법화는 더 이상 정지할 수 없는 미끄러운 경사길과 같다. 다음으로 한 사람의 인생에서 나타날 수 있는 심각한 장애 중에서 착상 전 진단을 통해 밝혀낼 수 있는 소위 단일유전자(monogenic)를 통한 손상은 대략 5%에 불과하다. 만약 착상 전 진단을 통해 밝혀진 질병과 장애가 인간배아의 살해를 위한 근거가 될 수 있다면 그것은 다른 심각한 질병과 장애와 관련지어 생각해볼 때 무엇을 의미하는가? 곧 착상 전 진단은 산전 진단의 보충이 될 수 없다(이를 위해 착상 전 진단은 거의 신뢰할 수 없다). 착상으로 인도하는 산전 진단 이후에 다시 낙태를 하게 되는 착상 전 진단이 행해진다. 결국 유산을 적절하게 유도하는 착상 전 진단은 삶의 가치를 가진 생명과 갖지 못한 생명을 선별하는 것이다. 과연 우리는 (새롭게) 이렇게 근본적으로 전도된 접근방식과 관점을 인간생명을 불러일으키거나 인정하는 방향으로 되돌릴 용기를 가질 수 없는가?

- 양적으로나 질적으로 착상 전 진단에 대한 윤리적 반대 논거가 이를 허락

하려는 논거보다 더욱 힘이 있다. 그런 점에서 착상 전 진단이 감수할 수 있거나 감수해야 할 작은 해악이라고 주장할 수 없다는 것이 나의 소신이다. 착상 전 진단은 우리가 피해야만 하는 악이다. 그러나 착상 전 진단을 찬성하는 하나의 유일한 논거가 그렇다고 약화되지는 않는다. 이런 어려움에 봉착한 부부를 위해선 아마도 이것이 중대한 문제가 아닐 수 없겠다. 아이를 원하면서도 혹시 장애를 가진 아이를 낳아서 자신들이 감당할 수 없는 어려움을 당할까 봐 두려워하는 부부가 이러한 딜레마에서 벗어날 수 있는 길이 있다면, 고통스럽겠지만 친자를 포기하고 입양을 선택하는 것이다.

③ 임신중절

낙태는 육체의 열매인 태아의 인간존엄성을 범하는 행위일까? 이러한 주장은 언뜻 보아 옳은 것 같다. 태아가 임신부에게 법에 어긋난 공격을 일삼지 않는 만큼(원치 않는 임신을 한 여성들이 자신의 임신을 마치 그런 것으로 경험하고 있다고 말하기는 하지만) 낙태는 긴급히 해결되어야 할 사태가 아니다. 그렇다고 낙태가 어떤 경우에도 태아의 인간존엄성을 경시하는 것이라고 주장할 수만도 없다. 왜냐하면 낙태를 유도하는 임신과 관련된 문제는 임신부의 생명권과 아이의 생명권 사이에서 발생하는 갈등이 될 수 있기 때문이다. 그와 같은 참담한 갈등상황이 발생하는 경우–어떤 결론에 이르던 간에–존중되고 보호받아야 할 아이의 청구권이 경시되는 것이 아니라 이러한 (어쨌든 이 문제에 관련된 자 중에 한 사람을 위한[55]) 청구권 자체가 존중되지 않을 수 있다.

이러한 갈등이 독일형법 제218조a(2)에 규정되어 있는데, 독일형법은 위의 상황에서 처리된 임신중절을 "위법행위에 해당하지 않으며"라고 선언한다. 이는 임신중절을 위한 의료적인 지침으로, 임신부의 생명권이 위협받는 경우만이 아니라 "임신부의 육체적이거나 정신적 건강상태에 심각

55 로빈슨은 『추기경』이라는 그의 소설에서 임신 중이던 부인이 비극적인 갈등상황에서–로마가톨릭교회의 교리 때문에–희생되고 (그리고 아이는 죽는) 그런 사건을 인상 깊게 그려내었다. H. M. Robinson, *Der Kardinal*, Frankfurt a. M.〔1953〕1995.

한 영향을 미치는 위험"에 대해 말하는데, "이러한 위험이 임신부가 기대할 수 있는 어떤 다른 방법으로도 예방할 수 없을 때"이다.

이는 소위 범죄행위에 대한 지침을 위해서도 유효한데, 이어서 다음과 같은 경우 낙태를 허락한다. "의사의 소견에 따르면 임신부에게 위법적 행위가 저질러졌고, 임신이 범죄와 관련되어 있다는 것을 수용할 만한 충분한 근거가 있으며, 임신 후 12주가 경과하지 않았을 때이다"(독일형법 제218조a[3]). 이 의견의 배경에는, 입법자가 성폭력, 성적 강요나 악용을 통해 성립된 임신의 조정을 법적 수단을 통해 강요할 권한이 없다는 확신이 근거하고 있다. 이 경우 "법률에 위배된" 것이라는 표현과 낙태행위에 대한 형사적 처벌을 단념하기 위하여 임신부의 인간존엄성이 존중되어야 함을 선고하였다. 당연히 한 여성이 이러한 임신을 받아들이고 지속한다고 해서 자신의 고유한 인간존엄성을 침해받는 것은 아니다. 한 여성이 자신이 당한 일에 대한 "복수"의 수단으로 낙태를 선택하지 않는다면 그 여성은 오히려 높은 존경을 받아야 한다. 하지만 그와 같이 어려운 결단의 상황에서 그러한 용기와 자세를 법적으로나 윤리적으로 **요구**할 수는 없다.

독일사회에서 행해지는 대부분의 낙태(매해 최소 120,000명)는 이 규정에 따라 실행된 것이 아니라 독일형법 제218조a(1)에서 규정한 형사상 처벌되지 않는 임신중절에 대한 법률에 따른 것이다. 독일연방헌법재판소[56]는 낙태가 독일기본법에 비추어볼 때 **위법행위**라고 주장하였다. 왜냐하면 낙태의 경우 임산부의 기본권과 육체의 열매 사이에서 심각한 갈등관계가 필연적으로 전제되어 있지 않기 때문이다. 동시에 독일연방헌법재판소는 이와 같은 위헌성에도 불구하고 임시초기단계에서 이루어지는 낙태는 무**죄**라고 인정하였다. 태어나지 않은 생명을 보호해야 할 법적 구상의 "중심을 임신부가 아이를 낳을 때까지 품도록 상담을 통해 조언"하는 데 두었다. 이런 주장은 쉽사리 비난을 받거나 웃음거리가 될 수도 있는 위험한 줄

---

56 이에 대해선 다음을 보시오. 연방헌법재판소 88, 203.

타기와 같다. 이러한 합의에 어떤 근거가 있으며 공적으로 어떤 의미를 갖고 있는지 알리고 실현해야 하지만, 입법자가 한 일은 별로 없다. 그런 만큼 낙태는 더 쉽사리 이루어진다. 독일연방헌법재판소를 통해 가능하게 된 해결책을 비판하는 사람들은 질문해보지 않을 수 없다. 태어나지 않은 인간생명을 더 잘 보호(혹은 더 나빠지지 않게)하기 위한 이보다 문제가 적은 해결책은 없을까?

산전진단의 문제와 관련해 다음과 같은 질문을 해본다. 만약 어느 임신부가 검사를 통해 자신이 심각한 (유전적으로 물려받은) 질병이나 장애를 가진 아이를 낳을 수 있다는 사실을 알게 되었다면, 이것이 낙태를 위한 합법적 근거가 될 수 있을까? 여기서 새롭게 질병이나 장애가 인간존재를 위해 어떻게 평가될 수 있느냐는 근본적 질문이 제기된다. 근본적이면서 서로 다른 두 가지 관점이 충돌하게 된다. 하나는 태아의 질병과 장애는 낙태를 위한 근거가 되어서는 안 된다는 입장이고, 다른 하나는 십중팔구 심각한 질병이나 장애를 갖게 될 아이라면 낳아서는 안 된다고 확신하는 입장이다. 아이를 가진 어머니나 부모들은 드물지 않게 양쪽의 주장을 사이에 두고 딜레마에 빠지는 체험을 하게 된다.

이런 내적 갈등을 피하기 원하는 자는 "알지 않을 권리"를 사용할 수 있어야 하고 (침습적) 산전진단을 포기해야 한다.[57] 이런 행동은 절대 무책임한 것이 아니다. 오히려 우리는 모든 인간존재가 가지고 있는 생명권에 근거해 이런 행위를 정당화할 수 있다. 또한 우리는 한 아이가 태어나 겪는 심각한 질병이나 장애를 그 아이를 살해할 수 있는 근거로 삼을 수 없다는 사실에 근거해서도 이를 정당화할 수 있다. 바로 위에서 언급한 것과 같이, 산전진단을 통해 심각한 질병과 장애 중 오직 미세한 부분만을 밝힐 수 있다는 사실에 기초해서도 이러한 주장의 정당성을 매우 훌륭하게 제시할 수 있다.

---

57 이에 대해선 Kirchenamt der EKD/Sekretariat der DBK(Hg.), *Wieviel Wissen tut uns gut?*(앞의 각주 39). 거기서(2.3.1.2④) 여기서 전개된 주장을 이미 간략하게 요약하였다.

다른 한편, 짐작건대 그 누구도 큰 고통을 감수하지 않고선 심한 질병과 장애를 가진 아이를 낳겠다고 **선택**할 수 없다. 심각한 장애에 시달리는 아이를 가진 가정이 받는 고통은 예외 없이 너무 무겁다. 심한 질병과 장애를 가진 아이와의 삶이 가져다줄 것으로 예상되는 부담과 침해도−사회적 도움과 지원이 있다고 할지라도−너무 크다. 그러나 오히려 많은 가정들은 심각한 질병과 장애를 가진 아이들이 특별히 사랑스럽고, 소중하고, 그 무엇과도 바꿀 수 없는 존재라는 것을 공동생활에서 경험하고 있다. 그러므로 경우에 따라선 (다운증후군같이) 심한 장애를 가진 아이가 태어날 날을 기다리는 부부가, 오랫동안 이런 아이와 함께 살았고 많은 애정을 가지고 돌보는 가정과 교제하면 장애가 있을 것으로 예상되는 자신의 아이를 좀 더 용이하게 받아들일 수 있을 것이다. 이러한 결정이 장애를 가진 아이의 인간존엄성과 일치하고 적합하다는 것을 부모 스스로 깨닫게 된다. 더욱이 후에 아이가 자신을 낙태하지 않고 낳은 부모를 원망하는 (매우 극소수의) 경우에도 역시 마찬가지이다.

독일사회에서 낙태를 허락할 때 발생하는 법적 문제가 더욱 분명하게 드러나고 있다. 지난 세기의 90년대에 (독일통일로 인해 필요하게 된) 형법 제218조와 제218조a-c를 개혁하면서 의료 및 범죄와 관련된 규칙 외에 배아병증(embryopathy) 임신중절요건을 법률에 위배되지 않는 낙태의 근거로 도입하려고 잠정 계획을 세웠었다. 이러한 계획의 의미와 목적은, 심각한 (치료가 불가능한) 질병이나 장애를 가질 것으로 예상할 수 있는 배아를 임신했을 경우 어느 시점까지(다시 말해 태아가 독립적으로 생존능력을 갖기 전까지)를 임신중절요건으로 인정할 수 있는지를 결정하는 데 있었다. 당시 이 계획은 장애인단체, 교회, 독일사회의 여러 단체들로부터 격렬한 저항을 받았다. 왜냐하면 이를 장애를 가진 사람의 생명을 마치 가치가 없는 것으로 선언하고, 그들의 인간존엄성을 공격하는 것으로 느꼈기 때문이다. 이런 저항에 부딪쳐 배아병증 규칙을 형법에 첨가하려는 계획은 중지되었다.

그러나 예상되는 심각한 질병이나 장애를 가진 배아와 태아의 낙태는 중지되지 않았다. 왜냐하면 이들은 단지 **의료적 임신중절요건**에만 포함되었기 때문이다. 말하자면 예상되는 **배아**의 질병과 장애가 낙태를 금지하는 의학적 근거로 인정되지 않았다. 그보다는 (예상되는 배아의 질병과 장애로 인해) **임산부의** 생명이나 육체적 혹은 정신적 건강상태가 위협받을 수 있다는 사실을 낙태의 근거로 삼았다. 그러나 이러한 해결책이 진실하고 투명한 것일까?

계획했던 배아병증 규칙을 폐지하고 이것을 의료적 임신중절을 허락하는 요건에 포함시킴으로, 의료적 임신중절요건으로 볼 수 없는 시간적 제한과 기한이 제외되었다. 이로써―실제적으로는 배아병증 근거에서―해마다 수백의 후기태아들에 대한 낙태가 이루어지게 되었다. 그러나 이러한 태아들은 이미 독립적인 생존능력을 가지고 있다. 그렇기에 그들이 낙태되어 태어났을 때 살아 있는 것을 막기 위해 살해된다. 이러한 일에 참여하고 또한 직접 이를 경험했던 사람들은 이를 참을 수 없는 일로 느끼고 있다. 이러한 감정의 상태가 점차적으로 (미약하나마) 정치적 시정을 위한 노력을 시작하게 하였다. 이는 2010년 1월 1일부터 효력을 발휘하게 된 인공유산조정법(특히 "특별한 경우에서 진상규명과 심의"에 관한 제2조a)에서 인지할 수 있다.

심각한 질병이나 장애를 가진 아동을 의도적으로 수용하겠다는 결심은 이런 일을 직접 당한 사람들에게는 커다란 도전이라는 것을 부인할 수 없지만, 그럴 때에―그리고 단지 바로 그럴 때만이―인간존엄성의 존중과 보호를 위해 이 상황에서 윤리적 계명이 해야 할 바가 성취된다는 사실은 물어볼 필요도 없다. 이런 결단을 통해 요구되는 책임은 (가정에 소속된) 당사자들만이 아니라 인간성과 인간존엄성이 정말 존재하느냐고 되묻는 우리 사회 전체가 짊어져야만 한다. (이방인과 같이) 이런 책임을 회피하는 자들에게는 심한 질병이나 장애를 가진 아이를 받아들이고 오직 인간존재와 인간존엄성에 근거해 아이들의 고유한 삶의 공간을 마련해주는 것은 불가능하다고 믿는 그런 자들을 비난하고, 나무라거나 경멸할 권리조차도 없다.

2.4 생의 말기에 발생하는 의료윤리적 문제들

인생의 끝자락에서 발생하는 우리 사회의 여러 의료윤리적 문제들이 오늘날 "안락사"라는 표제어의 주위를 맴돌고 있다.[58] 독일국민 중 많은 사람들이 적극적 안락사(이른바 요구에 따라 죽여줌)와 의사의 조력자살을 존엄한 죽음으로 인도하는 선한 길이라고 생각하고, 이를 법적으로 허용해야 한다고 주장한다.[59] 이러한 주장에 동의하지 않는 사람은, 적극적 안락사나 의사의 조력자살을 유발시키는 동기나 근거에 대해 신중하게, 다시 말해 감정적이며 논리적으로 합당한 논쟁을 시도해보려고 노력해야만 한다. 그때 정확히 두 가지 과제가 제시된다. 한편으로 죽음의 요청을 받아들여 행하는 살인과 조력자살이 어째서 존엄한 죽음을 향해 가는 바른길이 아닌지를 제시하는 것이 중요하다. 다른 한편 인간의 공포와 두려움을 수용하고 응답할 수 있는 더 나은 길을 제시해보려고 노력해야 한다.

2.4.1 어째서 요구에 의한 살인과 조력자살은 안 되는가?

a) 자신이나 타인을 공격하거나 생명을 위협하지도 않았는데 그런 사람을 죽이는 일은 모든 문명국가의 문화와 종교에서 침해되어서는 안 되는 기본적 금기사항이 되어 있다. 그 까닭은 생명은 우리가 가지고 있는 가

---

58 이에 대해선 다음을 참조하시오. F. Rest, *Das kontrollierte Töten. Lebensethik gegen Euthanasie und Eugenik*, Gütersloh 1992; R. Spaemann/Th. Fuchs, *Töten oder sterben lassen? Worum es in der Euthanasiedebatte geht*, Freiburg/Basel/Wien 1997; U. Eibach, *Sterbehilfe - Tötung aus Mitleid*, Wuppertal 1998²; L. Ohly, *Sterbehilfe: Menschenwürde zwischen Himmel und Erde*, Stuttgart 2002; H. Rüegger, *Sterben in Würde? Nachdenken über ein differenziertes Würdeverständnis*, Zürich 2003; R. Beckmann/M. Löhr/J. Schätzle(Hg.), *Sterben in Würde. Beiträge zur Debatte über Sterbehilfe*, Krefeld 2004; Nationaler Ethikrat, *Selbstbestimmung und Fürsorge am Lebensende. Stellungnahme*, Berlin 2006; K. Göring-Eckardt(Hg.), *Würdig leben bis zuletzt. Sterbehilfe - Hilfe beim Sterben - Sterbebegleitung - Eine Streitschrift*, Gütersloh 2007; Kirchenamt der EKD(Hg.), *Wenn Menschen sterben wollen. Eine Orientierungshilfe zum Problem der ärztlichen Beihilfe zur Selbsttötung*, Hannover 2008.

59 이에 대해선 Kirchenamt der EKD(Hg.), *Im Geist der Liebe mit dem Leben umgehen. Argumentationshilfe für aktuelle medizin- und bioethische Fragen*, Hannover 2002, 34-36, 특별히 23을 참조하시오.

장 기본적 자산이요 모든 다른 자산의 기초이기 때문이다. 그러므로 살인 요구를 합법화해달라는 요구는 반드시 거절되어야만 한다. 아무리 환자가 죽기를 소원할지라도 이런 요구는 인간의 생명과 사회생활을 위해 기초가 되는 경계를 넘어서며 침해한다.

b) 죽여달라는 요구는 타인을 살인자로 만들 뿐만 아니라, 어떤 모습으로든 자신의 생명을 끝내달라는 부당한 요구이다. 서정시인 마샤 칼레코(Mascha Kaleko)는 (자신의 아들이 일찍 세상을 떠난 후) 다음과 같이 썼다. "깊이 생각해보십시오. 사람은 단지 자신의 죽음을 죽을 뿐입니다. 그러나 타인의 죽음과 더불어 살아야만 합니다."[60] 요구된 죽음의 경우, 죽이는 자는 그가 스스로 초래하고 책임져야만 하는 죽음과 함께 살아야 한다. 의사의 관점에서 볼 때, 의사가 이런 행동을 하게 되면 자기 자신을 죽음의 보조원으로 만들 수밖에 없으며 의사로서의 자기 이해(생명의 변호인)를 근본적으로 의문시하고 손상시키게 된다.

c) 요구된 죽음을 법적으로 허락하자고 주장하는 사람들은 다음과 같은 논리를 펼친다. 이는 명시적으로 요구된 죽음의 행위의 한계에 머무르는 것이 아니라 더 이상 동의능력이 없고, 오히려 죽기를 소원하면서 마치 죽은 자같이 고통당하는 사람들을 죽여주는 것이다. 장기적으로 보자면, 동의능력을 잃은 채 죽어가는 자들에게 베푸는 이러한 "선행"을 피해갈 방법이 없다. 그러나 요구에 따라 죽여주자는 이런 접근방법을 따르게 되면 필연적으로 요구하지 않아도 죽여줄 수 있다는 주장으로 넘어가면서 계속적으로 금기를 깨트리게 될 것이다.[61]

d) 대체적으로 자살을 시도하는 사람들 가운데 약 90%가 실패한다는 사실은 의사의 조력자살의 제도화를 찬성하기보다는 반대하게 되는 논거

---

60 M. Kaléko, *Verse für Zeitgenossen* (Düsseldorf 1978) Reinbek 2005[20], 9.

61 네덜란드에서 적극적 안락사가—신중하게—합법화되었을 때의 경험을 상기해보면 이는 억측이나 걱정이 아니라 이미 시작된 분명히 확인할 수 있는 사실이다. 그 이후로 네덜란드에서는 매해 대략 천 명 이상의 사람들이 자신의 부탁이나 동의 없이도 적극적 안락사로 죽어간다.

가 된다. 의외로 높은 자살실패율[62]은 자살시도를 통해 삶에서 갈라서려는 목적을 대부분 이룰 수 없다는 것을 보여준다. 오히려 이는 자신의 견딜 수 없는 상황을 돌보아달라고 주위에 도움을 청하는 것이다. 자살시도를 성공시키기 위해 남의 도움을 청하게 된다는 사실은, 실제로 사람들이 많은 경우 자신의 고유한 의지에 반하여 자살을 감행한다는 것을 깨닫게 한다.

e) 나의 생각으론, 요구된 살인이나 의사의 조력자살의 제도화를 법적으로 허락할 수 없는 가장 중요한 논점은, 만약 이를 법적으로 허락할 때 앞으로 우리의 미래사회에서 죽음이 어떤 의미를 갖게 될지 물어보지 않을 수 없기 때문이다. 요하네스 라우(Johannes Rau)는 어느 의사의 행동을 증거로 제시하면서 이의 의미를 다음과 같이 표현하였다. "생명연장이 단지 두 가지 법적 입장 중에 하나인 곳에서는, 타인에게 자신의 생명연장의 부담을 지우는 각 사람이 어째서 자신의 생명연장의 권한을 타인에게 넘겨줄 수밖에 없는지를 해명해야 할 의무가 있다."[63] 이런 상황을 우리는 원할 수가 없다. 그런즉 나는 적극적 안락사와 조력자살의 허락을 명백히 반대한다.

2.4.2 죽음에서의 생명조력

a) 존엄하게 죽는 길은 다음과 같은 확신을 통해 용이하게 된다. 곧 죽음의 과정이 죽어가는 자의 의지를 거슬리게 하면서까지 의료적 처방을 통해 연기해서는 안 된다. 죽고 싶을 때 죽을 수 있어야 한다. 죽음을 목전에 둔 인간은 자신을 놓아주지 않고 죽음을 막기 위한 방안을 마지막까지 간구하는 의학기술 앞에서 공포심을 느낀다는 것을 알아야만 한다. **수동적 안락사**는 환자의 확실한 소원에 따라 죽도록 내버려두는 것으로, 존엄

---

62 자살실패율은 여성보다는 남성들이 더 낮고, 나이가 많을수록 다시 말해 죽음에 가까이 다가갈수록 떨어졌다. 가장 최근에 조사된 자살률에 근거해 위에서 인용한 내용을 살펴준 하이델베르크의 크리스티나 딩-그라이너 박사(Dr. Christina Ding-Greiner)에게 감사한다.

63 J. Rau, *Wird alles gut? Für einen Fortschritt nach menschlichem Maß*, Frankfurt a. M, 27f.

하게 죽는 길이다. 이는 누구에게나 가능하고, 책임적이며, 옳을 뿐만 아니라 경우에 따라선 요구된 길이기도 하다. 사람을 죽이는 것과는 완전히 다르다.[64] 죽음이 모든 사람의 운명이라면, 죽여주는 것은 그 누구의 운명도 될 수 없다. 만약 사람들이 자신에게 적절한 그리고 자신의 뜻과 부합할 때 죽을 수 있다는 확신을 가질 수 있다면, 이는 요구된 죽음과 조력자살의 법적 허용을 반대하는 데 중대한 기여를 하게 될 것이다. 삶의 마지막 때 환자가 원하는 것을 고려하는 것이 환자의 재량권과 전권을 인정하는 태도이다. 더욱이 환자의 재량권과 전권이라는 이 두 가지 수단은 잠재적 환자가 자신의 의사결정능력을 가지고 있는 시점에 작성되거나 공표되어야 하고, 그가 더 이상 동의능력을 갖지 못할 때에도 인정해야만 한다. 그러나 이는 어쩔 수 없는 시간적 차이로 인해 문제가 되기도 한다. 즉 지금 **죽어가는 환자**가 과거에 원했던 바를 지금도 정말 원하고 있는지 명쾌한 답을 줄 수 없다. 이러한 불확실성이 큰 부담으로 남아 있다.

- 이 문제를 위해선 환자재량권을 작성할 때, 의사결정능력이 없는 상황에서도 자신이 내용적으로 발표하고 확인한 것을 행하고 허락한다는 내용을 포함시켜야 한다. 그리고 이는 (현재의 법적 상황에 맞추어) 변경할 수 있어야 한다.

- 그러나 환자의 전권은 이와 다르다. 잠재적 환자가 신뢰하는 사람에게 자신이 의사결정능력을 상실하면 자기 대신 결정하도록 전권을 위임한다. 가까운 사람이 상황에 알맞게 자신의 뜻을 대리하도록 허락하는 것이다.

- 환자재량권을 제시하거나 전권을 승낙하지 않은 사람이라면, 치료하는 의사들과 식구들이 죽음의 과정 속에 있는 환자의 입장에서 해야 할 것과 하지 말아야 할 것에 대해 협의한 내용을 신뢰해야 한다.

이러한 모든 "해결책"과 관련해서도 불확실성은 제거될 수 없다. 이는 의사결정능력을 상실한 후 갖게 되는 죽음의 한 요소이다. 이러한 알 수 없는

---

64 이에 대해선 R. Spaemann/Th. Fuchs, *Töten oder sterben lassen?*(위의 각주 58)을 보시오.

미래의 상황을 위해 일찍 자신이 문서로 기록해놓은 것을 의지할 것인지, 아니면 자신이 신뢰하고 죽음의 상황에서 자신의 뜻을 대신 결정할 수 있는 사람들을 신뢰할 것인지는 전적으로 개인적 결단에 맡길 수밖에 없다.

b) 존엄하게 죽는 길은 효과 있는 고통완화처방을 알게 되면 용이하다. 그 까닭은, 죽음에 직면하여 두려움을 갖게 되는 인간의 눈앞에 견딜 수 없는 고통의 공포가 서 있기 때문이다. 이를 위해 진통제가 도움이 된다. 견딜 수 없는 고통을 편안히 잠재울 수 있을 만큼 좋은 진통제를 배려하려는 것도 잊어서는 안 된다. 사실상 생명을 단축할 수 있을 만큼 강한 진통 완화제 조제를 허락한다면 소위 **간접적 안락사**도 허락해야 하지 않겠느냐는 질문이 제기된다. 모르핀과 아편의 작용(부작용)이 과거에 비해 생명에 미치는 영향력이 줄어들었으나 일생 동안 영향을 준다. 생명단축의 부작용이 생길 수 있지만, 윤리적 관점에서 1957년 교황 비오 12세가 이 문제와 관련해 말한 것을 적극 지지하지 않을 수 없다. 말하자면, 모든 것은 그런 약품이 제공되는 **의도**에 달려 있다. 진통제의 제공이 죽음을 초래하기 위한 것인가? 아니면 생명이 단축될 수 있을지라도 오직 고통완화를 목적으로 진통제를 투여하는가? 전자의 경우 (매우 약한) 적극적 안락사와 관련이 되고, 후자의 경우 윤리적으로 아무런 문제가 없으며 더욱이 윤리적으로도 허락된 간접적 안락사이다.

c) 존엄하게 죽는 길은 편안한 환경에서 사랑하는 사람들과 교제할 수 있을 때에 순조롭고 용이하게 된다. 그러나 우리는 대부분 가정에서 죽음을 맞볼 수 없고 병원, 중환자실, 양로원과 보호시설에서 죽는다. 친지들이 전문적 능력이나 지식이 부족하고 협소한 주거환경 때문에 죽어가는 자를 돌보며 살필 여력이 없는 것이 현실이다. 모든 사람들이 소망하는 바이지만, 신뢰할 수 있는 환경에서 죽을 수 있는 문화가 조성되고, 입원시설이 갖춰진 호스피스와 이동식 호스피스 서비스가 제공되는 시설이 존재한다면 얼마나 좋겠는가.

d) 존엄하게 죽을 수 있는 길은 삶의 마지막 여정에서 의료적이며 종교

적인 안내에 도달할 수 있을 때 용이하게 된다. 내가 여기서 "돌봄을 받는다"고 말하지 않고 "도달할 수 있다"고 말한 이유는 죽음의 단계에서는 혼자 있기를 원하는 환자의 소원과 상반된 강제성이나 성가심이 있을 수 있기 때문이다. 소위 기본적 돌봄을 앞질러가는 모든 의료행위가 이에 해당된다. 그뿐만 아니라 대부분의 사람들은, 비록 치유의 가능성이 없어도 의사들이 자신들과 동행할 준비가 되어 있고, 치료의 목적을 치료 자체보다는 고통을 완화하는 방향으로 전환할 때 감사하게 생각한다. 이렇게 전환하는 것은 물론이고, 이러한 전환을 치료 실패로 여기지 않고 의료적 제공과 환자와의 동반으로 받아들이는 것이 의사들에게는 쉽지 않다. 이런 상황에서 의사들은 결국 자신이 의학적 라틴어를 사용하는 전문가(medizinisches Letein)이지만 동시에 인간을 돕는 전문가임을 스스로 증명해야만 한다. 말하자면 자신이 질병을 치료하는 의료인일뿐더러 사람을 돌보는 진정한 의사라는 것을 보여야 한다.

e) 존엄하게 죽을 수 있는 길은 환자와 의사가 삶의 마지막 여정에서 비록 치유가능성의 한계(의사)와 삶의 유한성(환자), 다시 말해 자신의 고유한 한계성과 유한성을 인지하고 수용하라는 요구를 함께 받아들일 때 순조롭고 용이하게 된다. 이러한 일이 시작되고 성공하는 곳에서 환자, 간호사, 의사, 종교인, 그리고 가족 모두에게 죽음의 단계는 성숙과 심화의 단계가 될 수 있다. 이런 단계를 통해 이 땅과의 이별과 다른 현실로의 이행이 준비된다. 이것이 죽음에서의 생명조력(Lebenshilfe)이다. 이는 죽어가는 자와 산 자가 자기 자신의 고유한 삶과 죽음을 위한 용기를 얻을 수 있도록 도와준다.

죽음의 단계를 주시해보면, 의사나 환자 모두에게 죽음은 언제 시작되었으며 언제 멈추지 않고 가까이 다가올지를 인식해야 할 공동 과제가 있음을 알게 된다. 이러한 상황에 대한 진단이나 추측은 아직은 무엇을 해야 하고 하지 말아야 할지를 말해주지 않는다. 오히려 이는—의사표현을 하든 못 하든—어떻게 환자가 이러한 진단을 평가하고 해석하느냐에 달려 있다.

그러므로 죽음의 과정은 마지막으로 주어진 기간이라고 해석할 수 있다. 이 시간이 여러 목적을 위해 사용될 수 있도록 모든 의료적 가능성을 동원해 연장할 수 있다. 말하자면, 아직 이루어지지 않은 만남을 조성하고, 갈등을 해결하고, 죽은 후에 있을 시간을 위해 대비하는 기간이다. 혹은 마지막 남은 한 방울까지 삶의 마지막 때를 향유할 수도 있다. 이와는 상반된 해석과 평가는 죽음의 도래에 더 이상 대항하지 않고 오히려 마지막 눈을 감기 위해 죽음의 도래를 애타게 기다리는 데 있다고 하겠다. 모든 치료조치만이 아니라 음식까지도 포기할 수 있다. 이러한 모습도 죽음의 단계에서 고려해야만 한다. 이 두 가지 극단적 가능성 사이에는 여러 의견들이 존재한다.

바로 이 마지막 단계에 이르면 릴케가 기도했던 것이 중요하게 된다. "오! 주님, 각자에게 그의 고유한 죽음을 주십시오. 각 생명을 떠나는 죽음, 바로 그 가운데 각 사람은 사랑, 곧 삶의 의미와 고난을 가졌습니다."[65] 이 단계에서 의사와 환자는 각 사람의 삶에 알맞은 이별과 놓임의 모습을 발견해야만 한다. 삶의 마지막 단계인 죽음에 대한 동의는 결국 의사와 환자를 함께 하나로 연결하는 자결의 형식과 같은 것이어야 할 것이다. 여기서 자결의 형식은 인간존엄성이란 의미에서 한 말이다. 불필요하게 생명을 연장하는 치료나 독자적으로 삶을 단축시키는 치료를 통해 죽음의 시점을 자유롭게 처리하거나 결정하려는 생각을 의식적으로 포기하는 것이 바로 자결이다. 자결은 언제든 그리고 그 이유가 무엇이든 바로 지금이 죽음의 때라는 것을 허락하고 받아들이는 데 존재한다. 파울 게르하르트(Paul Gerhardt)의 아름다운 말이 이와 일치한다. "그렇게 죽은 자가 행복하게 죽는 자이다."[66]

---

65 R. M. Rilke, *Gesammelte Gedichte*, Frankfurt/Main 1962, 103.

66 이것은 "오, 피와 상처로 가득한 머리"라는 찬송의 마지막 소절이다(*Evangelisches Gesangbuch* Nr.85, Vers 10).

3. 성, 사랑, 삶의 양식

3.1 성[1]

3.1.1 성의 개념적 이해

독일어권에서 "섹슈얼리티"(Sexualität: 이 단어를 '성적 특징'이나 '성적 능력' 혹은 '성성'으로 번역하는 것이 옳겠으나 표현의 제약성 때문에 여기서는 '섹슈얼리티' 혹은 '성'으로 번역한다, 옮긴이)란 개념은 18세기에서 19세기로 넘어가는 전환기에 처음으로 사용되기 시작하였다. "성"이라는 단어에 따옴표를 치고 특별한 문제를 다루는 듯 행동하는 것은 너무 진부한 행동이 아니냐고 반문할 수도 있겠다. 그러나 먼저 여기선 "성"이라는 개념이 독일어권에서는(프랑스어 "sexualité"에서 유래한 것으로 추측하지만) 1800년대에 들어서야 비로소 수입되었거나 생성되었다는 것을 말하고자 할 뿐이다.[2]

언어의 형성은 빈번히 급변하는 사회적 현실과 사람들의 경험방식을 대변할 뿐이다. 그런즉 놀랍게도 뒤늦게 생성된 "섹슈얼리티"에 대한 암시가 절대 진부한 것만은 아니다. 여기에 동물(식물)도 포함할 수 있지만, 본질적으로 이는 인간에게 속한 현상이다. 그렇다면 이러한 현상과 관련해 숙고해볼 때 섹슈얼리티라는 언어적인 발견이 의미하는 바는 무엇인가? 성적인 것의 영역은 자주 친밀성, 부끄러움, 내숭, 침묵, 혹은 단순한 암시와 같은 신비스러운 기운 속에 둘러싸여 있다. 이러한 암시들이 상대적으

---

1 이에 대해선 S. Freud, "Drei Abhandlungen zur Sexualtheorie"(1905), in: *GW V*, London 1942, 27-145; G. Schmidt, *Jugendsexualität*, Stuttgart 1993; C. Borck/M. Schetsche/R. Lautmann, Art. 'Sexualität', in: *HWBPh* 9(1995), 725-742; R. Wille, Art. 'Sexualität', in" Lexikon der Bioethik, Bd. 3, Gütersloh 1998, 326-331; G. Schmidt/B. Strauß(hg.), *Sexualität und Spätmoderne. Über den kulturellen Wandel der Sexualität*, Stuttgart 1998; P. Gerlitz/M. Banner/U. Gerber, Art. 'Sexualität', in: *TRE* 31(2000), 186-221.

2 이제까지 알려진 가장 오래된 증거가 대략 1812년 괴테에게서 발견된다(J. W. von Goethe, "Zur Morphologie", *WA Bd. II/6*, 187). 또한 1814년과 1820년 괴테가 주고받았던 편지에서 우리에게는 매우 생소한 "식물들의 성"에 대한 표현을 발견한다.

로 후기에 생성된 개념형성을 위해 중요한 역할을 하지만 섹슈얼리티를 설명하기 위해선 충분하지 않다는 것도 알게 된다.

오히려 여기서 우리는 "섹슈얼리티"라는 개념으로 요약된 수많은 현상들과 경험들이 수천 년의 시간 동안 긴밀하게 결합되어 있지도 않았으므로 결국 여기에서 하나의 공동의 명칭을 추출하거나 요구할 수 없다는 것을 깨달아야 할 것이다. "성"이라는 개념 안에 융합되어 있는 각 요소들을 위한 그때마다의 고유한 언어의 역사가 있다. 물론 이때 "성"을 뜻하는 "섹수스"(sexus)라는 라틴어 단어가 인간과 동물(그리고 식물)의 자연적, 생물학적 성을 나타내는 명칭으로 중요한 역할을 한다. 이는 다음 네 가지 유형으로 나누어진다. 남성(virilis), 여성(muliebris), 양성(uterque), 그리고 남녀추니(ambiguus)이다. "섹수스"는 '자르다, 나누다, 구별하다'라는 의미의 라틴어 "세카레"(secare)에서 유래하였다. 생명체는 (이는 다시금 자신의 종과 속 안에서) 서로 구별되고, 나뉘고, 그리고 구분되지만, "섹수스"는 그 기원상 여성적 성과 남성적 성이라고 부를 수 있다.

성에 속한 두 번째 라틴어 단어는 "게누스"(genus)이다. 이 역시 출생, 가정, 출신, 종이나 종개념이라는 뜻에서 "성별"을 의미한다. 이 개념은 현대적 언어에서도 같은 의미로 사용되고 있다. 즉 어떤 사람은 역사가 깊은 고상한 가문(Geschlecht)에서 태어났다거나 또는 모든 인간은 인류 종에 소속되어 있다고 말한다.

이외도 "섹슈얼리티"를 나타내는 다른 라틴어 단어들이 있다. "리비도" (Libido: 욕망, 쾌락, 욕구, 만족, 기쁨, 감각적 사랑), "쿠피디타스"(cupiditas: 욕망, 고통, 강렬한 욕구, 쾌락), "콩쿠피스켄티아"(concupiscentia: 욕망, 탐욕, 욕구), "볼룹타스"(voluptas: 쾌락, 만족, 쾌감, 허황함, 호색). 의미에 맞추어 서로 밀접하게 얽혀 있는 여러 개념들의 종류가 문제되고 있다는 것을 관찰하게 된다. 그중에서도 중심적인 개념은 "욕망"과 "쾌락"이지만, 이러한 욕구적-쾌락적 요소들이 "섹슈얼리티"라는 개념에 속해 있다는 것이 놀랍지도 않다.[3]

---

3 마찬가지로 그리스어에서도 "성"과 관련된 여러 개념들(φύλον, γένος, ἀφροδισία, ἔρως,

그렇다면 어째서 근대에 이르러 "섹슈얼리티"라는 공동의 개념이 생겨났으며, 이는 어떻게 정의할 수 있는가? 당연히 이러한 개념이 형성되기까지 (장기간의) 역사가 필요했다. 그간의 연구에 따르면, 이러한 개념은 초기 역사의 두 가지 중요한 단계를 거쳤다. 첫째는 아우구스티누스와 관련된 것이다. 그는 성별, 자녀생산, 욕망, 그리고 경건의 연관성과 차이를 반성하였다. 둘째는 연가문학 속에서 체념의 조건하에서 에로틱한 사랑을 교육하고, 에로틱, 섹슈얼리티, 결혼과 생식 사이에 존재하는 (개연적) 긴장관계를 의도적으로 주제화했던 (그리스도교적) 중세와 관련되어 있다.

성에 대한 통일된 현상의 발견은 18세기에서 19세기로 넘어가는 즈음에 무엇보다 의학적−병리학적, 사회적, 그리고 심리학적 연구가 이루어지면서 시작되었다. 동시에 성의 발전과 변화의 역사 역시 나타났다. 이러한 역사의 중심에는 항상 낭만주의를 통해 강화된 하나의 포괄적이며 통전적인 남녀관계에 대한 이상이 등장하였다.

내가 바르게 보았다면, 전통적으로 성의 개념을 규정하는 두 가지 서로 다른 접근방식이 존재한다. 하나는 성적인 **외형**을 지향하는 생물학적−해부학적 접근이고, 다른 하나는 성적인 **태도**를 지향하는 심리적−비교행동학적인 접근이다.

생물학적−해부학적 개념규정은 섹슈얼리티의 전제 혹은 출발점에서 시작한다. 다시 말해 인간 그리고 동물과 식물을 각각의 다양한 유기체와 호르몬으로 구성된 외형을 포함하여 남성과 여성(아울러 양성과 남녀추니)으로 양분(혹은 사분)하여 출발한다. 여기서 "성"은 성별에 따라 번식하는 유기체를 남성적이며 여성적인 것으로 구분한 결과이고, 이의 외형과 표현형의 총괄개념이다.[4] 이 개념은 가령 (초기) 아동의 성적 외형까지도 완전히 포함시킬 만큼이나 포괄적이고 개방적이다.

ἐπιθυμία)을 발견하게 된다. "섹수스"와 정확히 동일한 개념이 그리스어에는 없으며, 고작해야 남성적 혹은 여성적 "γένος" 혹은 "φύσις"에 관한 단어들이 있으나, 이 역시 매우 일반적인 개념이다.

4 예컨대 B. R. Wille, Art. 'Sexualität', in: *Lexikon der Bioethik* 3(1998), 326.

이에 반해 심리학적-비교행동학적 개념규정은 다음과 같은 목표점에서 출발한다. 즉 "섹슈얼리티"를 "성행위나 넓은 의미에서 성적 충동의 만족과 관련된 모든 태도방식, 충동, 그리고 (인간과 동물의) 필요의 종합"[5]이라고 정의한다. 이러한 접근방식에서는 가령 가정의 내적 관계와 같이 성적 욕구의 충족에 기여하지 않는 모든 것이 제외될 위험성이 있다. 이를 위해 이 개념은 성적 관계의 모든 **형태**를 고려한다.

세 번째, 더욱 새로운 접근방식이 있다면, 그것은 사회학적-구성적인 것이다. 이는 무엇보다 섹슈얼리티를 (역사적으로) 기술한 "젠더"라는 개념을 가지고 연구한다. 여기서 "성"은 한 사회가 규칙, 역할분담, 사회의 일반적인 판단 등을 통해 "성"이라고 정의한 것에 따라 이해된다. 구성주의는 섹슈얼리티의 역할에 관한 각각의 생물학적 기초에 대해 원칙적으로 투쟁하면서 이제까지 말한 것에 대한 대안을 제시한다.[6] 이러한 사회학적-구성주의적 접근은 생물학적이며 심리학적인 것의 사회적이며 문화적인 유형의 요소를 제시한다는 점에서 다른 두 접근방식에 대한 보충과 구체화라고 하겠다.

윤리학 교과서로서의 목적을 다하려면 심리학적-비교행동학적 개념규정에서 시작하는 것이 가장 적합하겠다. 왜냐하면 이는 행동과 생활에 대한 자연적 친화성을 가지고 있기 때문이다. 그러나 (무엇보다 "삶의 양식"이란 표제하에서) 주제를 너무 협소하게 다루지 않기 위해 나는 다른 두 주장에서 얻은 것들도 함께 관련지어 설명할 것이다. 다른 주장들도 필연적으로

---

5 Art. 'Sexualität', in: *Brockhaus Enzyklopädie* 17(1973), 349.

6 그러므로 가령 I. Karle, *Seelsorge in der Moderne*, Neukirchen 1995, 특히 166-205(이에 대해선 다음의 3.1.3을 보시오). 성별구별의 윤리에 대해서는 L. Irigaray, *Das Geschlecht, das nicht eins ist*, Berlin 1979; dies., *Ethik der sexuellen Differenz*, Frankfurt a. M 1991; C. Gilligan, *Die andere Stimme. Lebenskonflikte und Moral der Frau* (1982), dt. München(1984) 1991[5]; J. Gray, *Men are from Mars, Women are from Venus*, New York 1993; D. Schnack/R. Neutzling, *Die Prinzenrolle. Über die männliche Sexualität*, Reinbek 1993; Bußmann/R. Hof(Hg.), *Genus. Zur Geschlechterdifferenz in den Kulturwissenschaften*, Stuttgart 1995; H. Kuhlmann(Hg.) *Und drinnen waltet die züchtige Hausfrau. Zur Ethik der Geschlechterdifferenz*, Gütersloh 1995; I. Karle, "Das ist nicht mehr Mann noch Frau". *Theologie jenseits der Geschlechterdifferenz*, Gütersloh 2006.

심리학적-비교행동학적 개념을 보충한다. 그러나 이러한 정의가 "섹슈얼리티"라는 개념을 "성적 행위"나 "성적 욕구의 충족"으로 이해하고 있는 것으로 의심한다면 오해이다. 이러한 "정의"는 말하자면 순환적인 것을 내포하고 있다. 이러한 오해는 두 가지로 "정의된" 개념들이나 형식들을 단지 폭넓게 해명할 때에 피할 수 있다.

그렇다면 "성충동"이란 무엇인가? 충동이란 (추구하는 자의 관점에서) 생명을 위해 필요한 것을 충족하고, 개인이나 그의 종의 보존이나 자신의 유전자의 전달에 도움이 되는 것을 추구하는 행동을 말한다. 성충동 외에도 생명을 위해 필요한 충동으로 굶주림, 목마름, 수면, 포육이 있음을 우리는 알고 있다. 이 모든 것 가운데서도 두 종류의 성충동은 구별된다. 먼저 성충동은 (단순한 생존의 필요성과는 달리) **쾌락**을 강조하고 다음으로 포옹, 어루만짐, 성교, 또한 응시와 태도로 표현하며 육을 강조한다.[7]

마지막으로 또 하나의 중요한 보충이 필요하다. 윤리학을 연구하기 위해선 **인간적 섹슈얼리티**만이 문제가 된다.[8] 그런 점에서 성에 대한 이제까지의 정의는 너무 방대하다. 왜냐하면 거기에는 특별히 인간적인 것이 결여되어 있기 때문이다. 다른 한편 이러한 방식으로 윤리적 기준들이 너무 확대된 "섹슈얼리티"의 개념 안에서 정의되지 않도록 주의해야만 한다. 비교행동학과 윤리학 사이의 좁은 위계는 철학역사사전이 제시한 "섹슈얼리티"라는 개념의 도움을 받아 가장 잘 설명할 수 있다.[9] 이에 따르면 "섹슈얼리티"는 "참여한 개인들이 어떤 제한 없이 일차적으로 생식기적 쾌락의 감정을 체험하는 하나의 의사소통적 관계"이다. 그러나 이러한 개념규정에는 전적으로 생식의 요소가 빠져 있다. 그렇지만-더 나은 대안이 없으므로-여기서는 이러한 의미로 (그리고 이러한 보충적인 안내와 더불어) "성"과

---

7 이를 나타내는 아름다운 표현이 "사랑은 피부의 사건"(Hautsache Liebe)이다.
8 동물을 성적 파트너나 대상으로 악용하는 도착적 형태의 성적 태도가 존재하지만, 인간적 관계에서 발생하는 성만이 윤리적 대상이 된다.
9 M. Schetsche/R. Lautmann, Art. 'Sexualität II' in: *HWBPh* 9(1995), 730.

이와 관련된 "성윤리"에 관해 언급해야 할 것이다.

3.1.2 인간적 발육 안에서 본 성

다음으로 인간의 발육 안에서의 성의 기능과 역할에 관해 간략하게 언급한다. 특히 인간의 성적 발육을 위해 **충분한** 조건은 아니지만 **필연적인** 조건이라고 말하는 측면들에 관해 살피게 될 것이다. 왜냐하면 충분한 것은 필연적인 것을 전제하고 포괄하기 때문이다. 그러므로 이러한 필연적인 것을 경시하지 않고 가능한 범주 안에서 간략하게 주제로 삼아보는 것이 중요하다고 생각한다.

20세기 초까지 (부분적으로는 이를 넘어) 생명의 초기와 말기에서 성은 물론 성적 친밀성과 성애가 중요하지 않다는 인간이해가 존재해왔다. 아주 어린 아동들이나 노인들을 성적 주체로 생각하지 않았다. 프로이트는—1905년에 쓴 그의 논문 "성이론에 관한 세 가지 연구"[10]에서—이러한 주장에 대해 근본적인 이의를 제기했다. 비교적 긴 시기에 걸쳐 관찰해볼 때, 특히 아동의 초기단계를 살펴보면 이런 주장은 맞지 않는다는 것이다. 그 이후로 프로이트 이론의 상세한 내용들이 틀렸다는 것을 증명하는 (일반적으로 신뢰할 수 없는 것으로 일반화하는) 많은 연구들이 이루어졌지만, 그의 주장은 여전히 큰 영향을 미치고 있다.

이미 초기 아동기에 어머니의 젖이나 자기 엄지손가락을 빨고, 자신의 생식기를 가지고 놀고, 입을 맞추고, 타인에게 벗은 모습을 보여주는 아동들의 여러 태도유형들을 관찰할 수 있는데, 이는 어린이들의 (성적) 쾌락과 관련된 행위들이다. 아동기에 파트너를 지향하는 생식기적 성은 아이들이 성인에게서 이러한 성을 관찰하여 모방하거나—무엇보다도—타인에게 자극과 유혹과 성적 폭력을 받게 될 때 나타난다. 그러므로 좋은 의미에서 다음과 같이 말할 수 있다. (성교라는 의미의) 생식기적 성은 아직은 아동

---

10 위의 각주 1을 보시오.

기에 속한 것이 아니다. 이는 조숙한, 즉 성적 침해로 인해 발생하는 과정의 결과이다. 여기서 "아이들이 스스로 그 중요성을 인식하기 전까지 사랑은 아이들을 깨우지도 방해하지도 않는다"(Cant 8:4)는 지혜로운 맹세가 옳다는 것을 알게 된다.[11] 아동기는 내면적 성장의 성격을 가지고 있는 사춘기의 심리적인 변화를 통해 끝난다. 이러한 단계로의 변화는-우리가 아는한-새로운 장기 혹은 새로운 선(腺)이나 이와 비슷한 것이 생성해 생긴 결과가 아니라 중뇌 안에 있는 송과선의 소멸을 통해 발생한다. 송과선은 분명히 탄생과 사춘기 사이에서 뇌하수체[12]가 멈추도록 영향을 준 후에 소멸함으로 뇌하수체의 호르몬 기능[13]에 영향을 미친다. 뇌하수체(더 정확히 말하자면 이의 전두엽과 선뇌하수체)가 무엇보다도 남녀의 배아선(생식샘)에 미치는 호르몬의 영향력을 활성화한다. 그러므로 사람들은 생식샘자극호르몬(gonadotropin)에 관해 말한다. 이러한 생식샘자극호르몬은 고환(Testes)과 난소(Ovarien)에 세 종류의 영향을 준다. 생식샘자극호르몬은 다음을 자극하고 조절한다.

- 생식샘과 여성의 젖의 성장
- 생식샘의 호르몬 기능과 모성의 호르몬
- 정충과 난세포의 형성

무엇보다도 중요한 것은 배아선(테스토스테론과 에스트로겐)의 호르몬(안드로겐과 에스트로겐)과 (생식기적) 모성의 호르몬(프로게스테론)에 영향을 미치는 두 번째, 소위 내분비적 기능을 명확하게 고찰하는 일이다.

11　이 말은 무엇보다 록밴드 푸디스(Puhdys)의 "한 사람이 산다면"이라는 노래를 통해 유명해졌다. "우리 여동생은 아직 작고 가슴도 없어요. 사람들이 그녀에게 구애한다면 우린 여동생에게 무엇을 해야 할까요? 그녀가 담이라면 우리는 그곳에 은빛 요새를 세우려고 합니다. 그녀가 문이라면 우리는 그곳에 잣나무널빤지로 문을 만들어 그녀를 보호하려고 하지요."(Cant 8:8f.)

12　이는 두개저 옆 뼈의 움푹 파인 곳에 있는 0.6그램의 뇌하수체선이다.

13　호르몬은 자신이 출발하거나 생성된 그곳으로부터 신체의 다른 부분에 영향을 미치는 전달물질이다.

- **테스토스테론**(testosterone)은 음경과 음핵의 성장, 음경의 해면체의 발전 (그러나 발기는 아니며), 정자의 생산, 체모와 음모, 대머리 형성, (후두융기를 통한) 저음 형성, 단백질 대사, 골격의 신장, 골단 관절의 골화, 성적 흥분을 고양하는 데 영향을 준다.

- **에스트로겐**(estrogen)은 이차적 여성기관의 성장(자궁, 난관, 질, 음순과 유선), 자궁과 난관근육의 수축, 신진대사를 위한 단백질 합성, 골격의 신장, 골단 관절의 강화된 골화에 영향을 준다. 에스트로겐이 남성의 성적 흥분을 고양시킨다. 왜냐하면 에스트로겐이 테스토스테론을 약화시키기 때문이다.

- **프로게스테론**(progesterone)은 자궁과 난관근육의 수축을 고양하거나 제거하고(임신 중에는 이러한 전달과 정화의 과제가 소용없기 때문인데, 서로 경쟁적인 생산이라고 하겠다), 자궁점막의 혈액공급, 질 안에서의 점막 축소, 여성의 유방에서 모유를 생산하는 선세포의 성장, 그리고 대략 0.5도 정도의 기초 체온 상승에 영향을 준다.

전체적으로 이러한 놀라운 활동들은 인간이 자기경험과 관찰을 통해 인식하게 되는 성별 간 서로 다른 외형과 태도의 독특한 차이들에 관하여 많은 것들을 설명해준다. 특별히 호르몬과 이의 영향을 받아 나타나는 신체적 변화가 젊은이들의 성적 태도에 영향을 미치게 되는 이유를 분명히 보여준다. 이는 성기관의 성장과 무엇보다 상승된 흥분능력을 통해 나타난다. 동시에 사춘기가 커다란 질풍노도의 시기일 수밖에 없는 이유를 이해하게 된다. 이에 덧붙여 이 모든 것은 단지 성애적이며 성적인 소통의 수단과 도구라는 것을 분명히 해두어야만 한다(말하자면, 필요하기는 하지만 충분한 조건은 아니라는 말이다). 이러한 것을 어떻게 사람들의 태도에 적용하거나 응용할 것이며 교양교육을 통해 형성할 것인지(혹은 그대로 둘 것인지)는 그 자체만으로 대답될 수 없는, 여전히 미해결의 윤리적이고 교육학적인 질문이다. 그러므로 이는 성윤리, 성교육, 그리고 성적 성숙과 연결 지어 연구해야 한다.

아무튼 사춘기의 시작은 방향설정과 교육이 급격하게 요구되는 새로운 성적인 발전단계의 출발을 의미한다. 프로이트는 이러한 단계의 시작을 두 가지 형식, 곧 "대상 혹은 파트너 지향성"과 "생식기라는 개념으로 모든 욕구들을 종합"하여 정리했다. 사실 이러한 주장을 되돌릴 수는 없겠지만, 충분하지는 않기에 여전히 오해의 여지가 있다.

① 반려자 중심적 성

최근의 경향을 보면 사춘기란 부모의 구속에서 벗어나는 시기이며 또한 (지금까지는) 생소한 대상이었던 섹슈얼리티 안에 혹은 그 아래 에로틱의 요소들을 자율적으로 귀속시키는 시기이다. 이와 연관되어 있는 결정적인 성숙의 발걸음은 타인, 가족이 아닌 사람들, 낯선 자들과의 충돌이다. 만약 이러한 충돌에서 성공하게 되면 지평을 확대하고 자기중심적 행동표본에서 벗어나며, 결국 유전자풀(Gens-Pools)의 영역 역시 촉진할 수 있다. 그러나 너무 빨리, 너무 일찍, 그리고 너무 배타적으로 지금까지의 가족내적인 끈을 새로운 가족외적인 끈으로 대체해버린다면 인간적 발육과 성숙을 위해선 적합하지 않다. 반드시 필요하지 않다면, 모든 심각한 삶의 전환기와 같이 떠나야 할 시기와 한 사람이 이를 향해 나아가는 새로운 삶의 시기 사이에서 소위 "방황의 시기" 혹은 "빈 공간"을 절단하지 않는 것이 최소한 유익하다.[14] 그러한-쉽게 감수될 수 없는-중간시기의 필요성에 대한 지식이 우리 사회에서는 특별히 강하게 나타나지는 않는다.

② 생식기적 성의 우세

사춘기에 접어들면 성적 욕구가 이전보다 더욱 강하게 일어-생각으로나 실제적으로-성적인 합일을 추구한다. 호르몬의 발육이 이의 동기와 공급을 제공하고 충동의 긴장감을 강화하는데, 이러한 긴장은 합일을 통해

---

14 이러한 관점을 위해 기초가 되는 것으로는 A. van Gennep, *Les rites de Passge*, Paris 1909, dt.: Übergangsriten, Frankfurt a. M./New York 1986: W. Bridges, *Transitions. Making Sense of Life*, Chicago 1980. 브리지스(W. Bridges)를 알게 해준 글로친-베버(S. Glockzin-Bever)에게 감사한다.

일시적으로 감퇴될 수 있다. 그러나 짐작건대 젊은이들만이 아니라 성인들에게도 "전형적으로 남성적"이라고 할 수 있는 생식기적 경향성(혹은 집착)이 존재한다. 이에 대한 집착과 또한 이로 인해 평가절하되고 점차 약화되고 있는 키스와 포옹과 같이 피부접촉을 통한 다른 성애와 성의 다른 (이전)형식들은 오히려 성적인 상실과 결핍으로 나타날 뿐이다.[15] 이는 성교후 남성들의 충동이완이 여성보다는 더욱 가파르게 떨어지고, 쉽사리 실망과 비난에 빠진다는 사실을 통해 알 수 있다. 다른 측면에서 보면 최근 성의 영역에서 여성들이 과거보다는 분명히 자신들의 소원(그리고 혐오)을 표현하고, 표명하고, 그리고 관철시키려는 분명한 변화가 감지된다.

인류의 역사를 살펴보면 성인들의 생활에서 성은–이미 언급된 내숭의 시대를 제외하고–일반적으로 금기시된 주제가 아니다. 그렇지만 사회과학적 연구는–특히 "남성의 성적 태도"와 "여성의 성적 태도"에 관한 킨제이 보고서를 통해–놀랄 만한 것을 인식하게 하였다.[16] 실제적으로 이 연구는–종교나 교회와 깊은 관계를 맺고 있는 사람들을 포함해–인간의 성적인 태도는 공적으로 인정된 규범들과는 현저하게 다르며 지금까지는 거의 가능하다고 생각지 않았던 매우 다양한 성적 태도(혼전, 부부간, 그리고 혼외)가 존재한다는 것을 보여주었다. 그 이후로 이러한 성적인 다양성은 대학생들의 사회운동과 연계된 "성적 해방" 이론과 개인주의에 대한 새로운 후기 근대적 경향을 통해 급속히 확대되었다.[17] 후자는 단지 흘러가는 "물결"인지 아니면 사람들 사이에 폭넓게 퍼져 있는 지속적인 경향인지는 아직

---

15 이에 대해선 H. Lang, Art. "Geschlechtlichkeit 2.2", in: *Lexikon der Bioethik* 2(1998), 93-95. 랑(H. Lang)의 연구는 매스터스(Masters)와 존슨(Johnson)의 연구에 기초하고 있다.

16 위의 제1부 1, 각주 10을 보시오.

17 이에 대해선 G. Schmidt/B. Strauß(Hg.), *Sexualität und Spätmoderne. Über den Kulturellen Wandel der Sexualität*, Stuttgart 1998. 이 책에서(4쪽) 성연구가 지구쉬(Volkmar Sigusch)는 20세기의 80년대와 90년대를 관찰한 후 "성의 상징적이며 실제적 영향력이 60년대와 70년대의 급속하고도 혼란스러운 성적 혁명보다도 더욱 결정적"이라고 말하는 것이 과장이 아니라면서 "성의 비정상적인 변동"에 관해 말한다. 또 계속해서 말하기를 "옛 섹슈얼리티가 충동, 유기체, 그리고 이성애적 부부로 구성되어 있었다면 새로운 섹슈얼리티는 젠더 구별, 자애, 스릴, 보철화로 구성되어 있다"고 한다.

더 지켜보아야 할 것이다. 하지만 분명 성적 태도의 무한한 ("후기 근대적") 다양성, 개인화, 역동성이 존재하는 것만은 분명하다.[18] 그렇다면 이러한 경향이 인간의 다양한 개인적 성향과 그의 개인적이며 인간적 본질과 교양에 부합하는가? 이러한 의심은 허락될 수 없을 뿐만 아니라 제공되지도 않는다. 이러한 연구들은 진정한 행복과 충족이 무엇인지 거의 인식하지 못하고 있으며-당황스럽고도 끊임없는 방향을 잃은 시도로서-성적 능력을 보여야 할 과중한 부담감을 지울 뿐이다.

갱년기는 물론 삶의 한가운데서 경험하고 영향을 받아 생성되는 성인 남녀의 성적 발육을 일반화해서 말하는 것은 쉽지 않다. 분명 호르몬의 변화가 삶에 영향을 미치고 신체적인 변화를 일으킨다. 이러한 변화가 성적인 욕구를 항상 지속적으로 상승시키는 것은 아니며, 단기간에 폭발했다가 약화되고 진정하는 성격을 가지고 있다. 그런 점에서 사회에서 오랫동안 불감증의 노인을 성에 무감각한 아동의 모습과 비교하는 것은 이해할수 있다. 그러나 이러한 생각은 점차 사라지고 있으며, 더욱이 저항을 받고 있다. 아동은 순수하고 순결하다는 사고를 소위 불순하고 범죄적인 성과 대비시킴으로써 아동의 성에 대한 바른 인식이 방해를 받는 것처럼, 노인의 성 역시 그런 생각 때문에 방해를 받는다. 이는 이치에 맞지 않으며, 너무 지나칠 뿐만 아니라 터무니없고 비도덕적이기까지 하다. 가령 결체조직(Bindegewebe)의 생산과 같이, 신체적인 변화는 타인에게 벗은 모습을 보이지 않도록 억제한다. 특히 그가 자신과 같은 나이의 사람이 아니라면 더욱 그렇다. 그런즉 1976년 시행된 설문조사를 보면,[19] 이에 참여한 약 60%의 사람들이 (50세가 못 되었거나 넘은 사람들 모두 마찬가지로) "노인들은 대부분 성적인 것에 관심이 없다"라고 생각하는 것으로 밝혀졌다. "성적인 욕구를 추구하는 늙은이들은 하나님 앞에서 죄를 짓는 것"이라는 주장에 대해 대

---

18 뿐만 아니라 여러 설문조사에서 나타난 것과 같이, 얼마 전부터-누구보다도 젊은이들은-결혼, 일부일처제의 태도양식과 신뢰를 피하려는 경향을 선호하고 있다.

19 H. Tümmers, *Sexualität im Alter*, Köln 1976.

략 20%의 노인들이 동의하였다. 이러한 터부는 최근의 연구가 보여주는 것과 같이 감소되었다.[20]

3.1.3 성의 문화적, 사회적 조건

이 장에서는 성의 문화나 사회의 역사가 아니라, 성적인 정체성과 성의 역할들이 생물학적으로 문화적이며 사회적으로 어느 정도 영향을 받는지를 살펴보겠다. 문화적 혹은 사회적으로 규정된 성별 간의 차이와 역할에 관한 질문은—생물학적 성(섹스)과 다른 사회적 성(젠더[21])에 대한 질문으로서—하나의 중요한 요소, 다시 말해—성의 발전과 양육만이 아니라 삶의 유형들의 형성을 위한—성윤리적 주장을 위한 전제를 다양한 관점에서 형성한다.

나는 먼저 카를레(Isolde Karle)[22]가 제시한 "성별"에 관한 논리 정연한 구성주의적 해석을 간략하게 소개한 후, 비판적으로 논쟁하려고 한다.

① 구성주의적 입장: 젠더로서의 성

구성주의적 입장은 "사회적 구성으로서 두 가지 성별"(173쪽)이라는 형식으로 요약할 수 있다. 여성됨 혹은 남성됨은 인간 종의 자연적 분류라는 전통적 입장과는 달리 사회적—구성주의적 관점을 지지한다. 즉 "인간은 사회적 간계 **안**에서 또한 전에 형성된 사회적 구조화와 대결하는 **가운데** 여성과 남성으로 생성되며 이는 지속적이며 일생 동안 계속되는 **과정**"

---

20 이에 대해선 H. Schneider, "Altern und Sexualität", in: E. Lang/K. Arnold(Hg.), *Vorbereitung auf das aktive Alter*, Stuttgart 1986, 128-137; K. von Sydow, *Lust auf Liebe bei älteren Menschen*, München 1992; H. Walter, *Das Alter leben!*, Darmstadt 1995, 151-155.

21 옥스퍼드 영어사전에 따르면, "젠더"는 원래 문법적 성을 나타내는 명칭이며 현재는 문법적인 것과 사회적인 관점에서 서로 다르게 사용한다. 영어 "지너스"(genus)는 생물학적 분류로서 "종족"이라는 의미라면 "섹스"(sex)는 남녀를 구분하는 데 사용한다.

22 나는 여기서 카를레가 자신의 저서(I. Karle, *Seelsorge in der Moderne*, Neukirchen 1996, 173-186)에서 제시한 주장을 따른다. 이 책에서 참조한 내용들의 페이지는 본문에서 바로 제시했다.

(174쪽)이라는 것이다. 만약 이 주장이 특정한 특징, 태도방식, 활동영역의 서술이 하나의 사회적 구성이라는 의미로 해석된다면 이의 의미를 저평가하는 것이다. 그런 의미가 아니다. 이 주장은 기술된 그대로 근본적인 것을 의미한다. 말하자면 이는 "기저의 두 가지 성별"과 관련되어 있다(같은 쪽). 이는 (크리스티안젠의 입장에 따라[23]) 생물학적으로 구별된 네 가지 성별의 차이가 존재한다는 것을 전제한다.

- 염색체적 특성으로의 성별

- 생식선적 특성으로의 성별

- 호르몬의 특성으로의 성별

- 이른바 형태학적 성별

성별의 정체성에 적용해보면 다음과 같은 결과를 얻게 된다. "모든 성별을 규정하는 특징의 수집은 단지 대부분이 그렇다는 것이지 모든 성별의 차이를 이런 방식으로 분명히 정의내릴 수 있다는 말은 아니다."(186쪽)[24] 여기서 매우 근본적으로 구성주의적 입장을 이해하게 된다. 이의 기본적인 주장은 다음과 같다. 섹스(Sexus), 즉 자연적으로 주어지고 전제된 성별의 정체성이 아니라, 젠더(Gender), 즉 단지 사회적이고 문화적인 생산품인 이와 다른 성별이 존재한다는 것이다.[25] 우리가 "본성상" 여성적 혹은

---

23 K. Christiansen, "Biologische Grundlagen der Geschlichterdiffenz", in: U. Pasero/F. Braun(Hg.), *Konstruktion von Geschlecht*, Pfaffenweiler 1995, 13.

24 여기서 "대부분" 또한 "모든 차이를 분명히"라는 표현들이 의미하는 바는, 성별의 차이는 "모든 사람의 99% 이상 평균적인 남성 혹은 평균적인 여성으로 인도하지만" "복잡하고도 고장이 자주 나는 사건"이라는 슈뢰더-쿠르트의 말에서 빌려온 것이다(T. Schroeder-Kurth, in: H. Kuhlmann(Hg.), *Und drinnen waltet die züchtige Hausfrau*(위의 각주 6), 31). 그렇다고 문제가 당연히 사라지지는 않는다. 그러나 이러한 관점은 이에 적절하게 균형을 유지하도록 돕는다.

25 여기서 다시 한 번 카를레를 인용한다(위의 각주 22, 181쪽). "두 가지 성별로 구성된 사회적 질서는 자연적으로 주어진 것이 아니라 상호작용의 일상적 규칙을 통해 산출되고 확인된 것이다."

남성적인 것이라고 생각하는 모든 신체적 특징, 경험과 태도방식도 역시 사실적인 것이 아니라 (이미 이것이 언어적으로 불리고 그렇게 이해됨으로써) 사회적-문화적 구성물이다.

② 비판적 평가

성별의 차이를 (슐라이어마허의 의미에서) 관계적 대립으로 이해하는 것에 전적으로 동의한다. 마찬가지로 우리가 모든 본능적인 것을 인식하고 해석하자마자, 문화적이며 사회적 중재를 통해 이것을 항상 인식하고 해석하게 된다는 주장에도 동의한다. (역동적인) 대상인 "선(先)사회적 육체"[26]는 그런 것으로 보는 우리의 해석과 이의 의미 가운데서 지각될 수 있는 표식을 통해 인식될 수 있다. 그러나 이는 전적으로 문화적으로 제한되어 있다. 그런 점에서 "섹스"는 오직 "젠더"와 연결될 때만이 존재한다는 주장은 옳다.

그러나 모든 구성주의적 이론은 역동적 대상으로서 "선(先)사회적 육체"의 의미를 충분하고도 진지하게 수용하지 않는다. 이로 인해 사회적 구성들은 **임의적인** 가설들로 나타난다. 그때 만들어지는 사고의 오류는 나의 생각으론 다음과 같은 이중적인 것과 관련되어 있다. 성별의 차이가 자연적 기초에서 추론되거나 아니면 이를 순수하게 사회적 가설로 판단한다. 그러나 이러한 이중화는 적합하지 않다. 즉 자연적 기초가 성별의 차이에 대한 하나의 확실하고도 중대한 안내 역할을 하지만, 이것만으로 모든 것이 설명되는 것은 아니다. 이는 문화적 해석(해석자들의 학식)만으로도 설명될 수 없다. 자연적 기초는 (자기)경험을 통해 접근할 수 있는 본능적인 토대를 가지고 있고 이를 필요로 한다. 그러나 이는 이따금 필요할 뿐만 아니라 지속적으로 필요하다.[27] 그러므로 성별의 차이를 설명하고 연구하기

---

26 S. Hirschauer, "Die interaktive Konstruktion von Geschlechtszugehörigkeit", in: *KZSS* 46(1994), 112.

27 이에 대해선 W. Härle, "Die Wirklichkeit - unser Konstrukt oder widerständige Realität?"

위해서는 심리학적 소견이 젠더의 구성주의적 입장에서 문제가 되는 경우보다 더욱 진지하게 수용되어야 한다. 그렇지 않을 경우, **어떤** 사회적인 조건들이 중대한 사회적 혹은 문화적인 변화를 위한 노력 대상이 되는지 그리고 어떤 조건들은 그런 대상이 아닌지에 대한 중요한 조사가 사라져버린다.

이와 관련된 네 가지 사례를 통해 이의 문제점을 간략하게 제시해보고자 한다.

- 월경, 임신, 그리고 출산이 모든 여성에게 발생하지는 않는다. 아울러 이는 여성이라고 해서 항상 갖고 있는 것은 아니다. 그러나 이는 어떤 남성에게도 존재하지 않는 일이다. 이러한 경험들은 최소한 체험을 깊이 있게 규정할 수 있다.

- 평균적으로 체력의 차이는 "실행되고 있는 성별 간의 분업이 그 원인이 아니라 오히려 그 영향"(184쪽)이라는 주장은 분명 잘못된 것이다. 이 역시 호르몬으로 인해 생긴 결과이고 유전적인 것이다. 여성에 대한 남성의 관계에서 지속적인(잠재적인) 위협으로 나타나는 이러한 차이는 내 생각으로는 실제적인 성별의 차이와 삶의 가능성에 대해선 거의 고려하지 않고 있다. 더욱이 근본적으로 씨름 경기나 군비를 통한 보상은 말할 것도 없이 체력적으로 우세한 편에게 가능하다. 많은 여성들이 이러한 체험을 위협으로 느끼게 되며, 이는 단지 교육을 통해서만(특히 남성들) 순화될 수 있고, 이는 분명 긴급하게 필요하다.

- "다만 사회적인 부부형성의 규칙이, 남성들이 때마다 그들의 파트너들보다 더 힘을 발휘하도록 영향을 미친다"(184쪽)는 주장은 하나의 일반적인, 통계적으로 파악할 수 있는 사실을 각 경우들과 혼동하는 것으로 원인과 영향의 혼동한 결과이다. 문화적으로 제약된 부부의 구성이 평균적인 힘의 차이에 영향을 미치지 않는다. 오히려 평균적인 호르몬 상태가 이의 원인이다.

- 결국 뇌전의 연구는 남성과 여성 사이에 사고방식 혹은 뇌의 활동에서 중

---

in: ders., *Spurensuche nach Gott*, Berlin/New York 2008, 54-68.

요한 차이가 존재한다는 것을 밝혀내었다. 이를 간단히 말하자면, 여성은 포용적으로 사고하고 남성은 독립적으로 사고한다.

3.1.4 성적 도착(일탈)[28]

이 장에서 우리는 여러 이유에서 매우 어려운 영역에 발을 들여놓게 된다. 한편 인류의 역사에서(그리스도교 역사에서도 마찬가지나) 도착적인 형태의 성적인 감정과 태도는 멸시, 고립, 경멸, 박해, 형벌, 그리고 그런 인간을 처형하는 동기가 되었다. 그런 점에서 이는 **죄를 짊어지고 있는** 영역이다. 다른 한편 이는 부분적으로는 오늘날 (혹은 이미 오래전부터) 완전히 정상적이며 저속하지 않다고 판단하거나, 부분적으로는 혐오스럽고 병적인 현상이라고 생각하는 영역이다. 이러한 집단들 사이에 명확한 경계선이나 분기선이 존재하지 않으며 서로를 넘나든다.

그다음으로 성적 일탈의 원인에 대한 해답을 제시하는 인간생물학적, 의료적, 그리고 심리학적 결과는 거의 모든 다른 분야에서도 문제가 되고 있는 것에 대해 분명한 대답을 제시하고 있다. 이는 일탈이 **생겨난 원인**(이러한 병인학적 질문의 신뢰성에 관한 질문을 포함하여)과 이러한 삶의 유형을 교정할 수 있는 가능성, 의지, 그리고 허락에 관한 방법론적 질문이다.

마지막으로 여기서 사용된 언어와 개념적 특징은 이해하기가 매우 까다롭다. 이형(異形)은 "일탈" 혹은 "도착"인가? 이는 어디에서 유래하는가? 이 영역에서 정상적인 것은 무엇인가? 여기서 성적 발육과 태도실천의 "장애"나 "변종"이 문제가 되는가? (어느 정도) 여기서 "성향", "특징", "체질"에 관해 말할 수 있는가? 이 문제와 연관해 "치료"라는 개념을—바람직한 용어로—사용해도 되는가? 이 모든 것이 위에서 언급한 죄를 짊어지고 있는 역사의 뒷배경에서 질문될 수 있는가?

---

28 이미 위의 각주 1에서 언급한 섹스이론에 관한 프로이트의 첫 번째 연구인 "성적 이탈"을 보시오. 그 외에 W. Simon/J. H. Gagnon, *Sexuelle Außenseiter. Kollektive Formen sexueller Abweichungen*, Hamburg 1970; G. Kockott/G. W. Unold, Art. "Sex Deviation/Paraphilie", in: *Lexikon der Bioethik*, Bd. 3, 1998, 338-346.

이와 같은 어려움으로 인해 이러한 현상과의 일반적인 비관련성이나 윤리적 숙고의 포기가 촉구된다. 누군가 성적 이형의 현상이나 현상들과의 비관련성을 옹호한다면, 바로 그 이유 때문에 통상 에로틱한 성적인 결합의 전망 밖에 놓여 있는 다양한 형태의 성적 감정과 태도가 존재한다는 것에 대해서는 논쟁할 필요가 없게 된다. 그러나 그런 주장을 하는 사람들은 이를 주제로 삼은 일까지도 포기하게 된다. 또한 방금 언급한 어려움에 대한 토로는 이 주제가 윤리적으로 중요하지 않다는 그들 나름의 논증이 될 수 있다. 우리가 윤리적으로 관찰하거나 평가할 수 없는 것을 그냥 피상적인 현상으로 치부해서는 안 된다.

나는 이 세 가지 논증의 가능성들을 분명한 것이라기보다는 단순한 것이라고 생각한다. 이 문제의 해결은 어려우며 매우 신중함이 요구되고, 거의 분명한 한계선도 존재하지 않는다는 말은 옳다. 그렇다고 이 문제를 그대로 덮고 넘어갈 수는 없고 오히려 그 반대이다. 사실 이것이 소수자들의 문제인 것도 사실이다. 그러나 소수자들의 문제라고 해서 관심 밖에 두어야 하는 이유가 있는가? 결국 하나의 윤리적 판단이 신뢰(불신) 가운데 명하거나 금하게 되는 것은 이러한 현상들을 인식할 때에라야 결정할 수 있다.

그뿐만 아니라 다양한 교회의 단체들도 항상 이에 대한 여러 입장들을 제시한다. 결혼제도 밖에서 발생하는 다양한 성적 태도를 일반적으로 죄의 표현으로 보고 이를 거절하고 비난하는 입장이 있는가 하면, 이를 창조적이며 피조물의 특유한 표현으로 보면서 이에 대한 윤리적 평가절하를 피하는 것이 옳다고 생각하는 입장도 있다. 내 생각으로 이 둘 모두 너무 일방적인 주장이기에 받아들일 수 없다. 이는 "이형적인 것"만 아니라 모든 성적인 특질과 체질에도 해당된다. 그러나 성적인 태도유형이 문제가 되는 모든 곳에서 이런 문제를 일반적으로 수용하기란 불가능하다. 예컨대 폭력과 연관되어 있으며 타인에게, 특히 아동들에게 신체적이며 정신적인 해를 끼칠 수 있는 태도는 수용할 수 없다. 최소한 이러한 이형적인 성적 자세를 따르는 (그런 입장을 드러내는) 집단들은 윤리적으로나 정신의학적으로 숙고해 판단해야만 한다. 이를 위해 이러한 현상에 대한 관찰이 필요하다.

그렇다면 여기서 어떤 현상들이 문제가 되는가? 무엇에 따라 "이형적 태도" 혹은 "성적 선호의 방해"를 판단할 수 있는가? 두 가지 가능성이 있다. 먼저 사람들은 성공적이며 성숙하고도 인간적인 섹슈얼리티에 대한 윤리적 규범개념에 근거해 성적 이탈을 판단한다. "이형적 태도"라는 개념 속에 이미 (부정적인) 윤리적 판단이 함축적으로 주어져 있다. 또는 통계학적인 규범 혹은 규범성 개념을 따른다. 그러나 이것은 무엇이 윤리적으로 추구할 만한 가치가 있는지에 대해 아무것도 말해주지 않는다. 말하자면, 다수의 태도나 소수의 태도 중 어느 것이 가치 있는지, 이 두 태도가 모두 가치 있는지, 둘 중 그 어떤 것도 가치가 없는지 말하지 않는다. 만약 우리가 후자의 길을 걷게 된다면 이형적 태도에 대해 전적으로 비전문적인 이해를 얻는다고 하겠다. 예를 들어, 부부간의 신뢰나 혼인 전 성관계의 포기가 사회적 통념에서 벗어난 성행위가 되고 말기 때문이다.

사람들이 폭력사용과 가해를 배제하는 것과 같은 규범적인 최소기준을 통해 이러한 개념적 이해를 (체제에 어긋나게) 보충할지라도, 이러한 일탈에 대한 통계적인 개념 사용은 윤리학이 지향하는 목표점으로 인도하지 않는다. 왜냐하면 이는 자주 나타나는 사건이 아니라 어떤 특정한 성적 태도를 사회적 통념에서 벗어난 태도로 만들어버리는 규범적 이형이기 때문이다. 여기서는 언제나 성공적이면서도 성숙한 성적 발육, 다시 말해 그리스도교적 인간상에 관한 관점이 전제되어 있다. 여기서는 **한 인격 안에서 사랑을 통해**[29] **확정된 두 사람의 파트너 관계**[30]가 통합되거나 이러한 통합을 지

---

29 이에 대해선 다음 3.2를 참조하시오.

30 "두 사람의 파트너 관계"라는 개념을 규범적으로 사용할 때 소위 "집단성교" 혹은 삼인조나 사인조의 양성애에 대한 윤리적 판단에 대한 질문이 제기된다. 이를 위해선 자연히 개인적인 관능적-성적 관계가 그 본질상 두 사람의 관계냐는-혹은 어떤 임의적인 관계상황이냐는-질문이 결정적인 역할을 한다. 성애와 섹슈얼리티와 연관된 관계의 강도와 친밀성을 진지하게 수

향해가는 **섹슈얼리티**의 목적이상[31]이 전제된다. 이러한 기준에 따라 무엇이 변이 혹은 변종인지, 무엇이 변이 혹은 일탈인지 판단할 수 있다.

그렇다면 성적 일탈의 문제를 "질환"(혹은 장애)이라는 개념을 사용해 설명하는 것이 적절하고도 적합한가? '질환'이라는 말은 두 가지 가치를 동시에 나타낸다. 한편으로는 (윤리적이며 법적 의미에서 과실과 구분된) **면제와 보호**를 의미하고, 다른 한편으로는 (건강과 정상과 구분된) **낙인이나 경멸**("너는 환자야!")을 의미한다. 질병과 장애에 관한 표현이 낙인과 경멸의 의미로 사용되는 곳에서는 (자신이나 이웃의) 질병이나 장애에 대한 비정상적이며 불쾌한 관계가 나타날 뿐만 아니라 질병과 윤리적 책임성의 관계가 충분히 설명되지 못한다. 여기서 내가 말하고 주장하고 싶은 명제를 다음과 같이 제시할 수 있다. 먼저 질병과 장애가 윤리적 책임의 범위를 제한할 수 있지만, 오직 극단적인 경우에만 완전히 폐기된다. 또한 질병과 장애는 우리 사회가 연대하는 사회가 되기를 바라며 도움과 지원(치료가 아니라!)을 요청하는 환자와 장애인들의 권리에 대한 근거를 제시한다. **이런 점에서 질병이라는 개념은 성적 일탈에 부분적으로 응용가능하다.**

3.1.5 그리스도교적 관점에서 본 성

그리스도교적 이해에 따르면 인간은 영육의 통일체이다.[32] 인간은 단지 육과 영을 가지고 있을 뿐만 아니라 이 **둘이다.** 영육의 통일을 위해 에로틱과 섹슈얼리티는 본질적이면서도 중요한 의미를 갖는다. 이러한 통일성

용한다면, 동시적이든 교환적 관계이든 간에 각 숫자의 확대는 질의 축소로 나타난다. 이에 대한 다양한 입장에 대해서는 P. M. Pflüger(Hg.), *Das Paar. Mythos und Wirklichkeit. Neue Werte in Liebe und Sexualität*, Olten/Freiburg 1988; F. Fellmann, *Das Paar. Eine erotische Rechtfertigung des Menschen*, Berlin 2005.

31 "목적규정"이라는 말은, 이러한 목적을 이루어가는 길에는 자연스럽게 성적인 태도양식들이 존재할 수 있다는 것을 역시 제시한다고 하겠다. 특히 이러한 태도양식들은 계속해서 다음 단계를 향해 성숙하고 발육해 갈 수 있으며 또한 그래야만 하는 "도상"에 존재하는 것들이다. 이러한 것이 발생하는 곳에서 결국 이에 봉착한 사람만이 스스로 판단하고 알 수 있다.

32 위의 제2부 2.1.2와 비교하시오.

안에서 인간은 본질적으로 성별로 구별된 존재이다. 인간에게 에로틱하며 성적인 사랑의 경험을 금지하거나 비방하지 않고 분명히 허락했을 뿐만 아니라 명령했다. 에로틱과 섹슈얼리티는 성공적인 인간존재에 대한 그리스도교적 이상에 속한다. 왜냐하면 성별의 차이는-범죄의 결과가 아니라-**창조의 선물**이기 때문이다.

이는 특별히 창세기 2장에 기록된 더 오래된 창조설화에서 밝혀진다. 성서는 원래 혼자 지음을 받은 인간에게 "사람이 혼자 있는 것이 좋지 않다"고 말한다. 여성이 창조되었을 때 비로소 창조의 사건이 원래 의도했던 선에 도달하였다. 창조설화는 에로틱하며 성적인 사랑에 대한 찬송으로 끝을 맺는다. "그런즉 남자가 부모를 떠나 그의 아내와 합하여 둘이 한 몸을 이룰 것이며, 아담과 그의 아내 두 사람이 벌거벗었으나 부끄러워하지 아니하였다"(창 2:24-25).[33] 창세기 2:24이 성적인 파트너 관계와 에로틱한 측면을 중심에 두었다면, 이보다 더 후대에 기록된 제사장 문서의 창조설화는 생식과 관련된 측면, 즉 생육과 번성(창 1:28; 9:7)에 관해 말한다. 이두 측면은 분명 본질적으로 성서적-그리스도교적 관점에 근거한 인간이해에 속한 것이며-땅의 경작과 통치를 위임하는 내용(창 2:15과 창 1:28)을 제외하곤-매우 독특한 방식으로 강조되고 있다.

그러나 바로 그렇기에 섹슈얼리티는 창조 안에서 악에게 침입을 당했다. "아담과 그의 아내 두 사람이 벌거벗었으나 부끄러워하지 아니하였다"(창 2:25)는 두 번째 창조이야기의 마지막 문장과 타락설화의 첫 번째 문장(창 3:1)[34] 사이에는 **완전히 다른 분위기의 시공간이 존재한다**. 창조된 낙원과 악의 침입은 특정한 시간의 한 단면이나 시기가 아니라 인간존재와 인

---

33 창세기 2:24에 기록된 창조이야기의 종결과 같이 신약성서에서 자주 인용되는 구약의 텍스트는 많지 않다.(막 10:7f.; 마 19:5; 고전 6:16; 엡 5:31)

34 구약성서신학에서는 오래전부터-그 최초는 율리우스 벨하우젠(J. Wellhausen, *Die Composition des Hexateuch*, Berlin(1899)1963³, 12)-창세기 3장의 **상반된** 성격을 강조하고 악의 침입을 점진적인 것(형제살인, 호수, 바벨탑 건설)으로 이해하는 경향이 있어 왔다. 벨하우젠에 대해 안내해 준 하이델베르크의 동료 게르츠(J. Ch. Gertz)에게 감사한다.

간세계의 측면들을 기술한다. 바로 **이것이 우리가** 살고 있는 세상이라는 말이다. 성서와 그리스도교적 신앙이 창조에 관해 언급할 때 이의 소재지는 항상 "에덴 동쪽"(창 4:16)이다.[35]

인류가 "타락"한 후 발생한 첫 번째 사건이 (서로를 향한) 부끄러움이었기에(창 3:7), 성적 행위로 인해 인류가 타락한 것이 성경이 말하고자 하는 바라고 추측하기도 했다. 즉 이것이 인류의 (첫 번째) 성관계라는 것이다.[36] 그러나 이미 인용한 성서적 본문은 물론, 특히 솔로몬의 아가서가 강조하는 바와 같이, 이는 성서적 사고에 일치하지 않는다. 섹슈얼리티는 하나님이 창조해주신 선물이기에 "하나님께서 깨끗하게 하신 것을 네가 속되다 하지 말라"(행 10:15)는 말씀에 부합하다. "인류의 타락"은 인간이 하나님이 주신 창조의 선물을 사용함으로 발생한 것이 아니라 하나님을 대적하는 불신의 소리를 들음으로 발생하였다(창 3:4f.). 그러므로 인간은 하나님에 대한 신뢰를 상실한 것이고, **이런 점에서** 성관계가 잘못은 아니다. 단지 인간은 하나님, 그의 이웃, 그리고 무엇보다 자기 자신에게 부끄러웠다. 얼핏 피상적으로 보면 죄가 서로를 연결시키는 것 같지만 실제 깊은 곳에서 언제나 하나님, 이웃, 그리고 자기 자신과 **분리시킨다.**

하지만 사실상 하나님의 신뢰를 상실함으로써 **남녀관계는** 치명상을 입게 되었다. 창세기 3:16에서 말하는 바와 같이, 타락의 결과로 나타난 것 중의 하나가 남성을 향한 여성의 충족되지 않는 요구와 남성의 다스림을 받게 된 것이다. 남녀 사이에 존재하는 가부장적 지배관계는 창세기 2장에 따르면 **창조의 질서가** 아니라 죄로 인해 야기된 저주의 표현이다.

성서는 서로 다른 성별이 악의 권력으로 인해 위협을 받고 이로써 부패할 수 있게 되었다는 사실을 창세기 6:4에서 시작해 창세기 12, 창세기 19

---

35 존 스타인벡(John Steinbeck)은 이런 멋진 성서적 표현을 영화로 만들어져 더 유명해진 자신의 소설의 제목으로 삼았다. 렌토르프는 자신의 책에서(R. Rendtorff, *Theologie des Alten Testaments*, Bd.2, Neukirchen 2001, 17) 이러한 표현을—항상 의문표가 찍힌—"인류의 타락"과 이의 영향력을 주제화한 한 장의 제목으로 사용하였다.

36 죄를 짓도록 유혹한 뱀을 남근의 상징으로 해석할 수 있다는 것이다.

이하, 창세기 26 이하, 창세기 34를 넘어 창세기 38 이하의 장에 이르기까지 쭉 한 맥락으로 인상적이면서도 시적으로 그려내었다. 이는 다른 텍스트에서도 발견되는데[37] 특히 간음에 대한 일반적 경고[38], 이혼에 대한 거부(막 10:1-12)와 동성애(레 18:22; 20:13; 롬 1:24-27), 근친상간(레 18:6-18; 신 27:20과 22f.), 생리기간 중 성행위(레 20:18) 혹은 동물과의 교접(출 22:18; 레 18:23; 20:15f.)을 경고하는 텍스트들이다.

이 중 어떤 것들(가령 동물과의 성적 교접의 저주)은 직접 수긍할 수 있지만 다른 것들(가령 동성애의 저주)은 현대인들에게는 매우 생소하고 문제가 된다. **결코 섹슈얼리티 그 자체가 죄는 아니다.** 그러나 이는 악의 힘에 의해 침해되고 영향을 **받을 수 있는** 인간적 삶과 행위의 부분영역이다. 구약성서는 (특히 성결법전은) **생명**이 시작하고 지속되는 공간이 손실을 입게 된다는 점에서 성적인 죄악을 중대한 문제로 인정하였다. 신약성서에서는 (창녀와의 교접의 형태로) 성적 타락이 인간의 **육체**에 손실을 입히게 되며(고전 6:13-20), 그런즉 이것이 단지 외적인 것만이 아니라는 것을 경고하였다.

그리스도교 신앙은 악의 힘으로부터 인간의 구원과 해방을 소망하고 기대한다. 하지만 이는 일반적인 인간의 활동, 노력이나 윤리적 회복은 물론 (고대의 성적 제의의 경우와 같이) 특별한 성적인 행위를 통해서 성취되지 않으며, 오직 예수 그리스도의 복음으로 인간에게 약속하시며 인간을 (조건 없이) 수용하시고 긍정해주시는 하나님이 이루신다. 이러한 수용과 긍정이 신뢰를 일깨우고, 그렇게 수용되고 긍정되는 곳에서 성적이며 가정적인 관계가 치유되도록 영향을 미친다. 신약성서는 하나님의 나라에 속한 것과 이에 기초해 새롭게 설립된 공동체를 그 의미에서 에로틱, 섹슈얼리티, 그리고 가정의 관계보다 분명히 앞에 놓는다.[39] 이러한 맥락에서 "부

---

37 특히 사무엘하 13장에 기록된 드라마 같은 이야기(자신의 누이 다말을 범한 암논의 행위와 그 후 계속되는 어긋난 행위).

38 출 20:14; 레 20:10; 신 5:18; 삼하 11f.; 잠 6:20-7:27; 마 6:27-30.

39 이에 대해선 막 3:31-35와 평행절; 마 10:34-37; 눅 14:26을 보시오.

활 때" 부부가 어떤 의미를 갖느냐는 사두개인의 질문에 대한 예수의 대답이 바로 이에 속한다. "사람이 죽은 자 가운데서 살아날 때에는 장가도 아니 가고 시집도 아니 가고 하늘에 있는 천사들과 같으니라"(막 12:25). 그렇다고 종말론적 관점에서 성, 사랑, 부부와 가정이 의미 없다는 말은 아니다. 그러나 어쨌든 이런 것들이 피안에서의 연속성, 즉 지상적 삶의 연장이 아닌 것처럼 영생하지도 않으며, 오직 질적으로 다른 **변화와 성취**일 뿐이다. 이러한 성취라는 형식의 (가령 무슬림과는 다른) 그리스도교적 이해에 따르면 **지상에서의 육체성**과 연결된 섹슈얼리티는 이에 속한 삶의 유형들 (가령 가정, 부부, 파트너)과 마찬가지로 끝나고 만다. 동시에 언급해야 할 바는, 성과 이러한 삶의 양식을 빌려 – 질투, 지배나 부정과 대비되는 – 사랑 (ἀγάπη)으로 실현된 것은 결코 사라지지 않고 항상 "머물러" 있을 것(고전 13:13; 요일 4:16)이라는 사실이다.

적어도 종말론적 약속은 여기서 제시된 성윤리를 위한 교육적 과제가 어떤 방향으로 추구되어야 하는지를 암시해준다. 이와 동시에 섹슈얼리티가 인간의 육체와 그의 심리사회적 발육 안에서 어떻게 확정되는지를 항상 숙고해야만 한다. 이는 한편 생물학적 – 의료적인 조건에 달려 있고, 다른 한편 광범위하게 사회적이며 문화적 요소들에 의해 영향을 받는다. 결국 성적 일탈을 관찰해보면, 원래 개방되어 있고 타인에게 영향을 받을 수 있는 개인의 성적 취향으로부터 결코 필연적으로 혹은 자동적으로 성숙하고, 파트너를 생각하며, 통합적인 섹슈얼리티가 뒤따라 나오지 않는다는 사실과 다양한 성적 이형들은 일부 참담한 결과들을 얻게 된다는 것을 알게 된다. 성적 충동은 – 다른 충동들과 마찬가지로 – **조정과 교육**이 필요하며, (한계상황에서) 역시 조정되고 교육될 **수 있다**. 그렇다면 성윤리를 위해 어떤 측면들이 보이기 시작하는가?

여러 성적 현상들을 살펴볼 때 **모범윤리**[40]의 모델에서 이에 대한 단초

---

40 앞의 제1부의 5.4를 보시오.

를 얻게 된다. 일반적으로 섹슈얼리티는 교육의 과제이다. 그런즉 모범을 필요로 한다. 특별히 기본적인 성윤리 방향을 제시하기 위해 관계적 사고를 지향하는 그리스도교적 인간론과 사회이해를 추천할 만하다. 결국 앞의 윤리적 기초에서 설명한 바와 같이, 한편 개인적 모범과 사회적 모범[41] 그리고 다른 한편 하나님과의 관계, 자기와의 관계, 그리고 이웃이나 환경과의 관계[42]라는 이중의(내적인) 구별이 적절하며, 윤리적 판단방식을 위해 좋은 도움을 제공한다. 다시 말해 이러한 방식은 서로의 차이를 포괄하기 위해 충분히 구별되어 있고, 실제적 상황에 맞지 않게 구별하는 것을 피하기 위해 충분히 통합된다.

3.1.5.1 사회윤리의 주제로서의 성

섹슈얼리티는 인간의 삶 속에 존재하는 가장 개인적이고, 친밀하며, 사사로우며, 신뢰하는 문제이다. 이는 성적 행위와 자신의 성에 관한 주장을 위해서도 중요한 것이다. 이 둘은 공적인 것이 아니다. 그렇다고 성이 **사회윤리**(사회윤리를 제도윤리로 이해할 경우)의 주제가 아니라고 말할 수는 없다. 이는 네 가지 관점에서 설명할 수 있다.

a) 근본적으로 성의 자유로운 발육을 위해 한 사회가 필요로 하는 법적(형법과 민법) 규칙들을 고려한다. 그러나 이것이 타인, 특히 자기 스스로 충분히 보호할 수 없는 사람들에게 위험이나 괴롭힘을 주는 경우는 제한된다.[43]

b) 성별에 따른 **삶의 양식**들에 대한 사회적 제안을 고려한다. 이들 중 어떤 것들을 촉진하고 지원해야 하는가? 어떤 것은 오히려 문제점만 야기

---

41 앞의 제1부 1.3을 보시오.

42 앞의 제1부 4.2.1을 보시오.

43 특히 문제가 많고, 논의가 필요한 사례들로는 부부 사이의 강간, 결혼한 삶의 공동체와 결혼하지 않은 삶의 공동체의 법적인 평등, 매춘을 직업으로 인정하는 법적 "정상화", 아동의 성적학대와 아동 포르노, 아동매춘과 섹스관광 등이다.

한다고 판단 내려야 하는가? 결혼이나 가정[44]의 특별한 위치를 사실적으로 논증하거나 고려할 수 있는가? 인간과 사회에 대한 그리스도교적 관점에서 고찰해볼 때 삶의 양식을 위한 특별한 사회적 이상이 존재하는가? 혹시 이 모든 것은 그리스도교적 관점과 차이가 없는가?[45]

c) 아동과 청년은 물론 성인의 섹슈얼리티와 관련해 **교육적 과제**를 고려한다. 이것은 국가적인 혹은 종교적-세계관적 과제인가? 이는 일차적으로 부모의 의무와 권리인가? 유치원이나 학교의 역할과 과제는 무엇인가? 교회와 다른 종교공동체들은 어떤 과제와 가능성을 가지고 있는가?

d) 병적으로 이형적인 성적 태도와 관련해 **치료의 과제**를 고려한다. 이 분야에서 "건강"과 "질병"을 구별하는 자는 누구인가? 이를 위해선 어떤 기준들이 결정적인가? 국가가 (보험제도와 연계하여) 이러한 치료의 가능성을 점검하고 재정적으로 도와야 할 의무를 지고 있는가? 유죄 판결의 대가로 치료를 명하는 것이 허락되는가? (고통받고 있는 사람들의 동의를 받아) 인간의 육체와 성별과 관련된 정체성에 개입할 수 있는 범위는 어디까지인가?

a)-d) 우리는 다음에서 (특히 3.3에서) 이러한 질문을 부분적으로 수용할 것이지만, 모든 주제가 아니라 핵심적인 요소만을 선택해 제한적으로 다룰 것이다. 그러나 이러한 목록들은 성윤리적 질문들이 내포하고 있는 사회윤리적 스펙트럼이 얼마나 광대한지를 보여준다.

3.1.5.2 (상호)인격윤리의 주제로서의 성

나는 이 문제를 여기서 매우 짧게 요약하고자 한다. 그 이유는, 섹슈얼리티가 대상에 대해 강한 관심을 보인다는 점에서, 다시 말해 동반자와 동

---

44 독일기본법 6.1에 따르면 가정은 국가 법규에 의해 특별한 보호를 받는다.

45 이러한 무차별성에 대한 주장은, 결혼은 외적이며, 육적이고, 세상적인 일이라고 했던 루터의 말(*WA* 10/2, 283, 8f.; 30/3, 74, 3 등)에 근거해 주장된다. 그러나 이러한 주장은 루터의 표현을 오해한 것이다. 결혼이 "세상적인 일"이라는 루터의 말이 의도하는 바는, 결혼이 하나님의 보존의 역사이지 구원의 역사가 아니라는 의미이다. 즉 결혼은 구원의 수단이 아니다. 그러나 이는 하나님의 보존질서의 한 부분으로 무차별, 말하자면 어떻해도 상관없다는 말이 아니다. 루터에 따르면 이 역시 하나님의 (선한, 진정 "가장 거룩한") 질서이다.

반자관계를 지향한다는 점에서 그 자체로 인격윤리의 주제로 이해되기 때문이다. 핵심적인 질문은 어떻게 내가 성적인 관점에서 타인과 책임적 관계를 맺고 살 것이냐는 것이다. 어떻게 (다시 말해 얼마나 자주, 그리고 얼마나 분명하게) 한 사람이 자신의 성적 성향, 소원, 관심을 처리할 수 있으며, 처리해야 하는가? 어떤 경우 그는 이러한 것들을 더 훌륭하게 간직하는가? 어떤 경우 그는 전적으로 이러한 것들을 포기하려고 애써야 하는가? 게다가 타인에게 어떤 기대를 고려할 수 있으며, 고려해야만 하는가? 어떤 경우에 거부하거나 거절해야만 하는가? 어떤 경우에 포기를 요구해야만 하는가? 어떤 경우에 자기를 스스로 개방하는 것이 좋으며, 어느 정도 개방할 것인가?

섹슈얼리티와 관련해 이 모든 것을 관찰해보면 여기서 단지 두 사람이 서로 만나는 것이 아니라 그들의 (서로 다른) 인간이해, 즉 두 가지의 성별과 관계된 정체성이 서로 만난다는 것을 감지하게 된다. 이러한 정체성은 융합될 수도 없고(혹은 융합되어서도 안 되며) 타인을 희생시키면서 관철해서도 안 된다. 바로 이런 점에서 특정한 윤리적 개념들(가령 차별하지 않은 채 황금률을 지향하는 상호성의 윤리)이 이러한 질문에 대한 적절한 해답을 제시하기에 충분하지 않은지 또는 충분할 수 없는지를 (거듭해[46]) 보여주어야 한다. 최소한 이 자리에서 우리는 "사랑"이라는 개념과 마주하게 되는데, 이는 일반적으로는 그리스도교적 윤리학의 주개념이고, 특별하게는 그리스도교적 성윤리의 주개념이다. 아가페, 에로스, 그리고 섹슈얼리티의 의미로 사랑이라는 개념을 병렬시키고 구분하는 것은 하나의 중요한 과제요 요청이 될 것이다.[47]

---

46 위의 제1부 5.1.4를 보시오.
47 다음의 3.2를 보시오.

3.1.5.3 개인윤리의 주제로서의 성[48]

(그리스도교적) 인간이해 그 자체가 인간을 바른 사귐으로 인도하는 힘이다. 이의 중요성을 인식하면서도 자주 잊고 산다. 섹슈얼리티에 대해 살피면서 경시할 수 없는 질문은, 자동에로틱(Autoerotik)만이 아니라 삶의 동반자를 찾지 못하거나 그를 (일찍 혹은 후에) 상실할 때 이것이 인간의 삶에서 무엇을 의미하고 또한 의미할 수 있느냐는 것이다. 성윤리적으로 독신, 이혼, 과부와 홀아비가 뜻하는 바는 무엇인가? 이러한 대열에 자신이 의도해서 선택한 독신을 포함시킬 수 있는가? 또한 동거하지 않고 서로 다른 집에 거주하는 부부(LAT: living apart together)의 자리는 어디인가? 여기서 개인윤리적 질문이 삶의 유형에 대한 사회윤리적 질문과 상통하고 있음을 보게 된다. (이런 점에서) 여러 가능성과 입장[49]으로 가득 찬 우리 시대는 특별히 윤리적 안내를 필요로 한다. 이러한 질문들은 다음의 두 장에서 다룰 것이다.

3.2 사랑[50]

3.2.1 "사랑"이라는 개념의 전(前)이해

그리스도교적 인간이해에서 보든지, 섹슈얼리티 현상에 대한 서술에서 살피든지, "사랑"이라는 개념은 바로 성윤리의 주개념으로 연상된다. 윤리적 관점에서 사랑이란 전적으로 섹슈얼리티의 충족이며, 이런 생각 역시 적절하다. 그러나 여기서 한 걸음 더 나아가 다음과 같이 말할 수 있다. 윤리학의 다른 분야들(의료윤리, 정치윤리, 경제윤리, 문화윤리 등)과 비교해 볼 때, 성윤리에서만큼 "사랑"이라는 개념을 지극히 당연한 그리스도교적-윤리

---

48 여기서 "개인윤리"라는 개념은 (제1장 1.3과 비교해) 좀 더 좁은 의미로 사용한다. 왜냐하면 이는 단지 윤리적으로 책임지는 개인의 태도만이 아니라 개인의 관계 그 자체와 관련되어 있는 그런 태도까지 가리키기 때문이다. 아마도 이러한 태도를 "자동윤리"(Autoethik)라는 말로 표현해 볼 수 있겠다. 왜냐하면 사람들은 운전을 하면서 자신이 의도하지 않았던 사건까지도 감수할 준비가 되어 있기 때문이다.

49 이에 대해 P. Gross, *Die Multioptionsgesellschaft*, Frankfrut a. M. 1994.

적 주개념으로 제시하고 드러내는 분야는 없다. 그런 점에서 이 개념을 선택하지 않을 이유가 없다.

그러나 우려하는 마음에서 다른 면에 관해서도 숙고해본다. 사랑이라는 개념은 서로를 연결하는 힘이 있고 그 자체로 명백한 것처럼 보인다. 그러나 그 이유가 감정의 고양이나 긍정적인 외모에 끌려 생겼거나, 전적으로 비전문적이면서도 불확실한 개념이기 때문에 생긴 결과는 아닌가? 이러한 추측을 위해 쉽사리 일상적인 언어와 전문적인 증거를 제시할 수 있다. 그러므로 "사랑"이라는 개념만큼 개념에 대한 전이해가 필요한 것도 없다.

분명 어떤 언어로 사랑에 관한 의견을 교환하느냐에 따라서 사랑에 대한 이해는 크게 달라진다. 독일어 "사랑"(Liebe)이라는 표현을 모두 포괄하고 있는 개념을 그리스어에서는 찾아볼 수 없다. 그 대신 그리스어는 독일어에 없는 여러 가지로 구별된 개념들을 갖고 있는데, 이는 복합어의 형태로 나타나거나(가령 "이웃 사랑", "모성애", "조국애") 외국어로(가령 "에로스", "에로틱", "카리타스" 또는 "아가페") 표현된다. 흥미롭게도 라틴어는 두 언어의 중간 위치를 차지하고 있다. 즉 라틴어는 일반적으로 사랑을 "아모르"(amor)라고 표현하면서도 여러 측면이나 형식에 따라 다양하게 표현한다. 예를 들

50 A. Nygren, *Eros und Agape, Bd. I und II*, Gütersloh 1930/1937; C. S. Lewis, *Was man Liebe nennt. Zuneigung, Freundschaft, Eros, Agape*, (engl. 1960), dt. Basel(1979) 1998[6]; E. Fromm, *Die Kunst des Liebens*, Frankfurt a. M. 1979. E. 프롬(황문수 옮김), 『사랑의 기술』, 문예출판사 2006; H.-P. Mathys, *Liebe deinen Nächsten wie dich selbst*, Freiburg 1986; N. Luhmann, *Liebe als Passion. Zur Codierung von Intimität*, Frankfurt a. M.(1982) 1990[5]; U. Beck/E. Beck-Gernsheim, *Das ganz normale Chaos der Liebe*, Frankfurt a. M. 1990. U. 벡 외(강수영 외 옮김), 『사랑은 지독한 그러나 너무나 정상적인 혼란』, 새물결 2002; G. Meckenstock/H. Ringeling, Art. "Liebe VII-IX", in: TRE 21(1991), 156-187; H. Jellouschek, *Die Kunst als Paar zu leben*, Stuttgart 1992; M. Welker, Art. "Liebe", in: *Evangelisches Soziallexikon*(NA), Stuttgart/Berlin/Köln 2001, 959-963; M. Ebersohn, Das Nächstenliebegebot in der synoptischen Tradition, Marburg 1993; H. Meisinger, *Liebesgebot und Altruismusforschung*, Freiburg/Göttingen 1996; H. Bedford-Strohm, *Gemeinschaft aus kommunikativer Freiheit*, Gütersloh 1999, 191-379; W. Härle, *Dogmaik*, Berlin /New York 2007[3], 특히 236-248과 517-532; A. Schüle, "Denn er ist wie Du'. Zu Übersetzung und Verständnis des alttestamentlichen Liebesgebots Lev 19:18", in *ZAW* 113(2001), 515-534; K. Sock/E. Herms, Art. "Liebe III und VI", in: *RGG*[4] 5(2002), 338-347.

어 "카리타스", "리비도", 우정을 뜻하는 "아미키티아"(amicitia) 등이다.

3.2.2 에로스와 아가페의 융합으로서의 사랑

"사랑"이라는 언어분야를 해명하려면 그리스어가 구별한 사랑 개념의 도움을 받아야 한다. 사랑의 다양한 측면들은 하나의 나선형(ellipse) 안에 위치하고 있다. 즉 사랑의 수평적 초점을 "에로스"(ἔρως)와 "아가페"(ἀγάπη)라는 두 가지 개념으로 기술할 수 있다면, 이의 수직적 축은 "필리아"(φιλία)와 "스토르게"(στοργή)라는 개념의 도움을 받아 구축할 수 있다. 여기서 필리아는 동성이나 이성 간의 우정을, 스토르게는 친족과 관계된 사랑, 특히 자녀를 향한 부모의 사랑을 뜻한다. 물어볼 것도 없이 사랑 개념의 중심에는 에로스와 아가페의 대립적인 관계가 자리 잡고 있는데, 다음으로 이에 대해 살펴보자.

특히 니그렌(A. Nygren)[51]은 요점을 간추려 에로스와 아가페의 근본적인 대립이론을 강하게 주장하였다. 그의 주장은-그렇게 보이든 아니면 사실이든-통계적인 조사를 통해 강화되었다. 그에 따르면, "아가페"에서 파생한 어간이 신약성서에 300번 이상이나 등장하는 데 반하여 "에로스"라는 개념은 전혀 나타나지 않는다. 이는 신약성서가 (그리고 신약성서와 함께하는 그리스도교의 세계가) "사랑"에 관해 말할 때 "에로스"가 아니라 오직 "아가페"만을 의미했음을 보여주는 분명한 증거처럼 보인다. 여러 관점에서 에로스와 아가페는 분명히 구별될 뿐만 아니라 확실히 대립적 관계를 형성하고 있다는 주장에 동의할 수 있을 것 같다.

3.2.2.1 에로스로서의 사랑

플라톤의 생각에 따르면, 에로스는 떨어져 있는 것을 서로 끌어당기는 힘이다. 그렇다고 여기서 플라톤에 의해 전승된 구형인간의 신화, 즉 남녀

---

51 위의 각주 50을 참조하시오.

는 원래 구형인간이었으며 둘로 나뉜 후 서로의 반쪽과 다시 합치기 위해 노력하고 있다는 신화를 수용할 필요는 없다. 하지만 이러한 생각이 거의 거부할 수 없는 중력을 행사하는 에로스의 "힘"을 기술하는 데 도움이 된다. 이는 남녀의 관계만이 아니라 인간의 성애와 동성애의 경우에도 해당된다. 에로스는 다른 사람 혹은 다른 사람들과 연합하고, 근접과 접촉과 상호행복을 추구하는 **열망하는 사랑**이다. 그러므로 **자기 자신이 없이**는 열망하는 관능적 사랑도 없으며, 기껏해야 자신을 잊는 것이다. 에로스는 반향, 응답, 인정을 추구하지만 이를 항상 찾지는 못한 채, 스스로 절망하고 포기하거나 정신적 착란과 회의에 빠지며, 극단적인 경우에는 살인이나 자살로 마감하는 불행한 사랑에 빠지기도 한다. 에로스는 파트너와의 관계(바라봄, 접촉, 포옹, 입맞춤, 쓰다듬기, 결합)에서나 자신과의 관계(홍조, 심장고동, 성적 흥분, 또한 박탈감과 동경과 같은 육체적 증상)에서도 육체를 중시한다. 이 모든 것이 아가페에는 해당되지 않는다.

에로스는—우리의 문화에서도 마찬가지나—일반적으로 한 대상을 향한다. 그러므로 에로스가 **선택**하고 오직 전적으로 **한 남자**와 **한 여자**와 관계를 맺는 것은 불완전이 아니라 정신적인 건강과 성숙의 표현이다. 에로틱에서 질적인 것과 양적인 것은 오히려 균형을 맞추어 존재한다.[52]

에로스는 그 특성상 열정적인 것인 만큼 전적으로 감정에 매여 있다. 이러한 감정은 항상 일정하게 유지되는 것이 아니며 경우에 따라 강해지기도 하고 약해지기도 한다. 열애에 빠져 불타는 욕망에 휩싸일 때가 있지만, 이는 평온하고도 행복한 공존 혹은 진정, 소외, 단념을 통해 해소될 수 있다. 그러므로 단지 에로스에 근거하고 있는 관계들은 다른 연결점들(격정적, 가정적, 직업적, 문화적 혹은 종교적 종류)과 관련된 관계들을 위협하게 된다. 에로스가 그와 같은 다른 요소들에서 떨어져 나와 고립되면 고립될수록 오직 혹은 우선적으로 자신만의 고유한 만족을 찾은 후 다시 냉철해질 위

---

52 이에 대해선 위의 각주 31에서 말한 "두 사람의 파트너 관계"를 보시오.

험성이 크다. 바로 이러한 점에서 에로스가 타인의 용도나 **연장**이 될 때[53] 에로스와 아가페 사이에는 대립관계가 발생하고 지속된다.

통전적인 에로스란 타인 혹은 자신의 마음에 들고 즐거움을 주는 타인과 나누는 사랑이 아니라 타인과 **온전**하게 나누는 기쁨과 즐거움이다. 이는 성윤리에서 여러 가지 중요한 의미를 갖는데, 무엇보다 에로스의 추상적-개인주의적 이해를 피하고 극복하게 한다. 이러한 이해는 파트너가 단지 유일회적이며 뚜렷하게 구별되는 개체성 안에서, 다시 말해 사회적인 정체성이 아니라 오직 개인적인 정체성을 인식하는 곳에서 주어진다고 하겠다. 하지만 사회적 정체성이 없는 인간이란 존재하지 않는다. 이러한 사회적 정체성을 인지하지 못하고 고려하지 않는 자는 사실상 **추상적인 것**과 관계를 맺을 뿐이다. 만약 그러한 추상적인 에로틱한 관계가 지속적인 동반자 관계의 기초이거나 기초가 된다면 감당하기 어려운 결과를 얻고 말 것이다. 그리고 이는 어째서 에로틱한 관계가-비록 부부나 법적 동반자의 형태로 수용되었을지라도-지속될 수 없는지에 대한 설명이 될 수 있다.

이와는 달리 **지속성의 특징**을 가진 통전적 에로스는 그 대상을 구체적인 것 안에서, 다시 말해 다음과 같이 개인은 물론 사회의 정체성 가운데서 찾는다.

- 불가피하지만 전형적으로 여성적 혹은 남성적 특징을 지닌 **남성이나 여성**이다. 아마도 처음에는 이러한 특징을 노골적으로 드러내거나 인지하지 않으려는 경향이 있을 수도 있고, (그러므로) 이러한 인간은 모든 다른 그 밖의 여성이나 남성들과는 전혀 다르다는 환상을 품을 수도 있다.

- 한 가정과 민족, 곧 여러 **혈통공동체**의 구성원이다. 이들은 관계들, 인상들, 상처들, 특징들을 가지고 있는데, 이는 고유한 자신의 것과는 다를 수 있고 또한 어떤 사람에게는 생소하고도 불편하게 하거나 그렇게 될 수도

---

53 이에 대한 사례로 다시금 암논과 다말의 이야기(삼상 13장)를 상기할 수 있다.

있다.[54]

- 한 **사회적** 계층, 환경, 직업 등에 속한 자이다. 왜냐하면 이러한 **사회적** 맥락은 한 사람에게만 영향을 미치지 않고 특별한 방식으로 관심들, 교제들, 시대의 형성을 (함께) 규정한다. 이를 통해 혹시 나도 그것을 흥미롭게 혹은 혐오스럽거나 경박한 것으로 느끼는지 질문하게 된다.

- 종교, 신앙이나 **세계관적 공동체**의 구성원이다. 이러한 공동체가 아마도 내 가족들은 아니지만—어쨌든—타인에게도 속한 것이고 그들의 관점과 태도를 함께 형성한다.

- 가령 "인간"이라는 종의 표본으로서의 인간이다. 여기서 나는 이 파트너와 함께—만약 이것이 가능하다면—**아이**를 갖고 이런 점에서 그를 인간으로 긍정할지를 생각하며 소원할 수 있는지를 물어보게 된다.

에로틱이 지속적 관계의 더욱 강한 기초가 되면 될수록 이 모든 측면들은 더욱 큰 의미를 갖게 된다. 그와 같은 지속적인 관계를 고려할 때, 모든 것들을 도외시할 수 있다고 생각하는 사람은 아마도 심각한 문제를 만들게 된다. 파트너를 **자신의** 사회적 정체성에 **순응**시킬 수 있다고 주장하는 사람은—그러한 시도가 성공했든 실패했든—파트너에게 **분명히** 문제를 만들어주게 된다.

3.2.2.2 아가페로서의 사랑

아가페를 위한 모형은 당연히 "선한 사마리아인"(눅 10:25-37) 이야기이다.[55] 여기서 자비로운 사랑은 방향전환과 관심을 가리키고 또한 이를 보여준다. 이러한 사랑은 열정적인 애착으로 행동하고 공동의 행복이나 즐거움을 소망하는 것이 **아니라** 그의 고난과 그의 필요에 관심을 기울인다. 아가페는 타인을 위한 관심이다. 본회퍼의 적절한 표현과 같이, 아가페는 "그 무엇도 타자에게서 원하지 않으며, 타자를 위해 모든 것을 원한다."[56]

---

54 이를 나타내는 잠언의 진리는 "사람들은 항상 한 가정과 결혼한다"는 말이다.
55 이에 대해선 제1부 5.1.5 f를 비교하시오.

아가페는 자기희생의 길을 수용한다. 이에 관한 가장 감동적인 서술은 고린도전서 13:1-7에 기록된 사랑의 찬가이다.

아가페가 전적으로 그의 본질과 상응한다면, 즉 전적으로 아가페 그 자체라면 자신도 없으며 자신을 잃는다. 왜냐하면 아가페는 한 번도 사랑의 대가를 기대하지 않으며 감사나 보복에도 얽매이지 않기 때문이다. 그런즉 이는 **최고의** 윤리적 개연성으로, 확실하면서도 모든 다른 것을 위해서도 자명한 것이다. 그런 이유 때문에 이는 한 사람이 얻을 수 있는 가장 행복한 경험일 뿐만 아니라 사랑받는 경험이요 자신의 사랑의 능력을 확인하는 경험이다. 하지만 아가페를 상대편의 모든 무거운 짐을 덜어주고, 그에게 아무것도 요구하지 않는 행동이나, 그를 아끼지만 심지어 잘못된 버릇까지도 수용하는 행동으로 이해한다면 분명 이는 잘못된 해석이다. 그러나 아가페가 어느 타자에게 어렵고도 무거운 것을 요구하는 곳에서도, 이는 역시 자신의 행복이 아니라 수용자의 행복을 고려하는 것으로 간주된다. 아가페는 전적으로 그를 위해 혹은 그녀를 위해 진실로 **좋은 것**은 무엇이냐는 질문에 근거하고 있다.[57]

양과 질이 역전된 균형은 아가페에 적합하지 **않다.** 오히려 아가페는–근본적으로(그러나 단지 근본적으로) 모든 이들을 위해–많은 이들을 위해 넓게 열려 있다. 그러므로 만약 아가페가 폐쇄적으로 단지 **한** 사람(자신의 파트너든 자녀든 간에)이나 자신의 소집단에만 관심을 집중한다면 기형적으로 변질될 수 있다는 것을 역으로 말해야만 한다. 아가페는 모든 협곡을 파괴한다. 이는 그 본질상 **넓고도 자유롭다.**

아가페는 그 기원을 자신의 사랑받은 경험, 더 정확히 말해 자신의 고유한 현존이 창조적인 사랑의 결과라는 관점에 두고 있다. 그런즉 아가페를 발생하게 하는 동기는 감사함이다. 아가페가 이렇게 동기화되는 한, 아

---

56 고전 13:4-7에 대한 본회퍼의 설교. D. Bonhoeffer, *Werke*, Bd. 13, Gütersloh 1994, 389.

57 그러므로 루터가 하이델베르크 논쟁 제28조에서 상대편의 사랑의 가치를 통해 점화된 것이 아닌 이러한 사랑을 신적인 사랑(amor Dei)으로 불렀다고 놀랄 필요는 없다. 즉 이는 죄 없는 사랑일 뿐만 아니라 창조적인 사랑이다.

가페는 감정의 기복이나 에로스와 같이 요동치는 공명경험의 영향을 크게 받지 않는다. 오히려 이의 기초는 든든하다.

그리스도교적 이해에 따르면, 아가페의 가장 외적인 개연성은 원수 사랑이다. 그러나 만약 원수 사랑을 에로틱이나 우정으로 이해한다면 이는 무의미해지고 변질되고 만다. 아가페로서 원수 사랑은, 행위자가 (어쨌든 맨 처음) 전혀 그 어떤 선한 것도 기대할 수 없는 행복과 삶의 전망들을 참작하고, 인식하고, 진지하게 수용할 수 있는 가능성을 열어준다.

3.2.2.3 에로스와 아가페의 결합

에로스와 아가페에 대한 지금까지의 설명을 되돌아보면 니그렌의 주장이 옳은 것처럼 보인다. 이 둘은 서로 대립적으로 작용한다.

- 에로스가 자신의 행복을 원하고 추구한다면, 아가페는 **타인의 행복을 원**하고 추구한다.

- 에로스가 **사랑의 가치와** 매력을 통해 점화된다면, 아가페는 **감사함이나** 자비 속에 근거하고 있다.

- 에로스가 그 성격상 하나의 유일한 대상을 겨냥한다면, 아가페에서는 관심과 도움이 필요한 모든 자들이 이웃이 된다.

- 에로스가 애착이라면, 아가페는 관심이다.

그렇지만 에로스와 아가페는 늘 함께하며 서로 긴밀하게 결합되어 있다. 에로스의 관점에서 살펴볼 때 매우 분명히 드러난다. 에로스에서 태도 성향으로서의 아가페가 빠지게 되면 쉽사리 에로스는 자기욕망을 추구하고 이웃을 고려하지 않은 채 자신만을 사랑하게 될 것이며, 그 결과 에로틱까지도 상실할 수 있다. 에로틱한 관계는, 두 파트너 중 한 사람이 (혹은 두 사람 다), 자신이 타인에 의해 전혀 **한 인격**으로 생각되지 않는다고 느끼게 될 때 무너질 수 있다. 그런 상황에서는 나만 중요하지 타인은 어찌되든

상관이 없기 때문이다. 타인은 단지 자신의 즐거움과 자신의 쾌락을 위한 수단이 된다. 특히 이러한 쾌락이 "영원성, 깊고깊은 영원성"[58]이기를 원하며, 그렇기에 삶의 파트너 관계의 기초가 되기를 원하거나 그래야만 할 만큼 중요할 때에도, 이 모든 것은 이러한 쾌락이 아가페와 연관되어 있느냐에 달려 있다. "불쾌한 날", "건강할 때나 아플 때", "위기의 시간", 더욱이 에로스가 사라져야만 할 때에도 아가페는 지속되어야 한다. 에로스가 아가페와 손을 잡을 때만이 에로스는 **인간적인 것**이 된다. 왜냐하면 에로스는 삶을 **지탱하는** 아가페 관계에 단지 참여하기 때문이다.

그러나 아가페 역시 에로스를 필요로 한다는 주장은 그렇게 분명해 보이지 않는다. **특별한 관점**에서 살펴보면(가령 영적인 돌봄, 자원봉사나 자녀에 대한 가정적이며 교육적인 관여[59]) 이는 전혀 맞지 않는다. 그러므로—윤리적으로 숙고해 볼 때—에로스와 아가페의 관계는 불균형하다. 아가페가 포괄적이고 지속적인 것이라면, 에로스는 포괄되고 지속된 것이다.

하지만 에로스를 **진실한** 애착으로 묘사할 수 있다는 점에서 아가페 역시 에로스의 한 **요소**이다. 이러한 요소는 아가페 또한 마음으로부터 왔으며 그렇지 않다면 아가페가 아니라는 사실을 뜻한다. 이는 아가페를 인자함, 선행이나 사회봉사적 의무이행과 **구별한다**. 만약 아가페가 에로스의 요소 **없이** 행해지거나, (가령 동정심과 같이) 마음에서 온 것이 아니라면 이는 더 이상 **사랑**이라고 할 수 없을 것이다.

그렇기에 사랑은 바로 성윤리의 기준이요 **에로스와 아가페의 결합**이라고 이해할 수 있다. 좀 더 자세히 말하자면, 사랑은 에로스의 요소와 연결되어 있는 **아가페**요, 아가페에 의해 포괄되고 지속되는 에로스이다.

---

58 니체가 에가딘에 있는 수를라이 언덕에서 읽었다는 유명한 시구(詩句)이다.

59 "교육적인 에로스"라는 표현은 두 가지 의미에서 위험하다. 에로스가 교육과 훈련을 위한 교육자와의 관계가 아니라 교육과 훈련을 받아야 할 사람과 관계를 맺게 될 때, 실제로 그들에게 범죄를 저지를 수 있는 위험이 있다. 교육자가 그들에게 범죄를 저질러도 이에 대처하거나 이에 상응하는 벌을 내릴 수 없게 된다. 그러나 여기서 이것이 아동을 성적으로 착취하는 동기가 되는 가정의 내적 관계라는 것을 경시해서는 안 된다.

이는 계명이나 훈계를 이행하는 것과 다소 다를 뿐만 아니라-부정적 형태(토비트 4:16)든 긍정적 형태(마 7:12)든-황금률을 지키는 것과도 다소 다르다. 황금률이 동기로 잘못 이해될 때 사람들은 자기 관심에 따라 행동 하게 되며, 황금률에서는 **행위자가 원하는 것**이 타인에게 혹은 타인을 위해 무엇을 행할 것인지를 측정하는 기준이 되어버린다. 바로 이와 같이 인간들은-아마도 인지하거나 인식하지 못한 채-자기 곁에, 즉 자기 자신에게 고정되어 있으며, 자신을 잊은 채 사랑의 성취를 향해 나가는 그런 해방의 경험을 만들어내지 못한다.

3.2.3 성윤리적 모범과 기준으로서의 사랑

위에서 사랑은 에로스와 아가페의 결합이라고 주장했다. 사랑에 관한 이 마지막 장에서는 이러한 주장을 성윤리적 관점에서 구체화한다.

3.2.3.1 창조의 선물로서의 성의 수용과 긍정

이미 3장의 첫머리에서 나는 성서적, 즉 유대-그리스도교적 전승이 섹슈얼리티를 긍정적으로 생각하고 평가한다는 사실을 언급한 바 있다. 쾌락을 강조하는 동반자적 관계[60]든 재생산을 지향하는 생식적 관계[61]든 간에 섹슈얼리티는 그리스도교적 인간상의 본질적이며 긍정적인 요소이다. 이와 같은 두 관점에서 섹슈얼리티는 하나님의 피조물이며, 하나님은 이를 "보기에 매우 좋다"고 말씀하셨다(창 1:31).

그렇지만 섹슈얼리티를 수용하고 긍정한다는 말이 (타인과 혹은 자기 스스로) 성적인 만족을 추구하고 찾으면서 이를 만끽해도 좋다는 뜻은 아니다. 성을 수용하고 긍정하는 형식에는 다양하고 여러 변형된 형태들이 존재한다. 성을 향유할 가능성도 여러 면에서 우발적인 요소에 의존하고 있다.

---

60 창 2:23-25 외에도 잠 5:18 이하와 전 9:9가 이에 대한 성서적 예시이다.

61 이것을 위해 다시 창 1:28과 9:1과 7을 보시오. 시 127:3도 같은 맥락에서 이해될 수 있다. "보라, 자녀들은 주님의 기업이고 태의 열매는 그의 선물이다."

- 자신의 성적인 (신체나 호르몬과 관련된) 체질과 기질

- 자신이나 파트너의 건강, 질병이나 장애

- 나이와 이로 인한 성적 능력(불능)

- 동반자 관계, 가정, 사별이나 고독이라는 의미로 주어진, 현재하거나 상실한 관계들

- 직업상의 책임이나 부과된 생활환경으로 인해 발생한 삶의 정황들

외견상 독신이라는 삶의 유형을 **강요받고 있는**[62] 사람들에게 섹슈얼리티의 긍정은 하나의 특별한 도전이 된다. 섹슈얼리티에 동의하고 수용하는 유형들을 고찰해볼 때 최소한 이 모든 경우들이 일반화될 수 없다는 것을 알게 된다. 그러므로 나는 여기서 오직 두 가지 입장만을 언급하고자 한다.

a) 자신의 왕성한 성적 욕망을 잊으려고 애쓰거나 억누르는 시도가 일반적으로 거의 효력이 없고, 오히려 역효과를 나타내고, 인간적 삶의 개발, 성취, 그리고 행복에도 도움이 되지 않는다는 것이 입증되었다. 충족되지 않은 강한 성적인 욕구는 이제까지의 결심, 삶의 계획, 그리고 삶의 유형에 대해 숙고하고, 정신적인 도움을 구하거나, 만족을 주는 관계나 순화를 추구하도록 인도한다.

b) 자신의 성이 (더 이상) 향유될 수 없는 곳에서 사람들은 타인의 에로틱과 섹슈얼리티를 시샘하거나 불쾌하게 만들지 않도록 조심해야만 한다. 사람들은-무엇보다 관음적인 방식을 피하면서-타인의 에로틱과 섹슈얼리티에서 즐거움을 느낄 수 있어야 한다. 이는 섹슈얼리티를 긍정하고 수용하는 한 방식으로, 가장 거부감이 없다.

---

62 자유의사로 독신생활을 결단함으로 발생하는 성윤리적 과제와 개연성을 그륀이 자신의 책에서 서술하였다. A. Grün, *Ehelos - des Lebens wegen*, Münsterschwarzach 1989.

3.2.3.2 과제로서의 성적 교육과 성숙

이미 살펴보았듯이(3.1.2) 인간은 태어나서 죽을 때까지 성적인 존재이며, 그렇게 될 수밖에 없는 여러 이유들이 있다.

- 자신의 (이것이 분명하든 혼란스럽든) 성별에 따른 정체성을 통해
- 특별한 성호르몬과 이의 영적이며 육체적인 영향을 통해
- 쾌락을 추구하는 육체적 관계를 가질 수 있는 능력과 준비를 통해

이러한 열거는 이러한 방식으로 살지 않는 동등한 유형들이 있다는 것을 암시할 수 있다. 오히려 인간에게 성은 (그리고 자신은 물론 타인의 성은) 스스로 개발하고, 형식화되고 영향을 받으며, 조형되어야 할 필요성을 가진 것이다. 다시 말해, 성은 교육과 성숙의 과제이다. 성은 여전히 생성 중이다.

이는 그리스도교적 인간이해와 일치하며, 이러한 교육과 성숙의 과제는 사랑의 정신으로 수용되고, 진행되며, 발전되어 나간다. 하지만 자신이나 타인의 섹슈얼리티를 고찰해보면 이는 나이, 성숙, 그리고 삶의 형편과 같은 서로 다른 상황에 따라 상이하다는 것을 알게 된다.

① 타인의 섹슈얼리티의 교육과 성숙[63]

여기서는 우선 무엇이 존재하고, 발생하고, 그리고 발전해가는지를 인식할 필요가 있다. 부모, 파트너나 사회가, 무엇이 언제 존재할 수 있거나 존재해야 하는지를 결정할 권리를 가지고 있지 않다. 한 인간의 개인적 결정을 존중하기 위해서는 그가 어떤 속도로 성숙해가고 있는지를 유의해야 한다. 이것이 제3자에 의해 존중되거나 고려되지 않는 곳에서는, 아직 충분히 성숙하지 않은 삶의 단계에 있는 사람들을 보호하기 위해 갈등이 발생할 수 있을지라도, 분명한 삶의 양식을 요구하는 것이 주의 깊은 자세이

---

63 여기서는 특별히 자신의 동반자와 아동의 성적인 발전과 성숙을 고려한다.

다. 여기서 나는 나이가 어린 아동에게 성적 관심을 깨우치려는(의도하려는) 영향력을 차단하는 것이 필요하다고 생각한다. 즉 아동의 성적 성숙도를 고려하지 않은 채 성적으로 자극하거나 불필요한 정보를 제공하는 것을 막아야 한다. 그러나 무엇보다 중요한 문제는 아동을 대상으로 한 성인의 성폭행은 아동에게 심각한 해를 가할 뿐만 아니라 지속적인 정신적 외상으로 고통받게 한다. 이런 아동들은 심각한 압박감에 시달리고 결국 타인을 신뢰하지 못하게 된다. 그들에 대한 관심과 섬세한 주의가 필요하다.

이 두 경우 마음으로 소통하며, 개방적이고, 냉철한 대화(가능성)가 도움을 줄 수 있다. 이와 같은 열린 소통은 외설적이고 금지된 것의 영향력과 표상을 차단한다. 아동을 대상으로 한 성폭행 시 치료를 통해 도움을 주어야 하지만 형사법적으로 철저히 규명하여 재범의 위험을 줄여야만 한다.[64]

타인의 성의 발육을 고찰하려는 최고의 목적은 그들이 가능한 한 방해받지 않고 발육하고 성숙할 수 있는 보호와 발육의 공간을 마련하는 데 있다. 대화의 파트너로서 강요하거나 기피하지 않고 서로가 서로에게 도달해갈 수 있는 것이 중요하다. 이는 아동만 아니라 근본적으로 모든 인간의 성적 발육과 성장을 위해서도 필요한 것이다.

② 자신의 섹슈얼리티의 교육과 성숙

여기서 만약 사랑의 정신이 발육의 방향, 종류, 그리고 속도를 규정한다면 유익하다. 나이나 발육단계가 다를지라도 자신의 자기인식과 양심에 거슬리는 사회적 표준과 규범의 영향을 받거나 이에 따라 결정해서는 안 된다는 것을 사람들은 배워야 한다. 각자는 무엇이 모두를 위해 선한지, 무엇이 타자를 위한 선한 행동인지 스스로 발견해야만 한다. 이는 우리가 방송, 학교, 동류집단, 가정, 교회로부터 온 사회적 규범이라고 인식하고 요

---

64 "시간이 모든 상처를 치유하지 않는다"는 독일 라인란트 개혁교회의 문건을 참조하시오. Evangelische Kirche im Rheinland(Hg.), *Zeit heilt keineswegs alle Wunden. Leitlinien zum Umgang mit sexualisierter Gewalt*, Düsseldorf 2002.

구된 것에 따라-다소, 전후, 이래저래-측정한다는 것을 의미한다. 이때 자신의 사랑의 능력이 목적으로 하는 바를 잊어버리거나 사라지게 만들지 않는다면, 이는 가장 큰 유익이다. 에로틱과 섹슈얼리티가 이러한 목적에 알맞게 정렬될 때, 근본적으로 모든 것은 선하다. 그러나 이 모든 것은 쉽게 이루어지지 않는다. 오히려 매우 어려울 수 있다. 왜냐하면 이로 인해 어떤 것은 포기하거나 인내해야 하며, 고통을 받을 수 있다는 사실도 인지하기 때문이다. 그러나 이 모든 것은 (성)윤리적 관점에서 자기 목적이 아니라, 총체적으로[65] 인격 안에서 온전히 통합되는 성숙한 섹슈얼리티의 목적을 실현하기 위한 것이다.

3.2.3.3 파트너 지향적 섹슈얼리티의 실현과 형성

완전히 자동에로틱(Autoerotik)의 성격을 지닌 섹슈얼리티의 실현은 특별한 경우를 보여준다. 에로틱과 섹슈얼리티는 강력하게 타자와의 만남, 교제, 결합을 추구한다. 그러므로 이러한 파트너 지향성은 최소한 회상, 기대나 환상의 형태로 자동에로틱에서 중요한 역할을 한다.[66] 실제적인 만남, 에로틱한 관계, 성적 결합을 통해 성윤리적 책임영역이 한 다른 사람, 혹은 한 다른 (잠재적) 삼자에게까지 확대된다. 다시 말해 성적인 만남을 통해 태어날 수 있는 아동에게까지 확대된다. 여기서 역시-관례적이든 실제적이든-결혼하지 않았거나 확고한 동반자 관계를 맺고 살아가는 사람들에게 "허락되거나" "허락되지 않은 것", 다시 말해 무엇이 "허락되고" 무엇이 "금지되어 있는지"에 대해 질문하게 된다. 이러한 질문은 윤리적 관점에서 다른 형식으로 질문해보는 것이 필요하다고 생각한다. 즉 무엇이 우리와

---

65 여기서는 총체성을 단지 완성된 정체성으로만 이해하지 않고 경우에 따라선 한 사람을 형성할 수 있는 파편적인 것을 의미한다. 이에 대해선 H. Luther, "Identität und Fragment. Praktisch-theologishe Überlegungen zur Unabschließbarkeit von Bildungsprozessen", in: ders., *Religion und Alltag. Bausteine zu einer Praktischen Theologie des Subjekts*, Stuttgart 1992, 160-182.

66 그러나 (역시) 이러한 관점에서 성별 사이에 차이가 있을 수 있다. 이러한 차이에 근거해 볼 때 여기서 말한 것은 여성보다는 남성들에게 해당된다.

타인을 위해 선한지, 무엇이 우리의 인간이해와 합치하는지, 무엇이 우리의 삶에서 통합되어야 하는지 묻게 된다. 이 질문에 응답하기 위해 여기서 몇 가지 간략한 규칙을 제시해보고자 한다.

a) 동반자 관계와 관련된 가장 기본적인 성윤리 기준은 그리스도교적 관점에서 보자면 상호 간의 고려이다. 바로 이러한 관점에서 그리스도교적 에토스(Ethos)는 사실상 상호성의 에토스이다. 이는 특히 고린도전서 7:3f.[67]에 기록된 바울의 표현에 분명히 드러나며, 골로새서 3:18이하와 에베소서 5:29-32도 (오늘날의 우리에게는 전적으로 문제가 되는) 그 당시 언어로 표현하였다. 이러한 표현은 동반자를 향한 요구와 그에 대한 의무라는 두 가지 방식으로 읽을 수 있다. 성서적 표현형식을 살펴보면 이는 요구가 아니라 분명 후자, 즉 빚진 것을 고려하라는 호소이다. 바로 이는 자기 자신을 위해선 아무것도 하지 않지만 타자를 위해선 모든 것을 행하는 아가페의 본질에 상응한다. 그러나 상호성이 갑자기 돌변하여—법적—요구가 될 수 있는 것과 같이 사랑도 변질되거나 혹시 이미 변질되었는지도 모른다. 하지만 빚진 것에 대한 고려는 인간의 존엄성에 기초하고 있는 존중받을 청구권에 부합한다. 이러한 청구권은 (역시) 이런 경우 발신인이 존엄성으로 존중되고—가능하다면—보호되어야만 한다. 하지만 여기에 다음 두 가지를 추가해야 한다.

- 사람들은 에로틱한 관계, 동반자나 부부관계에서 에로틱한 사랑의 요구에 언제나 굴복해서는 안 되고, 오히려 이를 친절하지만 단호하게 거절해야만 한다.

- 사람들은 에로틱한 관계, 동반자나 부부의 관계에서 에로틱한 사랑의 요구에 항상 굴복할 수는 없다. 삶의 역사와 감성에 적합한 한계가 존재하

---

67 "남편은 그 아내에 대한 의무를 다하고 아내도 그 남편에게 그렇게 할지라. 아내는 자기 몸을 주장하지 못하고 오직 그 남편이 하며, 남편도 그와 같이 자기 몸을 주장하지 못하고 오직 그 아내가 하느니라. 서로 분방하지 말라. 다만 기도할 틈을 얻기 위하여 합의상 얼마 동안은 하되 다시 합하라. 이는 너희가 절제 못함으로 말미암아 사탄이 너희를 시험하지 못하게 하려 함이라. 그러나 내가 이 말을 함은 허락이요 명령은 아니니라."

는데-서로의 관계를 위해-이를 존중하는 것이 중요하다.

에로틱한 동반관계에서도 파트너의 에로틱하면서도 성적인 소원, 관심, 그리고 개연성이 매우 평등하지 않은 상황이 존재한다. 사랑은 이를 모른 척하며 지나치거나 자신의 권리라고 주장하는 대신 서로 함께 걸을 수 있는 길을 찾는다. 이러한 길의 모습을 외면에서 측정하거나 규정할 수 없다.

b) 개인적 발육을 고려해야 하기에, 특별히 청소년기에 있는 아직 충분히 발육되지 못한 자들은 접근과 관계강도의 속도와 정도를 정해야 한다. 아직 "책임질 만한 것"이 아닌 것을 타인이나 자신에게 부당하게 요구하거나 욕구하는 자는 심각한 발육장애와 부정적 영향을 받을 수 있다. 파트너의 발육상태나 정도를 고려하지 않는 자는, 때론 반드시 고려해야 할 발육단계를 뛰어 넘어서게 되며 후에 설익어 먹을 수 없는 과실을 먹어 치우게 된 결과에 책임을 져야 한다. 이로 인해 쉽사리 "배탈이 났다". 인내만이 사랑의 열정을 성숙시킨다. 일반적으로 이러한 감수성과 인내가 자신의 파트너에 의해 성적 폭력의 희생자가 된 후 깊은 상처를 안고 고통 중에 살아가는 자들에 의해 요구되고 있다. 이를 충분히 고려하지 않을 때 이러한 일은 쉽사리 다시 발생하게 된다.

c) 에로틱한-성적 관계에서 "느림의 발견"[68]은 다른 한편 주요한 기회들을 제공한다. 즉 이는 그렇지 않았더라면 알지 못했을 것들을 발견하게 하고, "마음을 같이하게" 하며, 관계를 통해 얻게 되는 개연성을 확대하고 확장한다. 결국 이는 기다려야 할 앞의 단계를 발견하고 인내함으로 성적 즐거움을 더욱 고양시킨다. 이러한 방식으로 매우 즐거운 만남과 교제의 풍성한 보물을 얻게 된 사람은 (가령 질병이나 공간적으로 떨어져 있어) 친밀한 육체적 관계가 없거나 어려운 시간들을 위해 깊은 애정의 비축물을 갖게 된다. 그러나 이러한 점에서 역시 에로틱한 관계는 공동체와 두 사람의 연

---

68 이와 동일한 제목을 가진 나돌니의 소설을 참고하시오. S. Nadolny, *Die Entdeckung der Langsamkeit*, München 1983.

합을 목적으로 한다.

d) 육체적으로 가장 깊고도 내면적인 남녀의 만남을 위해선 하나의 견고한 동반관계가 **최적의 범주**를 그려낸다. 성교는 가장 깊고도 풍성할 뿐만 아니라 두 사람 사이에서 잠재적으로 다양한 결과를 낳을 수 있는 만남이라는 사실에서 견고한 동반관계의 다양한 근거가 도출된다.

- 견고한 동반자 관계의 특징인 **오랫동안** 함께 살겠다는 의지가 실제로 동반관계를 오랫동안 지속시켜줄 것이라는 보장은 없어도, 이는 하나의 확고한 의도의 연결점이다.

- **삶의 공동체**로서의 확고한 동반자 관계의 **전체성**은 최소한 두 파트너의 삶에서 성적 통합을 상징하는 표현이다.

- 일반적으로 확고한 동반자 관계와 연계되어 있는 **공동체적 삶의 공간** (가령 주택과 같은) 은 에로틱과 성이 보호받고 방해받지 않을 공간을 마련해준다.

- **삶의 양식**으로서의 확고한 이성적인 동반자 관계 (가령 부부와 가정) 는 무엇보다 아동이 "태어나고" 또한 원하거나 열망할 수 있는 공간을 제공한다. 함께 새로운 제삼자를 낳는 성적 합일은 그 어떤 것으로도 능가할 수 없는 에로틱하고 성적인 관계의 정상적 심화이다.

우리 시대에 일반화된 안전한 피임법의 사용은 그리스도교적 윤리의 관점[69]에서 보아도 문제가 없으며, 실제 여러 상황에서 권장하기도 한다. 이러한 방식이 성교, 생식, 그리고 임신과 관련된 관계들을 주변적인 문제로 만들어주는 것도 사실이지만 이 모든 것을 완전히 해결하지는 못한다. 우리가 분명히 고려해야 할 것이 있다면, 새로운 생명의 생식과 임신은 새로운 생명에게 안전하고 자유롭게 성장할 수 있는 공간을 마련해줄 수 있

---

[69] 이에 반해 로마-가톨릭 윤리는 인위적인 피임을 "사악한" 행동으로 본다(*Katechismus der Katholischen Kirche*, München u. a. 1993, 599, 번호 2370). 그 이유는, 도덕적 관점에서 성관계는 본질적으로 생명을 계속적으로 전달하는 열린 공간인데 피임을 통해 이러한 공간이 닫히게 된다고 생각하기 때문이다. 그러나 복음주의 윤리는 이런 관점에 동의하지 않는다.

을 때에만 비로소 허락해야 한다는 사실이다. 그렇지 못할 때 금욕이나 피임이 권고된다. 그러나 낙태는 절대로 피임의 방법이 **아니다**.

3.3 삶의 양식[70]

교회 안팎에서 삶의 양식에 대한 활발한 논의가 (대부분 놀라울 정도로 적극적이면서도 격렬하게) 이루어지고 있다. 그러나 대부분 삶의 양식이 어떤 의미, 중요성, 그리고 한계를 갖는지에 대해서는 묻지 않는다. 내가 관찰한 바에 따르면, 논의의 기초가 불분명하기 때문에 이러한 토론이 발전적인 성과는 내지 못하고 있다.

(1) 과연 삶의 양식이란 무엇인가?

(2) 우리 사회가 삶의 양식을 필요로 하는 이유는 무엇인가?

(3) 삶의 양식의 기준이 되는 것은 무엇인가?

(4) 현재하는 혹은 새롭게 생성되고 있는 삶의 양식은 얼마나 실현가능한가? 아니면 부적절하거나 변경되어야 하는가?

질문에 대해 하나씩 해답을 찾아보자.

3.3.1 개념적 전이해

"삶의 양식이 무엇이냐?"는 질문에 대답하기 위해선 먼저 삶의 양식을 광의의 의미와 협의의 의미로 구분해야만 한다. 넓은 의미에서 삶의 양식이란 삶을 규칙적으로 형태화하는 것이다. 일반적이며 광의의 의미에서 예술가, 연금생활자, 세계여행가, 은둔자나 수행자로 살아가는 사람의 삶

---

70 이에 대해선 W. Härle/R. Preul(Hg.), *Sexualität, Lebensformen, Liebe*(*MJTh* VII), Marburg 1995; Theologische Kammer der EKKW(Hg.), *Was dem Leben dient. Familie-Ehe-andere Lebensformen*, Kassel 1998; J. Hartmann u.a.(Hg.), *Lebensformen und Sexualität. Herrschaftskritische Analysen und pädagogische Perspektiven*, Bielefeld 1998; R. Stroh, Art. "Lebensform", in: RGG[4] 5(2002), 152f.

을 삶의 양식이라고 부른다. 광의의 의미에서 성윤리는 이에 적합하지 않다. 혼자 살든 같이 살든, 성적 정체성과 자세가 지속적으로 규정되고 형태화되는 그와 같은 삶의 양식을 통해서만 오직 성윤리에 관여한다. 협의의 의미에서 삶의 양식이란 성과 관련된 규칙체계이며, 이런 점에서 자유스럽게 택하거나 강요할 수 있는 제도들이다. 이는 (일반적으로) 그 유형에서 보자면 사회 안에서 선택할 수 있는 삶의 양식과 같은 것으로 제시되고, 흔히 특정한 법적 조건의 제한을 받으며, 각 개인이나 집단에 의해 수용(혹은 거절)될 수 있다. 이는 개인적으로 특별한 양식으로 형태화되며, 이를 통해 사회에 현존하는 양식들이 확인되고 변경된다. 결국 최소한 각 사람은 사회적 삶의 양식의 역사를 함께 기록해 나간다.

3.3.2 삶의 양식의 성격과 의미

섹슈얼리티와 관련해서 어떤 확정된 양식, 규칙체계, 그리고 제도들이 우리 인간들에게 필요한 이유가 무엇이냐는 질문과 이에 대한 대답은 매우 명백하면서도 잘 알려져 있다.[71]

- 먼저 이는 인간의 비확정성을 상기시킨다. 동시에 이러한 비확정성은 전적으로 다른 환경과 중요한 개인적이며 사회적인 방향설정을 위해 필요한 인간의 개방성으로 귀결된다.

- 게다가 삶에 유익한 태도방식을 습관화하고 제도화함으로써 지속적인 반성과 점진적인 결단의 강요에서 벗어난다.

- 다음으로 이를 통해 가능하게 된, 예측가능하거나 불가능한 결단과 행위 상황을 위한 관심, 열정, 그리고 자발성을 방출한다.

- 마지막으로 불안정성의 최소화가 제시될 수 있다. 이는 상대적으로 안정적인 태도와 기대감의 형성, 복잡성의 환원, 그리고 (상대적인) 기대안전의 촉진과 보존과 서로 관련되어 있다.

---

71 이에 대해선 이미 제1부 2.1에서 언급하였다.

이는 납득할 만한 인간학적이며 사회학적인 논증이다. 그럼에도 불구하고 낭만주의 시대 이후로, 이 모든 것이 남녀의 사랑, 에로틱과 섹슈얼리티를 위해서도 유효한 것인지, 이를 규칙에 얽어매고 제도화하는 것은 에로틱과 섹슈얼리티의 **죽음**을 뜻하지는 않는지 물어왔다. 이러한 물음은 이해할 수 있고 옳기도 하다. 사랑, 친밀성, 에로틱, 그리고 섹슈얼리티가 **규칙들**을 형성할 수 있다. 하지만 이러한 규칙들이 에로틱과 섹슈얼리티를 압박하고 질식시키지 않으려면 이는 충분히 **변경 가능한 것**이어야만 한다. 무엇보다 에로틱과 섹슈얼리티가 절대로 제도적으로 보장된 **요구**가 되어서는 안 된다. 그럴 때만이 성적 사랑과 섹슈얼리티는 제도화된 규칙을 **최소화**한 상태로 관리되고, 여기에 참여한 각 사람의 존엄도 존중된다고 말할 수 있을 것이다. 그러나 이러한 주장은 두 가지 **관점**에서 아직 너무 **추상적**이다.

a) 이는 먼저 사람들이 서로 건강하고, 자유롭고, 원칙적으로 독립적이며 평등한 파트너로서 만나며, 어떤 상황에서도 자신들의 관계를 자신의 감정, 가변성, 소원, 그리고 관심에 적합하게 규정하고 형태화할 수 있다는 것을 암시적으로 전제한다. 그러나 이러한 주장은 너무 추상적이며, 혹시 그렇지 않다고 해도 하나의 **환상**에 불과하다. 세 가지 이유를 제시할 수 있다.

- 사랑하는 자가 자신의 감정을 조절하지 못하고 처리하지 못한다면 자유롭지 않다. 다시 말해 사랑하는 자가 크게 실망하고 상처를 받는다. 그러므로 **사랑하는 자들**은 동반자 간의 갈등으로 인해 고통의 대가를 지불한다. 진실하고도 깊은 사랑은 일치를 이루려는 강한 특징을 보인다. "나는 당신과 함께할 때도 그렇지만 당신 없이도 잘 살 수 있다"고 말할 수 있는 자는 사랑하고 있는 자가 아니다.

- 또한 사랑하는 자는 아프고, 부서지기 쉽고, 초라하고, 도움이 필요하며, 혼란이나 고통 속에 빠지게 된다. 그래서 어쨌다는 것인가? "기쁠 때나 슬플 때나" 신뢰를 약속하는 것이 사랑의 본질에 적합하며 **생소하지 않다.**

함께 늙어가기를 원하는 것이 진정한 사랑의 시금석이다. 기쁨으로 서로 늙어갈 수 있는 것이 행복이요 은총이다. 아플 때나 허약할 때 동반자들이 서로를 위해야 하는 것을 아는 것도 사랑의 본질에 속한다. 다만 늙어가는 것만 아니라 상해, 일찍부터 생식불능을 가져올 수 있는 대사 장애, 그리고 심각한 질병들도 함께 생각해볼 수 있다. 이 모든 것을 고려해볼 때, 어려운 시대를 견딜 수 있는 신뢰할 만한 삶의 유형이 존재하는 것은 유익이다. "단지" 사랑을 위한 **책임감**만 가지고 있을지라도 마찬가지이다.

• 안정된 동반자 관계에서도 일반적으로 사람들은 육적으로나 정신적으로 완전히 대등하게 강인한 파트너는 아니다. 그러나 사람들이 조금씩 서로 성장해간다는 것을 느낀다면 좋은 것이다. 그렇지만 이 역시 파트너 간의 균형을 해소시키는 서로 다른 발육상황을 보여줄 수도 있다. 무엇보다 (오랜) 공동생활 후에 파트너 중 한 사람이나 혹은 두 파트너 모두 성적인 사랑을 상실할 수도 있다.[72] 그 후에 두 사람은 자신의 공동의 역사를 어떻게 형성해야 할까? 이를 무엇으로 대치하고, 희생시키거나, 얻을 것인가? 바로 이 점이 지속적이며 신뢰할 만한 삶의 양식의 인간적인 의미를 보여준다. 이러한 삶의 양식은 바로 양편 모두 에로틱한 사랑을 축소하거나 더 이상 갖지 않는 곳에서 보존될 수 있다. 그런 점에서 다음과 같이 말할 수 있다. 하나의 구체적이고 실제적인 삶을 지향하는 관찰방식은, 사랑하는 자들 역시 선한 뜻에서 혼자서 지속적으로 감당할 수 있고, 신뢰할 만한 삶의 유형들에 의지하고 있다는 것을 보여준다.

b) 두 번째 추상성은 생식적 차원과 관련해 밝혀볼 수 있다. 앞서 언급한 것은 오히려 **자녀**가 문제가 되는 곳에서 더욱 적합하다. 왜냐하면 이는 각 동반자 관계의 부분이 아니라 모든 인간적 삶의 시작이기에 이러한 면의 중요성을 거의 경시할 수 없다. 아동들은 **안전감**을 중재하는 삶의 공간이 필요하다. 만약 아동들이 그러한-이상적인 경우 외적으로나 내적으로 신뢰할 만하고 "예측 가능한" 방향설정을 제시하는-구조들을 만나지 못

---

72 에리히 케스트너가 자신의 비극 "냉정한 로맨스"의 첫 소절에서 이를 다음과 같이 표현하였다 (R. W. Leonhardt, *Kästner für Erwachsene*, Frankfurt a. M., 1966). "그들이 서로 8년 동안 알아왔을 때(그들이 서로 잘 살아왔다고 말할 수도 있겠다), 그들의 사랑은 별안간 사라져 버렸다. 마치 다른 사람들이 지팡이와 모자를 잃어버린 것처럼."

할 때, 아동들이 어떤 심신상관적 방해와 질환으로 고통을 받게 되는지는 오래전부터 잘 알려져왔다. 인간은 흥하든 망하든 신뢰할 만한 부양과 돌봄, 사랑의 관심, 그리고 동시에 지속적으로 확장되는 자유의 공간에 의지하는 상태에서 태어난다. 사람들의 도움과 보호를 받지 못하고, 돌봄과 교육이 필요한 곳에서는 삶의 유형의 **필요성**과 그 **의미**를 전망할 수 없게 된다. 삶의 양식은 신뢰할 만하고, 삶에 도움을 주는 체제와 발전과 엄호의 공간을 마련해주고, 이러한 공간은 안전의 기대와 돌봄과 보호에 필요한 것을 가능하게 한다. 이는 외적으로 (말 그대로 비유적 의미에서) **보호되어야만** 한다. 즉 아동, 환자, 약자, 실패한 자, 그러나 여러 **관계들**(동반자 관계와 의사소통) 역시 보호되어야 한다. 이러한 보호가 격리와 고립으로 인도되어서는 안 된다. 그렇게 되면, 이러한 관계가 너무 협소해지고 자신만의 편협함에 빠져 질식하거나 그 안에서 헛수고하게 된다.

3.3.3 삶의 양식을 위한 윤리적 기준[73]

삶의 유형들이 내적으로 안전과 친밀함을 가능하게 하지만 내적인 자유, 말하자면 관계 속에 있는 자유를 희생시켜서는 안 된다. 분명한 삶의 양식들에서도 각 개인은-가능한 한-다른 외적이며 내적인 관계가능성을 필요로 한다. 이러한 삶의 양식에 참여하는 사람들을 서로 연합시키는 공동적인 것 외에도, 고독과 개인의 비밀의 가능성과 마찬가지로 파벌이나 친구들과의 접촉과 교제의 가능성이 존재해야만 한다.[74] 1969년 동독에서 출간된 "오늘날 결혼생활의 승산"이라는 문서의 내용들은 쉽사리 일반화할 수 있으며 모든 성적인 삶의 유형들에도 적용할 수 있다.[75] 이 문서는 공간적 은유를 사용해 삶의 양식에 관한 네 가지 관점을 제시하고, 이에 대한

---

73 이에 대해선 H. Jellouschek, *Die Kunst als Paar zu leben*, Stuttgart 1992.

74 누구보다도 릴케(R. M. Rilke)는, 사랑하는 자들은 그들의 고독을 서로 지키고 보호해야(만) 한다는 것을 반복해서 상기시켰다.

75 Sexualethische Kommission des Bundes der evangelischen Kirchen in der DDR, *Chancen der Ehe heute*(1969), in: *Denkschrift zu Fragen der Sexualethik*, Gütersloh 1971, 82,

풍부한 이해를 가져다주었다. 삶의 양식이란 다음과 같은 것을 뜻한다.

• 이는 생동감 넘치는 동반자 관계를 사회적으로 보호하는 공간이며,

• 서로 사랑하고, 진실하며, 용서하는 동반자의 자유를 위한 공간이며,

• 아동의 성장, 환자, 그리고 노인을 보호하는 공간이며,

• 모든 유형의 인간적 책임을 창조적으로 훈련하기 위해 열린 공간이다.

이러한 삶의 양식들을 선택하게 한 본질적 **발상**은 기본적으로 성적인 사랑이다. 그렇지만 여기서 사랑과 삶의 양식이라는 두 가지는 분명히 구별해야 한다. 이는 두 가지 요소를 설명하기 위한 것이다. 그렇지 않을 때 사랑과 삶의 양식에 대한 오해가 생겨나고 이를 훼손하거나 실망하게 된다. 바로 여기서 삶의 양식이 갖는 **한계**가 드러난다. 이러한 한계를 진지하게 수용해야 하지만 이를 무시할 수 없는 중요성도 주목해야 한다. 말하자면 이의 중요성은, 삶의 양식이 관계를 성공적으로 성취하기 위한 **공간**으로 존재한다는 데 있다. 그렇기에 삶의 양식은 생활만이 아니라 사랑을 위해서도 도움이 된다. 하지만 삶의 양식이 갖는 의미는 한 공간 그 이상이다. 말하자면 이는 살 만한 공간이다. 이는 존재할 수 **없으며**, 그러므로 존재하려고 뜻하지도 않는다고 하겠다. 삶의 양식은 **성공적인 관계**가 아니며 이를 **보장할 수도 없다**. 삶의 양식에서 이를 기대하는 것은 과도한 요구이며 실망과 실패를 준비하는 것일 뿐이다.

그런즉 삶의 양식이 갖는 전적으로 중요한 기능은 관계의 감정적 기초가 일시적 혹은 지속적으로 손상을 입는 바로 그곳에서 소통과 상호작용과 협력의 가능성을 만들어내고 지속시키는 데 있다. 이는 동반자 관계와 결혼생활에서만이 아니라 자녀들과, 연로한 부모나 형제와 자매와 같은 관계들에도 해당된다. 이러한 관계들은 **직접적으로** 성적 사랑에 근거해 있지 않고 다만 간접적으로 이와 연관되어 있다. 이 경우 단 한 번의 (격렬

한) 애정이 오히려 격렬한 (혹은 더욱 격렬한) 혐오로 변할 위험성이 더 적다. 하지만 이러한 혐오감이 발생하게 될 때, 삶의 양식이 해체될 때보다도 모든 참여자들에게 고통과 침해를 줄 위험성이 더 커진다. 그러나 이러한 가정, 동반자 관계나 부부가 더 이상 긍정적인 감정을 통해 결합되지 않는 곳에서도 관계의 접합부에 공간을 제공하기 위해서 삶의 양식 (가령, 결혼, 동반자관계나 가정) 이 유지하는 여러 경우들을 생각해볼 수 있다. 삶의 양식들이 이러한 기여를 할 수 있는 것은 그들이 **단지** 성공적인 관계를 위한 공간이기 때문 (그리고 그럴 때) 이다.

이와 같이 삶의 양식을 제한된 공간 혹은 제한하는 공간으로 이해하는 것은 신약성서의 관점과 일치한다. 신약성서에서 가정과 결혼은 오직 이 세상에서만 유효하고 세상과 함께 사라질 것이다. 이것이 **항상 있을** 아가페와의 차이점이다. 가정이 하나님의 나라와 갈등이나 경쟁의 관계에 **빠지게 될 때**,[76] 가정의 모든 관계를 상대화하신 예수의 뜻을 알게 된다. 그렇지만 동시에 예수가 부모공경의 계명과 이혼금지에 관해 말씀하신 것도 고려해야만 한다.[77]

그렇다면 이러한 윤리적 기준에 맞추어 가정,[78] 결혼 그리고 다른 삶의 양식들이 이루어내야 할 것은 무엇인지 계속해서 살펴보자.

3.3.4 가정[79]

3.3.4.1 "가정"에 대한 개념적 논쟁

지난 몇 년 동안의 정치적 논쟁에서 거의 모든 (독일의) 정당들이 "가정"을 새롭게 발견하였다. 그 이유는 다양하다. 당연히 인구통계학적 관점이 전면에 놓여 있다. 염려스럽게도 독일에 거주하는 국민들이 일 년에 약

---

76 막 3:31 평행절; 마 10:35-37; 눅 14:26f.

77 막 7:10 평행절; 10:19 평행절; 10:1-12 평행절; 마 5:27ff.

78 일반적 관례와는 달리 여기서는 결혼보다 가정을 앞세운다. 이는 실제적인 이유를 따르는 것인데, 이에 관해서는 아래에서 살피게 될 것이다(제2부 3.3.4.3을 참고하시오).

1%씩 줄어들고 있다. 그뿐만 아니라 교육정책과 관련된 주제들이 중요한 역할을 하고 있는데, 가령 그 성격상 폭력으로 판단할 수 있는 사건들이 더욱 강하게 나타나고, 국제학생평가(PISA-Studien)에서 독일이 상대적으로 낮은 평가를 받고 있기 때문이다. 또한 많은 젊은이들, 특히 여성들이 직업과 가정생활 사이에서 일치를 경험할 수 있는 조화로운 사회를 요구하고 있다. 이와 같은 맥락에서 도대체 "가정"이라고 생각할 수 있는 것은 무엇이며, "혼인과 가정은 국가의 특별한 보호 아래 있다"는 독일기본법 제6조 (1)에 속한 자가 누구냐는 문제를 놓고 열띤 논쟁을 벌였다.[80] (최소한) 다음과 같이 가정에 대한 다섯 가지 개념들이 서로 경쟁하고 있다.

a) 가정은 한 부부가 최소 한 명의 (낳았든 입양했든) 아동과 함께 살아가는 생명공동체이다.
b) 가정은 최소한 부모 중 한 사람과 최소한 한 명의 (낳았든 입양했든) 아동이 함께 살아가는 생명공동체이다.

---

79 K. Lüscher u.a.(Hg.), *Die "postmoderne" Familie. Familiale Strategien und Familienpolitik in einer Überganszeit*, Konstanz 1990²; F. X. Kaufmann, *Zukunft der Familie. Stabilitätsrisiken und Wandel der familialen Lebensformen sowie ihre gesellschaftlichen und politischen Bedingungen*, München 1990; ders., *Zukunft der Familie im vereinten Deutschland*, München 1995; H. Bertram(Hg.), *Die Familie in Westdeutschland*, Opladen 1991; ders., *Die Familie in den neuen Bundesländern*, Opladen 1992; K. Böllert/H.-U. Otto(Hg.), *Die neue Familie. Lebensformen und Familiengemeinschaften im Umbruch*, Bielefeld 1993; R. Nave-Herz, *Familie heute. Wandel der Familienstrukturen und Folgen für die Erziehung*, Darmstadt 1994; H.-G. Gruber, *Familie und christliche Ethik*, Darmstadt 1995; H. P. Buba/N. F. Schneider(Hg.), *Familie. Zwischen gesellschaftlicher Prägung und individuellem Design*, Opladen 1996; Ch. Leipert(Hg.), *Familie als Beruf. Arbeitsfeld der Zukunft*, Opladen 2001; Kirchenamt der EKD(Hg.), *Was Familien brauchen. Eine familienpolitische Stellungnahme des Rates der EKD*, Hannover 2002; H.-G. Krüsselberg/H. Reichmann(Hg.), *Zukunftsperspektive Familie und Wirtschaft. Vom Wert von Familie für Wirtschaft, Staat und Gesellschaft*, Grafschaft 2002; Konrad-Adenauer-Stiftung(Hg.), *Familienreport 2005*, St. Augustin 2005; W. Huber, *Familie haben alle*, Berlin 2006; H. Reifeld(Hg.), *Ehe, Familie und Gesellschaft*, St. Augustin 2006; Robert-Bosch-Stiftung(Hg.), *Unternehmen Familie*, Stuttgart 2006; M. Domsgen, "Zur Bedeutung familialer Beziehungen für Theorie und Praxis der Gemeindepädagogik", in: *ZThK* 106(2009), 477-500.
80 "혼인"과 "가정"이라는 개념을 정의할 때 다양한 삶의 양식들의 등가, 보호필요성, 그리고 촉진할만한 가치와 사회정치적으로 논란이 분분한 법적이며 재정적인 규칙도 문제가 된다.

c) 가정은 아동들이 사는 모든 곳에 존재한다.

d) 가정은 성인과 아동이 서로 책임감을 수용하는 곳에 존재한다.

e) 가정은 (상호 간의) 지원과 도움이 실현되는 모든 생명공동체이다.

이러한 정의에 대한 제안을 검토한 후 나는 다음과 같은 결과에 도달했다.

a) 이 정의는 **너무 협소하다.** 이러한 정의를 받아들이면, 엄격히 말해 부모 중 한 사람이 죽거나 이혼하고 갈라서면 더 이상 가정이라고 말할 수 없다. 그 외에도 이는 결혼하지 않았으나 자녀(들)와 함께 지속적으로 동거하는 부부에게는 가정의 지위를 부여하지 않게 된다. 그러나 이는 납득되지 않는다.[81]

b) 나의 생각으론 이 두 번째가 가정에 대한 정확하고도 실현가능한 정의이다. 이는 두 번이나 "최소한"이라는 말로 제한하며 정의를 시도하지만, 이를 통해 위를 향해(삼세대나 사세대까지) 개방되어 있고 부모와 자녀의 생명공동체를 결정적인 기준으로 만든다.

c) 이러한 정의는 좋은 의미에서 아동에게 강조점을 둔다. 왜냐하면 한 부부의 자녀들이 비로소 가정을 만들기 때문이다. 그러나 유아원, 어린이 마을, 고아원 등 아동들이 사는 모든 곳에 가정이 존재하는 것은 아니다. 이러한 차이를 없애는 것은 오해의 소지가 많으며 아동들과 함께하는 부모와 (유익한 혹은 부담스러운) 생명공동체의 의미를 무시하게 된다.

d) "서로"라는 표현을 통해 가정을 단지 특정한 단면과 전망 아래서 제한적으로 이해하지만, 이는 매우 강하게 책임감의 수용이라는 윤리적 목적을 강조한다.[82] 그러나 한 가정은-매우 손해만 보는 방식일 수도 있으나-책임이 인지되지 **않고** 경우에 따라 국가가 개입해야 하는 곳에서만 가

---

81 자녀를 가진 부부가 결혼하는 것이 얼마나 바람직한 것이냐는 질문은 다른 문제이다. 이에 대해선 다음의 3.3.5에서 다루게 될 것이다.

82 우리는 일반적으로 생의 초기와 말기에 우리가 줄 수 있는 것보다 더 많은 보살핌을 필요로 한다. 생의 중기에는 일반적으로 이것이 역전된다.

정으로 남는다.[83]

e) 이러한 정의는 부분적으로 d)와 동일한 문제에 빠지게 된다. 거기다가 아동(혹은 부모)이라는 말이 없어 가정이라는 개념이 모든 주거공동체에 응용될 수 있는 비전문적인 것이 되고 만다. (가령 학업이나 건강상의 이유로) 집을 떠난 사람들을 가정의 부속물과 같이 다루게 되는 이러한 정의는 가정에 대한 정당한 정의가 될 수 없다.

3.3.4.2 삶의 양식으로서의 가정의 실체

지속적이고 신뢰할 만한 삶의 양식을 긍정해야 할 충분한 이유들이 존재한다(위의 3.3.2를 보시오). 그러나 본질적으로 "가정"이라는 삶의 양식을 받아들여야 할 단지 한 가지 근거가 있다. 이러한 한 가지 이유는 혈통관계(혹은 입양의 근거가 되는 선택관계)와 함께 통상적으로 주어진 감정적인 관계로서, 이는 먼저 부모가 아동과 갖는 관계이지만 매우 초기에는 아동이 부모와 갖는 관계이다. 여기에는 이러한 연결을 위해 강약과 성립 기간의 차이가 존재한다. 이는 다소 완전히 실패할 수도 있다. 특별히 원했거나 동의된 임신은 통상 강한 관계발전의 국면을 보여준다. 추가적으로 입양을 할 경우 아버지들은 새로운 상태에 봉착할 수 있다.[84] 일반적으로 아동들의 부모와의 연결은, 그들이 (보모나 보육원으로 가기 위해) 부모로부터 독립하기를 원하기 이전까지는, 차별, 거절, 그리고 징벌을 견딜 만큼이나 가깝고, 적극적이고, 그리고 다른 선택의 여지도 없다. 물론 여기서는 모르는 사람과 이방인에 대한 공포심이 결정적 역할을 한다.

누구나 기대하는 이상적인 가정상황과는 전혀 다른-매우 파란만장한-여러 예외들이 존재한다. 관계의 장애, 부모의 교육거부, 부모나 다른

---

83 여기서 위에서 언급한(건강의 개념을 다루었던 제2부 2.1.3, 각주 12) 윤리적 목적규정을 개념규정과 동일시하거나 혼동해서는 안 된다. 그럴 경우 윤리적인 것을 정의 내려야 할 개념들과 제도 안으로 끌어들여 더 이상 이를 위한 기준이나 모범으로 판단할 수 없도록 만든다.
84 실제 입양할 경우, 아버지와 동일한 상태가 입양한 어머니에게도 자연스럽게 나타난다.

양육자를 통한 아동의 방임이나 폭력이 이의 특징적인 모습이다. 이런 경우 아동복지시설이나 아동보호시설이 상대적으로 더 나은 대안이다. 특히 가정과 같은 구조를 갖고 있으며 전문 교육자들을 통해 준가정적 개인지원을 제공하는 시설을 생각해보면 더욱 그렇다. 이러한 시설은 사실상 가정적 지원만이 아니라 오히려 아동에게 상처만 안기는 가정과 비교해 더 나은 대안을 보여준다.[85] 이외에도 입양된 가정을 떠나 다른 가정으로 입양되어야 하는 아동의 관점에서 보면 숙고할 만한 대안이다. 그러나 이는 언제나 **긴급성**이 요구되는 경우에 선택할 수 있는 **방안**이다.

그 외에도 가정은 **자유로운** 사회를 위해 포기할 수 없는 기초이다. 그렇기에 모든 독재적 사회모델은, 플라톤에서 출발해 나치의 국가사회주의와 공산주의를 넘어 공포심을 조장하는 모든 유토피아에 이르기까지, 가능하다면 일찍 아동들을 그들이 태어난 가정에서 **빼내어** 국가가 독점한 교육체제 아래 종속시켰다. 여기서 **전체적으로** 그 어떤 선한 것도 기대할 수 없다. 왜냐하면 국가는 그 구성상 전체주의적 국가가 되기 때문이다. 이러한 국가는 시민이 가지고 있는 세계관적－종교적 교육에 대한 권한을 부당하게 넘본다. 그러므로 가정을 강화하고 견고하게 하는 것이 중요하고도 필요하다.[86]

3.3.4.3 가정의 위험과 안정

가정에 부담을 지우고 위협하는 많은 외적 요인들이 있다. 부모의 (자주 피할 수 없는) 직업 활동으로 인한 아동들의 불충분한 돌봄, 생활리듬의 불일치, 학교에서의 가중된 성과요구, 여가선용에 관한 다양하고도 상반된

---

85 내가 이러한 주장을 펼칠 수 있도록 경험에 근거해 여러 가지 안내를 제공해준 헬게 마크바르트(Helge Marquardt)에게 감사한다.

86 독일청소년연구소가 발표한 바에 따르면 전통적인 가정으로 분류될 수 있는 가정의 백분율이 놀랍도록 높다. 이 발표에 따르면 결혼한 부모와 함께 사는 18세 이하의 아동의 비율이 서독지역은 83.9%이고 동독지역은 69%이다. Ch. Althaus, "Familie. Vielfalt-Risiko-Ressourcen", in: Ökumenischer Studientag Familie, 16. April 2008, Dokumentation, 18.

견해 등이 이러한 요인에 속한다.

나는 예시적으로 오늘날 정상적인 가정형태로 생각되는 핵가족이 가지고 있는 한 가지의 부담과 위험성의 문제에 집중하려고 한다. 두 사람의 성인과 한 자녀 사이의 관계적 집중력은—순응의 요구든 과도한 관여의 형태든—이에 관여된 모든 사람에게 다소 억압과 압박감을 가져다준다. 형제와 자매의 지원을 받지 못하고 홀로 크는 아이가 부모와의 대립에서 안정적인 자기의식을 개발할 수 있을까? 어떻게 해야 부모들이 부담감 없이 다른 친척의 도움으로 자신의 과제, 특히 가정과 직업이라는 이중과제를 제대로 해낼 수 있을까? 그렇다고 고리타분한 대가족이 미화되어서는 안 된다. 왜냐하면 대가족이 긍정적 측면을 가지고 있는 것은 아니기 때문이다. 특별히 대가족으로 시집간 젊은 부인들은 자주 큰 어려움을 겪는다. 오늘의 핵가족이 친화력 있고, 친절하고 교회적인 환경을 만들어가는 것은 추구할만하다. 그런 가정에서는 편협함과 가정의 과중한 압력이 상쇄될 수 있는 것이다.

많은 가정이 병들었다. 그러므로 60년대와 70년대에 새로운 형태의 주거공동체, 집단생활, 그리고 대가족을 실험해봤다. 하지만 그런 형태는 거의 살아남지 못했다. 분명 오늘날까지 (핵)가정에 대한 설득력 있는 대안이 나타나지 않고 있다. 그렇지만 가정에 대한 국가적, 사회적 부담과 지원은 물론 교회적 지원과 동행에 대한 필요성이 긴급히 요구된다.[87] 병든 가정을 가지고는 사회가 건강하게 될 수 없다. 아마도 여러 세대가 함께 사는 집들, 즉 여러 세대들과 장애인이든 비장애인이든 모두 함께 살아가는 새로운 구성 형태가 미래적 모델이 될 수도 있겠다. 이러한 주거형태는 교회와 사회를 통해 세심한 관심을 환기할 만하다.

---

[87] 이에 대해선 W. Härle, "Bildung auf dem Grund der Taufe", in: ders., *Christlicher Glaube in unserer Lebenswelt*, Leipzig 2007, 69-78, 특히 75-78과 P. Barz/B. Schlüter(Hg.), *Werkbuch Taufe*, Gütersloh 2009, 20-29.

3.3.5 결혼[88]

3.3.5.1 결혼에 대한 개념적 논쟁

결혼의 개념을 살펴보면 무엇보다[89] 한 요소가 문제가 된다. 곧 (의도된) 지속성이다. 결혼율이 계속 하락하고 이혼율[90]이 가파르게 상승하고 있음에도 불구하고 결혼은 그 속성상 **평생의** 공동체라는 것을 확정할 수 있는가? 혹은 "결혼"이라는 개념을 처음부터 시간적으로 제한한 동반자 관계 (이른바 인생의 한 시기에서만 동반자 관계를 유지하는)도 포괄하는 것으로 변경해야 하지 않을까?

내가 앞서 기술한 성, 사랑, 에로틱, 섹슈얼리티, 그리고 생식의 내재적인 연관성[91]에 근거해 이러한 변화에 대한 명확한 거부 의사를 표명한다. 동반자 관계에 시간적으로 기한을 설정해놓는 일은 사랑의 본질은 물론 책임의 본질과도 합치하지 않는다.[92]

---

88 M. Luther, "Vom ehelichen Leben"(1522) in: *WA* 10/2, 273-304와 K. Bornkamm/
    G. Ebeling, *Martin Luther, Ausgewählte Schriften, Bd. 3*, Frankfurt 1982, 166-199; F.
    Schleiermacher, "Ueber die Ehe. Zweite Predigt"(1820), in: H. Gerdes/E. Hirsch(Hg.),
    Friedrich Schleiermacher, Kleine Schriften und Predigten, Bd. I, Berlin 1970, 379-390; N.
    und G. O'Neill, *Die offene Ehe. Konzept für einen neuen Typus der Monogamie*(1972),
    dt. Reinbek 1975; G. Gaßmann, *Ehe-Institution im Wandel. Zum evangelischen
    Eheverständnis heute*, Hamburg 1979; O. Bayer(Hg.), *Ehe. Zeit zur Antwort*, Neukirchen-
    Vluyn 1988; B. Wannenwetsch, *Die Freiheit der Ehe. Das Zusammenleben von Frau und
    Mann in der Wahrnehmung evangelischer Ethik*, Neukirchen-Vluyn 1993; H.-G. Gruber,
    Christliche Ehe in moderner Gesellschaft. Entwicklung-Chancen-Perspektiven, Freiburg/
    Basel/Wien 1995²; H. Birkhölzer, *Ehe-kein Auslaufmodell. Lebensgestaltung zwischen
    biblisch orientierter, christlicher Lebenssicht und Lebenskompromiß*, München 1997; H.
    Reifeld(Hg.), *Ehe, Familie und Gesellschaft*, St. Augustin 2006.

89 그 밖의 문제는 전통적으로 이성애적 동반자관계와 관계된 "결혼"이라는 개념을 결혼한 동성
    애적 동반자관계에도 확대하여 적용할 수 있느냐는 질문이다.

90 1950년에서 2000년 사이 독일에서 결혼은 절반이하로 떨어지는 하향추세를 보였다. 이에 반
    해 이혼율은 지속적으로 상승했다(매해 국민의 0.8%에서 2.4%까지 상승). 통계로 보자면 현
    재 결혼한 두 쌍 중 한 쌍은 이혼한다. 물론 여기에는 한 사람이 여러 번 이혼해 여러 번 계산된
    경우도 포함되었다.

91 "통전적인 에로스"에 관해선 위의 3.2.2.1을 보시오.

92 나는 이에 대해서 3.3.5.3의 끝부분에서 다루게 될 것이다.

3.3.5.2 결혼의 의미[93]

과거에는 결혼을 다만 몇 가지 목적으로 제한해 강조하고 이에 근거해 다른 목적을 비판하거나 논쟁하였다. 교파들 간의 관계에서도 같은 현상을 관찰할 수 있다. 흔히 결혼의 목적은 둘 혹은 세 가지로 독립해 구별된다.

- 결혼한 부부의 생명공동체와 사랑공동체
- 생명의 전수
- 섹슈얼리티의 합법화와 해소

오늘날 결혼은 단지 한 가지 의미를 갖고 있다는 사실에 대한 폭넓은 합의가 있다. 즉 결혼은 공적으로 동의되고 법적으로 규정된 삶의 양식으로서 남녀의 **책임공동체**이며, 원칙적으로 아이들에게 개방되어 있으며, 성이 보호받는 은신처이다. 구체적으로 책임공동체는 성을 비호하고 인간생명의 전수를 위해 개방되어 있다. 그러나 비르크횔처(H. Birkhölzer)가 말한 바와 같이, 많은 부부들이 이런 의미를 깨닫지 못한 채 살아가고 있지만, 그들이 생명의 전수를 위해 "생명타협"(Lebenskompromiss)이라는 요소를 수용해야 하고, 스스로 생명타협에 참여해야 한다는 것을 상기시킬 필요가 있다.[94] 결혼한 두 사람은 위기, 결손, 좌절의 위기를 겪으면서 "결혼"이라는 제도의 역사를 함께 써내려간다.

3.3.5.3 결혼의 위기, 변모, 그리고 해체

여기서 결혼의 변모라는 말은 방금 언급한 결혼이라는 제도의 지속적인 사회적 발전을 뜻하는 것이 아니다. 이는 기본적으로 마치 두 사람 사이

---

93 이에 대해선 무엇보다도 반넨베치가 교훈적인 자신의 연구의 한 장에서 제시한 내용을 참조하시오. B. Wannenwetsch, *Die Freiheit der Ehe*(각주 88), 143-181.

94 H. Birkhölzer, *Ehe-kein Auslaufmodell*(각주 88), 특히 101-127.

에서 새로 체결되는 규정과 방향, 곧 "동반자 관계에 대한 새 계약"[95]과 같은 것을 말한다. 이러한 새 계약은 깊은 위기에 봉착했을 때 결혼의 해체를 피하기 위해 필요할 수 있다. 이를 위한 전제는 심리학자들이 부부들에게 자주 권고하는 이른바 "심적인 혹은 심리학적 이혼"[96]이 될 수 있다. 이는 특별히 성숙한 두 파트너가 결혼을 통해 결합한 것이 아니라 두 사람 각각 타인에게 자신의 "내면의 아이"를 떠맡긴다는 사실이 밝혀진 곳에서 권유된다.[97]

그 외에도 우리 사회에는 결혼에 영향을 미치는 숱하게 많은 외적인 요소가 있다. 이러한 요소들은 성생활의 형성과 관련해서 살펴볼 때 부분적으로 긍정적인 발전의 결과로 귀결된 것들이다. 나는 여기서 다섯 가지 사례를 제시한다.

a) 역할을 강조하는 전통을 거절하고 더 큰 자유를 요구하며, (여성들에게도 마찬가지이지만) **자신의 소원**에 대한 더 강한 강조와 주장
b) 사회적으로 수용된 에로틱과 섹슈얼리티와의 자유로운 교제
c) 남성과 여성 사이에서 발생하는 수많은 **사회적 만남과 갈등의 가능성**
d) **수명의 연장**으로 말미암아 더 오랜 시간 동안 결혼생활을 유지하고 형성해야 할 과제
e) **이혼**에 대한 폭넓은 사회적 수용

가톨릭의 도덕신학은—이런 영향을 받지 않은 채—원칙적으로 결혼의 **불용성**을 굳건히 지킨다. 다시 말해 (적법하게 맺어져 실제 결혼한) 부부는 이

---

95 N. und G. O'Neill, *Die offene Ehe*(각주 88), 32-45.

96 H. Jellouschek, *Der Froschkönig*, Stuttgart 1985, 95-108.

97 이러한 일이 단지 한편에서만 발생하는 곳에서, 부부가 오히려 어머니와 아들의 관계 혹은 아버지와 딸의 관계와 비슷할지라도—외면에서 관찰하자면—문제가 없을 수 있다. 이러한 숙고의 배경에는 에릭 베르네(Eric Berne, *Spiele der Erwachsenen*, 1967/1990)와 토마스 해리스(Thomas A. Harris, *Ich bin ok, Du bist ok*, 1967/1973)가 발전시킨 협상분석이 자리 잡고 있다. 이는 각각의 성숙한 인간이 "부모-자아", "성인-자아", 그리고 "아동기-자아"라는 세 가지 (다양하고도 강한) 자아를 발전시킨다는 사실에서 출발하는데, 여러 상황에서 언급되며 숱한 관계적인 갈등이 발생할 때, 특히 소통이 이루어지는 영역이 서로 일치하지 않을 때 반응한다.

혼이 허락되지 않을 뿐만 아니라 이혼할 수도 없다. 그뿐만 아니라 가톨릭의 도덕신학은 결혼하지 않았거나 인정할 수 없는 전제에 근거하고 있는 결혼의 무효를 선언하고, '식탁과 침대의 분리'를 부부의 **생명공동체**의 실제적 해체로 본다. 가톨릭 도덕신학자들이 그들의 결혼이해 때문에 수용하거나 인정할 수 없는 것은 **이혼자의 재혼**이다. 이들은 자동적으로 교회에서 파문된다. 교회와의 밀접한 관계를 중요시함으로써 두 번째 파트너와 "동거생활"(wilde Ehe)하기를 원치 않는 자들은 이 문제로 인해 심각한 내적 갈등을 겪을 수 있다.

나의 생각으로도 한 번 결정해 결혼한 부부는 **이혼할 수 없으며** 그렇기에 실제적으로 "더 이상 나뉘지 않는다"는 로마-가톨릭의 주장은 **옳다.** 여러 가지 관점에서 보아도 유일회적인 파트너를 위한 책임이 이혼이나 재혼 위에 있다. 또한 이혼은 삶의 형성에 깊이 침입하여 간섭하는 것이며 중지, 자기검증, 경우에 따라선 치료가 필요한 것이라는 말도 옳다. 하지만 그리스도인들 가운데서도 결혼의 의미와 맞지 않는 여러 혼인양식들이 발전되어왔다. 구약성서(신 24:1f.)는 이혼을 **긴급한 해결방안**으로 판단했으며, 예수의 말씀도 이와 모순되지 않는다(막 10:2-9).

여기서 결정적인 질문은 "하나님이 짝지어 주신 것을 사람이 나눌 수 없다"(막 10:9)는 말씀을 어떻게 이해하느냐에 달려 있다. 일반적으로 이는 "(적법하게 맺어진) 부부는 이혼할 수 없다"는 의미로 이해되었다. 이는 모든 (적법하게 맺어진) 부부는 **하나님에 의해** 결합되었다는 것을 전제한다. 청년 슐라이어마허는 (그리고 나이 들어서는 이보다 약화되었지만) "고결한 여성을 위한 이성의 신앙교육"이란 글에서 이 문장의 논리를 뒤집어보려고 시도하였다. "너는 깨어져야만 하는 결혼을 해서는 안 된다."[98] 만약 사람들이 이러한 해석을 독립시키거나 절대화하면 이러한 해석의 도움을 받아 간통과

---

98 이에 대해선 다음을 보시오. H. Bolli(Hg.), *Schleiermacher-Auswahl*, München/Hamburg 1968, 274. 또한 "결혼에 관한" 그의 설교를 참조하시오. F. Schleiermacher, *Kleine Schriften und Predigten*, Bd 1, Berlin 1970, 379-390.

이혼에 대한 윤리적 비판이 쉽사리 의미 없는 주장이 되고 말 것이다. 그러나 이는 한 가지 해석의 요소로서 중요하고 교회혼례를 준비할 때도 주목하게 한다. 즉 계획된 결혼을 방해하는 것이 혼인교육의 윤리적 성과가 되어서는 안 된다.

그러나 혼인이 이루어지고, 그들이 자신의 역사를 가지며, 특별히 아기를 낳게 된다면, 소외 혹은 실패하고 부를 수 있는 상황 속에서도 두 사람이 갈라지게 내버려두는 것은 당연히 더 나은 방법은 아니다. 친구, 동료, 그리고 이웃과 같이 출생가족, 아동, 그리고 그의 가정이 함께 참여하는 복잡한 인생의 그물을 위해선─경우에 따라 식탁과 침대가 떨어져 있을 때라도─결혼과 함께 가정을 유지하는 것이 더욱 적합할 수 있다. 더 나아가 새로운 파트너들이 의식적으로 결혼한 부부와 같은 생활을 포기함으로 그토록 어려운 상황에서도 여전히 지속되고 있는 결혼을 고려한다면 잘못된 것은 아닐 것이다. 여기서 중요한 것은 일반적인 이혼의 금지가 아니라 삶에 더욱 유익한 것을 찾는 일이다. 이혼이 결혼에 실패한 사람에게 가장 유익한 결론이라는 말은 어떤 경우에도 적합하지 않다.[99]

결혼의 시간적인 제한이 이 문제에 대한 (더 나은) 해결점일까? 나는 아니라고 생각한다. 이것은 어떤 기간이 될 것이며 그와 같이 처음부터 합의된 몰락의 날이 과연 어떤 의미를 갖겠는가? 이와 관련해 상대적으로 가장 동의할 수 있는 제안은 모든 아동들이 성인이 될 때까지 결혼을 제한하는 것이다. 그러나 이는 일반적으로 최소한 20년 동안 갈라서지 않은 채 살아가거나, 그 시간 동안 부부로서의 기능을 유지하면서 한시적으로 교육자의 역할을 하게 될 것이다. 내가 혼인과 가정의 결합을 매우 중요하게 생각함에도 불구하고 거기서 의미 있는 해결점을 발견하지 못한다. 혼인이라는 삶의 유형이 너무 경직되고 협소하다고 생각하는 사람은 스스로 다른

---

99 뵈클러(F. Böckle, *Handbuch der christlichen Ethik*, Bd. 2 1979, 126f.)와 마르크바르트(M. Marquardt, in: MJTh VII, 98f.)는 만약 부부 중 한 사람이 사랑하는 새로운 파트너를 찾았다는 것이 무엇이 의미하는지를 마치 이것이 기쁜 일이라도 되는 양 묻는다.

삶의 양식을 기대하며 찾아보아야 한다. 그런 것이 있지 않겠는가.

3.3.6 다른 삶의 양식들[100]

다른 삶의 양식을 배타적으로 결혼에 대한 대안으로 생각하면서 처음부터 이를 제도적 경쟁자로 보려는 관점은 너무 편협하다. 오히려 대부분의 사람들이 자신이 생활 속에서 매우 자연스럽게 타인의 **다양한 삶의 양식**을 그냥 지나쳐 살아가고 있다는 사실을 유념해야 한다. 이와 같은 사실은, 한편 성적 성숙과 결혼 사이에 커다란 시공간이 존재하고 다른 한편 결혼 후 누구 한 사람이 죽거나 이혼하기 전까지 오랜 시공간이 존재한다는 사실에서 명백해진다. 그러므로 많은 사람들이 자신의 태생적인 가정의 공간에서 (자녀로서) 독신자, 약혼자나 동거인, 결혼하지 않는 생활공동체의 일원, 이혼하거나 과부가 된 자로 시간을 보낸다. 이것은 윤리적으로 매우 안전한 삶의 양식의 **다양성**으로 귀결한다. 많은 사람들이 오랜 세기 동안 이러한 삶의 양식에 따라 살아왔으며 많은 것들을 새롭게 첨가하기도 했다. 그렇지만 윤리적 갈등을 낳았던 두 가지 문제가 있다.

a) 결혼과 결혼하지 않은 이성애적 삶의 공동체의 대립이다.
b) 결혼과 동성애적 삶의 공동체의 대립이다.

먼저 a)에 관해 살펴보자. 결혼과 결혼하지 않은 이성애적 삶의 공동체 간의 관계에 대한 해명은 쉽지 않다. 이 문제에 대한 논쟁에서 과연 누가 이렇게 하라는 논지의 의무를 지웠냐는 문제가 등장하기 때문이다. 결

---

100 M. Wingen, *Nichteheliche Lebensgemeinschaften. Formen-Motive-Folge*n, Osnabrück/Zürich 1984; A. Heller, *Zusammenleben von Frau und Mann. Kirche und nichteheliche Lebensgemeinschaften*, Wien/Klagenfurt 1989; H. Jellouschek, *Die Kunst als Paar zu leben*, Stuttgart 1992; Theologische Kammer der EKKW(Hg.), *Was dem Leben dient. Familie-Ehe-andere Lebensformen*, Kassel 1998; S. Keil/M. Haspel(Hg.), *Gleichgeschlechtliche Lebensgemeinschaften in sozialethischer Perspektive. Beiträge zur rechtlichen Regelung pluraler Lebensformen*, Neukirchen-Vluyn 2000.

정적인 것은 "왜 우리가 결혼해야만 하느냐?"는 질문이다. 혹은 "왜 너희들은 결혼하기를 원치 않냐?"는 질문이다. 이 질문 뒤에는 삶의 양식의 의미에 관한 근본적인 질문이 존재한다. 성적 사랑의 문제를 고정되고 제도화된 삶의 양식으로 생각하며 반대하는 사람이 있는가 하면, 함께 살기를 원하는 사랑하는 사람들과 확실하면서도 법적으로 제정된 관계 속에 살기를 원하는 사람들도 있다. 나의 생각으로는 결혼하면(혹은 자녀를 낳으면) 사랑의 관계가 **안정**되거나 **보장**되리라는 희망을 가지면 가질수록 결혼을 제도로 보는 입장을 반대하는 사람들의 논거가 질적으로 더 **강화**된다. 결혼이 부부관계나 안정적인 동반자 관계를 이루지는 못한다. 내가 볼 때는 제도화를 찬성하는 근거들이 사랑의 관계가 갑자기 정지해버릴까 봐 부담감을 갖고 염려하는 것임을 보면 볼수록 이에 반대하는 논거들은 더 **강화**된다. 결혼은 부부관계를 통해 이러한 부담감과 위험성을 피하는 데 목적이 있는 것이 아니라 이러한 부담감과 위험성을 함께 조심스럽게 해결해가는 데 있다.

결혼하지 않은 삶의 공동체에게 가능한한 포괄적으로 부부와 동일한 법적 지위를 부여하는 것, 바로 이것이 솔로몬이 제시했던 그런 유의 해결 방안과 같아 보인다. 이러한 "콜럼버스의 달걀"은 물론 실제적으로 자기모순이다. 왜냐하면 바로 이러한 법적 형태는 진정 피해야 하기 때문이다. 결혼하지 않은 삶의 공동체가 실제적으로 결혼한 부부와 법적으로 동등하게 대우를 받게 된다면 결혼하지 않은 삶의 공동체의 긴장은 무력하게 될지도 모른다.[101]

애정과 사랑에도 불구하고 그와 같은 법적 형태의 제도를 선택하지 않을 근거가 있을까? 나의 생각으로는 다음과 같이 생각한다면 이러한 제도를 선택하지 않는 것이 좋다. "실제로 우리가 언제나 함께 살기를 원하고 있는지 아직 분명하지 않다." 이 경우에도 두 파트너는 역시 물어보아야

---

101 아마도 사람들은 선한 뜻에서 결혼하지 않은 생명공동체를 원할 수도 있다. 그러나 "혼인"이라는 삶의 유형과 관련된 법적인 이점을 동시에 원할 수는 없다.

할 것이다. 우리가 함께 사는 것이 좋을까? 동거하지 않고 각자 다른 집에 사는 삶의 유형(LAT)을 찾아야 하는 것은 아닐까? 남녀의 관계가 부담해야만 하는 특성은 시간적으로 정해져 있고 예측 가능한 거리 안에서, 즉 서로를 기다리는 능력 가운데서 나타난다는 오래 된 생각은 결코 낡은 생각이 아니다. 혹 낡은 생각이라고 할지라도 정도를 벗어난 것이 아니다. 왜냐하면 삶이란 부부 사이에는 물론 지속적이며 안정적인 어느 다른 동반자의 형태에서도 흔치 않게 이러한 기다림이 기대되기 때문이다.

b)에 관해 살펴보자. 동성애적 성향의 사람들이 처한 상황은 매우 다르다. 경험적 조사에 근거해 단네커(Dannecker)는 다음과 같은 주장을 내세웠다.[102] 대다수의 동성애적 남성들은 동시에 두 가지 대상관계모형에서 시작할 수 있다. 하나는 우연히 만난 성적 파트너와 순간적인 관계를 갖는 것이고, 다른 하나는 포괄적이며 비교적 지속성을 유지하며 확실한 친구관계를 유지하는 것이다. 물론 오직 후자의 경우에만 삶의 공동체로 고려될 수 있다.[103] 그런 삶의 유형을 추구하는 사람은 결혼을 택할 수 없다고 말할 수는 없다. 그들을 위해 결혼과 비견되는 법적 보장을 추구하고 요구하는 것은 평등한 성적 생명공동체라는 관점에서 모순되지 않는다. 이러한 요구는 정당하다. "삶의 동반자 법"(LPartG)이 채택되면서 독일에서는 이에 상응한 법적 개정이 있었다(독일은 2001년 2월 16일 동성애자들의 보호법인 "삶의 동반자 법"을 제정하였다, 옮긴이). 윤리적으로도 충분한 근거를 가지고 있는 정치적 의지이기도 하다.[104] 독일개신교협의회(EKD)가 출간한 백서 "긴장상태에서 살기"(1995)와 이후 출간된 "신뢰성과 책임성을 강화하라"(2000)는 동성애적 성향의 사람들에게 삶의 공동체를 이루며 살아갈 것을 조언하였

102 M. Dannecker, Art. "Homosexualität 1" in: Lexikon der Bioethik 2(1998), 226.

103 이는 당연히 이성적 소질이나 경향을 가진 사람들에게도 해당된다.

104 이에 대해선 서로 의견이 갈라질 수 있다. 먼저 단지 1-2%의 동성애자들에게만 해당되지만, 동성애적 동반자 관계를 등록한 자들을 위해 법적 제도를 만들면 그들의 요구를 더 잘 고려할 수 있을까? 아니면 계약을 통해 동성애자들로 하여금 국가가 지정한 특정한 영역에서 활동하게 하고 그들에게 더 넓은 개인적 형성공간을 개방하는 규칙들을 만드는 것이 더 나을까?

다. 여기서 삶의 공동체란 자유의지, 통일성, 지속성, 상호구속성, 동반자적 자세를 삶의 기준으로 삼고 사는 것이다. 백서는 실제적 근거도 없이 이들에게 자행되는 모든 차별행위의 청산을 옹호하였다. 이와는 달리 교회 내에서 동성애에 관한 (주로 부정적인) 성서적 주장들을 제시한다면 다음 두 가지를 말하지 않을 수 없다.

- 부분적으로−이미 앞에서 언급했지만(3.1.5)−신약성서와, 이와 더불어 그리스도교에서 (더 이상) 유효하지 않은 구약성서적 논증과 사고유형이 문제이다.

- 신약성서에서 발견되는 동성애적 행위에 대한 비판적 발언들(예를 들어 롬 1:24-27; 고전 6:9; 딤전 1:10)을 읽어보면, 성서가 의문시하고 죄로 판단하는 것이 동성애적 관계만이 아니라 이성애적 관계에도 적용될 수 있는 것은 아닌지 묻게 된다. 이는 결단코 특별히 동성애만을 위한 것이 아니다. 성서는 실제적인 사건을 문제 삼는다. 성적 행위가 창조자와 피조물을 서로 바꾸는 결과를 낳거나(롬 1:24-27) 아이들을 쾌락의 대상으로 삼는다면(고전 6:9; 딤전 1:10) 이 모든 행위는 동성애든 이성애든 어떤 조건에서도 동일하게 죄악이다.

3.3.7 삶의 양식들과 사회적 구조[105]

3.3.7.1 삶의 양식들을 위한 사회적 모형의 필요성

사회의 형성을 위해 (공동) 책임을 지고 있는 모든 제도들이나 개인들도 마찬가지이지만, 특별히 입법자는 기본적인 판결의 좌표로 삼을 수 있는 모델을−혹은 기준들을−필요로 한다. 이는 법적인 규칙만이 아니라 제도의 설립과 교육의 목적과 내용을 기술하기 위해서도 필요하다. 사회의 민주적 의사형성과 국가조직체의 정책결정은 **상호작용**한다. 정치적 정당들은 다수의 의견에 따라 자신의 프로그램을 만들며, 이러한 정치적 프로그

---

[105] 이에 대해선 쿠어헤센−발덱 복음주의교회가 발표한 텍스트를 비교하시오. Evangelische Kirche von Kurhessen-Waldeck, *Was dem Leben dient*. Kassel 1998; H. Reifeld(Hg.), *Ehe, Familie und Gesellschaft*, St. Augustin 2006.

램의 실현이 국민들의 의사형성과정에 영향을 준다. 성적인 정체성과 태도방식도 자연에서 확정되는 것이 아니라 대부분 사회문화적으로 함께 구성된 것이다. 이러한 구성주의적 관여를 유보적으로 판단하는 자는 스스로, 가령 대중매체, 교육, 경험된 이상형, 그리고 국가적 조치를 통해 삶의 양식의 형성과 변화에 영향을 준 세력에 대항하지 않게 된다. 그때 이러한 방향이 맞추어가야 할 모델 혹은 기준들에 대한 질문이 제기된다.

3.3.7.2 삶의 양식들의 사회적 모형을 위한 기준

구체적인 결과를 지향하는 삶의 유형과 사회유형에 관한 모든 윤리적 숙고는 (일반적으로는 무의식적으로나 익명으로) 다음과 같은 전제에서 시작한다. "인류는 (미래에도 역시) 존재해야 한다." 한스 요나스는 이를 유일한 현실적인 정언명령이라고 부르면서, "미래를 위한 의무"[106]에 관해 말한다. "하나의 인류가 존재"[107]한다는 이러한 정언명령은 (하나님의 창조 의지에 근거해) **종교적**으로, (행위자의 이성적 본성에 근거해) **형이상학적**으로, (후세대의 필요성에 근거해) **실용적**으로 논증될 수 있다. 우리가 자연과학적으로 알고 있는 바에 따르면 인류의 실존은 언젠가 끝날 수 있을 뿐만 아니라 끝나게 될 것이다. 여러 가지 이유로 인해 이러한 일이 발생할 것이다. 그러나 우리가 오고 있는 세대를 위한 책임에서 행동하지 않는다면, 우리는 그날을 책임적인 방식으로 원하는 것이 **아니다.**

그런즉 인간생명을 전달하고 보존하는 데 도움을 주는 삶의 양식은 인정과 보호를 받게 된다. 그러나 이것이 유일한 기준은 아니다. 이러한 삶의 양식 안에 인간의 존엄과 자유가 존재할 수 있는 공간이 있는지, 진실하고도 인간적인 관계가 살아 숨 쉬고 있는지가 질적으로 더욱 중요하다.

삶의 양식은-칸트적 의미에서-정언명령과 보편가능성의 척도에 따라

---

106 H. Jonas, *Das Prinzip Verantwortung*(제1부 5.4), 84ff., 91f.

107 A.a.O, 90.

측정될 수 있어야 한다. 바로 그런 까닭에 혼인과 가정이 절대적인 우선권을 가질 만하다. 이는 바람직한 통례이다. 사람들이 삶의 양식을 오직 사회를 위한 이의 객관적인 의미에서 측정하고 주관적인 이해에 대한 질문은 고려하지 않을 때 이와 같은 결과를 얻게 된다. 그러나 이는 추상적인 관찰 방식이다. 혼인과 가정은 말하자면 "객관적으로" 보편화될 수 있지 "주관적"으로는 될 수 없다.[108] 이는 먼저 파트너를 찾지 못하거나 혼인이나 가정에는 어울리지 않는 삶의 목표를 갖고 있는 사람들에게는 불충분한 삶의 양식이 될 뿐이다. 자신의 성적인 특성으로 인해 (이성애적) 혼인을 자신의 삶의 양식으로 선택할 용기를 가질 수 없는 사람들에게도 마찬가지이다.[109] 그들에게 결혼과 가정은 삶의 모범일 수 없다.[110]

보편가능성의 기준이 무효한 것은 아니지만 각각의 삶의 유형에 이를 적용할 수는 없다. 왜냐하면 그들 중 누구도 객관적으로나 주관적으로 보편화될 수 없기 때문이다. 사람들은 그 대신 보편가능성의 기준을 **사회의 전체구조**에 적용해야만 한다.[111] 여기서 사회적 삶의 형식을 위한 세 가지 기준을 추론할 수 있다.

a) 사회에서 헌법을 통해 보장된 기본법에 합치할 수 있으며, 모든 인간의 존엄을 고려하는 공존의 모든 형식을 위한 공간이 있어야만 한다.

b) 사회는 전체사회의 미래를 보존하고 촉진하며 (대부분) 차별받고 있는 사람들을 지지하고 지원해야 할 윤리적 의무를 지고 있다.[112]

c) 한 가지 성윤리적 모범을 육성하는 것이 아니라, 다양한 방향설정에

---

108 말하자면, 특정한 연령에 도달하면 결혼을 하고 가능하다면 한 가정을 이루는 것이 의무로 규정된 그런 사회를 이론적으로 생각해 볼 수 있다.

109 이는 오랜 시간동안, 동성애적 특징을 가진 사람들이 (대부분 이성애적 특성을 가진 파트너에 대해 알지 못한 채) 자신의 성적인 소질을 공적 자리에서 숨기거나 이성애적 특징을 가진 파트너와 함께 살면서 **변화**를 시도했던 그런 형식이었다. 이러한 실천은 이에 연루된 모든 자들에게 믿을 수 없을 정도의 큰 고통을 안겨다 주었다. 그러므로 그렇게 하지 않도록 그들에게 분명히 충고해야 한다.

110 후버는 자신의 책 제목을 "모두 다 가정을 가지고 있다"(각주 79)라고 붙였다. 모든 사람들이 가정을 가지고 있는 것이 사실이지만, 단지 자신이 **출생**한 가정과 관련지어서만 그렇다.

111 각주 105에서 언급한 텍스트(*Was dem Leben dient*)가 이를 지지하는 주장을 담고 있다.

도움이 되는 특효가 있는, 윤리적으로 응답된 모범들을 계발하도록 허락하고 가능케 하는 것이 사회의 과제이다.

이 세 가지는 자유로운 사회에서 폭넓게 합의되어야만 한다. 그렇지 못할 때 유익한 영향을 미치지 못한다. 사회적 조건들이 늘 달라지기에 이런 합의는 단 한 번으로 확인되지 않으며, 항상 반복해서 새롭게 조성, 즉 새롭게 성취되고 개진되어야 한다. 사회가 어떤 전제에 근거해 살아가는지를 상기시키는 것은 교회와 신학의 중요한 기능 중 하나라고 하겠다. 그러나 사회는 이러한 전제들을 자기 스스로 보장할 수 없으며 다만 요구할 수 있을 뿐이며, 타락한 사회적 상황에서는 이를 충분히 고려하지 못하지만 더 좋은 상황에서는 이에 주목하고 꼼꼼히 살피며 관계를 맺게 된다고 하겠다.

---

112 오늘날 독일의 사회적 상황에서 볼 때 가정 그리고 여기선 특히 아동들을 위한 지원이 절실하다는 사실을 많은 사람들이 인정하고 있다.

4. 정의

정의라는 주제에 많은 이들이 관심을 보인다. 게다가 이 개념은 매우 다양한 질문과 기대를 담고 있다.[1] 어떤 이들은 정의로운 (세계)경제질서를 우선적으로 생각하고, 어떤 이들은 다양한 사회계급, 집단 혹은 사회계층 간에 발생하는 **사회적 정의**를, 그리고 어떤 이들은 희생자를 효과적으로 보호하고 범죄자에겐 응분의 대가를 치르게 할 **형법**을 생각한다. 적지 않은 사람들이 교육이나 직업현장에서의 **기회균등의 정의**에 대해 질문하기도 하고, 어떤 이들은 이 주제를 어린이들을 위한 교사, 교육자 혹은 부모의 **태도**와 연관시키기도 한다. 이렇게 다양한 주제어들은 정의가 넓고도 높은 윤리적 상관성을 가지고 있을 뿐만 아니라 삶의 매우 다양한 영역(특히 경제, 법, 교육)에서 중요한 역할을 하고 있음을 보여주기에 충분하다. 동시에 정의란 개념과 주제는 **효과를 중시**하고 있다는 것을 보여주었다. 대체적으로 정의라는 주제는 이의 반대개념인 "부정의"라고 기술된 경험과 관련되고, 이러한 경험을 당하거나 부정의와 맞닥뜨리게 될 때 선동적인 효과를 나타낸다. 다른 윤리적 개념도 그렇지만, 바람직하게 이루기를 원하는 이상적인 상태가 아니라 극복되어야 할 불법상태나 고난상황에 방향을 맞추고 이에 대해 가능한 한 감정적으로 공감하게 될 때 정의는 구체화

---

1 여기서 정의의 신학적 의미는 "정의와 사랑"(4.4)이라는 표제로 뒤에서 다루게 된다. 이에 속한 주제로는 신정론 문제와 관련지어 전망해 볼 수 있는 하나님의 의에 대한 성서적 사상에 대한 연구와 우리 시대를 위한 정의의 의미이다. 또한 "하나님의 의"라는 개념에 대한 루터의 투쟁도 이에 속한다. 원래 윤리적으로 이해되었던 "하나님의 의"에 대한 새로운 신학적 이해를 통해 종교개혁적 돌파구가 마련되기 전까지 루터는 '하나님의 의'라는 개념에 대해 깊은 회의를 품고 있었다. 그러므로 루터는 다음과 같이 회상하며 말하였다. "내가 이전에 '하나님의 의'라는 말을 몹시 증오했던 그 만큼 이제는 큰 사랑으로 이를 찬양하게 되었다. '하나님의 의'는 나에게 가장 달콤한 말이다."(*Vorrede zum ersten Band der Wittenberger Ausgabe der lateinischen Schriften Luthers*(1545), 여기서는 M. Luther, *Ausgewälte Schriften*, hg. von K. Bornkamm und G. Ebeling, Band 1, 1982, 23에서 인용하였다).

되고 분명해지며 내적 참여의 욕구도 상승되기 마련이다.[2] 사람들은 자신이 중요하게 여기는 영역이나 소중히 여기는 사람들이 불의한 일을 당하고 있다고 느끼는 곳에서 이러한 의식을 가지고 내면적으로나 공적으로 분노를 표출하게 된다. "이것은 부당해!"라고 말하거나 더 강하게는 "이것은 명백한 부정의야!"라고 말한다.

짐작건대 "정의"가 윤리의 중심개념이라는 것과 윤리가 개인윤리와 사회윤리로 구별된 이후로 사회윤리의 중심개념이 되었다는 것에 이의를 제기할 사람은 없을 것이다.[3] 플라톤의 정치학[4]과 아리스토텔레스의 니코마코스 윤리학[5]을 보면, 정의는 서구윤리사의 시초부터 다른 덕목(지혜, 용기, 절제)과 더불어 네 가지 기본 덕목의 하나였고, 그중에도 중심적인 위치를 차지해왔다. 제1부 2에서 보았듯 플라톤은 정의란 단어를 포괄적이면서 내·외적으로 평안한 상태로 이해하였다.[6] 아리스토텔레스는 "정의"가 서로 다른 두 가지 윤리적 의미를 갖는다고 말하였다. 첫째는 포괄적 정의

2　가령 클라이스트의 소설 『미하엘 콜하스』(Heinrich von Kleist, *Michael Kohlhaas*〔1810〕, Stuttgart 2008)와 같이 문학적으로도 가능하다. 또한 아래 각주 75를 비교하시오.

3　다음의 선별된 문헌들을 참고하시오. Aristoteles, *Nikomachische Ethik*, Buch V; Thomas von Aquin, *Summa Theologiae II/2*, q.57-61; E. Brunner, Gerechtigkeit. Eine Lehre von den Grundgesetzen der gesellschaftlichen Ordnung, Zürich 1943; J. Pieper, Über die Gerechtigkeit, München(1953) 1965[4]; J. Rawls, *Eine Theorie der Gerechtigkeit*(1971), dt. Frankfurt a. M. 1975; ders., *Gerechtigkeit als Fairness. Ein Neuentwurf*(2001), dt. Frankfurt a. M. 2003; M. Walzer, *Sphären der Gerechtigkeit. Ein Plädoyer für Pluralität und Gleichheit*(1983), dt. Frankfurt a. M./New York 1992; J. Habermas, *Faktizität und Geltung*, Frankfurt a. M. 1992; W. Lienemann, *Gerechtigkeit*, Göttingen 1995; W. Huber, *Gerechtigkeit und Recht. Grundlinien christlicher Rechtsethik*, Gütersloh(1996) 2006[3]; H.-R. Reuter, *Rechtsethik in theologischer Perspektive. Studien zur Grundlegung und Konkretion*, Gütersloh 1996; S. Lippert, *Recht und Gerechtigkeit bei Thomas von Aquin*, Marburg 2000; E. Otto, *Gottes Recht als Menschenrechte*, Wiesbaden 2000; O. Höffe, *Gerechtigkeit. Eine philosopische Einführung*, München(2001) 2004[2]; A. Sen, *Die Idee der Gerechtigkeit*(2009), München 2010.

4　앞의 제1부 2.3.1을 보시오

5　위의 각주 3을 보시오

6　그러므로 이것이 문제가 되었다. 왜냐하면 정의를 인간의 영적 능력과 모든 (다른) 덕들의 공정한 관계를 개인 안에서 실현하는 덕으로 이해했기 때문이다. 그러므로 덕을 통해 다양한 계층의 공정한 관계도 규정되었다(제1부 2.3.1을 보시오). 전제는 다르지만 일반적으로 "정의"로 번역되는 "체다카"(Sedakah)라는 구약의 히브리어는 원래 '공동체에 대한 신뢰'를 뜻한다.

인데, 이에 따르면 정의는 윤리적으로 올바른 태도를 총괄적으로 나타내는 개념이다. 둘째는 특별한 정의인데, 여기서 정의는 여러 덕 중의 하나의 덕, 특별히 평등의 원칙에 어긋난 것은 그 어느 것도 원하지 않는 덕이다.[7] 첫 번째 포괄적 의미는 우리의 일상어에서 실제로 자주 사용되지 않기 때문에 여기서는 다루지 않는다. 우리의 언어에서 정의라는 개념은 주로 평등의 의미와 관련되어 문제가 된다. 다음의 4.1에서 "정의"의 이러한 의미들을 구별해볼 것이다.

아리스토텔레스는 정의가 보편적인 윤리적 원칙과 기준을 사용하는 곳에서만 존재하는 것이 아니라 상황과 관련된 **시정의 수단**(Korrektiv)으로 필요하다는 것을 발견하였다. 다시 말해 시정의 수단으로서의 정의는 어느 특정한 범죄의 상황에 직면해 있으면서도 이를 바로잡지 못할 때, 다시 말해 명백한 부정으로 변할 수밖에 없을 때 필요하다. 이는 마치 "최고의 정의는 최고의 부정의"[8]라는 라틴어 속담과 같다. 아리스토텔레스는 이러한 변용에 맞서는 시정의 수단을 그리스어로 "에피에이케이아"(ἐπιείκεια)라고 불렀는데, 일반적으로 "형평" 혹은 "공평"(Billigkeit)이라는 말로 번역된다. 가령 "공명정대한"(recht und billig)이라는 표현방식이 "공평"의 의미를 상기시킨다. 그렇지 않을 때 이는 "가격이 싼"(혹은 "저질의")이라는 말과 동의어가 되고 만다. 이에 대해선 4.2에서 설명할 것이다.

우리의 주제인 정의와 관련된 또 다른 주장은 "정의"를 "공정"으로 이해하는, 주로 영미권의 논의이다. 이는 공정한 방법을 통해 정의의 실현을 위해 기여하려는 노력으로, 일반적으로 정의를 "참여의 정의"로 이해한다. 이에 관해서 4.3에서 다룰 것이다.[9]

마지막으로 지난 세기, 특히 그리스도교 윤리학은 "마아트"(Ma'at)라는

---

7 Aristoteles, *Nikomachische Ethik*, 1129 b-1130 b. 이와 같은 특별한 덕은 사회에 만연한 악습인 자신에게 허락된 것보다 더 많은 것을 갖기 원하는 인간의 탐욕(πλεονεξία)을 이겨낸다.

8 라틴어: "Summum ius - summa iniuria".

9 이러한 주장의 제공자는 존 롤스이다(각주 3). 이 책에서는 암시만 하고 넘어갈 수밖에 없지만, 이 이론은 광범위한 논의를 불러일으켰다.

개념을 수용하고 이를 중요한 신학적 논의주제로 삼았다. "세계의 질서"를 뜻하는 "마하트"는 고대 이집트에서 연원한 개념으로, "체다카"라는 구약성서적-히브리적 개념에서 중요성을 얻게 되었고, 윤리학에서는 "연계적"(konnektiv) 정의[10]에 관한 사상으로 주목을 받았다. "정의"란 개념은 "공동체를 향한 신뢰" 혹은 '공동체를 지향하는 행위'를 뜻하며, "자비"와 "사랑"이라는 개념과도 가깝다. 이에 관해서는 이 장 마지막 부분(4.4)에서 다룰 것이다.

정의라는 개념의 각 측면을 살피기 전에 물어보아야 할 의미 있는 질문이 있다. 정의의 다양한 의미, 측면, 그리고 관련성을 고려하면서도 이 모든 것을 서로 연결하고 또한 "정의"에 대한 다양한 이해를 하나의 개념으로 요약해 다룰 수 있도록 허락(더 나아가 요청)하는 것이 무엇인가? 여러 질문과 주장의 혼란 속에서도 선명하게 드러나는 정의의 기본적인 동기는 "각 사람에게 그의 몫을"(Suum cuique)이라는 고전적 형식이다. 나는 여기서 요제프 피퍼(Josef Pieper)의 입장을 따른다. "정의에 대해 생각하면 언제나 해결할 수 없는 다양한 내용들이 즉시 머리에 떠오른다. 그렇지만 이러한 다양성의 기원이 되는, 외적으로 볼 때 가장 단순한 생각이 있다. 그것은 바로 '각 사람에게 그의 몫을 주라'는 주장이다."[11] 외적으로 볼 때 "각자에게 그의 몫"이라는 간단한 주장은 정의에 대한 고전적 정의를 축소하고 축약한 형태로써, 로마의 법학자 울피아누스(Ulpianus: 기원후 170-228경)가 제시한 것이다. 그의 주장을 완전한 문장으로 바꿔보면 다음과 같다. "정의는 각자에게 각자의 고유한 권리를 나누어주려는", 좀 더 정확히 말해 "각자에게 각자의 권리를 나누어주도록 허락하는 확실하고도 지

10 다음을 참조하시오. K. Koch, *SDK im Alten Testament*, Heidelberg 1953; H. H. Schmid, *Gerechtigkeit als Weltordnung*, Tübingen; J. Assmann, *Ma'at. Gerechtigkeit und Unsterblichkeit im Alten Ägypten*, München(1990) 1995²; W. Huber, *Gerechtigkeit und Recht*(각주 3), 158-166; H. Speckermann, "Recht und Gerechtigkeit im AT", in: J. Mehlhausen(Hg.), *Recht-Macht-Gerechtigkeit*, Gütersloh 1998, 253-273; E. Otto, *Gottes Recht als Menschenrechte*, Wiesbaden 2000.

11 J. Pieper, *Über die Gerechtigkeit*, München(1953) 1965⁴, 14.

속적인 의지"이다.[12]

"각 사람에게 그의 몫을"이라는 말은 축소형인데, 울피아누스 이전에도 이러한 축소형이 유사한 의미와 단어로 사용된 사례를 보게 된다. 특히 그리스의 시인 시모니데스[13](Simonides: 기원전 556-468)와 플라톤[14]에게 발견된다. 그러나 이미 앞서 살펴본 바와 같이[15], 정의는 각자에게 그의 것이 분배되는 곳이 아니라 각자가 자신의 것을 행하는 곳에 존재한다. 더욱이 이러한 유형은 아리스토텔레스[16]의 글에서는 물론이고 다른 라틴어 문헌들, 가령 울피아누스 이전인 기원전 250년경 이미 키케로[17]의 글에서도 발견된다. 이와 같은 것을 조망해볼 때, "각 사람에게 각자의 몫을"이라는 표현이 울피아누스에게서 유래했다는 여러 문헌의 주장들은 잘못이라는 것을 알게 된다. 다만 울피아누스에게서 유래하고 그의 업적으로 인정될 수 있는 정의에 대한 긴 형식은 "각자의 권리(ius)를 나누어주는", 말하자면 "각자에게 각자의 권리를 나누어주도록 허락"한 데 있음을 잊어서는 안 된다.

그렇다면 이 유명한 축소형은 무언가 본질적인 것이 제거된 단축형태인가, 아니면 사물의 속성에 알맞은 확장된 형태로서 유익한 것을 표현하

---

12 "Iiustitia est constans et perpetua voluntas ius suum cuique tribuendi"(Fragment 10 aus Ulpians *Liber primus regularum* D1, 1, 여기서는 Ulpian, hg. von T, Honoré, Oxford 1982, 34에서 인용하였다.) 철학사전(*HWBPh*) 제3권 331쪽의 "정의"라는 항목은 출처를 명확히 밝히지 않은 채 약간 변형된 형태로 이를 인용하였다. 즉 명사적 용법을 사용한 "각자에게 나누어주는"(cuique tribuendi)이라는 말 대신 "각자의 유일한 것을 나누어주는" (unicuique tribuendi)이라는 표현으로 인용하였다. 토마스 아퀴나스(STh II/2, q. 58,1)는 형용사적 용법을 사용해 "각자에게 속한 몫을 나누어주는"(cuique tribuendi)이라는 표현을 사용하였다. 그러나 나는 어떤 표현이 울피아누스의 원전에 가까운지 결정할 수 없다. 그러나 대부분의 저자들은 내가 인용한 본문을 따른다.

13 이에 대해선 플라톤의 정치학을 참고하시오(Platon, *Politeia*, 332 c: "τὸ προσῆκον ἑκάστῳ ἀποδιδόναι"). 플라톤은 "정의"라는 이 개념을 알고 있었다. 말하자면 이를 수용한 것이 아니다. 이에 대해선 위의 텍스트를 계속 참고하시오.

14 Platon, *Politeia*, 433a ff.

15 위의 제1부 2.3.1을 참조하시오.

16 Aristoteles, Rhetorik 1,9: "ἀρετὴ δι᾽ ἥν τά αὐτῶν ἕκαστοι ἔχουσι."

17 Cicero De finibus 5,(23): "quae animi affectio suum cuique tribuens ……. iustitia dicitur ……." 이는 키케로가 이미 "각 사람에게 나누어주다"(suum cuique tribuens)라는 형식을 먼저 사용했음을 알게 된다. 그런즉 이 표현을 울피아누스가 제일 먼저 사용했다는 주장은 잘못이다.

는가? 나는 울피아누스가 제시했으나 그간 잊혀져왔던 긴 형식이 정의의 윤리적 개념을 이해하는 데 적합한 각 사람의 고유한 권리에 대한 주장이라고 확신한다.[18] 이 주장을 나는 다음에서 해설하면서 이론적으로 설명하려고 한다.

쇼펜하우어는 윤리적 정의의 기본원칙인 "각 사람에게 그의 몫을"이라는 형식에 이의를 제기하였다. "그것이 각자의 몫이라면 사람들은 굳이 그것을 그에게 줄 필요가 없다."[19] 그의 주장이 분명한 것처럼 보이지만 사실 전적으로 옳지 않다. 왜냐하면 한 사람에게 (불법적으로) 주지 않아 결국 그에게 주어야만 하는 그런 상황들이 존재하기 때문이다. 하지만 쇼펜하우어는 이러한 비판을 통해 정의의 단축형이나 확장형 속에 내재하고 있는 부정확하고도 미세한 문제에 주의를 기울이게 한다. 정확히 말하자면, 누군가 소유하고 있다는 의미로 "그의 몫"(suum)이나 한 권리라는 의미로 "그의 권리"(ius suum)가 문제가 된다. 이러한 권리는 바른 행위를 통해 부여되고 불의한 행위를 통해 유보되며[20], **권리이기 때문에** 한 사람이 가질 수 있는 것이 주어지기도 하고 거부되기도 한다. 이는 (아마도) 아직은 자신의 것이 아니다. 하지만 그에게 허락되어 있다. 그리고 (통상적으로[21]) 이는

---

18 이에 반해 내 생각으론 축소형, 즉 권리의 문제까지 소급하지 않은 채 특별한 제한을 두지 않은 "각자에게 각자의 몫을"이라는 형태가 정의의 신학적 개념으로 고려될 수 있으며, 윤리적 개념과 신학적 개념 사이에서 비판적이면서도 구성적인 연결선을 만들어낼 수 있다. 그런 이유로 나는 "각자에게 각자의 몫을"이라는 논문(1997)에서 정의의 사회윤리적이고 신학적 기본개념에 대해 연구하였다. 이에 대해선 다음을 참고하시오. W. Härle, *Christlicher Glaube in unserer Lebenswelt, Studien zur Ekklesiologie und Ethik*, Leipzig 2007, 282-293.

19 Schopenhauer, "Die beiden Grundprobleme der Ethik", in: ders., *Werke in fünf Bänden, Bd. III*, Zürich 1988, 574. 그는 위에서 인용한 문장을 다음과 같이 계속 이어간다. "이는 그 누구도 자신의 것을 갖지 못한다는 것을 의미한다." 그러므로 쇼펜하우어는 "정의"의 기본원칙을 "각 사람에게 그의 몫을"(suum cuique) 대신 "아무에게도 불의를 행하지 말라"(neminem laede)라는 표현으로 바꿀 것을 제안하였다(a.a.O., 570).

20 더욱이 입법절차와 관련해서 정의는 사람들에게 특정한 권리들을 부여하는데 그 중점을 두고 있다는 것을 알 수 있다. 그러나 이는 정의의 정상적 경우가 아니라 특별한 경우이다.

21 가령 법률, 계약이나 약속은 이러한 규칙의 예외를 형성한다. 이러한 것으로 인해 권리청원이라는 뜻에서 한 사람에게 한 권리가 허락된다. 그리고 사람들이 이러한 권리의 허락을 "정당하다"고 부를 때, 이러한 법들은 당사자들에게 (역시) 권리 때문에 허락된다고, 말하자면 단지 지금 권리청원으로 허락된다고 (함축해서) 말한다.

그에게 허락되거나 거부된 "권리" 혹은 "자신의 권리"이기 때문에 허락된 것이 아니라 권리이기 때문에 바로 그에게 허락된 것이다.[22]

윤리적 논의에서 늘 새로이 강조되어왔던 바와 같이, 이런 의미에서 정의는 (한) 법을 전제한다.[23] 말하자면 정의는 요청되고, 경우에 따라선 청구될 수도 있는 각 개인과 특정 집단이나 모든 사회의 요구를 강조해왔다. 그렇다면 무엇이 한 인간(또는 각 피조물)의 권리인지, 이러한 권리를 가졌다는 이유로 무엇이 인간에게 허락되는지를 어디에 견주어 산정할 수 있는가?

지난 몇백 년간 윤리적 논의를 통해 이 질문에 대답하려는 많은 시도들이 있었다. 우리의 논의의 목적을 위해 이를 (윤리적으로 논의할 만한) 두 가지 내용으로 간략하게 단순화해볼 수 있다. 즉 정의는 각 사람의 **업적**에 따라 산정되든지, **필요**에 따라 산정된다. **외견상** 여기서는 단지 완전하고도 엄격한 선택이 문제가 되고 있다는 것을 쉽사리 간파할 수 있다. 왜냐하면 사람들을 업적이 아니라 오직 그의 필요에 따라 대우할 경우 불합리하고 불의하다고 할 만한 많은 영역들이 존재하기 때문이다.

> 만약 업적, 기여, 작위나 부작위가 아니라 (전적으로) 각각의 필요에 따라서 판단되거나 분배된다면 기업 활동, 노동세계, 스포츠, 학교와 대학에서의 시험만이 아니라 형법은 바로 이런 점에서 많은 부분 그 의미를 상실하게 되고 말 것이다.

그러나 만약 필요가 아니라 오직 업적에 따라 분배된다면 (부분적으로 위

---

22 이러한 형식으로 나는 투겐타트가 제기한 이의에 대해 논박한다(E. Tugendhat, *Vorlesungen über Ethik*, Frankfurt a. M. 1995³, 367). 그에 따르면, 정의는 현재하는 권리와 관련을 맺지 않는다. 왜냐하면 처벌을 받아야 할 사람이 벌을 받을 "권리"를 가지고 있다고 말하는 것은 의미가 없기 때문이다. 다만 사람들은, 그가 형벌을 "받을 만하다"고 말할 수 있다고 하겠다. 투겐타트는 정의를 전적으로 공덕(功德)의 사고와 연결시키는 문제점을 자초했다. 내가 여기서 제안한 술어로 표현하자면 다음과 같다. 법 때문에 형법은 벌을 받고 있는 한 사람에게 허락된다. 내 생각으로 이러한 형식에 반대하며 이의를 제기할 것은 전혀 없다.

23 가령 (토마스 아퀴나스의 생각을 빌려) 피퍼는 다음과 같이 말한다. "정의는 무언가 두 번째 것이다. 법이 정의 앞에 놓여 있다."(J. Pieper, *Über die Gerechtigkeit*, 18) 밀도 비슷한 주장을 하였다. J. St. Mill, *Utilitarismus*, dt. Stuttgart(1976) 1994, 75ff.

에서 언급한 분야들을 포함해) 여러 다른 삶의 영역에서 살펴볼 때 공정하지 않을 뿐만 아니라 불합리하고 비인간적이라고 말할 수 있겠다.

초기 아동기와 고령, 심각한 질병과 죽음의 순간, 즉 우리 모두가 맞이하거나 우리 (대부분의) 사람들에게 일어날 상황들이 이에 대한 가장 명백한 사례들이다.

이것이 보여주는 바는, 한 사람이 그가 처해 있는 상황으로 축소될수록, 다시 말해 그 스스로 행하거나 생산하는 것으로 살아가지 못하면 못할수록, 그는 업적 대신에 필요를 정의의 조건으로 삼는 입장을 따르게 된다. 그러나 한 사람이 자활과 사회생활에 기여하고 타인에게 도움을 줄 만한 능력을 가지면 가질수록 사람들은 그를 그의 능력과 실제적 기여에 따라 판단하게 될 것이다.

그렇다면 이러한 배경에서 "정의"라는 주제와 관련된 서로 다른 측면들, 접근방식들, 그리고 해결방안들이 어떻게 밝혀질 수 있는가?

4.1 동등한 것의 동등한 대우로서의 정의

- 한 가정에 살고 있거나 한 집단에서 같이 생활하지만 선물을 나누어주거나 책임을 부담시킬 때 불공평하게 대우받는 아동들은 이를 (최소한 한눈에) 자주 부당하다고 느낀다.

- 두 사람이 동일한 노동을 하면서도 동일한 임금을 받지 못한다면 우리는 일반적으로 이를 (한눈에) 부당하다고 느낀다.

- 함께 범죄를 저지른 두 사람이 법정재판에서 서로 다른 형량을 선고받는다면 이는 (최소한 한눈에) 부당하게 보인다.

이러한 느낌에서 보면, 부정의는 불평등한 행위가 존재하는 모든 곳에서 확인될 수 있다고 결론지을 수 있다. 이를 뒤집어보면 정의는 평등[24]의 원칙을 따르는 인간의 행위라고 하겠다. 사실 정의가 평등 혹은 평등한 행위와 관계하고 있는 것은 사실이지만 그렇다고 "정의"와 "동등한 대우"를 동일시하는 것은 소박하고도 좁고 얕은 생각에 불과하다. 바로 그냥 스쳐 볼 때는(바로 한눈에) 그와 같은 동일화에 빠질 수도 있다. 그러나 좀 더 자세히 살펴보면 동등한 대우가 심각한 불평등을 낳을 수 있다는 사실을 금방 알아차리게 된다.

그러므로 첫 번째 예에서, 평등의 정의 혹은 동일하게 대우받을 정의는 같은 가정이나 집단의 아동들, 가령 그 아동들의 나이에 예속되어 있다는 사실을 쉽사리 인식할 수 있다. 그렇다고 나이가 더 많다고 더 많은 것을 받고 책임을 진다는 말은 아니다. 경우에 따라 오히려 그 반대되는 논리가 적용될 수도 있다. 즉 어린 아동들이 나이가 많은 아동들보다 더 많은 관심과 지원을 필요로 한다.

여기서 평등이나 동등한 대우가 어떤 관점에서 문제가 되는지, 그리고 이러한 관찰에 근거해서 평등이나 동등한 대우를 위해 어떤 **결론들**을 도출할 수 있는지 결정적으로 드러난다.

"동일노동에 동일임금"이라는 유명한 기본원칙에 기초하고 있는 두 번째 예에서는, 가령 고장 난 콘센트를 교환하는 그런 노동이 전문가나 고등교육을 받은 사람에 의해 수행되었느냐가 중요한 차이를 만들어낸다. 첫 번째 경우 당연함, 능력, 그리고 담보가 만족할 만한 노동을 위해 분명히 더욱 중요하고, 일한 대가로 지불해야 할 임금과 정당한 가격에 이것을 반영해야만 한다. "동일노동에 동일임금"이라는 원칙은―명시적이거나 암묵적으로―"동일한 능력"이 문제가 될 때에도 매한가지로 적용된다. 만약 어느 고용주와 고객이 동일한 능력을 지닌 두 사람의 전문노동자들이 처리한 노동을 한 사

---

24 여기나 다음에서 "평등"이라는 개념을 사용할 때 완전하거나 완벽한 평등에 대해 생각하는 것인지 (그리고 어떤 경우에 이와 같은 평등이 성취되거나 확인될 수 있는지) 아니면 "대략 평등한" 혹은 "특정한 관점에서 평등한"과 같이 다소 엄격하지 않은 개념으로 작업하고 있는지 묻게 된다. 나는 아래에서―특별한 언급이 없는 한―다소 엄격하지 않은 의미에서의 "평등"에 대한 이해를 전제한다. 왜냐하면 이러한 개념은 엄격한 개념보다 삶의 차별성과 다양성을 나타내기에 더욱 적합하기 때문이다. 수학이나 논리학에서 엄격한 평등성이 요구되는 만큼 이를 절대 불필요하다고 말할 수는 없다.

람은 내국인과 외국인, 무슬림과 그리스도인, 남성과 여성이라는 이유로 동일한 임금이나 가격을 고려할 마음이 없다고 말한다면, 이는 어떤 경우든 간에 (최소한) 부당하다고 하겠다. 왜냐하면 이러한 모든 차별은 수행된 노동과 그의 질하고는 아무런 관계가 없기 때문이다.

정의와 불의를 구별할 때 제기되는 가장 어려운 질문은, 어떤 형태의 평등이나 불평등이 처리되어야 할 사건의 판단과 **상관성이 있으며** 또한 어떤 것이 **상관성을 갖지 않느냐**는 것이다. 이미 보았듯이 결정적인 문제가 여기에 달려 있다.

세 번째 예에서 보자면, 정의와 불의 사이에 결정은 그 같은 일을 두 사람이 함께 모의하고 실행에 옮겼느냐는 것만 중요한 것이 아니라, 이 두 사람이 동일한 방식으로 형벌을 받을 만큼 성숙했는지 또한 두 사람이 초범인지 재범인지도 판결에서 중요한 역할을 하게 된다.

이 경우 정의와 불의 사이에 결정은 판결 후 형을 선고받게 될 개인들의 삶의 맥락에 달려 있다. 전제되어야 할 삶의 맥락이 아니라 오직 저지른 범죄만을 가지고 죄를 판단하는 것은 (더욱) 공정하지 않을 뿐만 아니라 오히려 (더욱) 불의하다.[25]

이 세 가지 실제적 사례들은 정의가 동등한 대우와 동일한 것이 될 수 없다는 것을 보여준다. 왜냐하면 동등한 대우가 명백한 불의로 인도할 수 있기 때문이다. 특히 **동등하지 않은 것을** 동등하게 다루게 될 때 그런 일이 발생한다. 그런즉 모든 정의이론의 기초가 되는 평등과 동등한 대우의 원칙은 세분화한 후에 적용해야만 한다. 정의의 덕 혹은 계명은 구별 없는 동

---

25 이는 쉽게 말할 수 있지만 실제로 적용하기란 쉽지 않다. 왜냐하면 바로 (눈이 가려진 정의의 여신으로 상징화된) 법적 판결의 영역에서는 "신분에 구별 없이" 판단되고 집행되는 것이 정의롭다고 생각하기 때문이다. 그렇다고 이것이 법적인 판단형성에서 삶과 행동이 실제로 처해 있는 형편을 고려해서는 안 된다는 것을 의미하는 것은 아니다. "단지" 이것이 모든 사람들에게 동일한 방식으로 수행되어야 한다는 것을 말한다. 판결은 모든 인간이 동일하다는 환상에서 출발하지 않는다. 법치주의의 기본원칙은 모든 사람이 법 앞에서 평등하며 그런즉 동등하게 대우받아야 한다는 것을 말한다.

등한 대우가 아니라 더 높은 의미에서의 동등한 대우를 요구한다. 다시 말해 동일한 것은 동일하게, 동일하지 않은 것은 동일하지 않게 대우하는 것이다. 바로 그것이 정의의 기본을 나타낼 때 "각 사람에게 동일한 것을"이라는 말을 사용하지 않고 "각자에게 그의 것을"이라는 표현을 사용하는 이유이다. 그럴 때만이 실제적으로 현재하는 불평등을 함께 고려하고, 동등하지 않은 것을 어떤 구별도 없이 동등하게 대우하는 불법을 피하게 된다. 그러므로 사람들은 "정의"를 "불평등의 조건을 고려하는 동등한 행위"라고 정의한다. 이는 더욱이 인간의 동일한 대우가 아니라 불평등한 대우를 논증해야 할 의무에 대한 요구[26]를 취소하지 않는다. 그렇다면 **어떤** 불평등이 정의와 상관적 관계를 맺고 있으며 또한 그렇지 않은 것은 무엇인가? 더 나아가 어떤 불평등한 대우가 정당화될 수 있으며 또한 그렇지 않은 것은 무엇인가? 불평등의 조건을 고려하는 동등한 행위에서 각자에게 자신의 권리를 부과한다는 것은 무엇을 의미하는가?

이러한 질문에 대한 대답에 가까이 접근하기 위해서는 이미 아리스토텔레스가 논의를 통해 제시했던 "정의"에 대한 구별을 수용하는 것이 의미 있다고 하겠다. 그는 먼저 정의를 분배적 정의와 교환적 정의로 구분하고, 분배적 정의 안에서 다시 두 가지 유형의 정의를 구분하였다. 그중 한 가지 유형은 자발적으로 관여하는 관계에 자신의 위치를 두고 있는 정의이고 다른 유형은 비자발적으로 발생하는 관계에서 인식될 수 있는 정의이다.[27] 이것이 의미하는 바는 무엇인가?

---

26 W. Lienemann, *Gerechtigkeit*(위의 각주 3), 16.
27 비자발적 관계를 고려하면서 아리스토텔레스는 다시금 정의에 위배되는 범죄를 구분하였다. 그 중 하나는 은밀하게 발생하는 범행(가령 도둑질, 이혼이나 암살)이고, 다른 하나는 폭력을 통해 발생하는 범행(가령 성폭력, 살인, 약탈이나 명예훼손)이다. 나는 여기서 이러한 부가적인 구별을 다루지 않으려고 한다. 왜냐하면 이는 정의의 주제를 위해 그리 특별히 생산적인 것이 아니기 때문이다.

4.1.1 분배적 정의[28]

분배적 정의란–아리스토텔레스에 기대어 이해하자면–선과 악의 분배와 관련된 모든 유형의 정의를 뜻한다.[29] 위에서 언급한 세 가지 사례 중에서 첫 번째 것은 분배적 정의의 경우를 서술하고 있다. 여기서 분배되어야 할 것이 선인지 악인지는 구별하지 않는다. 이러한 정의의 유형은 단지 가정이나 집단만이 아니라 예컨대 조세정의의 형식으로 국가에서도 중요한 역할을 한다.[30] 어떻게 해야 세금징수로 인한 부담이 사회에서 공정하게 분배되는가? 이는 어쨌든 단순히 동일할 수는 없다.[31] 그 이유는 소득이 적은 자들이 소득이 많은 자들만큼이나 많은 세금을 낸다면 이는 분명 불공정하기 때문이다.[32] 그렇다고 예를 들어 각 사람이 자신의 수입을 백분율로 나누어 세금을 납부하도록 조세정의를 조성하는 것만으로 충분한가? 이는 경우에 따라, 가령 세율을 일률적으로 2.5%로 적용할 경우 일 년에 백만 유로를 버는 사람은 이십오만 유로의 세금을 내고, 이에 반해 이만 유로를 버는 사람은 단지 오천 유로를 내게 된다는 것을 논거로 제시한다.[33] 오십 배 이상 많이 버는 사람이 오십 배 이상 많은 세금을 내는 것은 공정하지 않은가? 이러한 논거에도 불구하고 이를 불공정하다고 생각하는 사람은 이를 밝히기 위해, 일반적으로 미납세금의 공제 후에 두 납세

---

28 이에 대해선 D. Hübner, *Die Bilder der Gerechtigkeit. Zur Metaphorik des Verteilens*, Paderborn 2009.

29 그러므로 루터의 종교개혁적 인식이 하나님의 분배적 정의와 관련되어 있다고 주장하면 잘못이다. 오히려 종교개혁적 발견에서는 루터가 성서를 통해 새롭게 이해하여 깨달은 하나님의 교환적 정의가 중시된다(아래 각주 37).

30 이에 대해선 Kirchenamt der EKD(Hg.), *Transparenz und Gerechtigkeit. Aufgaben und Grenzen des Staates bei der Besteuerung*, Hannover 2009.

31 나는 여기서 소비세(가령 부가가치세)나 모든 시민들에게 동일하게 높은 다른 세금들이 아니라 단지 근로소득세와 소득세에 대한 입장만 제시하려고 하다.

32 이는 불공정할 뿐만 아니라 국가를 위해선 유해하다고 하겠다. 왜냐하면 최저소득에 적용할 수 있는 과세를 모든 사람에게 적용하면 국가재정위기를 가져올 수 있기 때문이다.

33 분명히 이때 일반적으로 상당한 세금이 면제되는 만인을 위한 기본적인 비과세의 도입이 제안된다. 이러한 기본적인 비과세는 먼저 총수입에서 공제될 수 있고, 이로 인해 수입이 적은 자들에게는 체감할 수 있을 만큼의 적은 부담만을 주게 된다.

자에게 무엇이 **남아 있으며** 또한 그 후에 큰 이익을 얻은 자에게 칠만 오천 유로가, 적게 얻은 자에게는 단지 만 오천 유로만 사용할 수 있게 된다는 것을 제시하게 될 것이다. 이는 정의에 대한 질문이다. 큰 이익을 얻은 자가 부당하게 더 큰 부담을 지게 되는 것은 아닌가? 누진세율을 찬성하는 모든 자들이 이러한 주장을 따른다. 다시 말해 수입이 많을수록 세율도 높**아야** 한다는 주장이며, 그런즉 단지 이만 유로를 버는 자는 자신의 수입의 10% 즉 이천 유로만 세금으로 내야 하고 백만 유로를 버는 자는 가령 40% 즉 사십만 유로를 내야 한다는 것이다.

사람들은 "더 넓은 어깨에는 더 큰 짐을 지우는 것"이 옳다는 기본적인 원칙을 쉽게 이해할 수 있다. 그렇지만 가능한 한 많은 사람들이 이를 공정하다고 느끼게 하려면 과연 어떤 기준에 따라 이를 실행할지 설명해야만 할 것이다. 그러나 분배적 정의의 원칙은 이에 대해 그 어떤 것도 말해주지 않는다. 기껏해야 인간의 정의로운 **감정**에 호소할 뿐이다. 그러나 이는 각 개인이 이를 부담스럽게 생각하느냐, 그렇지 않느냐에 따라 다르게 판단하게 되는 가변적인 것이다.

어떤 경우에 **재물들을** 가능한 한 공정하게 분배할 수 있을까를 생각해 보면, 제일 먼저 가까이 있는 가족들과 관련된 영역에서 몇 가지 사례들이 떠오른다. 국가는 시민들에게 재물을 나누어주기 위해 있는 것이 아니기에 재물의 공정한 분배가 어떤 사회적 역할도 하지 않는 것처럼 보인다.[34] 그러나 이것은 예외적인 것이다. 제2차 세계대전을 겪었거나 이야기를 통해 알고 있는 자들은 전쟁 중이나 끝난 후 생필품 시장이 어떤 역할을 했

---

34 국가가 시민을 재정적으로 지원하는 것이 아니라 시민이 국가의 재정을 지원한다. 만약 사람들이 국가적으로 지원된 "시민배당"(Bürgergeld)에 대한 생각을 검토한다면 질서정책적인 관점에서 이 점을 유념해야 한다. 국가가 (훈장의 형태로) 수여하는 표창과 관련시켜보면 이는 분배적 정의가 아니라 소통적 정의의 경우에 해당한다. 훈장은 가능한 시민들에게 동일하게 분배되어야 하는 것이 아니라 이를 위해 기여한 사람에게 수여되어야 한다(시민배당의 이념은 자연계가 인류의 공유재산이라는 원리에 근거하고 있다. 밀턴 프리드먼은 이에 근거해 1960년대 고소득자에게는 세금을 받지만 저소득자에게는 보조금을 지급하는 부의 소득세(negative income tax)를 주장하였다, 옮긴이).

는지 잘 알고 있다. 생명을 보존하기 위해서 나누어주는 것을 얻어야 하는 경우에 생필품은 돈보다 더욱 중요하다. 그리고 이는 어느 정도 공정하게 분배되어야 한다. 여기서는 물론 모든 자들이 동일한 생필품 카드, 다시 말해 시장에서 같은 양의 생활필수품을 얻는 것이 아니라 (필요와 업적에 따라) 서로 다양한 집단들을 구별하여 제공하는 것은 바로 이러한 시스템이 가지고 있는 당연한 구성요소이다. 예를 들면 임신부와 모유수유를 하는 어머니는 직업상 육체적으로 힘든 노동을 많이 수행하는 사람과 매한가지로 우대되었다. 여기서도 역시 모든 사람들에 대한 평등한 대우가 극단적으로 불공정했다고 하겠다. 그러나 불공정한 대우에 대한 어떤 정도와 형식이 정의에 대한 요구를 통해 제공되느냐는 질문은 이러한 관점만 가지고는 여전히 대답되지 않는다. 그러므로 분배적 정의의 원칙이 동일한 것은 동일하게, 동일하지 않은 것은 동일하지 않게 대우하라는 **요구**가 진실임을 입증한다. 하지만 이것이 불공정한 대우가 공정한 것이 될 수 있는 신뢰할 만한 기준을 제공하지는 않는다.[35]

4.1.2 교환적 정의

교환적 정의란—이번에도 아리스토텔레스에 따라 살펴보자면—관리된 재화나 저질러진 악행의 조정(Ausgleich)과 관련을 맺고 있는 정의에 관한 유형이다. 관리된 재화는 무엇보다 경제와 노동세계에서 (공정한 가격과 임금의 문제로) 문제가 되고, 자발적으로 체결된 계약관계(가령 매매계약이나 노동계약 혹은 상품이나 이행된 노동에 대한 지급의 형태로)를 전제한다. 아리스토텔레스는 그런즉 정당하고 자발적으로 체결된 관계들(4.1.2.1) 가운데 교환적 정의에 관해 언급한다. 그는 또한 이를 저질러진 **악행**의 조정과 구별한다. 이러한 조정은 특히 형법(공정한 재판)의 영역에서 중요한 역할을 한다. 그러

---

35 아리스토텔레스의 논제에 따르면, 교환적 정의와는 달리 분배적 정의는 평등의 실현을 위해 단순한 첨가에 근거한 산술적 기준이 아니라 두 관계를 서로 연결시키는 기하학적 기준에 따라 처리되어야 한다(Aristoteles, *Nikomachische Ethik*, 1132a-1133b). 그의 논제에 동조할 수 있지만 이의 사용을 위해선 어떤 비례관계가 고려되어야 하는지 언급되어야 할 것이다.

한 악행은 (위반과 범죄의 형태로) 행위자와 희생자 사이에 자발적 합의를 기초로 발생하는 것이 아니라[36] 행위자가 희생자에게 가한 행위, 곧 타의에 의해 희생자가 받게 된 고통을 의미한다. 그러므로 아리스토텔레스는 이러한 측면을 고려하면서 비자발적 관계에 근거해 교환적 정의에 관해 말하였다(4.1.2.2).[37] 이 두 가지 요소는 특별한 관심을 가지고 논의할 만하다. 왜냐하면 전자는 무엇보다 경제의 영역에 속한 것이고 후자는 형법의 범주에 속한 것이기 때문이다.

4.1.2.1 자발적 관계에서 본 교환의 정의

자발적인 교환의 정의는 말 그대로 교환(Tausch)의 정의이다. 왜냐하면 이는 우선적으로 재화나 업적이 교환되거나 등가물(무엇보다 금전)로 교환되는 곳에 위치하고 있기 때문이다. 교환된 재화의 가치가 서로 동등할 때 교환의 정의가 충족되었다고 하겠다. 그러나 가령 가격이나 임금이 치솟거나 너무 낮을 경우, 이는 침해된다. 하지만 판매자와 구매자 사이의 합의는 말 그대로 자발적으로 이루어지는 것이기에 거기서는 교환의 정의가 전혀 불가능한 것이 아니겠냐는 이의가 제기될 수 있다. 항상 이러한 자발성은 임금이나 가격에 대한 동의를 함축하고 있는 것처럼 보인다. 원칙적으로 이러한 주장이 옳은 것은 사실이지만, 이는 최소한 두 가지 점을 함축하고 있다. 첫째, 모든 당사자들에게 재물이나 성과의 가치에 대한 정보가 적절하게 알려져 있어야 하고, 그들이 (상품의 가치에 대한) 착오가 없어야 한다. 둘째, 당사자들이 자신들의 요구를 충족시킬 만한 대안적인 가능성들을 가져야만 한다. 두 번째 언급한 조건들은 예를 들어, 외적인 협정이나 시장지배를 근거로 실제적으로 (생필품의) 가격을 결정할 수 있는 공급자

---

36 이러한 일이 발생하는 곳에서 (가령 보험사기의 형태로) 일반적으로 이는 그 자체로 (공정한) 처벌이 요구되는 범행이다.

37 루터가 의로우신 하나님을 죄인들을 그의 의에 근거해 심판하신 분으로 이해(오해)했었던 것을 생각해 볼 때, 그가 생각한 의는 바로 타인에 의해 발생하는 교환적 정의를 뜻한다(위의 각주 29).

의 카르텔이나 독점이 결성되는 곳에서는 주어지지 않는다. 다시 말해, 자발적인 교환의 정의는 그 기능상 공급자와 소비자가 공정하다고 생각하는 조건들(가격과 임금)을 흥정하거나 여러 공급자 중 선택의 기회를 가질 수 있는 그와 같은 시장을 (가령 노동시장, 서비스 업종, 상표) 전제한다. 이는 한편으로는 이익집단 안에 있는 기업가와 노동자의 조직화에, 다른 한편으로는 카르텔과 독점의 결성을 막기 위한 국가적 카르텔법에 기여한다. 이러한 조건 아래 놓여 있는 경우 사실상 사람들은 가격과 임금이 기본적으로 공정하다고 말할 수 있다. 그러나 여기서도 이를 측정할 수 있는 외적인 기준이 존재하지 않으며, 그 대신 정의는 교환을 위한 공정한 규칙을 통해 확보된다.[38]

4.1.2.2 비자발적 관계에서의 교환의 정의[39]

비자발적 관계와 관련되어 있는 정의를 우리는 무엇보다[40] 형법이 책임지고 있는 영역에서 발견한다. 여기에는 사회적 질서(은밀한 것이든 폭력적인 것이든[41])가 침해되고 정의가 징계, 속죄, 보상의 형태로 요구되는 상황이 전제되어 있다. 좀 더 정확히 말해 두 가지 문제가 제시된다. 첫째, 그와 같이 사회적 질서를 침해하는 행위를 징계하는 것이 옳은가? 아니면 이로 인해 옛 부정이 해소되는 것이 아니라 이를 더욱 증대시키는 새로운 부정의가 만들어지는 것은 아닌가? 둘째, 어떤 종류의 징계, 속죄나 보상이 이에 적합한가?

---

38 이와 동시에 아직 다루어야 할 주제인 "공정으로서의 정의"를 먼저 다루게 되었다(아래 4.3을 보시오).

39 이러한 관계들은 자연히 행위자의 입장이 아니라 희생자의 입장에서 볼 때 비자발적이다.

40 이는 말 그대로 "무엇보다" 형법에서 주로 문제가 된다는 것이지 오직 그곳에서만 문제시된다는 뜻은 아니다. 공정한(부당한) 제재조치가 무엇인지 정의하기란 쉽지 않지만, (형법의 한계밖에서) 사회적 도덕이 주는 제재조치도 존재한다. 문헌적으로는 테오도르 폰타네(Theodor Fontane)의 "에피 브리스트"(Effie Briest)가 형법적인 것은 아니지만 비자발적 관계에서의 교환적 정의라는 의미의 도덕적 제재를 가장 잘 보여주는 유명한 사례이다(이에 대해선 테오도어 폰타네(한미희 옮김), 『에피 브리스트』, 문학동네, 2015를 참조하시오, 옮긴이).

41 위의 각주 27을 보시오.

이러한 문제로 인해 우리가 발을 들여놓게 된 그 "넓은 영역"[42]을 여기서 한번에 멀리서부터 남김없이 다룰 수는 없다.[43] 그러므로 나는 몇 가지 테제를 제시하는 것만으로 만족할 수밖에 없다.

하나의 유일한 형벌이론과 몇 가지 형벌의 목적(속죄[44], 일방예방[45], 특별예방[46] 혹은 재사회화[47])을 제시하는 것만으로 형법과 형 집행 의미에 대한 만족할 만한 해답을 줄 수밖에 없다. 오히려 여러 형법이론과 형벌목적의 조합이 필요하다. 그때 형이 집행되는 **현실성**이 (또한 그의 영향력이) 이의 **의도된** 목표와 어떤 관계를 맺고 있는지를 항상 함께 숙고해야만 한다. 이런 맥락에서 처벌받게 된 사람들의 누범 통계가 특별히 주목받게 된다.

형벌 측정 시, 다만 야기된 피해가 보상되었는지 혹은 불법적으로 취득한 이득이 배상되었는지를 고려하는 것만으로 충분하지 않다. 왜냐하면 그와 유사한 상황이 발생하게 될 때 이러한 범죄행위가 반복되지 않을 것이라는 보장이 여전히 주어져 있지 않기 때문이다. 비자발적 관계에서 발생하는 교환의 정의는 범죄행위와 이의 상황에 대한 정확한 인식만이 아니라 형벌 측정 시—우리들이 즐겨 말했던 것과 같이—공정성을 기하기 위해 가능한 한 범행자에 대한 정확한 인식을 전제하고 있다.

그와 동시에 범법행위의 희생자를 향한 시선을 놓쳐서는 안 된다. 희생자는—최소한 이 경우—사회적 질서를 훼손한 것이 아니라 이로 인해 고통

---

42 『에피 브리스트』의 마지막을 인용해 표현해보았다.

43 이에 대해선 W. Härle, "Theologische Vorüberlegungen für eine Theorie kirchlichen Handlelns in Gefängnissen", in: *ZEE* 32(1988), 199-209; Kirchenamt der EKD(Hg.), *Strafe: Tor zur Versöhnung? Eine Denkschrift der EKD zum Strafvollzug*, Gütersloh 1990; 기타 Art. "Strafe"와 "Strafvollzug", in *TRE* 32(2001), 195-222와 225-233을 보시오.

44 속죄는 사회적 질서의 침해가 예감되고 또한 침해된 질서가 상징적으로 회복되는 악의 첨가물이다.

45 일방예방은 범행자를 징계함으로 일반적으로 기대되는 위협적인 영향력이다.

46 특별예방은 범행자를 징계함으로 그 범행자에게서 기대되는 위협을 방지하는 영향력이다. 가령 자유의 박탈을 통해 일정한 기간 동안 재범의 가능성을 차단하고 범죄자로부터 공공성을 보호하는 것 등이다.

47 재사회화는 (형이 집행되는 동안) 사회적—치료적 수단의 도움을 받아 범행자를 다시 사회적 삶으로 편입시키는 능력이다.

을 받은 자들이다. 범행의 희생자가 형사소송을 통해 다시 한 번 희생자가 되거나, 범행자에게 내려진 형량을 보고 굴욕감을 느끼지 않도록 방지 해야만 한다. 범행자의 보호가 필요한 것도 사실이지만, 이를 위해 희생자의 보호를 토론과 일반적 사회의식의 공론장 뒤편으로 미루거나 망각해서는 안 된다.

형사소송에서 일반적으로 국가가, 검사(檢事)를 통해 대리하여, 범행자의 범행을 (의식적으로) 고소하지 않는 것이 우리의 법질서의 한 문제이다. 범죄행위로 고통을 받게 된 희생자는 기껏해야 부대소송의 원고가 될 뿐이다. 이러한 불균형을 해소하기 위해 판사 앞에서 범법자와 희생자가 조정을 이루는 소송절차가 늘 제안된다. 이것은 범법자로 하여금 죄의식을 느끼게 하고 또한 정의 실현에도 도움이 된다. 그러나 이로 인해 희생자가 새롭게 상처를 받거나, 굴욕을 느끼거나, (시험 삼아) 공범과 같은 의식을 갖도록 할 수도 있다. 그러므로 이러한 가능성을 고려하는 경우 특별한 주의와 신중함이 필요하다.

잘못된 판결로 인해, 다시 말해 형사소송에서 부당한 판결로 인해 발생할 수 있는 비극적인 상황들은 사형제 폐지가 정당할 수밖에 없는 결정적 이유들 중의 하나이다. 한 번의 오판으로 집행된 사형은 결코 다시는 회복될 수 없기 때문이다. 이는 교환의 정의라는 범주 안에서 오류의 가능성을 인식할 수 있는 경우이지만, 이는 유일한 경우가 아니라 가장 극적인 형태이다. 르 포르(Gertrud von le Fort)의 핵심을 찌르는 잠언이 이에 대한 근거를 말해준다. "정의는 오직 지옥에만 있다네. 하늘에서는 은혜, 그리고 땅에서는 십자가."[48]

---

48 G. von le Fort, *Der Papst aus dem Ghetto. Die Legende des Geschlechtes Pier Leone*, München(1959) 1990[8], 153. 이 인용문을 알려준 딩클러 폰 슈베르트(E. Dinkler-von Schubert) 부인에게 감사한다.

4.2 정의와 형평성

교환의 정의의 모든 규칙들을 응용하는 경우라도 정의를 세우지 못한다는 것을-이미 언급한 바와 같이-이미 아리스토텔레스는 간파하였다. 그러므로 그는 니코마코스 윤리학에서 정의를 다룬 제5권을 "형평"(ἐπιείκεια)에 관한 장으로 끝맺었다.[49] 아리스토텔레스는 이의 기본적 요소를 다음과 같이 설명한다.

"형평에 맞는다는 말은 법률적 정의에 맞게 바로잡는 것이다. 이는 각각의 법률이 보편적으로 작성되었다는 것에 그 근거를 두고 있다. 그러나 하나의 보편적인 규정을 옳은 것으로 제정할 수 없는 여러 경우들이 있다. 보편적으로 표현할 필요가 있지만, 모든 것이 옳은 것으로 발생할 수 없는 경우에 법률은 이 경우들을 분명히 보편적으로 수용하면서도, 이로 인해 오류가 될 만한 원인이 주어졌다는 것을 묵과하지 않는다. 그럼에도 불구하고 이러한 행동방식은 옳다. 왜냐하면 이러한 오류의 원인이 법률은 물론 법률가에게 있는 것이 아니라 사물의 본질 안에 존재하기 때문이다. 그런즉 확실히 이는 진실로 삶이 낳은 다양성이다."[50]

다음은 이에 대한 하나의 가상적 사례이다. 공직자로서 고등교육을 하는 교육자가 타국에 있는 다른 학교에서 청빙을 받고 이를 허락했다고 가정해보자. 그는 두 국가에서 동시에 공직을 수행할 수 없기에 다른 나라에서 공직을 시작하기 전에 한 나라의 공직관계를 청산해야 한다. 그가 자신이 살던 나라의 공직을 청산하고 즉시 타국으로 옮겼지만, 가는 도중 사고가 발생해 아직 새로운 증서를 받기도 전에 생명을 잃었다. 따라서 그의 가족들은 두 국가를 상대로 연금에 대한 그 어떤 요구도 하지 못하게 되었다. 이와 같은 특별한 경우를 수용하는 그 어떤 해결점도 발견하지 못했음에

---

49 바로 이것은 루터가 그토록 칭송하고 자신의 사고에서 수용했던 아리스토텔레스의 정의론의 기본적인 요소이다. 이에 대해선 P. Althaus, *Die Ethik Martin Luthers*, Gütersloh 1965, 139 이하를 참조하시오. 루터에게 형평성은 율법과 법 위에 있는 사랑의 한 표현이다.

50 Aristoteles, *Nikomachische Ethik*, Buch V, Abschn. 14(1137 b).

도 불구하고 이와 같은 상황이 부당하다고 느낄 수 있겠다. 이러한 상황을 고려한 해결점, 곧 새로운 수정이 필요하다.

여기서 만약 상황에 알맞은 해결점을 발견하지 못한다면 분명 옳지 않다는 것을 쉽게 확인할 수 있다. 그러나 어디서 이러한 해결점을 얻을 수 있으며 누가 그것을 발견하고 책임을 질 것인가에 대해 말하기란 쉽지 않다. 그런즉 이런 경우를 위해 앞으로 이에 따라 처리해야 할 하나의 특별한 법률 혹은 예외적 규칙을 결정해야 한다는 것이 명백하다. 하지만 그와 동시에 두 가지 질문에 대해 대답해야 할 것이다. 첫째, 이러한 규칙을 존재하지 않았을 때 일어난, 즉 이미 과거에 발생했던 사건에까지 소급해 적용할 수 있는가? 둘째, 만약 앞으로 형평성을 요구하는 다른 특별한 경우들이 발생할 경우 어찌해야 하는가? 실제적으로-특히 독일에서-법적 규칙들이 지속적으로 발전해가는 모습을 관찰할 수 있다. 이로 인해 여러 방면에서 법률과 수정법률이 지속적으로 늘어가고 있는데, 이는 중단될 것 같지 않다. 만약 형평성에 맞는 해결방안이 요구되고 공적으로 밝혀진 또 다른 사건이 등장할 경우 최소한 이를 해결하기 위해 법률적 해결방안을 찾아보려는 경향이 있게 될 것이다. 가급적 자의적인 결정을 피할 수 있다는 것이 이의 한 가지 큰 장점이다. 그러나 계속되는 법률화가 지속적으로 발생하는 문제들보다 절대로 앞설 수 없을 뿐만 아니라, 심지어 추월당할 수 있다는 것은 이의 큰 단점이다. 이때 발생하는 문제는 형평성이 요구되는 문제가 발생할 경우, 더욱 복잡해지고 전망할 수 없는 법적 체계를 만드는 대가를 치러서라도 이를 법률적으로 해결하려는 지속적인 노력이 계속될 수밖에 없다는 것이다.

그렇다면 이에 대한 대안이 있는가? 분명 있다. 그러나 이는 용기를 필요로 한다. 형평성에 대한 요구를 참아내고 자유재량에 따른 결정을 통해 해결하는 것이다. 이는 그러한 판단의 여지를 의식적으로 허용하고 위험까지도 감수해야 한다. 그때 발생할 수 있는 잘못된 결정이나 오해도 참아내야 한다. 동시에 이는 결단의 주체들의 잘못된 결단과 오해를 최소화하기 위해 **책임성의 윤리**를 개발해야 한다. 실제적으로 이미 우리의 법과 행정문화 가운데는 "의무에 따른 평가"라고 정의된 활동의 장이 존재하는 것도 사실이다.[51]

지속적으로 발전해가는 법률화와 자유재량에 따른 결정의 여지 사이에서 양자택일의 문제는 결의론적 율법해석과 사랑의 계명의 관계에 대한 보른캄의 말을 상기시킨다. 그는 "새로운 구멍"을 만들어내는 "줄곧 더 좁은 그물 망"을 인간의 마음의 움직임과 대비시켰다.[52] 이는 우리의 법문화를 위한 본질적인 질문이라는 것을 보여주고 있다. 즉 우리가 자유재량에 따른 결정과 책임의 공간을 강화함으로써 지속적으로 발전해가는 법률화의 길에서 벗어날 용기를 가지고 있느냐는 질문이다. 아무튼 이는 형평에 대한 관심이 무엇을 위해 기여하는지를 입증해 보인다.

4.3 공정으로서의 정의와 절차적 정의

이제까지 언급한 정의의 이론은 중요한 차이들과 정확한 표현들을 제공했다. 그러나 한 가지 결단이 어느 때 공정하거나 공평한지를 추론할 수 있는 내용적 기준을 제공할 수는 없었다. 그러나 소통적 정의의 맥락에서 자율적 관계와 관련해 숙고해보면, 이미 정의에 대한 문제를 공정한 절차의 조건을 찾아가는 도상에서 해결할 수 있는 하나의 가능성을 발견한다.[53]

이는 보물을 함께 발견했던 두 사람에 관한 오래된 이야기를 생각나게 한다. 그 두 사람은 발견한 보물을 공정하게 나눌 방도를 찾지 못해 다투게 되

---

51 이는 심판에게 해당된다. "'의무에 따른 평가'가 의미하는 바는, 질서를 위반했을 때 심판에게 벌을 주어야 할 강제성이 없다는 것이다. 사건의 정세가 이를 요구할 때나 이를 위한 전제가 주어져 있고, 특별한 상황이 형벌의 판결을 포기할 것을 그에게 부추길 때, 이는 포기될 수 있다. 그런즉 각각의 경우들이 특별히 검증되고 평가되어야 한다."(H. Heid, in: *SchiedsamtsZeitung* 27(1956), K. 12, 183a-187)

52 G. Bornkamm, *Jesus von Nazareth*, Stuttgart u.a. (1956) 1980⁵, 93(위의 제1부 5, 각주 42). G. 보른캄(강한표 옮김), 『나사렛 예수』, 1996 대한기독교서회.

53 위의 각주 38을 보시오.

었고, 결국 공정하게 분배하도록 설득력 있는 조언을 할 지혜로운 한 사람을 만나게 되었다. 그는 다음과 같이 제안하였다. 둘 중 한 사람이 먼저 보물을 (그의 생각대로) 동일하게 둘로 나누고, 다른 한 사람은 둘 중 하나를 선택하는 것이다. 누가 (더욱 곤혹스러운) 분배의 과제를 떠맡고 누가 (그보다는 쉬운) 선택의 과제를 맡을지는 제비를 뽑아 결정하였다. 이렇게 해서 아무튼 정의의 문제가 해결되었는데, 두 사람 중 아무도 분배가 불공정하다는 불만을 갖지 않게 되었다. 그들이 이와 같은 결론에 이를 수 있었던 이유는, 두 사람이 보물의 가치와 그들이 각각 받게 된 몫에 대한 실제적인 생각을 가졌고 또한 그들이 (공정한 것으로) 수용하고 합의한 규칙을 지켰기 때문이다.

하지만 이런 방식으로 정의의 문제를 해결할 수 있을 정도로 인생의 그물이 그렇게 간단하지는 않다.[54] 그러나 분명 –존 롤스의 연구[55]가 보여주는 것과 같이– 이러한 주장은 상당한 이론적 수고를 통해 좋은 성과를 낼수 있는 정의의 이론으로 변용될 수 있을 것이다. 나는 다음에서 이의 가장 명확한 기본적 특징들을 기술할 것이다. 롤스는 이미 17, 18세기 서구의 정치이론에서 중요한 역할을 했던 가상적 사상[56]을 자신의 출발점으로 삼았다. 즉 롤스는 모든 사람들이 원초적 상태라는 순수한 가상적 상황 속에 존재하고 있다고 전제한다. 그와 동시에 인간들은 자신의 고유한 관심을 인식하고 추구하며 가능한한 갈등 없는 공존에 관심을 갖는 이성적 특징을 가진 존재라는 것도 전제한다. 더 나아가 인간은 미래의 실제적 세계에서 원초적 상태에 "따라" 혹은 원초적 상태 "밖에서" 어떤 입장을 수용하게 될지, 어떤 능력을 갖추고 살아갈지, 그리고 어떤 사회적 집단에 소속될지 알지 못한다는 것을 수용한다. 이는 "무지의 베일 속에서"[57] 검토되고 결정된다. 다만 다음과 같은 질문이 제기된다. 원초적 상태에 있는 인간들

만약 두 사람 이상이 분배의 과정에 관여했더라면 이 문제는 그렇게 간단하고도 멋지게 해결되지 못했을 것이다.

55 위의 각주 3을 보시오.

56 가상적 사상에 대한 이해와 비판을 위해 롤스가 이러한 (혹은 이와 비슷한) 원초적 상태를 인류의 역사에서 실재했던 상태로 전제하지 않았다는 것을 분명하게 하는 것이 중요하다.

57 J. Rawls, *Theorie der Gerechtigkeit*(위의 각주 3), 36.

이 가능한 한 공정하게 그들의 미래적 공존을 규정하기 위해서는 어떤 규칙을 결의해야만 하는가? 자신의 (자유주의적) 인간이해에 근거해 롤스는 다음과 같은 정의의 두 원칙을 제시하였다.[58]

제1원칙
각 사람은 동등한 기본적 자유를 가장 폭넓게 향유할 수 있는 사회에서 살아갈 동등권을 가지며, 이는 모든 사람에게 가능한 것이다.

제2원칙
사회적·경제적 불평등은 다음과 같은 두 조건을 만족시켜야 한다.
(a) (사회적·경제적 불평등이) 공정한 비용절감이라는 기본적 원칙의 제한을 받지만, 최소 수혜자에게 가능한 한 최대의 이득을 가져와야 하며,
(b) 공정한 기회균등의 원칙에 알맞게 모든 자에게 개방되어 있는 신분과 직위와 결부되어 있어야 한다.

이에 덧붙여 롤스는 두 가지 우선적인 규칙을 제시한다.

그 첫째는 그 무엇보다도 "자유의 우선성"이고, 둘째는 업적과 생활수준보다도 "정의의 우선성"이다.

이러한 기본적 원칙과 우선성의 규칙이 의미하는 바는 무엇인가? 무지의 베일 속에서 원초적 상태에 존재하는 사람들은 모두에게 개방된 자유로운 사회를 선택하게 된다는 것을 말한다. 이러한 사회에서 각각의 경우들은 "모든 사람들을 위한 총체적 자유"를 강화할 때만이 제한될 수 있다. 그뿐만 아니라 그와 같은 제한이 "이런 일에 관련된 당사자"[59]에게 수용될 수 있어야 한다.

이런 전제 아래 롤스는, 사회적이며 경제적인 불평등이 사회의 최소 수혜자에게 최대의 이득을 가져다준다면, 즉 사회적 불평등이 없을지라도

---

58 A.a.O., 336f.

59 Ebd.

최소 수혜자들이 적은 혜택을 받을 수밖에 없는 경우, 이를 전적으로 허락한다. 이와 같은 이른바 최대화의 규칙[60]은 더욱이 사회체계 안에 있는 수혜자들이 불평등을 통해 불평등하게 더 큰 이득을 가질 수 있다는 것을 배제하지 않는다. 즉 이는 빈부의 격차가 벌어지는 것을 막지는 못한다. 이는 단지 어떤 다른 불평등도 최소 수혜자들에게 더 큰 이득을 가져다주지 않는다는 것을 의미할 뿐이다.

롤스가 수용한 불평등의 두 번째 조건은, 불평등이 (특히 이득을 추구하는 불평등이)–"공정한 기회균등의 원칙에 알맞게"[61]–사회의 모든 구성원에게 허락된 신분과 직위와 관련되어 있다는 사실이다. 그러므로 원칙적으로 모든 개인은 그와 같은 사회적이며 경제적 이득과 관련되어 있는 그러한 신분과 직위를 얻을 수 있어야 한다.

마지막으로 이러한 불평등을 위해 "공정한 비용절감"[62]이라는 중요한 유보조건이 여전히 유효하다. 다시 말해 모든 분배 규칙에서 차세대의 삶의 조건들을 고려해야만 한다. 그들의 미래가 현재의 규칙이나 분배를 통해 위험에 처해서는 안 된다. 바로 앞에서 언급한 주장은 특별히 존중하고 고려해야만 한다. 더욱이 차세대가 (현재 실존하지 않기에) 기본적 원칙과 규칙의 형성에 참여할 수 없기 때문이다. 공정한 비용절감이라는 유보조건은 특히 생태학적 질문, 즉 우리 삶의 지속가능성, 설계, 관리에 관한 질문 속에서 결정적으로 문제가 된다. 또한 이의 도움을 받아 현세대는 차세대를 위한 책임을 인지하게 된다. 이는 여러 관점에서, 좀 더 정확히 말하자면 곳곳에서 끊임없이 존중되고 고려되는 윤리적 기준이다.[63] 이는 환경윤리의 범주만이 아니라 미래와 관련된 모든 결단상황에서 고려되어야 한

---

60 왜냐하면 이는 최소치의 극대화를 지향하기 때문이다.

61 J. Rawls, *Theorie der Gerechtigkeit*(위의 각주 3), 336.

62 Ebd.

63 이에 대해 다음을 보시오. W. Härle, *Ausstieg aus der Kernenergie? Einstieg in die Verantwortung*, Neukirchen-Vluyn 1986; EKD(Hg.), *Umkehr zum Leben. Nachhaltige Entwicklung im Zeichen des Klimawandels*, Gütersloh 2009.

다. 이런 점에서 공정한 비용절감이라는 롤스의 기준은 과장 없이 표현하자면 책임성에 그 기초를 두고 있는 윤리학의 필수불가결한 차원을 보여줄 수 있는 주제이다. 바로 이것이 그의 이론의 강점이다. 그러나 그의 이론은 몇 가지 문제들을 보여준다.

- 사회적이며 경제적 평등에 대한 자유의 절대적 우선성을 수용한다.
- 최대화의 규칙의 적용이 공정하고도 상대적으로 갈등에서 자유로운 사회로 인도하는 것을 수용한다.
- 그리고 무엇보다 사회의 모든 구성원들에게 신분과 직위가 개방되어 있다고 전제하는 "공정한 기회균등"을 수용한다.

특별히 위의 세 가지 중 마지막 수용이 (이것이 단순히 사회에 대한 서술적 표현이든 아니면 요청이든) 공정한 기회균등을 전제하고 있는 자유주의적 인간상과 사회상이 가지고 있는 약점을 드러낸다. 실제로 공정한 기회균등은 주어져 있는 것도 아니고 완전히 실현될 수 있는 것도 아니며, 기껏해야 사회적으로 추구되고 항상 점차적으로 성취되어야 할 목적을 나타낼 뿐이다.[64] 바로 그와 같이 공정한 기회균등은 이 이론이 말하고 있는 의미 그대로 정의의 실현을 위한—주어지지 않은—전제일 뿐이다. 그러므로 정의에 관한 논의에서 우리들은 사람들이 관심을 갖고 제시하는 다음과 같은 질문에 귀를 기울여야 하다. 어떻게 또한 어떤 조건 아래서 인간의 삶과 교육의 기회가 사람들이 자신의 관심을 명확히 표현하고 관철시킬 수 있을 정도로 개선될 수 있는가?[65] 그와 동시에 지난 몇십 년 동안 큰 관심을 끌어

---

64 롤스는 "자유롭고 동등한 개인에 대한 이념"을 "규범적 개념"으로 이해한다. 이에 대해선 그의 새로운 기획인 J. Rawls, *Gerechtigkeit als Fairness*(위의 각주 3), 44-52를 참조하시오.

65 이에 대해선 다음의 연구들을 보시오. M. Nussbaum, *Gerechtigkeit oder Das gute Leben*(1988), dt. hg. von H. Pauer-Studer, Frankfurt a. M. 1999; A. Sen und Nussbaum, *The Quality of Life*, Oxford 1993; A. Sen, Ökonomie für den Menschen, München/Wien 2000; ders., *Die Idee der Gerechtigkeit*, München 2010, 253-317; J. Eurich, *Gerechtigkeit für Menschen mit Behinderung. Ethische Reflexionen und sozialpolitische Perspektiven*, Frankfurt a. M./New York 2008, 특히 41-170.

왔던 "사회적 정의"[66]와 "참여적 정의"에 대한 개념에 주목하게 된다.[67] 더욱이 이는 분명 "공정으로서의 정의"에 대한 개념과 관련되어 있지만, 이를 넘어 이러한 정의가 실현되기 위해선 어떤 현실적인 조건이 마련되어야 하는지를 더욱 정확하고도 구체적으로 질문한다. 이러한 해답이 주어질 때만이, 인간이 스스로 자신의 권리와 정의의 편에 섰다고 말할 수 있게 된다.

4.4 정의와 사랑

참여적 정의라는 개념을 언급함으로써 우리는 윤리적 정의개념이 신학적 정의개념과 만나고 서로 넘나드는 경계선으로 이동해왔다. 여기서 이러한 경계선이 보여주는 것이 그리스도교적 신앙의 특징이다. 다시 말해 하나님은 스스로를 도울 수 없는 자들과 가까이 계시고, 하나님의 정의와 하나님의 면전에서 유효한 의는 인간의 업적에 대한 반응이 아닐뿐더러 바로 거기서 연원하지도 않으며, 오히려 받을 만한 가치가 없는 인간에게 선사되고 오직 믿음 가운데 인간에게 수용될 수 있다는 확신이 바로 그리스도교적 신앙의 특성이다.

구약성서 안에는 우리가 분명히 인식할 수 있는 전승의 항로가 존재하는데, 하나님과 정의에 대한 이해도 여기에서 준비되고 시작된다. 이의 출발점은 공평한 재판관이신 하나님이 무죄하면서도 불의하게 고소와 박해

---

66 매우 자주 등장하지만 매우 불분명한 이 개념에 대해선 노트헬레-빌트포이어의 훌륭한 연구를 참조하시오. U. Nothelle-Wildfeuer, *Soziale Gerechtigkeit und Zivilgesellschaft*, Paderborn u.a. 1999. 이와 같은 맥락에서 고대에서 유래한 공동선(bonum commune)이라는 개념도 여기에 속한다. 이는 사회 윤리적으로 큰 의미를 갖지만 여전히 설득력 있는 설명이 필요한 개념이다. 이의 문제와 의미에 대한 중요한 연구로는 다음의 문헌들을 참고하시오. J. Fetzer/J. Gerlach(Hg.), *Gemeinwohl - mehr als gut gemeint? Klärungen und Anstöße*, Gütersloh 1998; E. Herms, "Grundzüge eines theologischen Begriffs sozialer Ordnung", in: ders., *Gesellschaft gestalten*, Tübingen 1991, 56-94.

67 예컨대 다음을 보시오. W. Huber, *Gerechtigkeit und Recht*(위의 각주 3), 190-199; A. Anzenbacher, *Christliche Sozialethik. Einführung und Prinzipien*, Paderborn u.a. 1997, 221-224.

를 당하는 사람들의 일을 자신의 것으로 삼으시리라는 소망이다. 이런 점에서 하나님의 의는-무죄하게 박해를 받고, 고소당하고, 그리고 판단을 받는 자들을 위한(시 26:1; 잠 13:6)-구원의 행위이다. 그러나 구약성서 역시 죄를 범한 자나 무죄한 자나 모두 심판과 형벌의 위협 아래 있으며, 한 사람의 삶 속에 죄와 순결이 마구 뒤섞여 있는 상황들을 잘 알고 있다. 이러한 한계상황에서 구약성서의 기도자는 구원하시는 하나님의 의와 공동체를 향한 신뢰를 소망한다(예컨대 시 31:1; 65:5; 71:2).

그러나 하나님의 의는 인간이 이룬 업적이나 인간의 게으름에 전혀 예속되어 있지 않다는 사상이 신약성서를 통해 전승되어온 예수의 설교에서 분명하고도 예리하게 선포되었다. 이는 울피아누스까지 거슬러 올라가는 "각 사람에게 그의 몫을"(ius suum)이라는 표현과 일치한다. 다시 말해 하나님의 의는 각자에게 그의 권리를 부여한다. 결국 이는 인간이 법률상의 청구권을 논증하고 전제할 때와 같다. 이는 단지 결정적으로 모든 것을 바꾸어놓는 조건에 매여 있다. 다시 말해 이 "권리"는 인간에게 하나님이 은총 가운데 선사하고 허락한 권리로서 인간 자신이 이에 대한 그 어떤 청구권을 갖고 있지 않다. 사람들은 여기서 한발 더 나아가 다음과 같이 말할 수 있을 것이다. 신학적 의미에서 볼 때, 정의가 자기 자신이나 자기공로를 위한 법적 청구권의 대상이 되는 곳, 다시 말해 자신의 공로를 나타내 보이려고 요청하고 청구하는 곳에선 분명 존재하지 않는다.

정의에 대한 독특한 신학적 표현과 더불어, 정의에 대한 관심이 이 단어가 가지고 있는 윤리적 의미에 따라 자비[68] 혹은 이웃 사랑, 곧 아가페의 방향으로 넘어간다. 신학적 의미에서 나는 정의란 아가페[69] 외에 그 어떤 것도 아니라는 테제를 제시해보고자 한다. 동시에 이는 하나님의 의만이 아

---

[68] 하나님의 자비라는 표현 즉 "불쌍히 여기신다"는 말이 성서적 전승에서 중요한 역할을 하고 있음을 주목해야 한다(가령 시 103:13; 욘 4; 마 9:36; 14:14; 15:32; 막 1:41; 6:34; 8:2; 눅 10:33; 15:20).

[69] 이런 점에서 나는 정의와 사랑 사이에서 "그릇된 반제"를 주장해서는 안 된다는 후버의 경고에 동의한다(W. Huber, *Gerechtigkeit und Recht*, 199).

니라 하나님의 앞에 서 있는 인간의 정의에도 적용된다. 일반적으로 아가페는 이러한 사랑이 법으로 이해되거나 법적 청구권을 통해 관철되어야 할 것으로 생각되는 것을 참지 못한다.[70] 아가페가 문제가 되는 곳에서 법률적 수단은 근본적으로 배제된다.

마리 폰 에브너-에셴바흐(Marie von Ebner-Eschenbach)가 이러한 생각을-유쾌하고도 압축해-다음과 같이 표현하였다. "사람들은 대부분 자신이 번 것보다 더 많은 사랑을 필요로 한다."[71] 아가페의 관점에서 볼 때 공로사상에 대한 신중하지만 단호한 거부와 배제는 무엇보다 인간적 현존의 창출과 보존만이 아니라 실패, 범죄, 그리고 죽음에 직면해 이의 재창출이 문제가 되는 곳에서 근본적인 의미를 얻게 된다. 취득하거나 벌어들인 모든 권리는 여기서 종말을 고한다. 윤리적 정의가 사랑이나 선을 통해 종결됨으로, 말하자면 보존되고, 제한되고, 그리고 갱신됨으로 결국 이는 자신의 목적과 종말에 도달하게 된다.

이와 같은 범주에서 아가페는 타인이 가지고 있는 "그의 몫"(suum), 다시 말해 다른 사람들에게 선한 것을 어떤 방식으로든지 인식하고 행동하게 하는 힘을 가지고 있다. 아가페는 자신이 잘 알고 있다고 생각하는 것까지 뛰어넘어가게 하는 힘이다. 그러므로 신약성서에 따르면 (구약의 계명을 인용하고 요약해 표현한) **사랑**의 이중계명은-정의의 이중계명이 아니라-"가장 높고 또한 가장 위대한 계명"이다.[72]

그러나 우리의 자비, 우리의 선, 그리고 우리의 사랑의 범주는 제한되어 있으며 아가페도 점차 위협받고 있다. 그러므로 아가페가 정의를 보호해야 할 과제를 손쉽게 처리할 것이라는 생각은 아름답지만 오해를 불러일으키는 이념이다. 이는 기껏해야 근거리에 있는 사람들과의 만남에서나

---

70 그렇기에 나는 "사랑의 법률화"(Verrechtlichung der Liebe)와 "법의 애정화"(Verlieblichung des Rechts)에 대한 후버의 경고에 전적으로 동의한다(W. Huber, *Gerechtigkeit und Recht*, 208).

71 M. von Ebner-Eschenbach, *Aphorismen*, Frankfurt a. M. 1964, 8.

72 마 22:38 평행절. 이에 대해선 위의 제1부 5.1.5를 보시오.

가능할 것이다. 정의가 멀리 그리고 매우 멀리 있는 자들과 관련되면 될수록 또한 구조[73]와 제도와 조직을 통해 중재되면 될수록(후자는 근대사회에서 점점 더 폭넓게 영향을 미치고 있지만) 법적 규칙들을 요구하게 된다. 이러한 규칙들은 정의실현에 도움이 될 뿐만 아니라 법적 청구권을 정의에 근거해 구체적으로 논증하는 데 필요한 것이다.

그 단어가 가지고 있는 윤리적 의미에서 정의는 사랑과 동일시할 수 없으며 혼동되어서도 안 된다. 그러나 아가페는 윤리적 정의를 수용하도록 도와주는 기초이고 이러한 목적을 성취해가도록 인도해가는 전망이다. 그러므로 특히 정의는 아가페의 중요하면서도 능률적인 표현양식이고 이를 대신하는 자이며, 더욱이 법의 구성적인 요소이다. 왜냐하면 아가페에서는 어울리지 않는 것이 사람들 간의 관계가 지속적으로 위협받고, 방해되며, 또한 파괴됨으로써 인간적 삶의 조건이 보존되어야 하는 곳에선 더 큰 의미를 갖기 때문이다. 즉 법으로 논증된 정의에 대한 요구가 중요하게 되었다.

여기서 그 해결점을 찾기 힘든 긴장관계가 시작된다. 그러므로 이는 윤리학, 특히 신학적 윤리학에게는 계속적인 도전으로 다가온다. 이러한 긴장을 표현하는 질문 중 하나는, 어떻게 법과 정의가 필연적으로 연계되어 있는―그런 점에서 가치 있는―법적 **청구권**에 대한 사상이 자기 스스로를 위협하고 파괴할 정도로 오용되는 것을 막을 수 있느냐는 것이다.[74]

법과 정의는 실제로 현재하는 세상의 악에 대한 구성적인 반응이다. 어떻게 해야 법과 정의가 이러한 악에 물들거나 악의 종이 되지 않을 수 있는가? 여기에 실재하는 위험과 위험들을 이해하기 위해선 미하엘 콜하스

---

73 이와 함께 이의 버팀목이 "구조적 불의"라는 형식으로 나타난다. 이것이 보여주는 바는, "공정한" 혹은 "불공정한"이라는 단어가 성향이나 특징이라는 표현과 같은 인간의 태도에만 응용될 수 있는 것이 아니라, 가령 원료의 분배, 생산수단이나 부와 같이, 인간에 의해 만들어지고, 허락되고, 또한 인간이 책임져야 할 구조적인 형식의 태도에도 응용될 수 있다는 것이다.

74 아마도 모든 사회적 법치국가는 그 기능상 법적 준수의 윤리만이 아니라 법적 청구권의 제정과 실현을 위해 자기제한의 윤리를 필요로 한다고 하겠다. 그리고 이는 모든 사회적 계층에게 해당된다.

(Michael Kohlhaas) 책[75]의 두 번째 부분에 대한 독서가 이를 위해 필요한 학습재료를 제공한다.

나는 성서의 텍스트에서 인권이 맨 먼저 언급된 곳이 창조의 역사가 아니라 가인에게 죽임을 당했던 아벨이 하늘을 향해 호소했던[76] 형제살해의 범죄이었던 것을 주목하며, 이는 결코 우연이 아니라고 생각한다. 즉 창세기 4:15에 따르면 생명을 보존하고 보호하는 인권은 제일 먼저 살인자에게 허락되었다.[77]

정의라는 단어가 내포하고 있는 윤리적 의미에서 볼 때, 정의는 인권사상에 근거하고 있다. 하지만 이러한 정의가 망가진 인간적 관계들을 치유하지는 못한다. 그렇지만 정의는 방해받고 있는 인간관계가 야기할 수 있는 파괴적 결과를 제한하며, 형편이 매우 좋은 경우에는 이를 약화시키거나 막아 결국 공존을 위한 공간을 열고 형성할 수도 있다. 이러한 목적을 성취하기 위해, 정의를 위한 인간의 모든 수고가 상대적이요 임시적이라는 것을 인식하고 각자가 정의의 실현을 위해 자신의 고유한 것을 행하는 것, 좀 더 정확히 말하자면 "각자가 각자의 몫을"(Suum quisque) 행하는 것은 칭송을 받아 마땅하다.

---

75 위의 각주 2를 보시오(16세기 중반을 배경으로 하는 이 서사문학의 주인공은 미하엘 콜하스라는 말장수이다. 그는 사람들이 그에게 행한 불법에 저항하기 위해 "세상이 멸망해도 정의는 실현되어야 한다"는 표어 아래 사적 응징을 시도하였다. 콜하스에 대한 소개를 위해 에른스트 블로흐(박설호 옮김), 『자연법과 인간의 존엄성』, 열린책들 2011, 145 이하를 참조하시오, 옮긴이).

76 "네 아우의 핏소리가 땅에서부터 나에게 호소하느니라"(창 4:10).

77 "그러나 주님은 그에게 약속하셨다…. 가인을 죽이는 자는 벌을 칠 배나 받을 것이다. 그리고 주님은 그를 만나는 그 누구도 그를 죽이지 못하도록 가인에게 표를 주셨다"(창 4:15). 즉 가인의 표는 보호를 위한 표이다.

5. 평화

이 장에서 나는 20세기 중반부터 독일복음주의교회가 주도해온 평화윤리적 논의에 따라 평화윤리의 기본적인 질문들을 다루고자 한다. 이는 (평화백서와 같이) 독일교회의 여러 문헌들 속에 기록되어 있다. 이 장의 첫 번째 부분은 1948년부터 시작된 평화윤리적 논의의 발전과정을 살핌으로, 평화에 대한 교회의 실제적인 입장이 무엇인지 그 발자취를 스케치한다. 두 번째 부분에서는 평화윤리의 중심주제인 "정당전쟁에서 정당평화로의 패러다임 전환"을 분석하고 평가한다.

5.1 평화윤리적 발전과 입장확인

5.1.1 "하나님의 뜻에 따라 전쟁이 있어서는 안 된다"-암스테르담 1948

독일복음주의교회만이 아니라 세계의 모든 교회들이 그리스도교적 평화논의에 참여하게 된 획기적인 전환점이 1948년에 형성되었다. 당시 암스테르담에서 개최되었던 세계교회협의회(WCC) 제1차 총회 제4분과는-제2차 세계대전에서 겪은 충격을 그 배경으로 하고 점차 심화되는 "냉전상황"을 고려하는 가운데-총회에서 "검토되고" "진지하게 고려하며 이에 알맞은 대응책의 제시를 교회에 위임"[1]하는 한 보고서를 제출하였다. 무엇보다 보고서의 **첫째** 단락은 그 제목을 "하나님의 뜻에 따라 전쟁이 있어

---

1 공식 발표문에 그와 같이 기록되어 있다. Die erste Vollversammlung des ökumenischen Rates der Kirchen, Tübingen/Stuttgart 1948, 116. 이 분과가 제시한 보고서 전문은 다음 글에 실려 있다. W. Härle, *Zum Beispiel Golfkrieg. Der Dienst der Kirche in Krisensituationen in unserer säkularen Gesellschaft*(Vorlagen NF 14), Hannover(1991) 1992², 60-72. 나는 여기서 이 두 번째 글에 나오는 문헌에 따라 인용하며, 여기서 인용된 표현들은 같은 책 60쪽에서 인용한 것이다.

서는 안 된다"[2]라고 제시하며 당시 일반적인 교회와 신학의 의식 속으로 깊이 파고들었다. 실제로 이 제목은 문건의 가장 중요한 선포이며, 바로 이 표현 때문에 사람들은 이 문건을 평화논의의 분기점이라고 부르게 되었다.

나폴레옹과 맞섰던 해방전쟁(1813-15), 독불전쟁(1870/71), 제1차 세계대전의 전초전과 초기[3]만이 아니라 제2차 세계대전의 상황과 관련시켜 돌이켜 보면 교회와 신학은 전쟁을 하나님의 뜻으로 영웅시하고 미화해왔다. 그러나 1948년 이후 전쟁이나 군사적 갈등에 대한 과거의 어조는 그리스도교 신학과 교회의 입장표명에서-유럽의 다른 서구진영 역시 그렇지만-완전히 사라지게 되었다.

세계교회협의회가 제시한 보고서는 이러한 중심적 선포 외에도 세 가지 요소를 담고 있는데, 중요한 평화윤리적 의미에도 불구하고 실제로는 지난 60년간 평화에 대한 논의에서 거의 주목받지도 못하고 수용되지도 않았다.

5.1.1.1 냉정함과 회의

1948년 에큐메니칼 문건은 새로운 평화의 가능성과 발전을 향한 희망과 각성의 목소리가 아니라 오히려 회의적인 뉘앙스의 냉정한 현실주의에 고무되어 있었다. 보고서는 다음과 같이 시작한다.

세계교회협의회가 위기에 빠진 국제적 긴장의 시대 속으로 함께 입장하게

---

2 A.a.O., 62. 자주는 아니지만 이 인용문은 다음과 같이 바뀌어 인용되기도 한다. "하나님의 뜻에 따라 전쟁은 허락되지 않는다."

3 나는 여기서 전쟁에 열광했던 교회적이며 신학적인 많은 증거들을 정선하여 제시하지는 않겠다. 대신 당시 전쟁을 신학적으로 긍정했던 자신의 자유주의적 스승들을 거절하고 그들로부터 돌아섰던 칼 바르트가 1914년 9월 4일에 쓴 흥미로운 내용만을 소개해 보고자 한다. 당시 바르트는 친구 투루나이젠에게 보낸 편지에서 다음과 같이 썼다. "그 맥락상 이해는 되지만, '하나님은 전쟁을 원치 않으신다'는 공식은 여전히 오해의 소지가 있다. 하나님은 이기주의를 원치 않으신다. 하지만 그 분은 이기주의가 전쟁에서 드러나 그 스스로 심판받기를 원하신다."(Karl Barth/Eduard Thurneysen, *Briefwechsel*, Bd.1, 1913-1921, Zürich 1973, 10)

되었다. 지난 여러 해 동안 계속된 전쟁 중에 품었던 소망이 이루어지고 평화의 아침이 도래할는지는 여전히 알 수 없다. 수많은 사람들이 원하는 것처럼 평화로운 길을 향한 정치적 변화를 견인할 만한 영향력 있는 사회체제가 아직 발견되지 않았다.[4]

제2차 세계대전이 끝나고 3년 동안 소위 "냉전"이라는 새로운 동서갈등이 얼마나 강력하게 인간의 의식을 규정하고 공포와 걱정을 가득 채웠는지를 여기서 분명히 알게 된다.

5.1.1.2 기본적인 의견의 다양성

이 보고서는 "하나님의 뜻에 따라 전쟁이 있어서는 안 된다"는 표어를 붙이고 (히로시마와 나가사키 이후) 핵무기를 사용한 전멸전이 실제적으로 가능하다는 것을 환기시키며 다음을 확인했다.

우리는 '전쟁이 오늘날에도 여전히 정의의 행위냐?'는 질문을 더 이상 피할수 없다. 그뿐만 아니라 이 질문에 대한 일치된 해답을 내릴 수도 없다. 이에 대한 세 가지 기본적인 입장들이 있다.
a) 먼저, 그리스도인이 전쟁에 참여해야 하는 특정한 상황에서도, 모든 것을 파괴시키는 현대전은 절대로 정의의 행위가 될 수 없다고 확신하는 사람들이 있다.
b) 오늘날 어느 한편으로 기울지 않은 초국가적으로 권위 있는 기관이 존재하지 않기에, 군사적인 조치는 법을 지키는 마지막 수단이고 더 이상의 다른 가능성이 없다고 역설하며, 손에 무기를 잡고 법을 방어하는 것이 국가시민으로서의 매우 분명한 의무라는 것을 가르쳐야 한다고 주장하는 사람들이 있다.
c) 모든 종류의 전쟁복무를 거절하고, 어떤 전제도 달지 않은 채 전쟁을 거부하고 평화를 위해 노력하는 것이 하나님이 자신들에게 요구한 것인 만큼 교회 역시 그러한 입장을 따라야 한다고 주장하는 사람들이 있다.
다양한 여러 의견들을 모두 고려한다는 것이 어렵다는 것을 우리는 솔직히

---

4 *Bericht der IV Sektion*, a.a.O., 60.

고백한다. 우리는, 모든 그리스도인들이 지속적으로 이와 같은 중대한 질문을 붙잡고 고민하며, 하나님께서 바른길을 보여주시기를 겸손한 마음으로 기도할 것을 모든 그리스도인들에게 간절한 마음으로 부탁한다. 우리는, 신학자들이 여기서 문제가 되고 있는 신학적 질문에 대한 해결점을 제시해야 할 특별한 의무를 지고 있다고 믿는다. 그러는 동안 교회는 끊임없이 이 모든 세 가지 의견들을 주장하는 모든 자들과 함께 이것이 하나님에 의해 밝혀지기를 바라며, 그분의 뜻에 순종하려는 모든 자들을 형제와 자매로 생각해야만 한다.[5]

1948년 분과보고서에 대한 공적인 수용의 역사에서 보자면 분절되고, 구별되고, 숙고된 세 가지 주장들은 "하나님의 뜻에 따라 전쟁이 있어서는 안 된다"는 표어와 비교해서 오늘날까지 중요한 역할을 하지 못했다.

5.1.1.3 "법의 통치"[6]

"세상의 민족들은 법의 통치를 인정해야 한다"라는 분과보고서의 세 번째 단락의 표제가 많은 주목을 받았다. 그러나 독일의 복음주의적 평화토론에서 이러한 관점이 수용되고 관심을 받기까지 무려 45년이 넘는 시간이 걸렸다. 결국 1994년 독일복음주의교회협의회(EKD)가 출간한 "평화를 향한 발걸음"(Schritte auf dem Weg des Friedens)이라는 문서에서 법의 통치는 새로운 의미를 얻게 되었다.[7]

---

5 A.a.O., 62f.

6 암스테르담 분과보고서가 발표되고 약 3개월 후에 유엔총회에서 발표된 세계인권선언서 전문에 이 같은 표현이 등장한 것은 주목할 만하다("인간이 폭정과 억압에 대항하는 마지막 수단으로서 반란을 일으키도록 강요받지 않으려면, 법에 의한 통치에 의하여 인권이 보호되어야 하는 것이 필수적이며"). 이러한 표현이 같은 해 교회와 정치의 문건에서 중요한 의미를 담은 채 사용되었다는 사실은, 이 표현이 이미 그 이전에 생성되고 알려졌으며 그 결과 (서로 독립적으로) 이 두 문건에서 동시에 수용되었다는 것을 짐작케 한다.

7 *Schritte auf dem Weg des Friedens. Orientierungspunkte für Friedensethik und Friedenspolitik*(1994), 2001³, 4와 25. 이에 관해선 후에(5.1.5) 다루게 될 것이다. 이 외에도 1948년 세계교회협의회의 문건에서 다음과 같은 다른 중요한 관점들이 발견된다. "국가들이 자신의 국가적 주권의 많은 부분을 포기할 준비가 되어 있지 않다면 자신의 주장을 관철시키기 위해 전쟁이라는 수단에 호소하게 된다."(*Bericht der IV Sektion*, 67f.)

5.1.2 교회적 분열의 시험대가 된 재무장과 핵무기

이미 50년대 초 독일에서는 평화에 대한 논의가 매우 집중적이면서 격렬하게 펼쳐졌다. 이러한 논의가 촉발된 배경에는 서독과 동독의 재무장과 핵무기를 배치함으로 발생하는 위험성에 관한 논쟁이 있다. 독일복음주의교회가 교회의 통일성을 위협받을 정도로 이에 대한 논쟁은 격렬하게 진행되었다. 이러한 위험에 직면해 있던 1958년 독일복음주의교회협의회의 슈판다우어 지역총회가 "우리는 복음 아래 늘 함께한다"[8]는 말을 공식적으로 선언할 수 있었던 것은 매우 의미 있는 일이었다. 그렇다면 사람들은 무엇에 근거해 복음의 기치 아래 평화에 대한 질문 안에 머물 수 있었을까?

5.1.3 상호보완성, 위협, 그리고 군사적 투입 - 하이델베르크 평화선언

1959년 4월 28일 "하이델베르크 평화선언"(Heidelberger These)[9]이 발표되었다. 이 선언이 독일복음주의교회협의회에 의해 공식적으로 채택된 적은 없지만, 위의 질문에 대답하는 데 크게 기여했고 여러 동기들도 부여해 주었다. 하이델베르크 평화선언에서 가장 유명하고도 자주 인용되는 주장

---

8 "슈판다우어 결의"(Spandauer Beschluss)의 중요한 구절들은, 위에서 인용한 문장을 포함해서, 1959년 하이델베르크 평화선언에 수용되었다. 독일복음주의교회협의회는 이를 다시 모아 "평화의 보존, 촉구 그리고 갱신"이라는 백서의 부록에 다시 실었다(*Frieden wahren, fördern und erneuern*", Gütersloh 1981, 81). 그러나 백서에 실린 문서의 표현은 초기에 작성된 것과 다소 다르다. 여기서는 초기의 선언서 그대로 인용한다(G. Howe(Hg.), *Atomzeitalter - Krieg und Frieden*, Witten/Berlin(1959)1962², 226-236).

9 "하이델베르크 평화선언"(이의 원 명칭은 "하이델베르크 테제"이다, 옮긴이)의 작성이 1957년 초 군목감독 쿤스트가 주도하고 있던 하이델베르크 복음주의연구협의회(FEST)에 위임되었다. 이 선언을 작성하는데 참석한 사람들로는 바이체커(C. F. von Weizsäcker), 골비처(H. Gollwitzer), 슐링크(E. Schlink), 쿤스트(H. Kunst), 피히트(G. Picht), 호베(G. Howe) 등이다 (위의 Howe, a.a.O., 9. 바로 이 페이지에서 호베는 이에 참석한 다른 위원들의 이름을 열거한다).

은 "세계평화가 기술사회시대의 삶의 조건이 되었다"[10]는 말이다. 그러나 이 주장은, 여러 저자들의 정당한 지적처럼, "그리스도교적인 주장이 아니라 세속적 이성의 진술"[11]로서, 문제가 많은 주장이다. 이는, "세계평화가 필요하게 된 바로 그런 이유 때문에" 세계평화가 기술과학시대에 "가능하게 되었다"[12]고 가정한다. 하지만 이런 가정은 평화의 문제를 해결하는 데에 이성적인 것의 실현능력에 대한 신뢰를 전제한 것으로, 그리스도교적 인간이해와는 거리가 멀다.

계속 설명과 안내가 필요한 주장으로는 역시 잘 알려진 하이델베르크 평화선언의 여덟 번째 테제이다. "교회는 핵무기를 둠으로써 자유 안에서 평화를 지키려는 노력에 참여하는 것을 오늘날에도 여전히 가능한 그리스도교적 행동방식으로 인정해야 한다."[13] "오늘날에도 여전히"라는 표현을 사용함으로써 명확하게 시간적인 기한을 설정했다는 인상을 풍긴다. 그러나 이러한 기한 설정에도 불구하고 실제로 "오늘날"이 언제인지를 밝히지 않았다.[14] 이와 같은 표현은 수사적으로 사람들의 마음을 진정시키는 효과를 낼 수 있을지 모르나, 마치 이러한 효과를 내거나 표현하는 데 합의를 이룬 것처럼 속여서 믿게 할 뿐이다.

내가 보기에는 하이델베르크 평화선언에서 두 가지 다른 사상이 계속해서 설명되어야 한다. 하나는 소위 "상호보완성에 관한 주장"이고, 다른 하나는 "군사적 위협과 군사적 지원을 통한 투입 사이에서 발생하는 관계의 문제"이다.

a) 하이델베르크 평화선언의 여섯 번째 테제는 다음과 같다. "핵무기로

---

10 A.a.O., 76.
11 Ebd.
12 Ebd.
13 A.a.O., 83.
14 이에 대해선 로이터가 "현대의 핵위협의 문제에 관해"라는 제목으로 제시한 "1959년 하이델베르크 평화선언의 현실적 재평가"를 참고하시오. H.-R. Reuter, "Zum Problem nuklearer Abschreckung heute", in: ZEE 44(2000), 113-122.

인해 딜레마에 빠진 우리는, 양심적인 결단을 내려야 하는 여러 상황에 처해 있다. 우리는 이러한 양심의 결단을 상호보완적 행위로 이해하기 위해 노력해야만 한다."[15] 상호보완성이란 말은 원래 물리학(좀 더 정확히 말하자면 양자역학)에서 빌려온 사상으로, 이를 수용함으로 공존을 지향하는 슈판다우어의 형식이 복음의 말씀 아래서 심화되고 확대되기를 기대했다. 이에 따르면, (서로를 거절하거나 수용하는) 상반된 두 입장이 서로를 감수하며, "핵전쟁을 피하고 세계의 평화를 이루려는 공동의 목적"[16]에 대한 다른 결론으로 존중할 수 있을 때에 이 둘은 상호보완된다. 그뿐만 아니라 이 선언은 두 곳에서 최소한 다음과 같은 가능성을 기술하였다는 점에서 작지만 매우 중요한 또 하나의 진전을 이루었다. "한 사람은 자신의 길을 단지 추구할 수 있을 뿐이다. 왜냐하면 다른 길을 가는 다른 누군가가 거기 있기 때문이다."[17] 상호보완적 사상은 1994년 선언된 "평화를 향한 발걸음"에서도 수용되었다. 여기서는 핵무기만이 아니라 군사적 지원에 대한 원칙적인 결정과 병역의무와 병역거부 사이에서의 결단이 필요하게 된 상황을 고려하며 더욱 근본적이고 포괄적으로 이 주장을 적용하였다.

군사적으로 지원하려는 마음가짐과 폭력으로부터 무조건적인 자유를 추구하는 심정은 하나님이 명하신 평화의 계명을 지키려는 적절한 증언의 행위요 더불어 그리스도교 신앙을 간접적으로 지키려는 것으로, 이 둘은 서로 대립된 방임의 상태가 아니라 상호 관련되어 있다. 이런 관점에서 교회가 무력사용과 무력포기를 그리스도인들의 행위방식으로 상호 연결시키는 것에 대해 지지를 보낸다. 다시 말해 군인들을 전투복무(봉사)를 거부하자는 자요 평화복무(봉사)를 실천하는 자라고 말할 수 있으며, 이와 함께 그들의 행위를 그리스도인의 정치적 책임의 한 표현으로 보아야 할 것인즉, 세상과 타협

15 Heidelberger Thesen, 81.

16 A.a.O., 82.

17 Ebd. 열한 번째 테제로 유사한 주장을 담고 있다. "우리가 암시했던 두 입장 모두 실제적으로 오늘날 다른 자들을 지원한다. 핵무장은 극히 의심스러운 방식으로 항상 공간을 열어 놓는데, 이 안에서 무장을 거부해도 어떤 처벌도 받지 않고 자신의 확신에 따라 살아가듯이 사람들은 국가시민으로서의 자신의 자유를 향유한다."(a.a.O., 87)

하려는 비겁한 행동으로 판단하는 것은 잘못된 인식이다. 전쟁복무를 거부하는 자와 평화복무를 수행하는 자의 행위는 그리스도교적 소망에 대한 증언이지 폭력과 무너진 평화로 고난 속에 있는 희생자들과의 연대를 거부하는 행동이 아니다.[18]

나는 이와 같이 이해된 상호보완성이 항상 적극적인 지지를 받아왔다고 생각한다. 이러한 상보성이 인정된 곳에서 군인과 전쟁복무 거부자의 관계와 군사적 지원의 윤리적 정당성에 대한 찬반논의가 객관적으로 진행되었다.

b) 계속적인 숙고가 필요한 두 번째 현실적인 주장은 하이델베르크 평화선언의 아홉 번째 테제(오해의 여지가 있는 표현이기는 하지만)이다.

> 다음은 핵무장한 군대에 소속된 군인들에게 해당된다. 즉 '갑'이라고 말했던 자가 '을'이라고 말해야 한다는 것을 고려해야만 한다. 그러나 분별없는 자들에게는 화가 있을 것이다.[19]

이 테제 뒤에는 핵무기를 사용하도록 명령받은 군인이 이를 거부할 수 있느냐는 질문에 대한 진지한 논쟁만이 아니라, 군사적 수단을 통한 **위협과 지원의 관계**에 관한 매우 근본적인 성찰이 숨겨져 있다. 여기서 위협은 군사적 지원에 **도움이 되지 않으며** 오히려 위협의 목적이 (모든 제재위협에서 볼 수 있듯) 위협된 것을 행하지 **않는** 데 있다는 것을 공동으로 (또한 정당하게) 전제하고 있다. 이러한 논리에 근거해 핵무기를 통한 군사적 위협을 옹호하는 자들은, 동서가 대립했던 상황 가운데 이러한 위협이 세계평화를 보존했으며 위협된 군사적 지원이 실제로는 일어나지 않았다는

---

18 *Schritte auf dem Weg des Friedens. Orientierungspunkte für Friedensethik und Friedenspolitik*, Hannover 1994, 23f.

19 Heidelberger Thesen, 84. 이렇게 표현된 형식을 통해 하이델베르크 평화선언은 문제를 분명히 나타내지 않는다. 왜냐하면 선포된 '갑'에 따르면 '을'이 문제가 되는 것이 아니라 바로 이 '갑'이 문제가 되기 때문이다. 사람들이 무언가를 말한 후에는, 즉 위협한 후에는, 새로운 말이 아니라 결과적인 행위가 문제가 된다. 그러므로 이는 다음과 같이 표현되어야 할 것이다. "'갑'이라고 말했던 자는 '갑'을 역시 행해야 한다는 것을 고려해야만 한다."

것을 환기시켰다.[20]

그렇다면 자연히 다음과 같이 질문하게 된다. 이러한 위협이 효력이 없다면, 즉 적대자들에게 기대했던 태도에 영향을 미치지 못한다면 무엇이 발생해야 하며 발생할 수 있을까? 여기서 다음과 같은 논리가-미래의 신뢰성을 위해서 이미-유효한 것이 아닌가? 다시 말해 "갑이라고 말했던 자는 역시 갑을 행해야 하는 것은 아닌가?" 하이델베르크 평화선언은 매우 확고하게 이런 방향을 지향하고 있다. 그러므로 아홉 번째 테제에 대한 해설을 다음과 같이 맺는다.

> 만약 핵전쟁이 발발해야만 한다면, 우리는 이러한 무기를 사용하는 정당성으로-왜냐하면 우리는 핵무기 사용을 동의하는 전통적인 정당화를 단호하게 거절했기 때문에-다음과 같은 확신을 허락해야 한다. 즉 이러한 위협은 핵전쟁에 대해 진지하게 생각하는 마음의 준비가 없이는 무의미하다는 것과, 결국 이러한 위협을 통해 평화보존을 거부하는 결과들이 생겨나게 되며 또한 그 결과를 우리가 짊어져야만 한다는 것을 확신할 수 있어야 한다. 그리스도인은 이러한 결과들을 우리 모두에 대한 심판이라는 것 외에 다른 무엇으로도 이해할 수 없다.[21]

이 점에 관해 하이델베르크 평화선언의 공동초안자인 헬무트 골비처(Helmut Gollwitzer)가 자신의 개인적 입장을 제시했는데[22], 여기서 그는 은밀한 유보(reservatio mentalis), 즉 깊이 생각한 후 핵무기 사용을 유보하는 태도가 정당하다고 설명하였다. 다시 말해 핵무기를 사용해 위협할 수 있는 만반의 준비가 되어 있지만, 그럼에도 불구하고 이의 실제적 투입을 유보하는 태도를 말한다. 말하자면 위협이 실패한 후 *새로운 상황*이 발생하

---

20 1945년 히로시마와 나가사키에 원자폭탄 투하는 다른 정치적 시나리오의 부분이었으며 그 나름의 고유한 판단을 요구한다. 그러나 이를 윤리적으로 정당화한다는 것은 곤란한 일일 수밖에 없다.

21 Heidelberg Thesen, 85.

22 H. Gollwitzer, "Zum Ergebnis der bisherigen Beratungen", in: Howe, *Atomzeitalter*(위의 각주 8), 247-267, 특히 264.

는데, 이러한 상황은 새로운 윤리적 반성을 필요로 하고, 어떤 경우에서도 가능하게 한다.

5.1.4 정치적 과제로서의 평화 – 군비확장의 문제

여러 긴장관계를 완전히 해소하지는 못했지만 1959년 하이델베르크 평화선언은 (1958년 슈판다우어 총회결의와 함께) 평화문제에 관한 공동초안과 같은 역할을 하였고, 그 후 20여 년 동안 이에 참여한 사람들로 하여금 "복음 아래 함께 머무르게" 하였다. 그러나 70년대 말과 80년대 초, 소위 "군비확장논쟁"이라는 슬로건 아래 평화의 문제에 대한 격렬하고도 근본적인 토론이 다시 시작되었다. 이를 촉발한 동력은 먼저 (1979/80년의 전환기에) 소비에트연방의 아프가니스탄 침공과 소비에트연방의 중거리 탄도 핵미사일(SS-20)의 배치이고, 다음은 소비에트연방이 중거리 탄도 핵미사일을 철수하지 않을 경우를 대비해 유럽에 새로운 중거리 탄도 미사일과 순항 미사일을 배치하기로 한 1979년 12월 12일 나토의 결정이다. 나의 생각으로 당시의 (군사)정책적인 상황과 이로 인한 사람들의 공포를 가장 명확하게 표현할 수 있는 슬로건은 "군비경쟁의 태엽"(Rüstungsspirale)이다. 당시 독일복음주의교회에서 격렬하게 논의했던 결정적인 질문은, 어떻게 해야 이러한 군비경쟁의 태엽을 정지시키거나 되돌릴 수 있느냐는 것이었다. 한편의 사람들은 만약 소비에트연방이 나토의 군비확장을 위협으로 생각하고 "핵으로부터의 해방"이라는 미명 아래 타격을 가해온다면 참담한 결과를 낳고 결국 군비경쟁의 태엽은 더 빨리 돌아가지 않겠느냐고 염려했다. 다른 편의 사람들은 오직 군비확장의 "신뢰할 만한" 위협만이 상대의 방향을 바꾸어놓지 않겠느냐고 생각하였다.

이런 상황에서 독일복음주의교회협의회는 1981년 백서 "평화의 보존, 촉구 그리고 갱신"을 채택하였다. 이 백서는 매우 포괄적인 텍스트로서,

하이델베르크 평화선언 이후 논의되어왔던 평화에 관한 문제들과 그 당시의 실제적인 논쟁점을 고려하면서 근본적이며 다양한 입장들을 수용하였다. 이는 특히 네 가지 교회 내적 의안들[23]을 공식화하고 강조하였다. 이 백서는 과거의 텍스트보다 성서적-신학적 기초라는 의미에서 평화문제에 대한 그리스도교적 기준을 더욱 확고하게 제시하려고 노력하였다.[24] 그러나 이 백서가 가지고 있는 영향력과 평화논의를 위한 본질적인 추진력은 이 백서 안에 있는 것이 아니다. 오히려 이의 추진력은 성서적-신학적 기초에 근본적인 사상, 즉 평화를 조성하고 보존하는 것은 **정치적** 과제이며, 그런즉 "군사적 군비확장보다 평화의 포괄적 보존을 위한 정치적 노력이 우선"[25]해야 한다는 데 있다.

80년대 일련의 정치적 사건들은 양보가 아니라 군비확장을 통해 군사적 완화를 소망했던 사람들의 주장이 옳았다는 것을 보여주었다.[26] 80년대 초기에 이러한 군사적 완화가 사실상 소비에트연방의 해체와 동서냉전의 종식으로 나타날 것이라고 기대한 사람은 아무도 없었다. 처음으로 핵의 대규모 축소가 가능하게 되었다. 확실히 초기에는 깊은 행복감에 빠져 지속적인 세계평화가 아주 가까이 다가올 것만 같았다. 그러나 이미 전부터 염려해왔던 것들, 가령 국지적이며 종교적인 전쟁의 발발가능성, 종족 간의 갈등 분출과 이로 인한 시민전쟁, 박해와 전멸의 상황과 같은 대립상황이 강하게 분출되었다.

---

23 *Frieden wahren, fördern und erneuern*, 39-42. 여기서 중시된 의안으로는, "군비확장 없는 삶", "무기 없는 평화의 조성", "평화의 보장", 그리고 "군비축소를 향한 발걸음"이다. 그 외에도 당시 큰 방향을 일으켰던, 구동독에서 처음 출발했던 "칼을 보습으로"라는 운동도 언급할 만하다.

24 A.a.O., 43-48.

25 A.a.O., 52. 1985년 독일복음주의교회협의회가 전문가들의 글을 편집해 발간한 『평화를 정치적으로 촉진하라. 방향에 대한 추진력』(*Frieden politisch fördern: Richtungsimpulse*, Gütersloh 1985)이 이와 일치한다.

26 나는 결단코 이 그룹에 속해 있지 않았지만, 이러한 사실을 확인할 수밖에 없다.

5.1.5 평화의 길로 가는 과정

이미 앞서 언급한 바와 같이 이러한 상황에서 1994년 독일복음주의교회협의회는 "평화윤리와 평화정치를 위한 방향설정"으로서의 "평화의 길로 가는 과정"이라는 평화윤리적 문서를 출간하였다.[27] 이 문서는 "군사적 군비확장보다 평화의 포괄적인 정치적 보호를 앞세웠던" 1981년에 발표된 평화백서의 기본주장을 시종일관 발전시키고 구체화하였다. 이는 무엇보다 세 가지 점을 제시한다.

a) 백서가 민간단체가 주관하는 평화봉사의 중심적인 문제점을 언급하거나, 민간단체가 고조되는 폭력적 갈등상황을 어떻게 처리할 수 있는지에 관해 언급하고 있지는 않지만, 먼저 "민간차원에서 갈등을 조정할 수 있는 길을 확대"[28]할 것을 강조하며 이에 큰 의미를 부여했다. 이제껏 민간을 통한 평화봉사는 이의 고유한 성과의 의미를 갈등 이후의 배려, 다시 말해 예방보다는 (전투적) 갈등으로 인해 발생한 결과를 해결하는 데 둔 것 같다.[29] 정치적, 사회적, 경제적, 그리고 문화적 수단을 동원해 갈등을 예방하고 막아보려는 평화보호를 위한 노력은—바로 그리스도교적 관점에서—언제나 긴급한 희망사항이었다. 폭력이 행사될 수 있는 갈등상황을 인식할 수 있는 감수성과 또한 이러한 원인과 맞서 싸우고 가능하다면 극복해보려는 단호한 의지가 요구된다. 말할 나위도 없이 본질적으로 이렇게 말하기는 쉬워도 행동으로 옮기기란 쉽지 않다. 왜냐하면 지구상에는 언제 불붙을지 알 수 없는 폭력적 형태의 갈등의 화덕이 결코 부족하지 않기 때문이다.

b) 이 문서는 매우 분명하게 정당전쟁론[30]과 이별을 고하지만, 군사적

---

27 *Schritte auf dem Weg des Friedens*(위의 각주 18).

28 A.a.O., 31-34.

29 이에 대해선 "전쟁 이후의 권리"(ius post bellum)에 대해 논한 아래 5.2.1.1.3을 보시오.

30 아래 5.2.1을 보시오.

강제를 통한 "인도주의적 개입"[31]의 가능성을 군사적 힘의 마지막 수단 (ultima ratio)으로 인정하고 있다.[32] 이와 같은 상반적인 주장 뒤에는 그간 여러 측면에서 지지를 받아왔던 여러 관점이나 추측이 숨겨져 있다. 국가의 자기방어는 군사적 힘의 합리적 사용이다. 그러나 이외에도 오늘의 상황에서 국제법적이며 윤리적으로 수용될 수 있는 것이 있다. 그것은 (더 이상) 전쟁의 성격을 갖고 있는 것이 아닌("정당한 전쟁"의 하나라고 할지라도) "법을 관철하기 위한 국제적 경찰력의 수행"[33]이다.

c) 나의 생각이지만 평화의 길로 가는 과정에서 성취한 가장 의미 깊은 발전과 구체화는 "법의 통치"[34]라는 표현을 명료하게 설명한 것이다. 이는 1948년 세계교회협의회의 문헌에서 가져온 것으로 1994년 "평화의 길로 가는 과정"의 핵심사상이며 이 문서를 관통하고 있다. "평화질서는 곧 법질서"[35]라는 이러한 함축된 주장은 법의 통치에서는 국제법이 중시되고 있다는 것을 전제하면서, 평화의 길을 향한 발걸음을 재촉한다.

인도주의적 관점들은, 그러한 개입에 관한 결정이 각 나라의 주권에 내맡기

---

31 평화백서인 "검토 중인 평화윤리"는 이런 완곡한 표현을 문제시하였다. 그 이후 사람들은 이 표현의 사용을 기피하게 되었다(*Friedensethik in der Bewährung. Eine Zwischenbilanz zu Schritte auf dem Weg des Friedens*, Hannover 2001, 75). 이와 동일한 표현으로 "인도주의적 이유에서의 군사적 개입" 혹은 "인도주의적 목적으로의 개입"이 있다. 그러나 미하엘 하스펠이 2001년 이후 문제가 되는 이러한 개념을 지속적으로 사용하게 만들었다(M. Haspel, *Friedensethik und Humanitäre Intervention. Der Kosovo-Krieg als Herausforderung evangelischer Friedensethik*, Neukirchen 2002). 독일복음주의협의회의 문서는 (나토가 사용했던) 이와 유사한 표현인 "부수적인 피해"(Kollateralschaden)를 마땅히 비난받아야 할 개념으로 판단하였다. 이미 35년 전 한 신학자가 평화윤리적 논의 중에 이와 같이 전쟁의 상황을 가볍게 다루게 하는 표현문제를 다루었는데, 그가 바로 램지(P. Ramsey)이다. P. Ramsey, *The Just War Force and Political Responsibility*, New York 1968, 146, 315, 412. 비슷한 표현이 같은 책 409, 415, 429, 437에서 발견된다.

32 *Schritte auf dem Weg des Friedens*(위의 각주 18), 28. 이에 대해서 다음의 5.2.1.1.1.c를 비교하시오.

33 A.a.O., 21. 한 국가가 가지고 있는 각 병력에 대한 이해, 이의 무장과 군비축소, 방어의무의 근거, 그리고 자기 지역 외에서의 군사적 지원에 관한 패러다임이 변화함으로 발생할 수 있는 결과에 대해선 여기서 암시만하고 다루지는 못한다.

34 A.a.O., 23, 24, 25, 28, 30. 이에 대해선 위의 5.1.1.3을 비교하시오.

35 A.a.O., 27.

지 않고 유엔의 영역과 규칙에 따라 내려질 때만이 군사적 강제력을 가진 개입으로 정당화될 수 있다.[36]

이 텍스트는 계속해서 선언한다.

모든 경우에서 유엔기구의 실제적인 상태가 유엔헌장의 기본원칙과 규칙을 따르고 있는 것인지 의심을 품게 한다. 이는 안정보장이사회의 상임위원들의 모습을 생각할 때만 드는 생각은 아니다. 그들은 모든 결의와 활동을 자신이나 자신의 이익을 위한 주제로 삼고, 거부권을 통해 방해할 수도 있다.[37]

그러므로 "평화의 길로 가는 과정"은 "유엔 외에―헌장에 규정되어 있는 것처럼―집단적 안전보장을 위한 지역적 시스템이 등장할 수 있는지"[38] 검토한다. 이러한 검토가 얼마가지 않아 코소보 전쟁에서 긴급한 문제가 되었지만, 여기서는 깊이 다룰 수 없다. 나는 "평화의 길로 가는 과정"을 통해 명백하다기보다는 함축적으로 드러났던 다른 관점들을 여기서 명시적으로 제시해보고자 한다.

법적으로 작성된 국제적 질서가 법 아래, 다시 말하자면 그 질서 속에서 법이 구속력을 가질 때만이 평화의 질서라고 할 수 있다. 그러므로 법의 준수는 국제적 평화질서가 가지고 있는 결정적인 요소가 되어야만 한다. 법적 질서로서의 평화 역시 모든 법적 질서와 마찬가지로 강제적 질서이다. 갈등상황에서는 법이 관철될 수 있어야 한다.[39]

여기서 (그리고 이러한 주장의 맥락에서) 말하고자 하는 바는, 법적으로 관철의 수단인 제재에 대한 경고가 국제적 영역에서 불가피하게 "법의 통치"와 관련되어 있다는 사실에 대한 인식이다. 이는 국제적 법질서를 통해 관철

36　A.a.O., 28.
37　A.a.O., 29.
38　Ebd.
39　A.a.O., 27f.

되어야 할 정치적 과제와 이의 구체화로서의 평화에 대한 주장이 군사적 조치라는 뜻에서 사용하는 폭력의 정당성에 대한 질문에 위배될 수 없으며, 오히려 이의 불가피한 결과라는 것을 나타낸다.

5.1.6 모범적 이상으로서의 "정당한 평화"

이러한 관련성은 2001년 독일복음주의교회협의회가 "검토 중인 평화윤리"라는 제목으로 출간한 평화윤리적 중간평가에서 더욱 분명히 제시된다. 더욱이 여기서는 "평화보장 시 비군사적 수단을 우선적으로 사용할 것"[40]과 "민간을 통해 갈등을 처리할 수 있는 길을 확대할 것"[41]을 강조한다. 그러나 이 문서가 "군사적 폭력 사용의 정당성을 검증"[42]할 때 정당전쟁론에 대한 논의와 기준을 인정한다는 점에서, 문서에서 먼저 정당전쟁론으로의 분명한 복귀를 보게 된다. 이러한 맥락에서 이 문서는 군사적 강제수단의 사용을 최후의 수단으로 동의하고 있다.[43]

중간평가가 매우 일찍부터 "정당한 평화의 핵심어"[44]를 수용한 것을 보고 더욱 놀라게 된다. 정당한 평화는 상대적으로 새로운 개념이다.[45] 이는 에큐메니칼 운동의 협의체적 과정이 진행되던 80년대 중반부터 분명하고도 특별한 그리스도교적 개념으로 폭넓게 사용되고 공감대를 얻었다.[46] 그

---

40 A.a.O., 69f.

41 A.a.O., 71.

42 A.a.O., 69, 80. 검증의 기준이 되는 질문은 다음과 같다. "군사적 폭력사용의 정당한 근거는 무엇인가? 이를 사용할 수 있는 자는 누구인가? 어떤 목적과 수단이 합법적인가? 이러한 목적들이 정말 도달될 수 있는가? 폭력의 사용 시 비례적 균형이 유지되는가?"

43 A.a.O., 73f.

44 A.a.O., 67, 91. 이에 대해선 W. Härle, "Zielperspektive: Gerechter Friede", in: *Für Ruhe in der Seele sorgen Evangelische Militärpfarrer im Auslandseinsatz der Bundeswehr*, Leipzig 2003, 17-24.

45 사실상 이 개념은 이미 아우구스티누스에게서 나타난다. in: *De civitate Dei*, Buch XIX, Kap. 12, dt. übers. von W. Thimme, München 1978, 550. 거기서는 정당한 평화가 정당한 전쟁의 반대 개념이나 이론을 구성하지 않는다.

46 무엇보다 2000년 9월 27일 독일가톨릭주교회의가 공표한 사목말씀 "정당한 평화"를 통해 알

러나 중간평가에는 이 두 가지 개념이 나란히 등장하고 있기 때문에 첫눈에 이 문서는 모순적인 것처럼 보인다. 왜냐하면 정당한 평화에 대한 주장이 ("법의 통치"에 대한 주장처럼) 어느 한 평화가 정당하지 **않은** 곳에서, 말하자면 억압적이고, 인권을 침해하며, 비인간적이고, 불법적이라고밖에 설명될 수 없는 곳에서 군사적 폭력이나 강제수단의 불가피성을 감수하고 있는 것처럼 보이기 때문이다. 그러나 정당한 평화란 무기의 침묵 혹은 무엇을 감수하더라도 평화를 추구하려는 노력이다. 바로 그렇기에 정당한 평화에 대한 기획은 모든 평화윤리의 기본적인 질문에서 벗어날 수 없다. 평화를 이루겠다는 관심에서 군사적 폭력으로 위협하거나 그러한 폭력을 사용하는 것이 과연 어떤 조건하에서 정당화될 수 있는지 혹은 그럴 수 없는지 묻지 않을 수 없다.

일반적으로 이 "질문"을 부정하는 사람은, 가령 제2차 세계대전 동안 연합군의 출격이나 이스라엘을 향한 이라크의 미사일 공격을 방어하기 위한 패트리어트 미사일의 요격이 평화윤리적으로 어떻게 평가될 수 있는지 대답해야만 한다. 결과적으로 살상능력을 갖춘 모든 종류의 폭력 사용은, 경찰이 행하는 것까지 포함해 거절해야만 한다는 관점이 훨씬 더 중요하다. 어떤 경우든 간에 긍정적으로 판단될 수 있는 경찰의 폭력과 부정적으로 판단될 수 있는 군사적 폭력을 구별하는 것은 이런 관점에서 어떤 사실적 논증을 통해서도 그 근거를 제시할 수 없다.[47]

몇몇 역사적인 평화교회들은 경찰의 폭력은 물론 군사적 폭력도 시종일관 거절한다. 이러한 태도는 존경받을 만하다. 그러나 (자기 자신[48]은 물론 타인과 관련시켜 숙고해볼 때) 시종일관 폭력을 포기하는 자세는-윤리적 관점

게 된다.

47 "경찰과 세상의 통치에 관해"라는 표제로 그리스도인에게 가능한 재판관직의 수용과 합법적인 전쟁참여에 대한 질문을 다루는 아우구스부르크 신앙고백 제16항에서도 분명히 이에 대한 내용을 유추할 수 있다(*BSLK* 70, 1-18을 보시오).

48 이는 루터의 평화윤리적 입장이다. 그는 자신의 개인적인(혹은 자신의 종교의) 보호나 방어를 위해 폭력을 사용하는 것을 시종일관 거부하였고, 단지 이웃, 특히 맡겨진 이웃들을 보호하기 위해서만 폭력을 허락하였다.

에서도 역시-큰 희생을 요구한다. 말하자면 (위급한 경우 무기를 가지고 공격하는) 불법적인 혹은 군사적인 침입자들을 방어하지 못한 채 희생을 당하게 되고, 희생자들의 보호까지도 포기하게 된다. 그러므로 그와 같이 철저한 평화주의적 입장은 그리스도교 평화윤리에서는 당연히 하나의 예외적 상황이라는 것을 알게 된다.

이러한 맥락에서 디트리히 본회퍼에게서 확인할 수 있는 변화는 주목할 만하다. 그는 덴마크 파뇌(Fanø)에서 있었던 교회 간의 친선도모를 위한 세계연맹회의에서 다음과 같이 말하면서 평화주의적 입장을 변호하였다.

> 모든 세계에서 모여든 오직 하나의 거룩한 그리스도의 교회의 위대한 에큐메니칼 협의회는, 세상은 이를 갈며 평화의 말씀을 경청해야 할 것이며 만백성은 기뻐하게 될 것이라고 말할 수 있다. 왜냐하면 이와 같은 그리스도의 교회는 그리스도의 이름으로 그의 자녀들이 손에 쥐고 있는 무기를 가로채고, 그들에게 전쟁을 금하며, 미쳐 날뛰는 세상을 향해 그리스도의 평화를 외치기 때문이다.[49]

1940년 초에 쓰였지만, 사후에 출간된 윤리학에서 본회퍼는 이와는 매우 다른 입장을 주장하였다.

> 자연적 생명의 첫 번째 권리는 자의적 살해로부터 신체적 생명을 보호하는데 있다. 무고한 생명이 의도적으로 살해될 때, 우리는 자의적 살해에 관해 말해야 한다. 하지만 이러한 맥락에서 볼 때, 다른 생명을 의도적으로 침해하지 않고 사망 선고를 받을 만한 범죄를 저지르지 않은 모든 생명은 무고하다. 따라서 전쟁 중에 적을 살해하는 것은 자의적인 행위가 아니다. 왜냐하면 비록 개인적으로는 잘못이 없다고 하더라도, 적은 나의 민족의 생명을 공격하는 자기 민족의 행위에 의도적으로 참여하고 있고, 그래서 모든 잘못

---

49 D. Bonhoeffer, "Kirche und Völkerwelt(28. August 1934)", in: ders., Gesammelte Schriften, Bd. 1, München 1965, 219. 리네만은 자신이 "예언자적 말씀"이라고 불렀던 바로 이 문장을 인용하면서 자신의 평화연구를 시작한다. W. Lienemann, Frieden. Vom "gerechten Krieg" zum "gerechten Frieden", Göttingen 2000, 11.

의 결과를 함께 감수해야 하기 때문이다. 다른 사람의 생명을 침해했던 범죄자의 살해는 당연히 자의적이지 않다. 하지만 직접적으로 의도한 것이 아니라 단지 군사적으로 필요한 조처의 불행한 결과로써 일어난 것이라면, 전쟁 중에 민간인을 살해한 행위도 자의적인 것은 아니다. 하지만 나의 생명을 더는 공격할 수 없는 비무장 포로나 부상자들을 상해하는 행위는 자의적이다. 갑작스러운 분노 때문에, 혹은 그 어떤 이익 때문에 무고한 사람을 살해하는 행위는 자의적이다. 무고한 생명을 의도적으로 살해하는 행위는 모두 자의적이다.[50]

본회퍼는 매우 분명히 평화주의에서 비평화주의로 자신의 입장을 선회하였다. 거기에는 히틀러 독재에 저항했던 그의 정치적 참여가 중요한 역할을 했다고 하겠다.

군사적 수단을 이용한 지원이 윤리적으로 정당하냐는 질문과 이와 함께 평화주의에 대한 나의 개인적 생각은-여느 때와 같이-제한되고 단계적인 성격을 가지고 있다. 이를 다음과 같이 말할 수 있다.

군사적 강제력의 사용이 정당방위나 응급상황과 무관하게 사용되면 사용될수록 또한 무기만이 아니라 사람들을 겨냥하고, 군사적 시설만이 아니라 무차별적으로 모든 것을 파괴할 정도로 이러한 폭력이 넓게 확대되면 될수록 이는 더 적은 지지를 받을 수밖에 없다. 법과 안전을 지켜야 할 책임이 항상 더 적게 인식되고, 더욱이 그 반대방향으로 전도되는 경향이 있기 때문에, 그러한 정당성은 갈등이 더욱 깊어지는 상황에서 거의 가능하지 않다. 오히려 역으로 군사적 강제력의 사용이 정당방위와 응급상황의 의미에서 위험에 처한 사람들, 그의 생명, 그의 자유, 그리고 그가 살고 있는 공동체의 민주주의적-법치주의적 구조와 연계되면 될수록 또한 군사적 공격수단을 파괴하는 것을 목적으로 하고 또한 이것으로 제한하면 할수록 더 지지를 받게 된다. 교회들과 그리스도인들은 단호하게 이러한 (군사적 폭력의) 사용의 유일한 의미를 경고해야만 할 것이고, 그런즉 이러한 강제적 수단의 투입의 최소

---

50 D. Bonhoeffer, *Ethik*, München 1992, 183f. D. 본회퍼(손규태 외 옮김), 『윤리학』, 대한기독
교서회 2010, 221 이하.

화를 관철해야만 할 것이다.[51]

이는 한편으로는 평화주의를 거절하고 다른 한편으로는 군사적 수단을 통한 작전을 집단적인 정당방위와 응급상황만으로 엄격하게 제한한다. 이러한 작전이 타국에서는 어느 정도까지 전개될 수 있는지에 대해 다음 장에서 검토하게 될 것이다.[52]

5.2 정당전쟁에서 정당평화로[53]

"어디에서 어디로"라는 표현은 마치 하나를 떼어낸 후 그 자리에 완전히 다른 새것을 붙여놓은 듯한 인상을 준다. 이미 앞 장 마지막 부분에서 암시한 바와 같이 "정당한 전쟁"과 "정당한 평화"는 서로 상반적 관계에 있지 않다. 정당한 전쟁을 위한 기준들은 정당한 평화에 대한 관심에서 군사적 수단을 검증하는 질문으로 되돌아올 수 있다. 두 이론의 관계를 바르게 이해할 때만이 두 형식(또한 이의 내용)을 통해 서로 **구별된 것**과 함께 **연결된 것**이 무엇인지 주목하게 된다.

다음에서 나는 우리 앞에 놓여 있는 과제를 네 단계로 나누어 파악하고자 한다. 나는 먼저 정당전쟁론을-특히 이의 기준과 의미를-설명하고 (5.2.1), 이 이론에서 불충분하고, 문제가 되거나 전혀 수용할 수 없는 것이 무엇인지 묻고(5.2.1), 정당전쟁론에 대한 반대 입장을 제시한 후(5.2.3), 마지막으로 두 이론을 서로 비교·평가할 것이다(5.2.4).

5.2.1 정당전쟁론

5.2.1.1 정당전쟁론의 기준들

---

51 *Schritte auf dem Weg des Friedens*(위의 각주 18), 16f. 이 텍스트는 나의 글에서 토씨하나까지 그대로 인용해 왔다. W. Härle, *Zum Beispiel Golfkrieg*(위의 각주 1), 41-43.

52 다음의 5.2.1.1.1.b를 참조하시오.

53 이에 대해선 다음을 비교하시오. U. H. J. Körtner, "Gerechter Friede - gerechter Krieg", in: *ZThK* 100(2003), 348-377.

정당전쟁론은 (그리스도교 이전) 스토아 철학에서 초기 근대에 이르기까지 오랜 기간 동안 발전해왔으며 20세기에 들어와 매우 중요한 역할을 했다. 이 이론이 대답하려는 질문은, 전쟁이 어떤 조건에서 윤리적으로 정당화될 수 있느냐는 것이다. 이를 위해 두 종류의 기준을 구별해 제시하였다. 첫째는 "전쟁을 위한 권리"(ius ad bellum)로서 (정당한) 전쟁을 위해 (다시 말해 전쟁을 "시작하려면") 어떤 기준들을 만족시켜야 하는지 질문한다. 이는 전쟁에 대한 찬반을 결정할 때 적용하는(적용해야 할) 기준들이다. 두 번째는 "전쟁 중 지켜야 할 권리"(ius in bello)로서 전쟁이 진행되는 동안 혹은 전쟁의 순간, 즉 전쟁 중에 그 전쟁이 정당한 전쟁이라는 말을 듣기 위해 유념하고 적용해야 할 기준과 규칙에 대해 질문한다. 다음으로 이 두 종류의 기준을 각각 고찰해보자.

5.2.1.1.1 전쟁을 위한 권리(ius ad bellum)의 기준들

이런 기준들의 차례를 결정할 수 있는 매우 분명하고도 확정된 기준은 없다. 하지만 전통적으로 이러한 기준들의 특징을 설명해주는 라틴어로 된 네 가지 기본적인(전통적인) 기준들이 있다. 그 외에도 근대에 이르러 첨부된 세 가지 다른 기준들이 있는데, 이의 특징을 서술하는 라틴어 표현은 없다.[54] 내가 여기서 근대적 기준들이라고 부르는 이 세 가지 기준들은 서로 긴밀하게 연결되어 있다(그뿐만 아니라 고전적 기준들과도 밀접한 관련을 맺고 있다). 그러므로 이것들은 한 그룹으로 종합될 수 있다. 나는 먼저 네 가지 고전적 기준에 대한 설명을 시작한다.

---

54 이러한 기준의 설명과 기술을 위해 나는 독일복음주의교회협의회의 마지막 평화백서인 "하나님의 평화에 근거한 삶"을 참조한다. *Aus Gottes Frieden leben - für gerechten Frieden sorgen*, Hannover(2007) 2007², 65-77. 이 백서가 준비되고, 발표되고, 그리고 수용된 역사를 이해하기 위해서는 파우쉬의 교훈적인 논문을 참고하시오. E. Pausch, "Aus Gottes Frieden leben - für gerechten Frieden sorgen", in: *Kirchliches Jahrbuch für die EKD 134*(2007), Lieferung 1, Dokumente zum kirchlichen Zeitgeschehen, 74-91. 나는 여기서 백서에서 제시한 두 가지 기준의 순서를 일부 확대하고 보충한다. 물론 이러한 내용은 백서("결과의 비례")에서도 고려되었지만 자세한 설명을 하지는 않았다. 그리고 나는 여러 가지 이유에서 기준의 순서를 부분적으로 변경한다.

① 적법한 결정기관(legitima potestas)

전쟁을 결정(선포)할 책임을 지고 있는 공적 기관에 대한 질문이 특별히 정당전쟁의 기준으로 거론되는 것을 보고 이해할 수 없는 사람들도 있을 것이다. 한 국가에서 **실제적으로** (다른 나라를 향해) 전쟁을 선포하고 수행할 (즉 군대를 명령하고 전략적인 결정을 내릴) 권력을 쥐고 있는 공적 기관은 분명히 어떤 형태든 정당화되고 공인되어야만 한다고 생각하기 때문이다.[55] 하지만 이러한 "어떤 형태"라는 표현 속에 중대한 문제가 놓여 있다. 왜냐하면 권력을 강제적으로 통제하는 상황이 발생하지 않는다는 보장이 있어야 하기 때문이다. 실제적으로 전쟁을 결정하는 권력은 정당해야 하고, 유효한 규칙에 근거해서도 정당해야 한다.

적법한 결정기관으로 판단할 수 있는 기준은 특별히 최근 유엔헌장[56]에 따라 군사적 지원이 문제가 되는 곳에서 중요한 의미를 얻게 되었다. 이를 위해서는 유엔안전보장이사회를 통해 위임을 받아야만 한다. 유엔안전보장이사회의 다른 상임국가들이 모두 동의했음에도 불구하고 오직 한 나라가 군사적 지원에 대한 거부권을 행사한다면 "그것은 과연 무엇이냐"고 사람들은 묻는다. 예를 들어-코소보에서 벌어진 공포의 민족학살처럼-유엔 대신 나토가 이러한 지원을 결의하고 수행한 것은 허용될 수 있는가? 이와 같은 상황에서 나토는 적법한 결정기관인가? 유엔헌장에 따르면 분명 **아니다**. 그러면 결정기관의 합법성과 그러한 군사적 행동이 정당하다는 것은 과연 무엇을 뜻하는가?

적법한 결정기관에 대한 기준 혹은 질문은 두 가지 관점에서 다른 기준들과 매우 다른 **근본적이면서도 우선적으로 중요한** 의미를 갖는다. 첫째,

---

55 C. Schmitt, *Politische Theologie. Vier Kapitel über die Souveränität*, Berlin(1922) 1996⁷, 13. "비상사태를 결정하는 자가 통치자이다." C. 슈미트(김항 옮김), 『정치신학. 주권론에 관한 네 개의 장』, 그린비 2010.

56 이에 대해선 유엔헌장(1945년 6월 26일)을 보시오. in: A. Randelzhofer(Hg.), *Völkerrechtliche Verträge*, Berlin 1998⁸, 1-24, 특히 제51조-53조.

이 기준은 예상할 수 있는 갈등상황에서 결단을 내리고, 수행하고, 또한 책임을 져야 할 **수취인**에 대해 언급한다. 그는 군사적 지원과 관련해 생각해 볼 때 윤리적 판단형성의 일차적 주체이다. 둘째, 적법한 결정기관에 대해 질문하는 경우, 갈등의 문제가 이미 시작된 그런 상황에 대한 해명을 미루어서는 안 된다. 그렇지 못할 때 결정의 권한과 내용적 판단과 상황의 결정에 대한 질문이 터무니없이 서로 마구 혼동될 수 있다. 최악의 경우 군사적 지원의 윤리적 책임가능성에 대한 질문 그 자체가 적법한 결정기관에 대한 (폭력적인?) 논쟁의 주제가 될 수 있다.

② 정당한 근거(causa iusta)

정당한 근거의 기준은 명백히 중요하다. 여기서는 중심적인 내용의 기준이 문제가 된다. 그리스도교적, 특히 종교개혁적 관점에서—긍정적이며 부정적인—두 가지 기본주장이 존중되어야 한다. 먼저 긍정적인 것에 관해 언급하자면, 방어전쟁만이 정당한 전쟁이 될 수 있다. 즉 군사적 공격으로부터의 방어이다. 경우에 따라선 발생했거나 발생하고 있는 혹은 절박하고도 **임박한** 군사적 공격으로부터의 방어를 여기에 첨부할 수 있다. 이러한 첨가가 현실적으로 필요한 것은 분명하지만 오용의 문을 열어놓을 위험성도 있다. 실제로 오용될 가능성은 절박하고도 임박한 군사적 공격이 어떤 기준에 따라 평가되느냐에 달려 있다. 부정적인 것에 대해 말하자면, 그 누구도 **신앙**의 문제로 (그것이 공격전쟁이든 방어전쟁이든) 전쟁을 수행해서는 안 된다. 이는 너무 엄격한 것처럼 생각되지만, 종교개혁적 신학에 따라 매우 논리정연하게 사고된 것이다. 왜냐하면 이러한 주장이 (법과 권력을 통한) 하나님의 세속통치와 (말씀과 성령을 통한) 하나님의 영적 통치의 근본적인 구별에서 출발했기 때문이다. 이에 상응해 루터에게 불과 칼로 무장하고 그리스도교의 신앙을 전파하는 것은 당연히 논의의 대상이 되지 않지만, 군사적 수단으로 신앙을 **변호**하는 것도 허락되지 않는다. 오직 나라와 백성, 육과 생명, 인간의 소유와 자유에 대한 불법적인 침해를 방어하기 위하여 군사적 수단을 사용할 때만이 이에 대해 논의할 가치가 있다. 그러므로 루터는 이를 위해 엄격한 기준을 세웠다.[57]

그렇다면 이때–집단적 정당방위라는 뜻으로–단지 자국과 그 국민을 향한 침해가 문제가 될 수 있는지 혹은 역시–집단적 응급조치라는 뜻에서–군사적 지원을 명목으로 타국을 침해하는 것이 윤리적으로 정당한지에 대해 물어보게 된다. 독일가톨릭주교회의의 사목말씀은 이러한 질문과 관련해 "타인의 의도와 폭력에서 효과적으로 인간을 보호해야 할 의무"[58]에 대해 언급한다. 독일복음주의교회는 이에 대해–정당하게–매우 유보적인 입장을 표명한다.

> 국가주권의 존중이 인권보호 뒤편으로 물러나야만 한다는 것은 원칙으로 올바른 주장이다. 그러나 이러한 주장이 무기를 사용한 내정간섭을 어느 정도 정당화할 수 있는지는 의문이다. 인도주의적 근거에서 군사적 간섭을 허락해야 한다는 주장은 단지 민감하고도 매우 중대한 불법행위일 수 있다. 이러한 행위는 정치적 질서가 가지고 있는 최소한의 평화적 기능을 제거하고 국민들로 하여금 자결의 토대를 잃게 한다. 동시에 모든 집단들이 한 민족의 영과 육을 위태롭게 하고 전멸하도록 내버려두게 한다.[59]

국가들 내에서 행사되는 횡포와 폭력으로부터 인간을 보호하는 일은 근본적으로 국가가 내적으로 기획하고 해결해야 할 과제의 하나이다. 외부에서 군사적인 응급조치를 취하는 것은 일반적으로 한 국가의 횡포와 폭력의 원인을 제거하기에는 적합하지 않다. 이러한 조치는 자주 얼마 가

---

57 1542년 작센 공작 요한 프리드리히와 헤어초크 모리츠에 보낸 편지에 담긴 부르첸 분쟁 (Wurzener Fehde)에 대한 루터의 입장표명을 보시오, in: *WA* Br 10, 32-37. W. Härle, *Zum Beispiel Golfkrieg*(위의 각주 1), 53-59. 평화백서 "하나님의 평화에 근거한 삶"은 루터의 이러한 입장을 정당하게 다음과 같이 요약한다. "루터는 전쟁을 할 수 있는 근거를 실제로 공격을 받게 되는 경우 자신을 방어하는 것만으로 엄격히 제한하였다."(*Aus Gottes Frieden leben - für gerechten Frieden sorgen*, 67)

58 "정당한 평화"(위의 각주 46), 83. 이와 비슷하게 47쪽과 85쪽에서도 "한 국가 내에서 심각하고 조직적인 인권침해를 당한" 희생자들의 보호를 위한 응급조치와 관련해 이러한 의무를 말한다.

59 *Aus Gottes Frieden leben*(위의 각주 54), 74f.

지 않아 다른 민족이 행사한 폭력으로 생각되어 결국 거절과 새로운 폭력을 유발하게 된다.

③ 마지막 수단(ultima ratio)

"마지막 수단"이란 기준은 매우 자주 언급되면서도 최근에는 오히려 비판적 논쟁거리가 되고 있다. 나는 독일복음주의교회협의회의 백서에 의거해 "마지막"(ultima)이라는 단어를 의식적으로 "최후의 것"(letztes)이 아니라 "최선의 것"(äußerstes)이라고 번역한다. 왜냐하면 최후의 수단이라는 표현은, 합법적으로 군사적 폭력을 사용하기 전에 (시간적으로) 이미 다른 (비군사적인) 수단들을 모두 다 강구해본 것처럼 생각하게 만들기 때문이다. 만약 모든 수단을 이미 다 시험해보았다면 우물에 빠진 아이를 건져 살려내기엔 너무 늦지 않았겠는가. 이런 이유로 1994년과 2001년[60] 평화백서는 "마지막 수단"을 "최선의 수단"이라고 번역할 것을 제안하였다.

더 나아가 나는 이를 분명하게 표현하기 위해 다음과 같이 주장한다. 군사적 수단의 사용은 윤리적으로 바람직할 때만 허락된다.[61] 이러한 말을 듣고 많은 사람들이 놀라 뒷걸음질 치게 된다. 그들은 군사적 수단을 윤리적으로 바람직하게 사용한다는 표현이 서로 앞뒤가 맞지 않는 말이라고 생각할 수 있기 때문이다. 그럼에도 불구하고 나는 이러한 표현이 옳다고 생각한다. 왜냐하면 이는 적절하게 그와 같은 군사적 개입을 위한 높은 기준을 설정하기 때문이다. "마지막 수단"이라는 기준은 정당하게, 군사적 폭력의 사용이 (물론 인명에 피해를 주어서는 안 되겠지만, 군사적 폭력이 군사조직이나 무기체제에 대응할 때만이 아니라) 이를 사용하기 위해선 아주 특별하면서 조

---

60 *Schritte auf dem Weg des Friedens*(위의 각주 18), 18. "마지막" 혹은 "최후"라는 단어는 시간적 의미에서 마지막 시도라는 의미가 아니라, 평화에 대해 냉정하게 정책적으로 숙고하면서 이 실행된 폭력의 정도에 따라 평가해 볼 때 질적으로 "최선의" 수단이라는 말이다. 다른 평화백서도 그러한 의미로 사용된다. *Friedensethik in der Bewährung*(위의 각주 31), 73f.

61 W. Härle, "Wenn die Anwendung von Gewalt geboten ist – Eine friedensethische Standortbestimmung aus evangelischer Sicht"(2003), in: ders., *Christlicher Glaube in unserer Lebenswelt. Studien zur Ekklesiologie und Ethik*, Leipzig 2007, 357-373.

심스러운 근거를 제시해야 하는 하나의 악의 재현이라는 사실에서 출발한다. 더욱이 인간을 대상으로 무기를 사용하는 행동은 그 어떤 정당성을 제시한다 할지라도 이해할 수 없는 중대한 악이다.

이보다는 비군사적 수단들(협상, 최후통첩, 봉쇄나 협력거부조치 등)을 사용하는 것이 분명 낫다. 그와 같은 (가벼운) 봉쇄조치로 인해 그 나라에 사는 민간인들이 고통을 받을 수 있다거나, 더욱이 통치자들은 이런 상황에 봉착해도 자기 자신과 자신이 신뢰하는 가신들을 할 수만 있다면 별 고통을 받지 않도록 만드는 데 능통한 자들이라는 환상을 가져서는 안 된다.

결국 여기서 시간적 요소가 전적으로 배제될 수는 없다. 왜냐하면 분쟁 상황이 발생하자마자 즉각적으로 군사적 조치를 취하려는 경우 확실히 다른 대안들을 생각해보고, 심지어 시험해보았는지 질문하지 않을 수 없기 때문이다. 그럼에도 불구하고 나는 "마지막 수단"에 대한 이와 같은 새로운 해석이 사실상 적합하고, 계속 고려해야 한다고 생각한다. 하지만 결코 군사적 폭력의 사용을 쉽게 하겠다는 뜻에서 말하는 것은 아니다. 이는 한편 군사적 조치가 **너무 늦지 않고**-설령 그렇더라도-**적절한 시기**에 행해지도록 기여할 수 있고, 다른 한편 군사적 폭력의 사용을 위한 요구를 윤리적 관점에서 **강화**하기 때문이다.

④ 바른 의도(recta intentio)

일상적인 갈등에서 경험하는 바와 같이, 불법적인(혹은 불법적이라고 느끼게 되는) 침해는 당연히 방어될 뿐만 아니라, 반격과 보복 혹은 다양한 방식의 "보복원정"으로 뒤바뀌기도 한다. 하지만 그때, 받은 만큼만 돌려주는 것이 아니라 자신이 받은 아픈 상처보다 더 큰 상처를 주게 된다. 이런 과정 속에서 위에서 언급한 폭력의 태엽이 돌아가기 시작하고, 탈리온의 법칙("눈 하나에 눈 하나로")은 그러한 태엽을 정지시키려고 노력할 것이다.[62] 이

---

62 위의 제1부 5.1.1을 보시오.

러한 사실은 잘 알려져 있으니 여기서 새삼스럽게 반복할 필요도 없다. 군사적 수단을 사용할 때 바른 의도만이 (불법적인) 침해에 대항하는 실제적인 방어가 될 수 있다. 그러나 이러한 기준을 더 이상 괴로움을 받지 않겠다는 뜻에서 가해자를 땅에서 쫓아내도 되는 것처럼 해석한다면, 이는 오해이다. 그와 같은 행동은 곧장 또 다른 침해를 새롭게 초래하는 일일 뿐이다. 이러한 의도는 가능한 한 지속적인 평화상태의 (재)생산을 지향해야 한다. 그런즉 이 기준을 통해 배제되어야 할 것은 가해자에게 지속적으로 심각한 가해와 굴욕감과 굴종을 강요하고 더욱 이들을 섬멸하는 일이다. 그러한 경계선 긋기는 행동으로 옮기기보다는 쉽사리 말잔치로 끝나고 만다. 왜냐하면 모든 전쟁과 같은 대립은 더 이상 규제되고, 정지되고, 또한 회복될 수 없는 자기만의 **고유한 역동성**을 발전시키려는 경향이 있기 때문이다. 계속해서 나는 여기서 세 가지(서로 연결된) 근대적 기준들을 보충해 덧붙이고자 한다.

⑤ 결과의 비례성

이 기준과 뒤따라 나오는 다른 두 기준을 "바른 의도"(recta intentio)의 구체화로 이해한다면 전혀 틀린 것은 아니다. 하지만 동시에 기억해야 할 것은, 올바른 의도가 군사적 수단의 지원을 받아 발생한 **결과들**과 동일하지 않다는 사실이다. 바로 이 영역에서 원치 않았던 (가령 사회적, 생태적, 문화적 혹은 도덕적 종류의) 부작용이 발생하는 것은 흔한 일이다. 이런 부작용도 기껏해야 예상할 수 있을 뿐, 피하거나 통제하기란 매우 어렵다. 그러므로 군사적인 수단을 통한 지원을 결정할 때 반드시 질문해야 할 검증기준이 하나 있다. 그것은 어떤 결과들을 예상할 수 있으며 이러한 결과들은 책임적인 관점에서도 감수할 수 있는지 묻는 것이다.

⑥ 성과에 대한 전망

전쟁의 성과에 대한 전망 역시, 될 수 있는 대로 속히 그리고 (모든 측면에서) 가급적 희생자를 줄이며 지속적인 평화의 상태를 (재)생산해보려는 바른 의도의 구체화이다. 이러한 성과의 기준은 군사적 지원에 대한 윤리적 책임성이 아니라 이의 **효과성**에 대해 주목한다. 만약 효과를 얻게 된다면, 공격하여 격퇴하고 분쟁에서 자유스러운 상황을 만들어낼 수 있는가? 이것은 이미 누가복음 14:28-32에 언급된 기준으로써, 그와 같은 충돌이 효과적으로 성취될 수 있는 방법이 있는지, 또한 평화를 청하고 주권의 포기를 감수하기 위해선 그것이 더 현명한 것인지 묻는다. 그리고 이런 점에서 이 기준은 윤리적 중요성을 갖는다.

⑦ **종결의 구상**(출구전략)

여기서 "출구(exit)"라는 **영어표현**을 사용한 것은, 우리가 이 구상을 더 새로운 사고와 기준과 관련지어 이해한다는 것을 보여준다. 특히 이는, 미국의 이라크 전쟁과 아프가니스탄에서의 군사적 충돌을 생각해보면 직접적으로 이해가 된다. 군사적 수단을 통한 지원을 어떻게 종결할 수 있을 것인가? 특히 이 질문은 다음과 같은 경우에 제기된다. 분쟁해결에 실패했을 때만이 아니라 자국과 외국의 군대들이 새로운 위험에 처하게 되거나 혹은 군사적 지원이 처음 요구하거나 초래했을 때와 비교해도 결코 그 위험성이 감소하지 않은 새로운 분쟁상황이 생겨난다면 어찌할 것인가? 여기서 ("종결"이라는 말 대신) "출구"라는 표현을 사용한 것은 앞의 질문에 대답할 때 사용되는 기준이 어떤 숨겨진 의미를 가지고 있음을 나타낸다. 이 말은 최소한 군사적 충돌이—명시적이든 사실적이든—공격자의 영토에서 벌어지고 있다는 추측을 불러일으킨다. 이때 의심할 것도 없이 "방어전쟁"이라는 개념은 변질되고 만다.

5.2.1.1.2 전쟁 중 지켜야 할 권리(ius in bello)의 기준들

① **수단의 적합성**

위의 ④와 ⑤에서 "바른 의도"와 "결과의 비례성"에 대해 언급한 바 있다. 이 두 기준은 다시 여기서 수용되고 투입되는 군사적 **수단**에 응용된다. 그렇다면 이 두 기준이 군사적 투입의 목적에 부합하고, 군사적 투입을 통해 추구하려는 의도와 적합한 관계를 맺고 있는가? 전쟁 중 지켜야 할 권리와 관련해 숙고해볼 때, 이러한 수단들은 (일반적으로 무기가 문제이지만) 평화를 가져다줄 수 있느냐는 질문보다 더 이상 파괴하지 않느냐는 질문이 중요하다(가령 제2차 세계대전이 거의 끝날 무렵 일본에 원자폭탄을 투하했던 미국의 군사적 투입과 같이). 다시 말해 너무 지나친 공격이 아니었느냐는 질문이다. 이와 반대로 이러한 수단들이 달성해야 할 것을 통틀어 달성할 수 있느냐는 질문이 "전쟁을 위한 권리"(ius ad bellum)와 앞의 ⑥의 "성과에 대한 전망"에 속해 있다. 경우에 따라 이 두 기준이 서로 충돌할 수 있다는 사실(반비례성과 효과 없음)을 베트남전쟁이 보여주었다.

② 민간인 보호

결국 정당전쟁론(ius in bello)의 범주에 속한 마지막 기준은 **전투에 참여하지 않는 사람들**(소위 민간인)이 가능한 보호되어야 한다는 기준이다. 인류 역사에서 이 기준은 (특별히 여성을 대상으로) 항상 반복적으로 침해되었다. 이는 이 기준이 어떤 중요한 의미를 담고 있는지 보여주는 것으로, 오늘날에도 일반적으로 응용할 수 있다.[63]

5.2.1.1.3 전쟁 이후의 권리(ius post bellum)에 대한 이념[64]

이제까지 언급한 기준들은 이미 오래전부터 작성되어 다방면에서 논의되어왔지만, "전쟁 이후의 권리"에 대한 요구는 새롭게 논의되기 시작한 주제이다. 그렇다면 도대체 이는 무엇을 뜻하는가?

이 이념은, 전쟁 이후의 시간과 상황이 실제로는 새로운 전쟁이 시작

---

63 다음의 5.2.2.3을 보시오.

64 이에 대해선 *Aus Gottes Frieden leben*(각주 54), 86.

하는 분쟁상황으로 변했던 과거의 경험에서 생성되었다. 가령 패한 측을 향해 과도한 배상을 요구하거나, 패한 자들이 자신의 국가나 문화적 자주성 중 큰 일부를 빼앗기게 되었거나, 그들이 받는 고통스러운 불법이 만회되지 않거나, 그들이 굴욕감을 당할 때 등이다. 그와 같은 종류의 전쟁 이후의 권리가 존재하는 것은 아니지만[65], 그와 같은 상황이 존재한다.[66] 사람들은 이러한 상황에 대한 경험에 빗대어 정당한 전쟁을 창출하거나 보존하기 위해서는 군사적 갈등 이후의 상황에서 어떤 규칙들을 존중해야 하는지를 연구하게 된다. 여기서 가령 "평화를 위한 화해와 봉사의 행동" (Aktion Sühnezeichen: 1958년 독일복음주의교회가 결의한 평화운동, 옮긴이)과 같은 민간인들이 주도하는 평화봉사들이 이의 활동을 풍부하고 풍성하게 만드는 공간이 될 수 있다.

5.2.1.1.4 기준의 적용

기준의 적용에 대한 질문은 다음과 같이 말할 수 있다. 군사적 수단을 통한 지원은 전쟁을 위한 권리(ius ad bellum)와 전쟁 중 지켜야 할 권리(ius in bello)의 모든 기준들이 성취될 때만 정당화될 수 있는가? 아니면, 그중 몇 가지 혹은 그 대부분(그렇다면 몇 개나 혹은 어떤 것?)이 성취되는 것만으로 충분한가? 내가 받은 인상으로는, 대부분의 (신학적) 윤리학자들은 선한 뜻에서 이 기준들은 선별적으로 선택되는 것이 아니라 오직 추가적 혹은 포

---

65 이미 1795년에 출간된 칸트의 저작 『영구평화론』에 이러한 이념에 대한 주장이 있다. I. Kant, *Zum ewigen Frieden*, in: I. Kant, Werke, hg. von w, Weischedel, Bd. 9, 1968, 193-251, 특히 196-202. I. 칸트(백종현 옮김), 『영원한 평화』, 아카넷 2013.

66 인종차별정책이 끝난 후의 남아프리카공화국 상황이 이에 대한 사례가 된다. 이에 대해선 뷔스텐베르크의 모범적인 연구를 보시오. R. K. Wüstenberg, *Die politische Dimension der Versöhnung. Eine theologische Studie zum Umgang mit Schuld nach den Systemumbrüchen in Südafrika und Deutschland*, Gütersloh 2004. 이 주제를 가지고 (1945년 이후 나치범죄자의 재판, 베트남에서의 전쟁범죄, 동독 붕괴 이후의 상황에 방향을 맞추어) 크로이터가 학위 논문을 썼다. J. Kreuter, *Staatskriminalität und die Grenzen des Strafrechts. Reaktionen auf Verbrechen aus Gehorsam aus rechtsethischer Sicht*, Gütersloh 1997.

괄적으로 이해할 수 있다는 입장을 따른다.[67] 군사적 수단을 이용해 지원하려는 계획과 준비가 윤리적으로 (또한 정치적으로) 정당하다고 불릴 수 있으려면 몇 개의 기준이 아니라 모든 기준들을 충족해야만 한다.

5.2.1.2 정당전쟁론의 의미

정당전쟁론(Die bellum-iustum-Lehre)의 의미는 함부로 전쟁을 일으키지 못하도록 전쟁을 **길들이**고 **제한**하는 데 있다. 이러한 길들이기와 제한은 위에서 말한 엄격한 추가적 해석의 관점에서 보면 전쟁을 **추방**하거나 금지하는 데 목적이 있다. 정당전쟁론은 전쟁의 가능성이나 더욱이 강제성이 아니라 이의 인간화, 축소, 종국적으로는 방지를 목적으로 한다. 이는 진정 어느 한 전쟁이 앞에서 언급한 아홉 가지 기준을 충족했는지, 다시 말해 실제적으로 정당한 전쟁이었는지를 검토한다.[68]

니콜슨 베이커(Nicholson Baker)는 새로운 저작에서[69] 제2차 세계대전에서 연합군의 출현과 관련해 언급하면서, 당시 정당한 전쟁이 중요시되지 않았다고 주장하였다. 사람들은 히틀러를 오히려 대대적으로 환영하면서 포괄적인 평화정치 안에 포함시킬 수 있었다는 것이다. 나는 이것을 인종이론을 따르는 히틀러의 국가사회주의적 전쟁이데올로기를 순진하게 오해한 결과라고 판단한다. 그러므로 연합군이 계속적으로 유화정책을 펼쳤지만 이는 결코 평화윤리적 입장을 우선적으로 고려한 것은 아니었다. 1938/39년에 드

---

67 예를 들어, M. Haspel, *Friedensethik und Humanitäre Intervention. Der Kosovo-Krieg als Herausforderung evangelischer Friedensethik*, Neukirchen 2002, 특히 35-145와 220.

68 나는 독일의 침공에 대항했던 폴란드의 **자기방어**와 제2차 세계대전에서 연합군의 출현이 "정당한 전쟁"의 요건을 충족했다는 사실을 의심치 않는다. 그 외에 연합군 편에서 제2차 세계대전이 끝나갈 무렵 군사요지가 아니라 일반시민을 향한 위협으로 볼 수 있는 (그리고 사실 그런 일을 감행했지만) 독일과 일본의 도시들을 겨냥해 폭격을 가했다는 사실도 숨길 수 없다. 이는 "전쟁 중에 지켜야 할 권리"(ius in bello)의 기준을 침범한 행위이다. 이런 점에서 **총체적인** 판단은 여기서 과거의 여러 상황들을 회상하며 내리는 혼합적인 판단이 된다.

69 N. Baker, *Human Smoke: The Beginnings of World War II, the End of Civilization*, New York 2008.

러난 유화정책의 '성과'가 이를 보여준다.

위에서 언급한 기준들과 관련시켜 판단해 볼 때 인류의 역사에서 정당한 평화의 후보자가 될 만한 이론들은 그리 많지 않다. 전쟁을 수행하는 국가와 정당들은 그들이 군사적인 작전을 펼칠 때에 정당한 전쟁을 중시한다는 것을 기꺼이 서류를 통해 자기 스스로 증명하거나 자기 스스로를 위해 요구하기도 한다. 이와 같은 사실은 분명 옳고 조금 더 증명할 수도 있다. 그렇지만 이 같은 주장은 군사적 수단을 통해 수행된 작전이 실제로 정당전쟁론의 기준을 만족시키는지에 관해선 거의 아무것도 말해주지 않는다. 이러한 사실을 "증명서"를 통해 승인받으려고 경쟁하는 모습은, 정당전쟁론의 의도가 원래 주전론자들이 아니라 (최소한) 전쟁을 억제하고 방해하려고 노력했던 사람들의 것이었다는 것을 보여준다. 이를 직시하지 않거나 최소한 직시하지 않으려는 자는 바로 그 자리에서 정당전쟁론을 너무 경박한 것으로 만들어버리고 만다. 내 생각에 실제로 이러한 이론은 타당성을 얻지 못할 것이다.

5.2.2 정당전쟁론에 대한 비판

정당한 전쟁에 대한 **이론**, 즉 "정당한 전쟁"이라는 표현형식은 (내 생각으로는 정당한 지적이지만) 점점 더 많은 비판을 받고 있으며 거부되고 있다. 그 이유를 설명해주는 여러 유형의 비판적 관점이 존재하는데, 이에 대해 알아본다.

5.2.2.1 언어적 이의

"정당한 전쟁"이라는 말을 거부하는, 서로 다른 방향에서 유래한 두 가지(두 부류의) 이견이 있다. 첫 번째 (부류가 제기하는) 이의는 **"정당한"**이라는 단어를 전쟁이나 군사작전을 위한 고유한 표현으로 사용하는 것에 대한 비판이다. "정당한"과 "전쟁"을 연계시키는 그런 유형의 표현은 적지 않은 사람들에게 혐오감을 준다. 이를 거부하는 이유는, 이 단어가 "거룩한" 혹은 "신에 뜻에 따른"과 같은 다른 형용사적 표현과 유사성을 갖고 있기 때문이다. 그간 역사 속에서 군사작전들이 이런 표현을 사용해 종교적 허락과 정당성을 부여받았던 경우들이 적지 않았다. 뿐만 아니라 "정의"는 거의 모든 윤리적 이론에서(예컨대 이미 플라톤에게서[70]) 최고의 윤리적 덕과 칭호로 인정을 받았다. 많은 사람들은, 경우에 따라 군사작전이나 전쟁을 피할 수 없다는 것을 인정하지만, 이를 절대 "정당한 전쟁"이라고 표현할 수는 없다고 생각한다.[71]

두 번째 (부류가 제기하는) 이의는 "전쟁"이라는 단어와 관련되어 있다. 다음과 같이 질문해 볼 수 있다. 어느 한 전쟁을 정당화하거나 이를 가리켜 "정당한"이란 말로 표현하는 것은 문제가 되지 않는가? 오늘날 독일연방공화국에 사는 우리는 (예컨대 아프가니스탄이나 탈레반을 대상으로) 전쟁을 원하느냐는 질문 앞에 봉착해 있지 않은가? 군인과 무기의 지원은 어떤 특정 지역에서(가령 아프가니스탄 힌두쿠시) 가급적 명확하게 확정된 명령을 받은(그곳에서의 사회의 재건과 발전 또한 민간인의 보호를 위한 활동) 특별한 상황에서만 정당화되는 것은 아니냐는 질문만이 "단지"(혹은 무해한) 문제가 되고 있다. 하지만 이로 인해 전쟁이 시작되는 것을 (어떻게) 저지할 수 있는가? "전쟁"이라는 개념과 관련해 생각해볼 때 아마도 우리 국민들 사이에 "전쟁은 (하나님의 뜻에 따라) 있어서는 안 된다."[72]는 주장에 대한 폭넓은 합의가 이루어져 있는 것은 아니겠는가. 고작해야 군사적 지원의 합법성이나 불가피성이 논의될 수 있을 뿐이다.

---

70 위의 제1부 2.3.1을 보시오.

71 1991년 1월 18일 첫 번째 이라크전쟁이 발발하기 바로 직전 루터교회의 감독 히르쉴러(H. Hirschler)는 1991년 1월 6일 한 교회의 모임에서 다음과 같이 말하였다. "정당한 전쟁이란 없습니다. 꼭 끔찍한 방식으로 해야만 하는 것이 있단 말인가요?" 이러한 발언은 당시 목사회의에서 강한 비판을 받았고, 매우 격렬한 사회적 논의를 촉발했다. 이에 대해선 다음을 보시오. W. Härle, *Zum Beispiel Golfkrieg*(위의 각주 1), 7-9.

72 위의 5.1.1.을 보시오. 내가 여기에 괄호를 친 것은, 종교가 서로 다른 사람들이 이러한 주장에 대한 다른 논증을 제시할 수 있다는 것을 암시하기 위해서이다.

"정당한 전쟁"이라는 표현형식의 두 부분("정당한"과 "전쟁")에 대한 언어적 이의는 중대한 **실제적** 문제를 위한 지표이기도 하다. 그렇다면 이것이 문제가 되는 곳은 어디인가?

5.2.2.2. 전쟁의 정당화를 위한 정당전쟁론의 오용

정당전쟁론은 악용될 수 있을 뿐만 아니라 실제로—특히 초기 근대의—역사 속에서 전쟁을 정당화하기 위해 조직적으로 악용되었다. 이런 시도는 두 가지 측면에서 정형화되었는데, "양쪽 모두에게 정당한 전쟁"(bellum iustum ex utraque parte)과 "전쟁을 일으킬 자유로운 권리"(liberum ius ad bellum)이다. 이는 전쟁을 즐겨하는 정치적 정당만이 아니라 17세기 국제법의 논의를 통해서도 승인된 바 있다.[73] 이러한 논의를 통해 전쟁수행의 권리가 각 주권국가의 특징으로 인정되는 작은 진전을 이룬 것도 사실이지만[74], 전쟁을 억제하고 막아보려는 정당전쟁론의 원래적 의도가 뒤바뀌어, 주권국가는 물론 자의적인 전쟁수행이 정당화되기도 하였다. 이것이 바로 "정당한 전쟁"에 대한 이론을 반대하게 되는 실제적인 중심논거이다. 이에 이어 세 번째 논거가 뒤따라 나온다.

5.2.2.3 전투원과 민간인의 구별 불가능성

이 비판은 위에서 제시한 기준 중 마지막 기준, 즉 "전투에 참여하지 않는 민간인의 보호"와 관계되어 있다.[75] 이 이론은 20세기나 21세기의 발견물이 아니라, 그 기원을 더 멀리에 두고 있다. 그 어떤 다른 기준과 비교해 보아도 이러한 구별이 가능하면서도 중요하다는 것(그리고 필요하다는 것)을 잘 인식할 수 있다. 솔직히 **대량**살상무기 시대에 이러한 구별은 웃음거리나 경멸의 대상이 될 수 있다. 제2차 세계대전 중에—이미 언급했지만—전

---

73 이에 관해선 *Schritte auf dem Weg des Friedens*(각주 18), 19를 보시오.

74 Ebd.

75 위의 5.2.1.1.2②를 보시오.

쟁을 지원하려는 민간인들을 차단하기 위해 일부이지만 전적으로 민간인을 겨냥한 폭격이 (영국, 독일, 그리고 일본에서) 감행되기도 했다. 적지 않은 군사전문가들은, 오늘날의 전쟁에서는 민간인들보다 전투에 참여한 군인들이 더 보호받고 또한 보호받을 수 있을 것으로 내다본다.

5.2.2.1-3 결론

나는 이 세 가지 이의를, 윤리적으로 더 나으면서도 더 좋은 성과를 거둘 수 있는 대안을 고대하고 동시에 정당한 전쟁의 **이론**과 이별을 고하게 할 만큼 중요한 내용들이라고 생각한다. 이에 대한 두 가지 **대안**이 있다. 첫째는 군사적 폭력이든, 경찰에 의한 폭력이든, 아니면 개인적 영역에서 정당방위와 응급조치의 뜻에서 행하는 폭력이든 간에 모든 형태의 (살인을 가능성을 가지고 있는) 폭력 사용을 거절하고 윤리적으로 경멸하는 **철저한 평화주의**이다. 하지만 이러한 평화주의가 정당전쟁론의 대안이 될 수 없는 사실과 이유에 대해 이미 언급한 바 있다.[76] 정당전쟁론과 철저한 평화주의에 대한 다른 대안은 다음에서 살펴보려는 정당한 평화의 구상이다.

5.2.3 정당한 평화의 구상

정당한 평화에 대한 이론적 작업은 아직 끝나지 않았다. 다시 말해 정당한 전쟁론과 비교할만한 이에 대한 개념적 형식이 아직 존재하지 않는다. 그러므로 나는 여기서도 오직 한 가지 **구상**(Konzeption), 즉 정당한 평화에 관한 기획을 시도한다. 이러한 구상의 특징으로 다음 두 가지를 제시할 수 있다.

• 평화를 보존하고, 창조하고, 발전시키거나 보장하기 위해서 (전쟁이나 군사

---

76 위의 5.1.6을 보시오.

적 수단을 통한 지원이 아니라) 철저히 **평화**를 향해 나아가는 방향의 설정이다.

- 평화를 위해 모든 것을 감수하려는 입장과는 달리 내용적으로 실질적이고, 그야말로 정당한 평화를 향한 방향의 설정이다.

그렇다면 정당한 평화란 과연 무엇이며, 이를 위해 어떤 기준들이 필요한가? 다음에서 나는 2007년 독일복음주의교회협의회가 발간한 평화백서 "하나님의 평화에 근거한 삶-정당한 평화를 보호하라"와의 밀접한 관련 속에서 이에 대한 대답을 제시한다.[77]

5.2.3.1 팽팽한 긴장의 과정으로서의 정당한 평화

"정당한 평화에서 생각하기"라는 표제가 붙은 백서의 한 장에서 다음과 같은 핵심적인 문장을 발견할 수 있는데, 이는 정당한 평화를 정의하는 데 도움이 된다. "평화(정당한 평화라는 의미로)는 (단순히 전쟁이 부재하고 모든 갈등이 정지했다는 의미로서의) 상태가 아니라 폭력이 감소하고 정의가 증대하는 사회적 과정이다"(54쪽). 이는 정당한 평화에 대한 훌륭한 정의이고 이를 아울러 표현한 것이다. 이 정의는 정당한 평화를 정적인 이념으로 제한하지 않고 이의 **역동적이며 계속적 과정**의 특징을 드러낼 뿐만 아니라, 정당한 평화를 단순한 부정적 이념(전쟁의 부재, 모든 갈등의 정지)과 구별하고 갈등을 해결하는 데 **긍정적으로 성취**할 수 있는 방법에 대해 묻는다. 이와 같은 긍정적인 성취가 평화백서에서 여러 제목으로 계속해서 서술된다.

5.2.3.2 "정당한 평화의 차원들"(53쪽)

평화백서는 평화의 네 가지 차원을 언급하는데, 이는 점진적으로 백서의 중심을 관통하는 내적 구조를 제공하고, 이와 더불어 이의 의미와 실행 가능성을 보여준다. 형식상 이는 정당한 전쟁의 기준들과 비교해 이해할

---

77 *Aus Gottes Frieden leben*(위의 각주 54), 특히 50-56을 보시오. 다음의 서술에서 특별한 언급 없이 본문에 사용된 쪽수의 표시는 이 백서의 쪽수를 말한다.

수 있다.

① "폭력으로부터의 보호"(54쪽)

여기서는 자의적이며 불법적인 폭력으로부터의 보호가 문제가 되는데, 이와 관련해 (모순되어 보이지만 사실은 전적으로 옳은) 근대문명의 본질적인 성과물인 국가의 권력독점이 높이 평가된다. 그러므로 평화백서는 국가 간에서도 (유엔헌장을 통해) 이와 상응하는 해결의 길이 열리기를 소망하고 있다. 이를 위한 근거를 설명하기 위해 무정부적 상태를 예시한다. 무정부적 상태에서는 경찰이나 군대를 수단으로 자신의 권력을 관철해가는 국가적 혹은 초국가적 권력독점이 실재하지 않는다. 하지만 무정부상태에서는 항상 더 강한 자의 "권리"가 관철되는 경향이 있다. 평화백서는 의도적으로 무정부상태를-매우 엄격히-"법을 보호하는 권력"(65-79쪽)과 반대되는 것으로 대비한다. 억제수단을 갖추고 있는 권력독점이 존재해야 하는 중요한 이유는, 이러한 억제수단을 통해 범법자를 처벌하겠다는 국가의 의사를 나타내는 것이다. 그러나 가급적 이를 사용하지 않아야만 한다(일반예방).

② "자유의 촉진"(55쪽)

이러한 차원은 인간존엄성의 개념에 근거해 논증되고, "의사소통과 협력을 위한 자유"(55쪽)라는 표현을 통해 구체화된다. 이는 국가의 간섭과 침해로부터 보호를 목적으로 하며 이와 더불어 국가권력의 독점을 제한한다. 이를 위해 다시 한 번 법과 정상적으로 작동하는 법질서의 의미를 다음과 같이 제시한다. "민주주의적 법치국가는 국가 내부적으로 권력독점을 법적으로 제도화하고, 삼권분립을 통해 규제하고, 기본권의 보호를 통해 제한하고, 민주주의적 참여를 위해 개방하는 데 성공했다." 더 나아가 백서는 다음과 같이 선언한다. "이와 유사하게 국가 간의 영역에서도 강자의 권리를 법의 힘으로 대체해야 할 의무가 있다"(55쪽).

③ "곤궁의 축소"(55쪽)

세 번째 차원은, 인류의 역사에서 물질적인 곤궁과 물질적 재화의 부당한 분배는 항상 전쟁과 군사적 갈등의 원인이 되었다는 사실을 고려한다. 오늘날에도 여러 곳에서 이러한 모습을 보게 되며, 예상컨대 미래에도 그럴 것이다(예를 들면 물 전쟁). 그러므로 정당한 평화의 구상은 국내외적 관계 속에서 이와 같은 **사회적 구성요소**를 필연적으로 포함하고 있다.

④ "문화적 상이성의 인정"(56쪽)

아마도 이러한 차원을 정당한 평화의 구상과 연계시킨 것을 보고 놀라게 될 것이다. 왜냐하면―다른 세 가지 차원과 비교해―이는 마치 사치품 같은 인상을 주기 때문이다. 하지만 오히려 그 반대이다. 많은 갈등을 배태하고 있는 현대사회의 상황과 영역은, 서로 다른 문화적 동질성(언어, 도덕, 삶의 양식, 종교 등의 형태로)을 인정하는 일이 인간의 평화로운 공존을 위해 어떤 역할을 하는지 매우 신속하게 알려준다.

①-④ 결론

이 네 가지 차원을 통해 평화백서가 정당한 평화라고 지칭한 과정의 성격이 규명되었다. 여기서 분명히 말할 수 있는 바는, 몇 가지 차원이 아니라 네 가지의 모든 차원이 "정당한 평화"라고 칭할 수 있는 것을 구성한다는 사실이다. 이를 통해 사실상 "정당한 평화"가 "어떤 대가를 치르고도 평화를 얻으려는 입장"과 근본적으로 다르다는 것이 증명되었다. 이는 최고로 수준 높은, 그러나 역시 최고로 삶에 봉사하는 과정이다. 그러나 이러한 과정이 세계의 많은 지역에서 전혀 진전을 이루지 못한 채 미진한 상태로 남아 있거나 혹은 급격히 악화되어 도리어 정지되거나 역행하고 있기에, 정당한 평화의 한 가지 차원이나 몇 가지 차원은 언제라도 의문시되고, 유보되거나 무산될 수 있다는 것을 항상 다시 염두에 두어야 한다.

그리고 이러한 상황과 관련해 정당한 평화의 구상 안에서도 역시 군사적 수단을 통한 지원의 합법성이나 불가피성에 대한 질문이 제기된다. 이러한 상황에서 정당한 전쟁을 위한 기준들이—내용적 변경 없이—"검증하는 질문"[78]의 기능을 얻게 되는데, 이러한 생각은 최근의 평화백서("하나님의 평화에 근거한 삶")만이 아니라 이보다 앞선 2001년 평화백서("검토 중인 평화윤리")에도 등장한다. "군사적 폭력사용을 정당화하는 근거는 무엇인가? 누가 폭력을 행사할 수 있는가? 어떤 목적과 수단이 합법적인가? 이러한 목적들이 달성될 수 있는가? 폭력을 사용할 때 비례성이 보호되는가?"[79] 이것이 정당전쟁의 기준에 몰두하고 있는 사람들에게 매우 잘 알려져 있다. 그러므로 이와 연결해 질문하게 된다. 정당한 평화를 주장함으로 정당한 전쟁에 대한 본질적인 변화가 성취되는가? 이러한 변화는 어디에 있으며, 이러한 발전의 과정을 어느 정도 제시하는가?

5.2.4 두 이론에 대한 비교적 평가

5.2.4.1 모범적 이상으로서의 정당한 평화

바로 앞 장 마지막에서 말한 내용은 두 이론 사이에 두드러진 근본적 차이가 없다고 주장한 것처럼 오해를 받을 수도 있겠다. 이 때문에 사람들은 정당한 평화의 구상이 정당한 전쟁론과의 분쟁을 해소하거나 이를 개선한 유형의 하나라고 생각할 수도 있을 것이다. 나는 그런 인상을 고무할 생각도 없고 또한 그런 입장도 아니다. 이는 두 이론 사이에 존재하는 차이를 바르게 이해하지 못한 결과이다. "정당한 전쟁"은 "기껏해야" 더 큰 파괴를 막기 위한 긴급처방일뿐 절대로 평화윤리적 혹은 평화정책적 목적을 나타내는 전망이 아니라는 것을 분명하게 알아야 한다. 평화윤리적 관점에서 책임적으로 사고하고 행동하는 사람들 중 그 누구도 "정당한 전쟁"이라

---

78 *Friedensethik in der Bewährung*(위의 각주 31), 69, 80.
79 A.a.O., 69.

고 지칭될 수 있는 그런 상황을 추구하거나 원하는 자는 **없다**. 반면에 평화윤리적 관점에서 책임적으로 사고하고 행동하는 각 사람은 할 수 있는 대로 "정당한 평화"라고 지칭될 수 있는 그와 같은 (포괄적인) 상황을 추구해야만 한다. "어떤 사람도 없다"와 "각 사람"이라는 두 가지 표현 사이에서의 예리한 선택은 거의 생각할 수 없다. 그러므로 정당한 평화의 구상에서 (다시) 등장하는 정당한 전쟁론의 여러 요소들이 있음에도 불구하고, 나는 정당한 전쟁에서 정당한 평화로의 패러다임 전환을 매우 **중요하다**고 생각한다. "정당한 평화"는 2001년 9월의 평화윤리적 중간평가의 마지막 문장과 같이, "평화의 길을 향해 미래로 나아가는 모든 발걸음을 위한 이정표"요 "모범적 이상"이다.[80] 정당전쟁의 관점에서는 이를 결코 책임적으로 말할 수 없다. 왜냐하면 전쟁은, 그것이 정당한 전쟁이라 할지라도 언제나 악이기 때문이다. 악은 결코 윤리적 목적이 될 수 없다.

그러나 이러한 주장에 대해 세상의 실제적인 상태를 보면, 가령 여전히 악으로 남아 있는 **굶주림**의 감소, 여전히 악으로 남아 있는 폭력의 억제와 같이 단지 "작은 악"의 성격을 가질 수 있는 많은 윤리적 목적들이 있지 않느냐는 이의를 제기할 수 있을 것이다. 하지만 여기서 다음과 같은 잘못된 사고가 나타난다. 이 경우에선 굶주림(감소된 굶주림이 아니라)이나 폭력(억제된 폭력이 아니라)이 아니라 (굶주림의) 감소와 (폭력의) 억제가 목적이 된다. 그리고 이러한 감소와 억제의 행위가 악의 감소나 억제와 관련을 맺고 있다는 이유만으로 긍정적인 윤리적 목적이 되어버린 것이다.

5.2.4.2 긍정적 가치로서의 정당한 평화

정당한 평화의 구상은 분명하게 긍정적 가치를 표현하기에 "정당한 전쟁"이라는 형식이 부정적 개념인 "전쟁"을 가지고 작업한다는 것을 개의치 않는다. 이에 반해 "정당한 평화"는 "평화"라는 긍정적 개념을 가지고

---

80 A.a.O., 91.

작업한다. 이것은 바로 구약성서에서 말하는 샬롬이 성취된 상태, 다시 말해 구원되고, 성취되고, 행복한 삶과 공존이 완성된 상태를 총괄적으로 보여주는 개념이다.

"평화"의 긍정적 가치만을 따르면, 삶과 공존에서 나타나는 부정적 측면들(욕심, 공격성, 폭력태세 등)을 직시하거나 이와의 대결을 회피하게 되지 않겠느냐는 비판은 인정할 수 있고, 또한 해야만 한다. 역으로 정당전쟁론을 향한 방향설정 역시 평화의 의미, 가치, 생존의 필연성을 고려하고 이를 고취할 수 있으며, 또한 그간 역사 속에서 이러한 일들을 해왔다는 사실에 대해 반박할 수도 없다. 그러나 사회윤리적 구상이, 예방되고 최소한 제어해야 할 악에 관심을 두는지 아니면 설명하고 실현해야 할 **소망**에 관심을 두는지는 평화의 이해와 실천에 있어 하나의 큰 차이를 만들어 낸다. 이러한 관점은 다음과 같은 제목을 통해 윤리적 구상으로 표현될 수 있겠다. "선의 매혹적인 힘. 복음주의적 (모범)윤리학의 실마리."[81] 내 생각으론 "정당평화"라는 형식도 (역시) 이러한 선의 매혹적인 힘에서 온 것이다. 사람들이 이러한 모범윤리학을 "정당전쟁"이라는 형식에 근거해서는 말할 수 없다. 두 이론 사이에는 질적인 차이가 존재한다. 이런 점에서 정당한 평화를 지지한다.

5.2.4.3 불확실한 정보의 궁핍에 시달리는 평화윤리

모든 평화윤리적 숙고 뒤에는 언제나 다시 발생하고 오늘날도 이례적으로 증대하고 있는 하나의 기본적인 문제점이 존재한다. 이 문제는, 레만 추기경(Kardinal Lehmann)이 군사적 지원과 관련해 말했던 것과 같이 "도덕적 판단은 신뢰할 만한 지식에 근거해야만 한다"는 것이다.[82] 이런 전제가

---

81 필자의 책에 나오는 한 장의 제목이다. W. Härle, *Menschsein in Beziehungen. Studien zur Rechtfertigungslehre und Anthropologie*, Tübingen 2005, 347-361. 이에 대해선 위의 제1부 5.4를 보시오.

82 나는 이 정보를 데커(D. Decker)가 2013년 2월 8일에 일간신문 「프랑크푸르터 알게마이네 차이퉁」(FAZ)에 기고한 "교회와 전쟁"(Die Kirchen und der Krieg)이라는 논설에서 얻었다.

없다면 모든 윤리적 숙고는 어두운 밀실에서 발생하고 현저한 불확실성과 위험을 안게 된다. 이러한 상황은 역설적으로 이러한 느낌이 만들어 낼 수 있었던 사건을 통해 더욱 첨예화된다. 다시 말해 우리는 그동안 대중매체를 통해 정치적 과정과 연관성에 대하여 매우 훌륭하고도 포괄적인 정보를 얻어왔고, 이를 전혀 문제 삼지 않았다. 특히 사진들을 통해 제시된 정보는-자주 기만적인-인상을 일깨우고, 이것이 현실을 모사한 것처럼 그려내고 진짜인 양 표현하였다고 하겠다. 이와는 달리 대중매체가 알려주는 내용은 (특히 전투상황과 관련해 살펴볼 때) 꾸며지거나 흥미를 자극하고, 가능하다면 조작해 미혹하는 성격을 가지고 있다는 것을 부인할 수 없다.

항상 제한된 지식으로 또한 오판의 가능성을 배제하지 못한 채 매일같이 판단하고 행동해야만 하는 것이 우리 인간이 살고 있는 또 살아야만 하는 사회의 조건이다. 그러므로 이것을 모든 윤리적 판단과 행위가 발생하는 조건으로 수용해야 하지만, 그렇다고 우리의 결정과 행위를 포기해야 할 이유가 되지는 않는다. 그러므로 교회는 자기 스스로 피상적이고 일차원적이며 축소된 표현을 피해야 할 뿐만 아니라, "끔찍한 단순화"에 반대하며 다차원적이고 다양한 관점으로 안내하기 위하여 공공의 장에서 문제를 제기해야 할 과제를 가지고 있다. 이를 통해 교회는 윤리적이며 정치적인 문화의 발전에 중대한 기여를 할 수 있다고 본다.

하지만 평화윤리적 결단이 상황에 따라 매우 심각한 결과를 낳을 수 있는 오류의 위험성을 가지고 있다는 사실 역시 부인하지 않는다. 따라서 마지막에 가서는 용서의 가능성이라는 한계적 상황에 봉착하리라는 것도 전망해 볼 수 있다. 이는 결단을 통해 받게 된 고통이나 결단하지 않아 받는 고통, 우리가 행한 것이나 행하지 않은 것 모두에 적용된다. 가령 농민전쟁

---

83 "Esto peccator et pecca fortiter, sed fortius fide et gaude in Christo, qui victor est peccati, mortis et mundi". 이는 1521년 8월 1일 루터가 멜란히톤에게 보낸 편지의 일부분으로 다음의 책에서 인용하였다. H. Rückert(Hg.), *Luthers Werke in Auswahl Bd. 6*, Berlin 1955², 56, 1f. 이에 대해 다음을 참조하시오. Ch. Möller, *Lasst die Kirche im Dorf! Gemeinden beginnen den Aufbruch*, Göttingen 2009, 80f.

에서 부루첸 분쟁까지 조언자, 목회자, 종교개혁자로서 종교와 평화에 대한 문제에 연루되었고, 연루되어야만 했던 마르틴 루터는 이러한 사실을 알고 있었다. 사람들이 아무리 신중하게 검토하고 해명할지라도 경우에 따라선 때에 맞는 참된 말을 찾아내지 못한 채 오히려 끔찍하게도 잘못된 판단을 내려 결국은 죄를 짓게 된다는 사실을 루터는 자신의 경험을 통해 잘 알고 있었다. 그러므로 무언가 잘못해 죄를 짓게 될까 봐 항상 조바심하고 우유부단했던 멜란히톤에게 했던 루터의 말이, 오늘을 사는 사람들에게도 위험하지만 용기를 주는 충고가 될 수 있다. "그럴 경우 죄인이 되어라. 더 용기 있게 죄를 지어라. 하지만 더 용기 있게 믿음을 가지고 죄와 죽음과 세상을 이기신 그리스도 안에서 기뻐하라."[83]

6. 때에 맞는 바른 말[1]

6.1 언어-윤리학의 "비"(非)주제인가?

따옴표로 강조한 "비"라는 단어는 이 장에서 다루게 될 주제가 어떤 문제점과 결점을 가지고 있는지를 보여준다. (이러한 제목과 형태로) 이 장에서는 아직 존재하는 않는 언어의 윤리학(Ethik der Sprache)에 대해 안내하고자 한다. 손에 잡히는대로 지난 100여 년간 출간된 여러 윤리학 책들을 살펴보았지만, 그 가운데 "언어"를 윤리학의 주제로 삼고 있는 책을 거의 발견하지 못했다. 예외가 있다면 트릴하아스의 주저인 『윤리학』 정도이다.[2] 여기서 나는 세 가지 제한된 전제하에서 언어의 윤리에 대해 논한다.

- 먼저 십계명을 기준으로 언어의 윤리적 기초를 안내하는 여러 윤리학 교과서들이 있다. 그 책들은 으레 "네 이웃에 대해 거짓증거를 하지 말라"(일반적으로 "거짓말하지 말라"는 말로 요약)는 제8계명(개혁교회의 기준에 따르면 제9계명)을 중심으로 기술한다.[3] 루터는 자신의 교리문답에서 제일 먼저 십계명을 다루었는데[4], 그의 설명은 짧지만 알차게 언어에 대한 윤리적 숙고를 자극한다.[5] 십계명을 해설하는 다른 책에도 우리의 주제와 관련된 여러 가지 것들을 제시하고 있지만, 이 장에서는 십계명에서 쉽게 드러나

---

1 2008년 독일복음주의교회협의회 평의회가 이 장과 동일한 제목의 백서를 출간했다는 사실은 우연의 일치가 아니다. 백서와 나의 글은 그 주제나 내용 면에서 많이 중첩되지는 않는다. Kirchenamt der EKD, *Das rechte Wort zur rechten Zeit*, Gütersloh 2008.

2 W. Trillhaas, *Ethik*, Berlin 1970³, 299-309.

3 예를 들면 K. Koch, *Zehn Gebote für die Freiheit*, Tübingen 1995, 9-32; H. Deuser, *Die Zehn Gebote*, Stuttgart 2002. 코흐는 자신의 십계명 해설을 제8계명에서 시작한다. 그의 책에서 제8계명은 십계명의 해설의 중심에 서 있다. 그 외에도 스페인의 철학자 사바테르의 책도 인용한다. F. Savater, *Die Zehn Gebote im 21. Jahrhundert. Tradition und Aktualität von Moses' Erbe*(2004), dt. Berlin 2007, 145-159. F. 사바테르(김현철 옮김), 『십계와 21세기』, 북스페인 2006. 기타 이 책의 제1부 5, 각주 15를 보시오.

4 *BSLK* 509, 15-24와 624, 24-622, 30.

5 다음의 6.3.5를 참조하시오.

는 거짓과 진리 혹은 진실에 대한 질문으로 제한해 숙고한다.

- 다음으로 헬무트 틸리케는 자신의 방대한 신학적 윤리학의 한 장을 "진리의 질문과 관련해 본 타협의 유형"[6]에 할애한다. 여기서는 무엇보다 소위 "슬쩍 둘러대는 거짓말"의 여러 유형들을 다룬다.[7]

- 마지막으로 "인간애를 핑계로 거짓말 할 권리가 있다는 억측"[8]이라는 칸트의 유명한 소논문과 "진리란 무엇을 의미하는가?"[9]라는 본회퍼의 잘 알려진 글을 상기할 수 있다. 또한 쇼켄호프의 저서 『맙소사, 거짓말을 하라고?』[10]는 이 주제와 관련해 놓칠 수 없는 탁월한 학술서이다. 쇼켄호프는 기본적이면서도 실천적 관점에서 언어윤리의 한 가지 중요한 측면인 진리와 거짓의 관계에 대해 탐구한다. 2000년 『해방하는 진리』라는 제목으로 출간된 헤름스(E. Herms)를 위한 기념논문집[11]에도 여러 학자들이 이 주제와 관련된 글을 기고하였고, 2009년 "진리"라는 제목으로 출간된 마르부르크 신학연감(MJTh)[12] 또한 언급할 만하다.

신학과 철학의 저자들은 윤리학 저서를 집필할 때는 물론 소위 성윤리, 의료윤리, 경제윤리, 정치윤리, 법윤리, 문화윤리, 미디어윤리[13] 등과 같은

---

6 H. Thielicke, *Theologische Ethik*, Bd.II, 1, Tübingen 1959, 110-189.

7 자연히 여기서는 의료윤리학에서 자주 문제가 되는 환자를 향한 의사의 진리 혹은 진실이 중요한 역할을 한다(a.a.O., 171-189). 또한 E. Schockenhoff, *Zur Lüge verdammt? Politik, Justiz, Kunst, Medien, Medizin, Wissenschaft und die Ethik der Wahrheit*, Freiburg 2000, 2005², 446-506; D. Ritschl, *Zur Theorie und Ethik der Medizin*(위의 제2부 각주 1), 167-169; J. Römelt, *Christliche Ethik in moderner Gesellschaft, Bd.2*, Freiburg/Basel/Wien 2009, 294f.

8 I. Kant, "Über ein vermeintes Recht aus Menschenliebe zu lügen"(1797), in: ders., *Werke in zehn Bänden*, Hg. W. Weischedel, Bd.7, Darmstadt 1968, 635-643.

9 D. Bonhoeffer, "Was heisst die Wahrheit sagen?" in: ders., *Ethik*, zusammengestellt und hg von E. Bethge, Stuttgart(1948), 283-290과 in: ders., *Werke, Bd. 16*, München 1996, 619-629. 칸트와 본회퍼의 글은 다음에서 언급하게 될 것이다(아래 6.3).

10 E. Schockenhoff, *Zur Lüge verdammt?*(위의 각주 6). 저자는 2005년에 출간된 특별판 서언에서 21세기 초까지 출판된 "거짓말"이라는 주제의 시사성을 입증하는 여러 저서와 전집들을 제시해 주었다.

11 W. Härle/M. Heesch/R. Preul(Hg.), *Befreiende Wahrheit, FS für E. Herms zum 60. Geburtstag*, Marburg 2000.

12 W. Härle/R. Preul(Hg.), *Wahrheit*(*MJHh* XXI), Leipzig 2009.

13 미디어윤리의 영역 안에서 언어의 윤리에 대한 흥미로운 연구로는 다음을 보시오. R. Leicht, "Du sollst nicht falsch Zeugnis reden wider deinen Nächsten!", in: Ch. Drägert/N. Schneider(Hg.), *Medienethik*, Stuttgart/Zürich 2001, 337-346.

"영역윤리들"을 소개할 때도 한결같이 언어의 문제를 제외하였다. 그 이유에 대한 설명이 필요하다. 그러나 내가 제시할 수 있는 것보다도 더욱 확실한 설명이 필요하다. 왜냐하면 나는 이제까지 "이런저런 확신 때문에 언어를 윤리학의 주제로 다루지 않는다"는 식의 주장을 거의 본 일이 없기 때문이다. 언어를 윤리의 주제로 다루지 않는 이유조차 없는 것 같으며, 그런 주장의 작은 암시조차 발견하지 못했다. 그러므로 나는 그 이유를 오직 여러 가지 추측에 근거해 설명할 수밖에 없다. 그러나 "언어가 삶에서 중요한 역할을 하지 않기 때문에 사람들이 언어를 윤리학의 주제로 다루지 않는다"는 식의 추측은 있을 수 없다. 그와 같은 주장이나 사고는 (논리적 관점만이 아니라 인간학적이며 윤리적 의미에서도) 생각할 수 없다.

기껏해야 다음과 같은 주장을 상상해볼 수 있겠다. "언어가 인간의 삶에 근본적이고 포괄적 의미를 갖는다고 확신하지만 나는 나의 윤리학에서 언어를 다루지 않는다." 그러나 이는 자기주장에 대한 논증이 아니라 고작해야 이러한 논증을 제시하지 않겠다는 제한적 의사표현일 뿐이다. 그러므로 사람들은 그에게 계속적인 논증을 기대하게 된다. 그러나 이러한 논증을 통해 논의되어야 하는 것은 무엇인가?

내가 주요하게 생각하는 바는, 언어라는 주제에 대한 전통적인 윤리적 숙고가 주로 "거짓이냐 진리 혹은 진실이냐"라는 두 측면에 고정되어 있어 이에 관한 논의가 매우 지루하게 보인다는 점이다. 어느 모로 보나-최소한 **이론적으로**-이에 대한 논의가 많지 않다.[14] 언어의 윤리학은 삶의 다

---

14 라이흐트는 -풍자적으로- 다음과 같이 말한다. "사례를 넉넉히 주는 여러 곳에서의 많은 출현요구를 내가 다 거절할지언정, 물론 복음주의 연구소의 초빙을 받았을 때도 마찬가지만, 나는 '미디어윤리'라는 주제에 관해 자세하게 숙고해본 일이 없다. 왜 아닌가? 이 사안은 실무자인 나에게, 거기 있는 그대로, 복잡한 사고를 강요하는 그런 문제가 아니기 때문이다. 나에게는-제7계명과 제8계명-이 두 계명만으로 충분했다. '도둑질하지 말라!'와 (루터보다 더 간단히 말해) '거짓말 말라!'고 말하고 나면 이것으로 미디어 윤리는 끝이다. 사람들에게 저급한 글을 제공하며 그들의 돈을 빼앗고, 지루하고 공허한 말로 사람들의 시간을 빼앗지 말라. 그리고 그 외에 한 마디 더 거든다면, 사람들에게 진리를 말하라, 진리를 말하지 않으려면 아예 아무 말도 하지 말라고 하겠다. 이에 무슨 말이 더 필요하겠는가."(R. Leicht, a.a.O., 337) 라이흐트는 제8계명 옆으로 제7계명을 끌어온다.

양한 갈등영역과 측면에서(슬쩍 둘러대는 거짓말, 병상에서의 진실, 성실한 납세, 정치와 외교 분야에서의 거짓말과 같이) 결의론적 의미로 거짓말을 금하는 데 사용하는 것 외에는 그리 많이 언급되지 않는다. 이러한 결의론적 경향은 명백히 도덕화의 위험성을 가지고 있다는 추측 때문에, 그동안 언어윤리에 대한 이론적인 숙고를 기피했다고 하겠다. 결의론은 "거짓말하지 말라" 혹은 "진리를 말해야만 한다"는 금지나 계명을 통해 이미 모든 것이 결정되어 있는 것처럼 주장해왔고, 엄하게 명령되고 지켜야 할 것으로 여겼다.

그러나 윤리학이 언어를 의붓자식 대하듯 한 데에는 또 다른 이유가 있다. 거짓말은 십계명의 소위 두 번째 판의 계명들 중 가장 흔히 범하는 계명이다. 그런 만큼 이 계명에 대한 반대 의사를 제시하고 행동하는 것만으로 의미가 있겠는가? 이 계명을 범할 때 등장하는 흔한 모습은 과장과 과소평가이다. 너무 흔히 보게 되는 이러한 현상은 언어윤리의 문제로 거짓말을 다루는 것은 어떤 결말도 얻지 못할, 마치 종교재판을 열고, 도덕적 정화주의를 관철하고, 편협한 주장을 하려는 것과 같다는 인상을 준다. 과연 윤리학자들이 언어를 규제할 수 있으며 또 해야만 하는가? 자유롭게 말할 누군가의 즐거움을 빼앗아도 좋은가? 짐작건대 "그럴 수 없다!"고 바울이 말하지 않았을까? 나 또한 그의 말에 동의한다.

나의 추측의 결론을 낸다면, 언어의 윤리학은 이론적인 관심과는 거리가 먼 일상의 문제로 등장하여 사회를 도덕화하고 희화화하는 경향이 있다. 그런 이유 때문에 언어의 윤리학이 없으며, 아무튼 아직까지는 많지 않다.

6.2 인간의 삶을 위한 언어의 기본적 의미

"언어"는 협의의 의미에서 단어, 개념, 문장으로 제한할 수 있으며, 광의의 의미로는 제스처, 흉내, 표상(즉 모든 몸짓)과 관련된다. 사람들은 "언어"를 상징체계 혹은 상징사용으로 이해하거나 혹은 이 두 가지 모두를 포함해 정의한다. 어떤 경우든 "언어"는 삶에서 독립한 부수적이고 부분적인 영역이 아니라 한 매체 혹은 모든 형태의 의사소통적 매체와 관계를 맺는다. 그러므로 언어는 모든 것을 함께 규정한다. 이미 앞 장에서 언급한 인간의 삶을 위한 언어의 근본적이며 포괄적 의미가 어느 유교적 대화 속에서 분명하게 드러난다. 이를 먼저 소개한다.

위나라의 군주가 자신과 함께 앉아 국가의 통치에 관한 의견을 나누던 공자에게 물었다. 당신의 생각으로 군주가 제일 먼저 해야 할 일은 무엇이라고 생각하는가? 이에 공자가 대답하였다. 먼저 모든 일을 위해 신망을 얻는 것이 필요합니다. 신망을 얻지 못하면 말이 사물에 관한 진실과 일치하지 않습니다. 말이 사물에 관한 진실과 일치하지 않으면 국가를 성공적으로 관리할 수 없습니다. 국가를 효과적으로 관리하지 못하면 예절과 음악을 꽃피우지 못하고, 어떤 일을 하면 처벌을 받거나 칭찬을 받게 되는지도 알 수 없게 됩니다. 만약 사람들이 이를 알지 못할 때 자신이 무엇을 해야 하는지도 알지 못하게 됩니다. 그러므로 선한 통치자는 자신이 해야 할 바를 바르게 말하고, 자신이 해야 할 바를 바르게 행하는 것이 필요합니다. 말하자면 통치를 위해선 절대 옳지 않을 것을 입 밖에 내어서는 안 됩니다.[15]

이 대화는 언어의 사회적이며 정치적 기본의미를 멋지게 보여준 문장이며 생각이다. 야고보서 3:1-12가 기록한 것과 같이 이는 사람들이 자신의 혀를 어떻게 관리해야 하는지에 관한 근본적인 호소를 담고 있다.

"우리가 다 실수가 많으니 만일 말에 실수가 없는 자라면 곧 온전한 사람이라. 능히 온 몸도 굴레 씌우리라. … 이와 같이 혀도 작은 지체로되 큰 것을 자랑하도다. … 혀는 능히 길들일 사람이 없나니 쉬지 아니하는 악이요 죽이는 독이 가득한 것이라"(2, 5, 8절).

그 누구도 혀를 길들일 사람이 없다는 주장이 실제적인 것처럼 들리지만 윤리적 관점에서 그리 고무적이지 않다. 혀를 길들일 사람이 없다고 해서, 언어를 항상 책임적이며 생명을 살리는 데 사용한다는 것이 무엇을 의

---

15 J. Legge(Hg.), *The Chinese Classics, Bd. I, Buch XIII, Kap. III*, 263f.

미하는지 윤리적으로 묻는 것까지 금할 수는 없다.

우리의 처지를 한번 살펴보자. 언어윤리의 기본주장들[16]이 모든 신학대학, 지역노회와 주교행정관, 각 교구, 목사회의, 교회직원, 그리고 모든 교회의 지도자들에 의해 지켜지고 있는가? 그들의 거짓말은 전염성이 강하다. 모든 분야에 즉각적으로 영향을 미치지는 않겠지만 분명 그 영향력을 감지할 수 있다. 이로 인해 결코 머뭇거림 없이 우리의 사회 속 깊은 곳까지 빛을 발산하며 영향을 미치는 언어의 문화가 점차적으로 생성되지 않겠는가? "사람들이 듣기 좋은 대로 말하고", 당사자들이 있는 자리에서 마치 그들이 그렇게 행동이나 한 것처럼 말하면서—모든 다른 사람들을 도외시한 채—그들을 기쁘게 한다. 타인만이 아니라 자기만족을 위해 그렇게 행동한다. 바로 그것이 자신들이 그러한 태도를 취하고 최소한 그렇게 행동하려고 애쓰는 강한 동기이기도 하다.

하지만 사람들은 이와 반대되는 현상을, 토크쇼와 선거캠페인과 같이 사람들 간에 사회적 의사소통이 이루어지는 자리라든가 또는 화려하게 연출된 일상의 학문적이고 교회적인 갈등 가운데서 확실히 관찰할 수 있다. 우리가 어떤 말을 선택하느냐에 따라 가치나 평가가 달라지고, 동의를 얻고, 입장을 선점하게 되고, 방기한다. 다음과 같은 작은 실험을 통해 쉽사리 이를 확인할 수 있다. 사람들이 어떤 복잡한 사건에 대한 보고나 소식을 받고 이에 대한 여러 견해들을 여러 관점에서 생각이나 글로 기록해본다. 예를 들면 한 보고서는 가능한 한 부정적이며 위협적으로, 다른 것은 가능한 한 소박하고 명확하면서도 긍정적으로, 마지막으로 어느 보고서는 가능한 한 냉철하게 거리를 둔 채 객관적이고 편견 없이 기술해본다. (세미나에서 여러 그룹으로 나누어 이를 실험해볼 수 있다.) 이런 연습을 통해 즉시 자기 자신을 발견한다. 이는 단어적인 의미로 거짓말하지 않고도 가능한 것과

---

16 이것이 의미하는 바를 분명히 보려면 루터가 "소교리문답"에서 시도한 여덟 번째 계명에 대한 해석만으로도 충분하다. 이 해석의 원문을 보려면 다음의 각주 32를 참조하시오. 이의 해석을 위해서는 다음의 6.3.5를 보시오.

같다. 다시 말해 보고서를 다음과 같이 쓸 수 있다.

이러한 진술로서 순조롭게 진행되고, 바르게 유지하고, 관철시키는 좋은 기회를 고려할 수 있도록 표현한다. 사람들이 이것을 최고의 목적으로 삼고, 일차적으로 소통 중에 존경, 영향력, 능력을 중요시하는 한, 이러한 수단 외에 다른 수단을 생각하지 못하도록 단념시킬 수 있다. 하지만 특별히 어려우면서도 부분적으로 위협적인 문제를 해결하기 위해 가능한 미래 지향적 해결점을 찾아야 한다는 요구에 직면해 생각해볼 때, 그와 같이 위조되고, 양극화되고, 관철시키려는 목적으로 언어를 사용하는 것은 독약이다. 그와는 달리 누군가 자신의 확신을 확고하게 주장할 수 있으면서도 동시에 자신의 약점을 언급하고 타인의 주장이 가지고 있는 강점을 인정하고 이를 명시적으로 인정할 준비가 되어 있다면 이는 커다란 (정치적, 학문적, 인간적) 유익이라고 하겠다. 그런 사람은 이 후에도 언어를 타인을 적대하는 무기나 악용의 도구로 사용하지 않는다.

나에겐 꿈이 있다. 언젠가 우리의 정치적 논쟁에서 서로의 약점을 중상모략하거나 비장의 무기로 사용하지 않으면서 토론하는 꿈이다. 이러한 꿈을 이루려면 우리는 우리의 희망을 일차적으로 정치에 두어서는 안 된다. 유치원, 학교, 대학, 교회와 같이 영향력과 능력의 기증과 보존이 문제가 덜 되는 사회적 영역에서 시작해야 한다.

오해를 피하기 위하여 말하자면, 내가 여기서 중시하는 것은 논쟁을 피하고 조화를 만들어 내거나 이를 그럴싸하게 포장해 보이려는 것이 아니다. 오히려 최고의 계획들을 얻기 위해서는 논쟁과 논거가 절대적으로 필요하다. 하지만 이러한 논쟁과 논거를 지향하려는 노력이 너무 드물게 일어난다는 말이다. 계속해서 타인의 입장을 희화화하고 자신의 입장을 미화하려는 노력이 이를 대신하고 있다.[17]

---

17 이의 경향성을 인식할 수 있는 장소는 무엇보다 위에서 언급한 텔레비전 방송의 토크쇼이다. 토론은 으레 점잖게 시작하지만 곧이어 사건에 대한 논쟁은 지평 뒤로 사라지고 그 대신 서로를 향한 비방과 명예훼손이 그 자리를 대신한다. 대화의 파트너들이 한결같이 서로 상대편의 말을 막고 동시에 자신이 말을 끝까지 마치게 해 달라고 날카롭게 부탁하는 시점에 이르러서

그러면 이 모든 것이 (학교와 대학에서나 떠들어대는) 거창한 웅변에 불과한가? 절대로 웅변술이 아니다. 여기서 문제가 되는 것은 그보다 더 심오한 의미를 가지고 있다. 바른 말을 추구하고 찾는 것은-최소한-하나의 윤리적 과제이다. 그렇다면 바른 말이란 무엇인가?

6.3 바른 말

6.3.1 진리에 합당한 말로서의 바른 말

나는 지금까지 이 주제에 대해 유보적인 입장을 취해왔는데, 그럴 수밖에 없는 이유는 바른 말에 대한 질문에서 사실상 **제일** 먼저 다음과 같은 통찰이 중요했기 때문이다. 바른 말이란 진리에 **합당한**, 정직하고, 바르고, 진실한 말이다. 오직 진리에 합당한 말만이 우리가 가야 할 바른 방향을 지시해주고, 진정한 인간적 삶의 관계를 성취하며, 과거와 현재를 있는 그대로, 좀 더 신중하게 말해 우리에게 보인 그대로, 우리가 인식한 그대로 보게 한다. 진리에 합당한 말만이 미래를 설계하고 형성하게 한다. 진리나 비진리가 의사소통의 괄호 앞에 있는 부호와 같이[18]-어쨌든-의사소통의 모든 내용을 결정한다.

일반적으로 인간들이 진리에서 벗어나 진리에 합당한 말을 하지 못하게 하는 세 가지 가능한 경우들이 있다. 그것은 무지, 오류, 그리고 거짓말이다.

- 무지한 인간은 진리에 합당한 말을 자기 마음대로 사용할 수 없다는 것을 알지 못한다는 점에서 진리에 합당한 말을 할 수 없다. 그러나 최소한 그

야 사람들이 이러한 사실을 깨닫게 된다. 젊은이들이 이런 방송을 시청하지 않기를 소망해 본다. 이런 방송은 청소년들에게 매우 위험한 영향을 준다고 생각한다. 오고 있는 세대들이 그런 토크쇼를 본 후, 서로를 향해 그렇게 대하고 말하는 것이 정상인 것처럼 믿을 수도 있기 때문이다.

18 이러한 은유에 대해선 다음을 보시오. W. Härle, "Das christliche Verständnis der Wahrheit", in: *MJTh* XXI(위의 각주 11), 62, 79.

가-소크라테스적 방식으로-자신의 무지를 알고 있으며 이를 시인한다는 점에서, 그에게 진리에 합당한 말은 이러한 무지에 대한 인정이고 무지 앞에서의 속수무책이라는 것을 보여주는 것이다. 무지한 인간이 자신도 모르게 진리에 합당한 어떤 말을 솔직하고도 성실하게 진술할 수 있다. 다시 말해 그는-유감스럽게도-이를 알지 못한 채 말할 뿐이다.

- **오류에 빠진** 인간은 무지한 인간과 비교하거나, 또한 다른 면에서 구별하기도 한다. 먼저 오류에 빠진 인간은 자신이 잘못 생각하고 있다는 것을 알지 못한다는 점에서 무지한 인간과 동일하다. 차이가 있다면, 자신이 알지 못한다는 것을 알지 못한 채 자신의 오류를 홀로 간직할 근거가 없다고 생각하고 이것을 진리인 양 계속 전달하는 것이다. 이로 인해 그는 자기 자신이 잘못된 길로 갈뿐만 아니라, 신약성서 마태복음 15:14에 기록된 눈먼 인도자와 같이 다른 사람도 잘못된 길로 인도한다. 진리에 합당한 말씀은 여기서 "내가 잘못 생각했다"[19]라고 말할 수 있는 새 관점을 통해 밝혀진다.

- **거짓말하는** 인간은 다음과 같은 점에서 무지한 인간 및 오류에 빠진 인간과 구별된다. 그는 진리를 안다(혹은 안다고 한다). 그러나 그는 이를 말하지 않는다. 즉 그가 자신이 인식한 진리를 전달하지 않고 타인을 의식적으로 잘못된 길로 인도하고 속인다는 점에서 무지한 자 및 오류에 빠진 자와 구별된다.[20] 그는 어떤 경우에서도 이를 시도한다. 그는 의도적으로 자신이 알고 있는 혹은 알고 있다는 진리를 다른 사람에게 제공하지 않는다. 이때 거짓말쟁이는 일반적으로 자신의 거짓말을 마치 진리인 것처럼 전달하면 할수록 더욱 성과를 거둔다. 진실하지 않은 사람도 진리에 알맞은 말을 할 수 있다. 그러나 이것을 말하기를 원하지 않는다. 진리에 합당한 말로 돌아가는 길이 "내가 거짓말을 했다, (그래서 미안합니다)"라고 말함으로 열린다.[21]

---

19 흥미롭게도 "내가 잘못 생각했다"(Ich habe mich geirrt)는 현재완료형 문장은 "나는 잘못 생각하고 있다"(Ich irre mich gerade)는 현재형 표현으로는 그 어떤 의미도 전달할 수 없다. 현재형으로 쓰려면 "나는 그렇게 생각한다"라는 말을 이 문장에 선행시켜야 한다. 그럴 때 이 문장은 희망을 나타내는 문장이 된다.

20 이 외에도 누군가-역설적으로-잘못된 생각을 하면서 동시에 거짓말을 하는 경우와 (의도치 않게) 진리를 말하는 경우도 있다.

21 이 문장 역시 현재형을 소화시키지 못한다. 왜냐하면 이는-분명히 단축되고 오해를 불러일으키는 형태로-성서에도 나오는(딛 1:12) 거짓말쟁이의 그 유명한 역설이 되기 때문이다.

사람들이 무지와 오류에 관해 말할 수 있다. 이러한 모습은 **인간적일 수** 있다. 그러나 거짓말의 무지와 거짓말의 오류에 관해선 말할 수 없다. 이는 인간적인 것이 아니라 악마적인 것이다. 혹은 최소한 악마적인 것을 그 안에 내포하고 있다. 특히 거짓말의 대상이 (아동과 같이) 자신을 방어할 수 없는 사람일수록 더욱 악마적이다. 그러므로 신약성서 요한복음 8:44에서 악마를 "거짓의 아비"라고 부른 것은 우연이 아니다. 이는 너무 도발적인 발언이 아니냐고 이의를 제기할 수도 있겠으나 그렇게 생각하기에는 사람들이 너무 자주 거짓말을 하기 때문이다. 그렇다면 거짓말을 하는 횟수에 따라 사람들의 도덕성을 측정하거나, 잦은 거짓말은 악마적인 것의 재현이라고 말 수 있다는 것인가? 내가 여기서 거짓말이 악마적이라든지 그 안에 악마적인 것을 가지고 있다고 말하려는 뜻은, 거짓말은 제발 금지되어야 하고 특별히 비난받아야 할 도덕적 태도라고 비난하려는 데 있는 것은 아니다. 공포와 강압 속에서 할 수 없이 하게 되는 거짓말이 아닌 한, 거짓말은 사실상 비난받아야 할 태도이다. 그러나 나의 확신은 일차적으로 고발의 성격을 가지고 있는 것이 아니라 인간을 자신의 동맹자요, 공범자요, 대리인으로 만드는 거짓말의 유혹적인 힘에 대해 탄식하는 것이다.[22]

6.3.2 현실에 적합한 말로서의 바른 말

"살인자가 찾아와 그가 뒤쫓고 있는 내 친구가 집 안으로 피신하지 않았냐고 물을 때 거짓말을 한다면 그것은 범죄행위이다."[23]라는 칸트의 도발적인 주장은 옳은가? 나의 입장으로 칸트의 주장은 옳지 않다. 그렇다고 그의 주장을 진지하게 받아들여서는 안 된다는 뜻은 아니다. 칸트의 주

---

22 죄와 범죄의 현상에 관한 일반적으로 중요한 안내를 위해선 W. Härle, *Dogmatik*, Berlin/New York 2007³, 456-492를 참조하시오.

23 I. Kant, "Über ein vermeintes Recht aus Menschenliebe zu Lügen"(위의 각주 7), 639와 641의 비슷한 문장을 참고하시오. "그러나 각 사람은 자신이 회피할 수 없는 것에 관해 발언할 때도 진리를 말해야 할 의무를 가지고 있다. 진리를 따르는 것이 자신에게는 물론 타인에게도 해를 줄 수 있다."

장과 그의 논거가 전적으로 "진리의 사실성"에만 관심을 둔 채 진리에 대한 질문이 가지고 있는 깊고, 포괄적이며, 핵심적인 측면을 고려하지 않는다는 점에서 추상적이라는 말이다. 나는 진리의 다른 측면을 "진리의 현실성"이라고 부르고자 한다.[24]

"진리를 말한다는 것은 무엇을 의미하는가?"[25]라는 제목의 연구에서 단호하게 이러한 측면 혹은 이러한 차원을 관철시킨 것이 **디트리히 본회퍼**의 기여이다. 본회퍼는 "현실적인 것은 말로 진술되어야만 한다. 거기에 진리에 합당한 발언이 있다"[26]고 주장하며 진실한 것에 대한 정의를 제시하였다. 이를 통해 자신이 말하고자 하는 바를 한 어린이의 예를 들어 분명하게 설명하였다. 어느 교사가 학급의 학생들 앞에서 한 어린이에게 "그의 아버지가 자주 술에 취해 집에 돌아오는 것이 사실이냐?"고 물었다. 본회퍼는 이에 대해 다음과 같이 말한다.

> 이는 사실이지만 어린이는 그 사실을 부인한다. 교사의 질문으로 인해 어린이가 감당할 수 없는 상황이 조성되었다. 여기서 어린이는 단지 가정의 질서를 부당하게 침해하는 일이 발생했다고 느끼고, 이를 막아야만 한다는 생각을 한다. 가정에서 일어나는 일을 같은 반 학생들이 함께 알아야 할 것은 아니다. 가정은 그 나름대로 보존해야 할 비밀이 있다. 교사는 이러한 질서의 현실성을 무시하였다.[27]

나는 본회퍼의 이런 입장만이 아니라 그의 논점도 설득력이 있다고 느낀다. 이러한 점에서 어린이의 위증에서 문제가 되는 것은 정당화되어야

---

24 이에 대해 W. Härle, "Das christliche Verständnis von Wahrheit und Gewissheit aus reformatorischer Sicht", in: E. Herms/L. Žak(Hg.), *Grund und Gegenstand des Glaubens nach römisch-katholischer und evangelisch-lutherischer Lehre. Theologische Studien*, Tübingen 2008, 특히 199-213; W. Härle, "Das christliche Verständnis der Wahrheit"(위의 각주 17), 79.

25 D. Bonhoeffer, "Was heisst die Wahrheit sagen?"(위의 각주 8).

26 A.a.O., 284.

27 A.a.O., 286.

할 "급한 거짓말"이 아니다. 이 어린이는-분명 본능적으로-성서가 "자기 아버지의 하체를 덮었다"(창 9:23, 창 3:21도 보시오)고 한 바로 그런 것을 행한 것이다. 이 상황에서 어린이는, 교사가 학급 앞에서 질문을 통해 모독했던 자기 아버지의 존엄성을 위증함으로써 지킨다. 이러한 광경의 맥락을 바꾸거나 변경해, 이러한 질문이 사회복지부에서 근무하는 직원들의 대화에서 제기되었다고 상상해 보면, 어린이의 사례에서 문제시된 것과 동일한 것을 인지하게 된다. 질문자와 당사자 사이에서 바른 질문과 사실에 부합한 응답이 이루어지기 위해서는 서로 다른 (보호된) 공간이 배려되고, 서로 다른 (직업적) 관계가 고려되어야 한다. 아버지의 술주정을 인정하지 않고, 다시 말해 이를 부인하고 진리의 현실성을 존중함으로써 어린이는 자신의 역할(어린이로서)과 그가 처한 장소(학급 앞에서)에서 바르게 행동한 것이고, 그런즉 그는 바른 말을 했다.

6.3.3 말해야만 하는 말로서의 바른 말

지금까지 말한 모든 것은 진리와 거짓이라는 이중적 관점에 고정되어 있다. 하지만 이러한 관점에서도 언어의 윤리학은 포기될 수 없다. 그 이유는 (진리의 사실성이나 진리의 현실성이라는 의미에서) **진실한** 모든 것을 말해야 하느냐는, 즉 **발언**해야만 하느냐는 진부한 질문을 해보면 분명히 알 수 있다. 이 질문은 자연스레 부인된다. 왜냐하면 이는 우리가 할 수 있는 모든 것을 행해도 좋으냐, 또한 이를 행해야만 하느냐는 질문처럼 어리석은 질문이기 때문이다. 당연히 우리가 진실하다고 생각하는 것을 다 말해야 하는 것은 아니다. 어머니가 비교적 일찍부터 나에게 다음과 같은 규칙을 알려주신 것을 기쁘게 생각한다. "네가 말하는 모든 것이 진리이어야만 한다. 그러나 네가 진실한 모든 것을 다 말할 수는 없다."[28]

아직 여기서는 적절한 때에 관한 문제를 다루지 않는다. 다만 과연 진실

---

28 나는 이를 어느 벽보에서 인용했는데, 이 지혜는 마티아스 클라우디우스(Matthias Claudius: 1740-1815)에게서 유래했다고 한다.

한 것(또한 진실하다고 확신된 것)이 무엇이냐고 질문해본다. 그러나 그럼에서 불구하고 진실한 것이 항상 발언되고 허락되어야 한다는 말은 아니다. 발언이 제한될 경우 많은 사람들이 진실하지 않은 것을 억지로 자신의 것으로 수용하게 만들 수도 있다. 그럼에도 불구하고 분명히 윤리적으로 발언의 제한이 필요하다는 것을 말할 수 있다. 다음과 같은 세 경우에서 이와 같은 점이 분명히 드러난다.

- 우리가 알고 있거나 알고 있다고 주장하는 숱한 진실한 말들을 우리는 끝없이 가득 채워간다. 그렇지만 매우 분명히 진실한 모든 것을 발언**해야만**(muss) 하는 것은 아니다. 이는 끝없이 이어지는 험담으로부터의 유익한 보호이다.

- 진실한 것은 상황에 따라 발언되지 않아야만 한다(soll). 이는 지혜의 규칙이라는 성격을 가지며, 통상 대화의 상대가 처해 있는 삶의 상황이나 발언으로 인해 야기될 수 있는 영향력을 숙고하는 윤리적 반성을 요구한다. 이와 더불어 진리에 대한 발언을 경고하거나 금지할 수 있는 상위의 더 포괄적인 관점이 있을 수 있다는 사고가 새롭게 등장한다.

- 진실한 것이라도 상황에 따라서는 언급조차 **허락되어서**(darf)는 안 된다. 당연히 이는 직무상 절대 비밀로 하겠다고 한 약속이나 고해의 비밀을 지킨다는 조건으로 누군가에게 털어놓은 모든 신뢰해야 할 것에 적용된다. 물론 이는 전적으로 그러한 것에만 한정할 수는 없다. 신뢰와 비밀을 지키라는 경고는 최고의 선이며, 이를 침해할 경우 심각한-종종 회복 불가능한-해를 주게 된다.

"네가 말하는 모든 것이 진리이어야만 한다. 그러나 네가 진실한 모든 것을 말할 수는 없다"라는 주장은 중요하면서도 유의해야 할 윤리적 규칙이다. 그러나 이 주장이 잘못된 진리로 인도하지는 않을지라도, 잘못된 진리로 **오용**될 수 있다.

6.3.4 황금률[29]이 바른 말을 위한 척도인가?

"바른 말이란 무엇이냐?"라는 (함축된) 주제에 관한 좀 더 자세한 대답을 얻기 위해 바른 말을 어떤 기준에 따라 측정할 것인지 질문해본다. 이 자리에서 황금률(부정적 형태든 긍정적 형태든)의 도움을 받아 이에 대한 논의를 계속 이어가겠다. "당신이 원치 않은 것은 남에게 행하지 말라"는 토비트 4:16에 기록된 황금률은 잘 알려져 있다. 이보다 더 알려져 있지는 않지만 마태복음 7:12는 "남에게 대접을 받고자 하는 대로 남을 대접하라"고 선언한다. 여기서는 자신의 고유한 의지가 타인에게 받기 원하거나 원하지 않는 행동이나 말의 기준이 된다. 바른 말을 황금률에 대비해 표현해본다면, 나를 향해 발언된 말은 **나에게** 바른 혹은 바르다고 할 수 있는 말이라고 하겠다. 만약 사람들이 공공연히 바른 말을 **기분 좋은** 말로 대치하려고 할 때, 이를 못 하도록 막는 압박은 허락되지 않을 것이다. 이 말은 **장기간** 그리고 **포괄적으로** 나를 이롭게 한다고 내가 확신하는 말이기 때문이다. 황금률이 윤리적 안내를 위해서 훌륭하고도 적합하지만, 이 경우 황금률의 약점은 그대로 남아 있다. 황금률은 **자신의 고유한** 염려와 소원을 만들고, **타인들에게** 반드시 말해주어야 할 기준을 **자기 스스로** 거절하거나 동의하게 만든다. 하지만 이러한 전의(轉義)가 허락될 수 있는가? 우리가 (이러한 관점으로) 성별, 나이, 문화 사이에서 선입견 없이 그렇게 처리할 수 있는가? 여성들이 남성들이 듣기 원하는 것과 동일한 것을 듣기 원하는가? 분명 아니다. 노인들이 청년들이 원하는 뉴스를 듣고 싶어 하는가? "아니다"라고 말하는 사람들이 더 많을 것이다. 문화와 관련해 생각해보자면, 서로 다른 언어, 양식, 그리고 관습이 충분히 극복될 수 없는 장애물로 자주 표현되지 않는가? 나의 생각으로는 "일반적으로 그렇다". 그러므로 이러한 관점에서 볼 때 황금률은 바른 말을 발견하고 규정하기에 적합하지 않다. 이는 바른 말에 대한 질문에 대답하기 위해 첫 번째, 대략의, 일반적인 통

---

29 이에 대해선 제1부 5.1.4를 참조하시오.

로만을 제공한다.[30]

6.3.5 루터의 교리문답에서 살펴본 바른 말

바른 말에 관한 계속적인 안내와 관심을 촉진하는 루터의 교리문답들은 매우 흥미롭다. 루터는 자신의 대교리문답에서 제8계명에 대해 다음과 같이 말한다.

그러므로 누구든지 이웃, 친구와 원수 모두에게 혀로 피해를 입히거나 악한 것을 말해서는 안 된다는 것이 이 계명의 요약이며 공동의 이해이다. 하나님께서는, 진실하든 거짓되든, 명령이나 돌이킴이 아니라 모든 자들이 최선의 것을 말하고, 자신의 죄와 부족함을 발견하는 데 자신의 혀를 사용하고 이를 통해 봉사하게 하시며, 회개하여 하나님의 영광을 아름답게 장식하도록 하신다.[31]

소교리문답에서는 다음과 같이 말한다.

네 이웃에게 거짓증거하지 말라. 이는 무엇을 의미하는가? 대답: 우리는 하나님을 두려워하고 사랑해야 한다. 그러므로 우리는 우리의 이웃에게 허위로(말하자면, 속이려는 의도로[32]) 거짓말하고, 배반하고, 헐뜯거나(즉 중상하거나) 험담(즉 명예를 훼손)해서는 안 되며, 그를 용서하고, 그에 대해 품위 있게 말하고 모든 것을 선용해야만 한다.[33]

이 속에 언어의 윤리를 위한 거의 모든 프로그램이 숨겨져 있다. 루터는

---

30 그러므로 루터는 제8계명의 해석에서 황금률을 일반적 안내를 위한 도움이라고 인용한다 (*BSLK* 632, 21f.).

31 *BSLK* 632, 8-18. 여기에서는 언어에 대해 윤리적인 숙고가 문제가 되는, 단호하게 "진실한"과 "거짓된"이라는 이중성을 넘어선다(Luther: zum 'Mundwerk', a.a.O., 626, 43).

32 말하는 자가 말하는 도중에 자신도 모르게 따라 웃을 수 있는(만우절 장난과 같이) "거짓" (Lüge)이라는 야유적인 표현이 제8계명에서 단호하게 제거되었다. 여기서 농담이 아니라 의도를 가진 거짓말을 금지한다.

33 *BSLK* 509, 15-24.

이 두 교리문답에서 "거짓 대신 진리"라는 주제를 언급하고, 대교리문답에서는 법적으로 관련된 모든 자들(특히 재판관과 증인)에게 이에 대해 엄하게 가르쳤다.[34] 그러나 루터의 강조점은 다소 다른 곳에 있었다. 그는 인간의 명예와 선한 명성을 강조하였다.[35] 이것은 재판과 사회적 교류(중상)에서의 위증을 통해 사악한 형식을 통해서만이 아니라 이 일을 당한 당사자의 명성에 해를 끼치는 진실한 발언을 통해서도 무례하고 분명하게 훼손된다. 루터의 확신에 따르면, 이러한 발언을 조사하고 이의 진실성을 조사하는 공직(재판관, 설교자[36], 부모와 같이)에 있지 않은 자가 이에 대해 윤리적으로 책임을 질 수 있는 두 가지 방법이 있다. 먼저 (마 18:15-17에 따라) 당사자에게 직접 호소하거나 "입을 닥치라"[37]고 말하는 것이다.

루터의 입장에서 보면, 부정적인 것에 대해 침묵하라는 계명은 (다른 계명의 해석할 때와 같이) 긍정적 과제와 서로 상통한다. 다시 말해 부정적인 것에 대해 침묵하라는 말은 다른 사람들을 용서하고 그에 대해 선하게 말하며 모든 것을 선용하고[38] 혹은 각 사람에 대해 선하게 말하며, 그의 죄와 부족함을 덮어주고, 그리고 그의 명예를 칭송하라는 뜻이다.[39] 이런 주장은 언어를 방편으로 삼아 부정적 징후를 긍정적 징후로 대치하려는 미혹하는 행위가 아니냐고 항변할 수도 있다. 하지만 이러한 비판은 루터가 기술한 교리문답의 원문과 그 의도를 왜곡한 것이다. 루터가 중시한 바는, 진리에 위배되는 (긍정적인) 주장을 하라는 말이 아니라 이웃과 그들의 공적인 명예를 가능한 한 긍정적인 빛에서 표현하고 인정하는 데 있다. 대중매체만

---

34 *BSLK* 625, 6-626, 10.

35 그렇게 대교리문답이 시작한다(*BSLK* 624, 30).

36 루터의 확신에 따르면 설교의 직분은 공적으로 발표된 거짓 가르침에 대해 공적이며 명확하게 항변할 권리와 의무를 포함하고 있다(*BSLK* 631, 39-632, 2을 보시오). 이를 통해 루터의 고유한-종종 논쟁적인-표현방식이 부득이 할 경우 정당화되어야 한다.

37 *BSLK* 628, 35; 629, 7, 그리고 630, 23f. 당시 당사자들이 공적인 자리에서 "입을 닥치라"(das Maul zu halten)는 표현을 사용했기에, 이 말은 이미 사람들에게 잘 알려져 있었고, 그러는 바람에 루터도 잠시 침묵해야 할 계명을 잊어버렸다.

38 *BSLK* 509, 22-24.

39 *BSLK* 632, 14-17(위의 각주 30을 보시오).

이 아니라 사람들의 의사소통 가운데서도 이런 문제에 대한 관심을 거의 보이지도, 주목하지도 않는다는 것을 사람들은 짐작하고 있을 것이다. 하지만 그런 사람이 아무리 많다고 할지라도 그들의 말이 바른 말을 찾는데 필요한 더욱 분명한 기준이 될 수는 없다.

6.3.6 사랑의 계명에서 본 바른 말

루터도 이에 대해 명시적으로 말한 바 있지만, 제8계명을 해석하면서 언어윤리의 기준으로 전제하는 것은 **사랑** 바로 그것이다. 이는 아가페의 의미로서의 사랑이다. 아가페가 무미건조하게 "즐거움도 모르는 선행으로"[40] 이해되지 않기 위해서 한 줌의 에로스가 아가페에 좋은 효력이 있다. 사랑은 **타인**이 처한 상황을 고려하며 그를 위해서 정도를 가르치는 말, 미래를 열어주는 말, 용기를 북돋우는 말, 위로를 주는 말, 그리고 그 무엇보다 바른 말을 전달하는 감수성을 그 안에 품고 있다. 또는 최소한 그런 것일 수 있다. 내가 이미 여러 번 사용했던 슈팔딩[41]의 개념으로 **바르다는 것**이 무엇을 뜻하는지 표현해보고자 한다. 바르다는 것은 한 인간의 자기규정에 도움을 주는 바로 그런 것이다. 즉 이는 인간으로서의 자기규정과 동시에 교환될 수 없는 **개인**으로서의 자기규정을 발견하는 것이다. 그러므로 바른 말은 언제나 타인에 대한 이해를 포함한다. 이러한 이해는 이해된 사람만이 아니라 이해하고 있는 사람에게도 커다란 행복의 경험이다.[42]

다른 무엇보다도 이러한 생각을 잘 표현해주는 신약성서의 말씀이 있다. "오직 사랑 안에서 참된 것을 하며 범사에 그에게까지 자랄지라, 그는 머리니 곧 그리스도라."(엡 4:15) 그리스어 성서는 "사랑 안에서 참되며" (Ἀληθεύοντες ἐν ἀγάπη)라는 세 단어를 사용해 표현했지만, 독일어로는 여덟

---

40 W. Härle, *Dogmatik*, berlin/New York 2007³, 240.

41 J. J. Spalding, *Die Bestimmung des Menschen*(위의 제1부 4, 각주 17).

42 나이가 많이 들어서야 내가 타인에게 인정받고 이해되는 것이 얼마나 행복한 일인지를 깨닫게 되었다. 그리고 타인을 알고 이해하는 것이 행복이라는 것을 깨닫는 데에는 이보다 더 많은 시간이 필요했다.

단어나 필요하다(Lasst uns aber wahrhaftig sein in der Liebe). 이와 같은 생각을 그리스어 성서보다 더 짧고, 정확하고, 더 멋지게 표현할 수 있을까? 정확하게 이는 그리스도에게까지 자라가는 것으로 표현되었고, 따라서 전적으로 인간의 자기규정을 추구하는 삶을 말한다. 이보다 더 소중한 것은 없다. 이제 마지막으로 말해야 할 한 가지가 더 남았다.

6.4 바른 말을 위한 적절한 때

우리는 에베소서 4:15을 뛰어 넘어설 수 없다. 단지 더 깊은 곳을 향해 한 걸음을 내디딘다. 왜냐하면 때에 대한 질문이 (여기에서) 사랑에 적합한 공감과 감수성을 보여주기 때문이다. 어느 때 한 단어가 "자기의 때"에 이르게 되는가? 어느 때 그 유명한 카이로스(καιρός)가 도래하는가? 카이로스는 그리스의 신의 모형으로, 그의 앞이마가 긴 곱슬머리로 되어 있어서 기회가 왔을 때 서슴지 말고 붙잡아야 한다. 머뭇거리면 기회가 없다. 그런 자들은 처벌을 받게 된다는 고르바초프의 주장이 다시 한 번 정당성을 얻는다.

그러나 그와 반대되는 경우도 있다. 나는 그것을 내가 너무 소중히 여기는 동화작가 에리히 케스트너(E. Kästner), 특히 그의 동화『하늘을 나는 교실』[43]에서 배웠다. 김나지움 학생인 마르틴 탈러는 크리스마스 이틀 전, 기숙사를 떠나 집으로 올 수 없다는 소식을 부모에게 받게 된다. 가난한 부모는 아들 마르틴에게 집에 올 여비를 마련해줄 여유가 없었다. 어머니의 부탁처럼 마르틴은 매우 씩씩하게 눈물을 보이지 않으면서 자신의 실망감을 극복해보려고 애쓴다. 하지만 그는 유스투스(Justus)라는 눈치 빠른 그의 선생님 앞에서는 자신의 슬픔을 숨길 수 없다. 유스투스는 낮은 소리로 그에게 물었다.

---

43 E. Kästner, *Das fliegende Klassenzimmer. Ein Roman für Kinder*, Hamburg/Zürich(1933) 1998[154], 특히 117-159. E. 캐스트너(문성원 옮김),『하늘을 나는 교실』, 시공주니어 2000.

"여비가 없니?" 그 순간 씩씩했던 마르틴의 모습도 결국 끝장나고 말았다. 그는 고개를 끄떡였다. 그러고는 고개를 돌려 눈 덮인 산악레일을 바라보며 가련하게 눈물을 흘렸다. 근심걱정이 이 젊은이를 불안 속으로 몰아가며 이리저리 마구 흔들어댔다. 유스투스는 당황한 표정으로 그 옆에 서 있었다. 그러나 그는 잠시 기다렸다. 너무 빨리 위로하려고 해서는 안 된다는 것을 잘 알고 있었기 때문이다. 그리곤 자신의 손수건을 꺼내 그에게 다가가 얼굴을 닦아주었다. "자 그만", 그가 말했다. "그만해."[44]

유스투스는 감수성이 예민할 뿐만 아니라 매우 현명한 교사였다. 너무 빨리 위로하려고 해서는 안 된다는 것을 잘 알고 있었기 때문이다. 왜 그럴까? 너무 빠른 위로는 영혼까지 다다르는 자유로운 공간이나 빈 공간을 발견할 수 없기 때문이다. 슬픔이 먼저 자신의 모든 어려움 속에서 공간을 발견하고 표현될 수 있어야 한다. 너무 빠른 위로는 헛되고, 실패하고, 쉽게 소진된다.

니콜라우스 그라프 폰 친첸도르프(Nokolaus Graf von Zinzendorf)의 찬송한 구절이 다른 방식으로 "때에 맞는 바른 말"에 대한 대답을 제공해준다. 1735년에 작사된 그의 찬송 "예수님, 나를 인도하소서"의 둘째 소절이다.

> 내 마음속에 의심의 풍랑이 일 때 / 나는 말해야 할까 침묵해야 할까, 싸워야 할까 조용히 순종해야 할까? / 그때 나에게 말하소서, 할 수 있는 것을 해야만 한다고.[45]

"할 수 있는 것을 해야만 한다." 이는 너무 무미건조하고 진부한 말처럼 들린다. 어째서 사람들이 이미 지금 자신이 분명히 알고 있은 것을 하나님께 말하며 달라고 졸라야 하는지 질문해볼 수 있다. 친첸도르프가 말하는 의심의 실존적 상황과 관련시켜 생각해보자면, 아마도 이 부탁은 "내가 무엇을 (말)할 수 있느냐?"는 질문과 어떠한 구성적 관계를 맺고 있는지를 밝

---

44 A.a.O., 154.

45 *Gesangbuch der Evangelischen Brüdergemeine*, Basel 2007, Nr. 910, 2.

혀보려는 시도라고 하겠다. 도대체 나는 (바른) 말들을 마음대로 사용할 수 있는가? 이 질문은 바른 말을 적절한 시간에 말하는 것이 하나의 기술이라는 추측을 뒷받침한다. 언어를 기술로 사용하는 자들은 언어를 능숙하게 다루는 능력자, 예술가, 위대한 시인이다. 우리는 그들로부터 때에 알맞은 바른 말을 발견하는 법을 배워야만 한다. 이러한 점에서 내가 많은 은덕을 입은 사람들 중 몇 사람이 있다면, 시편의 시인들, 파울 게르하르트(Paul Gerhardt), 게르하르트 테르스테겐(Gerhard Tersteegen), 프리드리히 휠덜린(Friedrich Hölderlin), 프리드리히 니체(Friedrich Nietzsche), 라이너 마리아 릴케(Rainer Maria Rilke), 힐데 도민(Hilde Domin), 마샤 칼레코(Mascha Kaleko), 울라 한(Ulla Hahn)과 같은 비범한 사람들이다. 그러므로 나는 트라우고트 코흐(Traugott Koch)의 다음과 같은 말에 진심으로 동의하게 된다.

"때에 맞게 바른 말을 발견하는 것은 위대한 예술이요 그 누구도 제공해줄 수 없는 행운이다. 오직 이에 대한 관심을 보일 수 있을 뿐이다."[46]

말하자면 때에 따라 바른 말이 갑자기 떠오르는 것은 선물이고, 은혜이다.[47] 이는 절대 기술적인 의미로 만들어낼 수 있는 것이 아니다. 이를 위해 사람들은 오직 제때에 바른 말이 자신의 중심을 관통해 지나가기를 희망하며 자신을 열어놓을 수 있어야 한다. 이것은-트라우고트 코흐의 지당한 말과 같이-큰 "행운"이다. 아마도 타인의 얼굴을 볼 때, 때에 맞는 바른 말이 그에게 도달하게 되는 그런 행운이다.

사람들은 (이 모든 것에도 불구하고) 바른 말을 (최소한 바로 지금) 마음대로 사용하지 못한다는 것을 알고 있다. 도대체 무엇을 할 수 있단 말인가? 나

---

46 T. Koch, *Zehn Gebote für die Freiheit*(위의 각주 2), 19.

47 대학정년퇴임연설을 마친 후 모니카 발라프(Monika Wallraff)에게 이메일 한 통을 받았다. 그녀는 과거 학창시절 같은 반에서 공부하던 친구이지만 전적으로 비종교적이고 냉철한 여성이다. 그러나 편지에서 그녀는 이 모든 것이 은혜라는 말로 나를 격려해 주었다. 나는 그 개념을 즐거운 마음으로 내 원고에 포함시키고, 또한 이 책에 수용하였다.

는 그 해답을 가지고 있지 않다. 뭐라고 말해야 할지도 모르겠다. 단지 우리가 오랫동안 매우 경시해온, 그러나 최근 큰 가치를 인정받고 있는 "말할 때가 있고", "잠잠할 때가 있다"(잠 3:7)[48]는 솔로몬의 설교에서 중요한 통찰을 얻을 수 있다. 침묵과 더불어 윤리적 주장도 자신의 종착점에 이르듯, 침묵함으로써−그것이 신중하고, 감탄하고, 혼란에 빠지고, 충격이나 당황으로 인한 침묵일지라도−윤리적 한계점에 도달하게 된다. 침묵은 단지 윤리적 한계만을 상기시키는 것이 아니라 침묵함으로 윤리적 가능성[49]과도 충돌하게 된다. 이러한 윤리적 가능성은, 말을 통해서가 아니라 이를 행함으로, 다시 말해 말없이 행함으로 바르게 평가된다.

---

48 전도서에는 그 순서가 다르다. 즉 말보다 침묵이 앞에 있다.

49 바로 이 점이 독일복음주의교회협의회가 출간한 백서와 나의 생각을 내용적으로 이어준다. Kirchenamt der EKD, *Das rechte Wort zur rechten Zeit*(위의 각주 1), 12, 61.

제3부

그리스도교 사회윤리학 개관

제3부의 내용은 라우셔(A. Rauscher)가 편집한 『가톨릭사회론 핸드북』(*Handbuch der Katholischen Soziallehre*, Berlin, 2008, 233-248)에 기고했던 "복음주의 사회윤리학 개요"를 다소 수정한 것이다. 여기서 "사회윤리"는 윤리학의 부분영역이 아니라, 각각의 윤리적 주제들 안에 포함되어 있기에 늘 함께 숙고해야 할 윤리학의 한 측면을 말한다. 이는 상호작용의 규칙적 형식, 다시 말해 제도들을 통해 표현되는 인간적 본성과 인격에 대한 기술이다(이에 대해선 앞의 제1부 1.3을 참조하시오).

1. 복음주의적 사회윤리학의 출처

1.1 진리로 확신된 성서적 정경의 복음

복음주의신학은 성서의 원리에 기초하고 있다. 윤리학도 마찬가지이다.[1] 종교개혁적 사회윤리학의 첫 번째 원전이라고 할 수 있는, 루터가 1523년 집필한『세상의 통치에 관하여』(Von weltliche Obrigkeit)[2]는 성서적 관점에서 폭력사용이 정당한지 묻는다. 성서는 폭력금지를 말하기도 하지만(가령 마 5:38-40, 44; 롬 12:19; 벧전 3:9) 폭력사용을 **전제**하고 수용하는 본문도 있다(마 26:52; 롬 13:1f.; 벧전 2:13f.[3]). 그러므로 중세후기 가톨릭교회의 복음적 협의회(Evangelische Räte)는 이러한 상반적 윤리적 진술을 분리해 적용하였다("복음적 협의회"란 중세의 가톨릭교회가 그리스도인이 완전한 삶을 살기 위해 필요한 삶의 자세를 결정하는 회의였다. 마태복음 19:12, 21; 16:24에 따라 그리스도교적 완전성을 보증하는 수단으로써 순결, 가난, 순종을 말하였다, 옮긴이). 다시 말해 어떤 윤리적 계명은 오직 완전한 자들(예를 들면 사제들)에게만 적용하였고 다른 계명은 모든 사람에게 구속력을 갖는 계명이라고 이해하였다. 하지만 이러한 이중적 적용은 성서의 증언으로 판단해볼 때 옳지 않다. 사회윤리학의 과제는 이러한 성서의 진술들을 성서의 **총체적** 말씀과 성서의 **중심**, 곧 "그리스도께서 행하신 것"[4]을 근거해 파악하는 것이다. 성서에 기초한 사회윤리학은 정경의 전체적 연관성을 고려하지 않은 채 각각의 본문에 고착되어 있는 성서주의자들의 입장과는 다르다. 그뿐만 아니라 이스라엘

---

1 이에 대해선 H. H. Schmid/J. Mehlhausen, *Sola scriptura*, Gütersloh 1991, 특히 116-140을 참조.

2 제1부 5, 각주 88을 보시오.

3 이 두 가지 이해를 위한 핵심전거가 동일한 정경의 문헌에서 발견될 수밖에 없다는 사실은 다양한 성서적 저자들 혹은 본문의 구분을 통해 해결해보려는 것을 거절한다. 하나의 내용적 해결모델에 관한 질문의 긴급성을 강조한다. 루터 자신의 해결방안을 위해 다음 2.1을 참조하시오.

4 *WA DB 7*, 384, 262ff.

의 역사와 예수 그리스도의 인격을 통해 계시하신 하나님의 구원행위에 대한 성서의 말씀에 의지하지 않아도 현대세계를 새롭게 형성할 수 있다고 믿는 자들의 입장과 다르다. 본질적으로 복음주의적 성서원리는 다음 세 가지 특징이 있다.

- 첫째, 성서의 권위는 성서에 의해 증언된 사건, 말하자면 하나님의 자기계시에 근거한다. 예수 그리스도는 하나님의 자기계시의 최종 형태이다.

- 둘째, 성서적 정경 속에 전승된 말씀이 진리임을 확신하며 이를 모범으로 삼는다.

- 셋째, 성서적 정경 외에 그 어떤 권위도 최종적 해석권한을 가지고 있지 않다. 성서는 자기 스스로 해석한다(sui ipsius interpres).[5] 다시 말해 자기 스스로부터 해석한다.

바로 이런 뜻에 따라 종교개혁적 성서원리를 따르는 사회윤리학은 성서적 정경에서 증언된 하나님의 자기계시와 모순되는 그 어떤 요구도 주장하거나 요청하지 않는다. 사회윤리적 인식의 뿌리가 다양하다는 것을 부인하는 바는 아니나 비판적 기능을 위해 복음주의교회와 신학과 사회윤리학은 성서원리를 따른다.

1.2 계시와 이성

바울과 같이 루터의 신학은 인간의 이성을 두 가지 관점에서 파악한다. 이 두 측면은 팽팽한 긴장관계 속에 있으면서도 서로 상반되지 않는다. 한편 "이성은 무엇보다 가장 중요한 일이요 우리의 삶의 그 어떤 것보다 최상의 것이요 다소 신적인 것이기도 하다."[6] 다른 한편 이성의 인식은, 그것

---

5 M. Luther, *Lateinisch-Deutsche Studienausgabe(LDStA) Bd. 1*, Leipzig 2006, 80, 3. 이 문장은 때때로 성서의 모든 본문은 전혀 모순되지 않음을 말하는 것으로 오해된다. 그 표현에서 볼 때 그런 의미를 함축하고 있기도 하지만 성경에 나타난 모순들 스스로 서로 모순된 성서본문에 근거해 개정되고 해명되고 결단되어야 한다는 것을 말한다.

6 *LDStA* 1, 665, 10-12.

이 하나님으로부터 온 것으로 이해하지 않는 한 "불충분하고 파악할 수 없으며 너무 물질적"[7]이다. 더욱이 하나님은 "아담이 타락한 후에도 이성에게서 그의 왕관을 빼앗지 아니하고 오히려 인정하셨다." 그러나 죄가 창조 세계로 침범한 후 "타락 이후에 이성이 가지고 있던 가장 아름답고도 탁월한 것들이 사탄의 권세 아래 놓이게 되었다"[8]. 이성이 삶과 세계의 조형을 위해 특별한 의미를 가지지만, 하나님에 대해 알지 못하거나 알려고 하지 않을 때 오히려 이를 위태롭게 한다. 결국 자신의 고유한 의미와 한계를 부인함으로 악을 위해 봉사하게 된다.

그러므로 인간의 이성은 하나님의 계시와 조명을 필요로 한다. 이성은 하나님의 계시와 조명을 통해서 비로소 자신의 창조에 적합한 목적을 인식할 수 있기 때문이다. 하나님의 계시는 인간과 세계를 위한 진리를 보여주는데, 이러한 계시의 전망에서만 이성과 더불어 인간에게 주어진 것이 무엇이며 삶과 세계를 조형하기 위해 이성을 사용해 인간이 얻을 수 있는 것이 무엇인지 인식하고 인정하게 된다. 이러한 사실이 사회윤리학을 위해 특별한 의미를 갖는 이유는 인간에게 이 땅을 세심하게 돌보라고 하나님이 명하신 과제를 성취하기 위해선 이성의 사용이 중요하기 때문이다 (땅의 지배, 창 1:26-28; 9:2; 시 8:7-9).

스토아 철학자들이 처음 체계적으로 연구했던 **자연법** 이론은 계시와 이성의 연관성을 이론적 과제로 인식하였다.[9] 자연법 이론은 인간의 이성과 우주 전체를 뚫고 지나가는 영적 질서가 존재함을 주장한다. 자신의 행동에서 실패하지 않으려는 자는 이 질서를 존중해야만 한다. 이와 같은 사상은 아우구스티누스를 통해 그리스도교 신학이 수용하였고, 이를 창조자 하나님의 이성과 의지요 우주를 통치하는 영원한 법으로 이해했다. 로마서 2:14이하를 읽어보면 자연법에 대한 성서적 연결점을 발견하게 된다.

---

7 A.a.O., 667, 8.

8 A.a.O., 665, 23f.와 667, 21-23.

9 이에 대해 앞의 제1부 3.6.3을 보시오.

거기서 바울은 이방인의 마음속에 새겨진 하나님의 율법에 대해 말한다. 고대교회와 중세의 신학은 자연법을 윤리적 출처요 바른 행위의 방향을 제시해주는 규범으로 이해하였고, 이러한 관점은 초기 계몽주의 시대 복음주의적 법철학자들(그로티우스, 푸펜도르프, 토마지우스)에게 큰 영향을 미치었다. 자연법에 대한 그들의 관심은 보편적이며 초시간적인 입법의 기초에 도움이 되는 합리적으로 논증된 법질서에 있었다. 그러나 불변하는 자연법적 규범과 호소에 대한 사상은 19세기에 들어와 많은 사람들에 의해 의문시되었다. 자연법사상은 역사적으로 여러 갈래로 전개되었고 사회적으로도 다양한 형태가 존재하기 때문이다. 그렇지만 사사로이 법을 제정하려는 생각을 거부하거나 제한하기 위한 초실증적인 법논증의 문제가 여전히 복음주의 사회윤리의 중요한 관심사로 남아 있다.

1.3 교회의 직제

복음주의적 이해에 따르면, 교회의 감독, 총회, 신학적 주장이나 신학교가 아니라 하나님의 말씀이 교회의 직제를 집행한다. "하나님의 말씀이 신앙의 기본주장을 제시한다. 그 외의 어느 것도 아니다."[10] 결국 모든 교회의 교의, 고백, 그리고 가르침은 성서적 정경이 최초로 증언한 하나님의 말씀에 빗대어 검증하고, 이에 근거해 교정해야만 한다.[11] 교회의 교의와 고백은 성서와 동일한 것이 아니고 자의적으로 주장할 수도 없다. 이는 "신앙의 증언과 설명으로, 성서는 각 시대마다 논쟁을 통해 하나님의 교회 안에서 그 시대를 살던 신앙인들이 관리하고 해석해왔으며, 이와 모순되는 주장은 거부하거나 정죄하였다."[12]

루터가 자신의 대교리문답과 소교리문답에서 해석한 십계명과 (중요하면서도 논쟁거리가 되고 있는) 아우구스부르크 신앙고백 제XVI항(공권력과 세

---

10 *BSLK* 421, 23-25.
11 *BSLK* 767, 8-769, 40.
12 *BSLK* 769, 30-35.

속적 통치)이 루터교회의 사회윤리적으로 중요한 고백문서에 속한다.[13] 개혁교회에서는 하이델베르크교리문답(질문 86-115)의 십계명 해설이 특별히 중요하다. 바르멘신학선언(이 선언서의 교의를 거부하는 교회가 있지만[14])을 자신의 신앙고백의 근거로 삼고 있는 교회는 교회와 국가의 관계에 대한 바르멘신학선언 제5항이 사회윤리적으로 중요한 의미를 갖는다.[15] 바르멘노회에서 채택된 신학선언은 교회의 직제가 어떻게 인식되고 이해될 수 있는지 모범적으로 보여준다. 노회는 독일에 있는 교회와 그리스도인들에게 바르멘신학선언을 보내면서, 이에 대한 신앙의 순종을 표하라고 요구하지 않았다. 그 대신 다음과 같이 말하였다. "영적 지도자들이 하나님으로부터 왔는지 시험하여 보라. 독일복음교회총회의 신앙고백이 성서와 선조들의 신앙고백과 일치하는지를 시험하여 보라. 우리가 성서와 반대로 말하고 있다고 생각한다면 우리의 말을 들을 필요가 없다. 그러나 우리가 성서 안에 서 있다고 생각한다면 어떠한 두려움과 유혹도 우리와 함께 하나님의 말씀에 따라 신앙과 순종의 길을 걸으려는 당신들을 방해하지 못할 것이다…".[16]

지속적으로 교회위원회가 작업해 출간한 백서, 신앙안내서, 총회선언과 신학교의 신학자문의 의견 역시 교회의 직제에 대한 중요한 주장에 속한다. 이러한 방식은 교회의 내적 문제는 물론 모든 사회의 윤리적 방향을 제시하는 데 기여하게 된다.

복음주의교회와 사회윤리는, 교회의 직제에 관한 각 주장이 인간의 양심과 모순되지 않으며, 더욱이 이에 따라 살 때에 자신의 양심에 반하여 행동할 수도 있어야 함을 강조한다. 루터는 이의 근거를 1521년 4월 18일 보

---

13 *BSLK* 70, 8-71, 17; 35-510, 24와 560, 4-645, 52. 이에 대해 앞의 제2부 5, 각주 47을 참조하시오.

14 독일복음주의-루터교회연합회(VELKD)의 입장.

15 이에 대해선 G. Niemöller(Hg.), *Die erste Bekenntnissynode der Deutschen Evangelischen Kirche zu Barmen, Bd. II, Text-Dokumente-Berichte*, Göttingen 1959, 196-202, 특히 200f. 참조.

16 A.a.O., 206.

름스의 독일제국의회에서 행했던 연설에서 다음과 같이 밝혔다. "만약 나의 주장이 성서의 증언이나 분명한 이성적 근거에 의해 반박되지 않는다면(나는 교황은 물론 공의회도 믿지 않으며, 그들은 자주 잘못된 길을 걷고 스스로 모순된 삶을 살아왔다고 확신하기에) 나는 내가 인용한 성서의 말씀으로 이겨 낼 것이다. 나의 양심이 하나님의 말씀 안에 사로잡혀 있기에 나는 아무것도 취소할 수 없고 또한 하고 싶지도 않다. 양심을 거슬러 행동한다면 안전은 물론 구원을 받지도 못하게 될 것이다."[17]

1.4 상황분석

각각의 구체적인 윤리판단은 윤리적 판단과 관련해 발생하는 행위영역을 분석한다. 이러한 분석은 세계관적인 전제나 종교적인 차이에서 시작하지 않는다. 또한 **오직** 세계관적이며 종교적인 확신과 양심에서 도출되거나 얻어지는 것이 아니다. 말하자면 의료적이며 경제적이며 법적인 사태가 요청하는 것을 분석할 때에 사회윤리학자들은 초보적이며 몇 가지 사례만을 살피지 포괄적으로 작업하지 않는다. 사회윤리는 인간적 지식의 보편적 조건과 한계에 근거하고 있으며, 사회윤리학자들은 자신이 전공하는 학문적 전문지식으로 그 신뢰성을 검증할 수 없는 정보에 의지한다. 그럼에도 불구하고 그와 같이 구체적인 윤리적 주장들을 제시할 때 그 자체로 하나의 **가정된** 요소를 수집한다. 이로 인해 윤리적 판단은 논리적 의미에서 문제적 판단이 되지 않고 **가정되고 자명한 판단**[18]의 형태로 수용된다. "만약 이런 경우들이 발생한다면 필연적으로 윤리적 관점에서 다음의 것들이 뒤따라 발생하게 될 것이다." 이와 같은 화법은, 윤리학은 그릇된 경험적 지식에 의존하고 있다는 사실을 고려하게 한다. 또한 이는 윤리

---

17 *WA* 7, 838, 4-8.

18 이에 대해선 W. Härle, *Kernenergie - zu verantworten? Ein theologisch-ethischer Beitrag,* in: *Energiewirtschaftliche Tagesfragen.* Zeitschrift für Energie-Wirtschaft, Recht und Technik, Heft 9, September 1987, 720-723.

적 판단이 자기제한적인 것임을 알게 한다. 그뿐만 아니라 사회윤리학은 다른 학문과의 협력이 필요하다는 것을 인식한다. 학문 간의 공동작업을 위해 사회윤리학은 자신의 문을 개방해놓고 있다. 그렇지만 사회윤리학은 어떤 행동을 하도록 유도하는 확신과 확실성을 표현하기 위한 윤리적 주장들을 얻으려고 노력한다. 거기에서 자신의 자명한 성격이 밝혀진다.

2. 개념들

2.1 두 통치론 혹은 두 왕국론[1]

앞(제3부 1.1)서 보았듯이 종교개혁신학은 내용상[2] 서로 모순적인 것처럼 보이는 성서적 판단을 고려하였다. 다시 말해 악을 제어하기 위한 목적으로 폭력의 정당성을 사회윤리적으로 수용하였다. 루터는 이 문제에 대한 해답을 찾기 위해 아우구스티누스[3]가 성서의 말씀에 근거해 제시했던 두 "왕국" 혹은 "통치"에 대한 주장에까지 소급해 올라갔다. 이 이론은 중세의 신학과 교회의 역사에서 (특히 왕권과 교황권의 관계규정을 위해) 중요한 역할을 했다.[4] 아우구스티누스는 인간의 모습을 두 국가와 비교하였다. 인간은 하나님을 따르든지 아니면 인간의 욕구에 맞추어 산다. 여기서 "두 국가란 인간의 두 가지 협력관계를 의미한다. 하나는 영원히 하나님과 함께 통치하는 것이고 다른 하나는 사단과 함께 영원한 형벌을 받도록 결정되어 있다."[5] 루터는 먼저 두 국가를 구별한 아우구스티누스의 생각에 동의하였다.[6] 그러나 즉시 이를 영적 통치와 세속적 통치로 나누고–자신의 신학의

---

1 이에 대해 H. Graß, "Luthers Zwei-Reiche-Lehre", in: *ZevKR* 31(1986), 153-176 참조하시오.

2 루터가 번역한 신약성서를 사고팔았던 지역의 영주들이 루터의 저서인 "세상적 통치에 관하여" (Von weltlicher Obrigkeit)의 판매를 금지시켰다. 이럴 경우 그리스도인으로서 세속적 지도자들에게 순종해야 하는지 질문이 제기된다.

3 A. Augustinus, *De civitate Dei*, Buch 1-22(413-426/7), CSEL 40/1.2, 1900; dt. *Vom Gottesstaat*, übersetzt von W. Thimme, eingeleitet und kommentiert von C. Andresen, München 1977/78.

4 이에 관해서 다음의 글을 참조하시오. W. Härle, *Art, "Zweireichelehre II. Syst.-theol."*, in: *TRE* 36(2004), 784-789.

5 A. Augustinus, *Vom Gottesstaat, Buch XV,1*. 분명히 아우구스티누스는 땅의 왕국(civitas terrena)을 사단의 왕국보다는 지상의 왕국이나 세상왕국으로 이해하였다. 이에 대해 W. von Loewenich, *Augustin - Leben und Werk*, München/Hamburg 1965, 170을 참조하시오.

6 *Von weltlicher Obrigkeit*(위의 제1장 5, 각주 88), 42-44.

기초를 이루는 율법과 복음[7]의 차이와 관련지으며−하나님[8]의 두 가지 통치방식[9]으로 변용하였다. 종교개혁의 신학이 보여주려는 두 통치 이론은 본질적으로 다음 세 가지 요점을 제시한다.

- 영적이며 세속적인 두 통치방식은 **하나님**의 통치방식이다.

- 이는 각 목적에 따라 구별된다. 영적 통치는 세상의 구원을 위해 봉사하고 세속적 통치는 세상의 **보존**을 위해 봉사한다.

- 그러나 이는 하나님이 이러한 목적을 이루시려고 사용하시는 **수단**이라는 관점에서 서로 다르다. **말씀과 영**은 세상을 구원하기 위함이며, **법과 권력**[10]은 세상을 보존하기 위함이다. 그러므로 신앙을 가지라고 사람들을 강제로 위협하거나 폭력을 행사해서는 안 된다. 그러나 세상에서 악이 다른 사람들을 공격할 때는 악에 대항하기 위해 폭력과 위협을 행사하지 않을 수 없다.

모순적으로 보이는 성서의 말씀을 영적 통치와 세속적 통치라는 하나님의 두 가지 통치방식에 귀속시킴으로 이의 의미를 통일적이면서도 조화롭게 표현하였다. 그리스도인은 밖으로부터 위협해 들어오는 악을 **스스로** 방어할 때 법적 수단과 폭력을 사용하지 않고 포기한 채 그리스도의 계명 아래 서 있다. 그러나 위협을 받고 있는 이웃을 보호하거나 방어하기 위해서는 법과 힘을 사용한다. 특별히 자신의 직책이 이러한 행동을 필요로 할

---

7 이에 대해 E. Kinder/ K. Haendler, *Gesetz und Evangelium*, Darmstadt 1968과 A. Peters, *Gesetz und Evangelium*, Gütersloh 1981을 참조하시오.

8 "그런즉 하나님은 두 가지 통치를 제정하셨다. 하나는 그리스도 아래 있는 영적 통치이다. 영적 통치는 성령을 통해 그리스도인과 경건한 자들을 만들어가신다. 다음은 세속통치로서 비그리스도인과 악한 자들이 자신이 원하든 아니든 외적 평화를 유지하고 평온한 삶을 살도록 제지한다."(*Von weltlicher Obrigkeit*, 위의 제1부 5, 각주 88)

9 여기서 "통치"(Regiment)란 언제나 통치방식을 의미한다. 이에 대해선 두 왕국 혹은 두 통치에 관한 독일복음주의−루터교회연합회(VELKD)의 신학적 테제를 참고하시오. in: N. Hasselmann(Hg.), *Gottes Wirken in seiner Welt. Zur Diskussion um die Zweireichelehre, 2 .Band*, Hamburg 1980, 162-172.

10 여기서 "권력"이란 힘의 강제적 집행만이 아니라 힘을 행사하지 않을 때라도 소기의 목적을 성취할 수 있도록 돕는 믿을 만한 힘의 위협이다.

때는 그렇다.

그러나 복음주의적 사회윤리학의 역사에서 종교개혁신학의 두 왕권론은 오해되고 오용되어왔다. "고유법칙성"[11]이란 개념에서 이 문제를 분명히 보게 된다. 이 개념을 하나님의 뜻에 맞서는 세속적이며 정치적 질서의 고유법칙성으로 이해한다면 원래 이 개념이 말하고자 하는 바와 모순된다. 고유법칙성이 말하고자 하는 바는, **하나님의 영적인 통치방식**에 대하여 **하나님의 세속적 통치방식**이 고유한 자기법칙성을 갖는다는 뜻이며, 이렇게 이해할 때만이 이에 동의할 수 있다. 그렇다면 '상이한 법칙성'이란 개념을 사용하는 것이 더 좋을 것 같다.[12]

2.2 예수 그리스도의 왕권통치

두 왕국론에 대한 잘못된 해석과 국가사회주의의 주변 환경에서 발생했던 이에 대한 오용은, 종교개혁신학의 두 왕국론이 말하고자 하는 바가 **하나님의 두 가지 통치방식**이라는 것을 주장함으로 물리칠 수 있었다(제3부 2.1).[13] 그럼에도 불구하고 두 왕국론은 일시적이지만 오명을 벗지 못했다. 특히 칼 바르트와 그와 친밀한 신학자들이 이의 대안모델로 **예수 그리스도의 왕권통치**에 관한 이론을 제시했는데, 이는 복음과 율법(순서에 유의할 것)의 구별에 기초해 구축한 것이다. 이러한 주장의 특징적인 표현을 바르트가 1946년에 저술한 "그리스도 공동체와 시민공동체"에서 발견하게 된다. 여기서 바르트는 교회(그리스도인의 공동체)와 국가(시민공동체)를 두 가지 공심적인 원과 같이 그렸다. 그리스도인의 공동체는 내적 영역을 형성

---

11 막스 베버는 세속적 통치방식의 고유한 성격을 특징적으로 설명하기 위해 두 국가론에 대한 논의 안으로 이 개념을 끌어들였다("Wirtschaftsethik der Weltreligionen", in: ders., *Gesammte Aufsätze zur Religionssoziologie*, Tübingen I, 1972⁶, 237-573, 이 책의 544-556).

12 I. Kišš, "Fünf Formen der Zwei-Reiche-Lehre Luthers", in: *Zeichen der Zeit* 32(1978), 1-16, 그중 6.

13 여기서는 정치적 권력자에게 세속영역의 재량권을 맡기는 행위를 근본적으로 배제한다.

하고 이의 중심에는 예수 그리스도가 서 있다. 교회의 과제는 "예수 그리스도의 통치와 오고 계신 하나님 나라에 대한 소망"[14]을 선포하는 것이다. 교회의 이러한 사명을 숙고해볼 때, 여러 정치적 형태와 현실에 대한 그리스도교적 무관심이란 있을 수 없다. 교회는 "하나님의 나라, 하나님의 계명과 정의, 그리고 통치하는 자와 통치 받는 자의 책임을 상기한다"(바르멘 신학선언 제5항).[15] 바르트에 따르면 교회에는 "어떤 이념도, 체제도, 프로그램도 있을 수 없다. 오직 어떤 상황 속에서도 인식되고 내적으로 보존되어야 할 **방향**과 정치적 영역에서 성취되어야 할 그리스도교적 결단의 노선"이 존재한다.[16] 바르트는 이를 다음과 같이 구체적으로 말하였다. 정치와 교회의 관계는 정치적 조직의 "동일한 역량과 동일한 필요", 말하자면 하나님의 나라를 향해 계속 나아간다.[17] 이러한 발걸음은 예수 그리스도 안에서 행하시는 하나님의 구원에서 파생한 수많은 정치적 결정을 통해 표현된다. 바르트의 파생이론(Ableitungsthese)은 큰 공감을 얻지는 못했다. 그러나 그가 제시한 그리스도의 왕권통치는 두 가지 정치적 의미를 확정적으로 보여주었으며 계속적인 공감대를 형성하였다.

- 사회윤리적·정치적 형성의 과제보다 예수 그리스도 안에서 이루신 하나님의 구원행위가 인식론적으로 먼저 배열되어야 한다. 전자를 하나님의 구원행위와 연계해 이해될 때만이 타당하게 고려하고 이해한 것이다.

- 사회윤리적·정치적 보존의 과제보다 세상의 구원을 목적으로 하는 하나님의 구원행위를 사실상 우선적으로 고려해야 한다는 말은, 세계보존이 자기목적이 아니며 이는 구원을 향해 배열되어 있음을 뜻한다. 세계보존은 구원을 위해 봉사하고 이를 위한 공간을 제공해야 한다. 이미 종교개혁에서도 문제가 되었지만, 세상을 통치하시는 하나님의 방식이 더욱 분명해진다. 하나님의 세속적 통치방식은 그의 영적 통치방식에 귀속된다.

---

14 K. Barth, *Christengemeinde und Bürgergemeinde*, Zollikon-Zürich 1946, 11.
15 A.a.O, 15.
16 A.a.O, 17.
17 A.a.O, 22f.

예수 그리스도의 왕권통치론이 제시한 두 가지 관점이 20세기 후반에
두 왕국설을 수용하면서, 두 왕국설과 예수 그리스도 왕권통치론 사이에
존재했던 대립이 실제적으로 극복되었다.[18]

2.3 그리스도교적 사회론

바로 앞 장에서 서술한 신학적 합의와 이를 통해 해명된 내용을 살펴
볼 때, 그리스도교적 사회론을 개발해야 할 복음주의 사회윤리학의 과제
가 분명해진다. 고대, 중세, 그리고 종교개혁시대의 이론들로 다시 돌아가
살펴볼 수도 있다. 예를 들면 플라톤에게서 유래한 "세 신분론"이다.[19] 루
터는 하나님이 제정하신 세 가지 "신분"(루터는 신분 대신 "질서"나 "설립"이라는
말을 사용하기도 했다)으로 사제직, 부부의 신분, 그리고 세속권력을 말하였
다.[20] 모든 그리스도인들은 (만인사제직에 근거해) 이 세 신분 모두에 속해 있
다.[21] 세 신분론은 쉽사리 계급적이고, 계층적 사회이해에 빠졌다.[22] 그러므
로 이는 계몽사상과 프랑스혁명의 비판대상이 되었고, 결국 신분에 따라
사회와 국가의 체제를 구분하는 일은 사라지고 말았다.

슐라이어마허가 자신의 철학적 윤리학에서 다룬 재화론에서 사회이론
에 관한 주장을 발견하게 된다.[23] 그의 주장은 모든 사회를 네 가지로 구성

---

18 이에 대해 H.-W. Schütte, "Zwei-Reiche-Lehre und Königsherrschaft Christi", in:
Handbuch der christlichen Ethik, Bd. 1, Freiburg u.a. 1978, 1978, 339-353을 참조하시오.

19 이에 대해 W. Maurer, *Luthers Lehre von den drei Hierarchien und ihr mittelalterlicher
Hintergrund*, München 1970과 R. Schwarz, *Luthers Lehre von den drei Ständen und die
drei Dimensionen der Ethik*, in: *Luthers-Jahrbuch* 45(1978), 15-34. 앞에서 설명한 제1부
2.3.1을 참조하시오.

20 WA 26, 504-31.

21 그러나 당시는 "부부의 신분" 대신 "가정경제"(oeconomia)가 중요하였다. 이는 가정과 직업공
간이 통일성을 이루었던 산업사회 이전의 사회상을 보여주고, 결혼과 가정을 공동체적 가계운
영에서 이해하는 낭만주의 시대 이전 시대의 결혼관을 가리킨다.

22 "신분"이라는 개념이 후기 종교개혁시대에 특권층을 가리키거나 현실안주적인 경향을 수용했
기 때문에 본회퍼는 이 개념(혹은 "질서"나 "직무"라는 개념도 마찬가지이지만) 대신 "위임"
(Mandat)이라는 개념을 사용하였다(D. Bonhoeffer, *Ethik*, München 1992, 392f.).

23 F. Schleiermacher, *Ethik*(1812/13), hg. von H.-J. Birkner, Hamburg 1981, 80-130. 이에 대
해선 제1부 2.3.2를 보시오.

된 부분체제들로 나눈다. 이 체제들은 원래 가정 안에서 서로 분리할 수 없는 연결점을 인식하게 된다. 그러나 사회가 분화의 과정을 겪으면서 서로 분리되고 각 체제가 점차 자율성을 갖게 되었다. 이러한 주장은 20세기 후반 누구보다 헤름스(E. Herms)에 의해 수용되어 계속 조직적으로 체계화되었다.[24] 헤름스는, 사람들이 세상에서 서로 연합하며 상호소통하기 위해 필요한 업적을 다음 네 가지로 나누어 설명하였다.

(1) 통치: 공존의 규칙을 제정하고 확정하기 위해 필요한 규칙,

(2) 경제적 협력: 생활수단을 배급하기 위한 배려,

(3) 과학적 협력: 경제와 관련된 기술문명을 발전시키고 판단하기 위해 필요한 경험적 규칙에 관한 지식,

(4) 세계관적·윤리적 소통: 최고선과 상호작용(말하자면 모든 사회적 생활)의 최종목적에 관해 상호 교류하는 자들의 의사소통적 이해를 추구. 최종목적은 모든 중간목적과 부분목적의 선택과 가치판단을 위해 필요하다.[25]

"정치", "경제", "과학", 그리고 "세계관/종교"라는 사회의 기능체계들은 위에서 언급한 공존능력을 위해 반드시 필요한 조건들을 만들어내며, 이들은 상호 연결되어 있다. 그리스도교적 사회론의 다른 이론들(예를 들어, 렌토르프[26], 벨커[27])은 루만과 하버마스의 사회학적 이론에 찬동한다. 이 모든 이론적인 주장들은, 근대적이며, 후기 전통적 사회가 **다원주의**라는 특징을 지니고 있다는 사실과 논쟁하고 있음을 보게 된다. 다시 말해 현대사

---

24 그의 논문모음집을 참조하시오. E. Herms, *Gesellschaft gestalten. Beiträge zur evangelischen Sozialethik*, Tübingen 1991. 앞의 제1부 2.3.3을 참조하시오.

25 A.a.O., 391.

26 T. Rendtorff, *Gesellschaft ohne Religion? Theologische Aspekte einer sozialtheoretischen Kontroverse(Luhmann/Habermas)*, München 1975.

27 M. Welker(Hg.), *Theologie und funktionale Systemtheorie. Luhmanns Religionssoziologie in theologischer Diskussion*, Frankfurt/Main 1985; ders., *Kirche im Pluralismus*, Gütersloh 1995.

회의 구성원들은 (더 이상) 그들의 다양한 삶의 기획과 제도적 유형에서 경험되고 이해될 수 있는 최종적인 세계관적·종교적 통일점에 합의하지 않는다. 오히려 그들은 하나의 통일된 원리로 환원될 수 있는 세계관적·종교적 다양성이 근대사회에 존재하지 않는다고 생각한다. 복음주의적 사회윤리학은 이러한 사회적 다원주의에 근본적으로 **동의한다**. 왜냐하면 단지 다원주의는 종교자유의 실현과 침해할 수 없는 하나님의 영의 역사를 드러내기에 적합한 형태이기 때문이다. 복음주의 사회윤리학 안에서 서로 다른 차이들은 다원주의적 능력[28]을 소유한 교회와 신학이 자신을 **다원주의적**으로 이해할 수 있는지 질문하는 곳에서 나타난다. 혹은 다원주의가 **그리스도교적** 교회의 본질과 복음주의적 사회윤리학의 본질과 일치하지 않는지 물어보면 분명히 드러난다.[29]

2.4 그리스도교적 인간상

실존하는 모든 것이 윤리적 행위의 대상이 될 수 있으며, 오직 인간만이 윤리적 행위의 **주체**라는 인식에서 판단해볼 때, 모든 윤리학에서 분명 인간에 대한 이해가 특별한 의미를 가질 수밖에 없다.[30] 오랫동안 그리스도교 윤리학은 어떤 인간상이 그리스도교적으로 바람직한 것인지, 인간의 개체성(그리고 자유)을 강조하는 입장과 그의 사회성(그리고 연대성)을 강조하는 두 입장 사이에서 우왕좌왕하며 흔들려왔다. 잘못 주장된 개념형식과 편협함 때문에 서로 상응하는 이 두 개념은 적절하게 이해되지 못한 채 뒷전으로 밀려나고 말았다. 이러한 이해를 방지하려면 인간(공동체적 존재이든 개인이든)은 **하나님과의 관계에서**, 더 정확히 말해 인간에 대한 **하나님과의** 관계에서 이해되어야 한다. "인간을 인식하고 이해하려는 자는 인간을 초

---

28 P. Haigis, *Pluralismusfähige Ekklesiologie. Zum Selbstverständnis der evangelischen Kirche in einer pluralistischen Gesellschaft*, Leipzig 2008.

29 독일복음주의교회협의회 평의회가 출간한 백서 "때에 맞는 바른 말"에서 이에 대해 정당하게 주장하였다. 앞에 제1부 3.6을 참조), 43-48, 특히 45.

30 앞에 제1부 3.5를 참조하시오.

월해 질문하고 사고해야만 한다."[31]

유대그리스도교적 전통은 인간존재가 하나님과 맺고 있는 본질적 관계를 다음 세 가지 방식으로 표현한다.

- 인간은 다른 모든 피조물과 함께 지어진 하나님의 피조물이다. 다시 말해 인간은 본질적으로 하나님과 관계를 맺으며 또한 하나님과는 구별된 현 존재이다.

- 인간은 다른 모든 피조물과는 달리 하나님의 형상으로 지어졌다. 다시 말해 인간은 하나님과 특별하면서도 인격적인 관계를 맺고 연합한다.

- 인간은 다른 모든 피조물과 구별되지만 동시에 결합되어 있다. 돌보는 마음으로 땅을 지배하도록 양도되고 위탁되었다.

하나님은 인간을 존귀하게 하셨다. "그를 하나님보다 조금 못하게 하시고 영화와 존귀로 관을 씌우셨나이다"(시 8:5). 이를 스토아 철학의 언어로 표현하자면 인간의 존엄성(dignitas humana)이다. 인간존엄성이란 인간의 현존 속에 주어진 "존중을 받을 청구권"[32]이다. 무시될 수 있을지 몰라도 침해되거나 상실될 수 없는 청구권이다.

"그토록 존귀함을 받는 자는 깊은 나락으로 떨어질 수 있다."[33] 인간의 깊은 나락은 이론적 가능성만이 아니라 구체적으로 경험할 수 있는 현실성이다. 그런즉 그리스도교적 인간상은 하나의 완벽한 혹은 완벽하게 되어야 할 인간에 대한 환상에 빠지지 않는다. 오히려 깊이 뿌리내리고 있는 파괴적인 악의 현실을 안다. 이 악은 인간의 마음에서 온 것이다.[34] 그리스도교적 인간상은 용서와 회개와 신생, 다시 말해 인간의 윤리적 경험을 초

---

31 B. Vogel(Hg.), *Im Zentrum: Menschenwürde*, Berlin 2006, 15f. 복음주의와 가톨릭 신학자들이 함께 작업한 이 책은 그리스도교적 인간상을 다루는 이 장에 결정적으로 중요하다.

32 앞에 제1부 1.2.1-6을 참조하시오.

33 *Was ist Mensch? Ein Bildzyklus der EKD-Synode* 2002, 71과 W. Härle, *Würde. Groß vom Menschen denken*, München 2010.

34 창 6:5; 8:21, 마 15:9 평행절; 막 7:20-23을 비교하시오.

월해 존재하는 차원의 세계를 안다. 본질적으로 예수 그리스도의 인격과 말씀, 그분의 삶, 그분의 죽음과 부활을 통해 새로운 차원을 경험한다. 그리스도교적 인간상의 중심에는 하나님의 형상이신[35] 그리스도 예수께서 계신다. 하나님의 형상은 모든 인간의 규정이다. 그분만이 아니라 하나님이 미리 아셨던 모든 자들이 하나님의 형상이다(롬 8:29; 골 1:18 비교). 인간에 대한 그리스도교적 관점은 이의 중심인 예수 그리스도로부터 기술되었다.

---

35 이에 대해선 고후 4:4; 골 1:15; 히 1:3을 참조하시오.

3. 내용적 중점

3.1 오고 계신 하나님의 나라

그리스도 예수의 설교와 활동의 중심에는 가까이 다가온 하나님의 통치의 선포가 자리하고 있다(막 1:15 평행). 여기서 하나님이 약속하신 지상에서의 그의 권능에 대한 구약과 초기유대교의 소망이 수용되고 현재화되었다. 하지만 그 내용은 수정되었다. 왜냐하면 예수 그리스도는 임박한 하나님의 통치를 선포했을 뿐만 아니라 그의 말씀과 행위와 운명적인 삶 가운데 이미 **실현**하였기 때문이다.[1] 다시 말해 예수가 말씀하고 행하신 것에 근거해 어디서 하나님의 통치가 존재하며 어떻게 나타나는지 인식하게 된다. 악의 세력에 맞서며 인간을 구원하시려는 예수의 투쟁이 하나님의 통치가 도래하였음을 인식하게 된다. 이는 외적인 폭력행위가 아니라 **사랑**의 말씀과 상징과 행위를 통해 일어났다. 이를 통해 인간이 경험하고 추구해야 할 **최고선**이 드러나고 경험된다. 그러므로 예수 그리스도의 활동은 최고선의 이념을 따르며, 그리스도교적 윤리학으로 이해될 수 있는 모든 윤리와 간접적으로 관련되어 있다.

여기서 기억해야 할 바는 하나님 나라가 인간의 행위가 아니라 오직 하나님의 고유한 활동을 통해 온다는 점이다. 그리스도교적 관점에서 숙고해볼 때 도덕과 윤리는 분명히 제한되어 있다. 이를 잘 알고 있는 윤리학이라면 하나님 나라에 대한 지식에 근거해 두 가지 관점에서 사회윤리학적 성과를 제시할 수 있다.

- 하나님 나라는 인간의 행위양식과 현재하는 사회적 관계를 측정하는 비판적 기준점이다. 이것이 사회윤리학을 위한 하나님 나라의 비판적 기능

---

1 이에 대해선 마 11:2-6 평행절; 눅 7:18-23; 마 12:28 평행절; 눅 11:20, 17:21을 보시오.

이다.

- 하나님 나라는 그리스도교적·윤리적 결단의 기본방향이 도출되고 규정될 수 있는 가장 높고도 최종적인 목적이다. 이것이 사회윤리학을 위한 하나님의 나라의 구성적 기능이다.

폴 틸리히는 여기에 세 번째 요소를 첨부하였다.[2] 그에 의하면 기본적이지만 이를 묵인하는 사회적이며 정치적인 결단이 있다. 바로 '카이로스'의 상황에서 하나님의 나라가 역사 안에서 항목별로 도래하도록 결단하는 것이다.[3] 이와 같은 사회윤리학적 논의가 등장하는 곳(예를 들어 혁명신학이나 해방신학의 형태로)에서는 세계를 보존하시는 하나님의 통치방식을 주장한 종교개혁신학의 경계를 명백히 넘어서게 된다.

3.2 오직 믿음에서 온 칭의

인간은 오직 믿음으로만 의롭게 될 수 있다는 칭의론은 복음주의 교회와 신학의 표준이 되는 성서이론이다. 칭의론은 인간이 하나님과 바른 관계를 이루는 유일한 방법을 다음과 같이 말한다. 하나님께서 그리스도 안에서 사람들에게 자신의 자비를 허락하심으로 믿음을 불러일으키셨고, 인간은 첫 계명을 성취하게 되었다. 이 첫 계명이 성취될 때 다른 모든 계명도 성취된다. 그러나 칭의론이 인간을 거듭나게 하는 **대안**으로 주장된다면 근본적으로 오해를 불러일으킬 수밖에 없다.[4] 현실적으로 칭의론은 거듭남의 극단화이다. 칭의론은 인간의 거듭남을 실제적으로 모든 거듭남의

---

2 P. Tillich, *Der Widerstreit von Raum und Zeit. Schriften zur Geschichtsphilosophie* (= *GW VI*), Stuttgart 1963[2], 여러 곳.

3 A.a.O., 24. "모든 카이로스에서 하나님 나라가 가까이 다가온다. 왜냐하면 절대적인 것에 찬성하든 반대하든 그 가운데서 세계의 역사를 결정하며, 반복될 수 없이 유일한 결정이 이루어지기 때문이다."

4 이러한 오해의 뿌리는 대부분 믿음의 개념을 너무 협소하게 이해하는 데 있다. 말하자면 교회의 교리적 주장을 언제나 옳다고 생각하거나 (그 근거에 대한 충분한 해명도 없이) 이에 동의하기 때문이다.

출발점이 되는 바로 그 곳에 고정시켰기 때문이다. 다시 말해 **하나님**에 대한 확신과 전심으로 하나님께 자신의 존재를 드리는 **신뢰**에서 출발한다.[5] 이렇게 이해할 때 칭의론은 인간의 도덕을 위해서도 근본적인 의미를 갖는다. 칭의론은 여러 가지 관점에서 윤리적 원칙이다.[6]

- 칭의론은 윤리적 행위의 동기이다. 의롭다고 칭함을 받은 인간은 자신의 윤리적 행위를 통해 구원에 도달하거나 구원을 받아야 하는 것이 아니다. 구원의 선물은 이미 주어졌다.

- 칭의론은 윤리적 행위의 근거이다. 하나님께서 인간을 의롭다고 칭해주셨기에 실패하고 넘어져도 각 사람은 존엄하며 존중을 받을 가치가 있다.

- 칭의론은 윤리적 행위의 **제한**이다. 의롭다하심을 얻은 인간은, 자신의 윤리적 행위의 근거가 스스로 땀 흘려 얻은 것이 아니기에 오직 감사함과 책임감으로 받아야 하는 것임을 안다.

지난 세기 동안 믿음으로 의롭게 된다(Hominem iustificari fide)[7]는 종교개혁신학의 인간이해는 복음주의적 사회윤리학과 인간존엄성의 새로운 논증을 위해 특별한 결실을 가져다주었다.[8] 그러나 사회윤리학을 위해 칭의론이 갖는 의미와 범주와 능력이-그것이 교육윤리, 평화윤리, 법윤리 아니면 경제윤리[9]이든-아직 완전히 탐구된 것은 아니다.

---

5   이에 관해선 W. Härle, *Dogmatik,* Berlin/New York 2007³, 2.2.1.을 비교하시오.

6   이에 관해선 W. Härle, *Die Rechtfertigungslehre als Richtschnur ethischen Handelns,* in: ders., *Menschensein in Beziehungen*, Tübingen 2005, 335-346.

7   "인간에 대한 논쟁"(Disputatio de homine)에서 루터는 다음과 같이 정의한다. "바울은 로마서 3:28에서 다음과 같이 주장한다. 인간을 간략하게 정의한 것이지만, '사람은 행위 없이 믿음으로 말미암아 의롭게 된다'고 우리는 생각한다. 즉 그는, 사람은 믿음으로 의롭게 된다고 말한다."(*LDStA* 1, 669, 1-4)

8   이에 대해 R. Anselm, "Die Würde des gerechtfertigten Menschen", in: *ZEE* 43(1989), 123-136.

9   이에 대한 사례로는 A. Dietz, *Der homo oeconomicus. Theologische und wirtschaftsethische Perspektiven auf ein ökonomisches Modell*, Gütersloh 2005; W. Härle, "Zeitgemäße Bildung auf der Grundlage des christlichen Menschenbildes", in: ders., *Menschensein im Beziehungen*, Tübingen 2005, 411-423; W. Huber, *Gerechtigkeit und Recht. Grundlinien christlicher Rechtsethik*, Gütersloh 2006³.

3.3 의인인 동시에 죄인

인간은 육체적이며 영적 존재라고 했던 바울의 진술(롬 7:14-25; 8:1-17; 고후 10:1-4)에 기대어 루터는 인간을 "의인인 동시에 죄인"(simul iustus et peccator)이라고 주장하였다.[10] 그의 주장은 매우 난해하고 설명이 필요하지만 중대한 복음주의적 사회윤리학의 기본요소이기도 하다. 그리스도인으로서 믿음을 가진 자는 자신을 하나님과의 관계 속에서(in relatione) 살피기 때문에 전적으로 의롭다. 그러나 인간의 고유한 품성(in qualitate)[11]에서 보면 전적으로 죄인이다.

그렇다고 하나님과 관계하고 있는 인간의 품성이 변화하지 않는다는 말은 아니다. 이는 오직 하나님과의 관계를 통해서만 일어나지 이와 독립해서는 전혀 발생하지 않는다. 이러한 삶 가운데 인간은 언제나 자발적으로 이기적 욕망(concupiscentia)에 사로잡힌다. 인간이 자신의 행동을 통해 욕망을 따르지 않고 이를 억누르고 저항할 때에도 하나님과 자신의 관계는 방해받고 있다.[12] 죄는 항상 그리스도인의 삶을 위협하는 실재이다. 그러므로 루터는 의와 죄를 인간 삶의 부분적 한 단면으로 보았다. 인간은 부분적으로는 의롭고 부분적으로는 죄인이다. 의와 죄는 평화롭게 공존하거

---

10 초기의 중요한 출처는 1516년 루터의 로마서 강해이다(WA 56, 3-528, 특히 269, 21-277, 3 그리고 347, 1-14). 그러나 "30년 제안서논쟁"과 "갈라디아서 대주석"에서는 인간이 의인이라는 주장이 중요한 역할을 한다(이에 대해선 WA 39/1, 508, 1-9와 523, 2-9; WA 39/2, 141, 1-6과 WA 40/2, 348, 14-34를 참조하시오).

11 루터는 WA 39/2, 141/2와 5에서 이렇게 구별한다. 이러한 구별을 표현하는 다른 술어는 "소망 가운데"(in spe)와 "사실 가운데"(in re) 혹은 "사고 속에 있는 것"(reputative) "현실적인 것"(revera)이다. 그러나 이 개념들은 잘못된 인상을 부추길 수 있다는 점에서 적합하지 않다. 다시 말해 인간이 죄인인 것은 현실이나 의인이라는 말은 단순히 소망이나 가산된 것이라는 주장처럼 생각될 수 있기 때문이다. 그는 가산을 좋은 결과로 얻은 효과(effektiv)와 같이 이해하였다.

12 요사이 로마가톨릭교회는, 종교개혁의 신학과 교회가 "의인이 동시에 죄인"이라는 주장을 통해 하나님의 영광을 더욱 확대하려는 목적으로 이를 붙들고 놓지 않는다고 주장하였다. 사실 하나님의 영광은, 하나님이 죄인을 죄로부터 해방하시며 행하신 것을 통해 확대된다. 그러나 그들의 전제가 맞지 않는다는 것을 말하지 않을 수 없다. 종교개혁자들이 세례 이후에도 남아 있는 죄를 가르친 이유는 하나님의 영광을 확대하기 위함이 아니다. (이는 종교개혁 이전 루터의 비하의 신학과 칼 바르트의 초기 변증법적 신학의 동기였다.) 종교개혁자들은 욕망, 다시 말해 (지상적·육체적 그리고 그 가운데 더욱 위험하게 된 종교적·영적 형태의) 탐욕을 세례받은 자에게도 하나의 현실로 내내 경험하였다. 이러한 현실은 세례로의 일상적인 복귀와 용서가 필요함을 보여준다.

나 상존하지 않는다. 이 둘은 삶과 죽음을 중심에 두고 투쟁과 전투를 계속한다.

이러한 인식은 복음주의 윤리학을 위해서도 중요하다. 복음주의 윤리학은 인간이 자신의 행위를 통해 얻게 되는 시민적 의(iustitia civilis)와 어떤 인간도 스스로 소유할 수 없는 신앙적 의(iustitia coram Deo)를 구별하기 때문이다. 시민적 의를 사소하게 다루어서는 안 된다. 오히려 존중하고 촉진하고 장려해야 한다. 이것이 윤리적 과제의 하나이다. 그러나 이는 오직 인간의 **외적** 태도에 영향을 미치고 관련될 뿐 인간본질의 깊은 곳까지 변화를 일으키거나 하나님과의 관계를 회복시키지는 못한다. 이러한 변화는 오직 하나님의 말씀과 성령을 통해 성취될 수 있다. 그러므로 "의인인 동시에 죄인"이라는 주장은 윤리적 양육과 교육, 그리고 성숙의 의미나 의식이 아니라 윤리적 노력을 통해 넘어설 수 없는 한계를 가리킨다.

3.4 복음주의적 사회윤리학과 다원주의적 사회

교회가 생존하고 있는 세상에서 그리스도 예수의 복음만이 하나님의 말씀을 듣고 믿음을 갖게 하는 유일한 목소리는 **아니다**. 이것이 종교개혁의 두 통치론에 영향을 받은 복음주의 사회윤리학의 원칙적 입장이다. 교회는 자신의 복음을 사회적 다원주의 가운데 주장한다. 현대사회의 공존은 모두를 결속하는 종교적이며 세계관적 확신이 아니라 만인의 신앙과 양심의 자유와 함께 인간의 존엄성과 인권을 전제하며 이를 진지하게 고려할 것을 요구하는 헌법질서 위에 기초하고 있다.

복음주의 사회윤리학은 이러한 전제를 감수할 뿐만 아니라 분명히 긍정하고, 인간과 인간의 사명에 대한 이해를 가능한 한 분명하고도 명확하게 제시하며 다원주의적 사회의 발전을 위해 기여한다. 복음주의 사회윤리학은 자신의 종교적이며 윤리적인 관점을 강제로 관철하려고 노력하지 않는다. 도리어 자신의 신앙이 공공의 복지에 기여할 수 있는 길이 무엇인지를 생각하며 행동한다.

찾아보기

성구 찾기

인명 찾기

개념 찾기